●収録内容一覧

■2025年度中学受験用

渋谷教育学園幕張中学校

4年間(＋3年間HP掲載)スーパー過去問

入試問題と解説・解答の収録内容

2024年度　１次	算数・社会・理科・国語	実物解答用紙DL
2024年度　２次	算数・社会・理科・国語	実物解答用紙DL
2024年度 帰国生	英語（解答のみ）	実物解答用紙DL
2023年度　１次	算数・社会・理科・国語	実物解答用紙DL
2023年度　２次	算数・社会・理科・国語	実物解答用紙DL
2023年度 帰国生	英語（解答のみ）	実物解答用紙DL
2022年度　１次	算数・社会・理科・国語	実物解答用紙DL
2022年度　２次	算数・社会・理科・国語	実物解答用紙DL
2022年度 帰国生	英語（解答のみ）	実物解答用紙DL
2021年度　１次	算数・社会・理科・国語	
2021年度　２次	算数・社会・理科・国語	
2021年度 帰国生	英語（解答のみ）	

2020～2018年度（HP掲載）

「カコ過去問」
（ユーザー名）koe
（パスワード）w8ga5a1o

問題・解答用紙・解説解答DL

◇著作権の都合により国語と一部の問題を削除しております。
◇一部解答のみ（解説なし）となります。
◇９月下旬までに全校アップロード予定です。
◇掲載期限以降は予告なく削除される場合があります。

～本書ご利用上の注意～　以下の点について，あらかじめご了承ください。

★別冊解答用紙は巻末にございます。実物解答用紙は，弊社サイトの各校商品情報ページより，一部または全部をダウンロードできます。
★編集の都合上，学校実施のすべての試験を掲載していない場合がございます。
★当問題集のバックナンバーは，弊社には在庫がございません（ネット書店などに一部在庫あり）。

合格を勝ち取るための

『スーパー過去問』の使い方

本書に掲載されている過去問をご覧になって，「難しそう」と感じたかもしれません。でも，多くの受験生が同じように感じているはずです。なぜなら，中学入試で出題される問題は，小学校で習う内容よりも高度なものが多く，たくさんの知識や解き方のコツを身につけることも必要だからです。ですから，初めて本書に取り組むさいには，点数を気にしすぎないようにしましょう。本番でしっかり点数を取れることが大事なのです。

過去問で重要なのは「まちがえること」です。自分の弱点を知るために，過去問に取り組むのです。当然，まちがえた問題をそのままにしておいては意味がありません。

本書には，長年にわたって中学入試にたずさわっているスタッフによるていねいな解説がついています。まちがえた問題はしっかりと解説を読み，できるようになるまで何度も解き直しをしてください。理解できていないと感じた分野については，参考書や資料集などを活用し，改めて整理しておきましょう。

このページも参考にしてみましょう！

◆どの年度から解こうかな　「入試問題と解説・解答の収録内容一覧」

本書のはじめには収録内容が掲載されていますので，収録年度や収録されている入試回などを確認できます。

※著作権上の都合によって掲載できない問題が収録されている場合は，最新年度の問題の前に，ピンク色の紙を差しこんでご案内しています。

◆学校の情報を知ろう!!「学校紹介ページ」

このページのあとに，各学校の基本情報などを掲載しています。問題を解くのに疲れたら息ぬきに読んで，志望校合格への気持ちを新たにし，再び過去問に挑戦してみるのもよいでしょう。なお，最新の情報につきましては，学校のホームページなどでご確認ください。

◆入試に向けてどんな対策をしよう？「出題傾向＆対策」

「学校紹介ページ」に続いて，「出題傾向＆対策」ページがあります。過去にどのような分野の問題が出題され，どのように対策すればよいかをアドバイスしていますので，参考にしてください。

◇別冊「入試問題解答用紙編」

本書の巻末には，ぬき取って使える別冊の解答用紙が収録してあります。解答用紙が非公表の場合などを除き，（注）が記載されたページの指定倍率にしたがって拡大コピーをとれば，実際の入試問題とほぼ同じ解答欄の大きさで，何度でも過去問に取り組むことができます。このように，入試本番に近い条件で練習できるのも，本書の強みです。また，データが公表されている学校は別冊の１ページ目に過去の「入試結果表」を掲載しています。合格に必要な得点の目安として活用してください。

本書がみなさんの志望校合格の助けとなることを，心より願っています。

株式会社　声の教育社　編集部

渋谷教育学園幕張中学校

所在地	〒261-0014 千葉県千葉市美浜区若葉1-3
電　話	043-271-1221(代)
ホームページ	https://www.shibumaku.jp/
交通案内	JR京葉線「海浜幕張駅」より徒歩10分/京成千葉線「京成幕張駅」より徒歩14分 JR総武線「幕張駅」より徒歩16分

くわしい情報はホームページへ

トピックス

★例年11月に説明会が開催されるほか，体育祭や文化祭も公開される。
★入試当日の持ち物にコンパスと三角定規，20～30cmの定規あり(参考：昨年度)。

創立年 昭和61年　男女共学　高校募集あり

応募状況

年度	募集数	応募数	受験数	合格数	倍率
2024	①約215名	男1427名	1377名	508名	2.7倍
		女 632名	592名	157名	3.8倍
	②約45名	男 371名	349名	53名	6.6倍
		女 185名	172名	15名	11.5倍
	帰国生約20名	男 74名	71名	16名	4.4倍
		女 77名	77名	18名	4.3倍
2023	①約215名	男1337名	1282名	515名	2.5倍
		女 650名	616名	189名	3.3倍
	②約45名	男 332名	305名	48名	6.4倍
		女 190名	183名	19名	9.6倍
	帰国生約20名	男 55名	53名	10名	5.3倍
		女 84名	84名	24名	3.5倍

2023年度の主な大学合格実績

＜国立大学＞

東京大，京都大，東京工業大，一橋大，東北大，北海道大，筑波大，東京外国語大，千葉大，横浜国立大，東京医科歯科大

＜私立大学＞

慶應義塾大，早稲田大，上智大，東京理科大，明治大，青山学院大，立教大，中央大，法政大，東京慈恵会医科大，順天堂大

本校の教育目標

1．自調自考の力を伸ばす

本校でもっとも大切にしている目標です。「自らの手で調べ，自らの頭で考える」。何事にもあきらめることなく，積極的に取り組むことのできる人間の育成を目指します。

2．倫理感を正しく育てる

自分の立場だけでなく他をも尊重すること，知識だけではなく行動に示せること，人として何が正しく，何が善であるかを判断する力を身につける「感性」の成長をはかります。

3．国際人としての資質を養う

本校は国際的に開かれた学校です。海外留学や帰国生・留学生の受け入れ，外国人や社会人の先生，海外との文化交流など，幅広い教養を身につける環境があります。

入試情報（参考：昨年度）

【一次入学試験】
出願期間：2023年12月15日９：00
　　　　　～2024年１月10日15：00
　　　　　〔インターネット出願〕
試験日　：2024年１月22日　８：30着席
合格発表：2024年１月24日　14：00頃(HP)

【二次入学試験】
出願期間：2024年１月24日９：00
　　　　　～2024年１月27日15：00
　　　　　〔インターネット出願〕
試験日　：2024年２月２日　８：30着席
合格発表：2024年２月３日　10：00頃(HP)

※他に，１月20日に帰国生入学試験を実施。

編集部注─本書の内容は2024年2月現在のものであり，変更されている場合があります。正確な情報は，学校のホームページ等で必ずご確認ください。

算数 出題傾向＆対策

◆基本データ（2024年度１次）

試験時間／満点	50分／100点
問　題　構　成	・大問数…５題 　応用問題５題 ・小問数…13問
解　答　形　式	解答だけを書きこむ形式で，必要な単位などは解答用紙に印刷されている。コンパス・三角定規を使う作図問題が出題されることもある。
実際の問題用紙	Ｂ５サイズ，小冊子形式
実際の解答用紙	Ｂ４サイズ

◆過去４年間の出題率トップ５

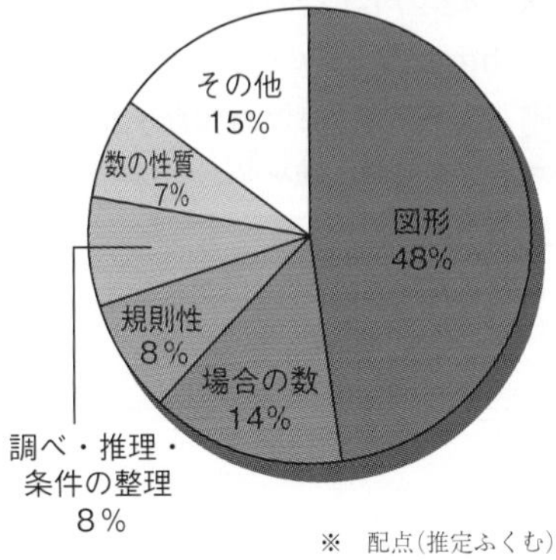

※　配点（推定ふくむ）をもとに算出

◆近年の出題内容

【　2024年度１次　】			【　2023年度１次　】		
大問	1	場合の数	大問	1	場合の数
	2	素数の性質		2	周期算
	3	グラフ－水の深さと体積		3	グラフ－水の深さと体積
	4	平面図形－構成，相似，辺の比と面積の比		4	平面図形－角度，面積
	5	立体図形－展開図，体積		5	立体図形－構成，作図

◆出題傾向と内容

本校の算数は，**計算問題や応用小問はなく，すべて応用問題**という構成になっています。

内容的に見ると，総問題数が少ないわりに各分野からまんべんなく出されており，複数の分野を組み合わせた問題も多く見られます。

図形は本校の重視する分野で，この分野の出来不出来が合否を左右するといえます。具体的には，図形の移動と面積・体積の変化，三角形の合同・相似と面積比を組み合わせたもの，立体図形の切断，水量の変化とグラフなどが目につきます。また，作図問題が例年出されており，今までに展開図，投影図，角の二等分線，平面図形の折り曲げなどが取り上げられています。

数の性質からは，数列や規則性，場合の数などがよく出題されます。

特殊算は，出題率は低めですが，速さに関係する旅人算やグラフ，つるかめ算，推理算などが取り上げられています。

◆対策～合格点を取るには？～

まず，計算力は算数の基礎力養成の最低条件ですから，反復練習をすることが大切です。

図形は，面積や体積ばかりでなく，長さ，角度，展開図，縮尺，相似比と面積比，体積比などの考え方や解き方をはば広く身につけ，割合や比を使ってすばやく解けるようになるまで練習すること。また，図形をいろいろな方向から見たり分割してみたりして，図形の性質もおさえておきましょう。

数量分野では，特に数の性質，規則性，場合の数などをマスターしましょう。まず教科書にある重要事項を整理し，さらに類題を数多くこなして基本的なパターンを身につけてください。

また，特殊算からの出題は少なめですが，参考書などにある「〇〇算」というものの基本を学習し，問題演習を通じて公式をスムーズに活用できるようになりましょう。

なお，算数では答えを導くまでの考え方や式がもっとも大切ですから，**ふだんからノートに自分の考え方，線分図，式を見やすくかく習慣をつけておきましょう。**

算数　出題分野分析表

分野 ＼ 年度		2024 1次	2024 2次	2023 1次	2023 2次	2022 1次	2022 2次	2021 1次	2021 2次
計算	四則計算・逆算								
	計算のくふう							○	
	単位の計算								
和と差	和差算・分配算								
	消去算		○						
	つるかめ算								
	平均とのべ								
	過不足算・差集め算								
	集まり								
	年齢算								
割合と比	割合と比								
	正比例と反比例				○				
	還元算・相当算								
	比の性質								
	倍数算								
	売買損益								
	濃度								
	仕事算								
	ニュートン算								
速さ	速さ							○	
	旅人算						○		
	通過算								
	流水算								
	時計算								
	速さと比						○		○
図形	角度・面積・長さ		○	◎	○	◎		◎	◎
	辺の比と面積の比・相似	○	○		◎		○	○	○
	体積・表面積	○	○		○	○	○	○	
	水の深さと体積	○		○					
	展開図	○			○		○		
	構成・分割	○	○	○	○	○	◎	○	
	図形・点の移動		○					◎	
表とグラフ		○		○		○		○	
数の性質	約数と倍数								
	N進数								
	約束記号・文字式							○	
	整数・小数・分数の性質	○					○		○
規則性	植木算								
	周期算			○			○		
	数列		○			○			○
	方陣算								
	図形と規則					○			
場合の数		○	○	○	○	○	○		○
調べ・推理・条件の整理					●	○		○	
その他									

※　○印はその分野の問題が1題，◎印は2題，●印は3題以上出題されたことをしめします。

社会　出題傾向＆対策

◆基本データ（2024年度１次）

試験時間／満点	45分／75点
問題構成	・大問数…３題 ・小問数…34問
解答形式	記号選択と記述問題が中心となっており，用語の記入は少ない。記号選択は，組み合わせの正誤を問うものが多い。記述問題は，字数制限のあるものとないものがある。
実際の問題用紙	Ｂ５サイズ，小冊子形式
実際の解答用紙	Ｂ４サイズ，両面印刷

◆過去４年間の分野別出題率

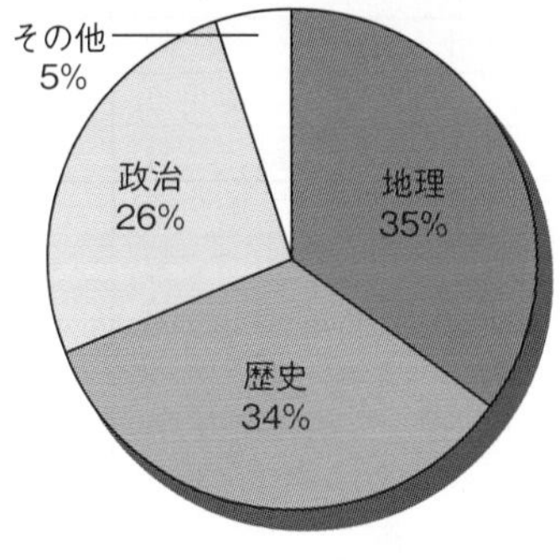

※　配点（推定ふくむ）をもとに算出

◆近年の出題内容

【　2024年度１次　】			【　2023年度１次　】		
大問	1	**〔政治〕** 刑事裁判と首相官邸を題材とした問題	大問	1	**〔政治〕** 鉄道を題材とした問題
	2	**〔歴史〕** 小倉百人一首を題材とした問題		2	**〔歴史〕** ジャンケンを題材とした各時代の政治や文化などについての問題
	3	**〔地理〕** 地球温暖化についての問題		3	**〔地理〕** 海岸線を題材とした問題

◆出題傾向と内容

本校の社会は，**地理と歴史がやや多いものの，政治を合わせた３分野からほぼ均等に出題される**と言ってよく，さらに現代社会の動き（時事的なことがら）に関する知識・理解もあわせ見るというものになっています。また，最近は各分野を融合した総合問題がよく出される傾向にあり，特に，時事問題をベースに歴史分野や政治分野を組み合わせたものが目につきます。

●**地理**…産業や地勢などの特ちょうを地域別に問うものが多く出題されています。また，図・写真について問うものや，表やグラフを読み取って答える問題も多く，これはふだんから地図帳や資料に親しんでいないと解答できません。さらに，近年は世界の国々の特ちょうを問うものも出されています。

●**歴史**…各時代・各分野からの設問で構成される集合題形式でよく問われ，かなり細かい知識を必要とするものも見られます。また，問題の説明文が長かったり設問自体が複雑だったりするので，スピーディーに解き進めなければなりません。

●**政治**…時事問題から派生するかたちで出題されることが多く，政治のしくみや国際関係，日本経済などがおもな出題項目です。

◆対策～合格点を取るには？～

地理は，**白地図を利用した学習**をおすすめします。自分の手で実際に作業することによって，視覚的理解が得られ，より理解が深められるでしょう。また，資料の引用先としてひんぱんに取り上げられる『日本国勢図会』などにも注目しておきたいものです。

歴史は，**全体の大きな流れをつかんでから，細かい事象について身につけていく**ようにしてください。歴史上大きなできごとが起こった年はできるだけ覚えておくこと。有名な歴史上の人物の伝記を読むのもおすすめです。用語ではなく，時代背景を理解しておくことが要求されていますので，政治だけでなく，経済や文化，人びとのくらしにも目を向けておきましょう。

政治は，**日本国憲法の基本的な内容をしっかりおさえる**こと。特に三権のしくみについて理解しておきましょう。また，この分野は時事問題がからむことがよくあるので，つねに新聞やニュースに関心を持つことも必要です。

社会 出題分野分析表

分野			2024 1次	2024 2次	2023 1次	2023 2次	2022 1次	2022 2次	2021 1次	2021 2次
日本の地理		地図の見方								
		国土・自然・気候	○	○	○	○	○	○	○	○
		資源		○		○				
		農林水産業	○	○	○		○	○		
		工業	○	○	○	○			○	○
		交通・通信・貿易			○					
		人口・生活・文化	○	○	○	○	○			○
		各地方の特色			○			○	○	○
		地理総合	★	★	★	★	★	★	★	★
世界の地理						○				
日本の歴史	時代	原始～古代	○	○	○	○	○	○	○	○
		中世～近世	○	○	○	○	○	○	○	○
		近代～現代	○	○	○	○	○	○	○	○
	テーマ	政治・法律史								
		産業・経済史								
		文化・宗教史								
		外交・戦争史								
		歴史総合	★	★	★	★	★	★	★	★
世界の歴史										
政治		憲法	○	○	○					○
		国会・内閣・裁判所	○	○	○		○	○	○	○
		地方自治			○			○		
		経済		○	○		○			
		生活と福祉			○					
		国際関係・国際政治		○		○		○		
		政治総合	★		★		★	★		★
環境問題								○		
時事問題			○	○					○	○
世界遺産					○					
複数分野総合				★		★			★	

※　原始～古代…平安時代以前，中世～近世…鎌倉時代～江戸時代，近代～現代…明治時代以降

※　★印は大問の中心となる分野をしめします。

理科 出題傾向&対策

◆基本データ(2024年度1次)

試験時間/満点	45分/75点
問題構成	・大問数…4題 ・小問数…21問
解答形式	記号選択と計算結果の記入,1～2行の短文記述などバラエティ豊か。記号選択は,択一式だけでなく複数選ぶものも出題されている。作図などは見られない。
実際の問題用紙	B5サイズ,小冊子形式
実際の解答用紙	B4サイズ,両面印刷

◆過去4年間の分野別出題率

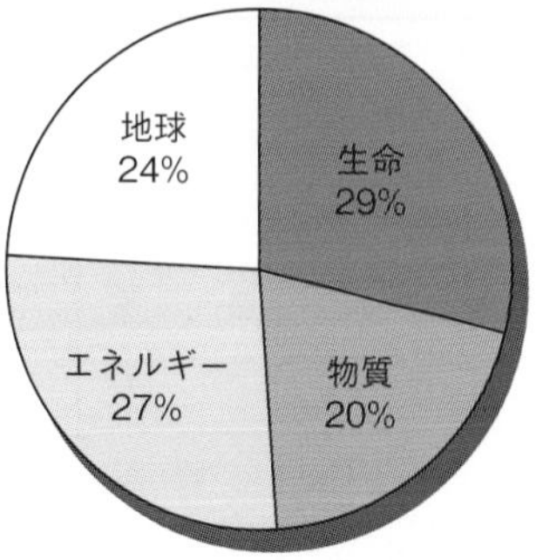

※ 配点(推定ふくむ)をもとに算出

◆近年の出題内容

【 2024年度1次 】			【 2023年度1次 】		
大問	1	〔エネルギー〕光の進み方と明るさ	大問	1	〔地球〕地震
	2	〔物質〕草木染め		2	〔生命〕落花生
	3	〔地球〕太陽の動き		3	〔エネルギー〕てこ
	4	〔生命〕テッポウウオ			

◆出題傾向と内容

「生命」「物質」「エネルギー」「地球」の4分野から3つ以上出題されています。全体的に,**実験や文章から考える問題が多くなっています。**

●生命…魚の種類,ミツバチの8の字ダンス,動物の体温,ヒトの心臓血管系,落花生,こん虫と植物,体内の水の移動などが出題されています。

●物質…結晶の作り方,塩酸と水酸化ナトリウム水溶液の中和,気体の性質,物質の性質と判別,物体の密度,石灰岩の性質などが出題されています。

●エネルギー…光の性質,電磁石とモーター,音の伝わり方,遠心力,圧力,ふりこの動きなどが出題されています。

●地球…地球温暖化とそのしくみ,太陽・月・太陽系の惑星の動き,月の動きと見え方,大気圧と天気,地球の大きさの測定などが出題されています。

◆対策～合格点を取るには?～

本校・理科の試験は,実験・観察・観測をもとにした問題が中心となっています。したがって,**まずは基礎的な知識をはやいうちに身につけて,そのうえで,参考書等を使って演習問題をくり返す**のがよいでしょう。

「生命」は,身につけなければならない基本知識の多い分野です。ヒトのからだのしくみ,動物や植物のつくりと成長などを中心に,ノートにまとめながら知識を深めましょう。「物質」は,気体や水溶液,物質のすがたを中心に学習するとよいでしょう。また,中和や水溶液の濃度,気体の発生など,表やグラフをもとにして計算させる問題にも積極的に取り組んでおきましょう。

「エネルギー」では,光や音の性質,物体の運動などに注目しましょう。ふりこの運動,物体の速さ(速度)などについて,それぞれの基本的な考え方をしっかりマスターし,さまざまなパターンの計算問題にチャレンジしてください。もちろん,計算ミスにも気をつけること。「地球」では,太陽・月・地球の動き,季節と星座の動きが重要なポイントです。また,天気と気温・湿度の変化,地層のでき方などもきちんとおさえておきましょう。

理科 出題分野分析表

分野	年度	2024		2023		2022		2021	
		1次	2次	1次	2次	1次	2次	1次	2次
生命	植物			★		★			
	動物	★	★				★		
	人体				★				
	生物と環境							★	
	季節と生物								
	生命総合					★			
物質	物質のすがた								○
	気体の性質				○		★	○	
	水溶液の性質	○							
	ものの溶け方		★						
	金属の性質								
	ものの燃え方								
	物質総合	★						★	★
エネルギー	てこ・滑車・輪軸			★					
	ばねののび方								
	ふりこ・物体の運動							★	
	浮力と密度・圧力				○				
	光の進み方	★					★		
	ものの温まり方			○					○
	音の伝わり方					★			
	電気回路								
	磁石・電磁石		★						
	エネルギー総合				★				
地球	地球・月・太陽系	★	★				★	★	
	星と星座					★			
	風・雲と天候				★				★
	気温・地温・湿度								
	流水のはたらき・地層と岩石								
	火山・地震			★					
	地球総合								
実験器具							○		★
観察									
環境問題									
時事問題									
複数分野総合									

※　★印は大問の中心となる分野をしめします。

国語　出題傾向＆対策

◆基本データ（2024年度１次）

試験時間／満点	50分／100点
問題構成	・大問数…２題 　文章読解題２題 ・小問数…15問
解答形式	記号選択と記述問題から構成されている。記述問題にはすべて字数制限がなく，１～３行程度で書かせるものとなっている。
実際の問題用紙	Ｂ５サイズ，小冊子形式
実際の解答用紙	Ｂ４サイズ

◆過去４年間の分野別出題率

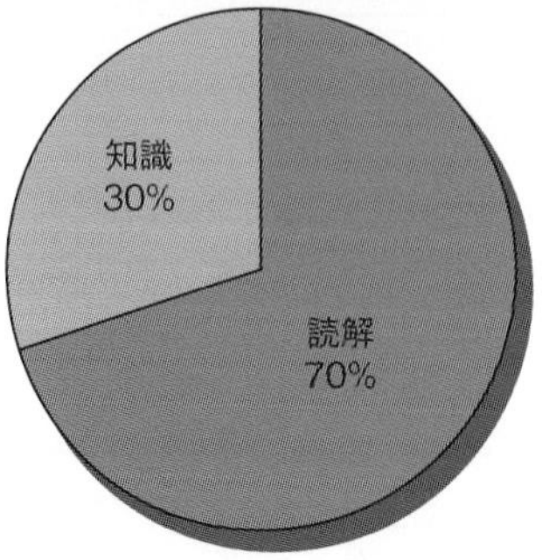

※　配点（推定ふくむ）をもとに算出

◆近年の出題内容

【　2024年度１次　】			【　2023年度１次　】		
大問	一	〔説明文〕信原幸弘『「覚える」と「わかる」―知の仕組みとその可能性』（約3900字）	大問	一	〔説明文〕鶴見俊輔「おとなをねぶみするひま　マーク・トウェーン『トム・ソーヤーの冒険』」（約2600字）
	二	〔小説〕志賀直哉「或る朝」（約3000字）		二	〔小説〕津島佑子「鳥の涙」（約5300字）

◆出題傾向と内容

本校の国語は，文章読解題２題で構成されており，知識問題は文章読解題に組みこまれる形で出題されています。取り上げられる文章のジャンルは，小説・物語文と説明文・論説文の組み合わせがほとんどです。

設問の中心は，小説・物語文では心情のはあく，説明文・論説文では内容の読み取りで，なかでも文章表現の特色を問うもの，行動理由を問うものが好んで取り上げられています。問題全体が，導入として細かな内容を問い，心情や論理の中心にあたる部分を経て，主題を問うもので終わるように構成された，取り組みやすいものとなっています。細かい点では，記号選択問題で，選択肢一つひとつのリード文が長いうえ，直接解答につながる部分を探すだけでは選び切れないものが多いのが特ちょうです。前後の表現内容をもとに，文全体の流れや設定まで判断材料として，人物像，人間関係，心情，文章の特色をつかむ必要があります。

深く正確な読み取りが求められる，レベルの高い，よく練られた良問ぞろいなので，国語好きの受験生には有利でしょう。

◆対策～合格点を取るには？～

本校の国語は，読解力と表現力を見る問題がバランスよく出題されていますから，**まず読解力をつけ，そのうえで表現力を養う**ことをおすすめします。

読解力をつけるためには読書が必要ですが，長い作品よりも短編のほうが主題を読み取りやすいので，特に国語の苦手な人は短編から入るとよいでしょう。

次に表現力ですが，これには内容をまとめるものと自分の考えを述べるものとがあります。内容をまとめるものは，数多く練習することによって，まとめ方やポイントのおさえ方のコツがわかってきます。自分の考えを述べるものは，答えに必要なポイントをいくつか書き出し，それらをつなげる練習をするのが効果的ですが，そのためにはたくさんことばを知っておく必要があります。日ごろから語いを増やすよう心がけましょう。

なお，ことばのきまり・知識に関しては，参考書を１冊仕上げるとよいでしょう。また，漢字や熟語については，読み書きに加えて類義語や対義語，同音（訓）異義語などについてもまとめるとよいでしょう。

国語 出題分野分析表

		年度	2024		2023		2022		2021	
分野			1次	2次	1次	2次	1次	2次	1次	2次
読解	文章の種類	説明文・論説文	★	★	★	★	★	★	★	★
		小説・物語・伝記	★	★	★	★	★	★	★	★
		随筆・紀行・日記								
		会話・戯曲								
		詩								
		短歌・俳句								
	内容の分類	主題・要旨	○	○	○	○	○	○	○	
		内容理解	○	○	○	○	○	○	○	○
		文脈・段落構成								
		指示語・接続語								
		その他	○	○	○	○	○	○	○	○
知識	漢字	漢字の読み	○	○		○	○	○	○	○
		漢字の書き取り	○	○	○	○	○	○	○	○
		部首・画数・筆順								
	語句	語句の意味	○	○		○	○			○
		かなづかい								
		熟語					○			
		慣用句・ことわざ	○		○	○		○		○
	文法	文の組み立て								
		品詞・用法								
		敬語								
	形式・技法									
	文学作品の知識		○	○	○	○	○	○	○	○
	その他									
	知識総合									
表現	作文									
	短文記述									
	その他									
放送問題										

※　★印は大問の中心となる分野をしめします。

2024 年度 渋谷教育学園幕張中学校

【算　数】〈第１次試験〉（50分）〈満点：100点〉

注意　• コンパス，三角定規を使用できます。

1　１から９までの数字が書かれたカードがそれぞれ１枚ずつ，全部で９枚あり，２つの空の袋《ふくろ》A，Bがあります。次の各問いに答えなさい。

(1)　はじめに，９枚のカードから１枚のカードを選び，袋Aに入れます。次に，残ったカードから３枚のカードを選び，袋Bに入れます。袋A，Bからカードをそれぞれ１枚ずつ取り出すとき，どのカードを取り出しても，取り出した２枚のカードに書かれている数の積が10の倍数となるような，袋A，Bに入れるカードの入れ方は，何通り考えられますか。

(2)　はじめに，９枚のカードから１枚以上４枚以下の好きな枚数のカードを選び，袋Aに入れます。次に，残ったカードから１枚以上４枚以下の好きな枚数のカードを選び，袋Bに入れます。袋A，Bからカードをそれぞれ１枚ずつ取り出すとき，どのカードを取り出しても，取り出した２枚のカードに書かれている数の積が10の倍数となるような，袋A，Bに入れるカードの入れ方は，何通り考えられますか。

(3)　はじめに，９枚のカードから１枚以上３枚以下の好きな枚数のカードを選び，袋Aに入れます。次に，残ったカードから１枚以上３枚以下の好きな枚数のカードを選び，袋Bに入れます。袋A，Bからカードをそれぞれ１枚ずつ取り出すとき，どのカードを取り出しても，袋Aから取り出したカードに書かれている数が，袋Bから取り出したカードに書かれている数より６以上大きくなるような，袋A，Bに入れるカードの入れ方は，何通り考えられますか。

2　次の各問いに答えなさい。

(1)　縦の長さも横の長さも，それぞれ２cm，３cm，４cm，…，99cm，100cmのいずれかとなるような，長方形や正方形のタイルを考えます。このようなタイルとして考えられるものをすべて，面積が小さい順に左から一列に並べます。ただし，同じ面積のタイルは，縦の長さが最も短いタイルのみを並べます。次に，あるタイルXが，並べられている他のタイルのうちいずれか１種類を，何枚かつなげて作ることができる場合は，タイルXを列から取り除きます。例えば，縦の長さが２cm，横の長さが４cmのタイルは，縦の長さが２cm，横の長さが２cmのタイルを２枚つなげて作ることができるので，列から取り除きます。このようにして取り除けるタイルをすべて取り除いたところ，下のようなタイルの列ができました。

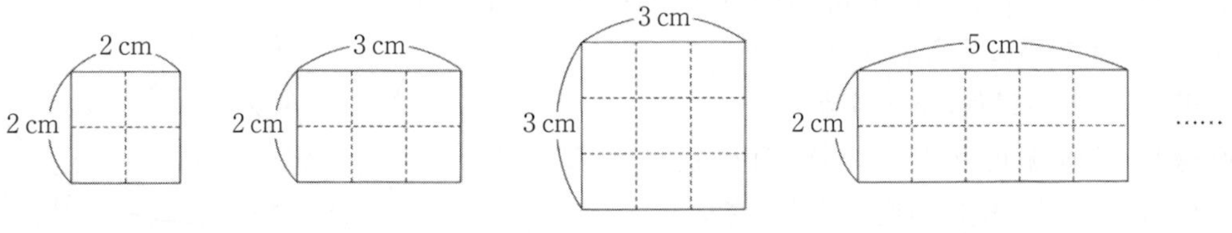

①　左から７番目にあるタイルの面積は何cm^2ですか。

② タイルの列に，面積が60cm^{2}以下のタイルは何枚ありますか。

(2) どの面の形も(1)の列にあるタイルのいずれかと同じ形であるような，直方体や立方体を考えます。ただし，体積が同じ立体がいくつか考えられるときは，向きが違うものは区別しないで，そのうち一つだけ考えるようにします。こうして考えられる立体をすべて，体積が小さい順に左から一列に並べます。左から10番目にある立体の体積は何cm^{3}ですか。

3 【図１】のように，２つの円柱の形をしたおもりＡ，Ｂがあります。ＡとＢの体積は等しく，Ａの高さはＢの高さの３倍です。

【図２】のように，四角柱の形をした空の容器Ｃの中に，おもりＡ，Ｂを置きます。

【図１】

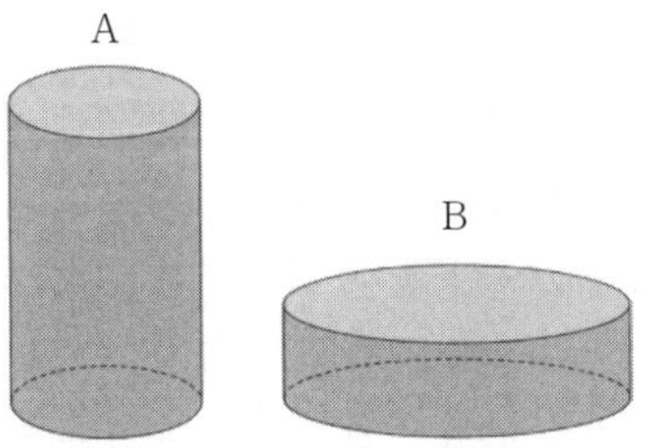

【図２】

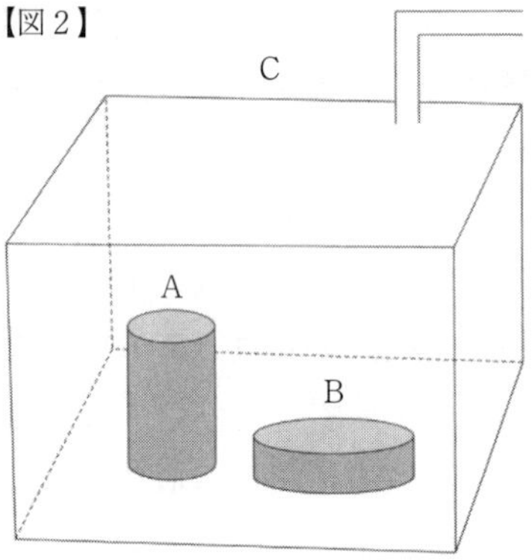

容器Ｃの中に，１秒あたり同じ量の水を静かに入れ続けたとき，水を入れ始めてからの時間と，容器Ｃの底面から水面までの高さの関係は，右のグラフのようになりました。

次の各問いに答えなさい。

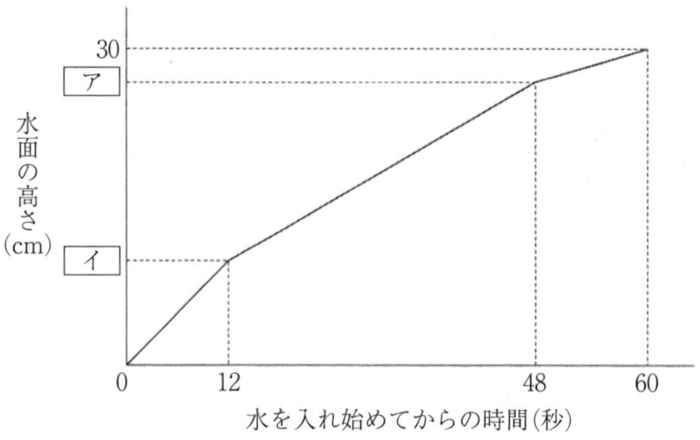

(1) Ｃの底面積は，Ａの底面積の何倍ですか。

(2) グラフの ア ， イ にあてはまる数を答えなさい。

4 図のように，円周を５つの点Ａ，Ｂ，Ｃ，Ｄ，Ｅで区切ったとき，△をつけた３つの曲線部分 AB，CD，AE の長さは等しく，○をつけた２つの曲線部分 BC，DE の長さは等しくなりました。また，直線 AG の長さは１cm，直線 AD の長さは４cm，直線 FE の長さは２cm です。次の各問いに答えなさい。

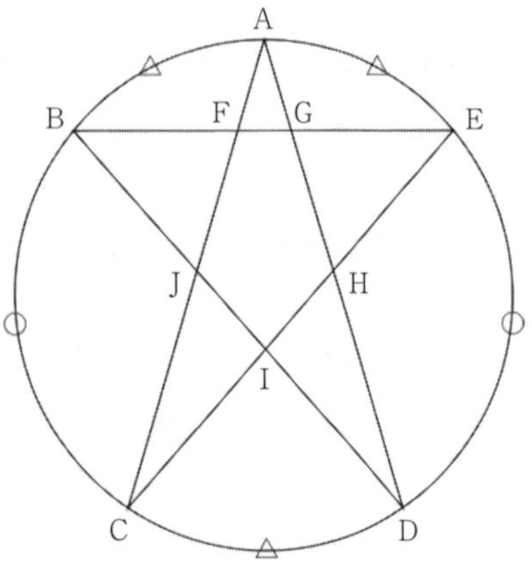

(1) 直線 FG の長さは何cm ですか。

(2) 直線 HI と直線 IC の長さの比(HI の長さ)：(IC の長さ)を，最も簡単な整数の比で答えなさい。

(3) 五角形 FGHIJ の面積は，三角形 AFG の面積の何倍ですか。

5 次の各問いに答えなさい。

ただし，角すいの体積は，（底面積）×（高さ）÷３で求められるものとします。

(1) 【図１】のように，立方体の展開図に点線をひきます。もとの折り目に加え，点線部分も折り目とし，すべての折り目が立体の辺になるようにして，この展開図を組み立てると，【図２】のような立体ができました。この立体の体積は何 cm^3 ですか。

【図１】

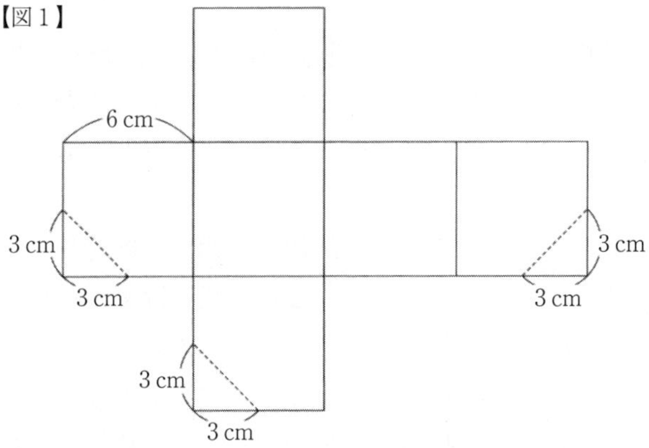

【図２】

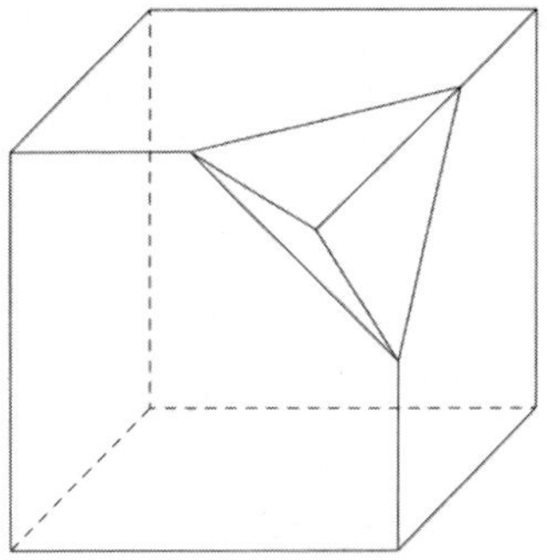

(2) 【図３】のように，正方形BECDの対角線を一辺とする正三角形ABCを考えます。【図４】の展開図において，㋐～㋓は合同な二等辺三角形で，㋔～㋗は【図３】の正三角形ABCと合同です。この展開図を組み立てて立体を作ると，二種類の立体が作れます。そのうち，体積が大きい方の立体を立体A，体積が小さい方の立体を立体Bとします。立体Aの体積は，立体Bの体積より何 cm^3 大きいですか。

【図３】

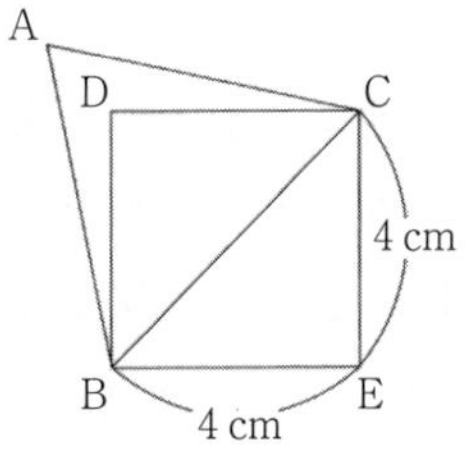

【図４】

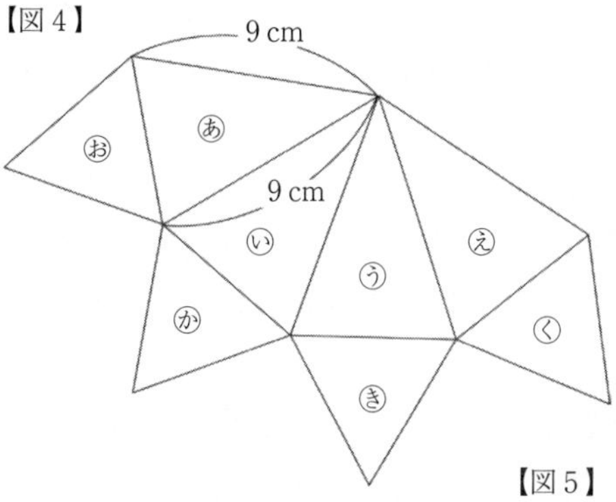

(3) 【図５】の展開図において，㋐～㋓は合同な台形で，㋔～㋗は合同な正三角形です。この展開図を組み立てて立体を作ると，二種類の立体が作れます。そのうち，体積が大きい方の立体を立体C，体積が小さい方の立体を立体Dとします。２つの立体C，Dの体積の比（立体Cの体積）：（立体Dの体積）を，最も簡単な整数の比で答えなさい。

【図５】

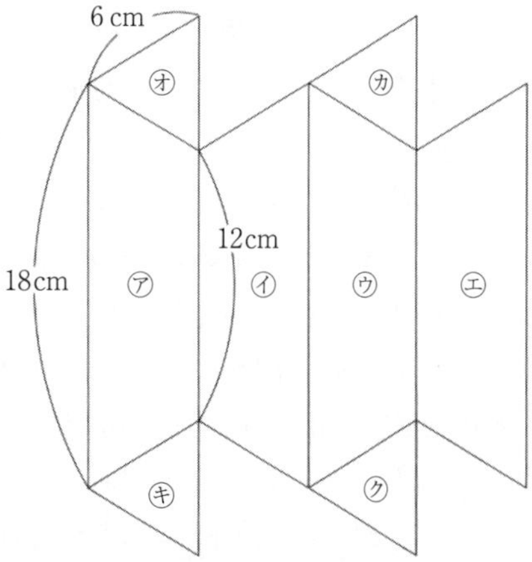

【社　会】〈第１次試験〉（45分）〈満点：75点〉

注意　• 句読点は字数にふくめます。

• 字数内で解答する場合，数字は１マスに２つ入れること。例えば，226年なら[22][6][年]とすること。字数は指定の８割以上を使用すること。例えば，30字以内なら24字以上で答えること。

〈編集部注：実物の入試問題では，写真と**2**の図１はカラー印刷です。〉

1　次の文章を読み，下記の設問に答えなさい。

刑事裁判の傍聴《ぼうちょう》と総理大臣官邸《かんてい》（首相官邸）を見学する社会科巡検《じゅんけん》に参加するため，午前９時に東京・霞が関《かすみがせき》にある裁判所合同庁舎の前に集合しました。この建物には東京地方裁判所やその他の a 下級裁判所が入っていますが，最高裁判所はここから約１キロメートル離れた場所にあります。

庁舎玄関で所持品検査を受けてから，１階ホールでその日に開廷する裁判を確認しました。b 裁判は原則として公開され，誰でも傍聴することができます。また，裁判は平日の日中に開廷しますが，c 休日や深夜にも裁判官が裁判所に宿直しているのだそうです。

午前10時に開廷する刑事事件を傍聴するために d 法廷に入りました。約５分前までに，検察官と弁護人，刑務官に連れられた被告人が着席し，定時に裁判長が着席して開廷しました。

最初に裁判長が被告人を証言台に呼んで氏名や生年月日などを尋《たず》ねたあと，検察官が起訴状を朗読し，被告人を詐欺《さぎ》罪で起訴したことを述べました。続いて裁判長が被告人に「[　ア　]」と伝えたうえで，起訴状の内容に間違いがないか尋ねました。被告人は「間違いありません」と起訴内容を認めていました。

検察官は冒頭陳述《ぼうとうちんじゅつ》で「被告人はレストランで飲食をしたものの，代金を支払わずに店から出たところを店員に呼び止められ，警察官が逮捕《たいほ》した」と述べました。弁護人による被告人質問では，犯行に至った経緯や罪の意識などについて尋ね，被告人は二度と同じ罪を犯《おか》さないと誓っていました。

検察官による論告《ろんこく》では「被告人を懲役２年に処するのが相当であると思料《しりょう》します」と求刑しました。これに対する弁護人の最終弁論では，執行猶予《しっこうゆうよ》付きの寛大《かんだい》な判決を求めました。最後に裁判官・検察官・弁護人が今後の日時を打ち合わせ，約２週間後に判決を言い渡すことが決まり，閉廷しました。

裁判所地下の食堂で昼食を摂《と》ってから，次の見学地である首相官邸へ徒歩で移動しました。国道１号線を南下して霞が関二丁目交差点を右折し，右手に外務省，左手に[　イ　]の庁舎を見ながら潮見《しおみ》坂を上がります。[　イ　]では，国の予算や税金，為替《かわせ》や関税などに関する仕事をしていますが，e 時期によっては，深夜でも多くの部屋に明かりがともり，職員が残業しているのだそうです。そして終電を逃した職員を乗せるために多数の f タクシーがこのあたりに待機していると聞きました。潮見坂を[　イ　]上交差点まで上がると g 国会議事堂が見えてきますが，その南側の坂をさらに上がると首相官邸に到着しました。

首相官邸は内閣総理大臣が執務《しつむ》するための建物で，2002年に現在の官邸庁舎が完成しました。３階の正面玄関から入り，まず１階の記者会見室を見学しました。ここでは平日の午前と午後の２回，内閣官房長官の定例記者会見が行われます。２階には会議に使用したり国賓《こくひん》などを迎える大小２つのホールがあり，ホワイエ（ロビー）から３階のエントランスホールを結ぶ階段では，h 組閣や内閣改造の際に赤絨毯《じゅうたん》を敷《し》いて記念写真を撮ります。

その後，４階に上がり閣僚応接室を見学しました。内閣総理大臣を中心に国務大臣が並んで座っている場面をテレビのニュースでよく見かけますが，これは i 閣議が始まる前にこの部屋で撮影されるもので，閣議は奥にある非公開の閣議室で行われます。その他に特別応接室や会議室があり，最上階の５階には内閣総理大臣や内閣官房長官などの執務室があります。

最後に内閣総理大臣が日常生活を送る首相公邸や官邸前庭を見学し，j 東京メトロ国会議事堂前駅で解散しました。

問１　空らん［ア］に入る最も適当な文を，下記より１つ選び番号で答えなさい。

1　あなたには黙秘権《もくひけん》があります。この法廷で聞かれたことに対して始めから終わりまでずっと黙《だま》っていることもできるし，答えたくない質問には答えない，ということもできます。答えた以上は有利にも不利にも証拠になります。

2　あなたには裁判所で迅速《じんそく》な公開裁判を受ける権利があります。傍聴している人もいますので，この裁判では聞かれたことに対して正直に答えてください。そうしないと，あなたに不利な判決になってしまう可能性があります。

3　あなたには嘘《うそ》を言わないという宣誓をしてもらいます。この裁判で聞かれたことに対して嘘をつくと，偽証罪《ぎしょうざい》という罪で処罰されることがありますから注意してください。

4　あなたは弁護人を選任することができます。また，あなたが貧困その他の事由《じゆう》により自ら弁護人を選任することができないときは弁護人の選任を請求することができます。

問２　空らん［イ］に入る日本の中央官庁名を漢字で答えなさい。

問３　下線部**a**を説明した次の文**X**・**Y**について，その正誤の組合せとして正しいものを，下記より１つ選び番号で答えなさい。

X　高等裁判所は，札幌・東京・名古屋・大阪・福岡のみに設置されています。

Y　地方裁判所・家庭裁判所・簡易《かんい》裁判所は，すべての都道府県に設置されています。

1	X	正	Y	正	2	X	正	Y	誤
3	X	誤	Y	正	4	X	誤	Y	誤

問４　下線部**b**について，裁判の公開に関して説明した次の文**X**・**Y**について，その正誤の組合せとして正しいものを，下記より１つ選び番号で答えなさい。

X　日本人は誰でも裁判を傍聴できますが，外国人には認められていません。

Y　法廷では撮影や録音，描画《びょうが》やメモをとることは一切認められていません。

1	X	正	Y	正	2	X	正	Y	誤
3	X	誤	Y	正	4	X	誤	Y	誤

問５　下線部**c**について，どのような目的で宿直していると考えられますか。解答用紙のわく内で説明しなさい。

問６　下線部**d**に関連して，次の図は日本の下級裁判所と最高裁判所における刑事裁判の法廷の見取り図です。下級裁判所のものを，**すべて選び**番号で答えなさい。

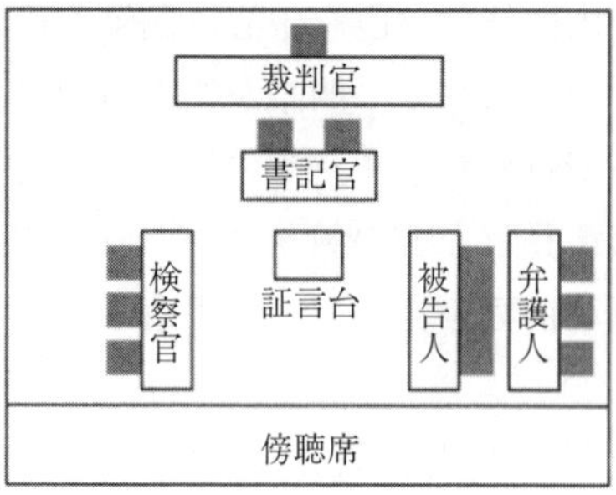

1

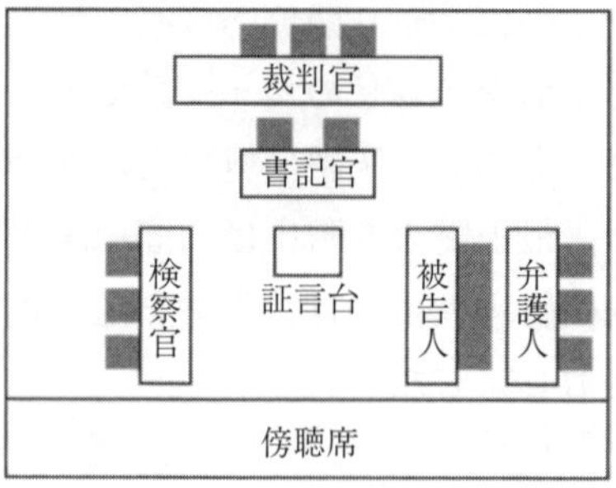

2

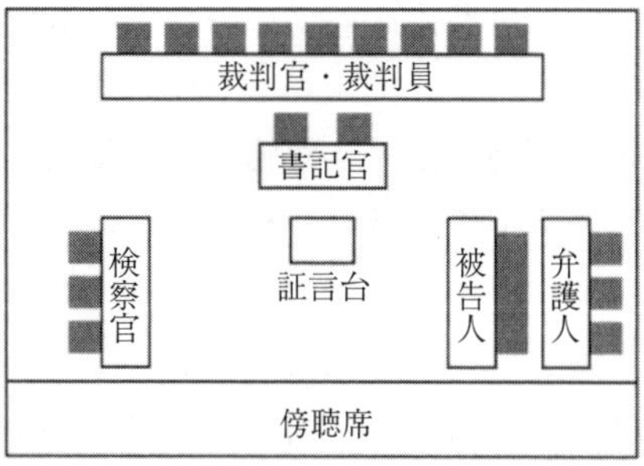

3

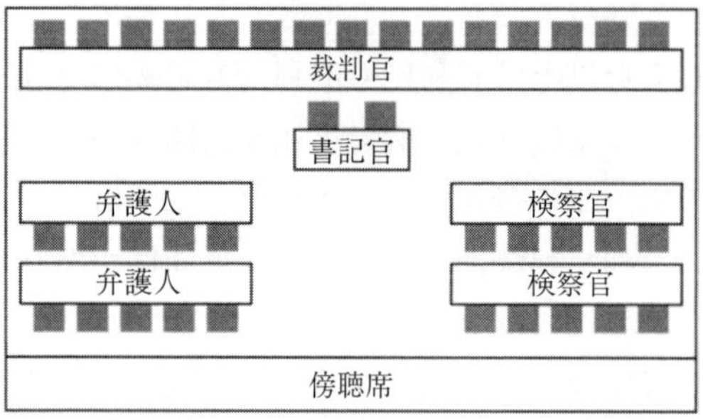

4

問７　下線部ｅについて説明した次の文Ｘ・Ｙについて，その正誤の組合せとして正しいものを，下記より１つ選び番号で答えなさい。

Ｘ　毎年１月から国会では常会が開かれているため，国会議員への説明や法改正の準備，国会答弁の作成などを行っています。

Ｙ　毎年１月に政府予算案を国会に提出するため，前年９月から12月にかけて次年度予算の編成作業や各府省と予算折衝《せっしょう》をしています。

1	Ｘ	正	Ｙ	正	2	Ｘ	正	Ｙ	誤
3	Ｘ	誤	Ｙ	正	4	Ｘ	誤	Ｙ	誤

問８　下線部ｆについて，近年，日本ではタクシーが不足している地域があるため，タクシーに関する規制を緩和《かんわ》して，一般ドライバーが自家用車を使って有料で人を運ぶ「ライドシェア」の解禁を求める意見があります。ライドシェアを実現するためには，どのような規制の緩和が必要ですか。解答用紙のわく内で答えなさい。

問９　下線部ｇに関連して，国会にはある目的のために裁判所が設置されています。その裁判所の目的を解答用紙のわく内で答えなさい。

問10　下線部ｈについて，日本国憲法の規定を説明した次の文Ｘ・Ｙについて，その正誤の組合せとして正しいものを，下記より１つ選び番号で答えなさい。

Ｘ　内閣総理大臣は衆議院議員の中から国会の議決で指名し，天皇が任命します。

Ｙ　すべての国務大臣は国会議員の中から内閣総理大臣が任命し，天皇が認証します。

1	Ｘ	正	Ｙ	正	2	Ｘ	正	Ｙ	誤
3	Ｘ	誤	Ｙ	正	4	Ｘ	誤	Ｙ	誤

問11　下線部ｉについて説明した次の文Ｘ・Ｙについて，その正誤の組合せとして正しいものを，

下記より１つ選び番号で答えなさい。

X　閣議は内閣の意思決定機関として，内閣総理大臣と国務大臣のほか，衆参両院の議長が出席します。

Y　閣議決定は全員一致であるため，内閣総理大臣は反対する国務大臣を罷免《ひめん》して閣議決定することができます。

1	X	正	Y	正		2	X	正	Y	誤
3	X	誤	Y	正		4	X	誤	Y	誤

問12　下線部 j について，東京メトロ（東京地下鉄株式会社）は，営団地下鉄（帝都高速度交通営団）が2004年に民営化して発足しました。民営化の事例を説明した次の文X・Yについて，その正誤の組合せとして正しいものを，下記より１つ選び番号で答えなさい。なお，年号に誤りはありません。

X　中曽根《なかそね》康弘内閣は郵政民営化を公約に掲《かか》げ，2007年に日本郵政公社が民営化して日本郵政グループが発足しました。

Y　2011年に発生した福島第一原子力発電所の事故を受けて，東京電力株式会社が民営化されました。

1	X	正	Y	正		2	X	正	Y	誤
3	X	誤	Y	正		4	X	誤	Y	誤

2　次の文章を読み，下記の設問に答えなさい。

2022（令和４）年７月に近江《おうみ》神宮で開催された小倉百人一首競技かるた第44回全国高等学校選手権大会の団体戦において，千葉県代表として出場した本校のかるた部が初出場で初優勝をしました。1979（昭和54）年に始まるこの大会は「かるたの甲子園」とも呼ばれています。この大会の会場となった近江神宮は，1940（昭和15）年に創建された比較的新しい神社ですが，そのほか「競技かるた名人位・クイーン位決定戦」など様々なかるた競技の大会や行事が行われています。このように小倉百人一首の競技かるたに関する大会や行事が，滋賀県大津市にある近江神宮で開催されているのは，近江神宮に神としてまつられている a 天智天皇の和歌が小倉百人一首の最初の一首であるからだということです。

小倉百人一首は，b 鎌倉時代の前期に活躍した藤原定家によってつくられたといわれています。小倉百人一首は，天智天皇から順徳院《じゅんとくいん》までの百人の和歌で構成されており，競技かるたでは，読手が読む読み札《ふだ》を聞き，その読まれた和歌の取り札を，対戦相手よりも早く取れるかどうかを競い，取った取り札の枚数で勝敗を決めます。また，中学校や高校の中には小倉百人一首を授業などに取り入れている学校もあります。競技かるたにおいても，学校でも，和歌を百首も覚えるなど，和歌そのものに関心が向かう一方で，和歌の作者の表記についてはあまり関心が払われていないようにも思います。

小倉百人一首の和歌の作者の表記に注目すると，c 平安時代の勅撰《ちょくせん》和歌集『　ア　』の編纂《へんさん》の中心人物でもあった紀貫之《きのつらゆき》は「紀貫之」と表記されているのに対し，鎌倉幕府の第３代将軍となった源実朝は「鎌倉右大臣」と表記されています。また小倉百人一首の作者とされる藤原定家は「権中納言《ごんのちゅうなごん》定家」と表記されています。貴族などの歌だけでなく防人《さきもり》の歌なども収録した『 イ 』を編纂したといわれる d 大伴家持《おおとものやかもち》も「中納言家持」と似たような表記がされています。㋐その他にも小倉百人一首では，人の名前が色々な形で表記されています。

本格的な競技かるたばかりでなく，日本各地の中学校や高校では，お正月の行事として小倉百人一首のかるたを実施しているところもあります。そしてこのかるたは実は e ポルトガル語で，安土・桃山時代に㋑南蛮貿易を通じてかるた(carta)が日本に伝わったとされています。その後，日本では様々なかるたが考案され，その１つが小倉百人一首のかるたであり， f 江戸時代には庶民の間で親しまれるようになりました。

そして競技かるたは，1904(明治37)年に， g 新聞『萬朝報《よろずちょうほう》』を主宰《しゅさい》する黒岩涙香《くろいわるいこう》が第１回の競技会を東京の日本橋の常盤木倶楽部《ときわぎくらぶ》で開催し，その際に現在行われているルールになったといわれています。その後， h 大正時代から昭和初期にかけて競技かるたは全国的に広がりました。

問１　空らん ア ・ イ に入る語句をそれぞれ漢字で答えなさい。

問２　下線部 a に関連して，天智天皇が活動した７世紀に関して述べた次の文 A～D について，正しいものの組合せを，下記より１つ選び番号で答えなさい。

A　日本各地で，前方後円墳がつくられるようになりました。

B　蘇我蝦夷《そがのえみし》・入鹿《いるか》の父子が滅ぼされました。

C　聖徳太子(厩戸《うまやと》王)が冠位十二階の制を定めました。

D　大宝律令が編纂されました。

1　A・C	2　A・D	3　B・C	4　B・D

問３　下線部 b の時期における出来事に関して述べた文として正しいものを，下記より１つ選び番号で答えなさい。

1　執権の北条義時は，承久の乱で後鳥羽上皇側を破ると御成敗式目を制定し，武士だけではなく，貴族や農民などすべての人が従うべき基本法に位置づけました。

2　日蓮(蓮)は，「南無妙法蓮華経《なむみょうほうれんげきょう》」と題目《だいもく》を唱えれば，法華経《ほけきょう》(妙法蓮華経)の力によって救われると説きました。

3　元の皇帝フビライは，２度にわたって日本を攻撃しましたが，２度目の攻撃は，「文禄の役」と呼ばれています。

4　永仁の徳政令が出され，御家人だけではなく，百姓や町人も，その借金が帳消しとされました。

問４　下線部 c に関連して，平安時代に建てられた建築物として正しいものを，下の図から１つ選び番号で答えなさい。

1

2

3

4

※．１～４の写真は作問者が撮影

問５　下線部**d**が活動した奈良時代に関して述べた次の文**X**・**Y**について，その正誤の組合せとして正しいものを，下記より１つ選び番号で答えなさい。

X　政府は，各国に命じて風土記《ふどき》を編纂させました。

Y　墾田永年私財法が出されると，貴族や大寺院は私有地を広げました。

1	**X**	正	**Y**	正	2	**X**	正	**Y**	誤
3	**X**	誤	**Y**	正	4	**X**	誤	**Y**	誤

問６　下線部**e**に関連して，現在，ポルトガル語を公用語としている国として正しいものを，下記より１つ選び番号で答えなさい。

1　スリナム　　**2**　ニジェール　　**3**　フィリピン　　**4**　ブラジル

問７　下線部**f**に関連して，江戸時代の出来事や文化などに関して述べた文Ⅰ～Ⅲについて，古いものから年代順に正しく配列したものを，下記より１つ選び番号で答えなさい。

Ⅰ　葛飾北斎《かつしかほくさい》の浮世絵版画集『富嶽三十六景《ふがくさんじゅうろっけい》』が刊行されました。

Ⅱ　動物の保護を命じる生類《しょうるい》憐《あわれ》みの令が出されました。

Ⅲ　キリスト教信者への迫害《はくがい》や厳《きび》しい年貢の取り立てに対し，島原や天草《あまくさ》の人々は一揆《いっき》を起こしました。

1	Ⅰ―Ⅱ―Ⅲ	2	Ⅰ―Ⅲ―Ⅱ	3	Ⅱ―Ⅰ―Ⅲ
4	Ⅱ―Ⅲ―Ⅰ	5	Ⅲ―Ⅰ―Ⅱ	6	Ⅲ―Ⅱ―Ⅰ

問8　下線部**g**に関連して，次の**図1**の新聞記事に関して述べた下の文**X**・**Y**について，その正誤の組合せとして正しいものを，下記より1つ選び番号で答えなさい。

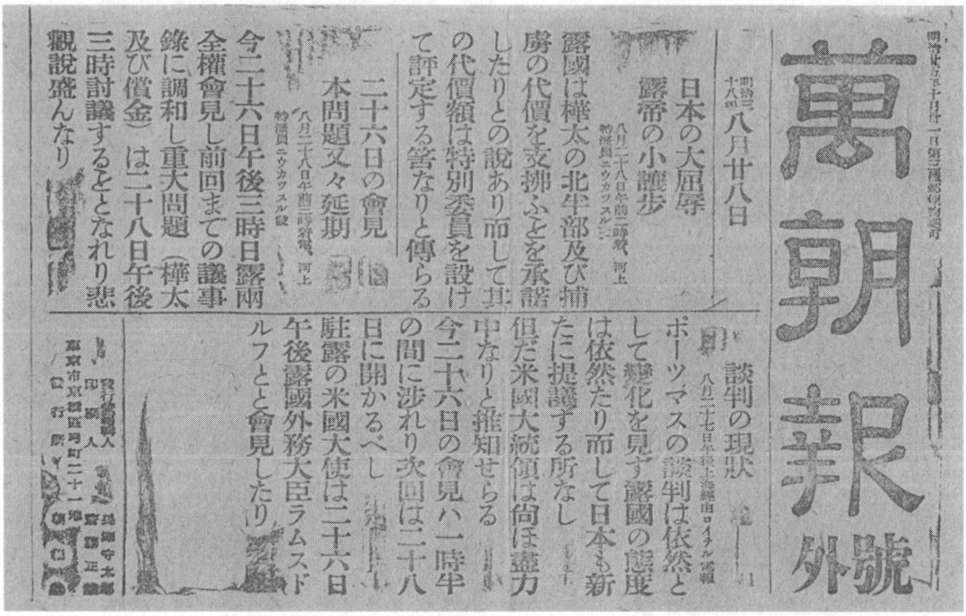

萬朝報 號外

明治三十八年八月廿八日

日本の大屈辱
露帝の小讓歩
（八月二十八日午前三時發　河上特派員ニウカッスルにて）
露國は樺太の北半部及び捕虜の代價を支拂ふことを承諾したりとの說あり而して其の代價額は特別委員を設けて評定する筈なりと傳らる

二十六日の會見
本問題又々延期
（八月二十八日午前三時發電　河上特派員ニウカッスル發）
今二十六日午後三時日露兩全權會見し前回までの議事錄に調和し重大問題（樺太及び償金）は二十八日午後三時討議することとなれり悲觀說盛んなり

談判の現狀
（八月二十七日午後上海經由ロイテル通報）
ポーツマスの談判は依然として變化を見ず露國の態度は依然たり而して日本も新たに提議する所なし
但だ米國大統領は尙ほ盡力中なりと推知せらる
今二十六日の會見は一時半の間に涉れり次回は二十八日に開かるべし
駐露の米國大使は二十六日午後露國外務大臣ラムスドルフと會見したり

図1

※．東京大学大学院法学政治学研究科附属近代法政史料センター
「明治新聞雑誌文庫所蔵新聞号外コレクション」より転載

X　日清戦争後，遼東半島を清国に戻すように要求するロシアと日本の交渉に関する記事です。

Y　日本はロシアと交渉した結果，この記事の後日にポーツマス条約を結びました。

1	**X**	正	**Y**	正		2	**X**	正	**Y**	誤	
3	**X**	誤	**Y**	正		4	**X**	誤	**Y**	誤	

問9　下線部**h**の時期の出来事に関して述べた文Ⅰ～Ⅲについて，古いものから年代順に正しく配列したものを，下記より1つ選び番号で答えなさい。

Ⅰ　日本が国際連盟から脱退しました。

Ⅱ　五・一五事件では犬養《いぬかい》毅《つよし》首相が暗殺されました。

Ⅲ　衆議院議員選挙の結果，3つの政党が連立して内閣を組織しました。

1	Ⅰ—Ⅱ—Ⅲ	2	Ⅰ—Ⅲ—Ⅱ	3	Ⅱ—Ⅰ—Ⅲ
4	Ⅱ—Ⅲ—Ⅰ	5	Ⅲ—Ⅰ—Ⅱ	6	Ⅲ—Ⅱ—Ⅰ

問10　波線部㋐に関連して，下の表は小倉百人一首の人物の表記の一部です。表の①～⑤の人物は，すべて名前(今で言う，名字をのぞいた下の名前。以下同じ)が表記されていません。それに対して⑥～⑪の人物は，すべて名前が表記されています。なぜ①～⑤の人物は名前が表記されていないのでしょうか。表を見て，その基準と理由を40字以内で説明しなさい。

	百人一首での表記	人名	最終的な官職	最終的な位階	何番歌
①	貞信公	藤原忠平	太政大臣	従一位(贈正一位)	26
②	謙徳公	藤原伊尹	太政大臣	正二位(贈正一位)	45
③	法性寺入道前関白太政大臣	藤原忠通	太政大臣	従一位	76
④	河原左大臣	源融	左大臣	従一位(贈正一位)	14
⑤	鎌倉右大臣	源実朝	右大臣	正二位	93
⑥	大納言公任	藤原公任	権大納言	正二位	55
⑦	従二位家隆	藤原家隆	宮内卿	従二位	98
⑧	中納言家持	大伴家持	中納言	従三位	6
⑨	参議篁	小野篁	参議	従三位	11
⑩	紀貫之	紀貫之	木工権頭	従五位上	35
⑪	清原元輔	清原元輔	肥後守	従五位下	42

問11　波線部㋑に関連して，下の文Ⅰ～Ⅴを読み，16世紀後半の南蛮貿易において，中国産の生《き》糸《いと》や絹《きぬ》織物が大量に輸入された背景を80字以内で説明しなさい。

Ⅰ　14世紀に中国を統一した明は，中国人が海外に行くことを禁止しました。また，周辺の国々に対しても，民間人が海を渡って明に来て貿易をすることを認めず，明の皇帝に従う姿勢を示した国の長にのみ明との貿易を認めました。

Ⅱ　16世紀，中国人を中心とする倭寇《わこう》が明の沿岸地域をおそいました。これに対して明は倭寇の拠点だった地域を攻撃するなどしたため，倭寇の一部は九州に逃れました。

Ⅲ　倭寇の拠点攻撃後，明は1567年に中国人が海外に行くことを一部認めましたが，日本に渡ることの禁止は続けました。

Ⅳ　16世紀前半，中国地方の戦国大名の大内氏が勘合《かんごう》貿易を担《にな》っていましたが，1557年に大内氏が滅亡したために，勘合貿易は途絶えました。

Ⅴ　1550年代に明から居住を認められたマカオを拠点に，ポルトガルはアジアでの貿易を展開しました。

※．この大問**2**は，主に以下のものを参考にして作成しました。

・近江神宮公式ホームページ

・一般社団法人全日本かるた協会のウェブサイト

・高知市歴史散歩のウェブサイト

・飯沼賢司「名を憚ること」(『鎌倉遺文付録月報』28，東京堂出版，1985年)

3　次の文章を読み，下記の設問に答えなさい。

2023年の夏は猛暑が話題になりました。猛暑は世界的な傾向であり，国際連合のアントニオ・グテーレス事務総長は「a地球温暖化の時代は終わり，地球沸騰《ふっとう》化の時代が到来した」と警鐘《けいしょう》を鳴らしました。

現在の日本における気象観測はアメダス(AMeDAS：「地域気象観測システム」)によって行われています。アメダスは1974年11月に運用を開始し，現在，全国に約1,300か所設置されています。つまり，私たちが普段目にする気象データはアメダスの設置されている場所で観測されたデータということになります。

アメダスの設置されている場所の周辺環境は，観測データに多少なりとも影響を及ぼします。

例えば b 市街地では高い気温が観測されやすいですが，農地や草地に囲まれた場所では低い気温が観測されやすくなります。

日本の観測史上最高気温は長い間，1933年７月に c 山形で記録された40.8℃でした。これは，暖かく湿った空気が山脈を越えたときに，風下側で気温が上昇する［ A ］現象が発生したことが原因でした。これを2007年８月に熊谷(埼玉県)と d 多治見《たじみ》(岐阜県)が40.9℃を記録して，74年ぶりに更新しました。この記録も2013年に e 江川崎《えかわさき》(高知県四万十市)が41.0℃を記録して更新しましたが，2018年には f 熊谷で41.1℃を記録し，再び１位となりました。2020年８月には g 浜松でも41.1℃を記録し， h この２つが現在の観測史上最高気温の記録となっています。

最高気温の高さだけでなく，最低気温の高さも大きな話題となりました。2023年８月10日に糸魚川《いといがわ》(新潟県)で31.4℃を記録し，最も高い最低気温の記録を更新しました。この同じ日には，高田(新潟県上越市)，松江，米子《よなご》(鳥取県)などで30℃を超える最低気温を記録しています。これは日本海に抜けた i 台風に向かって湿った風が吹き込み，［ A ］現象が発生したことが原因です。

一方で，観測史上最低気温は1902年１月に旭川(北海道)で観測された－41.0℃が100年以上更新されていません。北海道ではほかにも， j 帯広や名寄《なよろ》など内陸部を中心に－35℃を下回る気温を記録しています。しかしそのほとんどは2000年以前に記録されたものであり，こういった観点からも，近年の温暖化は顕著《けんちょ》であると言えます。

問１　下線部 a に関して，次の**表１**に示す通り，1923年と2023年の東京のデータを比較すると，２月・８月ともに，明らかに気温が上昇していることが分かります。しかし，このデータだけでは地球温暖化が進行していると言い切ることはできません。それはなぜですか。解答用紙のわく内で説明しなさい。

表１　1923年と2023年の東京の平均気温

	２月の平均最高気温(℃)	２月の平均最低気温(℃)	８月の平均最高気温(℃)	８月の平均最低気温(℃)
1923年	7.6	－1.0	31.7	23.6
2023年	12.1	3.0	34.3	26.1

気象庁ウェブサイトより作成

問２　下線部 b の理由として**誤っているもの**を，下記より１つ選び番号で答えなさい。

1　エアコンや自動車などからの人工排熱《はいねつ》が多いこと。

2　海に面していることが多く，湿った風が入りやすいこと。

3　地面がアスファルトやコンクリートに覆《おお》われていること。

4　中高層の建物が多く，風通しが悪いこと。

問３　下線部 c に関して，山形盆地を説明した次の文 X・Y について，その正誤の組合せとして正しいものを，下記より１つ選び番号で答えなさい。

X　東北地方最長の河川である北上川が南に向かって流れています。

Y　周囲の扇状地では，みかんの栽培がさかんです。

1	X	正	Y	正	2	X	正	Y	誤
3	X	誤	Y	正	4	X	誤	Y	誤

問４　下線部**ｄ**に関して，多治見市では伝統工芸品として，美濃《みの》焼の生産がさかんです。下記の伝統工芸品とその産地である県の組合せのうち，**誤っているもの**を１つ選び番号で答えなさい。

1　有田焼―佐賀県　　**2**　信楽焼―滋賀県

3　瀬戸焼―広島県　　**4**　備前焼―岡山県

問５　下線部**ｅ**に関して，四万十市を流れる四万十川は大雨で急に増水することがしばしばあります。四万十川には**写真１**のような橋が多く架《か》けられており，この橋には欄干《らんかん》(手すり)がなく，橋脚《きょうきゃく》も低く設計されています。これはどのような効果を期待しているからですか。解答用紙のわく内で説明しなさい。

写真１

四万十川ウェブサイトより

問６　下線部**ｆ**に関して，次の**図１**はこの日の午後２時に関東地方で観測された気温を示しています。解答用紙の図中に**36.0℃の等温線**を記入しなさい。

※実線ではっきりと記入すること。

※線は始まりと終わりがつながった１本の曲線とすること。

図１

『高等学校 新地理総合』(帝国書院，2023年)より作成

問７　下線部**g**に関して，浜松市は県庁所在地ではありませんが，政令指定都市の１つです。次の**表２**は同様に都道府県庁所在地ではない政令指定都市である，堺市，北九州市と浜松市を比較したものです。表中のＡ～Ｃと都市の組合せとして正しいものを，下記より１つ選び番号で答えなさい。

表２

	政令指定都市になった年	鉄鋼業の製造品出荷額等(億円)	輸送用機械器具製造業の製造品出荷額等(億円)
A	2006年	4666	2702
B	2007年	463	8173
C	1963年	8439	1756

データは2019年

『データブック オブ・ザ・ワールド 2023年版』(二宮書店)より作成

1　A　北九州市　B　堺市　C　浜松市
2　A　北九州市　B　浜松市　C　堺市
3　A　堺市　B　北九州市　C　浜松市
4　A　堺市　B　浜松市　C　北九州市
5　A　浜松市　B　北九州市　C　堺市
6　A　浜松市　B　堺市　C　北九州市

問８　下線部**h**に関して，厳密《げんみつ》に言うと，熊谷や浜松が日本一暑い地点であると言い切ることはできません。それはなぜですか。解答用紙のわく内で説明しなさい。

問９　下線部**i**に関して，気象庁では，**台風の中心が北海道，本州，四国，九州の海岸線に達した場合を「日本に上陸した台風」**と定義しており，**小さい島や小さい半島を横切って短時間で再び海に出る場合は「通過」**としています。台風の上陸回数が多い都道府県は鹿児島県や高知県などですが，一方で海に面しているにもかかわらず，統計開始以来，台風が上陸したことがない都道府県もあります。該当する都道府県として正しいものを，下記より１つ選び番号で答えなさい。

1　千葉県　**2**　香川県　**3**　和歌山県　**4**　宮崎県

問10　下線部**j**について述べた次の文の空らん[X]・[Y]に適する語句の組合せとして正しいものを，下記より１つ選び番号で答えなさい。

帯広市は北海道の[X]側に位置しており，[Y]によって北西の季節風がさえぎられるため，北海道の中では降雪量は少ない方である。

１　**X**　オホーツク海　**Y**　天塩山地
２　**X**　オホーツク海　**Y**　日高山脈
３　**X**　太平洋　**Y**　天塩山地
４　**X**　太平洋　**Y**　日高山脈

問11　空らん[A]に適する語句を答えなさい。

【理　科】〈第１次試験〉（45分）〈満点：75点〉

注意　•必要に応じてコンパスや定規を使用しなさい。
•円周率は3.14とします。
•小数第１位まで答えるときは，小数第２位を四捨五入しなさい。整数で答えるときは，小数第１位を四捨五入しなさい。指示のない場合は，適切に判断して答えなさい。

〈編集部注：実物の入試問題では，写真はすべてカラー印刷です。〉

1　てつお君が日食時に公園の地面を見ると(図１)，木の葉のすき間を通った日光(木もれ日)が照らしているところのいくつかで，太陽の一部が欠けている様子が見られました。木もれ日で日食の様子が観測できる条件を考えるために，次の実験を行いました。

図１　日食の観測

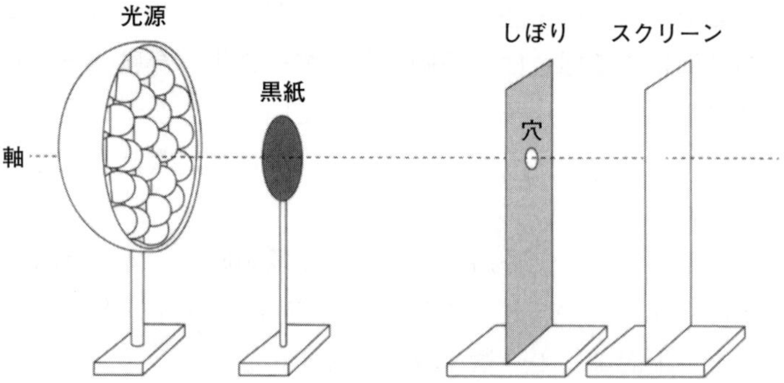

図２　日食時の様子の再現

てつお君は，観測した日食時の様子を再現するために，以下の道具を用意して実験を行いました(図２)。

光源：直径24cmの円形。LEDをすきまなくしきつめており，各LEDからは放射状に光が出る。

黒紙：円形の黒い紙。光を通さない。

しぼり：円形の穴の開いた黒い紙で穴の大きさを変えることができる。紙の部分は光を通さない。

スクリーン：光源から光が届く部分が明るくなる。光源以外の光は考えなくてよいように，暗い部屋で実験を行う。

実験道具を並べるとき，軸《じく》となる直線を決めて，その軸にそれぞれ垂直になるように並べました。また光源の中心，黒紙の中心，しぼりの中心が軸に重なるようにしました。穴の大きさを変えたり，スクリーンを動かしたりするときにスクリーン上の変化の様子を調べました。

(1)　図２の黒紙としぼりの穴は，てつお君が見た日食の現象のうち何を表しているか，それぞれ答えなさい。

以下の条件で現象を考えます。

・光は全て直進するものとします。
・光源，黒紙，しぼり，スクリーンの厚さは全て無視できるほど小さいとします。
・光源とスクリーンの２つだけ並べてスクリーンの様子を見ると，スクリーンの全面が同じ明るさになり，光源の一部を黒紙でおおうとスクリーンは少し暗くなりました。スクリーン中央とスクリーン端では，光源からのきょりが異なるにもかかわらず同じ明るさに見えたことから，ここでは，<u>スクリーン上のある一点の明るさは，光源からのきょりにはよらず，光源</u>

からの光の一部がさえぎられるときに暗くなるものとします。

【実験1】 はじめに光源，黒紙，スクリーンを使って実験を行いました。図3はその軸を通る断面を表しています。光源とスクリーンの間を50cm，黒紙とスクリーンの間を20cm，黒紙の直径を6cmとします。

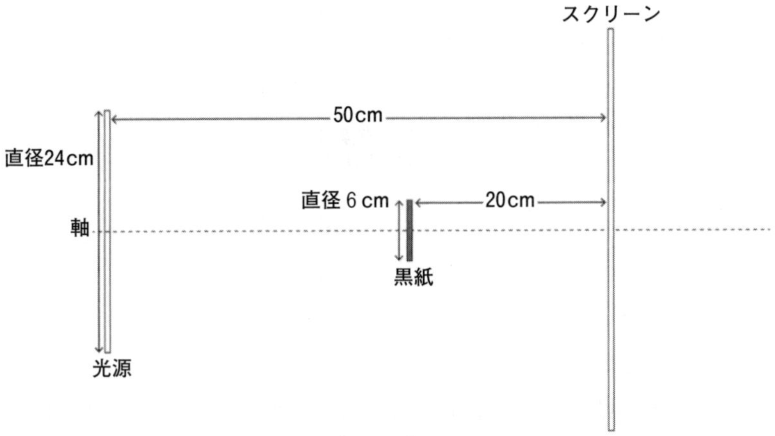

図3 【実験1】の断面図

(2) 図3のとき，スクリーン上には図4のように明るさの異なる円の形が現れました。下線部に注意して各問いに答えなさい。

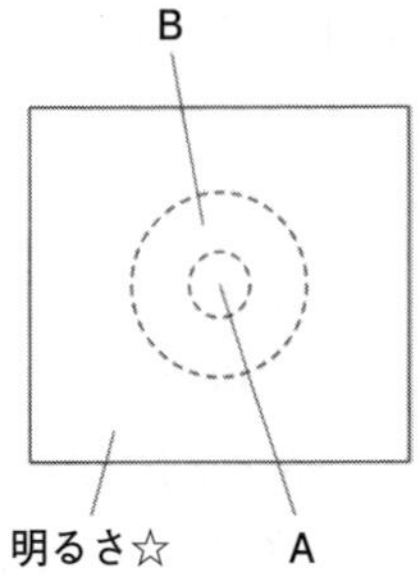

図4 スクリーンの様子

① Aの領域とBの領域の明るさの説明として最も適切なものをそれぞれ次の中から選び，記号で答えなさい。ただし，光源の全てのLEDからの光が当たっている領域の明るさを☆とします。

(ア) 光は当たっているが，☆より暗く，内側ほど暗くなっている。

(イ) 光は当たっているが，☆より暗く，外側ほど暗くなっている。

(ウ) 光は当たっているが，☆より暗く，一定の明るさになっている。

(エ) 光が全く当たらず影になっている。

② A，Bそれぞれの直径を整数で答えなさい。

【実験2】 次に，光源，しぼり，スクリーンを図5のように並べ，実験を行いました。光源からしぼりのきょりをX，穴の直径をD，しぼりからスクリーンのきょりをLとします。X，D，Lの値を変えたときの，スクリーン上の模様について調べました。図5では$X=50$cm，$D=4$cm，$L=5$cmにしており，このときスクリーン上には円形の模様が映りました。

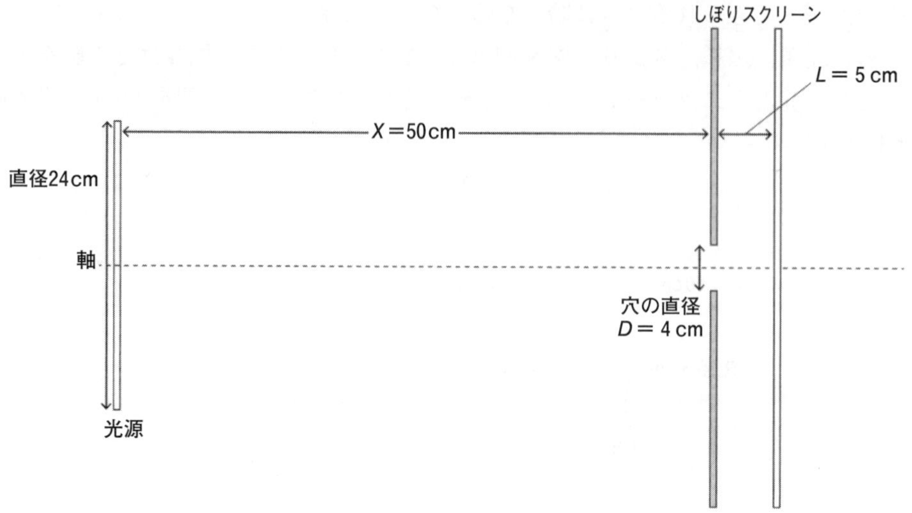

図５　【実験２】の断面図

(3)　下の文は実験結果とその考察を説明したものです。空らんをうめなさい。①②は下の選択肢《せんたくし》から１つ選び記号で答えなさい。③⑤は小数第１位までの数値で答えなさい。ただし，整数で求まる場合は整数で，そうでない場合は小数第１位まで答えなさい。④⑥は解答らんの適切なものに○をつけて答えなさい。下線部に注意して答えなさい。

【結果１】　X＝50cm，D＝４cmにしてLを変えるとき，スクリーンの中央(軸上)の明るさの様子を調べた。L＝０での明るさを☆とする。Lを０から大きくしていくと(　①　)，その後(　②　)。

【結果２】　X＝50cm，L＝５cmにして，Dを非常に小さくすると，スクリーン上の円の直径は(　③　)cmに近づいた。この円の形は④[光源の形・穴の形]に関係すると考えられる。

【結果３】　D＝４cm，L＝５cmにして，Xを非常に大きくすると，スクリーン上の円の直径は(　⑤　)cmに近づいた。この円の形は⑥[光源の形・穴の形]に関係すると考えられる。

(①)の選択肢

(ア)　☆よりもだんだん暗くなり

(イ)　はじめは☆の明るさのままで，あるところからだんだん暗くなり

(②)の選択肢

(ア)　あるところからだんだん明るくなり，その後また暗くなっていった

(イ)　さらに暗くなり，あるところで完全に光が届かなくなった

(ウ)　さらに暗くなったが，完全に光が届かなくなることはなかった

【実験３】　次に，光源，黒紙，しぼり，スクリーンを図６のように並べて実験を行いました。光源からしぼりのきょりは50cm，黒紙の直径は６cm，黒紙としぼりのきょりは20cmです。穴の直径をD，しぼりからスクリーンのきょりをLとします。D，Lの値を変えたときの，スクリーン上の模様について調べました。図６ではD＝２cm，L＝15cmにしています。

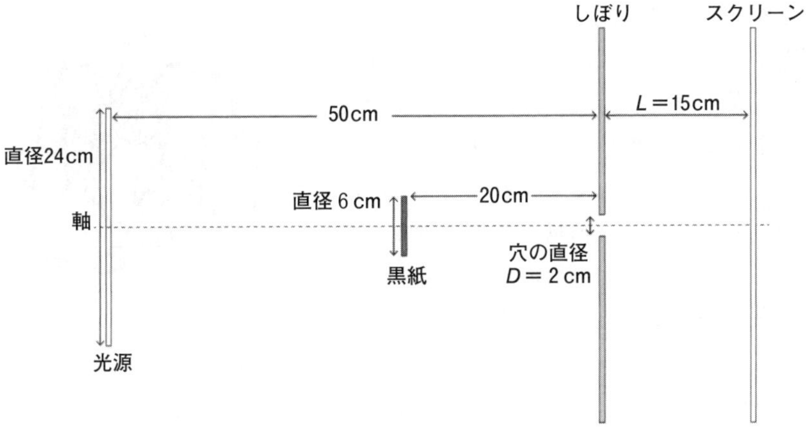

図６　【実験３】の断面図

(4)　①　$D=2$ cm，$L=15$cm のとき，スクリーン上に光源からの光が全く届かない部分が円形に映ります。$D=2$ cm のままにして，スクリーンを動かしてLをいろいろと変えてみると，Lがある値より小さいとき，スクリーン上の光が全く届かない部分が無くなりました。このときのLをL'とします。L'の値を整数で答えなさい。

②　Dを小さくするとき，L'の値がどのように変化するか調べました。その結果として最も適切なグラフを右から選び記号で答えなさい。

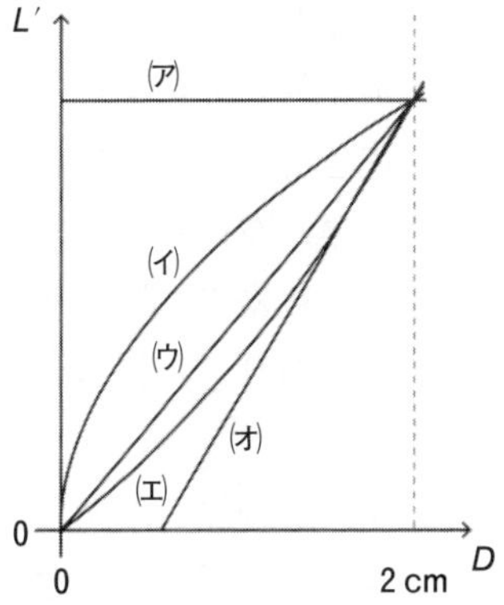

(5)　下の文の空らんについて，［　］は，正しいものを選び○をつけなさい。また，(　)は下の選択肢から正しいものを選び記号で答えなさい。

実験結果より，木もれ日で日食の太陽が欠けて見える様子を観測できる木の特ちょうは，葉のすき間が①［大きく・小さく］，木の背が②［高い・低い］と考えられます。

日本の千葉で太陽が南にあるときに日食が起こり，このとき地上から直接太陽の方を向いて日食を観測すると図７のようになるとします。そのとき，木もれ日で地面に現れる日食の形は，(　③　)になります。

図７　地上から見た日食中の太陽の様子

(③)の選択肢

各選択肢について，
地面を上から見た時の方角

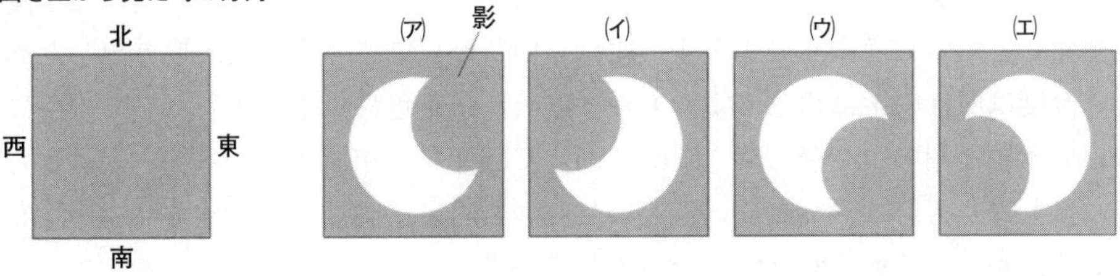

2 昔は各家庭にかまどがあり，燃え残った灰を買い集めて売る「灰屋《はいや》」という商売がありました(図１)。灰には様々な使い方があり，例えば，農業では(X)として，また衣類を洗うための洗剤として，そして草木染めのときに使う試薬としても使われていました。灰を水に浸して上ずみをすくった液のことを「灰汁《あく》」といいます。灰汁は植物が土から吸収した金属成分が豊富に溶けている，アルカリ性の水溶液です。

図１

植物の色素を用いて布を染めることを草木染めといいます。染め物は，色素を布にしっかり吸着させて水で洗っても落ちないようにすることが大切です。そのような方法は主に二つあります。一つは，水に溶かした色素をいったん布にしみこませた後，①化学変化を起こして水に溶けにくい形に変えてしまう方法です。もう一つは，金属成分を仲立ちさせて布と色素の結びつく力を強くする方法です。

赤系統の天然染料として代表的なのがベニバナ(写真１)とアカネ(写真２)ですが，それぞれの赤色色素の性質は異なるので，染める方法も異なります。ふつうは染色液に布を浸して煮ると色素が布にしみこんでよく染まるのですが，高温にすると壊れて色あせてしまう色素もあるので，色素の性質に適した温度管理が大切です。また，木綿《もめん》のような植物せんいを染めやすい色素もあれば，絹のような動物せんいを染めやすい色素もあるので，布の種類と色素の相性も重要です。

草木染めは古くから人間の生活とともにあり，人間の心情を染め物の色に例えた和歌がたくさん詠《よ》まれてきました。例えば，次の歌に出てくる「くれない」はベニバナを指します。

> ②「くれないに　染めし心も　たのまれず　人をあくには　うつるてふなり」
> 訳：真っ赤に染めたと言ったあなたの心も，今では頼《たよ》りにはできません。私への想いが消えてしまって，他人に心が移るでしょう。

ベニバナは咲き始めのときは黄色ですが，次第に赤色に変わっていきます(写真３)。この変化は，最初にサフラワーイエローという黄色色素が生成されて，次にカルタミンという赤色色素が増えるために起こります。赤くなったベニバナの花弁には，サフラワーイエローとカルタミンの両方が含まれています。カルタミンは水に不溶性ですが，アルカリ性の水溶液のみに溶ける性質を持ちます。

Ａ君はベニバナを使った染め物をやってみることにしました。ベニバナの花弁を冷水の中でよくもむと水が黄色に染まりました。ベニバナの花弁を取り出して，黄色く染まった水だけを鍋に移して沸とうさせて，あらかじめ灰汁をしみこませておいた白い木綿と絹の布を浸してしばらく加熱すると，木綿は全く染まらず，絹はこい黄色に染まりました。取り出したベニバナの花弁を，今度は灰汁の中に移してよくもむと，灰汁が茶色に染まりました。この中に，先程とは別の白い木綿と絹の布を浸して，食酢を加えて灰汁を中和すると，木綿と絹はどちらも赤色に染まりました。Ａ君はもっとこい赤色にしたいと思い，灰汁を沸とうさせながら布を染め続けたところ，かえって赤色がうすくなってしまいました。

次にＡ君はアカネ染めにも挑戦しました。アカネの赤色はプルプリンという色素の色です。アカネで染料になるのは花弁ではなく根です(写真４)。アカネの名称は，その根が赤いことに由来します。アカネの根を鍋に入れて熱水で煮出し，これを染色液としました。染色液を鍋に移して沸とうさせ，白い木綿と絹を染色液の中で加熱すると，どちらもうすい赤色に染まりました。それらを灰汁に浸してから再び染めると，木綿と絹はともに朱赤色に染まりました。

Ａ君が本を読んで調べたところ，アカネ染めではアカネらしい朱赤色を強く出すために昔からツバキの灰が使われてきたことや，ツバキの葉は他の植物と比べてアルミニウムを多く含むことを知りました。Ａ君は，灰汁がアカネ色素の色合いに与える影響を調べたいと思い，アジサイの葉の灰，マツの葉の灰，ツバキの葉の灰から作った灰汁をアカネ色素水溶液に加えて，水溶液の色の変化を【観察記録①】にまとめました。また，Ａ君は灰汁の代わりに③アルミニウム，銅，鉄が溶けている水溶液を使って，同様の実験を行い，【観察記録②】にまとめました。

【観察記録①】

植物灰の種類	アジサイの葉の灰	マツの葉の灰	ツバキの葉の灰
アカネ色素水溶液の色	橙赤色	橙赤色	朱赤色

【観察記録②】

水溶液に溶けている金属	アルミニウム	銅	鉄
アカネ色素水溶液の色	朱赤色	赤茶色	赤褐色

Ａ君は，灰に含まれる金属成分の種類が染め物の色に影響するのだと考えました。

写真１

写真２

写真３

写真４

（引用文献）

・図１　「江戸あきない図譜」（高橋幹夫）　青蛙房

・写真１～４　「有職植物図鑑」（八條忠基）　平凡社

(1)　空らん（Ｘ）に入る適切な用語を答えなさい。

(2)　文章から，サフラワーイエロー，カルタミン，プルプリンの性質として推測できることを，以下の選択肢《せんたくし》から３つずつ選んで記号で答えなさい。ただし同じ記号を２回以上選んでもよいものとします。

(ア)　植物せんいを染めやすく，動物せんいを染めにくい。

(イ)　動物せんいを染めやすく，植物せんいを染めにくい。

(ウ) 植物せんいと動物せんいのどちらも染めやすい。
(エ) 高温で壊れやすい。
(オ) 高温でも壊れにくい。
(カ) 酸性または中性の水溶液に溶けにくい。
(キ) 中性の水にもよく溶ける。

(3) 下線部①に関する以下の問いに答えなさい。
(i) 下線部①に相当する操作を，本文から抜き出して答えなさい。
(ii) 水に溶けていたものが水に溶けにくいものになる変化として，染め物の他にどのような具体例がありますか。自分で考えて例を一つ挙げなさい。

下線部②の和歌について，「あく」は「飽く」と「灰汁」の両方の意味を含んでいると解釈できます。つまり，赤く染めた衣服を灰汁で洗たくしたときの変化を，人の心情の例えとして詠んだ歌であると推測できます。

(4) ベニバナで赤く染めた衣服を灰汁で洗たくすると，どうなると予想できますか。科学的な理由と合わせて説明しなさい。

(5) アカネ染めではどのような目的で灰汁を使うのですか。以下の選択肢から２つ選びなさい。
(ア) 黄色の色素を完全に除くため。
(イ) 布についていた汚れを落とすため。
(ウ) 赤色の色素をあざやかに発色させるため。
(エ) 金属成分を介して布と色素を強く結びつけるため。
(オ) より多くの植物の色素を加えるため。

(6) 下の文章の空らんに当てはまる組み合わせを以下の選択肢から選び，記号で答えなさい。

下線部③について，金属はそのままでは水に溶けませんが，ある水溶液と反応して別のものに変わることで水に溶けるようになります。アルミニウム・銅・鉄を塩酸と水酸化ナトリウム水溶液に入れると，（ A ）は塩酸だけに溶けて，（ B ）はどちらにも溶けます。（ C ）はどちらにも溶けませんが，他の強い酸を使って溶かすことができます。

灰汁に溶けている金属成分も，もとの金属とは別のものになって溶けています。

〔選択肢〕

	A	B	C
(ア)	アルミニウム	銅	鉄
(イ)	アルミニウム	鉄	銅
(ウ)	銅	アルミニウム	鉄
(エ)	銅	鉄	アルミニウム
(オ)	鉄	アルミニウム	銅
(カ)	鉄	銅	アルミニウム

(7) 実験の観察記録は，自分以外の人が読んでも分かるように残さなければいけませんが，Ａ君が行った実験の【観察記録①】，【観察記録②】の表には，実験の目的を達成するために必要なある記録が共通して不足しています。何についての記録が不足していますか。答えなさい。

(8) 草木染めでは，水に溶けやすい植物色素を水に溶かし出すことで，他の水に溶けにくい成分と分けています。このように，ある特定の成分を水や油に溶かして分離する操作のことを一般に「抽出《ちゅうしゅつ》」といいます。以下の選択肢から，抽出に当てはまらない操作を２つ選んで記号で答えなさい。

(ア) すりおろしたじゃがいもをガーゼで包んで水中でもむと，デンプンが沈んだ。

(イ) 茶葉を入れたポットに湯を注いで，しばらく蒸らすと温かいお茶ができた。

(ウ) みそ汁を作る下ごしらえとして，煮干しから出汁《だし》をとった。

(エ) 油にニンニクを加えて加熱すると，ニンニク風味の油になった。

(オ) 塩水を加熱すると，食塩の結晶が出てきた。

3 太陽の位置の観察を，兵庫県明石市で秋分の日に行いました。図１は太陽の動きと時計の関係を表したものです。観察する人から見て，太陽は空に円を描くように動くとします。時計の針は，長針と短針がありますが，ここでは短針のみに注目します。太陽は12時頃の位置を示しています。時計の文字盤《ばん》は水平にして，12時は南の方向に向けてあります。

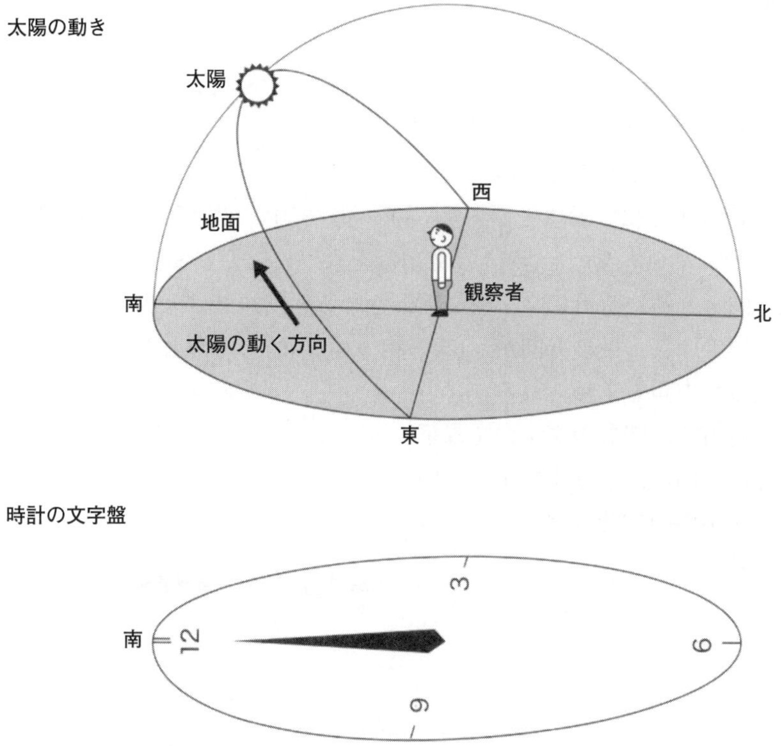

図１　太陽の動きと時計の文字盤および短針

(1) 次の文の[　]に適するものを○で囲みなさい。

秋分の日の太陽は，空に約12時間見えている。太陽のみかけの動きは地球の①[自転・公転]によるものだから，その速さが一定だとすると，１時間におよそ②[10°・15°・20°・30°]動いている。時計の短針は，③[６・12・24]時間で一回転をするため，１時間に④[10°・15°・20°・30°・60°]動いている。

図２は，同じ秋分の日15時の太陽の位置と時計の文字盤および短針の関係を表したものです。また，その時の文字盤を正面から見たものです。

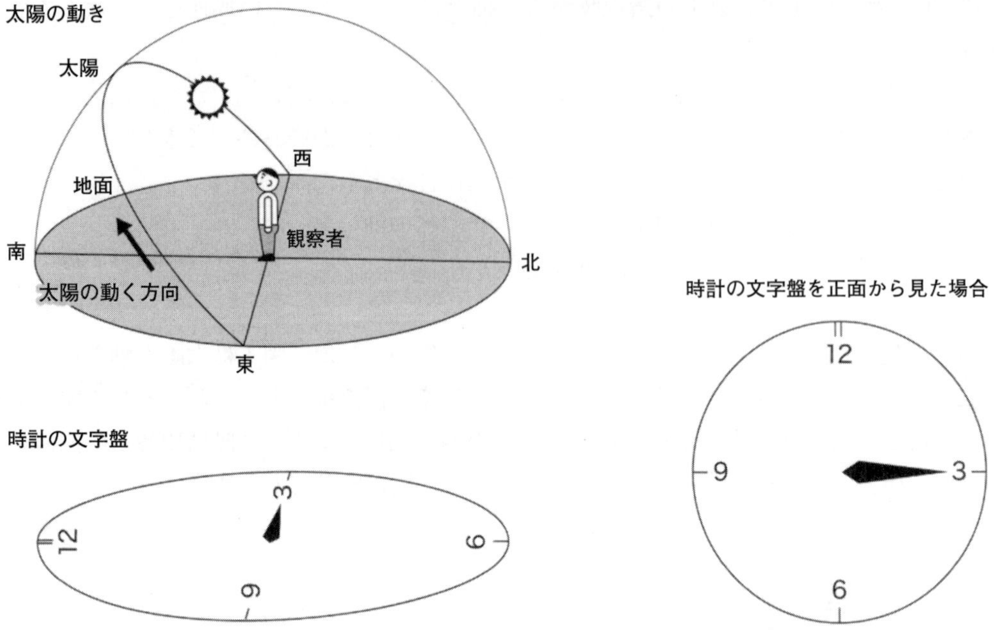

図2　15時の太陽の位置と時計の文字盤および短針

(2)　次の文の[　]に適するものを○で囲みなさい。

図2の太陽は12時から15時までに，およそ①[15°・30°・45°・60°・90°]動くが，時計の短針は②[15°・30°・45°・60°・90°・180°]動く。時計の文字盤を水平にしたまま，この角度の差の分だけ，時計の針が動く向きと逆に時計の文字盤を回転させると，短針は太陽の方向を向く。すると，文字盤の12時と短針の真ん中の方向が③[東・南・西・北]の方角となる。このようにして，時計の文字盤を使って方角を求められる。

(3)　図3は，秋分の日に明石市で，時計の文字盤を水平にして，短針を太陽の方向に向けたようすを示しています。この時の，時計の文字盤の12時はどの方角をさしていますか。次より記号で答えなさい。

(あ)　北
(い)　北東
(う)　東
(え)　南東
(お)　南
(か)　南西
(き)　西
(く)　北西

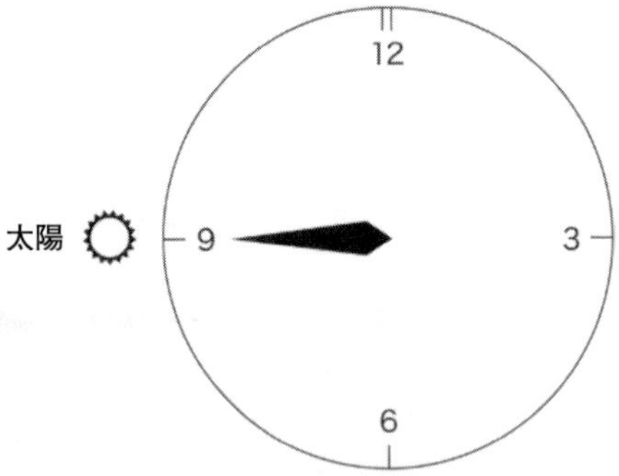

図3　太陽の方向と時計の文字盤および短針

(4)　図4には，秋分の日に明石市で観察した太陽の動きを示す破線に加えて，同じ明石市で観察した夏至の日の太陽の動きを示す線が実線で示されています。次より正しいものを選び記号で答えなさい。

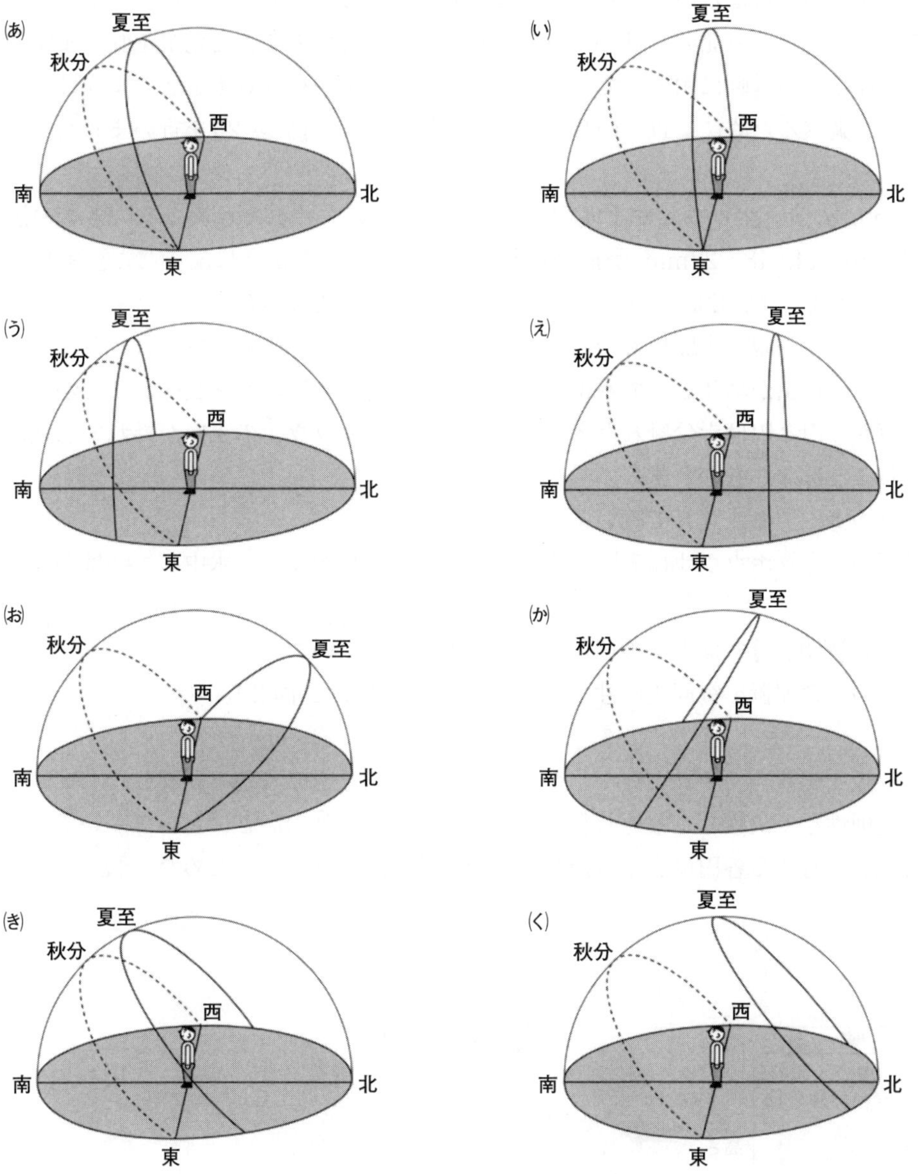

図４　夏至の日の太陽の動き

(5)　時計の文字盤を使って方角を求める方法を夏至の日の午前９時に明石市で適用すると，どのようなずれ方をすると考えられますか。次の文の[　]にふさわしいものを選び○で囲み，(　)に方角を入れて完成させなさい。

午前９時における夏至の日の太陽の位置は，同じ時刻における秋分の日の太陽よりも方角が①[東・西]にある。そのため，時計の文字盤を使って求めた(②)は，実際の(②)より(③)にずれる。

4　次の文章を読み，あとの問いに答えなさい。

物体の見た目の大きさは，見方によって変化します。例えば，物体の位置が観察者から近づいたり離れたりすると，物体は大きくなったり小さくなったりして見えます。

テッポウウオという魚は水中のエサを食べて生活しているだけでなく，水上の葉にいる昆《こん》虫に，勢いのある水を口から発射し(以下，水鉄砲《てっぽう》)，当たって落ちてきた昆虫を食べます。テッポウウオの名前はこの行動に由来しています。テッポウウオが狙《ねら》う対象をどのように判断し決めているのかを調べるために，以下の装置を用いて【実験１】，【実験２】を行いました。

【装置】

全長約150mm のテッポウウオが１匹《ぴき》飼われている水槽《そう》に，それぞれ異なる大きさの黒い円(直径２，６，10，14，18，22mm)が描かれた実験板Ａを図１のように配置した。実験板Ａの高さは水面から200，400，600，800mm の位置にそれぞれ変更できる。

テッポウウオが水鉄砲を実験板Ａの円のいずれかに当てると，当てた円の大きさに関わらず決まった大きさの昆虫がエサとして水槽に落ち，テッポウウオはエサを食べることができる。また，実験板Ａの円と円は十分離れたきょりにあり，テッポウウオの狙いが外れて水鉄砲が別の円に当たることはないものとする。

実験は以下の①～③に注意して行いました。

① 実験で用いたテッポウウオは実験前までは水鉄砲の経験がなく，水中のエサばかりを食べていた。

② 【実験１】と【実験２】では別々の個体のテッポウウオを用いた。

③ 実験板Ａの円の配置を毎回規則性なく決めて実験を行った(図２)。

【実験１】

装置に実験板Ａを置き，テッポウウオがどの円に水鉄砲を当てるかを観察した。実験板Ａの高さを毎回規則性なく決めてくり返し行い，水鉄砲がそれぞれの高さにおいて，いずれかの円に当たった総数に対する各円に当たった数の割合を求め，グラフにまとめた(図３)。

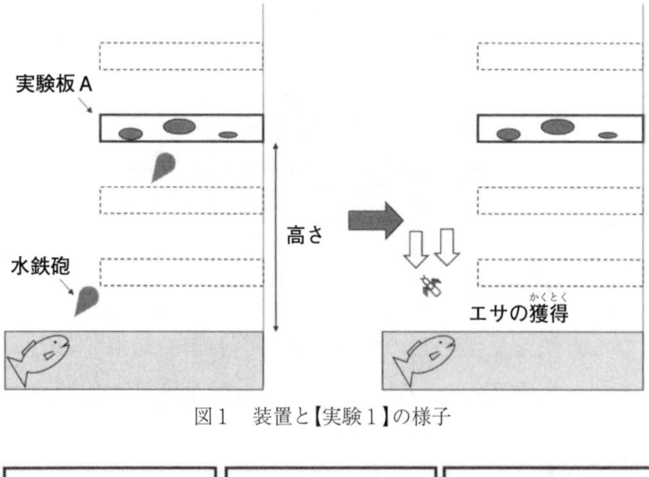

図１　装置と【実験１】の様子

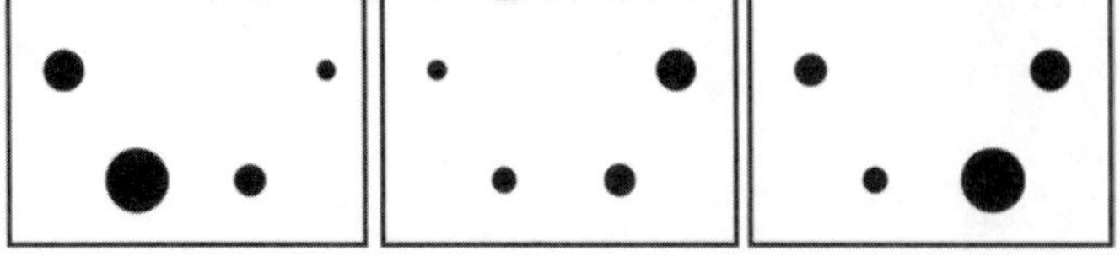

図２　真下から見た実験板Ａの例

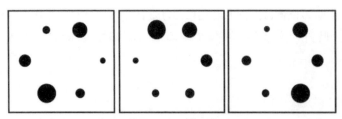

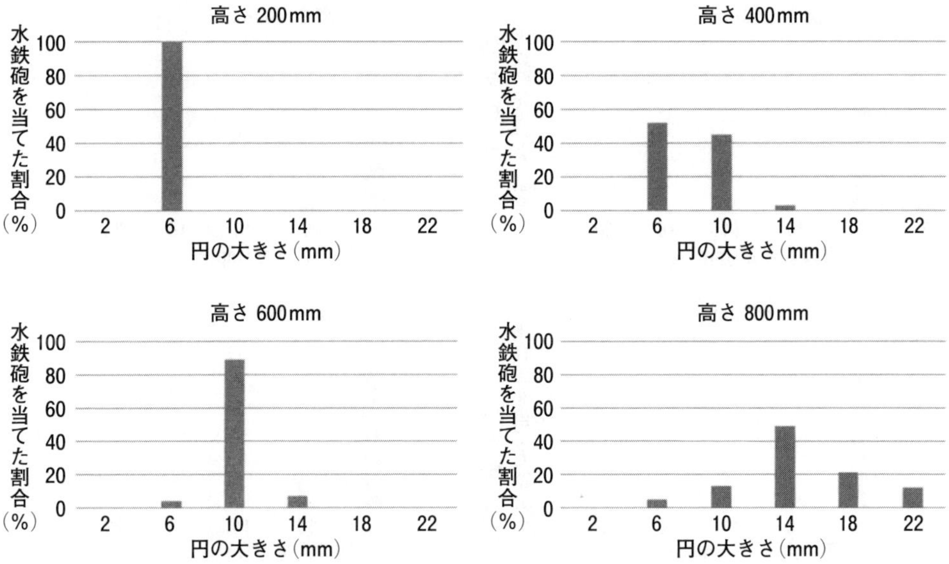

図３　【実験１】の結果

【実験２】

直径６mmの円のみが描いてある実験板Ｂ（図４）を用意し，テッポウウオが水鉄砲を円に当てるとエサの昆虫が水槽に落ち，それを食べるというトレーニングを１ヶ月行った。トレーニングでは，実験板Ｂは【実験１】と同様に，高さを毎回規則性なく決めてくり返し行った。

トレーニングの後，【実験１】と同様の実験を行い，グラフを作成した（図５，６）。

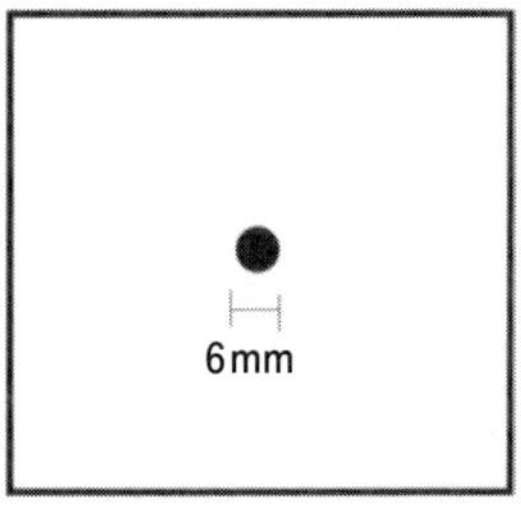

図４　真下から見た実験板Ｂ

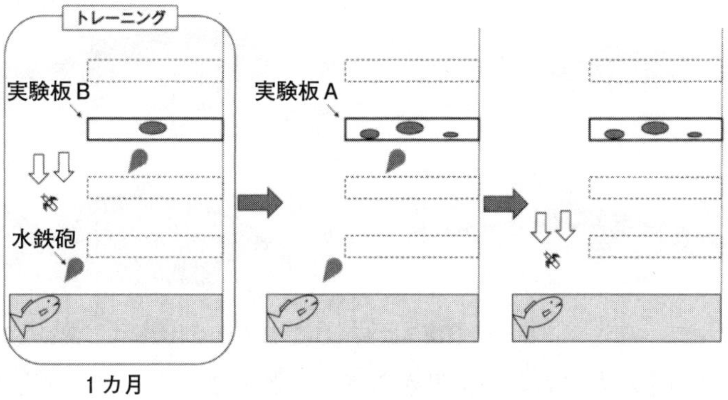

図５　【実験２】の様子

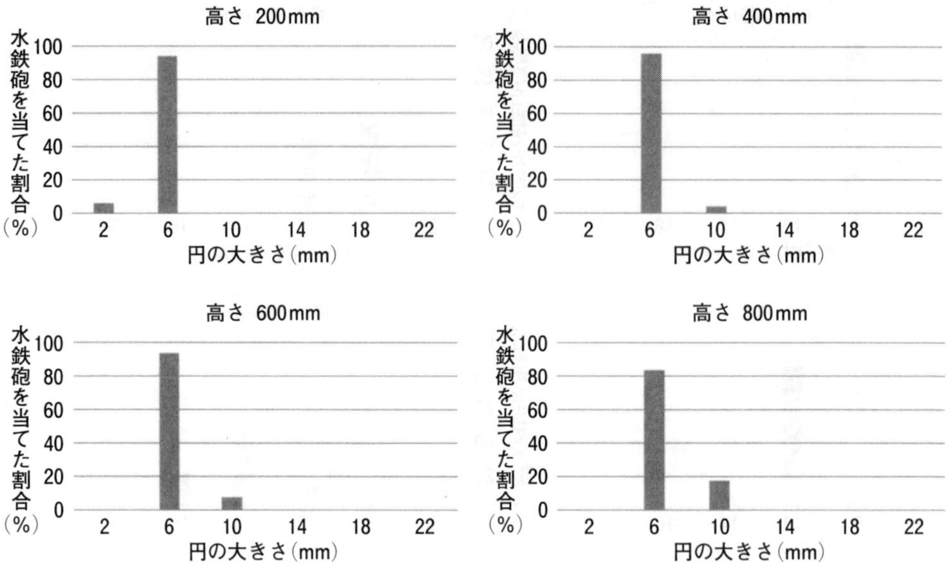

図６　【実験２】の結果

(1)　テッポウウオ，コイ，メダカをそれぞれ次より１つずつ選び，記号で答えなさい。ただし，写真は実際の大きさとは異なります。

(ア) 　(エ) 

(イ) 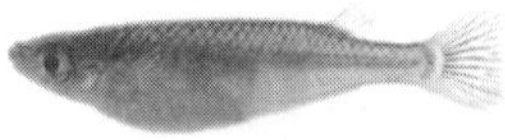　(オ) 

(ウ) 　(カ) 

（『山渓カラー名鑑 日本の淡水魚』山と渓谷社より）

(2)　【実験１】の方法および結果から考えられることとして，適切なものを２つ選び，記号で答えなさい。

(ア)　円が水面から離れると，このテッポウウオが狙った円とは異なる円に水鉄砲が当たるようになる。

(イ)　このテッポウウオは実際の大きさではなく，見た目の大きさで狙う円を判断している。

(ウ)　水面から高いところほど大きい虫がいる。

(エ)　それぞれの高さにおけるグラフの割合を足すと，100％になることから，このテッポウウオは狙った円に対して水鉄砲を外すことはない。

(オ)　200mmの高さのときが水鉄砲の精度が高いことから，実験前にこのテッポウウオは200mmの高さにいる虫を水鉄砲で打っていた可能性が高い。

(カ)　もし実験板Ａに８mmの円もあれば，実験板の高さが400mmのときは，８mmの円に水鉄砲が当たる割合が一番高くなると考えられる。

(キ) 大きな円に当てたほうが大きなエサがもらえるので，この実験をさらにくり返すと大きな円を狙うようになる。

(3) 【実験２】では，テッポウウオは実際の大きさが６mmの円を狙う割合が，【実験１】と比べて増えました。そこで，以下の２つの仮説を立てました。

仮説Ｘ：トレーニングで行われた，４通りの高さと円の見え方の組み合わせであれば，６mmの円を特定できるようになった。

仮説Ｙ：トレーニングによって，円までの高さと円の見え方との関係をもとに，高さに応じて実際の円の大きさが６mmであることを特定できるようになった。

２つの仮説のどちらがより適切かを調べるためには，どのような実験を行うとよいですか。

また，仮説Ｙの方が正しいとすれば，どのような結果になると予想されますか。それぞれ説明しなさい。

るなどしていた。江戸時代には例えば、[1]。しかし明治維新以降、近代になると、現実の世界や人の気持ちをありのままに書く「リアリズム」という西洋の理念が入ってきて、俳句では、[2]。小説では、[3]。戦後になると、文学の書き方はさまざまに変わっていき、例えば、[4]。

ア　三島由紀夫《みしまゆきお》が『金閣寺《きんかくじ》』などで、日本の伝統美を美しい文章にこだわって表現した

イ　滝沢馬琴《たきざわばきん》が八犬士たちの戦いを描く壮大な長編である『南総《なんそう》里見八犬伝《さとみはっけんでん》』を書いた

ウ　松尾芭蕉《まつおばしょう》が奥州・北陸などを旅して、『奥《おく》の細道』を書いた

エ　志賀直哉が『和解《わかい》』など、実体験にもとづいた小説を発表した

オ　紫式部《むらさきしきぶ》が『源氏物語《げんじものがたり》』を記し、のちの物語作品に影響を与えた

カ　正岡子規《まさおかしき》が「写生《しゃせい》」という考え方にもとづいて創作をした

《注》
（＊1）擦筆画…鉛筆、コンテ、チョーク、パステルで描いたうえに、擦筆でぼかしをつけた画。擦筆は、吸い取り紙やなめし革を巻いて筆状にしたもの。
（＊2）南京玉…陶製《とうせい》やガラス製の小さい玉。糸を通す穴があり、指輪や首飾り、刺繍《ししゅう》の材料などにする。ビーズ。
（＊3）福吉町…現在の東京都港区赤坂二丁目。
（＊4）唐紙…中国から伝わった紙。ここでは、唐紙を使用した襖《ふすま》を指す。
（＊5）大夜着…大型で袖のある、厚い綿入れの寝具。
（＊6）諏訪…長野県の諏訪湖。
（＊7）伊香保…群馬県の温泉地。
（＊8）お塔婆…卒塔婆《そとば》。主に法事の時、供養のためにたてる細長い木片。
（＊9）炬燵櫓…こたつの、熱源の上に置き蒲団をかける、木製の枠組み。

問一　＝＝部(a)～(c)のカタカナを漢字に、漢字をひらがなに直しなさい。

問二　～～部(i)～(iv)の本文中での意味として最も適当なものをそれぞれ選びなさい。
ア　悪い　　イ　強い　　ウ　怒った
エ　おそらく　　オ　じきに　　カ　粗末な

問三　――部①「あまのじゃく」とは、信太郎のどのような点をいっているのか。説明しなさい。

問四　――部②「信太郎は黙って居た」とあるが、このときの信太郎の心情として最も適当なものを選びなさい。
ア　何を言っても説教をする祖母に愛想をつかしている。
イ　返事をするのが面倒になって再び寝ようとしている。
ウ　返事をしないことで祖母をあせらせようとしている。
エ　何度も起こしにくる祖母に我慢の限界を迎えている。
オ　正論を言われたので言い返すことができないでいる。

問五　――部③「故意に冷かな顔をして横になったまま見ていた」とあるが、このときの信太郎の心情を説明しなさい。

問六　――部④「旅行もやめだと思った」とあるが、このとき信太郎は、祖母のどのような行動に対して、どのような気持ちになっているのか。――部④までの範囲で説明しなさい。

問七　本文の説明として**適当でないもの**を一つ選びなさい。
ア　日常の何気ない一場面に、信太郎の心情の変化が細かく表現されている。
イ　けんかをしつつも親しい感情を抱く信太郎と祖母の交流が描かれている。
ウ　妹や弟が元気に遊んでいる様子によって、家族の明るさを表現している。
エ　急かされながら起きる朝の風景のゆううつな感じがテーマとなっている。
オ　祖母が、祖父の法事にきちんと備えようとしている様子が表われている。

問八　次の〈文章〉は、江戸時代から現代にかけての日本の文学の歴史について説明したものである。空欄 1 ～ 4 に入る説明として適当なものを選びなさい。

〈文章〉
江戸時代から近代にいたる中で、文学は「何をどう書くか」ということが変わっていった。江戸時代まで物語は、現実世界のことを描くものだけではなく、現実ばなれした空想の物語が語られ

「不孝者」と云った。

「年寄の云いなり放題になるのが孝行なら、そんな孝行は真っ平だ」

彼も負けずと云った。彼はもっと毒々しい事が云いたかったが、失策《しくじ》った。文句も長過ぎた。然し祖母をかっとさすにはそれで十二分だった。祖母はたたみかけを其処《そこ》へほうり出すと、涙を拭《ふ》きながら、烈《はげ》しく（＊4）唐紙《からかみ》をあけたてして出て行った。

彼もむっとした。然しもう起しに来まいと思うと楽々と起きる気になれた。

彼は毎朝のように自身の寝床をたたみ出した。（＊5）大夜着《おおよぎ》から中の夜着、それから小夜着《こよぎ》をたたもうとする時、彼は(c)フイに「ええ」と思って、今祖母が其処にほうったように自分もその小夜着をほうった。

彼は枕元に揃《そろ》えてあった着物に着かえた。

あしたから一つ旅行をしてやろうかしら。（＊6）諏訪《すわ》へ氷滑りに行ってやろうかしら。諏訪なら、この間三人学生が落ちて死んだ。祖母は新聞で聴いている筈だから、自分が行っている間少くも心配するだろう。

押入れの前で帯を締めながらこんな事を考えて居ると、又祖母が入って来た。祖母はなるべく此方《こっち》を見ないようにして乱雑にしてある夜具のまわりを廻って押入れを開けに来た。彼は少しどいてやった。そして夜具の山に腰を下して足袋《たび》を穿《は》いて居た。

祖母は押入れの中の用箪笥《ようだんす》から小さい筆を二本出した。五六年前信太郎が（＊7）伊香保《いかほ》から買って来た自然木《しぜんぼく》の(iv)やくざな筆である。

「これでどうだろう」祖母は今迄の事を忘れたような顔を故意《わざ》として云った。

「何《なん》にするんです」信太郎の方は故意と未だ少しむっとしている。

「坊さんに（＊8）お塔婆《とうば》を書いて頂くのっさ」

「駄目さ。そんな細いんで書けるもんですか。お父さんの方に立派なのがありますよ」

「お祖父《じい》さんのも洗ってあったっけが、何処《どこ》へ入って了ったか……」

そう云いながら祖母はその細い筆を持って部屋を出て行こうとした。

「そんなのを持って行ったって駄目ですよ」と彼は云った。

「そうか」祖母は素直にもどって来た。そして叮嚀にそれを又元の所に仕舞《しま》って出て行った。

信太郎は急に可笑《おか》しくなった。④旅行もやめだと思った。彼は笑いながら、其処に苦茶々々《くちゃくちゃ》にしてあった小夜着を取り上げてたたんだ。敷蒲団も。それから祖母のもたたんでいると彼には可笑しい中《うち》に何だか泣きたいような気持が起って来た。涙が自然に出て来た。物が見えなくなった。それがポロポロ頬《ほお》へ落ちて来た。彼は見えない儘《まま》に押入れを開けて祖母のも自分のも無闇に押し込んだ。間もなく涙は止った。彼は胸のすがすがしさを感じた。

彼は部屋を出た。上の妹と二番目の妹の芳子とが隣の部屋の炬燵《こたつ》にあたって居た。信三だけ（＊9）炬燵櫓《やぐら》の上に突っ立って威張って居た。信三は彼を見ると急に首根を堅くして天井の一方を見上げて、

「銅像だ」と力んで見せた。上の妹が、

「そう云えば信三は頭が大きいから本当に西郷《さいごう》さんのようだわ」と云った。信三は得意になって、

「偉いな」と臂《ひじ》を張って髭《ひげ》をひねる真似《まね》をした。和《やわら》いだ、然し少し淋しい笑顔をして立って居た信太郎が、

「西郷隆盛《たかもり》に髭はないよ」と云った。妹二人が、「わーい」とはやした。信三は、

「しまった！」といやにませた口をきいて、櫓を飛び下りると、いきなり一つでんぐり返しをして、おどけた顔を故意と皆の方へ向けて見せた。

翌朝（明治四十一年正月十三日）信太郎は祖母の声で眼を覚《さま》した。

「六時過ぎましたぞ」驚かすまいと耳のわきで静かに云って居る。

「今起きます」と彼は答えた。

「直ぐですぞ」そう云って祖母は部屋を出て行った。彼は帰るように又眠って了った。

又、祖母の声で眼が覚めた。

「直ぐ起きます」彼は気安めに、唸《うな》りながら夜着から二の腕まで出して、のびをして見せた。

「このお写真にもお供えするのだから直ぐ起きてお呉《く》れ」

お写真と云うのはその部屋の床の間に掛《か》けてある（＊１）擦筆画《さっぴつが》の肖像で、信太郎が中学の頃習った画学の教師に祖父の亡くなった時、描いて貰《もら》ったものである。

黙っている彼を「さあ、直ぐ」と祖母は促した。

「大丈夫、直ぐ起きます。——彼方《むこう》へ行ってて下さい。直ぐ起きるから」そう云って彼は今にも起きそうな様子をして見せた。

祖母は再び出て行った。彼は又眠りに沈んで行った。

「さあさあ。どうしたんだっさ」今度は(i)**角のある**声だ。信太郎は折角沈んで行く、未《ま》だその底に達しない所を急に呼び返される不愉快から腹を立てた。

「起きると云えば起きますよ」今度は彼も度胸を据《す》えて起きると云う様子もしなかった。

「本当に早くしてお呉れ。もうお膳《ぜん》も皆出てますぞ」

「わきへ来てそうぐずぐず云うから、尚起きられなくなるんだ」

「①**あまのじゃく**！」祖母は怒って出て行った。信太郎ももう眠くはなくなった。起きてもいいのだが余り起きろ起きろと云われたので実際起きにくくなって居た。彼はボンヤリと床の間の肖像を見ながら、それでももう起《おこ》しに来るか来るかという不安を感じて居た。起きてやろうかなと思う。然《しか》しもう少しと思う。もう少しこうして居て起しに来なかったら、それに免じて起きてやろう、そう思っている。彼は大きな眼を開いて未だ横になって居た。

いつも彼に負けない寝坊の信三《しんぞう》が、今日は早起きをして、隣の部屋で妹の芳子《よしこ》と騒いで居る。

「お手玉、（＊２）南京《なんきん》玉、大玉、小玉」とそんな事を一緒に叫んで居る。そして一段声を張り上げて、

「その内大きいのは芳子《よっこ》ちゃんの眼玉」と一人が云うと、一人が「信三さんのあたま」と怒鳴った。二人は何遍も同じ事を繰り返して居た。

又、祖母が入って来た。信太郎は又起きられなくなった。

「もう七時になりましたよ」祖母はこわい顔をして反《かえ》って叮嚀《ていねい》に云った。信太郎は七時の筈《はず》はないと思った。彼は枕の下に滑り込んで居る(b)**懐中**時計を出した。そして、

「未だ二十分ある」と云った。

「どうしてこう(ii)**やくざ**だか……」祖母は溜息《ためいき》をついた。

「一時にねて、六時半に起きれば五時間半だ。やくざでなくても五時間半じゃあ眠いでしょう」

「宵《よい》に何度ねろと云っても諾《き》きもしないで……」

②**信太郎は黙って居た**。

「直ぐお起き。(iii)**おっつけ**（＊３）福吉町《ふくよしちょう》からも誰か来るだろうし、坊さんももうお出《い》でなさる頃だ」

祖母はこんな事を言いながら、自身の寝床をたたみ始めた。祖母は七十三だ。よせばいいのにと信太郎は思っている。

祖母は腰の所に敷く羊の皮をたたんでから、大きい敷蒲団《しきぶとん》をたたもうとして息をはずませて居る。祖母は信太郎が起きて手伝うだろうと思って居る。ところが信太郎はその手を食わずに③**故意に冷《ひや》かな顔をして横になったまま見ていた**。とうとう祖母は怒り出した。

得がいくまで計画の修正を繰り返すことになるということ。

ウ　どのような状況が生じるかが確実にわからないうちに計画を立てても、結局はその場に合わせて新たに計画を立て直さなければならず、かえって時間の無駄が生じてしまうということ。

エ　綿密に立てられた計画はその場の状況に合わせて一部だけを変更することが難しく、万が一想定外の事態が生じた場合には、全てを一からやり直さなければならなくなるということ。

オ　緻密な計画を立てるには、起こりうる様々な状況を想定しなければならないため膨大な計画が必要であるが、そのほとんどは実際には起こらず、計画の大半が無駄になるということ。

問四　――部②「そのような病的な恐怖の克服にもつながる」とあるが、人が「そのような病的な恐怖」を「克服」しなければならないのはなぜか。その理由を説明しなさい。

問五　――部③「臨機応変の能力」とはどういうことか。[A]～[C]に分けた本文の、[B]の範囲から説明しなさい。

問六　――部④「機転」のここでの意味として最も適当なものを選びなさい。

ア　計画の全体を見渡して、今必要とされる行動をとっさに選ぶこと。

イ　過去の経験をふまえて、その場にふさわしい行動をとること。

ウ　計画の細部にこだわらずに、その場に応じた対応をすること。

エ　トラブルの原因をすばやく見つけ出し、取り除いて解決すること。

オ　おおまかに立てた計画をもとに、相手の立場に立って判断すること。

問七　――部⑤「計画とアジャイルのよいバランスをとる」際に注意すべきことは何か。最も適当なものを選びなさい。

ア　様々な状況を想定し、最も成功率の高い計画とアジャイルのバランスを決定すること。

イ　計画を立てる力が足りないならば、事前に計画を立てずにその場で行動を決めること。

ウ　個人の能力に見合った適度な計画を立て、あとは状況に応じてその場で対応すること。

エ　臨機応変の能力が生まれつきの素質か、訓練や実地経験によるものかを自覚すること。

オ　自分の能力に自信がある場合のみ、一切の計画を立てずにアジャイルでやりきること。

二

次の文章は志賀直哉《しがなおや》「或《あ》る朝」の全文である。これを読んで、後の問いに答えなさい。なお、出題の都合上本文を一部改めている。

祖父の三回忌《き》の法事のある前の晩、信太郎《しんたろう》は寝床で小説を読んで居《い》ると、並んで寝て居る祖母が、

「明日《あす》坊さんのおいでなさるのは八時半ですぞ」と云《い》った。

暫《しばら》くした。すると眠っていると思った祖母が又同じ事を云った。彼は今度は返事をしなかった。

「それ迄《まで》にすっかり支度《したく》をして置くのだから、今晩はもうねたらいいでしょう」

「わかってます」

間もなく祖母は眠って了《しま》った。

どれだけか(a)タった。信太郎も眠くなった。時計を見た。一時過ぎて居た。彼はランプを消して、寝返りをして、そして夜着《よぎ》の襟《えり》に顔を埋《うず》めた。

の日々の生活は成り立っている。

ところで、臨機応変の能力には、このように状況に応じて適切に「行動する」能力だけではなく、状況に応じて適切に「考える」能力も含まれる。こちらは身体を動かす能力ではないので、身体知ではないが、臨機応変の能力のひとつである。

たとえば、紅葉の季節に「そうだ、京都に行こう」と思い立ち、家を出る。計画と言っても、新幹線で行くというきわめておおまかな計画しか立てていない。駅に着いて、自由席にするか、それとも指定席にするか考える。混み具合を調べてみると、自由席は座れないようだが、指定席は一時間後にしか空いていない。早く行きたい。まあ、座れなくてもいいかと思って、自由席の切符を買う。

こんな調子で、その場、その場で、適当に考えて、やりくりしていく。そうすれば、たいした計画を立てなくても、無事に京都にたどりつける。ここでは、状況に応じて適切に考えるという臨機応変の能力が大きく物を言う。

[C] その場の状況に応じて考える能力も、行動する能力と同じく、訓練や実地経験によって鍛えることができる。人によって臨機応変の思考能力に違いがあるのも、生まれつきの素質の違いもあるだろうが、訓練や実地経験の違いによるところが大きい。

私が数人の友人と一緒に北京《ぺきん》に行ったとき、夕飯を食べに街中のレストランに入ったことがあった。私たちは誰も中国語ができなかったが、英語が多少通じるだろうと思っていた。しかし、残念ながら、英語もまったく通じなかった。そのとき、一人が紙に漢字を書いて店員に見せたところ、見事に通じた。私はそんなことを思いつきもしなかったので、彼の④**機転**におおいに感心した。どうしてそんな機転が(c)**キ**いたのかと聞いてみたところ、彼は似たような状況を経験したことがあると言った。

思考における臨機応変の能力も、行動におけるそれも、訓練や実地経験によって育まれる。したがって、訓練や実地経験の違いによって、臨機応変の能力にも個人差がある。自分の臨機応変の能力を見誤ると、その場で適切に対処できず、[X]ことになる。アジャイルでやるときには、自分の臨機応変の能力を正しく自覚することが重要である。自分には臨機応変に対応する能力があまりないと思えば、アジャイルの部分を減らして、計画の部分を手厚くしなければならない。つまりは、臨機応変の能力を正しくわきまえたうえで、⑤**計画とアジャイルのよいバランスをとる**ことが肝心なのである。

（信原幸弘『「覚える」と「わかる」　知の仕組みとその可能性』による。なお出題の都合上、本文を一部改めた。）

問一　――部(a)～(c)のカタカナを漢字に、漢字をひらがなに直しなさい。

問二　空欄[X]には「行き詰まってどうにもできなくなる」という意味の語句が入る。あてはまるものを一つ選びなさい。

ア　立ち往生する　　イ　立ち返る
ウ　目くじらを立てる　　エ　矢面に立つ
オ　水際立つ

問三　――部①「きわめて効率が悪い」とはどういうことか。最も適当なものを選びなさい。

ア　絶対に失敗しないように計画に従った行動ばかりをしていると、その場の状況に応じてどうするかを決めて修正を加える能力が育たず、行動全体をやり遂げるのが遅くなるということ。

イ　絶対に失敗しないようにすべきだと考えてどれだけ綿密な計画を立てても、事前に全ての状況を想定することはできず、納逃げるといった行動を引き起こして、じっさいに害を(b)**被**ることを防いでくれる。しかし、危険でない状況で恐怖を抱くのは不適切である。それは害の未然の防止に役立たないどころか、有益な行動を妨げもする。飛行機への恐怖は、このような病的な恐怖である。

最近、「正しく恐れよ」とよく言われる。放射能に汚染された食品であっても、汚染度は低く、健康に影響はないのに、恐ろしくて食べられない人がいる。このような人は、危険度に見合った「正しい恐れ」ではなく、それに見合わない病的な恐怖を抱いているのである。

緻密な計画へのこだわりも、失敗への病的な恐怖に支配されている可能性が高い。緻密な計画を立てなくても、アジャイルでやっていけば、失敗することはほぼないにもかかわらず、失敗を恐れて、可能なかぎり緻密な計画を立てようとする。たとえ計画を立てるのが無駄であり、その場で適当にやってもうまくやれるということを頭でよく理解していても、どうしても失敗への恐怖がなくならない。こうして計画を立てずにはいられないのである。

アジャイルで行くことは、一見、いい加減で、行き当たりばったりのようにみえるかもしれないが、計画を立てるよりも、アジャイルで行くほうが効率的で、成功する確率が高い場合もある。だからこそ、アジャイルで行くのである。私たちがアジャイルではなく、しっかりした計画に向かいがちなのは、アジャイルがいい加減で失敗の可能性が高いからではなく、むしろ失敗への病的な恐怖があるからである。あえてアジャイルで行くことは、②**そのような病的な恐怖の克服にもつながる**。

もちろん、アジャイルが重要だと言っても、計画がいっさい無用だというわけではない。過度に緻密な計画は無用だが、適度な計画は効率の面でも、成功率の面でも、重要である。結局、適度な計画を立て、あとはその場のやりくりに任せることが大切だ。つまり、計画とアジャイルの適切なバランスが何と言っても重要なのである。

B

アジャイルでやっていくには、その場の状況に応じて的確に対処する能力、つまり③**臨機応変の能力**がなければならない。ヒーローはたいていこの能力に秀でている。『007』のジェームズ・ボンドは、ビルの屋上や水上などでじつにスリリングな戦いを見せるが、どんなに窮地に陥っても、手持ちの小道具やその場にある物を巧みに利用して、きわどく危機を脱していく。そんなに都合よく小道具や物があるわけないだろうと思いつつも、俊敏な対応能力に感心させられる。

このような臨機応変の能力は身体知の一種である。それは身体で覚えた知であり、脳だけではなく、身体にも刻みこまれた知である。ただし、身体知のすべてが臨機応変の能力だというわけではない。たとえば、舗装した道路でしか自転車に乗れないとしよう。このとき、自転車に乗る身体知をもっていると言えるが、臨機応変の能力をもっているとは言えない。砂利道でも、芝生の上でも、でこぼこ道でも、それらに対応してうまく自転車に乗ることができてはじめて、臨機応変の能力があると言える。ボンドのような臨機応変の能力は、身体知のなかでも、多様な状況に対応できるようなタイプの身体知、すなわち「多面的身体知」なのである。

私たちは、ボンドには遠く及ばないにせよ、多少なりとも、このような多面的身体知をもっている。混雑した駅では、いろいろな人とさまざまな仕方でぶつかりそうになるが、たいていうまくよけることができる。会社にいけば、上司や同僚など、さまざまな人から挨拶されるが、相手に応じて適切に挨拶を返すことができる。このような多面的身体知をほとんど無意識的に行使することで、私たち

2024年度

渋谷教育学園幕張中学校

【国　語】〈**第一次試験**〉（五〇分）〈満点：一〇〇点〉

注意　・記述は解答欄《らん》内に収めてください。一行の欄に二行以上書いた場合は、無効とします。
・記号や句読点も一字に数えること。

一　次の文章を読んで、後の問いに答えなさい。

A　完全な計画が不可能だとすれば、少なくともある程度は、その場で対処していくしかない。その場の状況を見ながら、その場で考え、その場でどうするかを決める。その場で考えていては間に合わないこともあるから、そのようなことについては、あらかじめ計画を立てる必要がある。しかし、その場で考えても間に合うことは、その場で対処すればよい。たとえば、複雑な迷路のようになった地下鉄の駅に初めて行くときは、あらかじめ地図を見て出口を調べておいたほうがよいだろうが、初めてでないときは、事前に調べなくても、たいていそれほど迷わずに出口を見つけることができる。

どのような状況になるのかがよくわからないときに計画を立てるのは、起こりうるさまざまな状況を想定しなければならないから、本当にたいへんである。それぞれの状況のもとでいちいちどうするかを決めていかなければならないので、その計画は複雑かつ膨大なものとなろう。しかも、想定した状況のほとんどはじっさいには起こらないから、せっかく立てた計画も、その大部分は活用されず、無駄となる。

そうだとすれば、むしろ計画を立てず、その場で対処するほうがよいのではないだろうか。たしかに事前の計画が必要な場合もあるが、積極的にその場の対処に任せるほうがかえって効率がよいことも多い。

このような考えにもとづいて最近よく用いられるようになった言葉が「アジャイル（agile）」である。この言葉は、辞書的には「機敏な」とか「身軽な」を意味するが、コンピュータのソフトウェアの開発において、従来とは異なる新しい開発手法を表すのに用いられるようになった。すなわち、ソフトウェアを開発するさいに、初めからすべての(a)**コウテイ**にかんして綿密な計画を立てるのではなく、まずは小さな単位で試しながら、試行と修正を繰り返してソフトウェアの全体を完成させていくという手法である。

このソフトウェアの開発における用法が拡張されて、「アジャイル」という言葉は、いまでは行動一般にかんして用いられるようになった。すなわち、何らかの行動をしようとするとき、事前にきちんと計画するのではなく、進行中のその時々の状況に応じて適当にどうするかを決め、うまく行かなければ修正を行うといったことを繰り返して、行動全体を完遂するというやり方が「アジャイル」とよばれるようになったのである。

仕事の打合せのなかで「アジャイルで行こう」と言われた場合、それはようするにその場でやりくりしようという意味である。私たちはついつい、しっかりした計画を立てて、絶対に失敗しないようにすべきだと考えがちであるが、そのような綿密な計画を立てることは、実際上ほとんど不可能であるか、あるいは①**きわめて効率が悪い**。綿密な計画にこだわるのは、失敗にたいする「病的な恐怖」によるところが大きい。

たとえば、恐ろしくて飛行機に乗れない人がたまにいる。そのような人は飛行機の安全性を十分理解していても、飛行機に乗るのを恐れる。たしかに危険な状況で恐怖を抱くのは適切であり、それは

2024年度

渋谷教育学園幕張中学校 ▶解説と解答

算　数　＜第１次試験＞（50分）＜満点：100点＞

解　答

1 (1)　４通り　(2)　30通り　(3)　17通り　**2** (1)　①　$21cm^2$　②　21枚　(2)　$45cm^3$　**3** (1)　10倍　(2)　**ア**…25，**イ**…$8\frac{1}{3}$　**4** (1)　0.5cm　(2)　４：７　(3)　$5\frac{50}{77}$倍　**5** (1)　$207cm^3$　(2)　$85\frac{1}{3}cm^3$　(3)　８：７

解　説

1 場合の数

(1)　袋《ふくろ》Ａには５を入れ，袋Ｂには偶数《ぐうすう》のカード（２，４，６，８）の中の３枚を入れればよい。袋Ａに入れるカードの選び方は１通りである。また，袋Ｂに入れるカードの選び方は，選ばない１枚を決めるのと同じことだから，４通りある。よって，このような入れ方は，１×４＝４（通り）とわかる。

図１

袋Ａ	袋Ｂ	
５	偶数を１枚	…ア
５	偶数を２枚	…イ
５	偶数を３枚	…ウ
５	偶数を４枚	…エ

図２

袋Ａ	袋Ｂ
７	１
８	１，２，１と２
９	１，２，３，１と２，１と３，２と３，１と２と３
７と８	１
７と９	１
８と９	１，２，１と２
７と８と９	１

(2)　一方の袋には５だけを入れ，もう一方の袋には偶数のカードだけを入れればよい。はじめに，袋Ａに５だけを入れる場合をまとめると，上の図１のようになる。このとき，袋Ｂに入れるカードの選び方は，アの場合は４通り，イの場合は，$\frac{4\times3}{2\times1}$＝６（通り），ウの場合は(1)で求めた４通り，エの場合は１通りなので，全部で，４＋６＋４＋１＝15（通り）となる。袋Ｂに５だけを入れる場合も同様だから，このような入れ方は，15×２＝30（通り）と求められる。

(3)　袋Ａには（７，８，９），袋Ｂには（１，２，３）のうち，条件を満たすように１枚以上３枚以下のカードを入れればよい。よって，上の図２のようになるので，このような入れ方は，１＋３＋７＋１＋１＋３＋１＝17（通り）とわかる。

2 素数の性質

(1)　①　縦の長さをAcm，横の長さをBcmとする。もし，B＝□×△のように，Bを素数の積で表すことができたとすると，$A\times B=A\times$（□×△）＝（A×□）×△となる。これは，縦の長さがAcm，横の長さが□cmのタイルを△枚つなげて作れることを表しているから，条件に合わない。次に，A＝○×◎のように，Aを素数の積で表すことができたとすると，$A\times B$＝（○×◎）×Bとなる。これは，縦の長さが○cm，横の長さが◎cmのタイルをB枚つなげて作れることを表しているから，条件に合わない。よって，A，Bはどちらも素数だから，面積が小さい順に調べると右の図１のようになる。したがって，左から７番目の面積は21cm^{2}である。　② 図１から，面積が60cm^{2}以下のタイルは，10＋７＋３＋１＝21(枚)あることがわかる。

図１

❶２×２＝４	❸３×３＝９	５×５＝25	７×７＝49
❷２×３＝６	❻３×５＝15	５×７＝35	
❹２×５＝10	❼３×７＝21	５×11＝55	
❺２×７＝14	３×11＝33		
２×11＝22	３×13＝39		
２×13＝26	３×17＝51		
２×17＝34	３×19＝57		
２×19＝38			
２×23＝46			
２×29＝58			

⑵　３つの辺の長さがすべて素数なので，体積が小さい順に調べると右の図２のようになる。よって，左から10番目の体積は45cm^{3}とわかる。

図２

❶２×２×２＝８	❸２×３×３＝18	２×５×５＝50	❺３×３×３＝27
❷２×２×３＝12	❼２×３×５＝30		❿３×３×５＝45
❹２×２×５＝20	❽２×３×７＝42		
❻２×２×７＝28	２×３×11＝66		
❾２×２×11＝44			

3 グラフ―水の深さと体積

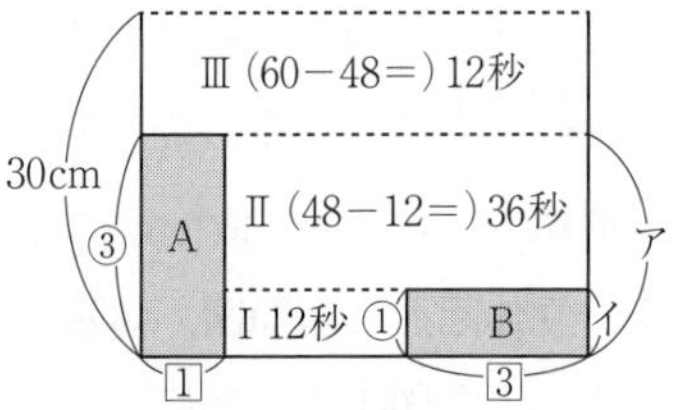

⑴　Bの高さを①とすると，Aの高さは③になる。また，AとBの底面積の比は，$\frac{1}{3}:\frac{1}{1}=1:3$だから，Aの底面積を$\boxed{1}$とすると，Bの底面積は$\boxed{3}$となる。さらに，右の図のⅠ→Ⅱ→Ⅲの順で水が入り，それぞれの部分に水が入る時間は図のようになる。よって，Ⅰの部分とⅡの部分を比べると，体積の比は，12：36＝１：３，高さの比は，１：(３－１)＝１：２なので，底面積の比は，$\frac{1}{1}:\frac{3}{2}=2:3$とわかる。すると，Ⅰの部分の底面積は，$\boxed{3}\div(3-2)\times2=\boxed{6}$となるから，Cの底面積は，$\boxed{1}+\boxed{6}+\boxed{3}=\boxed{10}$と求められる。したがって，Cの底面積はAの底面積の，10÷１＝10(倍)である。

⑵　Ⅰ，Ⅱ，Ⅲの部分を比べると，体積の比は，12：36：12＝１：３：１，底面積の比は，６：(６＋３)：10＝６：９：10なので，高さの比は，$\frac{1}{6}:\frac{3}{9}:\frac{1}{10}=5:10:3$とわかる。この和が30cmだから，Ⅰの部分の高さ(イにあてはまる数)は，$30\times\frac{5}{5+10+3}=\frac{25}{3}=8\frac{1}{3}$(cm)と求められる。また，アはイの３倍なので，アにあてはまる数は，$\frac{25}{3}\times3=25$(cm)となる。

4 平面図形―構成，相似，辺の比と面積の比

⑴　下の図１で，この図形は線対称《せんたいしょう》な図形だから，BEとCDは平行であり，かげをつけた角の大きさは等しくなる。また，弧《こ》AB，CD，EAの長さが等しく，弧BD，DA，AC，CEの長さも等しいので，３つの三角形DAB，ACD，CEAは合同な二等辺三角形であり，斜線《しゃせん》をつけた角の大きさは等しくなる。すると，これらの二等辺三角形の底角の大きさはすべて，(かげ)＋(斜線)になるので，下の図２のようになる。図２で，三角形AFGと三角形EAFは相似な二等辺三角形であり，これらの二等辺三角形の短い辺と長い辺の長さの比は１：２だから，FG＝$1\times\frac{1}{2}$＝0.5(cm)と求められる。

図１

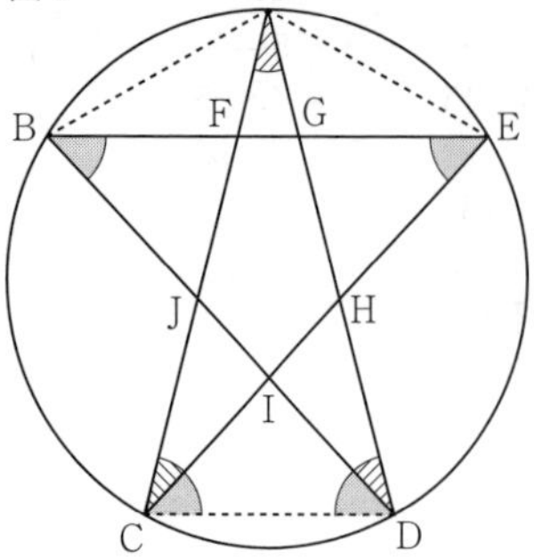

図２

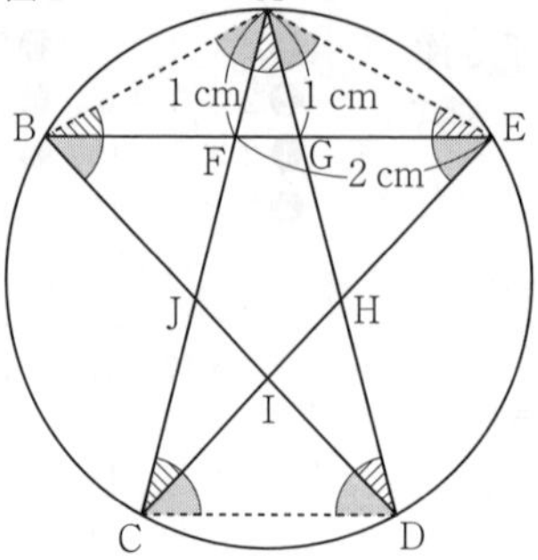

図３

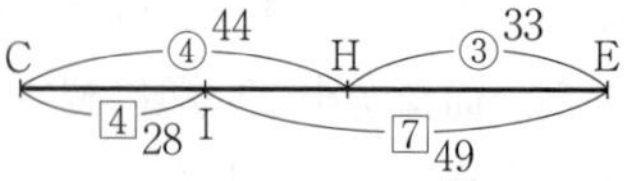

⑵　CDの長さはAEの長さと等しく２cmである。三角形GHEと三角形DHCは相似であり，相似比は，GE：DC＝(２－0.5)：２＝３：４なので，EH：HC＝３：４とわかる。また，三角形BIEと三角形DICは相似であり，相似比は，BE：DC＝(２＋２－0.5)：２＝７：４だから，EI：IC＝７：４となる。よって，CEの長さを77とすると上の図３のようになるので，HI：IC＝(44－28)：28＝４：７と求められる。

⑶　三角形AFGと三角形ACDの面積の比は，(１×１)：(４×４)＝１：16だから，三角形AFGの面積を１とすると，三角形ACDの面積は16になる。また，AH：HD＝CH：HE＝４：３なので，三角形CDHの面積は，$16\times\frac{3}{4+3}=\frac{48}{7}$とわかる。同様に，三角形CDJの面積も$\frac{48}{7}$である。さらに，⑵より，三角形ICDの面積は，$\frac{48}{7}\times\frac{7}{4+7}=\frac{48}{11}$と求められるから，五角形JCDHIの面積は，$\frac{48}{7}\times 2-\frac{48}{11}=\frac{720}{77}$となる。よって，五角形FGHIJの面積は，$16-1-\frac{720}{77}=\frac{435}{77}$なので，五角形FGHIJの面積は，三角形AFGの面積の，$\frac{435}{77}\div 1=5\frac{50}{77}$(倍)である。

5　立体図形―展開図，体積

⑴　下の図①のように，立方体から三角すいを切り取り，この立体の太線部分から，切り取った三角すいと同じ形の三角すいを削《けず》り取ると，下の図②のように内側にへこんだ形の立体になる。よって，この立体の体積は，もとの立方体の体積から三角すい２個分の体積をひいて求めることができる。もとの立方体の体積は，$6\times6\times6=216$(cm³)，三角すい１個の体積は，$3\times3\div2\times3\div3=4.5$(cm³)だから，図②の立体の体積は，$216-4.5\times2=207$(cm³)とわかる。

図①

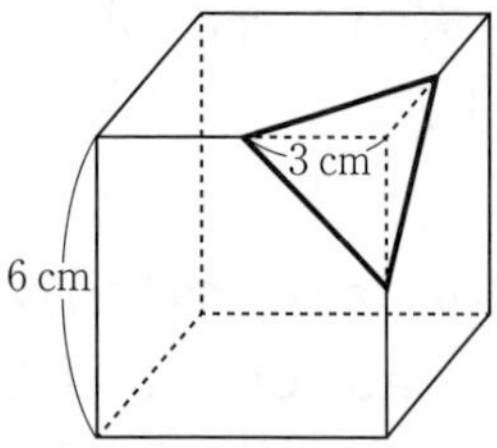

図②

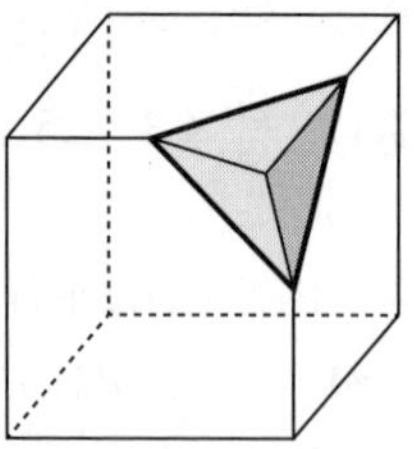

図③

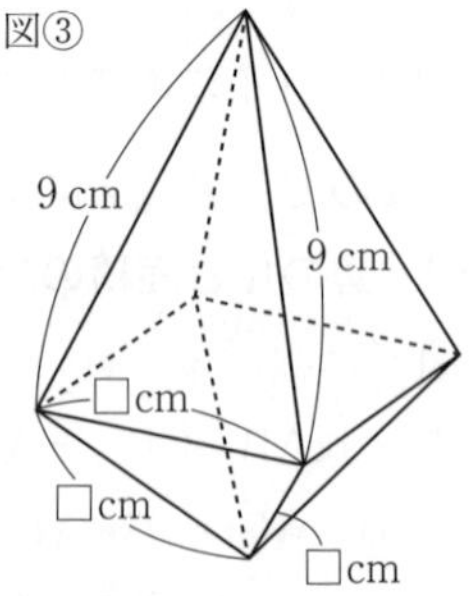

図④

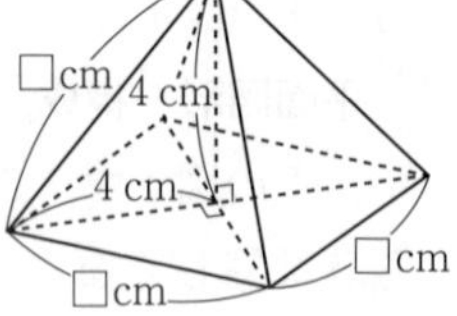

⑵　正三角形ABCの１辺の長さを□cmとすると，立体Aは上の図③のように２つの四角すいを組み合わせた形の立体になる。また，立体Bは，図③の２つの四角すいを切り離《はな》し，上側の四角すいから下側の四角すいと同じ形の四角すいを削り取った形の立体(内側にへこんだ形の立体)である。

よって，立体Ａと立体Ｂの体積の差は，図③の下側の四角すいの体積２個分になる。また，図③の下側の四角すいは上の図④のようになる。図④で，底面の対角線の長さは，４＋４＝８(cm)なので，この四角すいの体積は，$8\times8\div2\times4\div3=\frac{128}{3}$(cm³)とわかる。したがって，立体Ａと立体Ｂの体積の差は，$\frac{128}{3}\times2=\frac{256}{3}=85\frac{1}{3}$(cm³)である。

(3)　㋐，㋑，㋔，㋖の４つの面を組み立てると，12cmの辺が１本と18cmの辺が２本あるから，右の図⑤のように，高さ18cmの三角柱の両側から三角すいを切り取った形の立体ができる。㋒，㋓，㋕，㋗についても同様なので，１つ目の立体は図⑤の立体を２つ組み合わせた形の立体になる。次に，㋑，㋒，㋕，㋗の４つの面を組み立てると，18cmの辺が１本と12cmの辺が２本あるから，右の図⑥のように，高さ18cmの三角柱の両側から四角すいを切り取った形の立体ができる。㋐，㋓，㋔，㋖についても同様なので，２つ目の立体は図⑥の立体を２つ組み合わせた形の立体になる。よって，立体Ｃと立体Ｄの体積の比は，図⑤の立体と図⑥の立体の体積の比と等しくなる。また，図⑤と図⑥のかげの部分は合同だから，２つの立体の体積の比は，かげの部分を底面と考えたときの高さの平均の比(つまり，高さの和の比)と等しくなる。したがって，立体Ｃと立体Ｄの体積の比は，(12＋18＋18)：(18＋12＋12)＝８：７である。

図⑤

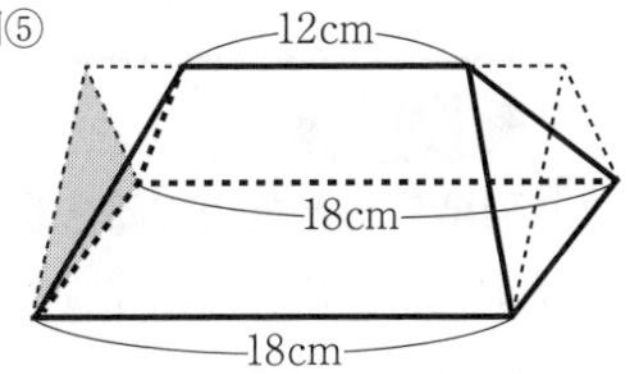

図⑥

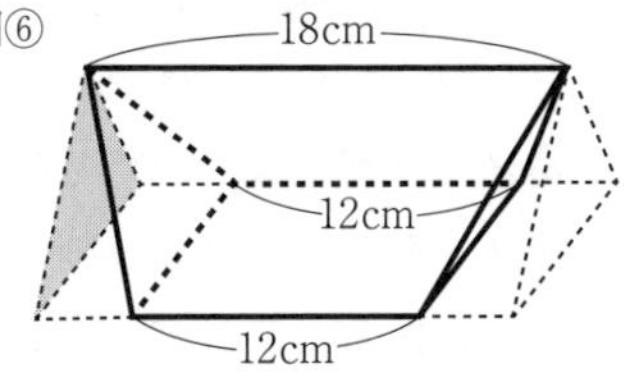

社　会　＜第１次試験＞（45分）＜満点：75点＞

解　答

1　**問１**　１　**問２**　財務省　**問３**　３　**問４**　４　**問５**　(例)　捜査機関から令状の発行を求められたときに対応するため。　**問６**　１，２，３　**問７**　１　**問８**　(例)　タクシー運転手になるために必要な二種免許などの取得といった規制を緩和すること。　**問９**　(例)　裁判官としてふさわしくない行いがあった裁判官を裁くため。　**問10**　４　**問11**　３　**問12**　４　**2**　**問１**　**ア**　古今和歌集　**イ**　万葉集　**問２**　３　**問３**　２　**問４**　１　**問５**　１　**問６**　４　**問７**　６　**問８**　３　**問９**　６　**問10**　(例)　最終的な官職が大臣になった高い位の人物の名前は，敬意を示すために表記しなかった。　**問11**　(例)　明は日本と勘合貿易だけ行い，倭寇や中国人の日本への渡航を取り締まっていた。大内氏が滅亡して勘合貿易が途絶えたころ，ポルトガルがマカオを拠点に貿易を展開していた。　**3**　**問１**　(例)　表１は東京の1923年と

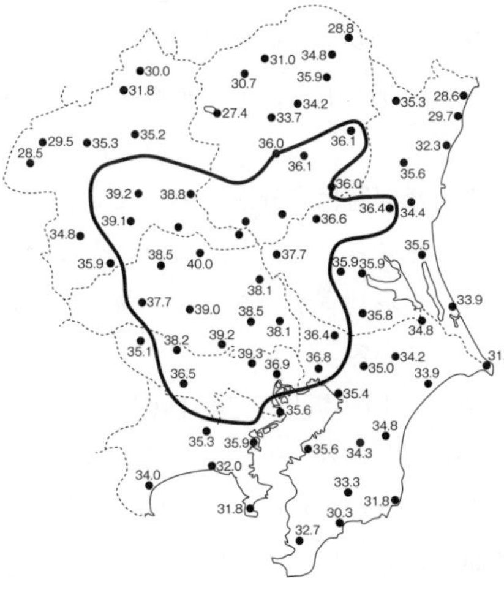

2023年の２月と８月のデータであるため，地球全体の状況や100年間の気温の推移がわからないから。　**問２**　2　**問３**　4　**問４**　3　**問５**　(例)　流木などの漂流物が欄干や橋脚にひっかかり，橋を壊したり流れをせき止めたりするのを防ぐため。　**問６**　(例)　上の図　**問７**　4　**問８**　(例)　アメダスが設置されていない場所で，もっと暑くなっている可能性があるから。　**問９**　2　**問10**　4　**問11**　フェーン

解　説

1　刑事裁判と首相官邸を題材にした問題

問１　刑事裁判は犯罪行為を裁く裁判で，検察官が原告となり，被疑者は刑事被告人となる。裁判の冒頭手続きについて，人定質問と起訴《きそ》状朗読の後，裁判官は被告人に対し，自己に不利益な供述をしなくてもよい権利である黙秘権があることを告知することになっている(１…○)。

問２　財務省は，国家財政や税金，為替，関税などの仕事を担当する中央省庁である。

問３　裁判所は最高裁判所を唯一《ゆいいつ》の上級裁判所とし，下級裁判所として高等・地方・家庭・簡易裁判所がある。高等裁判所は日本の８地方に１つずつ置かれ(札幌，仙台，東京，名古屋，大阪，広島，高松，福岡)，地方裁判所と家庭裁判所は都道府県庁所在地と北海道にその他３か所の合計50か所，簡易裁判所は全国に438か所置かれている(X…誤，Y…正)。

問４　裁判では日本人・外国人を問わず，だれでも傍聴《ぼうちょう》できる。また，法廷では撮影や録音を禁じられているが，メモを取ることはできる(X，Y…誤)。

問５　日本国憲法第33条は，現行犯として逮捕《たいほ》される場合を除いて，裁判官が発行する令状がなければ逮捕されないと定めている。刑事事件において，警察などの捜査機関が被疑者を特定したとき，令状の請求は休日や深夜にも行われるので，裁判官は令状を発行するために宿直している。

問６　下級裁判所における裁判では，裁判官は１人(単独法廷)ないし，３人(合議法廷)で行う。重大な刑事事件の第１審が裁判員裁判で行われるときは，３人の裁判官と６人の裁判員(合計９人)になる(１，２，３…○)。なお，４は最高裁判所の大法廷の様子である。

問７　財務省は内閣が国会に提出する予算案の原案を作成するため，予算審議が始まる１月の通常国会(常会)開始までに編成を終えなければならない。また，常会の会期中には説明の準備や答弁書の作成などを行っている(X，Y…正)。

問８　タクシー運転手になるためには，一般人が持つ普通免許とは別の免許(普通二種免許)が必要である。ライドシェアの実現には，二種免許がなくても営業できるようにすることなどが求められる。

問９　裁判官は身分が保障されており，ひとたび任命されると，心身の故障や定年などの理由以外で辞めさせられることがない。そこで，裁判官として不適切な言動があったり，重大な過ちを犯したりした裁判官がいたとき，国会には訴追を受けた裁判官を裁く，弾劾裁判所を設置する権限が認められている。

問10　日本国憲法第67条１項に，内閣総理大臣は，国会議員の中から国会の指名で選ばれるとある(X…誤)。日本国憲法第68条１項に，国務大臣は内閣総理大臣に任命され，その過半数は国会議員でなければならないとある(Y…誤)。

問11　内閣総理大臣と国務大臣で構成される内閣が，政治方針や政策を決定する会議のことを閣議

といい，閣議決定は全会一致を原則としている。日本国憲法第68条２項により内閣総理大臣は国務大臣を辞めさせることができるため，閣議で内閣総理大臣に反対する国務大臣を辞めさせることができる（X…誤，Y…正）。

問12　2005年に郵政民営化を訴《うった》えて衆議院の解散総選挙を行ったのは小泉純一郎内閣である。なお，中曽根康弘内閣は，日本国有鉄道，日本電信電話公社，日本専売公社の三公社を民営化した（X…誤）。2011年に発生した福島第一原子力発電所の事故を受け，東京電力には2012年に公的資金が投入され，実質国有化された（Y…誤）。

2 「小倉百人一首」を題材とした問題

問１　**ア**　『古今和歌集』は平安時代の905年，醍醐《だいご》天皇の命で紀貫之《つらゆき》らが編さんした初の勅撰《ちょくせん》和歌集で，『万葉集』以後の約1100首の和歌が収録されている。編者の一人である紀貫之は『土佐日記』の作者としても知られる。　**イ**　『万葉集』は奈良時代の770年ごろに成立した現存する最古の和歌集で，約4500首が収録され，編者は大伴家持《やかもち》と伝えられる。

問２　３世紀中ごろから後半に西日本でつくられ始めた前方後円墳は，５世紀ごろに日本各地でつくられるようになった（A…×）。蘇我蝦夷《えみし》・入鹿《いるか》が滅ぼされた乙巳《いっし》の変は645年に起こった（B…○）。聖徳太子が冠位十二階の制を定めたのは603年である（C…○）。大宝律令は701年に制定された（D…×）。

問３　鎌倉時代，武士や農民を対象として仏教の新しい宗派が生まれた。このうち日蓮《にちれん》は題目を唱えれば救われるとして法華（日蓮）宗を開いた（２…○）。なお，１の御成敗式目は，鎌倉幕府第３代執権の北条泰時が1232年に制定し，御家人らに示した武家法であった。３の元寇《げんこう》（元軍の襲来）は，文永の役（1274年）と弘安の役（1281年）の２度あった。なお，文禄の役は1592年に豊臣秀吉が行った朝鮮出兵のことである。４の永仁の徳政令（1297年）は，生活に困窮《こんきゅう》した御家人を救済するための法令であった。

問４　厳島神社（広島県）の海の上に立つ社殿は，平安時代末に平清盛によって整えられた（１…○）。なお，２は慈照寺銀閣（京都府）で室町時代，３は薬師寺東塔（奈良県）で奈良時代の建物。４は清水寺（京都府）で，今に残る本堂（舞台）は，江戸幕府第３代将軍の徳川家光により再建された。

問５　奈良時代の713年，国ごとの地理書として『風土記《ふどき》』を編さんするように命令が出された。現在まとまったかたちで残っているのは５か国のみで，出雲《いずも》国（島根県東部）はほぼ完全なかたちで残っている（X…正）。743年に出された墾田《こんでん》永年私財法で，新しく開墾した土地の永久私有が認められると，貴族や大寺社が荘園と呼ばれる私有地を広げた（Y…正）。

問６　ブラジルは南アメリカ大陸の北東部を占《し》める国で，ポルトガルから独立したため，公用語はポルトガル語である。なお，１のスリナムはブラジルの北部に位置する国で公用語はオランダ語，２のニジェールは北アフリカの国で公用語はフランス語，３のフィリピンは東南アジアの国で公用語は英語などである。

問７　Ⅰは江戸時代後半（葛飾北斎の活躍），Ⅱは1685年（生類憐《あわれ》みの令），Ⅲは1637～38年（天草・島原一揆）のことなので，年代の古い順にⅢ→Ⅱ→Ⅰとなる。

問８　資料の新聞記事において，右上の見出しに「日本の大屈辱《くつじょく》／露帝の小譲歩」とあり，下の段に「ポーツマスの談判」とある。つまりこの記事は，アメリカ合衆国のポーツマスで開かれた日露戦争（1904～05年）の講和会議の内容を伝えている（X…誤，Y…正）。

問9　Ⅰは1933年(日本の国際連盟脱退)，Ⅱは1932年(五・一五事件)，Ⅲは1924年(護憲三派内閣の成立)のことなので，年代の古い順にⅢ→Ⅱ→Ⅰとなる。

問10　資料の表の①～⑤の人物の「百人一首での表記」は「○○公」「○○太政大臣」「○○左大臣」「○○右大臣」とあり，名前がない。それは，最終的な官職が太政大臣や左大臣，右大臣など高位の役職に昇った人物なので，敬意を示すために，名前をそのまま表記せず，役職名などの関連の深い呼び名を用いたと考えられる。

問11　Ⅰ～Ⅲの文章から，明(中国)は中国人の海外渡航を制限しており(日本への渡航は禁止)，皇帝に従う姿勢を示した国の長にのみ貿易(日本の場合，勘合貿易)を認めていて，倭寇(日本の武装商人団・海賊)の取り締まりも強化していたことがわかる。Ⅳでは勘合貿易を担ってきた大内氏の滅亡で勘合貿易が途絶え，Ⅴでは1550年代にポルトガルが明の許可を得てマカオを拠点にアジアで貿易を展開したとある。

3　地球温暖化についての問題

問1　表１を見ると，東京の1923年の２月と８月の気温と2023年の２月と８月の気温を比べると気温が著しく上昇したことが読み取れる。しかし，東京だけのデータであるため，地球上の他の地域の温暖化についてはわからず，100年間の気温の推移もわからないので，このデータだけでは地球温暖化が進んだと言い切ることはできない。

問2　市街地で高い気温が観測される現象を，ヒートアイランド現象という。ヒートアイランド現象の原因として，緑地の減少やアスファルトなどの熱をためこみやすい地面が増えたこと，人工排熱の増加，建物による風通しの悪化などが考えられている。湿った風が吹《ふ》けば気温が下がるので，ヒートアイランド現象の原因とは考えられない(２…×)。

問3　山形盆地を流れるのは北上川ではなく最上川で，北上川が流れているのは岩手県と宮城県である(Ｘ…誤)。山形盆地はおうとう(さくらんぼ)やぶどうなどの果樹栽培がさかんだが，温暖な気候を好むみかんの栽培はさかんではない(Ｙ…誤)。

問4　瀬戸焼は愛知県瀬戸市の伝統的な焼物である(３…×)。

問5　写真１の高知県の四万十川に見られる沈下《ちんか》橋(潜水《せんすい》橋)は，防災や減災の効果を期待した工夫である。大雨で川の水位が上がったとき，橋脚を低くすることで，橋を沈下させ，流木などの漂流物を流れやすくしている。欄干《らんかん》がないのも漂流物が絡まって橋が壊れたり，川の水がせき止められて下流に土石流が発生したりする危険性を減らしている。

問6　図１において，36.0℃を超える地点は，おおむね関東地方の中央部に分布する。栃木県の中央部と南東部に36.0℃の地点があるため，線はその２点を通る必要がある。栃木県の36.0℃の地点のどちらかを始点に，36.0℃以上の地点と36.0℃未満の地点との間に線を引いていくと，１本の曲線で結ばれることになる(解答参照)。

問7　1963年に最も早く政令指定都市に指定され，鉄鋼業の製造品出荷額等が最も高いＣは北九州市(福岡県)である。2007年に最も遅く政令指定都市に指定され，輸送用機械器具製造業の製造品出荷額等が最も高いＢは浜松市(静岡県)である。残ったＡが堺市(大阪府)となる。

問8　文章に「私たちが普段目にする気象データはアメダスの設置されている場所で観測されたデータということ」とある。そのため，アメダスが設置されていない他の地域でもっと暑い場所がある可能性があるので，熊谷市(埼玉県)と浜松市が日本一暑い地点と言い切ることはできない。

問９　設問に，台風の上陸とは，「台風の中心が北海道，本州，四国，九州の海岸線に達した場合」を指すとある。また，台風の通過とは，「小さい島や小さい半島を横切って短時間で再び海に出る場合」を指すとある。台風は一般に南から北東へ向かって日本列島にやってくるので，上陸するのは九州から東日本にかけての太平洋側に位置する都道府県が多くなる。よって，北側が瀬戸内海に面している香川県には台風が上陸したことはないと考えられる（２…○）。

問10　帯広市は北海道の太平洋側に位置し，冬の北西の季節風が日高山脈にさえぎられるため，積雪量が少ない（４…○）。

問11　夏の南東の季節風の風下にあたる日本海側では，フェーン現象により気温が上がることが多い。フェーン現象とは，風が山を越えて，斜面《しゃめん》に沿って山を下りてくるときに，山を下りた側で気温が高くなることをいう。

理　科　＜第１次試験＞（45分）＜満点：75点＞

解　答

1 (1) **黒紙**…月　**しぼりの穴**…木の葉のすき間　(2) ①　**A**　(ウ)　**B**　(ア)　②　**A**　6 cm　**B**　26cm　(3) ①　(イ)　②　(ウ)　③　2.4　④　光源の形　⑤　4　⑥　穴の形　(4) ①　10cm　②　(エ)　(5) ①　小さく　②　低い　③　(ウ)　**2** (1) 肥料　(2) **サフラワーイエロー**…(イ)，(オ)，(キ)　**カルタミン**…(ウ)，(エ)，(カ)　**プルプリン**…(ウ)，(オ)，(キ)　(3) (i)　灰汁に浸してから再び染める　(ii)　(例)　石灰水に炭酸水を加えると白くにごる。　(4) (例)　赤色の色素のカルタミンはアルカリ性の水溶液に溶けるので，衣服の赤色が溶けだしてうすくなる。　(5) (ウ)，(エ)　(6) (オ)　(7) (例)　アカネ色素水溶液のはじめの色　(8) (ア)，(オ)　**3** (1) ①　自転　②　15°　③　12　④　30°　(2) ①　45°　②　90°　③　南　(3) (カ)　(4) (キ)　(5) ①　東　②　南　③　東

4 (1) **テッポウウオ**…(エ)　**コイ**…(カ)　**メダカ**…(イ)　(2) (イ)，(カ)　(3) (例)　**実験**…実験１で行った４通りの高さ以外の高さで，トレーニングしたテッポウウオが実験板Ａの６mmの円を狙うかどうか調べる。　**結果**…あらたに追加した高さでも，テッポウウオが６mmの円を集中的に狙う。

解　説

1 **光の進み方と明るさについての問題**

(1)　日食は，太陽—月—地球がこの順に一直線に並び，太陽の一部，または全面が月にかくされて見えなくなる現象である。よって，てつお君の実験では，光源が太陽，光源からの光を遮断《しゃだん》する黒紙は月にあたると考えられる。また，しぼりの穴は光源からの光が通過する小さなすき間を表すので，木の葉のすき間にあたり，穴を通ってスクリーンに映った光は木もれ日にあたる。

(2)　Ａの領域は，下の図ⅠのSTを直径とする円の範囲《はんい》になる。Ａの領域では，P′Q′を直径とする円の範囲にある光源の光がさえぎられ，その外側の範囲からの光だけが届く。このとき，Ａの領域に当たる光が届く光源の範囲はどこでも同じになるため，Ａの領域ではどこも明るさが同じになっている。図Ⅰで，三角形RUVと三角形RPQは相似で，相似比は，24：６＝４：１なので，光源か

ら黒紙までの距離《きょり》が，50－20＝30(cm)より，Rと黒紙の距離は，$30\times\frac{1}{4-1}$＝10(cm)である。さらに，三角形RUVと三角形RTSも相似で，相似比は，10：(20－10)＝１：１なので，STの長さ，つまり，Aの領域の直径は６cmと求められる。また，Bの領域は下の図ⅡのS′T′を直径とする円からSTを直径とする円を除いた範囲になる。ここで，S′Sに当たる光について考えると，Sには光源のPWの範囲からの光が当たり，S′には光源全面から出る光が当たる。よって，Bの領域では内側ほど暗くなっている。図Ⅱで，三角形QUVと三角形QS′Sは相似で，相似比は，30：50＝３：５だから，SS′の長さは，$6\times\frac{5}{3}$＝10(cm)となる。したがって，Bの領域の直径は，10×２＋６＝26(cm)とわかる。

図Ⅰ

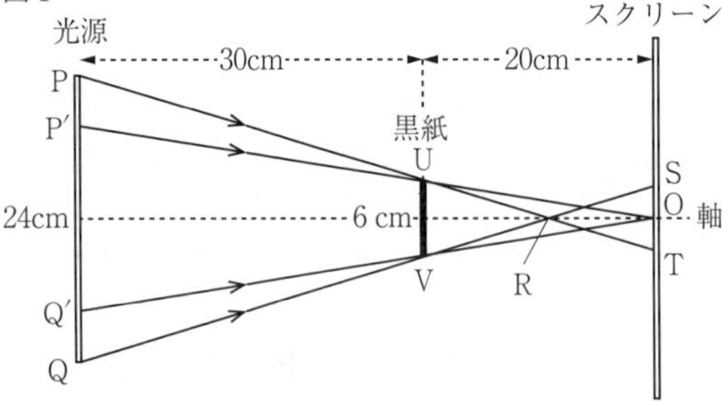

図Ⅱ

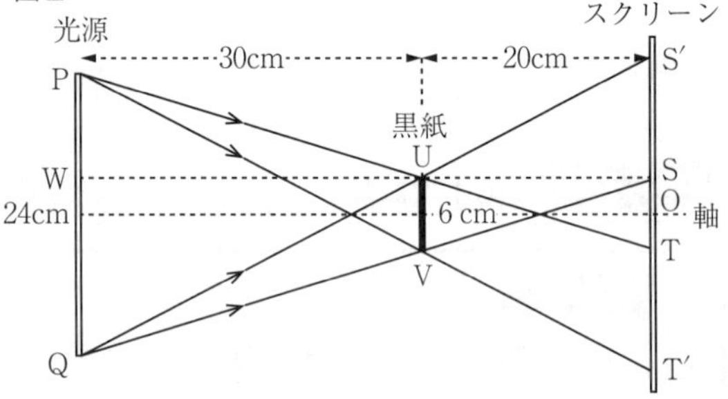

⑶　①，②　$L=0$のときは，光源全体からの光がスクリーン上の点Oに当たる。Lを０から大きくしていくと，しばらくは光源全体からの光が点Oに届くが，光源の端《はし》から徐々《じょじょ》に光が点Oに届かなくなり，点Oとその近くの明るさはしだいに暗くなる。しかし，光源からの光がすべてさえぎられることはないので，完全に光が届かなくなることはない。　③，④　Dを非常に小さくすると，ピンホールカメラのように，光源の像がスクリーン上にできる。このとき，光源の大きさと像の大きさの比は，穴から光源までの距離と穴からスクリーン上の像までの距離の比に等しくなる。よって，結果２の場合は，スクリーン上の円の直径は，$24\times\frac{5}{50}$＝2.4(cm)となる。また，このときの像は光源と同じ形になる。　⑤，⑥　Lに対してXを非常に大きくすると，光源からの光は平行光線に近づくので，スクリーン上にできる円の直径はしぼりの穴の直径と同じ４cmに近づく。光の直進の性質から，このときの円の形はしぼりの穴の形に関係する。

⑷　①　右の図Ⅲの※で示した光源から出た光は，黒紙にさえぎられることなく，しぼりの穴を通過できる。このとき図Ⅲでかげをつけた部分には光が全く当たらない。図Ⅲで，底辺をしぼりの穴の直径とし，頂点をCとする三角形と，底辺を黒紙の直径とし，頂点を点Cとする三角形は相似で，相似比は，２：６＝１：３だから，しぼりと点Cの距離は，$20\times\frac{1}{3-1}$＝10(cm)となる。よって，Lがこの距離より小さくなる(スクリーンがしぼりに近づく)と，光の当たらない部分がなくなる。　②　①と同様に考えると，たとえば，Dが１cmの場合は，L'は，$20\times\frac{1}{6-1}$＝４(cm)となる。また，Dが0cmに限りなく近づくと，L'の値も０に近づく。以上より，㈡のグラフが選べる。

図Ⅲ

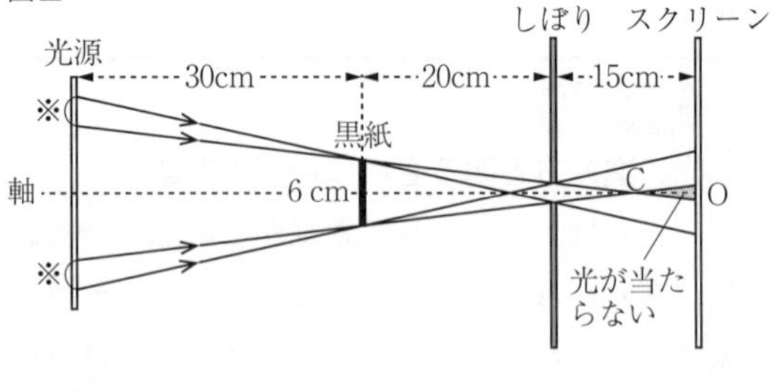

⑸　①　太陽(光源)の形を観察したいので，実験２の結果２より，葉のすき間は小さい方がよいと

考えられる。　②　⑷の②より，すき間を小さくすると，L'が小さくなるので，葉のすき間が小さいときはある程度地面に近い，背が低い木の方がよい。　③　地上から見た日食中の太陽の像は，小さい葉のすき間を抜《ぬ》けてきた光なので，ピンホールカメラの像の映り方と同じように上下左右が逆になる。したがって，南東側が欠けた㈲のようになる。

2　植物と色素についての問題

⑴　農業では，酸性化した土地の中和や金属成分の補給などの目的で，灰を肥料として田畑にまくことが行われていた。

⑵　**サフラワーイエロー**…ベニバナの花弁を冷水の中でもむと水が黄色になることから，中性の水によく溶《と》けるといえる。また，木綿は全く染まらないが，絹は染まったことから，植物せんいは染めにくく動物せんいは染めやすいことがわかる。このとき，黄色く染まった水を沸《ふっ》とうさせても絹が染まったことから，高温でも壊《こわ》れにくいことがわかる。　**カルタミン**…水には溶けにくいが，アルカリ性の水溶液《すいようえき》のみに溶けると述べられている。また，木綿と絹のどちらも染めているので，植物せんい，動物せんいのどちらも染めやすいことがわかる。さらに，ベニバナ染めで赤くなった布を沸とうさせながら染め続けると赤色がうすくなったことから，高温では壊れやすいとわかる。**プルプリン**…アカネの根から熱水で煮《に》出しているので，高温でも壊れにくいこと，水に溶けることがわかる。また，木綿，絹のどちらも染まっているので，植物せんい，動物せんいのどちらも染めやすいとわかる。

⑶　(i)　Ａ君が行ったアカネ染めで，アルカリ性の灰汁《あく》に浸《ひた》してから再び染めると，うすい赤色から朱赤色に染まったと述べられている。これは色素が，アルカリ性の水溶液と化学変化を起こして，色素を水に溶けにくい形に変えてしまうためと考えられる。　(ii)　沈《ちん》でんを生じる化学変化をあげればよい。たとえば石灰水に炭酸水を加えると，水に溶けない炭酸カルシウムが生じて石灰水が白くにごる現象などがある。

⑷　カルタミンは水に溶けにくいが，アルカリ性の水溶液には溶ける性質があるので，アルカリ性である灰汁の水溶液で，カルタミンで染めた衣服を洗うと，カルタミンが溶けだして衣服の赤色がうすくなると考えられる。

⑸　はじめはうすい赤色だった布が，ツバキの灰汁に浸してから再び染めると朱赤色に染まったことから，灰汁（にふくまれる金属成分）は布と色素を強く結びつけるはたらきがあるとわかる。また，観察記録①でツバキの灰を用いるとアカネ色素水溶液が朱赤色になったことから，赤色の色素をあざやかに発色させるはたらきもあると考えられる。

⑹　３種類の金属のうち，鉄は塩酸だけに溶けて水素を発生し，アルミニウムは塩酸，水酸化ナトリウム水溶液のどちらにも溶けて水素を発生する。また，銅はどちらにも溶けない。

⑺　アカネ色素水溶液の色の変化を調べる実験では，実験の前後で水溶液の色を比較《ひかく》する必要がある。しかし，観察記録では，アカネ色素水溶液のはじめの色を記録していないため，これでは他の人が読んでも変化が読み取れない。

⑻　㈠はすりおろしたじゃがいもに含まれるデンプンが水に溶けず沈《しず》んだだけ，㈥は水に溶けていた食塩を結晶《けっしょう》として取り出す操作で，抽出《ちゅうしゅつ》とはいえない。

3　太陽の動きについての問題

⑴　①，②　地球が自転することで，太陽が東から西へ動いて見える。このとき，地球は24時間で

１回自転するので，太陽は１時間あたり，360÷24＝15(度)動いて見える。　③，④　時計の短針は12時間で１回転していて，１時間あたりでは，360÷12＝30(度)動く。

⑵　①，②　12時から15時までの，15－12＝３(時間)で，太陽は，15×３＝45(度)動き，時計の短針は，30×３＝90(度)動く。　③　図２の状態から，①と②の角度の差の分，つまり，90－45＝45(度)時計の文字盤《ばん》を反時計回りに回転させ，太陽のほうに短針を向けると，12時と３時の真ん中がちょうど南の方角となる。

⑶　太陽は９時から３時間後の12時には，45度動いた南の方角に位置する。短針は３時間で90度回るので，このとき時計の文字盤で短針と12時の方向の真ん中が南の方角になっている。よって，図３の文字盤の12時がさしている方角は，南からさらに45度回った南西の方角である。

⑷　同じ地点における太陽の道すじは，季節が変わってもたがいに平行になっていて，夏至の日には太陽は最も北寄りの道すじを通る。また，夏至の日でも明石市の南中高度は90度に達することはないので，(き)が選べる。

⑸　①　夏至の日には太陽は高い位置を通るので，午前９時の太陽の方角は秋分の日よりもより東側になる。　②，③　⑶，⑷のように，太陽の方向に合わせた短針と文字盤の12時との真ん中が南の方角になると考えると，太陽(短針)の方角が東寄りにあれば，求めた南の方角も東寄りにずれる。

４　テッポウウオの行動や習性についての問題

⑴　テッポウウオは㋓，コイは㋕，メダカは㋑である。なお，㋐はナマズ，㋒はサケ，㋔はフグである。

⑵　実験１の結果より，実験板Ａの高さが高くなればトレーニングしていないテッポウウオは大きい円を狙《ねら》う傾向《けいこう》が読み取れる。また，物体の位置が遠ければ物体は小さく見えるので，近い位置にある小さい円と，遠い位置にある大きい円が同じ大きさに見えたと考えられ，テッポウウオは見た目の大きさで狙う円を決めているといえる。同様に考えると，高さ200mmのときは６mmの円，高さ600mmのときは10mmの円を主に狙っていることから，高さ400mmのときに８mmの円があれば水鉄砲が当たる割合が大きくなると推測できる。

⑶　実験２の４通りの高さでトレーニングしたテッポウウオを用いて，実験２の高さ以外の高さ，たとえば100mmなどの高さで実験板Ａを用いて同じ実験を行ってみればよい。このとき，仮説Ｘが正しければ，テッポウウオは６mmの円を特定できず，より小さい２mmの円を狙う回数が増え，仮説Ｙが正しければ，100mmの高さでも６mmの円を集中して狙うという結果になるはずである。

国　語　＜第１次試験＞（50分）＜満点：100点＞

解　答

一　**問１**　(a)，(c)　下記を参照のこと。　(b)　こうむ(る)　**問２**　ア　**問３**　オ　**問４**　(例)　危険のない状況で恐怖を抱くことは，未然に害を防止するために役立たないどころか，効率の悪い綿密な計画を立てずにいられなくなるなど，有益な行動を妨げもするから。　**問５**　(例)　そのときどきの多様な状況に応じ，適切に行動したり考えたりすることで，ものごとに対処する能力。　**問６**　イ　**問７**　ウ　**二**　**問１**　(a), (c)　下記を参照のこと。　(b)　かいちゅう　**問２**　(i)　ウ　(ii)　ア　(iii)　オ　(iv)　カ　**問３**　(例)　起こそうとしてくる祖母にいちいち逆らい，わざと困らせたり怒らせたりするところ。　**問４**　オ　**問５**　(例)　手伝ってくれることを望んでいる祖母に対し，あまのじゃくな気持ちがおさえきれず，手伝わずに見ていたら祖母が怒り出すだろうと思っている。　**問６**　(例)　使えない筆を口実に仲直りをはかったわざとらしい行動や，素直に自分の言葉を受けいれた祖母の姿を見て，意地をはって嫌がらせをしていたことがばかばかしくなり，心配までかけようとした自分の行動のおろかさをくやみ，申し訳なさも感じている。　**問７**　エ　**問８**　**１**　イ　**２**　カ　**３**　エ　**４**　ア

●漢字の書き取り

一　**問１**　(a)　工程　(c)　利　**二**　**問１**　(a)　経　(c)　不意

解　説

一　**出典：信原幸弘《のぶはらゆきひろ》『「覚える」と「わかる」　知の仕組みとその可能性』**。事前に綿密な計画を立てるのではなく，その時々の状況《じょうきょう》に応じた行動をとり，ものごとを完遂《かんすい》する「アジャイル」という手法について説明されている。

問１　(a)　仕事や作業を進めていく手順。　(b)　音読みは「ヒ」で，「被害」などの熟語がある。(c)　音読みは「リ」で，「便利」などの熟語がある。

問２　「アジャイル」でやっていくのがよいとはいえ，「自分の臨機応変の能力を見誤ると，その場で適切に対処でき」なくなるのだから，“身動きが取れず，行き詰《づ》まる”という意味を表す，アの「立ち往生する」があてはまる。なお，イの「立ち返る」は，“もとの位置や状態にもどる”という意味。ウの「目くじらを立てる」は，“人の小さな欠点を取り立てて目をつり上げて責める”という意味。エの「矢面《やおもて》に立つ」は，“非難や攻撃《こうげき》などをまともに受ける立場に立つ”という意味。オの「水際《みずぎわ》立つ」は，“ひときわ目につくこと，ほかから際立つ”という意味。優《すぐ》れたようすを称賛《しょうさん》するときに用いる。

問３　「緻密《ちみつ》な計画を立てること」に，筆者は「効率」の悪さを感じている。「どのような状況になるのかがよくわからないとき」に立てる計画はさまざまな想定のもとでなされ，必然的に「複雑かつ膨大《ぼうだい》なもの」となるが，結果として「想定した状況のほとんどはじっさいには起こらない」ので，「せっかく立てた計画も，その大部分は活用されず，無駄《むだ》とな」ってしまうのである。このことを指して，筆者は「きわめて効率が悪い」と言っているのだから，オがふさわしい。

問４　「危険でない状況で恐怖《きょうふ》を抱《いだ》く」ことは「害の未然の防止に役立たないどころか，有益な行動を妨《さまた》げもする」と，筆者は述べている。つまり，「失敗」を極度に恐《おそ》れていると(「病的な恐怖」)，その場で適当にやったとしても問題が生じないものごとについても，緻密な計画を立てずにいられなくなるなど，自らにとって「有益な行動を妨げ」ることにつながりかねないというのである。これをもとに，「危険でない状況で恐怖を抱くことは，未然に害を防止するのに役立たないどころか，その場で適当にやってもうまくやれるようなことに対しても緻密な計画を立てるなど，無駄が多く有益な行動を妨げもするから」のようにまとめる。

問５　段落Ⓑのなかほどで，「臨機応変の能力」とは「多様な状況に対応できる」「身体知の一種」，

つまり「状況に応じて適切に『行動する』能力」であるほか，「適切に『考える』能力」でもあると述べられている。これをもとに，「多様な状況に応じて適切に行動したり，考えたりして，その場の状況に的確に対処する能力」のようにまとめる。

問６　北京《ぺきん》のレストランで，誰《だれ》一人として中国語が話せず英語さえ通じないなか，ふいに友人の一人が「漢字を書いて店員に見せたところ，見事に通じた」のを見て，筆者は「おおいに感心」している。「彼《かれ》」（友人）は「似たような状況を経験したこと」をもとに，その場に応じて適切に「考え」，「行動」したのだから，イが選べる。なお，ア，ウ～オは，“「経験」の応用”（ここでいう「機転」）をとらえていない。

問７　同じ段落で筆者は，「自分の臨機応変の能力を正しく自覚」し，もしそれがあまりないと思ったなら「アジャイルの部分を減らして，計画の部分を手厚く」するのがよいと述べている。ウが，この説明に合う。

二　**出典：志賀直哉《しがなおや》「或《あ》る朝」**。法事の日の朝，宵《よい》っ張りのためなかなか起きようとしないことに祖母から小言を言われるも，「信太郎《しんたろう》」は悪態をつき返す。

問１　⒜　音読みは「ケイ」「キョウ」で，「経験」「写経」などの熟語がある。訓読みにはほかに「へ(る)」などがある。　⒝　ふところやポケットの中。またはそこに入れて携帯《けいたい》すること。　⒞　思いがけないこと。突然《とつぜん》であること。

問２　(i)　度々《たびたび》起こしても起きようとしない「信太郎」に向けられた祖母の声なので，ウがあてはまる。「角のある」は，とげとげしいようす。性格や言動がきついようす。　(ii)　いつまでも起きないばかりか，突《つ》っかかってくる「信太郎」のようすに呆《あき》れ，祖母は「溜息《ためいき》」をついているので，アが合う。ここでの「やくざ」は，生活態度がまともでない者，ろくでもない者をいう。　(iii)　「誰か」も「坊《ぼう》さんももう」来るころだというのだから，オが選べる。「じきに」は，まもなく。もうすぐ。　(iv)　「五六年前」に「信太郎」の買ってきた自然木の筆は「細」く，「小さ」かったのだから，カがふさわしい。ここでの「やくざ」は，粗悪《そあく》で役に立たないようす。

問３　「あまのじゃく」は，わざと人にさからう人。また，そのようす。「信太郎」は祖母がいくら起こしに来ても，それにそむき起きようとしなかったばかりか，あろうことか「わきへ来てそうぐずぐず云《い》うから，尚《なお》起きられなくなるんだ」とまで言い放ち，祖母を怒《おこ》らせている。これをもとに，「祖母が起こそうとすると，かえって起きる気がしなくなるようなへそ曲がりなところ」のようにまとめる。

問４　前の晩から法事のことで気をもみ，当日の朝も「六時過ぎましたぞ」，「直《す》ぐ起きてお呉《く》れ」，「本当に早くしてお呉れ」と，なかなか起床《きしょう》しようとしない自分をひんぱんに起こそうとしに来る祖母に対し，はじめは「返事をしなかった」り，わずらわしく思いながらいちいち言葉を返したりしていた「信太郎」だったが，ここで「宵に何度ねろと云っても諾《き》きもしないで……」と，もっともなことを指摘《してき》されたために，何も返す言葉がなくなったのである。よって，オがふさわしい。

問５　「信太郎が起きて手伝うだろう」と思い，これみよがしに「息をはずませ」ながら大きい敷《しき》蒲団《ぶとん》をたたもうとする祖母の思惑《おもわく》を見ぬいていた「信太郎」は，「あまのじゃく」な性格から徹底《てってい》して祖母に嫌《いや》がらせをしようと考えたものと想像できる。これをふまえ，「祖母は寝床《ねどこ》をたたむのを手伝ってくれるだろうと期待しているが，その手伝いをあえてしないことで，祖母をいらだたせようと思っている」といった趣旨《しゅし》でまとめるとよい。

問６　「年寄の云いなり放題になるのが孝行なら，そんな孝行は真っ平だ」という悪態に涙《なみだ》ぐんだ祖母から，部屋を出ていくさいに「烈《はげ》しく唐紙《からかみ》をあけたて」されて「むっと」した「信太郎」が，「旅行」に行けば祖母を「心配」させられると思った点をおさえる。ふいに部屋に戻《もど》ってきて「やくざな筆」を手に取り，「今迄《いままで》の事を忘れたような顔」で「お塔婆《とうば》」に文字を書けるかと言ってきた祖母に対し，むっとしながらも「駄目ですよ」と返答した「信太郎」は，意外にも彼女《かのじょ》が「素《す》直《なお》」に「そうか」と受けいれたのを見て，急に「旅行」をやめることにしている。「故意《わざ》と」らしく仲直りしようとはからう祖母のいじらしい姿に，意地をはって嫌がらせをすることがばかばかしく(可笑《おか》しく)なり，一方で心配までかけようとしていたことに申し訳なさを感じて，「信太郎」は「泣きたいような気持」になったものと考えられる。

問７　法事の日の朝，寝床から起きようとしない「信太郎」と，度々起こそうと声をかけてくる祖母のやりとりは，「ゆううつ」というよりはむしろユーモラスなものに感じられる。よって，エがふさわしくない。

問８　**１**　「江戸時代」における「空想の物語」なので，滝沢馬琴《たきざわばきん》の『南総里見八犬伝』がよい。江戸時代の空想物語としてはほかに，上田秋成《うえだあきなり》の怪談《かいだん》『雨月物語』などがある。　**２，３**　近代に西洋から入ってきた芸術理念である，「リアリズム」の影響《えいきょう》を受けた作品なので，「写生」という考えにもとづいた正岡子規《まさおかしき》の「俳句」，そして実体験にもとづいた志賀直哉の自然主義小説『和解』がふさわしい。なお，正岡子規の俳句には「夏嵐《なつあらし》　机上《きじょう》の白紙　飛び尽《つく》す」「柿《かき》くへば鐘《かね》が鳴るなり法隆寺《ほうりゅうじ》」などがある。近代の自然主義小説にはほかに，島崎藤村《しまざきとうそん》の『破戒《はかい》』などがある。
４　「戦後」の文学なので，三島由紀夫《みしまゆきお》の『金閣寺』があてはまる。

Dr.福井の

入試に勝つ！ 脳とからだのウルトラ科学

睡眠時間や休み時間も勉強!?

みんなは寝不足になっていないかな？　もしそうなら大変だ。睡眠時間が少ないと，体にも悪いし，脳にも悪い。なぜなら，眠っている間に，脳は海馬《かいば》という部分に記憶をくっつけているんだから。つまり，自分が眠っている間も頭は勉強しているわけだ。それに，成長ホルモン（体内に出される背をのばす薬みたいなもの）も眠っている間に出されている。昔から言われている「寝る子は育つ」は，医学的にも正しいことなんだ。

寝不足だと，勉強の成果も上がらないし，体も大きくなりにくく，いいことがない。だから，睡眠時間はちゃんと確保するように心がけよう。ただし，だからといって寝すぎるのもダメ。アメリカの学者タウブによると，10時間以上も眠ると，逆に能力や集中力がダウンしたという研究報告があるんだ。

睡眠時間と同じくらい大切なのが，休み時間だ。適度に休憩するのが勉強をはかどらせるコツといえる。何時間もぶっ続けで勉強するよりも，50分勉強して10分休むことをくり返すようにしたほうがよい。休み時間は，散歩や体操などをして体を動かそう。かたまった体をほぐして，つかれた脳を休ませるためだ。マンガを読んだりテレビを見たりするのは，頭を休めたことにならないから要注意！

頭の疲れに関連して，勉強の順序にもふれておこう。算数の応用問題や理科の計算問題，国語の読解問題などを勉強するときには，脳のおもに前頭葉という部分を使う。それに対して，国語の知識問題（漢字や語句など）や社会などの勉強では，おもに海馬《かいば》という部分を使う。したがって，それらを交互に勉強すると，１日中勉強しても疲れにくい。

Dr.福井（福井一成《ふくいかずしげ》）…医学博士。開成中・高から東大・文Ⅱに入学後，再受験して翌年東大・理Ⅲに合格。同大医学部卒。さまざまな勉強法や脳科学に関する著書多数。

2024年度 渋谷教育学園幕張中学校

【算　数】〈第２次試験〉（50分）〈満点：100点〉

注意　•コンパス，三角定規を使用します。

1　【図１】のように，マス目に１から順に，時計回りに整数を書いていきます。この問題では，例えば，１が書かれたマスを$\boxed{1}$のように表すことにします。次の各問いに答えなさい。

【図１】

	21	22	23	24	25	26	
	20	7	8	9	10	27	
	19	6	1	2	11	28	
	18	5	4	3	12	29	
	17	16	15	14	13	30	
					…	31	

(1)　$\boxed{1}$からみて，１マス右上のマスは$\boxed{9}$，２マス右上のマスは$\boxed{25}$です。$\boxed{1}$からみて，10マス右上のマスに書かれている整数は何ですか。

(2)　$\boxed{1\,|\,2}$から上下左右にそれぞれ同じ個数のマスを空けて$\boxed{1\,|\,2}$を囲うような，枠《わく》状のマスの集まりを考えます。

例えば，$\boxed{1\,|\,2}$から上下左右にそれぞれ２個のマスを空けて$\boxed{1\,|\,2}$を囲うような，枠状のマスの集まりを考えると，【図２】の斜線部分のようになり，そこには$\boxed{31}$，$\boxed{32}$，…，$\boxed{56}$の，全部で26個のマスがふくまれています。

(1)の答えが書かれたマスがふくまれるように，枠状のマスの集まりを考えると，そこには全部で何個のマスがふくまれていますか。

【図２】

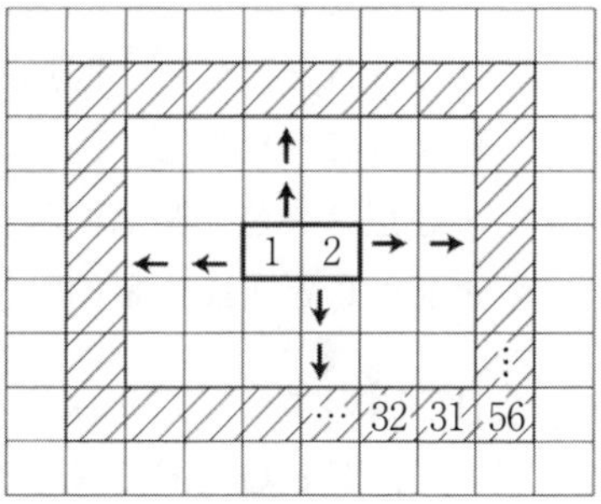

(3)　$\boxed{2}$からみて，１マス右下のマスは$\boxed{12}$，２マス右下のマスは$\boxed{30}$です。$\boxed{2}$からみて，20マス右下のマスに書かれている整数は何ですか。

2　【図１】の四角形BCDGと四角形AFEGは長方形です。長方形BCDGから長方形AFEGを切り取り，【図２】のようにＬ字型の図形を作ったところ，辺AB，DEの長さがともに２cmになりました。

【図１】

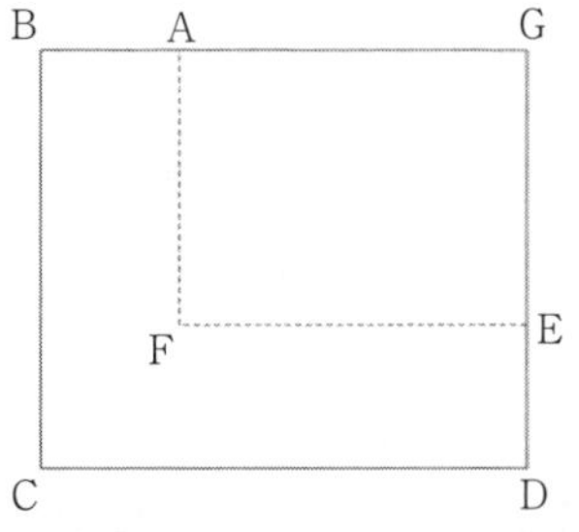

【図２】

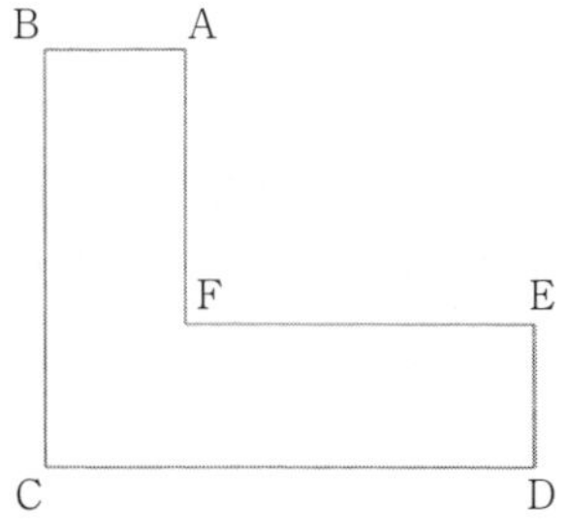

次の各問いに答えなさい。

(1)　【図２】のＬ字型の図形の辺上を，２点Ｐ，Ｑが次のように動くとします。

・ＰはＡを出発し，図形の辺上をＡ⇒Ｂ⇒Ｃまで毎秒１cm の速さで動く。
・ＱはＢを出発し，図形の辺上をＢ⇒Ｃ⇒Ｄ⇒Ｅまで毎秒２cm の速さで動く。
・２点Ｐ，Ｑは同時に出発する。

【図３】のように，２点Ｐ，Ｑが動いている間，ＦとＰ，ＦとＱをそれぞれまっすぐな線でつないで，Ｌ字型の図形を３つの部分ア，イ，ウに分けます。

３つの部分ア，イ，ウの面積の変化を調べると，３点Ｅ，Ｆ，Ｐが一直線に並ぶとき，アとイとウの面積が等しくなりました。その後，ＰがＣに着くのと同時にＱはＥに着きました。

①　Ｌ字型の図形の面積は何cm^2ですか。

②　ＰがＡを出発してからＣに着くまでの，イの部分の面積の変化を表すグラフを，解答用紙の解答らんにかき入れなさい。

【図３】

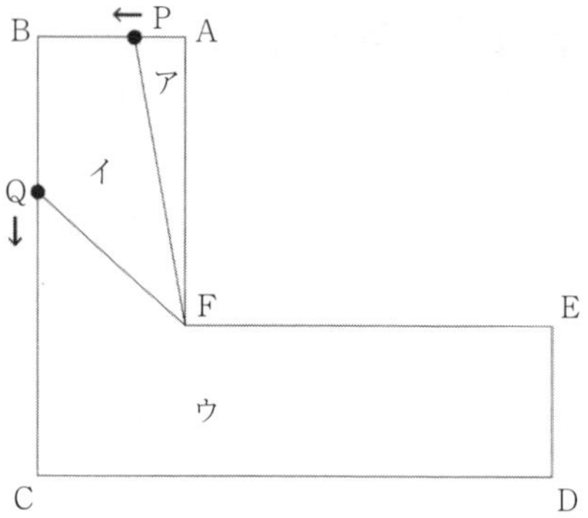

(2)　【図２】のＬ字型の図形の辺上を，３点Ｐ，Ｑ，Ｒが次のように動くとします。

・ＰはＡを出発し，図形の辺上をＡ⇒Ｂ⇒Ｃへと，毎秒１cm の速さで動く。
・ＱはＢを出発し，図形の辺上をＢ⇒Ｃ⇒Ｄ⇒Ｅへと，毎秒２cm の速さで動く。
・ＲはＥを出発し，図形の辺上をＥ⇒Ｄ⇒Ｃ⇒Ｂへと，一定の速さで動く。
・３点Ｐ，Ｑ，Ｒは同時に出発する。
・ＲがＱと重なると同時に，３点Ｐ，Ｑ，Ｒは動きを止める。

【図４】のように，３点Ｐ，Ｑ，Ｒが動いている間，ＦとＰ，ＦとＱ，ＦとＲをそれぞれまっすぐな線でつないで，Ｌ字型の図形を４つの部分ア，イ，ウ，エに分けます。

４つの部分ア，イ，ウ，エの面積の変化について，次の文中の ① ， ② にあてはまる数を答えなさい。

「Ｒが毎秒 ① cm の速さで動くと，３点Ｐ，Ｑ，Ｒが動き始めてから ② 秒後に，イとウとエの面積が等しくなる。」

【図４】

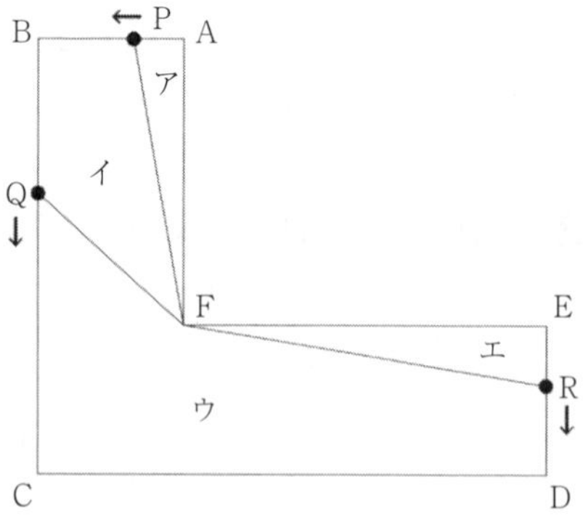

3　表面に１，２，３，４と書かれたカードがそれぞれ２枚ずつ，全部で８枚あります。カードの裏面はすべて白色で，裏からは表面の数字が見えないものとします。この８枚のカードを使って，真一さんと智子さんは，次のようなゲームをします。

【ゲームのルール】

①　真一さんと智子さんはお互《たが》いに，表面に１，２，３，４が書かれたカードを１枚ずつ，あわせて４枚を持つ。

② 【図１】のような８つの枠があるシートを机上に置く。

③ 真一さんは４枚のカードをA，B，C，Dの枠に１枚ずつ，智子さんは４枚のカードをア，イ，ウ，エの枠に１枚ずつ，それぞれ裏面が上になるように置く。

④ Aとアに置かれたカードをそれぞれひっくり返し，次のように対戦の勝敗を決める。

・Aに置かれたカードに書かれた数がアに置かれたカードに書かれた数より大きい場合は，真一さんの勝ちとする。

・Aに置かれたカードに書かれた数がアに置かれたカードに書かれた数より小さい場合は，智子さんの勝ちとする。

・Aに置かれたカードに書かれた数がアに置かれたカードに書かれた数と等しい場合は，引き分けとする。

【図１】

A	ア
B	イ
C	ウ
D	エ

⑤ 以後，「Bとイ」，「Cとウ」，「Dとエ」に置かれたカードをそれぞれひっくり返していき，④と同様に各対戦の勝敗を決める。

⑥ 「Aとア」，「Bとイ」，「Cとウ」，「Dとエ」の４回の対戦の結果，勝った数の多い方をゲームの勝者とする。

⑦ ４回の対戦の結果，二人の勝った数が同じ場合，ゲームは引き分けとする。

例えば，【図２】のようにカードが置かれた場合，４回の対戦で真一さんは１回勝ち，智子さんは２回勝ち，１回引き分けるので，このゲームの勝者は智子さんとなります。

【図２】

真一さん	智子さん
1	2
2	3
3	1
4	4

次の各問いに答えなさい。

(1) ８枚のカードの置き方は，全部で何通り考えられますか。

(2) 真一さんが４回の対戦で１度も勝たないような８枚のカードの置き方は，全部で何通り考えられますか。

(3) 真一さんがゲームに勝つような８枚のカードの置き方は，全部で何通り考えられますか。

4 図のような長方形の紙ABCDがあります。BCの長さは4 cm，CEの長さは3 cm，BEの長さは5 cmです。この長方形の紙を，BEを折り目として折ったら，点Cは図の辺AD上の点Fに重なりました。直線CFがBEと交わってできる点をGとします。次の各問いに答えなさい。

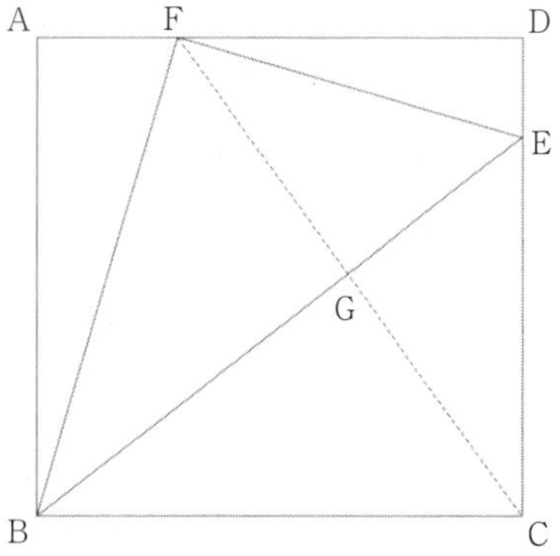

(1) EGの長さは何cmですか。

(2) ABとAFの長さの比AB：AFを，最も簡単な整数の比で答えなさい。

5　図のような１辺の長さが２cm の立方体があります。この立方体を，４点A，B，G，Hを通る平面と，４点B，F，H，Dを通る平面と，４点A，F，G，Dを通る平面で切断したときにできる立体のうち，頂点Eをふくむ立体を(ア)とします。次の各問いに答えなさい。

　ただし，角すいの体積は，(底面積)×(高さ)÷３で求められるものとします。

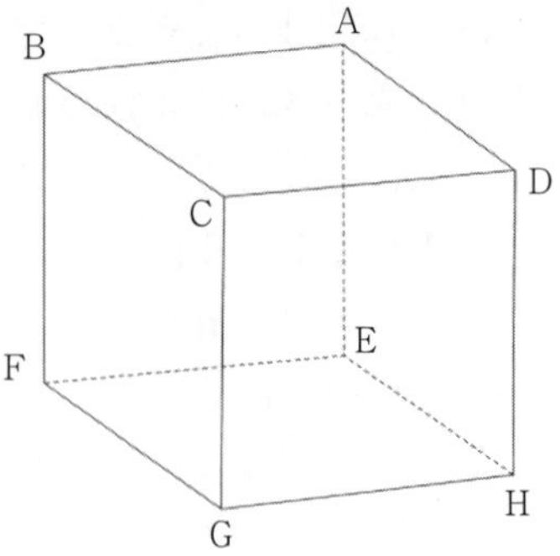

(1)　立体(ア)には何個の面がありますか。

(2)　立体(ア)の面には何種類の図形がありますか。ただし，合同な図形はすべて１種類と数えることにします。

(3)　立体(ア)の体積は何cm^3ですか。

【社　会】〈第2次試験〉（45分）〈満点：75点〉

注意　• 句読点は字数にふくめます。
• 字数内で解答する場合，数字は1マスに2つ入れること。例えば，226年なら[22][6][年]とすること。字数は指定の8割以上を使用すること。例えば，30字以内なら24字以上で答えること。
• 答えはすべて解答用紙のわく内に記入し，はみださないこと。

〈編集部注：実物の入試問題では，図と写真はすべてカラー印刷です。〉

1　次の文章を読み，下記の設問に答えなさい。

a昨年(2023年)の夏は記録的な猛暑《もうしょ》となりました。そこで体を冷やすために，清涼《せいりょう》飲料水やアイスクリームなど冷たいものが多く消費されました。それらの商品にあるb原材料などの食品表示ラベルを見ると，砂糖《さとう》が使用されていることに気づきました。そこで，砂糖について調べてみました。

砂糖は清涼飲料水やアイスクリームにもあるように甘みを加えることで知られていますが，cそれ以外の幅広い用途《ようと》に対応でき，私たちの生活に不可欠な食材となっています。

砂糖の主な原料は，サトウキビとてんさい(ビート)です。その他，サトウヤシやサトウカエデなどからも生産することが可能です。

dサトウキビの世界最大の生産国はブラジルで，それに次《つ》ぐのがインドです。一方，てんさいの世界最大の生産国はロシアで，それに次ぐのがフランスです(ともに2021年の数値)。

日本でもサトウキビは鹿児島県と沖縄県，てんさいは北海道で生産されています。これらを原料にして生産された砂糖は，国内供給《きょうきゅう》量の約4割を占めています。残りの約6割については，海外から輸入した原料を用いて日本の工場で精製され，砂糖が供給されています(2021年10月～2022年9月の数値)。

2022年の日本では，原材料や食品などの価格は，バブル崩壊以降，類《るい》を見ないe値上げラッシュとなりましたが，砂糖も例外ではありませんでした。砂糖の値上げは2023年も続き，42年ぶりの高値をつけたことが報道されていました。

砂糖の価格が高止まりすれば砂糖の消費量に影響を及ぼすことは想像できます。しかし，日本での一人あたりの砂糖消費量は1970年頃と比べると，今は半分程度に減っています。こうしたことからf日本における砂糖の消費量が減少している理由は価格以外にもあるように考えられます。

砂糖の歴史についても調べてみました。砂糖が日本へ伝わったのは奈良時代で，鑑真が唐から持参したと言われています。当時の砂糖は貴重品で，薬として扱われていました。平安時代以降も砂糖は高価な貴重品として扱われましたが，明治時代になり庶民にも行きわたるようになりました。それでもg砂糖はぜいたく品とみなされ課税対象となっていました。この砂糖への課税はその後も何度かの法改正を経て，h1989年の消費税導入まで続きました。

日本では，1930年代後半に入り砂糖の国内需要《じゅよう》をほぼまかなえるようになりましたが，その後戦時体制が進むと，砂糖は配給制になりました。戦後，1952年に配給制が廃止となり，その後砂糖のi輸入が自由化されました。j国内産の砂糖(と原料)は国際競争力が低いことから，政府は砂糖を安定した価格で供給できるように保護してきましたが，ここ数年は砂糖の原材料価格などの高騰《こうとう》により砂糖の値上げが生じています。

砂糖の消費量が減少したとはいえ，今でも砂糖は身近な生活必需品です。砂糖は多くの食品に使用され食生活を豊かにしてくれていることがわかりました。

問１　下線部**a**に関して，2023年の出来事に関する次の文**X**・**Y**について，その正誤の組合せとして正しいものを，下記より１つ選び番号で答えなさい。

X　2023年のＧ７サミット（主要国首脳会議）が広島で開かれ，フランス，アメリカ，イギリス，ドイツ，日本，イタリア，カナダの７か国及び欧州連合（EU）の首脳以外に，インドや韓国など招待国の首脳も参加しました。

Y　地方公共団体の首長と議会の議員の選挙を，全国的に期日を統一して行う統一地方選挙は1947年から始まったので，2023年は19回目の実施になりました。

1	**X**	正	**Y**	正	2	**X**	正	**Y**	誤
3	**X**	誤	**Y**	正	4	**X**	誤	**Y**	誤

問２　下線部**b**について，法律で定められている食品表示ですが，ケーキ屋での冷蔵ショーケースで販売される生菓子《なまがし》や，パン屋で購入時に袋などに入れられるパンに表示義務はありません。その理由を解答用紙のわく内で答えなさい。

問３　下線部**c**に関して，砂糖の用途に関する次の文**X**・**Y**について，その正誤の組合せとして正しいものを，下記より１つ選び番号で答えなさい。

X　厳冬《げんとう》地域では雪の積もった道路に砂糖を散布《さんぷ》して，道路が凍結《とうけつ》することを防いでいます。

Y　羊《よう》かんは砂糖を多く使用してつくるお菓子であり，砂糖の防腐《ぼうふ》効果により長期保存ができることからも，災害時の非常食として用いられています。

1	**X**	正	**Y**	正	2	**X**	正	**Y**	誤
3	**X**	誤	**Y**	正	4	**X**	誤	**Y**	誤

問４　下線部**d**について，次の**表１**・**表２**も参考にして以下の問いに答えなさい。

表１　サトウキビの生産量（2021年）

順位	国名	生産量（千トン）	割合（%）
1	ブラジル	715,659	38.5
2	インド	405,399	21.8
3	中国	106,664	5.7
4	パキスタン	88,651	4.8
5	タイ	66,279	3.6
6	メキシコ	55,485	3.0
7	インドネシア	32,200	1.7
8	オーストラリア	31,133	1.7
9	アメリカ合衆国	29,964	1.6
10	グアテマラ	27,755	1.5
世界計		1,859,390	100.0

表２　てんさいの生産量（2021年）

順位	国名	生産量（千トン）	割合（%）
1	ロシア	41,202	15.3
2	フランス	34,365	12.7
3	アメリカ合衆国	33,340	12.3
4	ドイツ	31,945	11.8
5	トルコ	18,250	6.8
6	ポーランド	15,274	5.7
7	エジプト	14,827	5.5
8	ウクライナ	10,854	4.0
9	中国	7,851	2.9
10	イギリス	7,420	2.7
世界計		270,156	100.0

（東京法令地理 Navi より作成）

（注意）

砂糖を製造する際に，サトウキビ１kgから約110ｇ，てんさい１kgから約170ｇの砂糖をつくることができるとします。

(1)　2023年はブラジルでのサトウキビの不作が砂糖価格の高騰に影響したと言われています。砂糖価格が高騰した理由について，**表１**・**表２**，さらに(**注意**)からわかることを解答用紙のわく内で答えなさい。

(2)　ブラジルでは砂糖の他に，サトウキビを原料にしてある燃料を生産しています。地球温暖化防止対策や，石油代替燃料として注目されているある燃料をカタカナで答えなさい。

(3)　(2)はカーボンニュートラルな燃料として知られていますが，どのような点でカーボンニュートラルな燃料と言えるのですか。**二酸化炭素**という語句を必ず用いて解答用紙のわく内で答えなさい。

問５　下線部**e**に対し，生活への影響を訴えた国民の声にこたえるべく，政府は経済対策を行ってきました。国民が生活苦などを訴え，政府に要望を出すことができる基本的人権に請願権があります。請願権に関する次の文**X**・**Y**について，その正誤の組合せとして正しいものを，下記より１つ選び番号で答えなさい。

X　請願権は年齢や国籍にかかわらず日本に住む誰もが持つ権利で，日本国憲法で保障されています。

Y　請願権とは，国や地方公共団体に対して，災害や事故などによる損害の救済や法律・条例の制定など様々な要望を出すことができる権利です。

1	**X**	正	**Y**	正	2	**X**	正	**Y**	誤
3	**X**	誤	**Y**	正	4	**X**	誤	**Y**	誤

問６　下線部**f**について，日本での砂糖の消費量が減少している理由として，砂糖に対するイメージが指摘されています。そのイメージとはどのようなものだと考えられますか。消費者の立場から解答用紙のわく内で答えなさい。

問７　下線部**g**について，明治時代の日本政府がぜいたく品である砂糖に課税した目的として正しいものの組合せを，下記より１つ選び番号で答えなさい。

A　戦費を調達するため　　**B**　国内の製糖業を保護するため

C　消費を節約させるため　　**D**　高所得者の税負担を減らすため

1	**A**・**C**	2	**A**・**D**	3	**B**・**C**	4	**B**・**D**

問８　下線部**h**について，消費税など新しい税法を制定する際の国会の手続きを解答用紙のわく内で答えなさい。ただし，**衆議院**・**参議院**・**出席議員**の３語を必ず用いて答えること。

問９　下線部**i**に関する次の文**X**・**Y**について，その正誤の組合せとして正しいものを，下記より１つ選び番号で答えなさい。

X　輸入の自由化とは，輸入品に対して関税を引き下げたり，輸入数量を制限するのをやめたりして，なるべく自由に取引できるようにすることを言います。

Y　輸入の自由化には条約が必要であり，その発効には内閣の承認も得なければならないと日本国憲法で定められています。

1	**X**	正	**Y**	正	2	**X**	正	**Y**	誤
3	**X**	誤	**Y**	正	4	**X**	誤	**Y**	誤

問10　下線部ｊの理由に関する次の文Ｘ・Ｙについて，その正誤の組合せとして正しいものを，下記より１つ選び番号で答えなさい。

Ｘ　2022年については円安ドル高の傾向が強く，日本で生産した砂糖の海外における販売価格が上昇したから。

Ｙ　日本産のサトウキビやてんさいは狭《せま》い土地と高い労働賃金により，海外に比べると生産コストが高くなるから。

1	Ｘ	正	Ｙ	正		2	Ｘ	正	Ｙ	誤	
3	Ｘ	誤	Ｙ	正		4	Ｘ	誤	Ｙ	誤	

2　次の文章を読み，下記の設問に答えなさい。

日本では毎年膨大《ぼうだい》な数の遺跡や古墳が発見・発掘されていますが，㋐2023(令和５)年においても，いくつかの古墳の発掘ばかりでなく，歴史に関する様々なことが新聞やaテレビなどで世間に数多く伝えられました。

６月には，佐賀県の吉野ヶ里《よしのがり》遺跡において，弥生時代後期の有力者の墓の可能性がある石棺《せっかん》墓《ぼ》が見つかったことが報道されました。これに関し，佐賀県知事が「調査の結果，石棺墓はヤマタイコクの時代の有力者の墓と裏付けられた」とコメントするなど，話題となりました。ちなみに，この吉野ヶ里遺跡はb1986(昭和61)年から本格的な調査が始められた弥生時代の最大級の環濠《かんごう》集落の遺跡です。

９月には，c法隆寺の参道脇の観光バス用の駐車場にある植え込みが古墳であったことが報道されました。この植え込みは，直径約8.5m，高さ1.5mのどこにでもあるような円形の植え込みだということです。地元には「㋑クスノキの舟」が出土したという言い伝えがあったため，船塚《ふなづか》古墳と呼んでいたそうですが，2022年から翌年にかけての調査で，横穴式石室が見つかり，副葬品などから６世紀後半の古墳だということが判明しました。また石室の石が抜き取られており，お寺の建設などに再利用された可能性があるとのことでした。

古墳の石室の石が違うものに再利用された例は，他にもいくつかの事例が知られています。三重県松阪市の松坂城の天守台には，古墳の石棺のふたが用いられています。d戦国時代からe江戸時代にかけて，石垣をともなうお城が日本各地につくられましたが，その際に古墳の石を利用した事例が数多く知られています。近年では，f愛知県豊橋市の馬越長火塚《まごしながひづか》古墳群にある古墳の石室の石が，大量に運び出されていたことが2021年の調査で明らかになりました。同じ豊橋市にある吉田城に関して，「古墳の石は吉田城の石垣に使われた」と言い伝えがあり，注目されています。

そのほか2023年の９月には，g関東大震災から100年ということで，当時の映像をただ流すばかりでなく，中には陸軍被服廠《ひふくしょう》跡において約３万８千人もの死者が出た原因を追究したテレビ番組などもありました。現在の両国駅近くで，江戸東京博物館やh両国国技館のすぐ北側にある横網町《よこあみちょう》公園は，悲劇の現場となった陸軍被服廠跡があった所です。この公園には，大震災の際にここで亡くなって火葬された遺骨を，i第二次世界大戦の戦災の際の身元不明の遺骨とともに収容する東京都慰霊《いれい》堂や東京都復興記念館があり，当時の悲劇を現在に伝えています。

問１　二重下線部の「ヤマタイコク」を漢字で答えなさい。

問２　下線部**ａ**に関連して，日本におけるテレビ放送は1953（昭和28）年に始まりましたが，その前後の1950年から1955年の間に起きた出来事に関する文として正しいものを，下記より１つ選び番号で答えなさい。

1　日本国憲法が帝国議会で審議され，成立しました。

2　サンフランシスコ平和条約が結ばれ，その翌年には連合国軍による占領が終わりました。

3　アジア初となるオリンピックが東京で開催されました。

4　日本と中華人民共和国との国交が正常化しました。

問３　下線部**ｂ**に関連して，1980年代の日本の出来事に関して述べた次の文**Ｘ**・**Ｙ**について，その正誤の組合せとして正しいものを，下記より１つ選び番号で答えなさい。

Ｘ　高度経済成長の中，白黒テレビ・電気洗濯機・電気冷蔵庫は，「三種の神器《じんぎ》」と呼ばれました。

Ｙ　男女雇用《こよう》機会均等法が成立しました。

1	**Ｘ**	正	**Ｙ**	正	2	**Ｘ**	正	**Ｙ**	誤
3	**Ｘ**	誤	**Ｙ**	正	4	**Ｘ**	誤	**Ｙ**	誤

問４　下線部**ｃ**に関連して，法隆寺が建てられた７世紀の日本に関して述べた次の文**Ａ**～**Ｄ**について，正しいものの組合せを，下記より１つ選び番号で答えなさい。

Ａ　推古《すいこ》天皇のもとで，遣隋使が派遣されました。

Ｂ　蘇我馬子が，中大兄《なかのおおえ》皇子らによって滅ぼされました。

Ｃ　白村江の戦いで，日本軍は唐と新羅の連合軍に敗北しました。

Ｄ　天武天皇の没後，壬申《じんしん》の乱が起きました。

1　**Ａ・Ｃ**	2　**Ａ・Ｄ**	3　**Ｂ・Ｃ**	4　**Ｂ・Ｄ**

問５　下線部**ｄ**に関連して，戦国時代の出来事に関して述べた次の文**Ｘ**・**Ｙ**について，その正誤の組合せとして正しいものを，下記より１つ選び番号で答えなさい。

Ｘ　ポルトガル船が長崎などに来航し，中国産の生糸《きいと》などをもたらしました。

Ｙ　南無妙法蓮華経《なむみょうほうれんげきょう》を唱えながら，多くの人々が一向一揆に加わり，戦国大名に抵抗しました。

1	**Ｘ**	正	**Ｙ**	正	2	**Ｘ**	正	**Ｙ**	誤
3	**Ｘ**	誤	**Ｙ**	正	4	**Ｘ**	誤	**Ｙ**	誤

問６　下線部**ｅ**に関連して，江戸時代の出来事について述べた次の文**Ⅰ**～**Ⅲ**について，古いものから年代順に正しく配列したものを，下記より１つ選び番号で答えなさい。

Ⅰ　公正な裁判の基準として公事方御定書《くじかたおさだめがき》が定められました。

Ⅱ　大塩平八郎が反乱を起こしました。

Ⅲ　重い年貢《ねんぐ》やキリスト教への迫害《はくがい》に苦しんだ島原や天草の百姓たちが大規模な一揆を起こしました。

1　Ⅰ—Ⅱ—Ⅲ	2　Ⅰ—Ⅲ—Ⅱ	3　Ⅱ—Ⅰ—Ⅲ
4　Ⅱ—Ⅲ—Ⅰ	5　Ⅲ—Ⅰ—Ⅱ	6　Ⅲ—Ⅱ—Ⅰ

問７　下線部**f**に関連して，幕末，現在の豊橋市あたりから「ええじゃないか」が始まったと言われています。この「ええじゃないか」を描いたものとして正しい絵を，下記より１つ選び番号で答えなさい。

1

2

3

4

問８　下線部**g**に関連して，1920年代～1930年代の出来事について述べた次の文Ⅰ～Ⅲについて，古いものから年代順に正しく配列したものを，下記より１つ選び番号で答えなさい。

Ⅰ　世界恐慌《きょうこう》の影響もあり，日本も深刻な不況におそわれました。

Ⅱ　二・二六事件が起こりました。

Ⅲ　満25歳以上の成年男性が，衆議院議員選挙の普通選挙権を認められました。

1　Ⅰ—Ⅱ—Ⅲ	2　Ⅰ—Ⅲ—Ⅱ	3　Ⅱ—Ⅰ—Ⅲ
4　Ⅱ—Ⅲ—Ⅰ	5　Ⅲ—Ⅰ—Ⅱ	6　Ⅲ—Ⅱ—Ⅰ

問９　下線部**h**に関連して，両国国技館では大相撲の本場所などが開催されています。相撲の歴史に関して述べたあとの文**Ｘ**・**Ｙ**について，次のページに掲げる平安時代の宮中《きゅうちゅう》における主な年中行事の**表１**や江戸時代の浮世絵(**図１**・**図２**)を参考に，その正誤の組合せとして正

しいものを，下記より１つ選び番号で答えなさい。

表１

区分	主な年中行事の名前(時期)
政務	叙位《じょい》・縣召除目《あがためしのじもく》(１月)
神事	四方拝《しほうはい》(１月)，賀茂祭《かものまつり》(４月)
仏事	灌仏会《かんぶつえ》(４月)，御仏名《おぶつみょう》(12月)
学問	釈奠《せきてん》(２月・８月)
農事	祈年祭《としごいのまつり》(２月)，新嘗祭《にいなめのまつり》(11月)
武芸	賭弓《のりゆみ》(１月)，競馬《くらべうま》(５月)，相撲節《すまいのせち》(７月)
遊興《ゆうきょう》	踏歌節会《とうかのせちえ》(１月)，曲水宴《きょくすいのえん》(３月)，七夕(７月)
除災《じょさい》など	白馬節会《あおうまのせちえ》(１月)，重陽《ちょうよう》(９月)

『最新日本史図表』の年中行事の表を改変(第一学習社，2023年)

図１

図２

※．**図１**と**図２**は，同じ場所を描いた浮世絵です。

X　平安時代には，宮中における年中行事の１つとして相撲が行われていました。

Y　江戸時代，相撲はお寺や神社の境内《けいだい》で行われていました。

1	**X**	正	**Y**	正		2	**X**	正	**Y**	誤	
3	**X**	誤	**Y**	正		4	**X**	誤	**Y**	誤	

問10　下線部ｉに関連して，第二次世界大戦に関して述べた次の文**X**・**Y**について，その正誤の

組合せとして正しいものを，下記より１つ選び番号で答えなさい。

X　日本は，ヒトラーの率いるドイツや，スターリンの率いるイタリアと軍事同盟を結びました。

Y　日本はアメリカだけでなく，東南アジアに植民地を有するオランダやイギリスとも戦いました。

1	**X** 正	**Y** 正	2	**X** 正　**Y** 誤
3	**X** 誤	**Y** 正	4	**X** 誤　**Y** 誤

問11　波線部㋐に関連して，平成の天皇から現在の天皇(今上《きんじょう》天皇)への交代は，これまでの明治時代以降の天皇の交代とは異なるものでした。どのような点で，明治以降のこれまでの天皇の交代と異なりますか，80字以内で説明しなさい。

問12　波線部㋑に関連して，2023年には植物学者の牧野富太郎をモデルとしたテレビドラマが放送されましたが，その中で南方熊楠《みなかたくまぐす》という人物が登場しました。江戸時代や明治時代には，南方熊楠のように，男の子の名前に「楠」(クスノキ)を用いることが，現在よりも多かったことがわかっています。男の子の名前を付ける際に，「楠」の字を使うことが多かった理由を，10～20字で説明しなさい。

※１．本文や問題文などは以下のものを参考にして作成しました。

・読売新聞オンライン2023年６月18日配信記事
・朝日新聞デジタル2021年１月23日配信記事
　　　　　　　　　2023年９月７日配信記事
・豪商のまち松阪　松阪市観光プロモーションサイト
・内閣府防災情報のページ
・瀬田勝哉『木の語る中世』(朝日新聞社，2000年)

※２．図版は以下のものを利用しました。

・「米騒動絵巻」(徳川美術館蔵，坂上康俊など『新編 新しい社会 歴史』〈東京書籍，2016年〉)
・「樹上商易諸物引下図」(日本銀行金融研究所　貨幣博物館　常設図録)
・「幕末江戸市中騒動図」(東京国立博物館　画像検索)
・「豊饒御蔭参之図」(国文学研究資料館　WEB 会議などで使える背景画像)
・「両国大相撲繁栄図」(江戸東京博物館　企画展「相撲の錦絵と文化」ウェブサイト)
・「東都名所　両国回向院境内全図」(東京都立図書館　江戸・東京デジタルミュージアム)

3　一つの企業を中心にその取引先の関連企業が集積することによって，経済・社会の基盤が構成された都市を企業城下町と呼ぶことがあります。日本の企業城下町に関する以下の設問に答えなさい。

問１　**表１**は関東地方にある，いくつかの企業城下町を表にまとめたものです。**表１**の①と同じ製品を主に生産する企業城下町として適当な都市を，下記より１つ選び番号で答えなさい。

表１

都道府県名	市区町村名	企業がつくる主な製品
茨城県	日立市	電機機械など
茨城県	鹿嶋市	①
群馬県	太田市	②
千葉県	君津市	①
千葉県	③市	醤油など
東京都	日野市	②

1　室蘭市　　**2**　諏訪市　　**3**　久留米市　　**4**　宇部市

問２　**表１**の②に当てはまる製品を答えなさい。

問３　**表１**の③の都市では醤油《しょうゆ》の生産が盛んです。右の**表２**は都道府県別の醤油の出荷量を示しており，千葉県は全国で最も醤油を出荷しています。千葉県では③市の他にも銚子市や成田市にも醤油工場があります。

表２

順位	都道府県名	出荷量(kL)
1	千葉県	274,184
2	**A**	119,192
3	群馬県	45,077
4	愛知県	42,397
5	香川県	39,763

2019年実績

(1)　**表１**の③の市の名称を答えなさい。

(2)　次の４つの文は，**表２**の**A**でつくられている醤油について説明しています。これらの文を参考にして，**A**に当てはまる都道府県名を，下記より１つ選び番号で答えなさい。

・東日本で主に消費される濃口《こいくち》醤油ではなく，西日本で主に消費されている淡口《うすくち》醤油の生産が盛んです。

・醤油もろみに米を糖化した甘酒を添加して搾《しぼ》ったところ，色がうすく香りの良い淡口醤油が発明され，独自の風味が京都，大阪(坂)の上方の嗜好《しこう》に合い，人気を得ました。

・江戸時代は揖保《いぼ》川を利用した舟便で，京都や大阪(坂)などの大消費地に輸送していました。

・江戸時代に，平野部で生産される良質の大豆，小麦，米と瀬戸内地方で生産される赤穂《あこう》の塩など，必要な原料が手に入れやすかったことも，醤油生産が盛んになった要因です。

1　鳥取県　　**2**　愛媛県　　**3**　岐阜県　　**4**　兵庫県

(3)　醤油は大豆・小麦・食塩などを主な原料とした発酵食品です。世界各地で様々な発酵食品がありますが，日本など東アジアでは醤油や味噌といったカビでつくった麹《こうじ》を用いた発酵食品の多いことが特徴です。その理由を，気候的な側面から解答用紙のわく内で説明しなさい。

(4)　次の**表３**中**1**～**4**は千葉県で生産がさかんな，落花生，日本なし，キャベツ，ねぎ，いずれかの農作物における農業産出額の順位と，千葉県が全国に占める割合を表しています。キャベツを表したものを，下記より１つ選び番号で答えなさい。

表３

	1	**2**	**3**	**4**
第１位	千葉県	埼玉県	千葉県	群馬県
第２位	長野県	千葉県	茨城県	愛知県
第３位	福島県	茨城県	神奈川県	千葉県
千葉県が全国に占める割合	12%	11%	85%	8％

(令和２年)

問４　企業城下町の中には製品や企業の名称がそのまま地名となることもあります。例えば以下の**図１**は北海道旭川市のものですが，その中央部にはパルプ町という地名が見られます。

図１

（地理院地図）

(1)　**図１**の旭川市には，明治時代に北海道の警備と開拓にあたった人達によって整備された地域があります。この人達のことを何と言いますか。漢字で答えなさい。

(2)　**図１**のパルプ町と同様に，山口県山陽小野田市では以下の**写真１**のように，製品名が町名になっています。町の名称の由来となった製品の原料で，山口県内で多く産出される天然資源の名称を答えなさい。なお，この天然資源は日本で完全に自給できています。

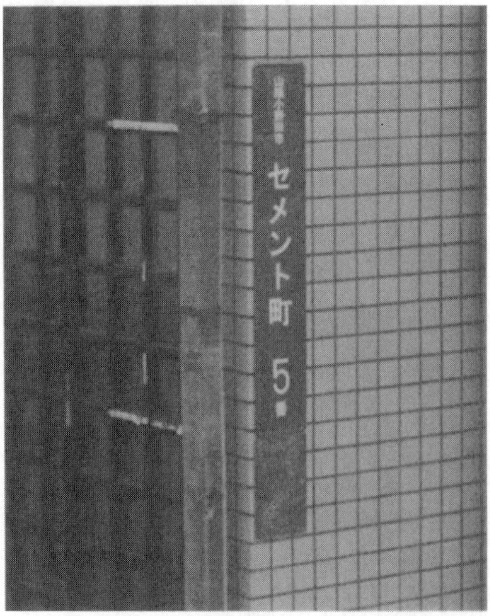

写真１

（グーグルストリートビューより）

問５　**図１**中の工場で生産されている紙製品は，軽くて薄い「紙」と，厚くて硬い「板紙」の２つに大別されます。次の**表４**は日本における紙と板紙の生産量の推移を示しています。

表４

単位：千トン	90年	95年	00年	05年	10年	15年	17年	18年	19年	20年	21年	22年
新聞用紙	3,479	3,098	3,419	3,720	3,349	2,985	2,779	2,594	2,422	2,061	1,978	1,854
印刷・情報用紙	9,251	10,565	11,756	11,503	9,547	8,384	8,242	7,871	7,512	5,877	6,314	5,997
包装用紙	1,185	1,089	1,049	975	904	891	896	897	899	759	831	842
衛生用紙	1,366	1,558	1,735	1,764	1,792	1,766	1,786	1,776	1,831	1,833	1,797	1,872
雑種紙	1,148	1,157	1,078	939	794	804	877	870	838	681	760	708
紙計	16,429	17,466	19,037	18,901	16,387	14,830	14,581	14,008	13,502	11,212	11,681	11,273
段ボール原紙	8,275	9,019	9,676	9,311	8,647	9,187	9,682	9,765	9,658	9,701	10,131	10,201
紙器用板紙	2,242	2,135	2,097	1,891	1,673	1,570	1,597	1,615	1,599	1,378	1,501	1,562
その他板紙	1,140	1,039	1,019	850	656	642	652	668	642	579	625	624
板紙計	11,657	12,193	12,791	12,051	10,977	11,398	11,931	12,048	11,899	11,657	12,258	12,388
紙・板紙計	28,086	29,659	31,828	30,952	27,363	26,228	26,512	26,056	25,401	22,869	23,939	23,661

経済産業省「生産動態統計」

(1)　次の文**１**～**４**のうち，近年「紙」の生産量が減少している要因として**適当でないもの**を，**表４**の内容をふまえて，下記より１つ選び番号で答えなさい。

１　雑誌や新聞の販売部数が減少しているため。

２　物価が上昇し，ティッシュペーパーやトイレットペーパーなどの販売が減少しているため。

３　ペーパーレス化が進み，企業や学校などで使用される紙の量が減少しているため。

４　人口減少社会や少子化によって，日本全体として紙の需要が低下しているため。

(2)　次の**図２**は，紙・パルプ産業の地域別自動車輸送量を示しています。地域別自動車輸送量とは，それぞれの地域を発着する自動車貨物の輸送量のことです。この図を見ると，関東の輸送量が最も多く，次いで四国の輸送量の多いことが読み取れます。関東，四国それぞれの地域の輸送量が多い理由を，解答用紙のわく内で説明しなさい。

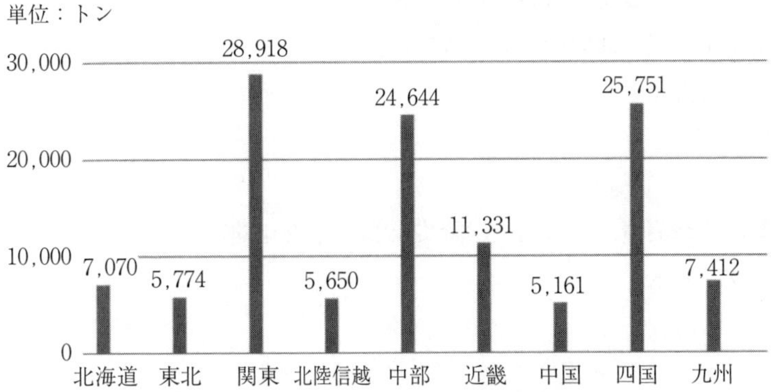

国土交通省「自動車輸送統計年報　2017年」

図２　紙・パルプ製品の地域別自動車輸送量(2017年)

問６　企業城下町と同様に，かつては炭鉱のあった都市でも，炭鉱を所有する企業や，その関連会社が，まちづくりに大きくかかわってきました。しかし，現在ではほとんどの炭鉱が閉山しました。

(1) 国内の炭鉱のほとんどが閉山した理由として適当なものを，下記より１つ選び番号で答えなさい。

1 海外から石炭を輸入することが増え，採掘コストが高い日本の石炭が不利になったため。

2 石油が多く使われるようになり，火力発電などでも石炭の利用がなくなったため。

3 石炭を採掘する際に排出される二酸化炭素が，地球温暖化に悪影響を与えると問題視されたため。

4 石炭を主に用いていた鉄鋼業が衰退して，日本ではほとんど鉄鋼を生産しなくなってしまったため。

(2) 次の**図３**を参考にして，石炭が原油やLNG(液化天然ガス)と比べて，エネルギー源として優れている点を，解答用紙のわく内で説明しなさい。

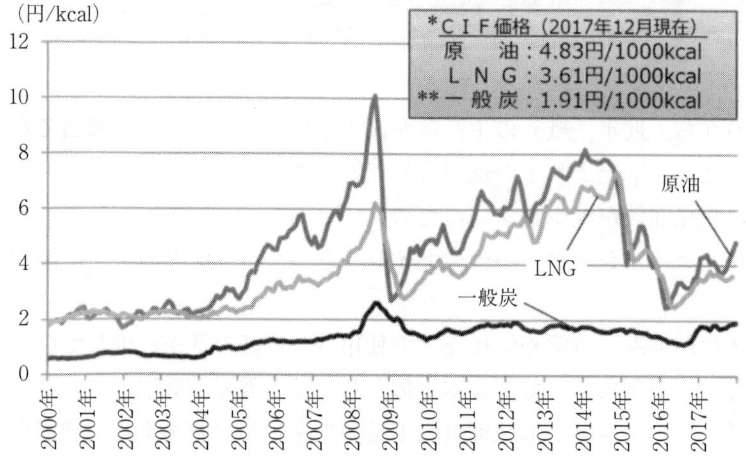

図３　日本の燃料価格の推移

＊CIF価格：卸売価格に運賃，保険料その他加算要素を加算した合計額。

＊＊一般炭：発電燃料用の石炭のこと。

問題の作成にあたっては，以下の論文や資料を使用しました。

・一般財団法人日本エネルギー経済研究所　統計資料

・国土交通省　自動車輸送統計年表

・JA全農ちば　ウェブサイト

・醤油の統計資料

・鈴木茂「紙パルプ産業の地域集積」(『松山大学論集』25 (1)，2013年)

・日本製紙連合会　ウェブサイト

【理　科】〈第2次試験〉（45分）〈満点：75点〉

注意　•必要に応じてコンパスや定規を使用しなさい。

•円周率は3.14とします。

•小数第1位まで答えるときは，小数第2位を四捨五入しなさい。整数で答えるときは，小数第1位を四捨五入しなさい。指示のない場合は，適切に判断して答えなさい。

〈編集部注：実物の入試問題では，**3**の図1はカラー印刷です。〉

1　次の手順でモーターを作りました。

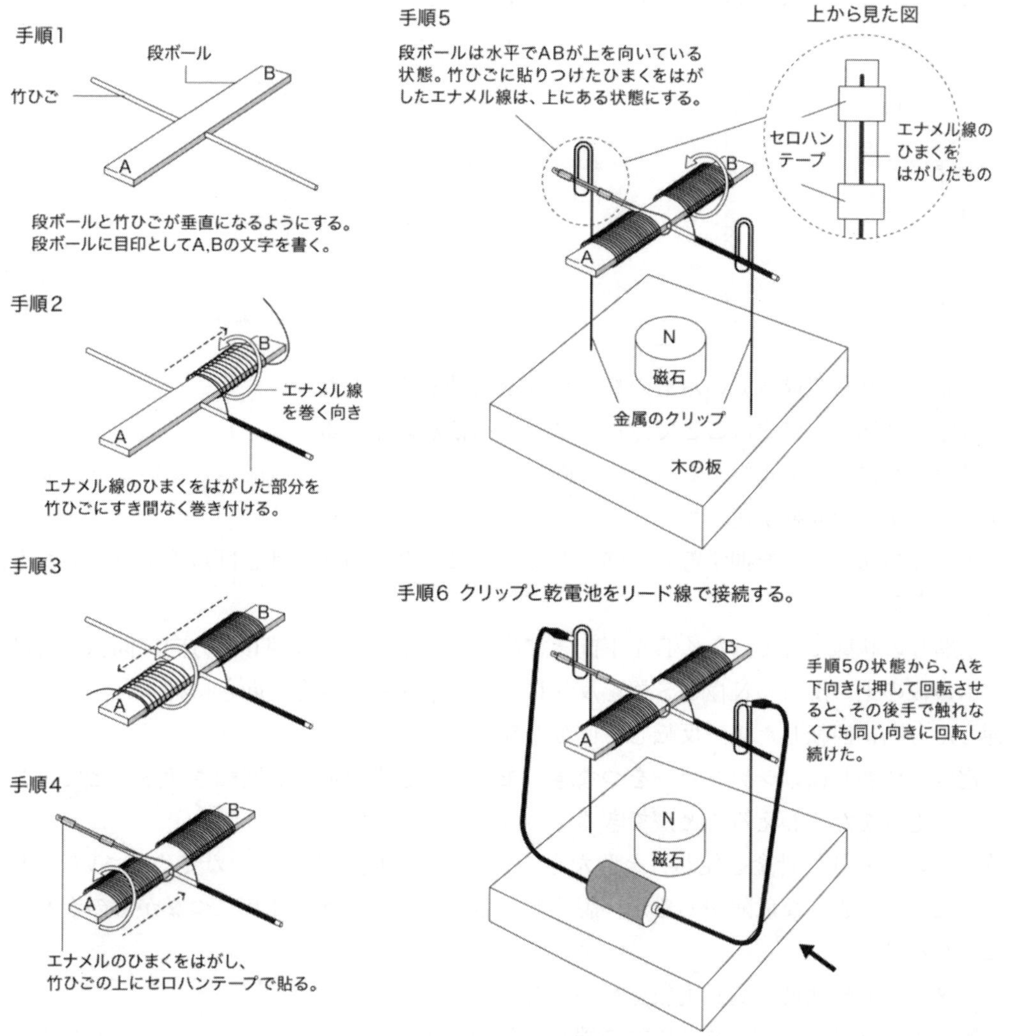
手順1
段ボール
竹ひご
A
B
段ボールと竹ひごが垂直になるようにする。
段ボールに目印としてA,Bの文字を書く。
手順2
エナメル線を巻く向き
エナメル線のひまくをはがした部分を
竹ひごにすき間なく巻き付ける。
手順3
手順4
エナメルのひまくをはがし、
竹ひごの上にセロハンテープで貼る。
手順5
段ボールは水平でABが上を向いている
状態。竹ひごに貼りつけたひまくをはが
したエナメル線は、上にある状態にする。
上から見た図
セロハンテープ
エナメル線のひまくをはがしたもの
N
磁石
金属のクリップ
木の板
手順6 クリップと乾電池をリード線で接続する。
手順5の状態から、Aを下向きに押して回転させると、その後手で触れなくても同じ向きに回転し続けた。

(1)　モーターが回転する原理を説明した次の文について，[　]に適切なものをそれぞれ選び○で囲みなさい。

手順6の状態でAを下向きに押すと，その勢いで回転し，その後手で触れなくても同じ向きに回転し続けた。これは次のような原理だと考えられる。A，Bの面が下を向いた時に電気が流れ，段ボールのA側が①[N・S]極となり下の磁石と②[引き付けあい・反発し]，B側が③[N・S]極となり下の磁石と④[引き付けあう・反発する]。そのため，電気が流れるたびにモーターに回転する力が加わり回転し続けることができる。

(2)　手順４で竹ひごの上にひまくをはがしたエナメル線を貼るのではなく，図１のように竹ひごに巻き付けた上で他の操作は同様に行うと，モーターはある状態で静止しました。

　手順６の矢印の向きに見て，静止した状態として最も適切なものを次の(ア)〜(エ)から選び記号で答えなさい。ただし下の図はモーターの断面を表しており，A，B面が上を向いている場合は，下図の段ボールの上にA，Bと示しています。

　また，そのような状態で静止する理由を説明しなさい。

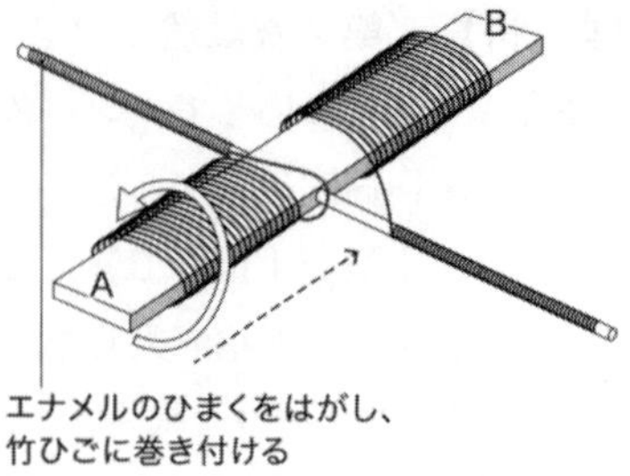

図１

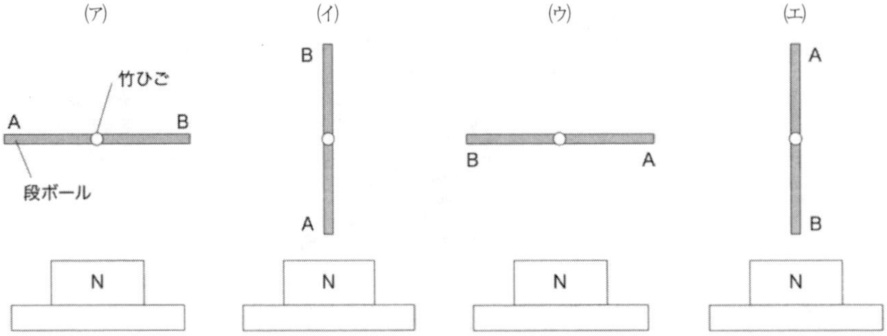

(3)　次の記述のうち間違っているものを２つ選び記号で答えなさい。

(ア)　電池を２個直列にすることで，モーターの回転が速くなる。

(イ)　段ボールにエナメル線を巻き付ける際は，エナメル線同士を接触させないように巻いた方が，モーターの回転が速くなる。

(ウ)　手順６の状態でAを押す勢いを強くしても，モーターの回転はしばらくするといつも同じ速さになる。

(エ)　手順６の状態でAではなくBを下向きに押すと，モーターは押した方向に回転し続ける。

(オ)　木の板の上の磁石のN極とS極を反対にして，手順６でAを下向きに押すと，モーターは押した方向に回転した後，反転して回転し続ける。

(カ)　電池の代わりにコンデンサーをつなぎ，モーターを指で何度も回転させることでコンデンサーに電気をたくわえることができる。

(4)　竹ひごの代わりに針金を使おうとしたら，先生に「危険ですからやめてください。」と言われました。どのような危険があるか，説明しなさい。どのような怪我《けが》につながるのかわかるように示しなさい。

(5)　モーターの回転速度を測る実験を行いました。

①　図２のように竹ひごに糸の片方の端をとりつけ，その糸を巻き取るのにかかる時間で測定しようと考えました。糸を竹ひごに巻き付けると，10回巻き付けるのに必要な糸の長さは7.2cmでした。モーターを回転させたところ，20cmの糸を巻き取るのに1.5秒かかりました。モーターが１回転するのにかかる時間を小数第３位まで答えなさい。ただし糸の太さの影響は無視できるものとします。

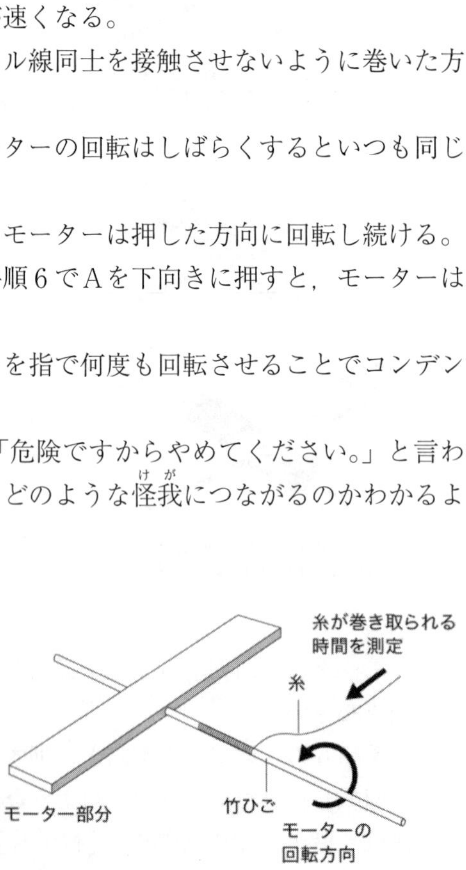

図２

② ①の方法だと，糸によって回転に負荷がかかり回転速度がわずかに変化している可能性があると考え，カメラで撮影する方法を考えました。１秒間に10枚の写真が撮れる連写モードにしたカメラで回転するモーターを横から写しました。結果は下図のような写真になりました。写真はモーターの断面を表しており，段ボールにＡが描かれている側に「Ａ」と表記しています。写真の左上に時刻が示されています。写真は0.1秒ごとのものですが，0.1秒の間にモーターは１回転以上しているものと考えられ，この結果からは１回転の時間が色々考えられます。それらのうち，①の結果に最も近い値を小数第３位まで答えなさい。

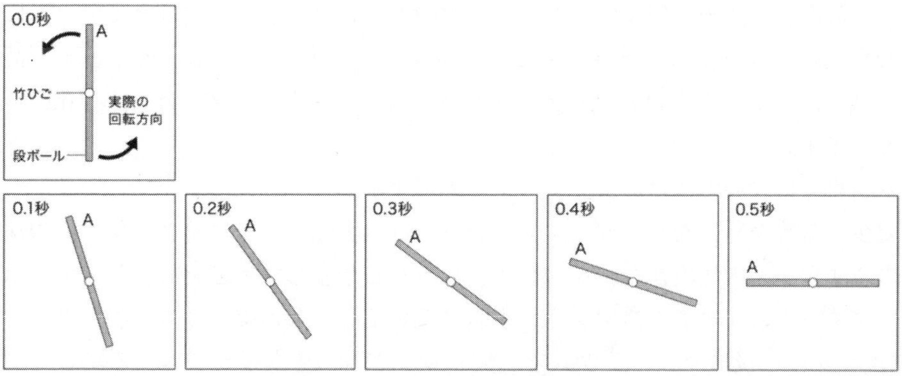

2 以下の会話文を読み，問いに答えなさい。

生徒：試験を受けた後は，家に帰ってお菓子を食べながら紅茶を飲みたいな。

先生：イギリスではアフタヌーンティーと言って，学校でも職場でも午後４時にお茶をする習慣がありますね。ところで，お茶の習慣はヨーロッパの水の性質と関係があると言われているのですよ。

生徒：どういうことですか？

先生：ミネラルウォーターのラベル(図１)を見ると，カルシウムやマグネシウムの含有量《がんゆうりょう》と一緒に「硬度《こうど》○○※mg/L」という記載《きさい》がありますね。ヨーロッパの水は日本の水に比べて，硬度が高いのです。

※１mg(ミリグラムと読む)は１ｇの千分の一の重さ。また，「/L」(パーリットルと読む)は「１Ｌあたり」という意味。

栄養成分表示(100 mL あたり)
エネルギー　0 kcal
たんぱく質・脂質・炭水化物　0 g
ナトリウム　4.5 mg(食塩相当量　0 g)
カルシウム 5.4 mg
マグネシウム 3.6 mg
硬度 286 mg/L

図１

生徒：水に硬《かた》いとか軟《やわ》らかいといった表現を使うのは，なんだか変ですね。

先生：カルシウムやマグネシウムといったミネラルがたくさん溶け込んでいる水を「硬い」と表現します。ヨーロッパの地質は(　Ｘ　)が多いため，地下水にミネラルが溶け出しやすいのです。お茶を入れる時にお湯をわかしますが，その際水に溶けていたミネラルは，炭酸カルシウムや炭酸マグネシウムといった水に溶けにくいものに変わり，沈殿《ちんでん》します。それからお茶を入れることで，茶葉と茶こしが沈殿を除くろ紙の役割を果たして，多くのミネラルを除くことができるのです。

生徒：ミネラルは体に悪いということですか？

先生：カルシウムもマグネシウムも生体に必要なので，悪いということではないのですが，飲み水の中にたくさん含まれているのはよくありませんね。水に溶けているカルシウムやマグネシウムは，食事と一緒にとると，食べ物の中の成分と結合して不溶性の物質を作って，腸での水の吸収を妨げてしまいます。つまりお腹を壊す原因になるのです。

生徒：ところで，水の硬度はどうやって計算するのですか？

先生：水の硬度とは，もともとは蒸気機関のボイラーで湯をわかすと析出《せきしゅつ》する，硬くて白い沈殿がどれくらいの重さになるのかを予想するための数値でした。つまり水の硬度は，水１Ｌに溶けているカルシウムとマグネシウムが全て沈殿に変化した場合に，その沈殿がどれだけの重さになるかという予測値なのです。水の中のカルシウムが全て炭酸カルシウムに変わると，生じた炭酸カルシウムの重さはもとのカルシウムの重さの2.5倍に増えます。例えば水１Ｌあたりにカルシウムだけが54mg 溶けている場合，その水の硬度は（　あ　）mg/L であると計算できます。

生徒：マグネシウムについてはどのように考えるのですか？

先生：ここで少し複雑な話になります。マグネシウムは，実際には炭酸マグネシウムの沈殿に変化するのですが，その沈殿が全て炭酸カルシウムだと想定して重さを計算します。水に溶けているマグネシウムが全て炭酸マグネシウムに変わると，その重さはもとのマグネシウムの3.5倍に増えます。炭酸マグネシウムを炭酸カルシウムに置き換えて考える場合，想定する炭酸カルシウムの重さは，実際の炭酸マグネシウムの重さの1.2倍になると計算します。すると水１Ｌあたりにマグネシウムだけが36mg 溶けている場合，その水の硬度は（　い　）mg/L となります。

　ミネラルウォーターには，マグネシウムとカルシウムの両方が溶けているので，硬度は(あ)と(い)を足し合わせた数値です。

生徒：ラベル（図１）に記載されている数値で試しに計算してみると，ぴったり合いました。

(1)　空らん（Ｘ）に当てはまる用語として適切なものを以下の選択肢《せんたくし》から１つ選び，記号で答えなさい。

(ア)　れき岩　　(イ)　砂岩　　(ウ)　よう岩　　(エ)　石灰岩　　(オ)　泥岩

(2)　空らん(あ)(い)に当てはまる数値を，整数で答えなさい。

　カルシウム100mg/L，マグネシウム26mg/L のミネラルウォーター１Ｌを沸とうさせて，生じた沈殿をろ過して全て除いたところ，ミネラルウォーターの硬度は254mg/L となりました。

　ここでは，沈殿には炭酸カルシウムと炭酸マグネシウム以外のものは含まれないと仮定して考えます。また，蒸発やろ過による水の減少は無視できるとします。

(3)　沸とうさせる前のミネラルウォーターの硬度は何mg/L ですか。整数で答えなさい。

(4)　沸とうさせて生じた沈殿の全体の重さが101mg だった場合について考えます。

①　沸とうさせた後のミネラルウォーターに溶けているカルシウム濃度とマグネシウム濃度は，それぞれ何mg/L ですか。整数で答えなさい。

②　沈殿に占める炭酸カルシウムと炭酸マグネシウムの重さはそれぞれ何mg であったと予想できますか。整数で答えなさい。

3　地球の形が球形であると考えて，初めて地球の大きさの科学的な測定が行われたのは，今から2000年以上も前でした。ギリシャ人のエラトステネス(紀元前275年〜紀元前194年)が，エジプトにわたって，この測定を初めて行ったのです。

(1)　次の文で，地球の形が球形である証拠としてふさわしいものを３つ選び，記号で答えなさい。

(ア)　船が沖合から陸地に向かうと，高い山の頂上から見えてくる。

(イ)　夜空の星は，円弧を描くように動いて見える。

(ウ)　高い場所に登るほど，より遠くの町や山が見えてくる。

(エ)　日食の時の太陽の欠け方は，つねに円弧の一部のように見える。

(オ)　月食の時の月の欠け方は，つねに円弧の一部のように見える。

エラトステネスは，アレクサンドリアとシエネという２つの都市に着目しました。シエネでは，夏至の日に太陽が南中した時，太陽がほぼ真上に見えます。ところがアレクサンドリアでは，同じ日の同じ時刻の太陽は，真上より7.2度低い位置に見えます。地球の形が球形であると考えると，２つの都市の間の距離がわかれば，地球の大きさを求めることができます。当時使われていたエジプトの距離の単位はスタディオンでした。１スタディオンは185mです。

アレクサンドリアのほぼ真南にシエネがあるということは，同じ経度にあると考えることができます。また，太陽が南中した時の位置の差は，緯度の差です。

(2)　アレクサンドリアとシエネの距離は，１スタディオンの5000倍でした。これは何kmですか，整数で答えなさい。

(3)　アレクサンドリアとシエネとの太陽の位置の差は，360度の何倍になりますか。

(4)　(2)と(3)をもとに，地球の全周の長さを求めると何kmですか。整数で答えなさい。

花子さんと太郎さんは，エラトステネスの方法で，地球の大きさを測定しようと考えました。図１に，渋谷教育学園幕張中学高校のグラウンドのコーナー(点A，点B)の経度と緯度が示されています。分や秒は角度の単位です。１度の$\frac{1}{60}$が１分，さらに１分の$\frac{1}{60}$が１秒です。したがって，１度は3600秒ということになります。

図１　渋谷教育学園幕張中学高校の地図(Google Earth)

花子さんは，自分が歩く歩幅で図１の点Ａと点Ｂの距離を求めることにしました。まず，歩幅を求めるために，まっすぐに20歩の距離を求めると14mでした。

(5) 花子さんが，点Ａから点Ｂまで歩いてみると180歩でした。このことから地球の全周の長さを求めると何 km ですか。整数で答えなさい。

(6) 太郎さんも花子さんと同じ方法で地球の全周の値を計測しました。しかし，花子さんよりも大きな値になりました。その原因として考えられることを次の選択肢の中から１つ選び，記号で答えなさい。

(ア) 花子さんの歩幅よりも，太郎さんの歩幅の方が長かった。
(イ) 花子さんの歩幅よりも，太郎さんの歩幅の方が短かった。
(ウ) 太郎さんは，歩幅を測る時よりも，点Ａから点Ｂを歩く時の歩幅の方が大きくなった。
(エ) 太郎さんは，歩幅を測る時よりも，点Ａから点Ｂを歩く時の歩幅の方が小さくなった。
(オ) 測定時間の差があったため，その間に地球が自転した。

(7) 地球が完全な球形だとすると，南北の方向に測定点を取らなくても，東西の方向に測定してもほぼ同じ結果を得られる場所があります。それは，次のうちのどの場所ですか。１つ選び記号で答えなさい。

(ア) 赤道上の地点
(イ) 緯度が南北23.4度の地点
(ウ) 緯度が南北45度の地点
(エ) 兵庫県明石市
(オ) グリニッジ天文台(イギリス　ロンドン市)

4 生物のからだは細胞でできています。細胞は，細胞膜《さいぼうまく》に囲われていて，この細胞膜が細胞内と細胞外の境界となります。細胞膜には，水は通すが，水に溶けた塩分は通さないという性質があります。細胞膜を通した水の移動のきっかけとなっているのは，塩分濃度の差です。細胞内は液体で満たされており，この液体には塩分が含まれます。しかし，塩分は細胞膜を通り抜けることができません。細胞内の液体と細胞外の液体の塩分濃度が異なると，細胞の内側と外側の塩分濃度が近づくように水が移動するのです。

今回の実験で扱うⓐメダカの場合，常に水の中で過ごしているため，体外の液体とからだの体表面が接してしまい，水の移動が生じます。メダカよりさらに水の移動が起こりやすいからだの構造をしているⓑナメクジに，塩をかけると大きくすがたかたちが変わってしまうのは，このような塩分濃度の差により水が移動した結果です。

水の移動が関わる国際問題として，海洋中の微小なマイクロプラスチック(以下 MP とする)による環境汚染《かんきょうおせん》があります。MP がメダカのからだに蓄積《ちくせき》されるようすを観察するために，【実験１】・【実験２】を行いました。表１は海水，淡水《たんすい》，メダカの体液，それぞれにおける塩分濃度を調べたものです。

表１　海水・淡水・メダカの体液の塩分濃度

	海水	淡水	メダカの体液
塩分濃度(%)	3.5	0.05	*0.9

＊メダカの体液の塩分濃度は淡水と海水，どちらの環境でも常に一定である。

【実験１】

同じ大きさの水槽《すいそう》Ⅰと水槽Ⅱを用意し，水槽Ⅰには海水を，水槽Ⅱには淡水を同じ量入れた。さらに，水槽Ⅰ・水槽Ⅱの両方に１mmの1000分の１の大きさである蛍光《けいこう》MP粒子《りゅうし》を同じ量，水中に均一に広がるように入れた。蛍光MP粒子は，青い光を当てることで緑に光り，蛍光顕微鏡《けんびきょう》にて観察できる。その後メダカの稚魚《ちぎょ》(図１左)を用意し，水槽Ⅰ・水槽Ⅱにて１日間，３日間，７日間の飼育を行った。口から水を飲むときにメダカのからだに入る蛍光MP粒子の光の強さから，からだに蓄積している蛍光MP粒子数を算出した(図２)。

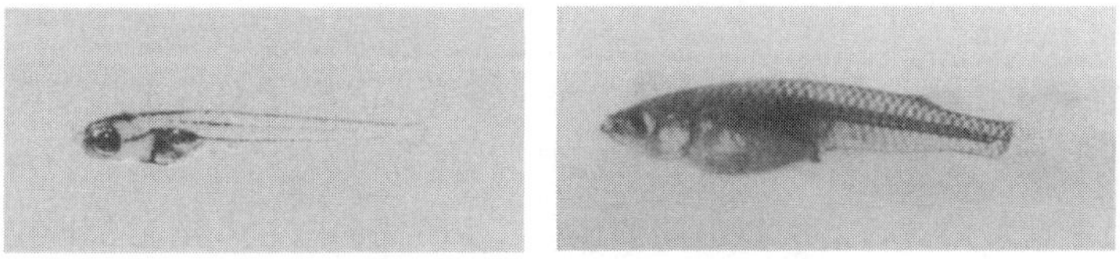

図１　メダカの稚魚(左)と成体(右)

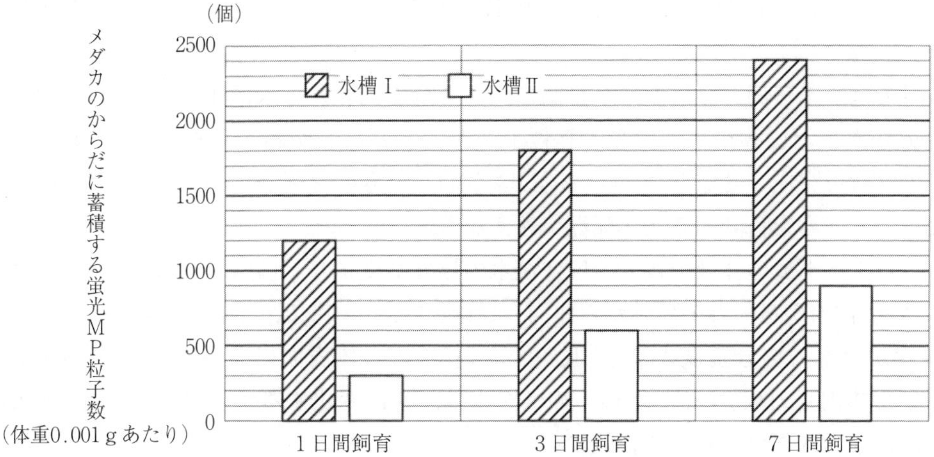

図２　メダカの体重0.001ｇあたりの蛍光MP粒子数

【実験２】

【実験１】の水槽Ⅰ・水槽Ⅱで７日間飼育したメダカを，蛍光顕微鏡で観察したところ，以下の場所に蛍光MP粒子が蓄積していた(図３)。色が濃《こ》いほど高い蓄積が見られたことを示す。

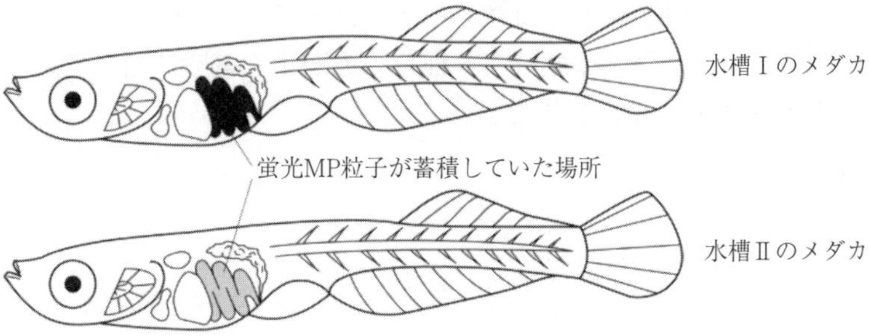

図３　水槽Ⅰ・水槽Ⅱのメダカのからだにおける蛍光MP粒子蓄積場所

(1)　下線部ⓐが日本での実験でよく使われる理由として間違っているものを１つ選んで記号で答えなさい。

(ア)　日本全国に流通しており，入手が容易であるから。

(イ)　日本の四季の温度変化に耐えられるような温度耐性《たいせい》をもつから。

(ウ) 飼育費用が安価であるから。

(エ) 遺伝子の研究がされてこなかったため，新たな発見がしやすいから。

(オ) 条件を整えることで，年中繁殖《はんしょく》が可能であるから。

(2) 下線部ⓑのような水の移動を利用して作られる食べ物につけ物があります。野菜を塩づけすることでつけ物が作られますが，この塩づけには食べ物が腐《くさ》る原因となる腐敗菌《ふはいきん》の繁殖を抑《おさ》える効果もあります。高い塩分濃度のもとで，腐敗菌の繁殖が抑えられる理由を以下のキーワードを用いて簡潔《かんけつ》に答えなさい。

キーワード：細胞膜

(3) 【実験１】での７日間の飼育終了直後に水槽Ⅱのメダカを，蛍光MP粒子が含まれていない淡水が入った水槽Ⅲに移しました。メダカを移してから25時間で，からだに蓄積していた蛍光MP粒子のうちの95%が排出されていることがわかりました。１時間あたりの蛍光MP粒子排出量が一定だとすると，このメダカにおいて，水槽Ⅲに移してから18時間後にからだに残っていた蛍光MP粒子数は何個になりますか。整数で答えなさい。ただし，メダカの体重を0.1gとします。

(4) 【実験１】では，１日間，３日間，７日間のデータ全てにおいて水槽Ⅱのメダカより水槽Ⅰのメダカの方がからだに蓄積する蛍光MP粒子数が大きいことがわかります。この理由を説明した以下の文章を完成させなさい。①～④はふさわしいものを選び，○で囲みなさい。また，⑤は当てはまる文章を自分で考え，簡潔に答えなさい。

水槽Ⅱでは，メダカの体液の塩分濃度が淡水の塩分濃度より①[低い・高い]ため，体表面において水は②[体内から体外・体外から体内]に移動する。一方で，水槽Ⅰでは，メダカの体液の塩分濃度が海水の塩分濃度より③[低い・高い]ため，体表面において水は④[体内から体外・体外から体内]に移動する。水槽Ⅰのメダカは，常に変化するからだの水分量を調節するために，水槽Ⅱのメダカよりも積極的に［　⑤　］。

なお，からだに入り込んだ過剰《かじょう》な水は尿として体外に排出される。また，からだに入り込んだ過剰な塩分はえらから体外に排出される。

(5) 【実験２】において，蛍光MP粒子が大きく蓄積している部分が観察できる。この部位の名称として正しいものを１つ選んで記号で答えなさい。

(ア) かん臓　(イ) 心臓　(ウ) じん臓　(エ) 血管　(オ) 消化管

(6) 【実験１】と【実験２】において，メダカの成体ではなく稚魚の方がより実験に適している理由を図１と実験の操作の特徴《とくちょう》をふまえて簡潔に答えなさい。

や苦しがる我が子への同情からくる心の痛みがよみがえり、悲しみの気持ちがあふれ出し、子供のように泣きじゃくってしまいたい気持ちになっている。

問七　作者・有島武郎に関する以下の問いに答えなさい。

(一)　有島武郎が属した、明治四十三(一九一〇)年に武者小路実《むしゃのこうじさね》篤《あつ》、志賀直哉《しがなおや》らと創刊した同人雑誌名に由来し、自分たちが生育する中で培った西洋に由来する人道主義・理想主義・個人主義を追求し、〈恋愛〉や人間の〈個性〉といったその後、日本人にとっても当然になる理念を表現して広め、今でもその作品が読まれている文芸流派の名前を選びなさい。

ア　無頼《ぶらい》派　　イ　古典《こてん》派　　ウ　古学《こがく》派

エ　白樺《しらかば》派　　オ　印象《いんしょう》派

(二)　有島武郎の作品を二つ選びなさい。

ア「一房の葡萄《ぶどう》」　　イ「山椒大夫《さんしょうだゆう》」

ウ「吾輩《わがはい》は猫である」　　エ「蜘蛛《くも》の糸」

オ「海底二万マイル」　　カ「銀河鉄道の夜」

キ「飛ぶ教室」　　ク「屋根の上のサワン」

ケ「走れメロス」　　コ「小さき者へ」

なったということ。

オ　八っちゃんの緊急事態にもかかわらず、茶の間ではお母さんが日なたぼっこをしながら縫物をしていたため、あきれて、そののんきさに腹が立ち、頭に血が上ってすっかり動転してしまったということ。

問五　――部④「婆やは怒ったような声を出して、僕がかかって行くのを茶碗を持っていない方の手で振りはらって」とあるが、「婆や」が「僕」に向かってこのようにしたのはなぜか。説明として最も適当なものを選びなさい。

ア　本来、八っちゃんの世話や看護をすべきなのは自分なのに、自分の見当違いの発言によって信頼を失い、「僕」が水を持ってくるように命じられたことに焦り、評価を挽回《ばんかい》しようとやっきになっているから。

イ　幼い子供の世話を任されている身であるにもかかわらず、八っちゃんの命が危うくなる状況を招いたうえ、適切な対処もできなかったため、命を救おうと気が動転して暴力的になってしまったから。

ウ　一刻を争う状況であるため、誰が水を持っていくかは重要でないにもかかわらず、そこにこだわる幼い「僕」に苛立《いらだ》ち、子供に言葉で丁寧に説明する対応よりも、八っちゃんの元へ急ぐことを優先したから。

エ　むやみに暴力を振るって八っちゃんをいじめて傷付けたばかりか、命が危うくなるような状況にまで追い込んだ「僕」に心底から腹を立てており、その場から「僕」を追い払ってしまおうと思ったから。

オ　急いでいる状況において、水を茶碗に入れるのも水をこぼさずに持っていくのも自分の方が早いにもかかわらず、自分と競い合おうとする幼い「僕」に腹を立て、力の差を示したくなったから。

問六　――部⑤「お母さんを見たら、その眼に涙が一杯たまっていた」とあるが、このときの「お母さん」の心情の説明として最も適当なものを選びなさい。

ア　我が子が何とか助かったらしいとは思ったものの、異物がお腹の中に入っているという予断を許さぬ状況であることに変わりはなく、子供の病を完全に治すためにはまだすべきことがあるため、悲しみで涙があふれそうになるのを必死にこらえて気丈に振る舞おうと思っている。

イ　我が子が何とか助かったことの喜びで夢中になって八っちゃんを抱きしめてしまったが、母親としてしっかりしているべきこの状況で本来はすべきではなかったと反省し、主人そして親として、婆やや「僕」のいる前では涙を見せるまいと泣きそうになるのを必死にこらえている。

ウ　我が子が何とか助かったことの喜びで一杯になっていたが、先程までの手遅れになって八っちゃんが死んでしまうのではないかという恐怖と苦しがる我が子への同情で自らも苦しんでいた気持ちを思い出し、軽率な行動から弟を命の危機に陥れた「僕」を情けなく思っている。

エ　我が子が何とか助かったことに安心するとともに、先程までの我が子を助けようと懸命になっている緊張と手遅れになって我が子が死んでしまうのではないかという恐怖、および自分のことのようにつらく感じて張り詰めていた気持ちが緩んで、感情があふれそうになっている。

オ　我が子が何とか助かったとは思ったものの、先程までの手遅れになって八っちゃんが死んでしまうのではないかという恐怖かくようにした。懐《ふところ》ろの所に僕がたたんでやった「だまかし船」が半分顔を出していた。僕は八っちゃんが本当に可愛そうでたまらなくなった。あんなに苦しめばきっと死ぬにちがいないと思った。死んじゃいけないけれどもきっと死ぬにちがいないと思った。

今まで口惜しがっていた僕は急に悲しくなった。お母さんの顔が真《まっ》蒼《さお》で、手がぶるぶる震えて、八っちゃんの顔が真紅で、ちっとも八っちゃんの顔みたいでないのを見たら、一人ぼっちになってしまったようで、我慢のしようもなく涙が出た。

お母さんは僕がべそをかき始めたのに気もつかないで、夢中になって八っちゃんの世話をしていなさった。婆やは膝をついたなりで覗《のぞ》きこむように、お母さんと八っちゃんの顔とのくっつき合っているのを見おろしていた。

その中に八っちゃんが胸にあてがっていた手を放して驚いたような顔をしたと思ったら、いきなりいつもの通りな大きな声を出してわーっと泣き出した。お母さんは夢中になって八っちゃんをだきすくめた。婆やはせきこんで、

「通りましたね、まあよかったこと」

といった。きっと碁石がお腹《なか》の中にはいってしまったのだろう。お母さんも少し安心なさったようだった。僕は泣きながらも、**⑤お母さんを見たら、その眼に涙が一杯たまっていた。**

（有島武郎《ありしまたけお》「碁石を呑《の》んだ八っちゃん」による）

《注》

（＊1）清正公…東京都港区白金台《しろかね》にある覚林寺のこと。戦国武将の加《か》藤清正《とうきよまさ》が祀《まつ》られ、「白金の清正公《せいしょうこう》さま」として人々に親しまれている。

（＊2）かったい…ハンセン病患者のこと。差別によって正業に就けなくなった患者が、当時、路上で物乞《ものご》いをしていたという。

（＊3）乞食…食物や金銭を人から恵んでもらって生活する人。

問一 ===部(a)～(d)のカタカナを漢字に、漢字をひらがなに直しなさい。

問二 ——部①「僕は八っちゃんと喧嘩しなければよかったなあと思い始めた」とあるが、それはなぜか。説明しなさい。

問三 ——部②「八っちゃんは婆やのお尻の所で遊んでいたが真赤な顔になって、眼に一杯涙をためて、口を大きく開いて、手と足とを一生懸命にばたばたと動かしていた」とあるが、このときの「八っちゃん」はどうなっており、何をしているのか。説明しなさい。

問四 ——部③「僕にはそこがそんなに静かなのが変に思えた」とあるが、どういうことか。説明として最も適当なものを選びなさい。

ア 八っちゃんの緊急事態にもかかわらず、茶の間があまりにも静かでお母さんも落ち着いていたため、驚いて、もう八っちゃんの病気をお母さんが治してしまったのではないかという錯覚にとらわれたということ。

イ 八っちゃんの緊急事態にもかかわらず、茶の間ではお母さんが落ち着いて縫物をしていたため、違和感を覚え、この平和な日常が現実で、緊急事態などなかったかのような不思議な錯覚にとらわれたということ。

ウ 八っちゃんの緊急事態にもかかわらず、茶の間ではいつものように鉄瓶が沸いていてお母さんが静かに縫物をしていたため、混乱し、この平和な茶の間が夢の中であるかのような錯覚にとらわれたということ。

エ 八っちゃんの緊急事態にもかかわらず、茶の間にはいつも通りの平和な日常があったため、あ然として、自分が八っちゃんが病気になったとお母さんに伝えにきたことを一瞬忘れそうに

……」

僕は台所の方に行くのをやめて、今度は一生懸命でお茶の間の方に走った。

お母さんも障子を明けはなして日なたぼっこをしながら静かに縫物をしていらしった。その側で鉄瓶のお湯がいい音をたてて煮えていた。

③僕にはそこがそんなに静かなのが変に思えた。八っちゃんの病気はもうなおっているのかもしれないと思った。けれども心の中は駈けっこをしている時見たいにどきんどきんしていて、うまく口がきけなかった。

「お母さん……お母さん……八っちゃんがね……こうやっているんですよ……婆やが早く来てって」

といって八っちゃんのしたとおりの真似を立ちながらして見せた。お母さんは少しだるそうな眼をして、にこにこしながら僕を見たが、僕を見ると急に二つに折っていた背中を真直《まっすぐ》になさった。

「八っちゃんがどうかしたの」

僕は一生懸命真面目になって、

「うん」

と思い切り頭を前の方にこくりとやった。

「うん……八っちゃんがこうやって……病気になったの」

僕はもう一度前と同じ真似をした。お母さんは僕を見ていて思わず笑おうとなさったが、すぐ心配そうな顔になって、大急ぎで頭にさしていた針を抜いて針さしにさして、慌てて立ち上って、前かけの糸くずを両手ではたきながら、僕のあとから婆やのいる方に駈けていらしった。

「婆や……どうしたの」

お母さんは僕を押しのけて、婆やの側に来てこうおっしゃった。

「八っちゃんがあなた……碁石でもお呑みになったんでしょうか……」

「お呑みになったんでしょうかもないもんじゃないか」

お母さんの声は怒った時の声だった。そしていきなり婆やからひったくるように八っちゃんを抱き取って、自分が苦しくってたまらないような顔をしながら、ばたばた手足を動かしている八っちゃんをよく見ていらしった。

「象牙のお箸《はし》を持って参りましょうか……それで喉を撫《な》でますと……」婆やがそういうかいわぬに、

「刺《とげ》がささったんじゃあるまいし……兄さんあなた早く行って水を持っていらっしゃい」

と僕の方を御覧になった。婆やはそれを聞くと立上ったが、僕は婆やが八っちゃんをそんなにしたように思ったし、用は僕がいいつかったのだから、婆やの走るのをつき抜《ぬけ》て台所に駈けつけた。けれども茶碗を探してそれに水を入れるのは婆やの方が早かった。僕は口惜しくなって婆やにかぶりついた。

「水は僕が持ってくんだい。お母さんは僕に水を……」

「それどころじゃありませんよ」

と④婆やは怒ったような声を出して、僕がかかって行くのを茶碗を持っていない方の手で振りはらって、八っちゃんの方にいってしまった。僕は婆やがあんなに力があるとは思わなかった。僕は、

「僕だい僕だい水は僕が持って行くんだい」

と泣きそうに怒って追っかけたけれども、婆やがそれをお母さんの手に渡すまで婆やに追いつくことが出来なかった。僕は婆やが水をこぼさないでそれほど早く駈けられるとは思わなかった。

お母さんは婆やから茶碗を受取ると八っちゃんの口の所にもって行った。半分ほど襟頸《えりくび》に水がこぼれたけれども、それでも八っちゃんは水が飲めた。八っちゃんはむせて、苦しがって、両手で胸の所を引っ

まわずに少しばかり石を拾って婆やの坐《すわ》っている所に持っていってしまった。

　普段なら僕は婆やを追いかけて行って、婆やが何んといっても、それを取りかえして来るんだけれども、八っちゃんの顔に蚯蚓ばれが出《で》来《き》ているのと婆やのいったのが気がかりで、もしかするとお母さんにも叱《しか》られるだろうと思うと少しくらい碁石は取られても我慢する気になった。何しろ八っちゃんよりはずっとたくさんこっちに碁石があるんだから、僕は威張《いば》っていいと思った。そして部屋の真中に陣どって、その石を黒と白とに分けて畳の上に綺麗《きれい》にならべ始めた。

　八っちゃんは婆やの膝に抱かれながら、まだ口惜しそうに泣きつづけていた。婆やが乳をあてがっても呑《の》もうとしなかった。時々思い出しては大きな声を出した。しまいにはその泣声が少し気になり出して、①**僕は八っちゃんと喧嘩《けんか》しなければよかったなあと思い始めた**。さっき八っちゃんがにこにこ笑いながら小さな手に碁石を一杯握って、僕が入用《いら》ないといっても僕にくれようとしたのも思い出した。その小さな握拳《にぎりこぶし》が僕の眼の前でひょこりひょこりと動いた。

　その中《うち》に婆やが畳の上に握っていた碁石をばらりと撒《ま》くと、泣きじゃくりをしていた八っちゃんは急に泣きやんで、婆やの膝からすべり下りてそれをおもちゃにし始めた。

（中略）

「八っちゃん」

といおうとして僕はその方を見た。

　そうしたら②**八っちゃんは婆やのお尻の所で遊んでいたが真赤な顔になって、眼に一杯涙をためて、口を大きく開いて、手と足とを一生懸命にばたばたと動かしていた**。僕は始め（＊1）清正公様にいる（＊2）かったいの（＊3）乞食がお金をねだる真似《まね》をしているのかと思った。それでもあのおしゃべりの八っちゃんが口をきかないのが変だった。おまけに見ていると、両手を口のところにもって行って、無理に指の先を口の中に入れようとしたりした。何んだかふざけているのではなく、本気の本気らしくなって来た。しまいには眼を白くしたり黒くしたりして、げえげえと吐きはじめた。

　僕は気味が悪くなって来た。八っちゃんが急に怖《こ》わい病気になったんだと思い出した。僕は大きな声で、

「婆や……婆や……八っちゃんが病気になったよう」

と怒鳴ってしまった。そうしたら婆やはすぐ自分のお尻の方をふり向いたが、八っちゃんの肩に手をかけて自分の方に向けて、急に慌てて後から八っちゃんを抱いて、

「あら八っちゃんどうしたんです。口をあけてごらんなさい。口をですよ。こっちを、明《あかる》い方を向いて……ああ碁石を呑んだじゃないの」

と云うと、握り拳をかためて、八っちゃんの背中を続けさまにたたきつけた。

「さあ、かーっといってお吐きなさい……それもう一度……どうしようねえ……八っちゃん、吐くんですよう」

　婆やは八っちゃんをかっきり膝の上に抱き上げてまた背中をたたいた。僕はいつ来たとも知らぬ中に婆やの側に来て立ったままで八っちゃんの顔を見下していた。八っちゃんの顔は血が出るほど紅《あか》くなっていた。婆やはどもりながら、

「兄さんあなた、早くいって水を一杯……」

　僕は皆まで聞かずに(d)縁側に飛び出して台所の方に駈《か》けて行った。水を飲ませさえすれば八っちゃんの病気はなおるにちがいないと思った。そうしたら婆やが後からまた呼びかけた。

「兄さん水は……早くお母さんの所にいって、早く来て下さいと

きだ。

エ　あてもなく歩き回ることは、現在は痴呆でどこかへ行くことのように否定的なイメージでしか捉えられなくなってしまっている。

オ　現在は何でもインターネットで検索できるようになり、旅行の前に目的地を調べることで知らないことに出逢えなくなっている。

問八　〜〜部「旅行あるいは生活で、といえば抵抗はないのだが、旅をしたとはどうも言いにくいのだ」とあるが、筆者は「旅行」と「旅」の特徴をそれぞれどういうものだと考えているか。本文全体を踏まえ、対比を明確にして説明しなさい。

二

次の文章を読んで、あとの問いに答えなさい。

　八《や》っちゃんが黒い石も白い石もみんなひとりで両手でとって、股《また》の下に入れてしまおうとするから、僕は怒ってやったんだ。

「八っちゃんそれは僕んだよ」

といっても、八っちゃんは眼ばかりくりくりさせて、僕の石までひったくりつづけるから、僕は構わずに取りかえしてやった。そうしたら八っちゃんが(a)ナマイキに僕の頬ぺたをひっかいた。お母さんがいくら八っちゃんは弟だから可愛がるんだとおっしゃったって、八っちゃんが頬ぺたをひっかけば僕だって口惜しいから僕も力まかせに八っちゃんの小っぽけな鼻の所をひっかいてやった。指の先きが眼にさわった時には、ひっかきながらもちょっと心配だった。ひっかいたらすぐ泣くだろうと思った。そうしたらいい気持ちだろうと思ってひっかいてやった。八っちゃんは泣かないで僕にかかって来た。投げ出していた足を折りまげて尻を浮かして、両手をひっかく形にして、黙ったままでかかって来たから、僕はすきをねらってもう一度八っちゃんの団子鼻の所をひっかいてやった。そうしたら八っちゃんはしばらく顔《かお》中《じゅう》を変ちくりんにしていたが、いきなり尻をどんとついて僕の胸の所がどきんとするような大きな声で泣き出した。

　僕はいい気味で、もう一つ八っちゃんの頬ぺたをなぐりつけておいて、八っちゃんの足許《あしもと》にころげている碁石《ごいし》を大急ぎでひったくってやった。そうしたら部屋のむこうに日なたぼっこしながら衣物を縫っていた婆やが、眼鏡をかけた顔をこちらに向けて、上眼で睨《にら》みつけながら、

「また泣かせて、兄さん悪いじゃありませんか年かさのくせに」

といったが、八っちゃんが足をばたばたやって死にそうに泣くものだから、いきなり立って来て八っちゃんを抱き上げた。婆やは八っちゃんにお乳を飲ませているものだから、いつでも八っちゃんの(b)カセイをするんだ。そして、

「おお　おお可哀そうにどこを。本当に悪い兄さんですね。あらこんなに眼の下を蚯蚓《みみず》ばれにして兄さん、御免《ごめん》なさいとおっしゃいまし。おっしゃらないとお母さんにいいつけますよ。さ」

　誰が八っちゃんなんかに御免なさいするもんか。始めっていえば八っちゃんが悪いんだ。僕は黙ったままで婆やを睨みつけてやった。

　婆やはわあわあ泣く八っちゃんの背中を、抱いたまま平手でそっとたたきながら、八っちゃんをなだめたり、僕に何《な》んだか小言《こごと》をいい続けていたが僕がどうしても詫《あやま》ってやらなかったら、とうとう

「それじゃようござんす。八っちゃんあとで婆やがお母さんに皆《み》んないいつけてあげますからね、もう泣くんじゃありませんよ、いい子ね。八っちゃんは婆やの御秘蔵《ごひぞう》っ子。兄さんと遊ばずに婆やのそばにいらっしゃい。いやな兄さんだこと」

といって僕が大急ぎで一かたまりに集めた碁石の所に手を出して一掴《つか》み掴もうとした。僕は大急ぎで両手で(c)蓋をしたけれども、婆やはか

イ　親孝行や恩返しなど、周囲に礼儀を尽くす姿勢のこと。
ウ　地域の伝統行事など、人々が共有して残してきたもの。
エ　年齢の上下関係だけを良しとする風習にこだわること。

(2)　空欄 Y に入るのに適当な言葉を、漢字二字で答えなさい。

問三　——部①「旅先ではたしかにいろいろなありがたい想いをする」とあるが、このあと記されている筆者の経験として最も適当なものを選びなさい。

ア　バスに乗り合わせた男が会ったばかりの筆者に宿を案内し、つたないフランス語に耳を傾け大切にもてなしてくれたこと。
イ　ドムレミでホテルや修道院を案内してくれたぶっきらぼうだが心優しい男と、後にストラスブールで偶然再会したこと。
ウ　行き当たりばったりでバスを降りたら、まるでジャンヌ・ダルクの導きのように、奇跡的に修道院に辿り着いていたこと。
エ　ジャンヌ・ダルクゆかりの地を回っている際に、守役をする現地の人と思いもかけない出逢いがあり意気投合したこと。
オ　田舎町で夜に迷子になり途方に暮れていたら、助けてくれた初老の男が修道院を案内してくれる幸運に恵まれたこと。

問四　——部②「現在が未来に拉致されている」とはどういうことか。最も適当なものを選びなさい。

ア　現在の自分が未来へと無理に連れていかれた状態なので、真の自分らしさをなくして死んだように生きているということ。
イ　すべてが先送りされているため、過去・現在・未来の時間感覚が失われ、リアリティを感じにくくなっているということ。
ウ　現在がすべて未来のために効率的に使われるようになり、人生から無駄を省く風潮が世間に広まってきているということ。
エ　本来は今を最大限生きるために未来があるのに、未来のために現在があるような矛盾が起こってしまっているということ。
オ　将来の目的など未来のために現在が使われることで、今を今として感じることができなくなってしまっているということ。

問五　——部③「気の毒なものだなあ」とあるが、そう感じたのはなぜか。最も適当なものを選びなさい。

ア　学校や家庭だけでなくスクールバスの中でも、子供の作る秩序が失われ、大人の秩序が押しつけられるようになったから。
イ　出発地点と目的地が最短距離で結ばれて、学校へは早く到着できる一方、勉強ばかりで遊びの時間が減ってしまったから。
ウ　バス送迎での便利さの代わりに、たわいもない遊びの場や、多様な人間関係を培って人生経験を積む時間が失われたから。
エ　一見無駄な時間が奪われたことにより、子供が本来持っていた予期しないことに対応できる柔軟さが消えてしまったから。
オ　目的地への到達を重視するスクールバスを使うことで、大人も子供も「途中」を大切にする気持ちを失ってしまったから。

問六　——部④「ありがたくなっている」とあるが、ここで傍点がふられているのは、どのような意味を強調するためか。本文中から十字以上十五字以内で抜き出しなさい(句読点は含まない)。

問七　本文の内容に合致しているものとして、最も適当なものを選びなさい。

ア　筆者は、目的を決めることなく訪れたフランスで思いがけぬ出逢いがあり、パッケージ旅行とは違う旅の素晴らしさに気づいた。
イ　「旅に出たいの」というつぶやきは、すべてが先送りされる現実から逃避し、自暴自棄になって暴走したい気持ちの表れである。
ウ　目的地まで最短距離で進むとその過程で学びえたものを取りこぼしてしまうため、時には遠回りする心の余裕を大事にすべを喪《うしな》ってしまった。……私たちの子供の頃は途中で友だちを誘い合いさんざんに［Y］を食って学校へいった。学校へついても授業の始まるまでに三十分も一時間もあるという具合であった。学校までの［Y］、ふざけたり、けんかをしたり、空想を語り合ったり、かけたり、ころんだりした［Y］、この一見無駄な途中によって、ほのぼのとしたものではあるが、さまざまな人生経験がつまれていったように思う。途中は目的地への最短距離ではなくて、少年たちの共通の広場であり、空想の花園でもあり、遊びの場所でもあった。ときには上級生の下級生への(c)**セイサイ**の場所にもなり、教室から開放された悪童の腕のふるい場所でもあったが、それはそれなりの秩序をもっていた。教室で学びえないものを、おのずからにして学びとる場所でもあったわけである。(『現代史への試み』)

目的地よりもそこに行き着くまでの途中のほうが大事、そこに、目的地にたどり着くよりももっと大事なものがあるということなのだろう。

［Y］、あるいは目的地のないぶらぶら歩き、それをフランス語ではランドネという。英語のランダムと同じ語源の言葉、予測ができないという意味からきた言葉だ。旅と旅行の違いもそこにあるとおもう。トンネルを掘り、橋を渡した、目的地にまで最短の距離で進む「最適」の道よりも、山沿い、川沿いにくねくねうねりながら、ジグザグ折れ曲がりながら進む気ままな道、そのなかで起こる予期しない出来事のなかに、じぶんひとりではとても紡ぎだせないような別の人生の意味が浮かび上がるというわけなのだろう。

これはパッケージされた旅行、プログラムされた旅行、テーマパークへの旅行の対極にあるものだ。つまり、あらかじめ知っていることしか起こらない旅行の対極にあるものだ。旅は日常の裏返しであるはずなのに、その裏返しまでパッケージされているのがいまの旅行だ。あるいは、日常じたいがすでに隙間だらけになっているので、逆に旅のほうにまとまったイメージを求めるようになっているのだろうか。観光、行楽、遠足、慰労……そんなあらかじめ意味づけのわかっている旅しかイメージできなくなっているようにおもう。知らないことに出会えなくなっているように、わからないことにわからないままにつきあえなくなっているようにおもう。

徘徊《はいかい》はいまでは「痴呆《ちほう》」という、ネガティヴな意味づけのなかでしか可能でなくなった。そういう意味で、いま、旅はとてもむずかしくなっている。④**ありがたくなっている**。

(鷲田清一『想像のレッスン』による)

《注》

(＊1) ジャンヌ・ダルク…フランス北東部ドムレミの農民の娘。百年戦争の末期に軍を委ねられ、イギリス軍の包囲を突破してオルレアンを解放したが、異端の宣告を受け、火刑となった(一四一二～一四三一)。

(＊2) 僥倖…思いがけないしあわせ。偶然の幸運。

(＊3) 漂泊…流れただようこと。居所を定めずに、さまよい歩くこと。さすらうこと。

(＊4) 唐木順三…日本の文芸評論家、哲学者(一九〇四～一九八〇)。著書に『中世の文学』、『無常』、『日本人の心の歴史』など。

問一 ══部(a)～(c)のカタカナを漢字に、漢字をひらがなに直しなさい。

問二 本文中の語句について、以下の問いに答えなさい。

(1) ……部(X)「しがらみ」の意味として最も適当なものを選びなさい。

ア 面倒な人間関係のように、自由な行動を束縛するもの。

翌日はドイツに戻らなければならなかったが、後でストラスブールを訪れたときはもちろんこの学校に寄って、こんどはアルザスのワインで、再会に乾杯したのだった。

ひとのありがたみに身がつまされた、そんな経験である。

けれど、わたしがここで記したいのは、そういうありがたさではない。わたしが言いたいのは、めったにないという意味での、旅のありがたさだ。

じぶんはほんとうは旅をしたことがないのではないかとおもうことがある。月に何度か東京に出る。仕事で。中国にもベトナムにも行った。オーストラリアにも行った。旅行者として。ヨーロッパもいろいろな国を経巡《へめぐ》った。長期滞在者として。**旅行あるいは生活で、といえば抵抗はないのだが、旅をしたとはどうも言いにくいのだ。**旅という言葉にいろいろなものを託《たく》し過ぎているのかもしれない。

たぶんそうなのだろう。わたしにとって、旅には、（＊3）漂泊《ひょうはく》や放浪のイメージと切り離しがたいものがある。どこどこに行くとか、そこで何をするかというふうに、目的を設定することじたいが旅に反しているとおもうのだ。「旅に出たいの」と、つぶやく女性がいる。「どこかに行きたい」と、つぶやくひともいる。それはどこどこに行きたいということではない。目的地というものがとくにあるわけではない。ふっと、いまここから消えたい、そんな想いから漏れてくる言葉なのだ。(X)**しがらみ**を切りたい、ガス抜きをしたい、いのちの洗濯をしたい、窒息状態から抜け出したいという想いもあるだろう。明日のわからぬ身になりたい、冷たさに身を晒《さら》したい、おもいがけぬ出逢いというものにふれたいという想いもありうるだろう。とにかくここではない別の場所に身を置いてみたいのである。

ここという場所からじぶんを外すのにもっとも手っ取り早い方法は、スピードである。どこに行ってもいまじぶんがいるのはここである。だからここからじぶんを外すということはありえないことなのだが、それでもやむにやまれずそういう想いにかられたとき、ひとはじぶんを地面から切り離すようなスピードに賭《か》ける。むやみやたらに暴走したくなるのだ。

その無益さを思い知らされたとき、こんどはひとは漂泊や放浪に賭ける。生きることから目的というものを解除したくなるのだ。会社での生活ひとつとってもいい。先に指摘したとおり、そこではすべて未来との関係でいまというものが規定されている。ひとつのプロジェクトを立ち上げるのに、まず利益（プロフィット）の見込み（プロスペクト）を考える。見込みが立てば、プログラミングに入る。そして生産（プロダクション）へ。販売がうまくいけば約束（プロミス）手形で支払いを受ける。これが全体として会社の前進（プログレス）につながれば、あとは昇進（プロモーション）が待っている……。前へ、先へ、プロ、プロのオンパレードだ。現在はことごとく未来に呑《の》み込まれてしまっている。②**現在が未来に拉致《らち》されている**のだ。すべてが先送りされる生活。

そういう生活に埋もれていると、ひとはいまをいまとして解き放ちたくなる。目的地ではなく、そこへ至る途中を途中のままで輝かせたくなるのだ。目的から外れたぶらぶら歩き、行き当たりばったりの世界に、ふと身を(b)**浸**してみたくなるのだ。「旅に出たいの」という言葉は、そういうところから零《こぼ》れてくる。

（＊4）唐木順三は昭和三十五年、彼の住んでいる相模原《さがみはら》にアメリカ人子弟のためのスクールバスが走り出したときに、「便利なものだなあ、という感嘆よりも、③**気の毒なものだなあ**、という実感が先に来た」として次のように書いていた。

家庭から学校までバスではこばれる学童たちは、途中というもの

2024年度

渋谷教育学園幕張中学校

【国　語】〈第二次試験〉（五〇分）〈満点：一〇〇点〉

注意　・記述は解答欄《らん》内に収めてください。一行の欄に二行以上書いた場合は、無効とします。

一　次の文章を読んで、あとの問いに答えなさい。

アートとは、存在を移動させるそのきっかけを与えてくれるものである。存在のチャンネルを変えるチャンスのことである。旅もまた、その存在の移動を駆《か》るものであった。そうであるはずであった。

①**旅先ではたしかにいろいろなありがたい想いをする**。道を親切に教えてもらう、ついでにそのひとのお家に招待される、などというのも、異国ではめずらしいことではない。

わたしのばあい、ドイツから国境を渡ってフランスの田舎町（ドムレミという、（＊1）ジャンヌ・ダルクが生まれ育った町というよりは村だ）に行ったときに、ひとの温かみというものにとことんふれたという想いをした。ドイツのマンハイムという街から列車でフランスに向かう。何度か乗り換え、バスも乗り継いで、終点のその町に着いたのは、マンハイムを出てから六時間余、夜も更けて八時をまわっていた。宿の予約はしていない。あたりは都会では想像できないような暗闇で、人影はない。同じバスに乗っていたのは三人。ひとりは足早に消え、もうひとりの初老の男が、きょろきょろしている極東の男に声をかける。「何しに来たんだ」。「ジャンヌ・ダルクの故郷を見に来た」と、わたしはたどたどしいフランス語で答える。おどろいたというより、あきれたような表情を見せたその男は、「で、泊まるところはあるのか」と訊《き》いてくれる。「ない、予約してこなかった」とわたし。ほんとはそもそも宿があるのかさえも知らなかった。旅行書にはデータが出ていない、そんなうらびれた村だったのだ。「夕食もまだか」。「はい」。男はとりあえず俺についてこいと言う。黙って後を追う。

男が連れていってくれたのは山際の古いホテル、片田舎のホテルとしては異様に立派な佇《たたず》まいだった。部屋を用意してもらうから、とりあえずここで飯を食え、とホテルのレストランに案内してくれた。ビールを飲んでいた地元の男連中が、あいつどこの骨だ、といった冷ややかなまなざしをわたしに向ける。でも、あの初老の男はちがった。こちらの言葉をていねいに聴いてくれる。そして、じぶんはここの出身で、ストラスブールで職業学校の校長をしているが、週末はこの村に帰ってくる。ジャンヌ・ダルクを祀《まつ》っている修道院の守役をしており、あした案内してやるという。なんのことはない、わたしはその修道院の真ん前のホテルにいるのだった。いきなり矢が的に適中したようなものだった。（＊2）僥倖《ぎょうこう》とはこのことかとおもった。

レストランにはもう残り物しかなかったが、それでも腹をすかした旅人にはじゅうぶんな料理だった。で、部屋に入って荷物をほどいて驚いた。ベッドが湿っぽいのだ。相当に。あとで聴けば、かれこれ四十日間客がないという。でも、夜露に濡《ぬ》れるわけではなし。それよりこのありがたい出逢《であ》いがあったことをジャンヌ・ダルクの思《おぼ》し召しとおもい、とにかく旅の疲れを癒《いや》させてもらった。

翌朝起きたら、もうホテルの前にあの初老の男が来ていて、ホテルのひとたちとおしゃべりに(a)**キョウ**じていた。大事にしてくれているんだな、とわたしは心のうちで手を合わせていた。そして修道院に連れていってもらい、そこでいただいた地図を片手に、ジャンヌ・ダルクゆかりの地を回ったのだった。修道院で、別れ際に、遠回りになるけどよかったら帰りにストラスブールの学校を見においでと誘われた。

2024年度
渋谷教育学園幕張中学校 ▶解説と解答

算　数　＜第２次試験＞（50分）＜満点：100点＞

解　答

[1] (1) 441　(2) 82個　(3) 1722　[2] (1) ① 24cm^2　② 解説の図Ⅲを参照のこと。　(2) ① 0.5　② 4　[3] (1) 576通り　(2) 24通り　(3) 120通り　[4] (1) 1.8cm　(2) 24：7　[5] (1) 6個　(2) 2種類　(3) 2 cm^3

解　説

[1] 数列

43	44	45	46	47	48	49	50
42	21	22	23	24	25	26	51
41	20	7	8	9	10	27	52
40	19	6	1	2	11	28	53
39	18	5	4	3	12	29	54
38	17	16	15	14	13	30	55
37	36	35	34	33	32	31	56

(1) 右の図で，[1]からみて右上のマスには，3×3＝9，5×5＝25，7×7＝49，…のように奇数《きすう》の平方数が並ぶ。また，3からかぞえて10番目の奇数は1からかぞえると11番目の奇数になるから，2×11－1＝21である。よって，[1]からみて10マス右上のマスに書かれている整数は，21×21＝441とわかる。

(2) [1][2]のマスの個数は2個である。また，[1][2]のひとまわり外側の枠《わく》（3～12が並ぶ枠）には10個のマスがあり，そのひとまわり外側の枠（13～30が並ぶ枠）には18個のマスがあり，さらにそのひとまわり外側の枠（31～56が並ぶ枠）には26個のマスがある。よって，ひとまわり外側にずれるごとに，マスの個数は8個ずつ増えることがわかる。[1]からみて10マス右上のマスは，[1][2]からみて外側に10まわりずれた位置にあるので，マスの個数は，2＋8×10＝82（個）と求められる。

(3) [2]からみて1マス右下の[12]は，[1]からみて1マス右上の[9]よりも3大きい数だから，3×3＋3＝12となる。また，[2]からみて2マス右下の[30]は，[1]からみて2マス右上の[25]よりも5大きい数なので，5×5＋5＝30と求めることができる。同様に考えると，[2]からみて20マス右下のマスに書かれている整数は，[1]からみて20マス右上のマスに書かれている整数よりも，2×21－1＝41大きくなることがわかる。[1]からみて20マス右上のマスには，41×41＝1681が書かれているから，求める整数は，1681＋41＝1722である。

[2] 平面図形―図形上の点の移動，面積

図Ⅰ

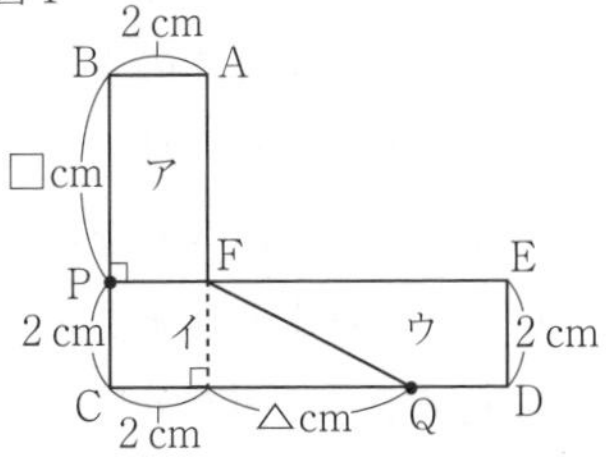

(1) ① PとQの速さの比は1：2だから，右の図Ⅰで，(2＋□)と，□＋2＋2＋△＝4＋□＋△の比も1：2になる。よって，(2＋□)×2＝4＋□＋△，4＋□＋□＝4＋□＋△より，□と△は等しいことになる。また，アとイはどちらも高さが2cmの台形と考えることができるので，□＋□＝2＋2＋□より，□＝4とわかる。よって，アの面積は，4×2＝8（cm^2）だから，L字型の図形の面積は，8×3＝24（cm^2）と求められる。なお，

イとウは合同な台形なので，FEの長さは，２＋４＝６(cm)である。　②　最初のイの部分は三角形ABFだから，面積は，２×４÷２＝４(cm^2)である。その後は下の図Ⅱのように動くので，２秒後の面積は，４×２÷２＝４(cm^2)，３秒後の面積は，(６－１)×２÷２＝５(cm^2)，７秒後の面積は，(６－５)×２÷２＋８×２÷２＝９(cm^2)，８秒後の面積は，(６＋８)×２÷２＝14(cm^2)とわかる。よって，グラフは下の図Ⅲのようになる。

図Ⅱ

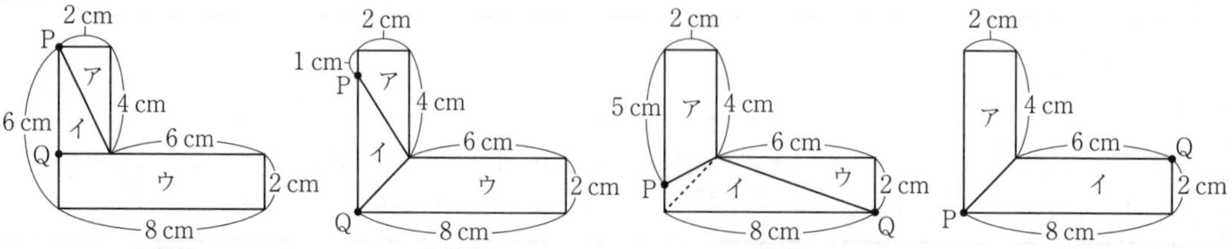

２秒後　３秒後　７秒後　８秒後

図Ⅲ

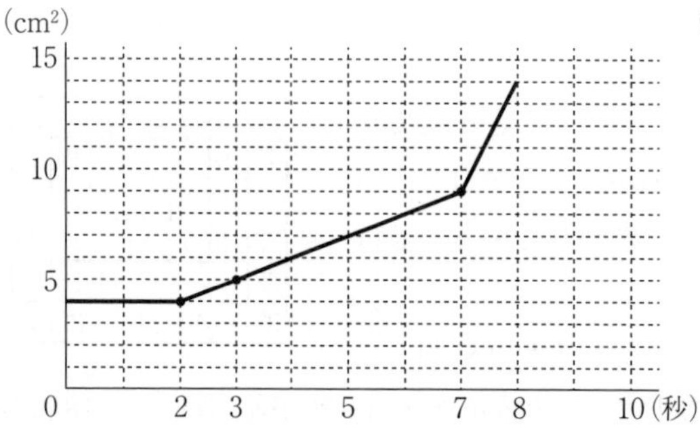

図Ⅳ

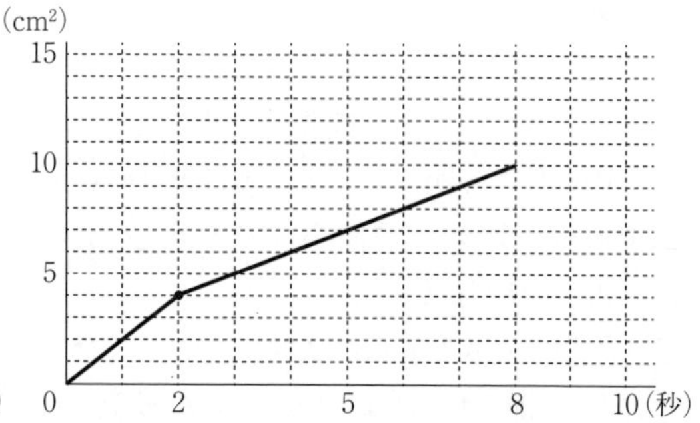

⑵　アの部分の面積は，最初は０cm^2，２秒後は，２×４÷２＝４(cm^2)，８秒後は，(４＋６)×２÷２＝10(cm^2)だから，アの部分の面積の変化を表すグラフは上の図Ⅳのようになる。すると，２秒後から７秒後までの間はアとイの面積がつねに等しくなるので，この間でア～エの４つの部分の面積が等しくなるときを求めればよい。このとき，１つの部分の面積は，24÷４＝６(cm^2)だから，図Ⅲ，図Ⅳより，このようになるのは４秒後(…②)と読み取ることができる。また，４秒後には右の図Ⅴのようになるので，Rが動く速さは毎秒，２÷４＝0.5(cm)(…①)と求められる。

図Ⅴ

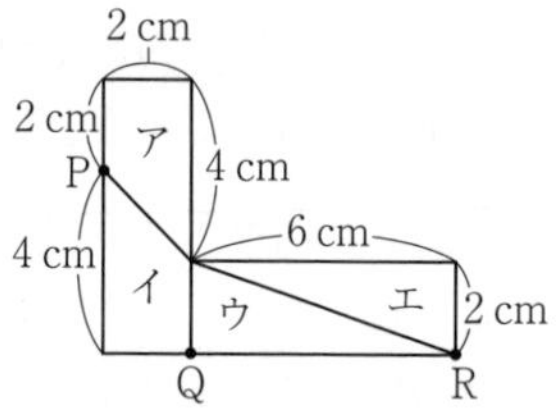

４秒後

3　場合の数

⑴　真一さんの置き方と智子さんの置き方がそれぞれ，４×３×２×１＝24(通り)ずつあるから，８枚のカードの置き方は全部で，24×24＝576(通り)ある。

⑵　真一さんは４のカードで勝つことができないので，真一さんの４に対する智子さんのカードは４である。また，真一さんは３のカードでも勝つことができないから，真一さんの３に対する智子さんのカードは３となる。同様に考えると，真一さんの２に対する智子さんのカードは２，真一さんの１に対する智子さんのカードは１とわかる。つまり，真一さんが１度も勝たないのは，４回の対戦がすべて引き分けの場合である。よって，真一さんの置き方が決まれば智子さんの置き方は１通りに決まるので，８枚のカードの置き方は24通りである。

(3)　真一さんが，（Ａ，Ｂ，Ｃ，Ｄ）＝（１，２，３，４）と置いたとき，智子さんの勝敗は下の図のようになる(○が勝ち，△が引き分け，×が負け)。このとき，真一さんも智子さんも５勝５敗14引き分けになり，上から１段目～４段目を入れかえることにより，真一さんがカードの置き方をかえても，それぞれの勝敗の数は同じになる。したがって，真一さんがゲームに勝つような８枚のカードの置き方は，５×24＝120(通り)ある。

真一	智子																							
1	1	1	1	1	1	1	2	2	2	2	2	2	3	3	3	3	3	3	4	4	4	4	4	4
2	2	2	3	3	4	4	1	1	3	3	4	4	1	1	2	2	4	4	1	1	2	2	3	3
3	3	4	2	4	2	3	3	4	1	4	1	3	2	4	1	4	1	2	2	3	1	3	1	2
4	4	3	4	2	3	2	4	3	4	1	3	1	4	2	4	1	2	1	3	2	3	1	2	1
	△	△	△	○	×	△	△	△	○	○	△	○	×	△	△	○	△	△	×	×	×	△	△	△

$\boxed{4}$ 平面図形―相似，消去算

(1)　右の図１で，四角形BCEFはBEを軸《じく》とする線対称《せんたいしょう》な図形だから，BEとCFは垂直に交わる。よって，同じ印をつけた角の大きさはそれぞれ等しくなるので，三角形BCEと三角形CGEは相似とわかる。また，三角形BCEの３つの辺の長さの比は，３：４：５だから，CE：EG＝５：３となり，EG＝３×$\frac{3}{5}$＝1.8(cm)とわかる。

図１

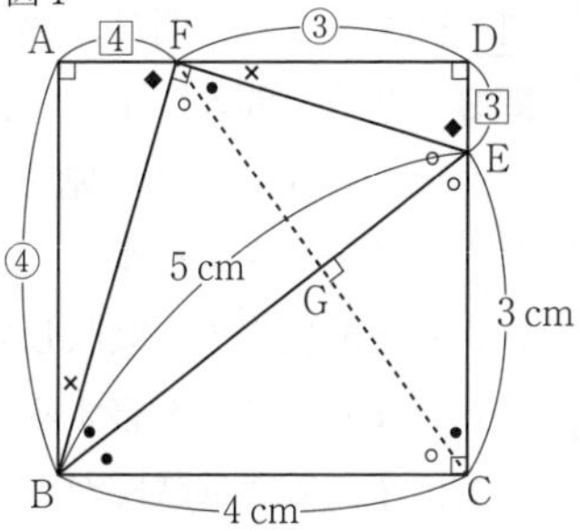

(2)　三角形ABFと三角形DFEも相似である。ここで，相似比は，BF：FE＝４：３なので，それぞれの辺の長さは図１のように表すことができ，右の図２のア，イの式を作ることができる。次に，アの式の等号の両側を４倍，イの式の等号の両側を３倍して$\boxed{12}$にそろえ，さらに２つの式を加えると，⑯＋⑨＝12＋12，㉕＝24より，①＝24÷25＝$\frac{24}{25}$(cm)と求められる。また，これをアの式にあてはめると，$\boxed{3}$＝$\frac{24}{25}$×４－３＝$\frac{21}{25}$(cm)，$\boxed{1}$＝$\frac{21}{25}$÷３＝$\frac{7}{25}$(cm)とわかる。よって，AB：AF＝④：$\boxed{4}$＝①：$\boxed{1}$＝$\frac{24}{25}$：$\frac{7}{25}$＝24：７である。

図２

④－$\boxed{3}$＝３(cm)…ア
③＋$\boxed{4}$＝４(cm)…イ

⑯－$\boxed{12}$＝12(cm)…ア×４
⑨＋$\boxed{12}$＝12(cm)…イ×３

$\boxed{5}$ 立体図形―分割，構成，体積

(1)　はじめに，立方体をＡ，Ｂ，Ｇ，Ｈを通る平面で切断すると，下の図１のような三角柱AEH－BFGになる。次に，この三角柱をＢ，Ｆ，Ｈ，Ｄを通る平面で切断すると，下の図２のような四角すいH－ABFEになる。さらに，この四角すいをＡ，Ｆ，Ｇ，Ｄを通る平面で切断すると，面AFGDは立方体の対角線AGとBHの交点Ｐを通る。よって，立体(ア)は下の図３のような立体だか

図１

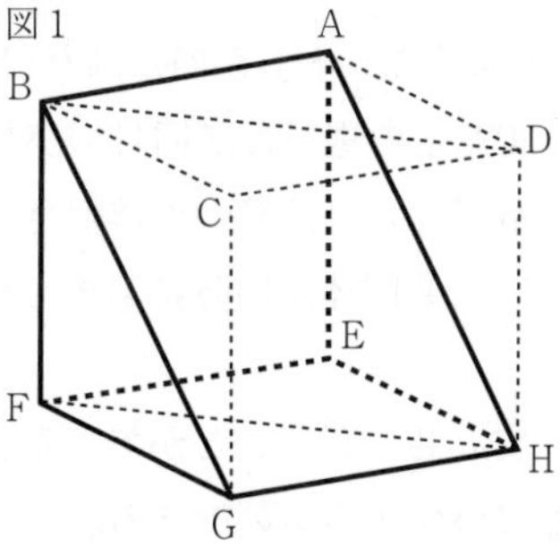

図２

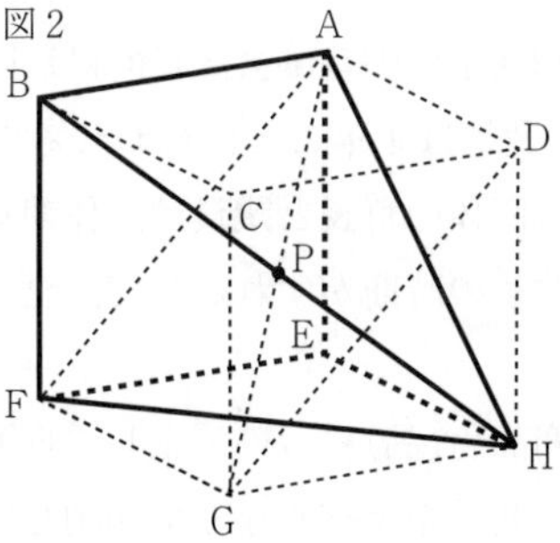

図３

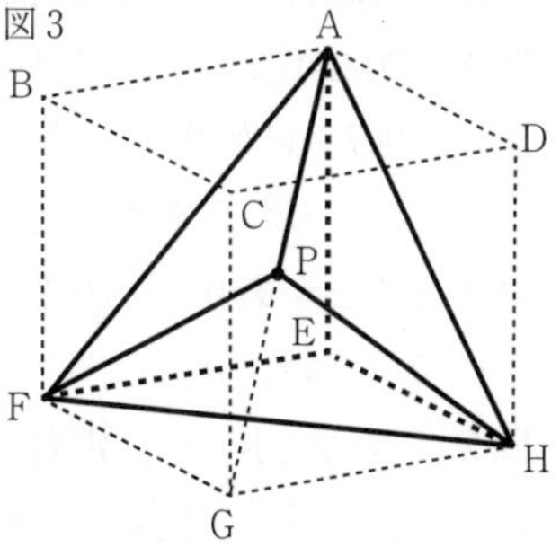

ら，三角形PAF，PFH，PHA，EAF，EFH，EHAの６個の面がある。

(2)　三角形PAF，PFH，PHAと，三角形EAF，EFH，EHAは，それぞれ合同な三角形である。よって，立体(ア)の面には２種類の図形がある。

(3)　立体(ア)は，四角すいA－EFGHから三角すいP－FGHを取り除いた立体である。はじめに，四角すいA－EFGHの体積は，$2 \times 2 \times 2 \div 3 = \frac{8}{3}$ (cm^3)である。また，Pは立方体の対角線の交点なので，三角すいP－FGHの高さは，$2 \div 2 = 1$ (cm)とわかる。よって，三角すいP－FGHの体積は，$2 \times 2 \div 2 \times 1 \div 3 = \frac{2}{3}$ (cm^3)だから，立体(ア)の体積は，$\frac{8}{3} - \frac{2}{3} = 2$ (cm^3)と求められる。

社　会　＜第２次試験＞（45分）＜満点：75点＞

解　答

1　**問１**　2　**問２**　（例）　商品について知りたいことを，その場で店員に確認できるから。　**問３**　3　**問４**　(1)　（例）　世界で生産される砂糖の約８割はサトウキビを原料としているので，サトウキビの約４割を生産するブラジルが不作になれば，原料の供給不足が起きるから。　(2)　バイオエタノール　(3)　（例）　原料となるサトウキビなどの農作物は，生育段階で光合成により二酸化炭素を吸収しているから。　**問５**　1　**問６**　（例）　多くとりすぎると，肥満などになり，健康を害する原因となると考えられている。　**問７**　1　**問８**　（例）　原則として，衆議院と参議院が委員会の後に行われる本会議でそれぞれ出席議員の過半数の賛成により可決したときに成立する。　**問９**　2　**問10**　3　**2**　**問１**　邪馬台国　**問２**　2　**問３**　3　**問４**　1　**問５**　2　**問６**　5　**問７**　1　**問８**　5　**問９**　1　**問10**　3　**問11**　（例）　明治・大正・昭和の各時代は，いずれも天皇の死去にともない天皇の交代が行われたが，平成の天皇は自ら退位の意思を示して生前退位を行い，皇太子に譲位した。　**問12**　（例）　楠のように大きく育つことを願ったから。　**3**　**問１**　1　**問２**　自動車　**問３**　(1)　野田　(2)　4　(3)　（例）　高温多湿の気候がコウジカビの繁殖に適していたから。　(4)　4　**問４**　(1)　屯田兵　(2)　石灰石　**問５**　(1)　2　(2)　（例）　大消費地があり，印刷業もさかんな関東地方には紙製品の搬入が多く，製紙・パルプ工業がさかんな四国地方からは紙・パルプ製品の搬出が多いから。　**問６**　(1)　1　(2)　（例）　原油やLNGよりも一貫してCIF価格が低く，価格の変動も少ない点。

解　説

1　**砂糖を題材とした総合問題**

問１　2023年５月，広島県で第49回主要国首脳会議（通称は「Ｇ７広島サミット」）が開かれた（X…正）。1947年に始まった統一地方選挙は４年ごとに行われるので，2023年の選挙は20回目の実施であった（Y…誤）。なお，地方公共団体の首長と議員は，任期途中で辞職したり，議会が解散されたりすることがあり，その場合は改選の時期がずれるので，全ての地方公共団体が同時に選挙を行うわけではない。

問２　食品表示とは，消費者が商品（食品）について正しく理解し，安心して買うことができるように，食品表示法で定められた表示基準をラベルなどに印刷して容器に添付するものである。生鮮食品や加工食品など食品の種類によって表示基準は異なるが，一般に，保存方法や消費期限，原材料，添加物，販売《はんばい》者名，原産国などを表示することが義務づけられている。生菓子やパンについては，あらかじめ容器包装に入れて販売する場合には表示ラベルを作成し，容器包装に貼《は》ることになっているが，購入《こうにゅう》時に袋に入れて販売する場合や，製造している施設と同じ施設で販売する場合は，不明な点などをその場で店員に確認できるので，表示義務は生じない。

問３　雪を溶《と》かすために道路にまかれるのは砂糖ではなく，塩などである。てんさいから砂糖をつくるさいに生じるライムケーキと呼ばれる副産物をすべり止めとして道路にまく取り組みは行われている（X…誤）。食べ物を腐敗《ふはい》させる微生物は，一般に適度な温度で水分が多いほど繁殖《はんしょく》しやすいので，腐敗を防ぐには，食品を低温で保存したり，水分を抜いて乾燥《かんそう》させたりすることが有効である。砂糖や塩には，食品にふくまれる水分を吸収，乾燥させる働きがあるので，防腐効果がある（Y…正）。

問４　(1)　(注意)より同じ重さのサトウキビとてんさいを比べた場合，つくることのできる砂糖の量はてんさいの方が多いが，表１と表２からわかるように生産量はサトウキビの方が多い。生産されたサトウキビやてんさいが全て砂糖の製造に用いられたと仮定して，2021年の数値を使って計算する。サトウキビ１kgからは約110ｇ(0.11kg)の砂糖をつくることができるので，サトウキビ１トンからは0.11トンの砂糖ができることになる。これにサトウキビの世界生産量1859390千トンをかけると，0.11×1859390千＝204532.9千より，約205000千トンの砂糖がサトウキビからつくられていることになる。これに対して，てんさい１kgからは約170ｇ(0.17kg)の砂糖をつくることができるので，てんさい１トンからは0.17トンの砂糖ができることになる。これにてんさいの世界生産量270156千トンをかけると，0.17×270156千＝45926.52千より，約46000千トンの砂糖がてんさいからつくられていることになる。以上の結果から，世界で生産される砂糖の８割以上はサトウキビを原料としてつくられていることがわかる。つまり，世界のサトウキビの約４割を生産しているブラジルでサトウキビが不作になれば，原料の供給不足から砂糖の価格が上昇《じょうしょう》すると考えられる。

(2)　サトウキビやトウモロコシなどの農作物や木材など，バイオマス(生物由来のエネルギー源)を発酵《はっこう》・蒸留することで得られるエタノールをバイオエタノールといい，少量のガソリンと混合させて自動車の燃料として用いられることが多い。また，石油代替燃料として注目されているが，燃料用に消費される農産物の量が増えることで食用や飼料用に供給される分が減り，農産物の価格の上昇を招いているという面も指摘されている。　(3)　カーボンニュートラルとは，二酸化炭素などの温室効果ガスについて，その排出量から植物などによる吸収量を差し引くことで，排出量を実質ゼロに近づけるというものである。バイオエタノールは燃料として消費すれば二酸化炭素が発生するが，排出される二酸化炭素は原料であるサトウキビやトウモロコシが生育中に光合成によって吸収した二酸化炭素の量で相殺《そうさい》されると考えられている。

問５　請願権とは，日本国憲法第16条で保障された人権で，「何人《なんぴと》も，損害の救済，公務員の罷免《ひめん》，法律，命令又《また》は規則の制定，廃止又は改正その他の事項に関し，平穏《へいおん》に請願する権利を有し，何人も，かかる請願をしたためにいかなる差別待遇も受けない」と規定されている。国籍や年齢の制限はないため，日本国内に在住する外国人や未成年でも，国や地方公共団体に対してさまざまな要望を出すことができる（X，Y…正）。

問６　砂糖をはじめとする糖分(糖質)は炭水化物の一種であり，人間にとって大切な栄養素の１つであるが，過剰《かじょう》に摂取《せっしゅ》すると，肥満，皮膚《ひふ》や内臓などの老化，免疫《めんえき》機能の低下などを引き起こすとされる。現代では健康の維持に関して人々の関心が高まっていることもあり，そうしたマイナス面が強調されることが多い。

問７　日本では1901年に砂糖消費税法が制定された。砂糖の製造業者などに納税の義務を課すこの制度は，1989年に消費税が導入されるまで続いた。制定時は日露戦争の直前であり，戦費の調達が最大の目的であったと考えられる(A…○)。また，文章の最後から２段落目に「日本では，1930年代後半に入り砂糖の国内需要《じゅよう》をほぼまかなえるようになりました」とあることから，1930年代後半までは砂糖の国内消費量を減らすことが貿易赤字を減らすことにつながったと考えられる(C…○)。なお，砂糖の製造業者や購入する高所得者にとっては，課税することで負担が増す(B，D…×)。

問８　法律案は衆参各議院のいずれかに提出された後，提出された議院の委員会で審査・採決される。その後，本会議で出席議員の過半数の賛成により可決されると，もう一方の議院でも同じ流れで審議され，両議院の議決が一致すると法律が成立する。なお，衆議院が可決した法律案を参議院が否決するか，60日以内に参議院が議決しない場合は，衆議院が出席議員の３分の２以上の賛成で再可決すれば成立する。

問９　輸入の自由化とは，関税などの自由な輸出入を妨《さまた》げる仕組みをできるだけ減らし，貿易を活性化することである(X…正)。条約を結ぶのは内閣の仕事であるが，内閣が結ぶ条約を事前あるいは事後に承認するのは国会の仕事である(Y…誤)。

問10　一般に，円安ドル高傾向《けいこう》が続くときには，日本が輸出する商品の海外における販売価格は下落する(X…誤)。サトウキビやてんさいもふくめ，狭《せま》い農地で多くの手間をかけて生産される日本の農産物は，人件費が高いこともあり，海外に比べて生産コストが高くなるため，国際的な競争力は低い場合が多い(Y…正)。

2　史跡の発見・発掘《はっくつ》を題材とした問題

問１　邪馬台国は中国の歴史書『魏志《ぎし》』倭人伝《わじんでん》に記述が見られる，３世紀の倭(日本)にあったとされる国である。女王の卑弥呼《ひみこ》が30余りの小国を従えていたことなどが記されている。

問２　サンフランシスコ平和条約は1951年９月，日本が48か国との間で結んだ第二次世界大戦の講和条約で翌52年４月の発効にともない連合国軍による占領《せんりょう》が終わり，日本は独立を回復した(２…○)。なお，１の日本国憲法の成立は1946年，３のアジア初のオリンピックは1964年，４の日中国交正常化は1972年の出来事である。

問３　高度経済成長期と呼ばれるのは1950年代後半から1970年代初めまでで，特に「三種の神器」が広く普及《ふきゅう》したのは1960年前後である(X…誤)。男女雇用《こよう》機会均等法が制定されたのは1985年である。当初は雇用における男女差別の禁止を定めたものであったが，その後の改正を経て，昇進や間接的差別の禁止など広く職場における男女平等を内容とする法律となっている(Y…正)。

問４　Aは７世紀初め(遣隋使の派遣)，Cは663年(白村江《はくすきのえ》の戦い)である(A，C…○)。なお，645年に中大兄皇子らによって滅《ほろ》ぼされたのは蘇我蝦夷《えみし》・入鹿父子である(B…×)。672年，天智天皇の死後に起きた壬申の乱では，勝利した大海人《おおあまの》皇子が即位《そくい》して天武天皇となった(D…×)。

問５　ポルトガル船は主に長崎や平戸(長崎県)，豊後府内(大分県)で中国産の生糸などをもたらす貿易をしていた(X…正)。「南無妙法蓮華経」は日蓮宗(法華宗)の題目で，一向一揆を起こしたのは「南無阿弥陀仏」と念仏を唱える一向宗(浄土真宗)の信徒である(Y…誤)。

問６　Ⅰは1742年（公事方御定書の完成），Ⅱは1837年（大塩平八郎の乱），Ⅲは1637年（島原の乱）の出来事なので，年代の古い順にⅢ→Ⅰ→Ⅱとなる。

問７　「ええじゃないか」は，伊勢神宮のお札などが降ってきたことをきっかけに起こった，時代の転換期に世直しを期待する民衆が熱狂的に舞い踊《おど》ったことを指す（１…○）。なお，２は打ちこわし，３は1918年に起きた米騒動《そうどう》の様子を描《えが》いた絵，４は江戸時代末期の物価上昇の風刺画である。

問８　Ⅰは1929年（世界恐慌《きょうこう》の発生），Ⅱは1936年（二・二六事件），Ⅲは1925年（男子普通選挙法の制定）の出来事なので，年代の古い順にⅢ→Ⅰ→Ⅱとなる。

問９　平安時代の宮中における主な年中行事を示した表１の「武芸」の欄《らん》に「相撲節《すまいのせち》」とある（Ｘ…正）。図１と図２は江戸の両国（現在の東京都墨田区両国）にあった回向《えこう》院という浄土宗の寺院とその周辺の様子を描いた浮世絵で，境内《けいだい》で相撲《すもう》が行われていることがわかる（Ｙ…正）。

問10　1940年の日独伊三国同盟締結時のイタリアの指導者はムッソリーニで，スターリンは当時のソ連の指導者である（Ｘ…誤）。1941年12月のハワイの真珠湾攻撃とマレー半島上陸により，日本はアメリカとイギリスに宣戦布告してアジア・太平洋戦争を始めた。翌42年３月には，オランダ領東インド（現在のインドネシア）を占領した（Ｙ…正）。

問11　明治から大正，大正から昭和，昭和から平成にかけての天皇の交代は，天皇の死去にともなうものであったが，平成の天皇（現在の上皇）から今上天皇への交代は，天皇が皇太子への譲位（退位）の意思を示して生前退位という形式で行われた。その結果，2019年４月30日をもって平成の天皇は退位し，５月１日，今上天皇が即位した。また，明治以降とられている一世一元の制にもとづき，今上天皇の即位に合わせて元号も「平成」から「令和」に改元された。なお，天皇の譲位は約200年ぶりのことであり，現在の皇室典範《てんぱん》でも生前退位は想定されていなかったことから，政府は特例法を定めて今回の事態に対応した。

問12　文章の波線部㋑をふくむところに「クスノキの舟《ふね》」とあることから，楠が船に用いられるほど大きな木であると考えられる。参考文献に挙げられている瀬田勝哉『木の語る中世』（朝日新聞社，2000年）によると，楠は人の手が入らないことで安定した林になる，平均寿命が長い巨樹になることが多い樹種である。生まれた男の子の名前に楠を用いるのは，男の子が大きく育つことや長生きすることを願っていたからだと考えられる。

３　企業城下町を題材とした総合問題

問１　鹿嶋市（茨城県）と君津市（千葉県）で共通してさかんな工業は鉄鋼業であるから，ここでは室蘭市（北海道）が当てはまる。

問２　太田市（群馬県）と日野市（東京都）でさかんにつくられているのは自動車である。

問３　(1)　野田市は利根川と江戸川に挟まれ，水運による物流が便利なところに位置する。そのため，原材料を得やすく，消費地である東京にも近いので，醤油《しょうゆ》の生産がさかんに行われてきた。　(2)　兵庫県では，たつの市や姫路市など，県南西部で醤油づくりがさかんである。　(3)　麹《こうじ》はコウジカビという菌類を繁殖させてつくるもので，食品の発酵に利用される。東アジアで麹を使った発酵食品が多くつくられてきたのは，高温多湿の気候がコウジカビの繁殖に適していたためである。　(4)　群馬県と愛知県が第１位と第２位を占《し》める４がキャベツである。なお，千葉県が全国生産量の８割以上を占めている３は落花生，関東地方の各県が上位を占める２がねぎで，残る１が日本なしである。

問４　(1)　明治時代に北海道各地に送られ，開拓や警備にあたった人々を屯田兵という。旭川市郊外には，屯田兵によって開拓された屯田兵村と呼ばれる地域がいくつかあり，旭川兵村記念館なども残されている。　(2)　山口県山陽小野田市はセメント工業がさかんなことで知られる。セメントの原料は石灰石であり，カルスト地形がある山口県西部には，石灰石の産地が多くある。

問５　(1)　ティッシュペーパーやトイレットペーパーが分類される「衛生用紙」の生産量は，1990年から2022年にかけておおむね増加傾向である（２…×）。　(2)　関東地方の輸送量が多いのは，大消費地であり，印刷業もさかんな東京とその周辺に多くの紙製品が搬入されるからである。また，四国地方の輸送量が多いのは，製紙・パルプ工業がさかんな愛媛県などから多くの紙・パルプ製品が搬出されるためと考えられる。

問６　(1)　国内の石炭産業が衰退《すいたい》した最大の原因は，海外から安い石炭が大量に輸入されるようになったことで採算がとれなくなったためである（１…○）。石炭は現在でも火力発電の燃料として利用されている（２…×）。石炭が地球温暖化に悪影響をあたえるとされているのは，燃焼したさいに二酸化炭素などの温室効果ガスが排出される化石燃料だからである（３…×）。鉄鋼は生産量では中国に抜かれたが，現在でも日本にとって重要な輸出品である（４…×）。　(2)　図３より，一般炭（石炭）は原油やLNGと比べて，CIF価格が低く，2000年から2017年にかけて価格の変動が少ないことがわかる。そのため，資源を輸入に頼る日本にとって石炭は安定的に輸入できるという利点がある。

理　科　＜第２次試験＞（45分）＜満点：75点＞

解　答

1　(1)　①　N　②　反発し　③　S　④　引き付けあう　(2)　**記号**…(エ)　**理由**…（例）　コイルに電流が流れ続けるので，Ａ，Ｂの極が変化しないから。　(3)　(イ)，(エ)　(4)　（例）　針金に強い電流が流れ，発生した熱でやけどをする危険があるから。　(5)　①　0.054秒　②　0.049秒　**2**　(1)　(エ)　(2)　**あ**　135　**い**　151　(3)　359mg/L　(4)　①　**カルシウム濃度**…68mg/L　**マグネシウム濃度**…20mg/L　②　**炭酸カルシウム**…80mg　**炭酸マグネシウム**…21mg　**3**　(1)　(ア)，(ウ)，(オ)　(2)　925km　(3)　0.02倍　(4)　46250km　(5)　40824km　(6)　(エ)　(7)　(ア)　**4**　(1)　(エ)　(2)　（例）　腐敗菌の体内の水分が細胞膜を通して外に出ていくことで，腐敗菌が死滅するから。　(3)　28440個　(4)　①　高い　②　体外から体内　③　低い　④　体内から体外　⑤　（例）　まわりの水を飲む　(5)　(オ)　(6)　（例）　稚魚の方が，からだがより透明に近く観察しやすいから。

解　説

1　モーターについての問題

(1)　手順６の状態から段ボールが180度回転してＡ，Ｂの面が下を向いた状態になると，段ボールにエナメル線を巻いたものに電気が流れ，この部分が電磁石としてはたらく。電磁石は，流れる電流の向きに沿って右手でにぎるようにしたときの親指の方向がＮ極となるので，このときＡ側がＮ極，Ｂ側がＳ極となる。すると，Ａ側は下の磁石のＮ極と反発し，Ｂ側は下の磁石のＮ極と引き付けあうので，段ボールのＡ側は上向きに押《お》されて回転させた向きと同じ向きに回転する。その後，図の左側でエナメル線を貼《は》りつけた部分がクリップから離《はな》れると電流は流れなくなるが，段ボールは勢いで回り続け，再びＡ，Ｂの面が下向きになると電流が流れ，下の磁石と力をおよぼしあって同じ向きに回転する。

(2)　図１のようにすると，段ボールの向きに関わらず，コイルにつねに電流が流れ，Ａ側はＮ極に，Ｂ側はＳ極になったままになるので，Ｂ側が下の磁石と引き付けあった状態で静止する。

(3)　(イ)について，エナメル線同士が接触《せっしょく》しても表面に被膜《ひまく》があるため，流れる電流の大きさは変わらない。モーターの回転が速くなるのは，コイルに流れる電流が強くなるときや，コイルの巻き数が増える（同じ長さあたりの巻き数が増える）ときなどである。そのため，エナメル線同士が接触するほど密に巻いた方が，電磁石の力が強くなり，モーターの回転する速さは速くなると考えられる。(エ)について，手順６の状態でＢを下向きに押しても，Ａ，Ｂの面が下を向くとＡ側にＮ極，Ｂ側にＳ極ができる。このとき(1)で述べたように，Ａ側を押したときと同じ方向に回ろうとする力がはたらくため，はじめはモーターは押した方向に回転するが，その後，反転して回転する。

(4)　竹ひごではなく針金を使うと，針金にも電流が流れる。針金はエナメル線より電流を流しにくく，発熱量が大きいので，手でふれるとやけどをするおそれがある。また，被膜がないので，手でふれると感電するおそれもある（ただし，乾《かん》電池１個の場合は危険性は小さい）。

(5)　①　20cmの糸を巻き取ったときのモーターの回転数は，$10\times\frac{20}{7.2}=\frac{250}{9}$（回）である。このときに1.5秒かかっているので，１回転するのにかかる時間は，$1.5\div\frac{250}{9}=0.054$（秒）と求められる。

②　図では0.1秒ごとに，90÷５＝18（度），つまり，$18\div360=\frac{1}{20}=0.05$（回転）しているように見えている。しかし，問題文に述べられている通り，0.1秒の間に，１回転以上して，さらに0.05回転していると考えられる。すると，１回転あたりにかかる時間は，0.1秒間で1.05回転しているとき，0.1÷1.05＝0.0952…（秒），2.05回転しているとき，0.1÷2.05＝0.0487…（秒），3.05回転しているとき，0.1÷3.05＝0.0327…（秒），…となるので，①で求めた0.054秒に最も近いのは，0.1秒あたり2.05回転しているときの0.049秒となる。

2　水の硬度《こうど》についての問題

(1)　石灰岩のおもな成分は炭酸カルシウムである。ヨーロッパの地質は日本に比べて石灰岩の割合が高く，長い年月をかけて水がその地層の間を流れるさいに少しずつカルシウムなどが水に溶《と》け出すため，ヨーロッパの水は日本のものより硬度が高くなる。

(2)　**あ**　カルシウムが炭酸カルシウムになると，重さはもとの2.5倍になるので，54mgのカルシウムは，54×2.5＝135（mg）の炭酸カルシウムとなる。よって，その水の硬度は135mg/Ｌとなる。

い　マグネシウムが炭酸マグネシウムになると，重さはもとの3.5倍となるので，36mgのマグネシウムは，36×3.5＝126（mg）の炭酸マグネシウムになる。これを炭酸カルシウムに置き換《か》えると，その重さは，126×1.2＝151.2より，151mgとなるので，この水の硬度は151mg/Ｌとわかる。

(3)　このミネラルウォーター１Ｌに含《ふく》まれるカルシウムが全て炭酸カルシウムになると，100×2.5＝250（mg）になり，マグネシウムが全て炭酸マグネシウムになると，26×3.5＝91（mg）になる。よって，このミネラルウォーターの硬度は，250＋91×1.2＝359.2より，359mg/Ｌとなる。

(4)　①　沸《ふっ》とうさせた後のミネラルウォーターに含まれるカルシウムとマグネシウムが全て沈殿《ちんでん》に

変化したときの重さは，250＋91－101＝240(mg)になる。ここで，沸とうさせた後のミネラルウォーターの硬度から，沈殿が全て炭酸カルシウムだとしたときの重さは254mgになる。この重さの差は，炭酸マグネシウムを炭酸カルシウムに置き換えたときの重さの差なので，沈殿240mg中の炭酸マグネシウムの重さは，(254－240)÷(1.2－１)＝70(mg)とわかる。よって，沸とうさせた後のミネラルウォーターに含まれるマグネシウムの重さは，70÷3.5＝20(mg)，カルシウムの重さは，(240－70)÷2.5＝68(mg)と求められるから，カルシウム濃度は68mg/Ｌ，マグネシウム濃度は20mg/Ｌである。　② ①より，沸とうさせて生じた沈殿に含まれるカルシウムの重さは，100－68＝32(mg)，マグネシウムの重さは，26－20＝６(mg)だから，この沈殿中の炭酸カルシウムの重さは，32×2.5＝80(mg)，炭酸マグネシウムの重さは，６×3.5＝21(mg)となる。

3　地球の大きさの測定についての問題

⑴　(ア)，(ウ)　地球が球形であるため，ある場所に近づくときは高いものから見え，一定の場所から見える範囲《はんい》は，高く上がるほど広がり，遠くまで見える。　(イ)　夜空の星の動きは，地球の自転や公転によるものなので，地球の形とは関係がない。　(エ)　日食のときに太陽が欠けて見えるのは，月が太陽と地球の間に入るからで，欠け方は月の形による。　(オ)　月食は月の表面に地球の影《かげ》が映る現象であり，つねに(どの角度から太陽光が当たっても)月の欠け方が円弧《えんこ》の一部となることは，地球が球形であることを示している。

⑵　１スタディオンは185ｍなので，5000スタディオンは，185×5000÷1000＝925(km)である。

⑶　アレクサンドリアとシエネの太陽の位置の差は7.2度なので，360度の，7.2÷360＝0.02(倍)になる。

⑷　アレクサンドリアとシエネは同じ経度にあるので，⑶より，アレクサンドリアとシエネの距離《きょり》が地球の全周の0.02倍となる。よって，地球の全周は，925÷0.02＝46250(km)と求められる。

⑸　点Ａと点Ｂの間の距離は，14×$\frac{180}{20}$＝126(ｍ)で，緯《い》度の差は４秒であるから，⑷と同様に考えると，地球の全周は，126×$\frac{3600}{4}$×360÷1000＝40824(km)である。

⑹　花子さんの方法で地球の全周を求める場合，太郎さんの結果が大きくなるのはAB間の距離の測定値が，花子さんが測ったときよりも長くなったことが原因である。AB間を歩くときの歩幅《ほはば》が，歩幅を求めたときより短くなれば，適正な歩数よりも多くなり，計算上AB間の距離が花子さんのときより長くなる。なお，太郎さんと花子さんの歩幅がちがっている場合，AB間の歩数も変わるので，測定したAB間の距離は変わらない。

⑺　東西方向に測定したときに同様の結果が得られるのは，２地点を東西に結んだ線を通るように地球を切断したとき，切断面が地球の中心を通る場所である。そのような場所は赤道上の地点になる。

4　体液の塩分濃度《のうど》とその調節についての問題

⑴　メダカが実験動物としてよく使われる理由は，飼育が容易であること，手に入りやすいこと，日本の四季の気温変化に対して耐性《たいせい》があること，からだが透《す》けて見えるため体内の観察がしやすいこと，世代交代が短期間でくり返され，交配などによる遺伝学的実験方法や研究が進んでいること，遺伝子組換えにより様々な特ちょうをもつ種類がつくりやすいことなどがあげられる。

⑵　まわりの塩分濃度が，腐敗菌《ふはいきん》などの細菌の細胞《さいぼう》内の塩分濃度より高いと，細菌の細胞膜を通し

て水分が外へ出ていき，細菌は活動ができなくなり死滅《しめつ》する。

⑶　水槽《すいそう》Ⅱで７日間飼育したメダカの体内には，$900\times\dfrac{0.1}{0.001}=90000$（個）の蛍光《けいこう》マイクロプラスチック粒子《りゅうし》が含まれている。水槽Ⅲに移して25時間たつとその95％が排出《はいしゅつ》されたので，18時間後には，$95\times\dfrac{18}{25}=68.4$（％）が排出されたことになる。よって，18時間後に体内に残っているのは，$90000\times(1-0.684)=28440$（個）である。

⑷　①，②　表１より，メダカの体液の塩分濃度は0.9％，淡水《たんすい》の塩分濃度は0.05％で，メダカの体液の方が塩分濃度は高い。体表面の細胞膜は，水のみを移動させてからだの内外の塩分濃度を等しくしようとするので，体内の塩分濃度を低くしようとして，メダカの体外から体内に細胞膜を通して水が移動する。　③，④　メダカの体液の塩分濃度は海水の3.5％より低いので，体内の塩分濃度を高くしようとして，体内から体外へ細胞膜を通して水が移動する。　⑤　上に述べたように，海水中のメダカは体内から水分が失われるので，淡水中のメダカよりも積極的にまわりの水を飲んで水分を補おうとする。このときいっしょに塩分も取りこむことになるが，過剰《かじょう》な塩分はえらから排出して体液の塩分濃度を調節している。

⑸　蛍光マイクロプラスチック粒子が大きく蓄積《ちくせき》している場所は，メダカの消化管（腸）である。なお，図３で消化管の左にあるのがかん臓，えらとかん臓の間にある下の臓器が心臓，上にあるのがじん臓である。

⑹　この実験では，蛍光顕微《けんび》鏡を用いて光った部分を観察するため，体内が透明《とうめい》であるほど観察がしやすいといえる。したがって，図１からわかるように，観察するのは成体よりもからだが透明に近い稚魚《ちぎょ》の方が適している。

国　語　＜第２次試験＞（50分）＜満点：100点＞

解　答

一　**問１**　(a)，(c)　下記を参照のこと。　(b)　ひた（して）　**問２**　⑴　ア　⑵　道草　**問３**　ア　**問４**　オ　**問５**　ウ　**問６**　めったにないという意味　**問７**　ウ　**問８**　**旅行**…（例）　行き先や目的があらかじめ決まっていて，観光などを予定通りこなしていくため，意外なものごとに出会うこともない，日常の延長上にあるもの。　**旅**…（例）　未来に規定された現在から自分を解き放つため，どこへ行くか何をするかも決めないまま，予期しなかったことや人にふれるなかで，これまでの生き方さえ変わる可能性がある非日常のできごと。　二　**問１**　(a)，(b)　下記を参照のこと。　(c)　ふた　(d)　えんがわ　**問２**　（例）　けんかの最中は八っちゃんが泣くのをいい気味と思っていたが，少し間を置いたことで落ち着き，八っちゃんの愛らしさを思い出したり，泣き続けるのがかわいそうになったりしたから。　**問３**　（例）　遊んでいるうちに碁石を呑んでのどにつまらせてしまい，うまく息ができず，口もきけないまま，吐き出そうともがき苦しんでいる。　**問４**　イ　**問５**　ウ　**問６**　エ　**問７**　㈠　エ　㈡　ア，コ

●漢字の書き取り

一　**問１**　(a)　興　(c)　制裁　　二　**問１**　(a)　生意気　(b)　加勢

解　説

一　出典：鷲田清一《わしだきよかず》『想像のレッスン』。フランスの片田舎《かたいなか》へ旅したことなどを例にあげ，一般《いっぱん》的な「旅行」と，漂泊《ひょうはく》や放浪《ほうろう》といったイメージで筆者がとらえた「旅」について語っている。

問１　(a)「興じる」は，“おもしろく感じて熱中する”“楽しんで過ごす”という意味。　(b)音読みは「シン」で，「浸食」などの熟語がある。　(c)集団の規律に背《そむ》いた者へ加えられる法的，心理的，物理的ないましめ。

問２　(1)「しがらみを切りたい，ガス抜《ぬ》きをしたい，いのちの洗濯《せんたく》をしたい，窒息《ちっそく》状態から抜け出したいという想《おも》いもあるだろう」と筆者が述べていることに注目する。「ガス抜き」とは不満やストレスを解消すること，「いのちの洗濯」とは日頃《ひごろ》の苦労や束縛《そくばく》から解放され，のびのびと気晴らしすること，「窒息状態から抜け出」すとは比ゆ的に，“人間関係のわずらわしさから解放される”という意味。つまり筆者はここで，“自らを縛《しば》り，心の重荷となっているものから解き放たれたい”という想いから，「旅に出たい」と言うこともあろう，と人々の声を代弁していると推測できる。よって，アが選べる。「しがらみ」とは，自らにまとわりつくもの。関係を切り離《はな》すことのできないもの。　(2)学校へ行く途中《とちゅう》の，「ふざけたり，けんかをしたり，空想を語り合ったり，かけたり，ころんだり」するという「一見無駄《むだ》」な時間の費《つい》やし方なので，「道草」が合う。一つ目の空欄《くうらん》の後に「を食って」とあることも参考になる。

問３　ここでの「ありがたい」は，他者からの厚意や，遭遇《そうぐう》した幸運などに感謝する気持ち。「ジャンヌ・ダルクの故郷を見に」行った「フランスの田舎町」で「ひとの温かみというものにとことんふれた」と前置きした後，筆者は，同じバスに乗っていただけの初老の男が，たどたどしいフランス語で話す自分をホテルへと案内し，翌日は目的地へ連れていってくれたという実体験を語っている。その男の親切心にふれ，筆者は「心のうちで手を合わせていた」のだから，アがふさわしい。なお，筆者と男のストラスブールでの再会は「偶然《ぐうぜん》」ではないので，イは合わない。また，筆者は目的を持ってドムレミに行ったのであって，「行き当たりばったり」(無計画で成り行き任せであるようす)ではないので，ウも正しくない。さらに，男と出会ったとき，筆者はまだ「ジャンヌ・ダルクゆかりの地を回って」いないので，エも誤り。そして，はじめから宿を決めていなかった筆者は，宿への道がわからなくなったわけではなく「迷子」とはいえないので，オも間違《まちが》っている。

問４　筆者は，会社での日常を例にとり，「すべて未来との関係でいまというものが規定されている」状況《じょうきょう》のなかでは「いまをいまとして」感じられなくなっていると述べている。つまり，想定される未来から逆算して今の行動が決定されることで(未来にばかりとらわれてしまうことで)「現在」に足場があるという意識が失われているさまを，筆者は「現在が未来に拉致《らち》されている」と表現しているので，オが合う。なお，ア～エは「いまをいまとして」感じられなくなっている点をとらえていない。

問５　続く部分で，「一見無駄」に見える子供の頃の寄り道は「少年たちの共通の広場であり，空想の花園でもあり，遊びの場所でも」ある，いわば「さまざまな人生経験」をつむことのできる場だったと語られている。目的地へと直行するスクールバスが走り出したことで，残念ながら子供たちは「便利さ」と引きかえに「途中」のもたらしてくれるものを「喪《うしな》ってしまった」というのだから，ウがふさわしい。

問６　「旅」とは本来，目的を定めず気ままに進むなかで，「じぶんひとりではとても紡《つむ》ぎだせないような別の人生の意味」に遭遇できる(知らないことに出会える)行為《こうい》をいうが，今では，「パッケージされた旅行」のように，行きつく場所や目的がわかっている(意味づけのわかっている)ものばかりだと筆者は残念に思っている。つまり，本当の意味での「旅」にふれる機会が「めったにないという意味」で，筆者は“ありがたい”(有《あ》り難《がた》い)と言っているのである。

問７　ア　筆者はジャンヌ・ダルクの故郷に行くという目的があったのだから，合わない。　イ　「旅に出たいの」とは「自暴自棄《じき》」になったことから出た言葉ではなく，「ここではない別の場所」に身を置きたいという気持ちから出ているので，正しくない。　エ　もともと「あてもなく歩き回ること」を意味した「徘徊《はいかい》」という言葉が，今では「痴呆」と結びついて(「徘徊」といえば「痴呆」だろう，というように)否定的なイメージでしかとらえられなくなっているということであって，「あてもなく歩き回ること」という言葉が，イコール「痴呆」となっているわけではない。　オ　「インターネット」については述べられていないので，誤り。

問８　筆者は今の「旅行」について，行きつく場所や目的があらかじめわかっている(意味づけのわかっている)ものばかりだと述べている。一方，「旅」は「どこどこに行く」とか「何をする」といった「目的を設定」しないまま進み，ときには「おもいがけぬ出《で》逢《あ》い」にふれ，「別の人生の意味が浮《う》かび上がる」こともあるものだと語っている。「旅行」と「旅」が対照されていることをおさえ，「旅行」は「どこに行くか，何をするか，どんなスケジュールかが前もってわかっており，プログラム通りに事が運ぶため，日常の一部といっていいもの」，「旅」は「行き先や目的を設定しないまま日常を抜け出し，思いがけない出会いや予期しないできごとにふれることで，新しい生き方へ駆《か》り立てられることさえ起きる特別な体験」のような趣旨《しゅし》でまとめる。

二　**出典：有島武郎《ありしまたけお》「碁石《ごいし》を呑《の》んだ八《や》っちゃん」**。「僕《ぼく》」の弟である八っちゃんが碁石を呑んでしまった事件のてんまつが描《えが》かれている。

問１　(a)　年齢《ねんれい》や能力に見合わない出すぎた言動をする小憎《こにく》らしいようす。　(b)　力を貸すこと。助けること。　(c)　音読みは「ガイ」で，「頭蓋骨」などの熟語がある。　(d)　日本家屋で畳《たたみ》敷《じ》きの部屋の外側に設けた板張りの通路。

問２　碁石をひとりじめしようとしたのをとがめたところ，ふいに八っちゃんからひっかかれた「僕」が「口惜《くや》し」さからやりかえし，彼《かれ》を泣かせてしまったことをおさえる。はじめは「いい気味」だと思い，婆《ばあ》やが八っちゃんに味方したこともあって余計に腹が立ち，謝罪を求められても応じなかったが，しばらくすると，いまだに泣き続けているのが「少し気になり出し」たうえ，「にこにこ笑いながら小さな手に碁石を一杯握《にぎ》って」自分にくれようとしたその愛らしさも思い出されて，「僕」はけんかしたことを少し悔《く》やんだものと想像できる。この経緯《けいい》をふまえ，「けんかの最中は八っちゃんを泣かせていい気味だと思っていたが，婆やが八っちゃんを連れていったことで腹立ちがおさまり，泣き続ける八っちゃんをかわいそうに思い始めたから」，「碁石をうばい取った八っちゃんをこらしめ，いい気味だと思っていたが，しだいにいつまでも泣き続ける八っちゃんがかわいそうになり，自分が悪いことをしたと感じはじめたから」のようにまとめる。

問３　続く婆やのせりふにもあるとおり，八っちゃんは「碁石を呑ん」でしまっている。「両手を口のところにもって行って，無理に指の先を口の中に入れようと」するしぐさを見せ，「しまいには眼《め》を白くしたり黒くしたりして，げえげえと吐《は》きはじめ」ていることから，八っちゃんは苦しみながらも何とか碁石を吐き出そうとしていると考えられる。どうすることもできずのたうち回っているようすをおさえ，「うっかり呑んだ碁石がのどにひっかかってしまい，息をつまらせて口をきくこともできなくなりながらも，吐き出そうとしている」のようにまとめる。

問４　八っちゃんが大変な状態にあることを伝えるため，あわててお茶の間に走ってきた「僕」の目に飛びこんできたのは，お母さんが暖かな日差しを受けながら縫物《ぬいもの》をし，側《そば》では鉄瓶《てつびん》のお湯がいい音を立てて沸《わ》いている，というのどかな情景である。「八ちゃんの病気はもうなおっているのかもしれない」と思ってしまったように，その「静か」さは「僕」に，これまでの騒動《そうどう》などなかったかのように錯覚《さっかく》させたのだから，イがふさわしい。なお，「僕」は「八っちゃんの病気」が治ったように錯覚しているが，「お母さん」が治したとは思っていないので，アは誤り。また，「僕」は八っちゃんに起きた事故のほうを夢のように感じているので，ウも正しくない。さらに，「八っちゃんの病気」のことは「僕」の頭から離《はな》れていないので，エも間違っている。そして，「僕」はお母さんに腹を立てていないので，オもふさわしくない。

問５　先に台所に着いたものの，水の用意が後になってしまったことに口惜しさを募《つの》らせ，「水は僕が持ってくんだい。お母さんは僕に水を……」とかぶりついてきた「僕」に対し，婆やは「それどころじゃありませんよ」と怒《おこ》ったような声でさえぎっている。すぐにでも八っちゃんに水を持っていかなければならない状況だったため，婆やは，誰《だれ》が持っていくかにこだわり，かかってくる「僕」を大変な「力」で振《ふ》りはらい，駈《か》けていったのである。よって，ウがよい。なお，このときの婆やに，「適切な対処」ができなかった責任を感じているようすや「評価を挽回《ばんかい》しようと」意識しているようすはうかがえないので，ア，イは合わない。また，「僕」は八っちゃんの「命が危《あや》うくなるような状況にまで追い込《こ》ん」でいないので，エも正しくない。さらに，婆やは八っちゃんに水を早く持っていかなければならないと必死だったのだから，「力の差を示したくなった」としたオもふさわしくない。

問６　顔を「真蒼《まっさお》」にし，手を「ぶるぶる」と震《ふる》わせながら，夢中になって世話をしていたなか，ふいに「いつもの通りな大きな声を出してわーっと泣き出した」八っちゃんのようすを見たお母さんは，「眼に涙《なみだ》」をためながら，八ちゃんを強くだきしめている。危機を脱《だっ》した喜びと緊張《きんちょう》の緩《ゆる》みでお母さんは涙があふれたのだから，エがよい。ア～ウ，オは，「安心」と，緊張からの解放という点が反映されていない。

問７　(一)　ア　「無頼派《ぶらいは》」は，第二次世界大戦終結直後の混乱期，反俗《はんぞく》・反権威《けんい》・反道徳的言動，反リアリズム的な作風で時代を象徴《しょうちょう》した一群の作家。坂口安吾《さかぐちあんご》，太宰治《だざいおさむ》らをさす。　イ　「古典派」は，西洋音楽ではバロック音楽とロマン派の音楽の間に興《おこ》った音楽様式。モーツァルト，ベートーヴェンらが確立した「ソナタ形式」が典型である。もともとは「古典派」の音楽をクラシック（古典）と呼んだ。また，経済学では労働価値説を理論的基調とする経済学の総称。18世紀後半からアダム・スミス，ミルといったイギリスの経済学者により発展した。　ウ　「古学派」は，朱子学や陽明学から儒学《じゅがく》を学ぶのではなく，おおもとの孔子《こうし》・孟子《もうし》から学ぼうとする江戸時代の学派。山鹿素行《やまがそこう》，伊藤仁斎《いとうじんさい》，荻生徂徠《おぎゅうそらい》らが古学派にあたる。　オ　「印象派」は，19世紀後半にフランスで起きた新しい画風。若手画家グループの第１回展覧会に出品されたモネの「印象・日の出」が，このグループの名称《めいしょう》となった。マネ，モネ，ルノアール，後期印象派のセザンヌ，ゴーガン，ゴッホらがいる。　(二)　イは森鷗外《もりおうがい》，ウは夏目漱石《なつめそうせき》，エは芥川龍之介《あくたがわりゅうのすけ》，オはジュール・ヴェルヌ，カは宮沢賢治《みやざわけんじ》，キはエーリッヒ・ケストナー，クは井伏鱒二《いぶせますじ》，ケは太宰治の作品。

2024 年度 渋谷教育学園幕張中学校

【英　語】〈帰国生試験〉（筆記・リスニング：50分　エッセイ：30分）

〈満点：面接もふくめて100点〉

注意 ■ Before the listening section starts, you will have two minutes to read the questions.

■ You will hear the listening section recording **once**.

■ You may make notes on the test paper.

PART 1. LISTENING

Listen carefully to the passage. You may take notes or answer the questions at any time.

Write the letter of your answer on the answer sheet.

1. In November 1932, when did the Seventh Heavy Battery of the Royal Australian Artillery alight at Campion ?

A. early in the evening of the 2nd　　B. early in the evening of the 22nd

C. early on the morning of the 2nd　　D. early on the morning of the 22nd

2. Why had the emus first come to Western Australia ?

A. to open hostilities with the army　　B. to search for water

C. to search for wheat　　D. to ravage crops

3. How many of the first flock of emus were killed ?

A. fifty　　B. twelve

C. a thousand　　D. none

4. What word is used to describe how the emu population moved through farms across Western Australia ?

A. marauding　　B. invading　　C. devastating　　D. dawdling

5. Why were the emus described as “cunning adversaries” by the Australian military ?

A. The military had underestimated their numbers.

B. The emus could break stride to “shrug off” bullets.

C. The emus proved difficult to hit.

D. all of the above

6. Which word best describes Major Meredith's feelings about the emus ?

A. invulnerable　　B. impressed　　C. intrigued　　D. ignorant

7. Why did the planned ambush by the dam fail ?

A. The guns jammed.　　B. The guns fell apart.

C. The truck fell apart.　　D. The birds ambushed the truck.

8. How many rounds of ammunition were fired in the Emu Wars ?

A. 2,500　　B. 50　　C. 200　　D. 0

9. What was the unofficial title given to George Pearce ?

A. Defense Minister B. Minister for the Great Emu War

C. Minister for the Defense of Emus D. Minister for the Emu War

10. To conclude the story, the author uses ______ in the last sentence.

A. humor B. persuasion C. cynicism D. hostility

※**＜リスニング問題放送原稿＞**は問題の終わりに付けてあります。

PART 2. GRAMMAR

There may be an error with grammar, structure, expression, or punctuation in the underlined parts of the following sentences.

If you find an error, select the best replacement for the underlined part and write the letter on the answer sheet. If you think there is no error, select letter A.

1. When I entered the nursery, I noticed a child talking at herself.

A. at [**NO ERROR**] B. for C. with D. to

2. Recent research is shedding light on the mysterious presence of alien life on Earth.

A. on . . . on [**NO ERROR**] B. over . . . with

C. with . . . for D. off . . . of

3. Although it's their least popular album, I consider it to be a favorite of me.

A. me [**NO ERROR**] B. my C. mine D. I

4. There are few independent musicians worth listening to those days.

A. few . . . those [**NO ERROR**] B. many . . . these

C. little . . . those D. much . . . these

5. Each of my sisters live in the same town. One of them is a teacher and other is a lawyer.

A. Each . . . other [**NO ERROR**] B. Either . . . another

C. Many . . . the younger D. Both . . . the other

6. I have played a game on my phone while my laundry dries.

A. have played . . . dries [**NO ERROR**] B. was playing . . . had dried

C. played . . . was drying D. have played . . . was dried

7. South of Tokyo lies the Bonin Islands, a popular tourist destination you can reach by ferry.

A. lies [**NO ERROR**] B. lie C. lay D. laid

8. You won't have so much trouble finding your things if you organize your bedroom.

A. organize [**NO ERROR**] B. had organized

C. would have organized D. organized

9. Studies show that millionaires are no happier than the average person in that they don't need to work to make a living.

A. in that [**NO ERROR**] B. even though C. although D. despite that

10. The government will raise taxes due to the shrinking population ; however, the citizens are angry.

A. however [**NO ERROR**] B. nevertheless C. subsequently D. consequently

PART 3. VOCABULARY

Select the best word or words to complete the following sentences and write the letter on your answer sheet.

1. The math problem was ______ difficult, but working together, the students solved it.
   A. quiet B. quit C. quaint D. quite
2. The buzzing of the fly ______ him while he did his homework.
   A. teased B. distracted C. hassled D. alarmed
3. The expression on his face became ______ as the newscaster announced the disastrous events of the day.
   A. unperturbed B. grim C. placid D. merciless
4. The chess player needed a new ______ because his opponent easily countered his moves.
   A. clue B. tact C. strategy D. program
5. After 20 years of research, the scientists achieved a major ______, advancing the field of neuroscience.
   A. headway B. meltdown C. roadblock D. breakthrough
6. The detective worked tirelessly to ______ the mystery.
   A. unravel B. determine C. interpret D. consider
7. Even though her story to the police included details that were true, her reason for having a bag full of stolen jewels was ______ a lie.
   A. essentially B. intrinsically C. naturally D. alternatively
8. The ______ song expressed his melancholic feelings perfectly.
   A. ecstatic B. dull C. solemn D. candid
9. Her fiery temperament made discussions difficult as she __________ as combative.
   A. came along B. came across C. came over D. came back
10. Kevin commutes across town by bicycle, which has had a ______ impact on his health.
    A. vigorous B. tremendous C. promising D. myriad

PART 4. READING COMPREHENSION

Read the following story and answer the questions that follow.

Adapted from "An Author's Odyssey" by Chris Colfer

The air was filled with so much smoke you could barely see the sky. Every time it was cleared by a strong wind, it was quickly replenished from another pillaged town or ______. During the day, the sun looked like a weak lantern shining through a brown sheet. The fairy-tale world had faced many troubling times in recent years, but never anything like this. It was the first time in history that happily ever after seemed impossible to regain.

The citizens' homes and towns were pillaged and burned to the ground. All the fairies were presumed dead or in hiding. The kings and queens had lost their thrones, and their homes lay in ruins. The kingdoms and territories of yesterday ceased to exist. All the land in the fairy-tale world had been combined into one large empire ruled by the infamous Masked Man.

The civilians from all over the fairy-tale world were rounded up and marched into the castle. The soldiers pointed their captives' attention to a large balcony at the palace. Doors opened and the Masked Man made a grand appearance. His entire head was covered in a mask made of rubies and jewels with only two slits for his eyes. The raggedy clothes he'd been wearing just weeks before had been upgraded to a well-tailored suit. He wore a long black cape with a collar that towered sinisterly over his head. The Masked Man finally looked like the menacing ruler he had always wanted to become.

"I've brought you all here to witness the birth of a new era," the Masked Man preached. "But before we achieve a new future, the ways of the past must be destroyed—and the leaders of the past are no exception!" The Masked Man gestured to a large wooden platform below the balcony, on the lawn between the palace and the dried up lake.

A very tall man in a long black cloak climbed to the top of the platform and placed a large wooden block in the center. A dozen soldiers pulled a wagon out from behind the palace. It carried all the former kings and queens of the fairy-tale world. The tall man on the platform withdrew a large silver axe from inside his cloak. The civilians began screaming and shouting in horror once they realized the purpose of it—the Masked Man was going to have the royal families executed! The Masked Man laughed wildly at all the terror he was causing.

Soldiers pulled the royals out of the wagon and pushed them up the steps to the platform. The executioner selected King Chance to be his first kill. He grabbed him by the arm and dragged him to the block. The executioner forced Chance into a kneeling position and placed his head on the wooden block. He held the axe above the king's neck and practiced swinging. Finally, the executioner raised his axe high into the air and brought the axe down—but sliced the platform floor instead of the king's neck. Suddenly, the floor caved in, causing the executioner and all the royals to fall through the platform and allowing them to flee the scene. It was so unexpected; the panicked crowd went silent—this couldn't have been what the Masked Man wanted.

Choose the letter of the best answer to each question and write it on the answer sheet.

1 . Which answer best completes the second sentence of the first paragraph?

A. forest fire B. abandoned castle C. earthquake D. factory

2 . The current fairy-tale world is described as being

A. a neglected place.

B. a hopeful place.

C. a troubled place.

D. a happy place.

3. In the second paragraph, the Masked Man is most likely described as "infamous" because he

A. is popular with all the rulers. **B**. has done terrible things.

C. despises the empire. **D**. has united all the kingdoms.

4. In the third paragraph, the phrase "marched into the castle" suggests that the civilians

A. have joined the army. **B**. are being forced to go there.

C. have joined a parade. **D**. are doing daily exercises.

5. Which of the following best expresses the meaning of the last sentence of the third paragraph ?

A. The Masked Man can finally afford to dress well.

B. The Masked Man's childhood dreams cannot come true.

C. The Masked Man has always wanted to be an evil dictator.

D. No one has ever believed in the Masked Man's leadership abilities.

6. When the Masked Man says, "and the leaders of the past are no exception", he implies that

A. the kings and queens are important for the future.

B. the kings and queens must be gotten rid of.

C. the common people, not the leaders, will introduce a new era.

D. the past has been destroyed by the kings and queens.

7. Which of the following details from the fourth and fifth paragraphs best illustrates the evil nature of the Masked Man ?

A. the way he gestures to the platform

B. the way he makes a grand entrance

C. his reaction to the civilians' screams

D. his choice of clothing

8. Which of the following statements about the final paragraph is **not** true ?

A. The executioner and royals hid in a cave.

B. The kings and queens escaped.

C. The Masked Man wanted the royals beheaded.

D. The executioner missed the king's neck.

9. What does the final sentence tell the reader ?

A. The crowd thought the Masked Man had ordered the royals' release.

B. No one had intended to rescue the kings and queens.

C. The crowd was terrified of the executioner.

D. The outcome of the planned execution was a surprise.

10. This story is an example of which genre ?

A. historical fiction **B**. fantasy

C. science fiction **D**. murder mystery

PART 5. READING COMPREHENSION

Read the following article and answer the questions that follow.

Adapted from "What Know-It-Alls Don't Know —The Illusion of Competence"

By Kate Fehlhaber

One day in 1995, a middle-aged man robbed two Pittsburgh banks in broad daylight. He didn't wear a mask or any sort of disguise. And he smiled at surveillance cameras before walking out of each bank. Later that night, police arrested a surprised McArthur Wheeler. When they showed him the surveillance tapes, Wheeler stared in disbelief. "But I wore the juice," he mumbled. Apparently, Wheeler thought that rubbing lemon juice on his skin would render him invisible to videotape cameras. After all, lemon juice is used as invisible ink so, as long as he didn't come near a heat source, he should have been completely invisible.

Police concluded that Wheeler was not crazy — just incredibly mistaken.

The saga caught the eye of the psychologist David Dunning at Cornell University, who enlisted his graduate student, Justin Kruger, to see what was going on. They reasoned that, while almost everyone holds favorable views of their abilities on various social and intellectual levels, some people mistakenly assess their abilities as being much higher than they actually are. This illusion of confidence is now called the "Dunning-Kruger effect" and describes the cognitive bias to inflate self-assessment.

To investigate this phenomenon in the lab, Dunning and Kruger designed some clever experiments. In one study, they asked undergraduate students a series of questions about grammar, logic, and jokes, and then asked each student to estimate his or her score overall, as well as their relative rank compared to the other students. Interestingly, students who scored the lowest in these cognitive tasks always overestimated how well they did—by a lot. Students who scored in the bottom 25% estimated that they had performed better than two-thirds of the other students !

This "illusion of confidence" extends beyond the classroom and permeates everyday life. If you watch any talent show on television today, you will see the shock on the faces of contestants who don't make it past auditions and are rejected by the judges. While it is almost comical to us, these people are genuinely unaware of how much they have been misled by their illusory superiority.

Sure, it's typical for people to overestimate their abilities. One study found that 80% of drivers rate themselves as above average—a statistical impossibility. The problem is that when people are incompetent, not only do they reach wrong conclusions and make unfortunate choices but they are also robbed of the ability to realize their mistakes. As Charles Darwin wrote in The Descent of Man (1871): "Ignorance more frequently begets confidence than does knowledge."

Interestingly, really smart people also fail to accurately self-assess their abilities. Dunning and Kruger found that high-performing students, whose scores were in the top 25%, underestimated their relative competence.

These students assumed that if the schoolwork was easy for them, then they must be just as easy or even easier for everyone else. This so-called "imposter syndrome" is the flip side of the Dunning-Kruger effect, whereby high achievers fail to recognize their talents and think that others are equally competent. The difference is that competent people can take constructive feedback and adjust their perceptions, while incompetent individuals cannot.

And therein lies the key to not ending up like the witless bank robber. Don't be fooled by illusions of superiority and learn to accurately reevaluate your competence. After all, as Confucius reportedly said, real knowledge is knowing the extent of one's ignorance.

Choose the letter of the best answer to each question and write it on the answer sheet.

1. Why is the opening story used to introduce the topic?
   A. It provides an upsetting example.
   B. It provides a humorous example.
   C. It provides a suspenseful example.
   D. It provides a fictional example.
2. McArthur Wheeler "stared in disbelief" at the surveillance tapes because
   A. his scheme had not worked.　B. he could not see at all.
   C. he could see the lemon juice.　D. he was invisible on the video tapes.
3. Which of the following words could best replace the phrase "caught the eye of"?
   A. disturbed　B. intrigued　C. confused　D. entertained
4. The "Dunning-Kruger effect" describes the situation in which people
   A. overestimate their abilities.
   B. are realistic about their weak points.
   C. wrongly think others are much more capable.
   D. accurately assess their own abilities.
5. In one study by Dunning and Kruger, the students who performed the worst
   A. ranked in the top one third.
   B. overestimated their failure on the test.
   C. underestimated their actual scores.
   D. believed they scored higher than most.
6. What is the most suitable phrase to replace the word "permeates" in this context?
   A. is harmful to　B. is beneficial to　C. becomes part of　D. extends beyond
7. The author uses the TV talent show example to
   A. show how competitive students are.
   B. portray why people are unsuccessful on talent shows.
   C. emphasize the lack of confidence that people have.
   D. show how common the lack of self-awareness is.

8. In the sixth paragraph, the phrase “robbed of the ability to realize their mistakes” could be replaced by the phrase

A. blinded by their own mistakes.　　B. unable to see their mistakes.

C. unwilling to improve themselves.　　D. denied their abilities.

9. Which of the following statements is true of “imposter syndrome” ?

A. High achievers underestimate their abilities.

B. Low achievers feel as if they are imposters.

C. High achievers believe that they are superior to low achievers.

D. Low achievers think they are just as capable as high achievers.

10. Which statement best sums up the topic of this article ?

A. People are happier when they do not know the truth.

B. Crime never pays.

C. We are not the best judges of our own competence.

D. Nobody really knows how stupid they are.

ESSAY

Essay topic

Imagine a society in which money is not used.　Would life be better or worse ?

＜リスニング問題放送原稿＞

Adapted from “Looking Back : Australia’s Emu Wars”

by Jasper Garner Gore

https://www.australiangeographic.com.au/topics/wildlife/2016/10/australias-emu-wars/

Early on the morning of the 2nd of November 1932, the Seventh Heavy Battery of the Royal Australian Artillery alighted at Campion, Western Australia, on to a hot red-dirt landscape about halfway between Perth and Kalgoorlie.　There they unpacked two Lewis automatic machine guns and 10,000 rounds of ammunition.

The unit’s intention ?　To open hostilities with the emus of Western Australia that were moving in from central Australia in search of water and, having stumbled on the region’s delicious wheat districts, had begun to ravage crops.

No sooner had the unit arrived than a flock of 50 emus was sighted.　The company’s commander, Major G.P.W. Meredith, immediately ordered his troops to circle the birds and chase them into range of the guns.　By the day’s end only a dozen birds out of the thousands the men had shot at were dead.　Nevertheless, first blood had been drawn in Australia’s ‘Emu Wars’.

It all came about late in 1932, after a marauding emu population of at least 20,000 had been devastating farms across WA for some time.　The farmers under attack (many of them ex-soldiers themselves) had eventually petitioned for military aid from the Minister of Defence

George Pearce. He deployed troops swiftly, and they arrived with hopes of quick victory, some yarns to take home, and a few emu feathers for their hats.

No sooner had the conflict begun, however, than it became clear that the Australian military had vastly underestimated the emu. Cunning adversaries, the emus proved almost impossible to hit with machine-gun fire, and they seemed able to shrug off even serious injury from bullets without breaking stride.

Describing the emus, Major Meredith later said: "If we had a military division with the bullet-carrying capacity of these birds it would face any army in the world . . . They can face machine guns with the invulnerability of tanks."

A few days into operations, a planned ambush by a dam failed miserably when one of the Lewis guns jammed. A later attempt to mount a machine-gun on a truck fell apart when it was made apparent that the vehicle could not keep up with the birds.

Within a week of first contact the troops were recalled. Roughly 2500 rounds had been fired and they had killed somewhere between 50 and 200 emus. Meredith did note that his men had suffered no casualties. When the question was raised if a medal would be struck for the conflict, federal labor parliamentarian A.E. Green replied that any medals should go to the emus who had 'won every round so far'. For his involvement in the deployment, Defence Minister George Pearce earned the unofficial title 'Minister for the Emu War'.

Ninety years on, Australia's emu population remains stable, and thankfully, they do not seem interested in resuming hostilities with the Australian government.

2024年度

渋谷教育学園幕張中学校　▶解　答

※　編集上の都合により，帰国生試験の解説および作文の解答は省略させていただきました。

英　語　＜帰国生試験＞（筆記・リスニング：50分　エッセイ：30分）＜満点：面接もふくめて100点＞

解　答

PART 1　**1** C　**2** B　**3** B　**4** A　**5** C　**6** B　**7** A　**8** A
9 D　**10** A

PART 2　**1** D　**2** A　**3** C　**4** B　**5** D　**6** C　**7** B　**8** A
9 B　**10** D

PART 3　**1** D　**2** B　**3** B　**4** C　**5** D　**6** A　**7** A　**8** C
9 B　**10** B

PART 4　**1** A　**2** C　**3** B　**4** B　**5** C　**6** B　**7** C　**8** A
9 D　**10** B

PART 5　**1** B　**2** A　**3** B　**4** A　**5** D　**6** C　**7** D　**8** B
9 A　**10** C

ESSAY　省略

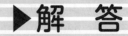

Memo

Memo

2023年度

渋谷教育学園幕張中学校

【算　数】〈第１次試験〉（50分）〈満点：100点〉

注意　•コンパス，三角定規を使用します。

1　右の図のように，表にそれぞれ「し」，「ぶ」，「ま」，「く」の文字が書かれたカードが１枚ずつ，全部で４枚あり，すべて表向きにおいてあります。どのカードも裏には何も書いてありません。さいころを投げるたびに，次のルールにしたがってカードを裏返します。

し	ぶ	ま	く

＜ルール＞

・１の目が出たら，「し」のカードを裏返す。

・２の目が出たら，「ぶ」のカードを裏返す。

・３の目が出たら，「ま」のカードを裏返す。

・４の目が出たら，「く」のカードを裏返す。

・５，６の目が出たら，４枚のカードをすべて裏返す。

次の各問いに答えなさい。

(1)　さいころを２回投げて，どれか２枚のカードだけが表向きになるような，さいころの目の出方は何通りありますか。

(2)　さいころを４回投げて，４枚のカードがすべて表向きになるような，さいころの目の出方は何通りありますか。

2　次の①～③のルールにしたがって整数をつくって，左から右へ順番に並べていきます。

＜ルール＞

①　１番目の数を０とする。

②　２番目の数をaとする。（aは１けたの整数とする。）

③　３番目からあとの数は，１つ前につくった数と２つ前につくった数をたした数の１の位の数とする。

このルールで整数を並べたときのn番目の数を，$(a,\ n)$と表します。たとえば，$a=1$とすると，数が0，1，1，2，3，5，8，3，……と並ぶので，$(1,\ 8)=3$となります。

次の各問いに答えなさい。

(1)　$(1,\ n)=0$にあてはまるnのうち，２番目に小さい数を求めなさい。

(2)　$(1,\ 2023)+(a,\ 2023)=10$にあてはまるaをすべて求めなさい。

3　右の図のように，縦45cm，横60cm，高さ30cmの直方体から，縦，横，高さがすべて異なる長さの直方体を切り取った形をした容器があります。

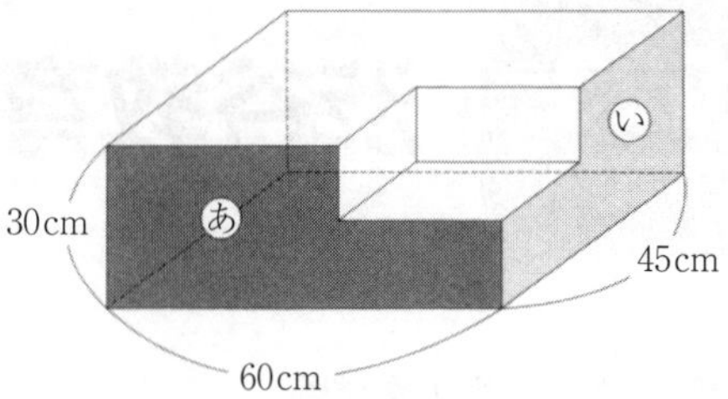

いま，この容器に水が入っています。面あを下にすると，水の深さは５cmになります。

これから，次の２つの方法で，この容器に毎分1000cm^3の割合で水を加えていきます。

方法①　面あを下にして，上になった面に穴をあけて水を入れていく。

方法②　面いを下にして，上になった面に穴をあけて水を入れていく。

（グラフ１）は，①の方法で容器に水を入れていったときの，水の深さ(cm)と，水が容器にふれている部分の面積(cm^2)の関係を表したものです。

（グラフ２）は，②の方法で容器に水を入れていったときの，水を加え始めてからの時間(分)と，水が容器にふれている部分の面積(cm^2)の関係を表したものです。

（グラフ１）

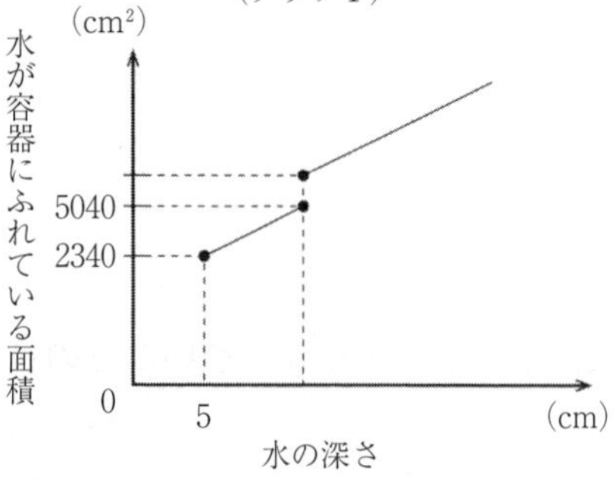

（グラフ２）

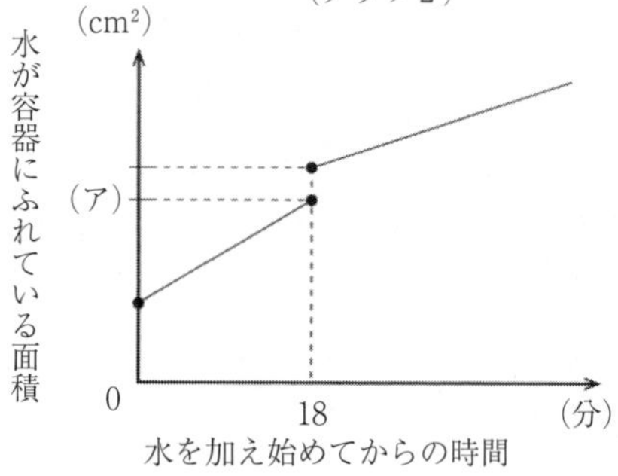

次の各問いに答えなさい。

(1)　面あの面積は何cm^2ですか。

(2)　（グラフ２）の(ア)にあてはまる数は何cm^2ですか。

4　次の各問いに答えなさい。

(1)　２つの合同な二等辺三角形をくっつけて，（図１）のような四角形ABCDをつくりました。AB = AD = 4 cm，BC = CDで，BCの長さはABの長さより短いとします。

①　（図１）で，角アの大きさを求めなさい。

②　（図１）で，四角形ABCDの面積を求めなさい。

(2)　（図２）で，三角形ABCはAB = AC = 6 cmの直角二等辺三角形，BD = DE = ECとします。（図２）の色をつけた部分の面積を求めなさい。

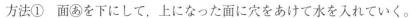

(図１)

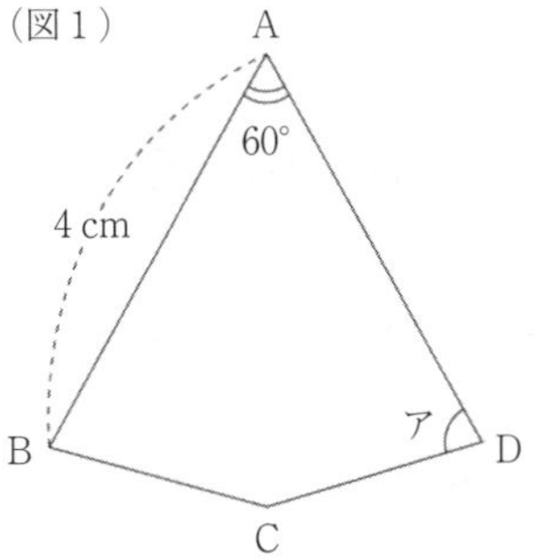

(図２)

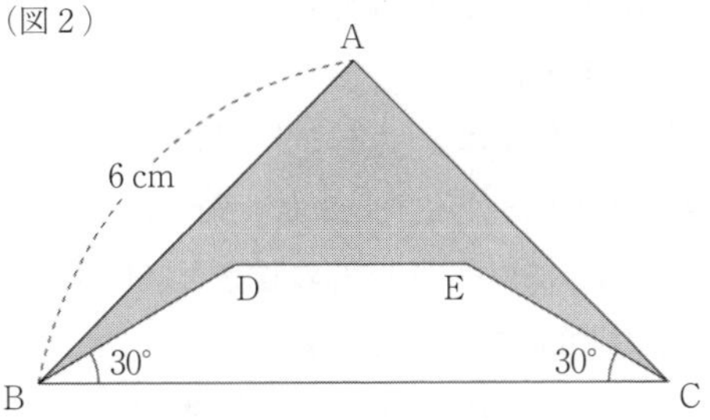

5　(図１)のような，すべての辺が３cmの正方形１つと正三角形４つでできた展開図があり，そこからつくられる立体Aがあります。また，(図２)のような，すべての辺が３cmの正三角形４つでできた展開図があり，そこからつくられる立体Bがあります。

(図１)　立体Aの展開図

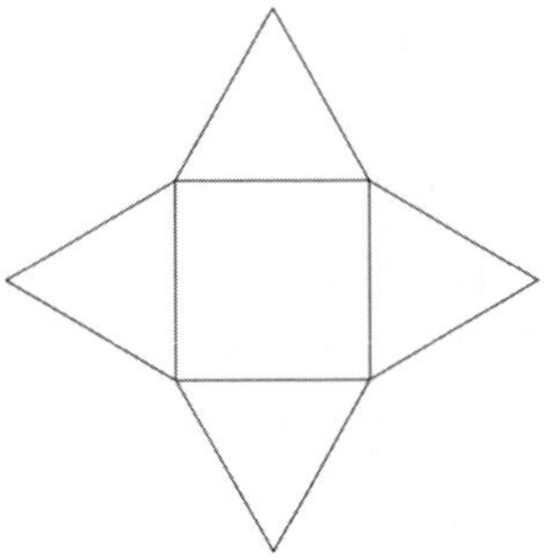

(図２)　立体Bの展開図

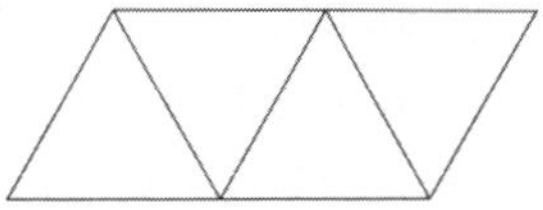

次の各問いに答えなさい。

(1)　(図３)のように，立体Bの展開図の各頂点をそれぞれP，Q，R，S，T，Uとして，辺UQの真ん中を点Mとします。立体Bを，３点P，M，Tを通る平面で切断したときの切断面の形を，次の(ア)～(カ)の中から最も適するものを選んで記号で答えなさい。

(図３)

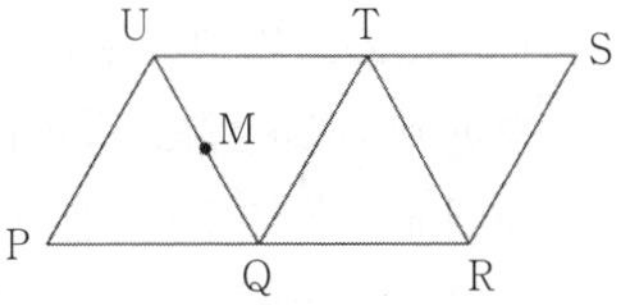

(ア)　正三角形　　(イ)　直角三角形　　(ウ)　二等辺三角形
(エ)　正方形　　(オ)　台形　　(カ)　平行四辺形

(2)　立体Aと立体Bを１つずつ使って，それらをくっつけて立体Cをつくります。ただし，立体と立体をくっつけるときは，正三角形どうしの面をぴったりと重ねることにします。立体Cの面の数はいくつですか。

(3)　立体Aを２つと立体Bを１つ使って，それらをくっつけて立体Dをつくります。ただし，立体と立体をくっつけるときは，正三角形どうし，または正方形どうしの面をぴったりと重ねることにします。考えられる立体Dの中で最も面の数が少ない立体の展開図を，解答用紙にある１辺が３cmの正方形を利用してかきなさい。

注意：作図にはコンパスと定規を使い，作図に用いた線は消さずに残しておくこと。また，定規は直線をひくためだけに使い，三角定規の角や分度器は使わないこと。

【社　会】〈第１次試験〉（45分）〈満点：75点〉

注意　• 句読点は字数にふくめます。
　　　• 字数内で解答する場合，数字は１マスに２つ入れること。例えば，226年なら[22][6][年]とすること。字数は指定の８割以上を使用すること。例えば，30字以内なら24字以上で答えること。

〈編集部注：実物の入試問題では，[3]の問４以外の写真と図はすべてカラー印刷です。〉

[1]　次の文章を読み，下記の設問に答えなさい。

昨年（2022年）は，新橋駅と a 横浜駅（現在の桜木町駅）の間に日本初の鉄道が開業してから150年の節目で，様々な記念行事が行われました。

最初の鉄道は官営（国営）でしたが，1884（明治17）年に日本鉄道会社が上野駅―高崎駅間を開業してからは全国で民営鉄道の建設ブームが起き，鉄道網が拡大しました。その後は民営鉄道の一部が国営化されるなど，戦前の交通は鉄道が中心でした。「省線」などと呼ばれた国営鉄道は，1949（昭和24）年に日本国有鉄道（国鉄）になりました。

鉄道建設当初は車両，レールなどの資材や鉄道技術を外国から b 輸入していましたが，技術を蓄積して国産化を進め，日本は世界有数の鉄道大国になりました。その象徴が1964（昭和39）年に開業した東海道新幹線です。新幹線の利便性や高速性は多くの国民に知られ，全国で新幹線の建設を求める動きが活発になりました。そのため， c 国会は1970年代に全国的な新幹線網を整備するための d 法律を制定しました。昨年９月に部分開業した西九州新幹線もその計画の一つです。

しかし，高度経済成長期以降は自動車の保有台数が急増し，高速道路や空港，港湾が整備されたため，鉄道の輸送量は旅客・貨物ともに減少しました。そのため，国鉄は地方路線の赤字や非効率な経営，労働問題などから経営の再建が課題となりました。その結果，国鉄は1987（昭和62）年にJR各社へ分割民営化されました。国鉄の長期債務《さいむ》（借金）の総額は37兆1000億円に達し，その一部は国民負担として新たな e 税金「たばこ特別税」が創設されました。

JR各社は列車のスピードアップや増発などのサービス向上に努めました。大都市が多い本州のJR各社の経営は順調でしたが，人口が減少し旅客の少ないJR北海道やJR四国では，当初から経営が不安定でした。

人口減少は鉄道利用客の減少のほか，鉄道を支える労働者の確保も課題となります。鉄道の運行や保守には多くの人手を必要とします。また，鉄道の職員は男性が多いですが，これは重労働を伴うことや深夜勤務が多いなどの労働環境が背景にあります。しかし機械化が進んだことや， f 労働に関する法律の改正で女性が深夜に働くことが一般的になり，女性の駅員や乗務員を見かけることも多くなりました。

一方で，鉄道の安全運行や， g バリアフリー化を進めるための費用は年々増加する傾向にあります。例えば，最近は利用者の多い駅にホームドアの設置を進めています。そのため，［　ア　］はバリアフリー化費用を運賃に上乗せできる新制度を一昨年に創設し，すでに h 値上げの届出をした鉄道会社もあります。しかし， i ホームドアの普及《ふきゅう》にはまだ時間がかかりそうです。

新型コロナウイルス感染症の拡大で，多くの鉄道会社では通勤客や旅行客が減少し，経営が悪化しました。そのため，列車の減便や最終列車の時刻を繰り上げました。利用者が特に少ない路線を公表し，沿線の地方自治体と路線の廃止を協議することを求める鉄道会社もあります。

ア が設置した検討会は，利用者が一定の数より少ない区間を対象に国が協議会を設けて，鉄道会社，沿線の地方自治体が鉄道の廃止，バスへの転換も含めて，話し合うべきだという提言をまとめました。一方で，鉄道会社も j 新駅を設置したり，経営を多角化したりして収入を拡大することにも努めています。また，輸送量の減少が続いていた鉄道貨物も，環境意識の高まりや，k ある問題を解決するために鉄道の特長である省エネルギー・大量輸送を生かして，トラックから鉄道へ再び移行する動きもあります。

私たちの生活に欠かせない公共交通機関を維持するために，住民と地方自治体，国，鉄道会社が望ましい地域の交通の姿を議論し，実現に向けて協力することが求められます。

問１　空らん ア には，日本の中央省庁名が入ります。この中央省庁の仕事を説明した次の文X・Yについて，その正誤の組合せとして正しいものを，下記より１つ選び番号で答えなさい。

X　生活に必要な木材を植林し，国土や自然を守る仕事をしています。

Y　沖縄や北方領土に関する問題を解決するための仕事を行っています。

1	X	正	Y	正	2	X	正	Y	誤
3	X	誤	Y	正	4	X	誤	Y	誤

問２　下線部aに関連して，横浜駅や桜木町駅のある神奈川県横浜市は政令指定都市(「指定都市」「指定市」ともいいます)です。このことについて説明した次の文X・Yについて，その正誤の組合せとして正しいものを，下記より１つ選び番号で答えなさい。

X　政令とは，地方議会で制定された法のことです。

Y　政令指定都市は，都道府県が行う仕事の一部を市が担《にな》います。

1	X	正	Y	正	2	X	正	Y	誤
3	X	誤	Y	正	4	X	誤	Y	誤

問３　下線部bに関する次の文X・Yについて，その正誤の組合せとして正しいものを，下記より１つ選び番号で答えなさい。

X　外国為替《かわせ》相場が円安になると，日本では輸入製品の価格が下落します。

Y　日本では農産物や工業製品を輸入するとき，必ず関税をかけます。

1	X	正	Y	正	2	X	正	Y	誤
3	X	誤	Y	正	4	X	誤	Y	誤

問４　下線部cに関する次の文X・Yについて，その正誤の組合せとして正しいものを，下記より１つ選び番号で答えなさい。

X　常会は予算の議決を行うため，毎年４月に召集されます。

Y　特別会では，必ず内閣総理大臣を指名します。

1	X	正	Y	正	2	X	正	Y	誤
3	X	誤	Y	正	4	X	誤	Y	誤

問５　下線部dに関する日本国憲法の規定を説明した次の文X・Yについて，その正誤の組合せ

として正しいものを，下記より１つ選び番号で答えなさい。

X　法律案は，憲法に特別の定めのある場合を除いては，両議院で可決したとき法律となります。

Y　法律は内閣の助言と承認により，天皇が公布します。

1	X	正	Y	正	2	X	正	Y	誤
3	X	誤	Y	正	4	X	誤	Y	誤

問６　下線部 e に関する説明として**誤っているもの**を，下記より１つ選び番号で答えなさい。

1　消費税は，税の負担者と納税者が同じである直接税に分類されます。

2　住民税は，地方公共団体が徴収する地方税です。

3　新しく税金を課すときは，法律や条例を制定します。

4　日本国憲法では，国民は納税の義務を負うことを定めています。

問７　下線部 f に関して説明した次の文X・Yについて，その正誤の組合せとして正しいものを，下記より１つ選び番号で答えなさい。

X　日本では，性別によって賃金や定年を差別することは禁じられています。

Y　日本では，外国人はすべての職種で日本人と同じ条件で働くことができます。

1	X	正	Y	正	2	X	正	Y	誤
3	X	誤	Y	正	4	X	誤	Y	誤

問８　下線部 g に関して説明した次の文X・Yについて，その正誤の組合せとして正しいものを，下記より１つ選び番号で答えなさい。

X　バリアフリーとは，生活の中や様々な活動をしようとするときに感じる不便や障壁《しょうへき》(バリア)をなくすことです。

Y　バリアフリーとは，段差をなくすことやエレベーターを設置するなど，施設面での障壁をなくすことだけを指します。

1	X	正	Y	正	2	X	正	Y	誤
3	X	誤	Y	正	4	X	誤	Y	誤

問９　下線部 h に関連して，日本では商品の価格は売り手である会社が自由に決められるのが原則です。しかし鉄道の運賃や料金については，鉄道会社が政府から認可を受けたり，政府に届出をすることが定められています。この理由を解答用紙のわく内で説明しなさい。

問10　下線部 i の理由として，ホームドアの製造や設置の費用以外にどのようなことが考えられますか。解答用紙のわく内で説明しなさい。

問11　下線部 **j** に関連して，次の新聞記事はJR京葉線に今春開業予定の「幕張豊砂駅《まくはりとよすな》」の建設費用について報じたものです。JR東日本が建設費用の負担を受け入れるために，千葉市はどのような主張をしたと考えられますか。鉄道会社は原則として請願《せいがん》駅の設置費用を負担しない，という点をふまえて記事内の空らん［**イ**］に入る最も適当な文を，下記より１つ選び番号で答えなさい。

> (注１)**幕張新駅，JRが費用負担に合意　駅舎建設で22億円**
>
> (注２)県と千葉市，イオンモールの３者がJR京葉線新習志野―海浜幕張駅間に設置を求めている新駅の建設費用の負担をめぐり，市は20日，JR東日本と費用負担の割合について合意し基本協定書を締結した。地元が設置を求める請願駅では，費用負担を行わないのが原則の中，異例となる。
>
> (中略)
>
> 協定によると，(注３)JR東が負担するのは，約130億円と見積もられる駅舎建設費の６分の１に相当する約22億円。請願駅をめぐっては，JR東が管内でこれまで開設した３駅について，いずれもJR東の負担は３億～５億円程度だった。幕張新駅への支出は突出することになる。
>
> (中略)
>
> (注４)３年に県企業庁による地元負担の請願駅構想が発端の幕張新駅だが，10年には景気の悪化に伴い，周辺企業からなる期成同盟準備会の活動も休止。27年に市などが新駅設置に向けた調査会を立ち上げるなど紆《う》余《よ》曲《きょく》折《せつ》をたどった。市は「新駅開業で［　**イ**　］」としてJR東に一定の費用負担を要求。JR東が難色を示すなか，市側が先行して負担割合を決め，水面下で協議をしていた。
>
> (以下略)
>
> (注１)「幕張新駅」：幕張豊砂駅の仮称
> (注２)「県」：千葉県
> (注３)「JR東」：JR東日本
> (注４)「３年」：平成３(1991)年
>
> 出典：産経新聞　2018年４月21日

1　近くの住民が便利になる
2　隣の駅の利用客が新駅を利用する
3　京葉線の停車駅が増える
4　一定の利益が見込まれる

問12　下線部 **k** について，「ある問題」とはどのようなことが考えられますか。次の点をふまえて，解答用紙のわく内で説明しなさい。

・トラックの運行に関することです。
・環境問題に関することは除きます。
・渋滞や到着時間の正確さに関することは除きます。

2　次の文章を読み，下記の設問に答えなさい。

「最初はグー！」の掛《か》け声で始めるジャンケンなど，現在，日本各地で様々なジャンケンが行われています。そして a 今から40年近く前，ある地方の子どもたちの間で，「ハワイジャンケン」と呼ばれるジャンケンがはやりました。パーを出す時には「ハワイ」と掛け声を出し，同様にグーを出す時には「軍艦」，チョキを出す時には「沈没」と声に出すというジャンケンです。当時，その地方だけでなく日本中に同じようなジャンケンがあり，多くの地域で「軍艦ジャンケン」と呼ばれていたほか，その掛け声も地域によって様々だったようです。この「ハワイ」・「軍艦」・「沈没」という掛け声からすると，このジャンケンは，b 太平洋戦争に関係するある歴史的事件が，c 戦時下の子どものジャンケンに取り入れられたものであると推測され，そのジャンケンが戦後も長い間，日本各地で様々な形で続けられていたと考えられます。

その他にも，ジャンケンの際，グーで勝つと「グリコ」と声に出して３歩進み，チョキで勝つと「チヨコレイト」と声に出して６歩，パーで勝つと「パイナツプル」と声に出して６歩進むことが出来るというジャンケンがあります。このジャンケンを「グリコ」と呼んでいる地域が多いようです。前述のある地方では「ハワイジャンケン」をしてグーで勝つと，「グリコ」と声を出しながら３歩進む…というように，「ハワイジャンケン」と「グリコ」が一つになっていました。この「グリコ」というジャンケンについては，d 1933(昭和８)年のお菓子メーカーの新聞広告に記載があり，少なくとも90年ぐらいの歴史があることがわかります。

先程と同じ40年近く前のある地方では，e 小学校の登下校の最中に，道端《みちばた》にあった㋐犬の糞《ふん》を気づかずに踏んでしまうと，それを目撃した子どもたちが一斉《いっせい》に「ビンビ」と言って，糞を踏んだ子を遠ざけました。その際，指でブイ(V)の字を作った両手を，胸の前でクロスしながら，「ビンビ」と言う地域もありました。一方，踏んでしまった子は，㋑鬼ごっこの「鬼」のような存在になり，「ビンビ」とまだ言っていない子を見つけてタッチしないと，その状態がしばらく続いてしまうのでした。

図１

※「平治物語絵巻　信西ノ巻(模本)」

(東京国立博物館　画像検索より)

これに似たようなものとして，血や死のケガレが自分の身に及ぶことをいやがったり，避けたりする行為や習慣があり，それには長い歴史があります。f 鎌倉時代に作成された「平治物語絵巻」(**図１**)では，藤原信西《しんぜい》の生首《なまくび》を見る人々の中に，その生首(死体)の㋒ケガレから身を守ろうとして，両手の中指と人差し指を交差させている人の姿を何人か見ることが出来ます。

問１　下線部 **a** に関連して，40年前は1983年になりますが，1980年代の出来事に関して述べた文として正しいものを，下記より１つ選び番号で答えなさい。

1　国交を結んだ中華人民共和国から，初めてパンダが日本におくられました。

2　アメリカとの間で沖縄返還協定が結ばれ，沖縄の日本復帰が実現しました。

3　第一次石油危機が起こったこともあり，国内の物価が急激に上がりました。

4　男女雇用機会均等法が制定されました。

問２　下線部 **b** に関連して，1945(昭和20)年８月15日，昭和天皇はラジオ放送を通じて終戦を国民に伝えました。この玉音放送では，「堪《た》ヘ難《がた》キヲ堪《た》ヘ忍《しの》ヒ難《がた》キヲ忍《しの》ヒ」という一節が有名ですが，その前後を含めた文として正しいものを，下記より１つ選び番号で答えなさい(カッコ内は，現代の言葉に訳したものです)。

1　朕《ちん》カ帝国政府ハ堪《た》ヘ難《がた》キヲ堪ヘ忍《しの》ヒ難キヲ忍ヒ東亜《とうあ》ノ解放《かいほう》ニ協力ス
(我が帝国政府は，堪《た》え難《がた》くまた忍《しの》び難《がた》い思いを堪《た》え，東アジアの解放に協力した)

2　忠良《ちゅうりょう》ナル爾臣民《なんじしんみん》ハ堪ヘ難キヲ堪ヘ忍ヒ難キヲ忍ヒ今次《こんじ》ノ大戦ニ奮闘《ふんとう》ス
(忠義を尽くした善良な国民は，堪え難くまた忍び難い思いを堪え，今回の大戦で奮闘した)

3　朕ハ時運《じうん》ノ趨《おもむ》ク所堪ヘ難キヲ堪ヘ忍ヒ難キヲ忍ヒ以《もっ》テ萬世《ばんせい》ノ為《ため》ニ太平ヲ開カムト欲《ほっ》ス
(私は時の流れに従い，堪え難くまた忍び難い思いを堪え，今後永く平和な世の中を開こうと思う)

4　朕カ陸海将兵《りくかいしょうへい》ハ堪ヘ難キヲ堪ヘ忍ヒ難キヲ忍ヒ勇戦スルモ戦局必《かなら》スシモ好転セス
(我が陸海軍の兵たちは，堪え難くまた忍び難い思いを堪え，勇敢に戦ったが，戦局は必ずしも好転しなかった)

問３　下線部**c**に関連して，太平洋戦争の時期，朝鮮半島は日本の植民地でした。この朝鮮半島と日本との関係について述べた文Ⅰ～Ⅲについて，古いものから年代順に正しく配列したものを，下記より１つ選び番号で答えなさい。

Ⅰ　滅亡した百済を復興するために派遣された日本の軍が，唐と新羅の連合軍と白村江で戦って敗れました。

Ⅱ　新たに将軍が就任すると，朝鮮から通信使が日本に派遣されました。

Ⅲ　日本から渡海してきた軍が，好太王の率いる高句麗の軍と戦いました。

1　Ⅰ―Ⅱ―Ⅲ	2　Ⅰ―Ⅲ―Ⅱ	3　Ⅱ―Ⅰ―Ⅲ
4　Ⅱ―Ⅲ―Ⅰ	5　Ⅲ―Ⅰ―Ⅱ	6　Ⅲ―Ⅱ―Ⅰ

問４　下線部**d**に関連して，1930年代の出来事に関して述べた次の文**A**～**D**について，正しいものの組合せを，下記より１つ選び番号で答えなさい。

A　陸軍の青年将校らが首相官邸などをおそい，一時，東京の中心部を占領しました。

B　関東地方をマグニチュード7.9の大地震がおそい，多くの人が亡《な》くなりました。

C　日本の関東軍によって満州国が建国されました。

D　日ソ共同宣言に調印し，ソビエト社会主義共和国連邦との国交を回復しました。

1　**A・C**	2　**A・D**	3　**B・C**	4　**B・D**

問５　下線部**e**に関連して，次の**図２・３**は，1877(明治10)年に出版された本の中にあるもので，当時の小学校における授業の様子が描かれています。この**図２・３**からわかることを述べた下の文**X・Y**について，その正誤の組合せとして正しいものを，下記より１つ選び番号で答えなさい。

図２

図３

※図２・３ともに「小学入門教授図解」（国立教育政策研究所　貴重資料デジタルコレクションより）

X　当時の小学校では男女共学の形で授業を受けていたことがわかります。

Y　どの子どもたちも，洋服ではなく，和服を着ていたことがわかります。

1	X	正	Y	正	2	X	正	Y	誤
3	X	誤	Y	正	4	X	誤	Y	誤

問６　下線部 f に関連して，鎌倉時代につくられたものとして正しいものを，下の図から１つ選び番号で答えなさい。

1

2

3

4

※１～４は，作問者撮影

問７　二重下線部の「ある歴史的事件」とは何ですか。解答らんに従って答えなさい。

問8　波線部㋐に関連して，日本でも江戸時代の途中まで犬を食べる習慣がありました。この習慣がなくなる原因となった政策について40字以内で説明しなさい。その際，その政策を進めた人物の名前にもふれること。

問9　波線部㋑に関連して，鬼退治で有名な昔話に「桃太郎」があります。この昔話の「桃太郎」の冒頭では，おじいさんは山にシバかりに，おばあさんは川へ洗たくに行きます。このおじいさんが山でかりとった「シバ」は，どのようなことに使われたと考えられますか。20字以内で説明しなさい。

問10　波線部㋒に関連して，現在でも，お葬式やお通夜に参加した人が，死のケガレを自宅に持ちこまないようにする習慣は，広く各地で見られます。多くの地域で家の中に死のケガレを持ち込まないようにするため，どのようなことをしていますか。10～20字で説明しなさい。

※[2]は江崎グリコ株式会社ウェブサイト（お問い合わせ・Q&A）などを参照して作成しました。

[3]　次の文章を読み，下記の設問に答えなさい。

島国である日本は周囲を海に囲まれているため，多彩《たさい》な海岸のようすを見ることができます。日本全体の海岸線の総延長は35,649kmで，これは地球一周の約 [A] %の長さです。

海に面している39都道府県のうち，海岸線延長が最も長いのは，面積も広い北海道で4,461kmです。2位の [B] は面積では北海道の20分の1程度ですが，海岸線は4,183kmあり，北海道とほとんど変わらない長さです。これは a 九十九島《くじゅうくしま》など離島の数が多く，全体的に複雑な海岸線が伸びていることが理由です。2,666kmで3位の b 鹿児島県，2,037kmで4位の沖縄県も離島が多い都道府県です。1,716kmで5位の愛媛県は c 宇和海沿岸にリアス海岸が広がっています。

一方で海岸線が短い都道府県は順に，133kmの鳥取県，135kmの [C] ，147kmの富山県となります。いずれも離島が少なく，直線的な海岸線が伸びている共通点があります。鳥取県は東部の d 鳥取砂丘に代表されるように，直線的な砂浜海岸が発達しています。

海岸の長さは常に一定というわけではありません。山地面積の割合が高い日本では，利用可能な土地を拡大するために干拓《かんたく》や埋め立てを何度も行い，海岸の地形を改変してきました。干拓では九州の有明海や岡山県の e 児島湾が有名です。埋め立ては，東京湾や大阪湾の沿岸，f 瀬戸内海沿岸などで行われ，臨海型の工業地帯が形成されている場所も多くあります。g 埋め立てには大量の土砂を必要とするため，山地や丘陵地を削ることから，環境への影響も大きくなります。渋谷教育学園幕張中学校のある辺りも埋め立てによってつくられた土地であり，h 昔の海岸の風景は失われています。

このほか，地震や火山活動などの地殻《ちかく》変動によっても海岸線は変化します。そして，i 海岸線の変化は都道府県の面積の増減にも影響します。例えば，沿岸部の埋め立てを行った結果，大阪府の面積が香川県を上回ったことはよく知られた例です。

文中の海岸線に関する数値は国土交通省「海岸統計　平成28年度版」（小数第1位を四捨五入）による

問1　空らん [A] に適する数値を，下記より1つ選び番号で答えなさい。

1　30　　**2**　50　　**3**　70　　**4**　90

問2　空らん [B]・[C] に適する都道府県の組合せとして正しいものを，下記より1つ選び番号で答えなさい。

1　B　熊本県　C　東京都　　2　B　長崎県　C　山形県

3　B　熊本県　C　山形県　　4　B　長崎県　C　東京都

問３　下線部aは**写真１**のように多くの島々がみられる地形で，多《た》島海《とうかい》と呼ばれます。これらの島々はどのようにして形成されましたか。解答用紙のわく内で説明しなさい。

写真１

※該当する自治体のウェブサイトより

問４　下線部bに関して，次の1～3はいずれも鹿児島県にある島です。このうち2021年に周辺の複数の島とともに世界自然遺産に登録された島を，下の図から１つ選び番号で答えなさい。なお縮尺はすべて同じです。

1　　2　　3

問５　下線部cに関して，同様にリアス海岸が特徴的にみられる地域として**誤っているもの**を，下記より１つ選び番号で答えなさい。

1　福井県の若狭湾　　2　岩手県の三陸海岸

3　愛知県の渥美半島　　4　三重県の志摩半島

問６　下線部dに関連して，砂丘地帯でも様々な工夫をすることによって農業が可能となります。鳥取砂丘での農業について述べた文のうち**誤っているもの**を，下記より１つ選び番号で答えなさい。

1　風で砂が飛ばされることを防ぐため，防砂林(砂防林)の設置が必要です。

2　ほとんど雨が降らないため，スプリンクラーを使って散水しています。

3　らっきょう，スイカなどが栽培されています。

4　砂地は水はけが良いため，稲作には不向きです。

問７　下線部 **e** に関して，**図１**のように，児島湾の干拓地と海の間には締切《しめきり》堤防が設けられ，人造の淡水《たんすい》湖である児島湖がつくられています。児島湖の役割は何ですか。この干拓地の産業と関連付けて，解答用紙のわく内で説明しなさい。

図１

※「地理院地図」より作成

問８　下線部 **f** に関して，次の**表１**のＡ～Ｃには瀬戸内海に面した愛媛県，広島県，山口県のいずれかが当てはまります。Ａ～Ｃと県名の組合せとして正しいものを，下記より１つ選び番号で答えなさい。

表１　2018年の工業生産額(億円)

	化学	輸送機械	パルプ・紙	鉄鋼
A	30,556	11,225	1,026	6,810
B	4,559	35,141	1,123	13,237
C	8,711	4,866	5,427	1,141

※『グラフィックワイド地理2022～2023』(とうほう)より作成

1　A　愛媛県　B　広島県　C　山口県

2　A　愛媛県　B　山口県　C　広島県

3　A　広島県　B　愛媛県　C　山口県

4　A　広島県　B　山口県　C　愛媛県

5　A　山口県　B　愛媛県　C　広島県

6　A　山口県　B　広島県　C　愛媛県

問９　下線部 **g** に関連して，兵庫県淡路島の北東部にある淡路夢舞台国際会議場(**写真２**)は山の斜面から土砂を削り取った跡地に建設されています。その土砂は，大阪湾を挟《はさ》んで対岸に位置する，ある海上施設建設のための埋め立てに使われました。1994年にオープンしたこの施設の正式名を答えなさい。

写真２

※淡路夢舞台国際会議場ウェブサイトより

問10　下線部**ｈ**に関して，幕張周辺の埋め立ては終戦後から段階的に進められてきました。下記の＜解答のヒント＞を参考に，埋め立て前の海岸線を**解答用紙の地図中に書き込みなさい**。

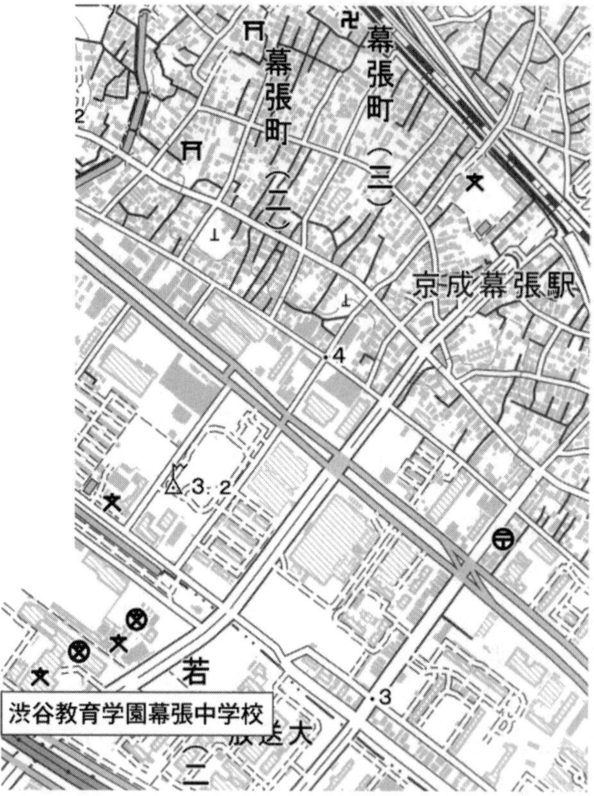

※「地理院地図」より作成

＜解答のヒント＞

・埋め立て前の海岸線は，現在道路になっています。

・埋め立て前の海岸線を境にして，道幅や建物の広さが大きく異なっています。

問11　下線部**ｉ**に関して，海岸線の長さは人工的な埋め立てや干拓，地震などの地殻変動以外の**ある理由**でも変動します。次の**表２**は**ある理由**により，測定された海岸線の長さが変動したために，高知県内の自治体（市町村）の面積が変動したことを示しています。**ある理由**を解答用紙のわく内で説明しなさい。

表 2

県内自治体の面積		2014年10月 (km^2)	2022年 1 月 (km^2)	増減 (ha)
縮小した自治体	土佐清水市	266.34	266.01	−33
	大月町	102.94	102.73	−21
	黒潮町	188.58	188.46	−12
	須崎市	135.44	135.35	−9
	中土佐町	193.28	193.21	−7
	安芸市	317.20	317.16	−4
	東洋町	74.06	74.02	−4
	宿毛市	286.19	286.17	−2
	香南市	126.48	126.46	−2
	四万十町	642.30	642.28	−2
拡大した自治体	室戸市	248.18	248.22	＋4
	高知市	308.99	309.00	＋1
	土佐市	91.49	91.50	＋1
	奈半利町	28.36	28.37	＋1
高知県		7103.91	7103.03	−88

※「高知新聞ウェブサイト」(2022年 4 月25日)より

【理　科】〈第１次試験〉（45分）〈満点：75点〉

注意　• 必要に応じてコンパスや定規を使用しなさい。
• 円周率は3.14とします。
• 小数第１位まで答えるときは，小数第２位を四捨五入しなさい。整数で答えるときは，小数第１位を四捨五入しなさい。指示のない場合は，適切に判断して答えなさい。

〈編集部注：実物の入試問題では，写真はすべて，図も一部はカラー印刷です。〉

1　図１は，1990年代頃まで使用されていた地震《しん》計です。地震計は，東西，南北，上下の３方向の地面のゆれを記録することができます。そのうち上下方向のゆれだけを記録する地震計のしくみを図２に模式図として示します。地面に固定された地震計の支柱の先にはおもりがばねにつるされています。実際の地震計では，おもりが前後左右に動かないように工夫されています。おもりにはペンが付いていて，回転ドラムに取り付けた記録用紙に地面の動きを記録できるようになっています。

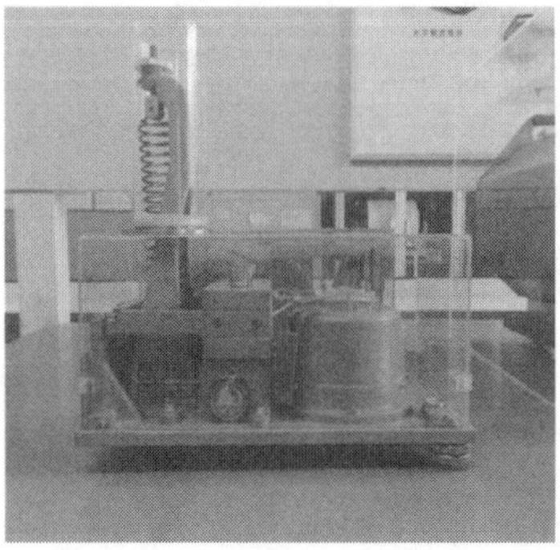

図１　気象庁59式地震計

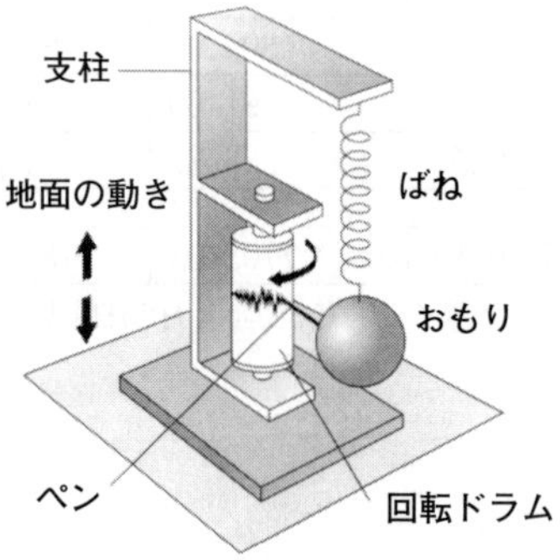

図２　上下方向のゆれを記録する地震計の模式図

(1)　図２のような地震計で，地面の上下のゆれを記録できるしくみを説明した次の文の（　）に適する語句を答えなさい。また，［　］に適する語句を選び○で囲みなさい。

地面が上に動き始めたとき，（ ① ）は地面とともに動かないので，記録用紙には②［上・下］向きに線が記録される。

図３は，地震が起きた場所の地表から地下にかけての断面図です。地下で地震が起きた場所を「震源《しんげん》」，地表における震源の真上の場所を「震央《しんおう》」，観測点から震源までの距離《きょり》を「震源距離」といいます。

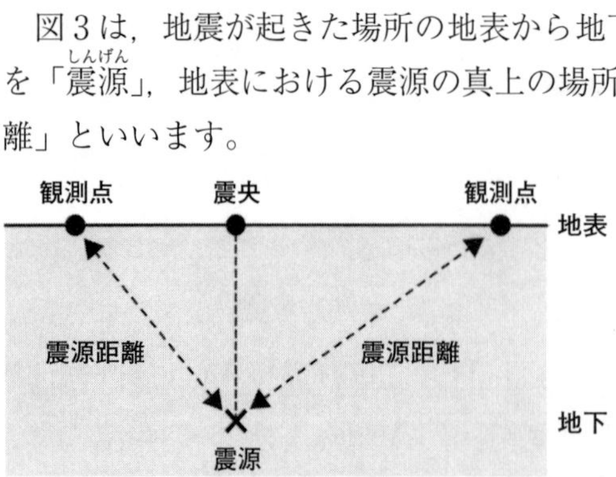

図３

地震が発生したとき，震源からＰ波と呼ばれる波とＳ波と呼ばれる波が同時に発生してすべての方向に進み始めます。しかし，Ｓ波よりもＰ波の方が速いため，観測点にはＰ波の方が先に到達《とうたつ》（地震波が観測点に着くこと）します。小さなゆれのＰ波（初期微動《びどう》）が観測点に到達してから大きなゆれのＳ波が到達するまでの時間差を，PS 時間（初期微動継続《けいぞく》時間）といいます。

ある日，地震が発生しました。平野にある観測点Ａに地震が到達し，地震計により図４のような上下方向の地震波の波形が記録されました。図４では左から右に時間の経過を示しています。上下のふれ幅が大きいほど大きなゆれを表しています。

観測点Ａには，Ｐ波が午前10時30分４秒に到達し，次に遅《おく》れてＳ波が到達しました。観測点Ａの地域では，Ｐ波の速さは秒速６km，Ｓ波の速さは秒速３km であることがわかっています。

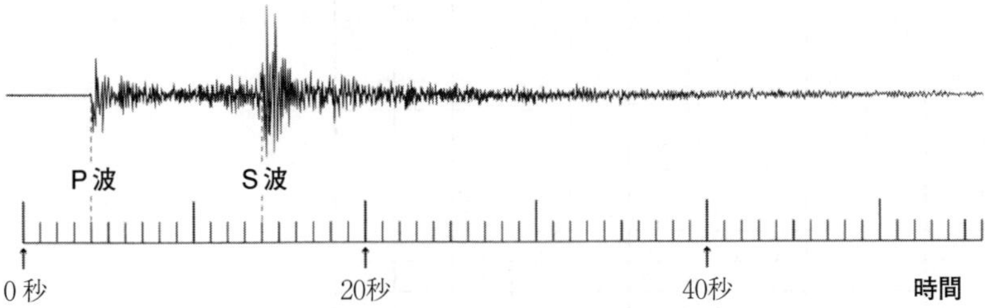

図４

以下の問いでは，図４に示す地震波の地震について考えます。

(2)　観測点Ａにおける震源距離を L（km）とします。L（km）を以下の手順で求めます。

①　Ｐ波とＳ波が震源から観測点Ａまで伝わるのにかかった時間（秒）は，どのような式で表すことができますか。L を使った式でそれぞれ答えなさい。

②　図４から，PS 時間を読み取り何秒か答えなさい。

③　L（km）を求めなさい。

(3)　震源で地震が発生した時刻を求めなさい。

(4)　観測点Ａの地域において，震源距離（km）と PS 時間（秒）の関係を，震源から震源距離70km までグラフをかきなさい。

(5)　図５は観測点Ａの地域の地表面を示しています。平野にあるこの地域では，観測点Ａで地震波が記録されたときに，観測点Ｂと観測点Ｃでも同じ地震の地震波が記録されました。観測点Ｂと観測点Ｃでの PS 時間は，観測点Ａと同じでした。

①　震央の位置を解答用紙の地表面の図上に×印で記入しなさい。作図に用いた線は消さなくてもかまいません。

②　震央から震源までの深さは，震央から観測点Ａまでの距離の何倍になるか答えなさい。

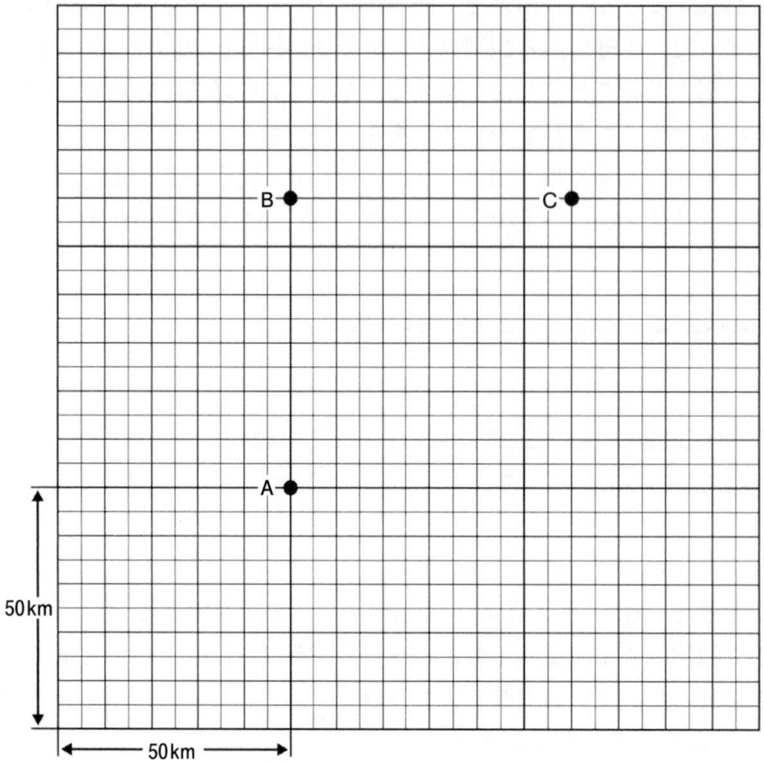

図５　観測点Ａの地域の地表面
観測点の位置は●印で示している。

2　落花生について，次のⅠ，Ⅱを読み，問いに答えなさい。

Ⅰ　落花生は千葉県を代表するマメ科作物で，水はけのよい畑で育ちます。普段《ふだん》，私たちが食べているのは落花生のタネです。タネまきは５月中旬《じゅん》ごろで，７～10日もすると発芽します。タネまきから１か月半～２か月で茎《くき》の地面に近い方から花が咲《さ》き始めます。早朝に咲いて昼にはしぼみますが，花びらが袋《ふくろ》状で，自分の花粉が自分のめしべにつきやすい形なので，開花時間は短くても充《じゅう》分受粉できます。受粉した花の一部は１週間もすると，子房《しぼう》のもとが伸《の》びて“子房柄《へい》”になります。子房柄の先がふくらんで実ができます。開花最盛期までに咲いた花は実になる場合が多く，早い時期に咲いた花ほどよく成長した実になります。開花から70～80日で，実は収穫《しゅうかく》できるまで育ちますが，多くの花は実になれずに終わります。収穫後は，ゆっくり乾燥《かんそう》させてから出荷します。

(1)　落花生の花はどれですか。次から１つ選び，記号で答えなさい。

ア

イ

ウ

エ

オ

カ

(2)　落花生の全体のようすを図１に示します。落花生が実ったときのようすを解答用紙にかき込《こ》みなさい。実は黒丸●で３つ示しなさい。

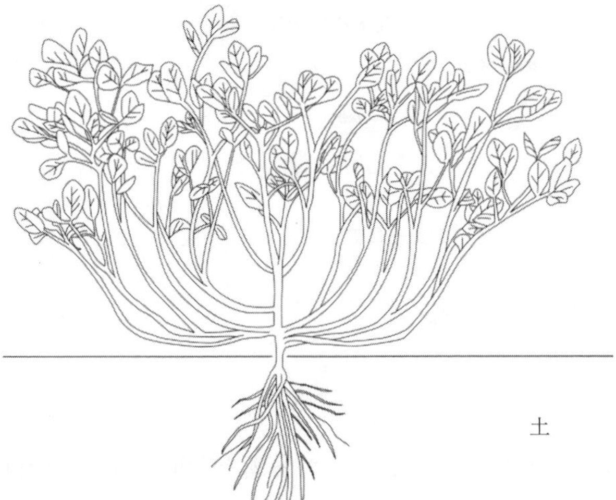

図１

(3)　充分乾燥した落花生の実を図２に示します。実の殻《から》の部分にあるしわは何ですか。次から１つ選び，記号を答えなさい。

ア　小さな根

イ　水を運ぶ管

ウ　表皮の裂《さ》けたあと

エ　がく

オ　葉が付いていたあと

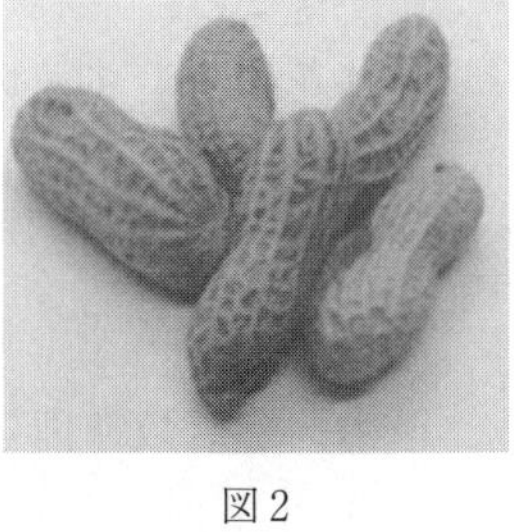

図２

植物は，根から取り入れた水と，気孔《きこう》から取り入れた二酸化炭素から，生育に必要なデンプンなどをつくる光合成を行います。さらに，光合成でつくった物質と，水に溶《と》けたちっ素を含む化合物（ちっ素化合物と呼びます。化合物については，参考を読んでください）から，生育に必要なタンパク質をつくります。

植物が外界から物質を取り入れる方法は２つです。１つは気孔から取り入れる方法です。気孔から入った二酸化炭素は専用のしくみでとらえられ，別の化合物に変化します。もう１つは，根で水とともに溶けた物質を吸収する方法です。一般《ぱん》に，作物を育てる時，ちっ素，リン，カリウムなどを含む化合物の肥料を定期的に与《あた》えます。ふつうの植物は，空気の80％近くを占める気体のちっ素を利用できないためです。

一方，落花生はちっ素化合物を多く与えなくても育つ作物と言われます。落花生は，根りゅうと呼ばれる小さなコブに，ある種の細菌《きん》を住まわせています。気体のちっ素はとても安定していて，簡単に化合物に変化できませんが，この細菌は，気体のちっ素をアンモニアなどのちっ素化合物に変えることができます。ちっ素化合物を多く含んだ畑より少ない畑の方が，この関係が活発に行われます。生育初期の落花生は，土の中のちっ素化合物も利用しますが，やがて細菌からのちっ素化合物を多く利用してタンパク質をつくるようになります。このように，落花生は細菌に助けてもらいながら育つ作物です。

（参考）　物質は，原子と呼ばれる粒《つぶ》でできています。気体の水素とは水素原子２つが結びついた物質，気体のちっ素とはちっ素原子２つが結びついた物質です。異なる種類の原子が結びついた物質を化合物と呼びます。例えば，気体の水素と気体のちっ素に高温と高圧を加えてアンモニアというちっ素化合物をつくることができます。

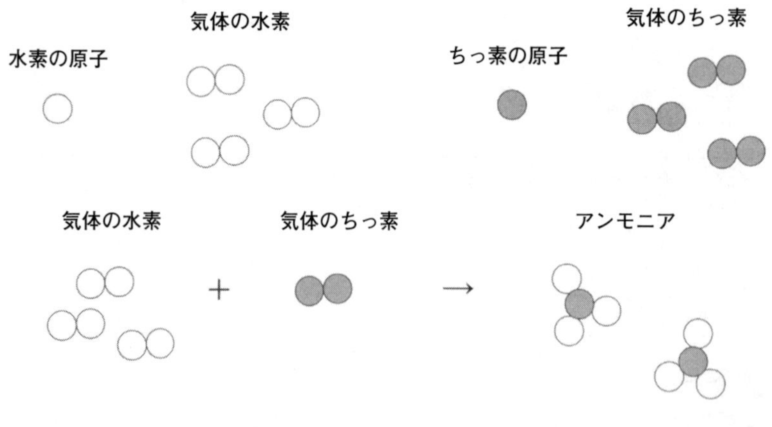

(4)　細菌を根りゅうに住まわせていないふつうの植物が，気体のちっ素を利用できないのはなぜですか。植物が外界から物質を取り入れる２つの方法に注意して，気体のちっ素の性質を２つ述べなさい。

落花生を育てるのに，元肥《もとごえ》のちっ素化合物がどのように影響《えいきょう》するのでしょうか。元肥とは，植え付け前に土に混ぜ込む肥料を指します。

＜実験＞

落花生の苗《なえ》を準備した。１つの植木鉢《ばち》あたり土６kgを入れ，１株植え付けた。このような植木鉢を複数準備した。与える肥料は元肥のみで，含まれるちっ素化合物量の条件は，実験区Ｎ０（１鉢あたり０ｇ），Ｎ１（同１ｇ），Ｎ３（同３ｇ）の３種類とした。ちっ素化合物以外の肥料は，どの落花生も同じくらい吸収できるように調整し，生育を調査した。なお，測定した値はすべて平均値を示す。

＜結果１＞　実験区Ｎ０，Ｎ１，Ｎ３について，１株あたりの毎日の開花数を図３に示します。矢印(↓)は開花最盛期の８月中旬の調査日を示します。

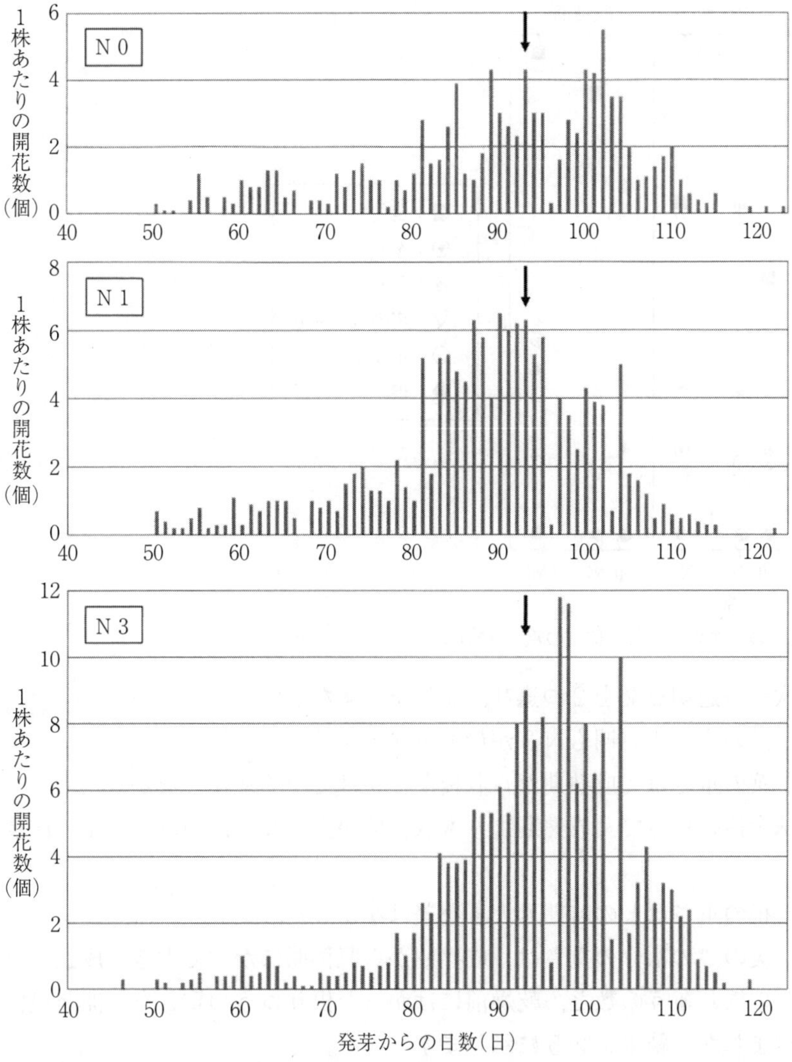

図３　各実験区の１株あたりの開花数

(5)　これまでの内容と図３をふまえて，次の(i)～(iii)において最も適切な選択肢《せんたくし》をそれぞれ選び，記号を答えなさい。

(i)　合計の開花数の多い順にＮ０，Ｎ１，Ｎ３を並べるとどのような関係になりますか。ただし，Ｎ０＞Ｎ１とは，開花数はＮ０の方がＮ１よりも多かったという意味です。

ア　Ｎ０＞Ｎ１＞Ｎ３　　イ　Ｎ０＞Ｎ３＞Ｎ１

ウ　Ｎ１＞Ｎ３＞Ｎ０　　エ　Ｎ１＞Ｎ０＞Ｎ３

オ　Ｎ３＞Ｎ１＞Ｎ０　　カ　Ｎ３＞Ｎ０＞Ｎ１

(ii)　開花最盛期以降に開花した花が一番多いのはどれですか。

ア　Ｎ０　　イ　Ｎ１　　ウ　Ｎ３

(iii)　全ての花のうち，実になる場合が多いのはどちらですか。

　ア　開花最盛期以前の花　　イ　開花最盛期以降の花

＜結果２＞　乾燥させてはかった１株あたりの全体の重さと部位別の重さを，開花最盛期（８月中旬），成熟期（９月中旬），収穫期（10月中旬）に調べました。結果を図４に示します。

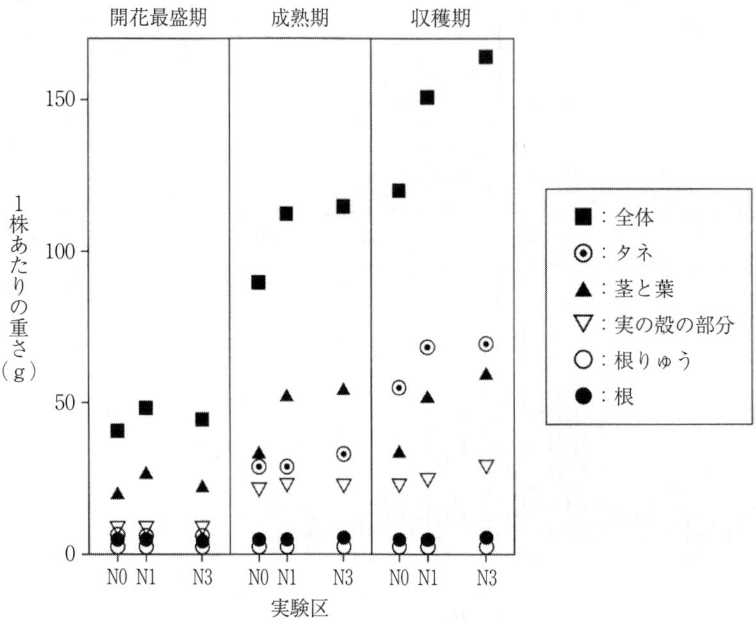

図４　各実験区の１株あたりの全体の重さと部位別の重さ（乾燥させてはかった重さ）

(6)　図４をふまえて，次から適切な文を２つ選び，記号を答えなさい。

　ア　１株全体の重さは，いずれの時期もＮ３が最も重かった。

　イ　Ｎ１とＮ３の茎と葉の重さは，成熟期から収穫期にかけて全く変化しなかった。

　ウ　Ｎ０とＮ１の１株全体の重さで，成熟期よりも収穫期が重くなったのは，タネの成長によるところが大きい。

　エ　全ての実験区で，根の重さはどの時期も大きな差はなかった。

　オ　全ての実験区で，実の殻の部分の重さは，成熟期から収穫期にかけて大きく成長した。

＜結果３＞　１株あたりの根りゅうの数と，乾燥前にはかった根りゅうの重さを，開花最盛期，成熟期，収穫期に調べました。結果を図５に示します。

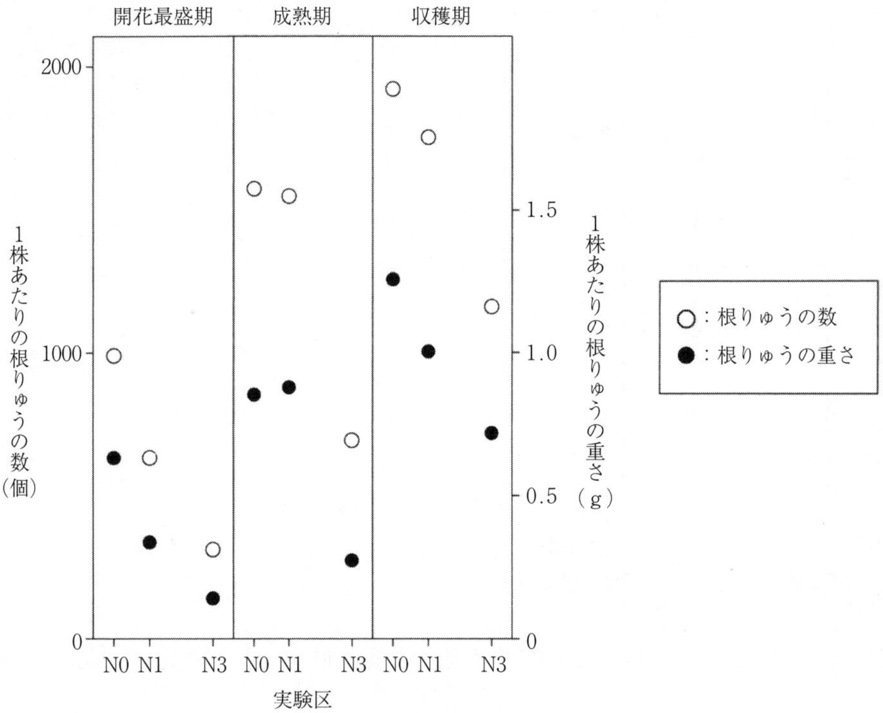

図５　１株あたりの根りゅうの数と乾燥前の根りゅうの重さ

(7)　図５をふまえて，次から適切な文を２つ選び，記号を答えなさい。

ア　全ての実験区で，開花最盛期から収穫期まで根りゅうの数は増加しつづけた。

イ　どの時期でも，Ｎ０の根りゅうの数はＮ３の２倍以上だった。

ウ　どの時期でも，根りゅうの数はＮ０が最も多かった。

エ　どの時期でも，根りゅうの重さはＮ０が最も重かった。

オ　成熟期から収穫期にかけての根りゅうの重さが，最も大きく変化するのはＮ１だった。

＜結果４＞　１株にできた子房柄が実になった割合（％）を収穫期に調べました。結果を図６に示します。

＜結果５＞　収穫期に実を採り，乾燥前の１個あたりの重さを調べました。結果を図７に示します。

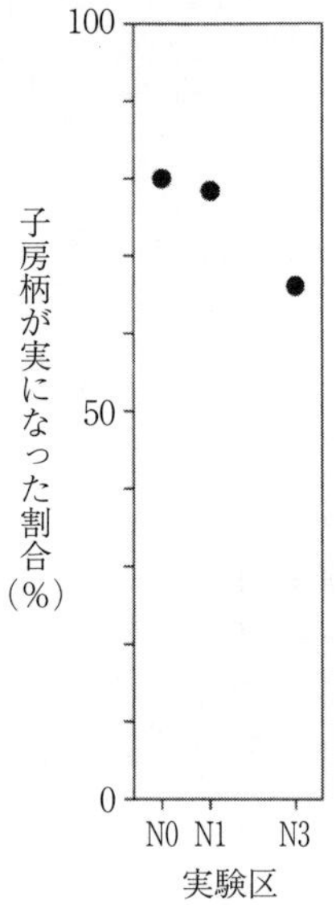

図６　１株にできた子房柄が実になった割合

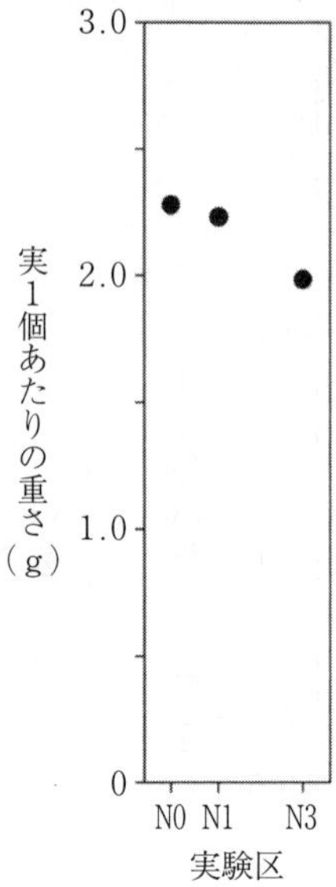

図７　乾燥前の実１個あたりの重さ

(8)　図６，７をふまえて，次の(i)，(ii)において最も適切な選択肢をそれぞれ選び，記号を答えなさい。

(i)　子房柄が実になった割合が最も大きい実験区はどれですか。

ア　N０　　イ　N１　　ウ　N３

(ii)　収穫期で，乾燥前の実１個あたりの重さが最も重い実験区はどれですか。

ア　N０　　イ　N１　　ウ　N３

(9)　実験結果からわかることを説明する文として適切なものを２つ選び，記号を答えなさい。

ア　１株全体が重かった実験区の落花生は，子房柄が実になった割合が大きく，実も重かった。

イ　合計の開花数が多かった実験区の落花生は，根りゅうの数が多く，根りゅうも重かった。

ウ　開花最盛期以降の花が多かった実験区の落花生は，子房柄が実になった割合が大きく，実も重かった。

エ　ちっ素化合物の元肥を与えなかった実験区の落花生は，根りゅうの数が少なく，根りゅうも軽かった。

オ　ちっ素化合物の元肥を多く与えた実験区の落花生は，根りゅうの数が少なく，根りゅうも軽かった。

カ　根りゅうの数が多かった実験区の落花生は，子房柄が実になった割合が大きく，実も重かった。

Ⅱ　購《こう》入した食用の落花生の袋《ふくろ》には，図８のような表記がされていました。図８の可食部とは，落花生のタネを指します。

図８中にある kcal という単位はキロカロリーと読み，１kg が1000ｇを表すように，１kcal は1000cal を表しています。カロリーは日常生活でよく使われるエネルギーの単位です。１cal は，１ｇの水の温度を１℃上昇させ

栄養成分表示　可食部100ｇ当たり	
エネルギー	621kcal
たんぱく質	23.3ｇ
脂《し》質	51.4ｇ
炭水化物	20.6ｇ
一糖質	12.0ｇ
一食物繊維《せんい》	8.6ｇ
食塩相当量	0.0ｇ

図８

るのに必要なエネルギーと定義されます。私たちの体を動かすにはエネルギーが必要で，その源は食品です。私たちは，食品を消化・吸収した栄養成分を利用してエネルギーを取り出しています。このエネルギー量は，食品に含まれる栄養成分が燃焼したときに生じるエネルギーと同じ量です。次のような実験を行って落花生1gがどれぐらいエネルギーをもつか確かめてみます。図8のエネルギーは，ヒトが消化・吸収できる栄養成分がすべて利用されたときに得られる量を示しています。

＜実験＞　表面のコーティングをはがした乾《かわ》いたアルミ缶《かん》を用意し，図9のようにアルミ缶のタブにひもを通してつるし，中に水50gを入れ，温度計で初めの水の温度を測ります。そのとき，温度計の先端《たん》がアルミ缶の底に触《ふ》れないように，温度計も糸でつり下げておきます。

次に薄《うす》皮をむいた落花生のタネ1粒の重さをはかり，図9のように柄《え》つき針の先端に落花生を突《つ》き刺《さ》して固定し，ガスバーナーであぶって引火させます。引火したらすぐにガスバーナーから離《はな》し，つってあるアルミ缶の底の中央に燃えている落花生の炎《ほのお》を当て，温め始めます。

炎が消えるまで2分以上燃え続けました。燃焼後すぐにアルミ缶の水の温度を測定しました。その結果が表1です。

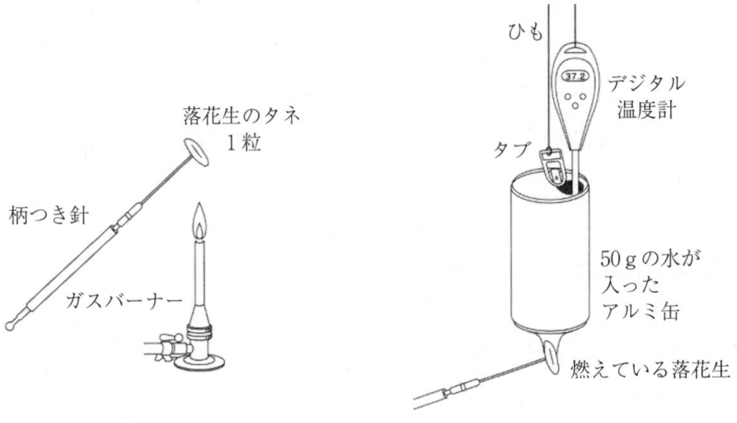

図9

落花生の燃え方をよく観察すると，引火した直後はろうそくと同じような黄色い弱々しい炎でしたが，すぐに落花生全体をおおう大きな炎となりました。途《と》中から黒いすすが多く発生し，燃え切った後の落花生は黒い炭となりました。その炭はさわるとすぐ割れて，割れ目を虫眼鏡で観察すると小さな無数の穴が空いていました。

＜結果＞　落花生のタネ1gあたりから発生するエネルギーとは，水が吸収したエネルギーを落花生のタネ1gあたりに換《かん》算したものです。

表1

	落花生のタネ1粒の重さ	初めの水温	終わりの水温	水の上昇温度	水が吸収したエネルギー	タネ1gあたりから発生するエネルギー
1回目	0.70g	28℃	69℃	℃	kcal	kcal
2回目	0.98g	29℃	76℃	℃	kcal	kcal
3回目	0.66g	29℃	67℃	℃	kcal	kcal
4回目	0.81g	28℃	73℃	℃	kcal	kcal
5回目	0.63g	26℃	62℃	℃	kcal	kcal

(1)　1回目から5回目のデータの中で，柄つき針の固定が不十分で，燃焼中に落花生を落として

しまい，また刺し直して燃やしたデータが１つあります。何回目のデータか答えなさい。

(2)　残りの４つのデータより，落花生のタネ１ｇあたりから発生するエネルギーの平均値(kcal)を小数第１位まで答えなさい。

(3)　図８のエネルギーの量に対して，(2)のデータでは何％のエネルギーを取り出せましたか。整数で答えなさい。

(4)　(3)の数値をより高くするために，この実験を改良することにしました。どのように改良したらよいですか。具体的な方法を説明しなさい。

(5)　改良した実験装置で，落花生から発生したエネルギー量を計算すると，図８のエネルギー量より大きくなりました。これはなぜですか。最も影響《えいきょう》を与えた栄養成分を次から１つ選び，その栄養成分について他の栄養成分との違いがわかるように説明しなさい。

［たんぱく質　　脂質　　糖質　　食物繊維］

(6)　落花生は一度火がつくと２分以上燃え続けてやがて炭になります。この現象を説明した次の文の(　)に適する語句を答えなさい。また，［　］に適する語句を選び○で囲みなさい。

落花生をガスバーナーであぶるとすぐに引火します。落花生には(　①　)が50％以上含《ふく》まれています。あぶられた落花生では，表面の(　①　)がとけだしてすぐに，ガスバーナーの熱で(　②　)して(　③　)と触れて引火します。引火後は，落花生内部の(　①　)が植物の繊維組織を④［気体・液体・固体］の状態で外へ向かって通過していき，表面で燃えます。落花生の燃焼は(　①　)がなくなるまで続きます。これはろうそくのろうがとけ，芯《しん》を通過する現象と似ています。燃焼後の落花生は炭になり，その内部には無数の穴が見られます。

3　この問いでは数値を答える際，特に指示がない場合は整数で答えなさい。

としさんは，図１のように天井に滑車《かっしゃ》を取り付けて，ひもの片方の端《はし》を丸太に付け，もう片方の端をモーターで巻き取って丸太の片側を引き上げるとき，できるだけ短い時間で引き上げるには，どのようなモーターを選ぶとよいか考えることにしました。

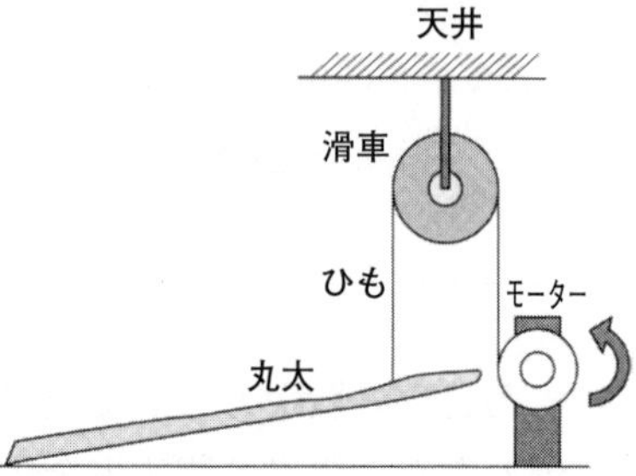

図１

そこで，まずはてこの原理と重心について調べ，［実験１］～［実験３］を行いました。

＜てこの原理＞

図２の重さの無視できる軽い棒がつりあっているとき，支点を中心に時計回りに回転させようとする力Ａと反時計回りに回転させようとする力Ｂは，以下の関係式が成り立ちます。

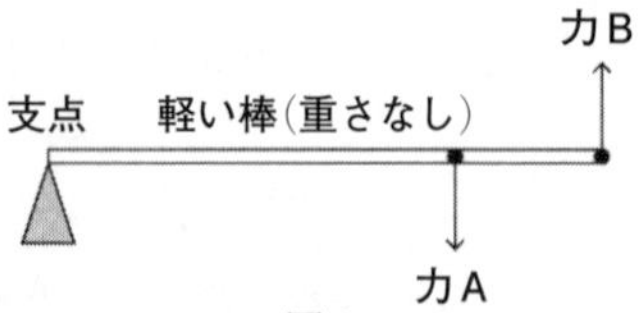

図２

「力Ａの大きさ」×「支点から力Ａがかかる位置までの距離《きょり》」
＝「力Ｂの大きさ」×「支点から力Ｂがかかる位置までの距離」

＜重心＞

重心とは，その物体の重さが一点にかかっていると考えたときの位置のことです。

例えば，図３の太さの一様でない棒Ａは，重さの無視できる軽い棒の一点に棒Ａと同じ重さのおもりがつり下げられていると考えることができます。重心の位置は物体の形で決まります。

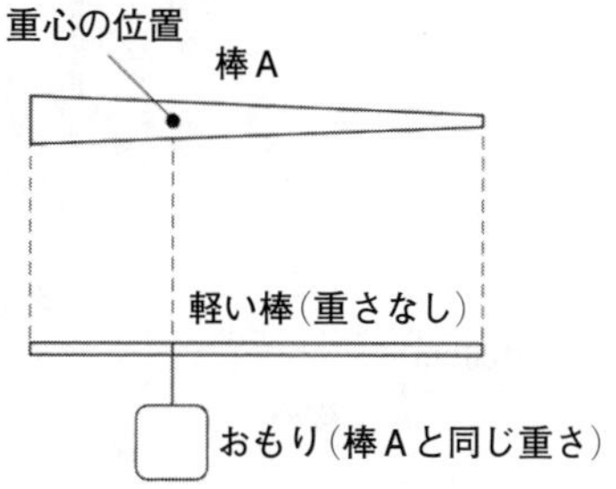

図３

［実験１］

図４のような太さの一様でない長さ40cm，重さ500ｇの棒Ａを用意します。この棒Ａの右端にひもを付けて，わずかに引き上げます。ひもの反対側に取り付けたおもりの重さを100ｇにするとつりあいました。

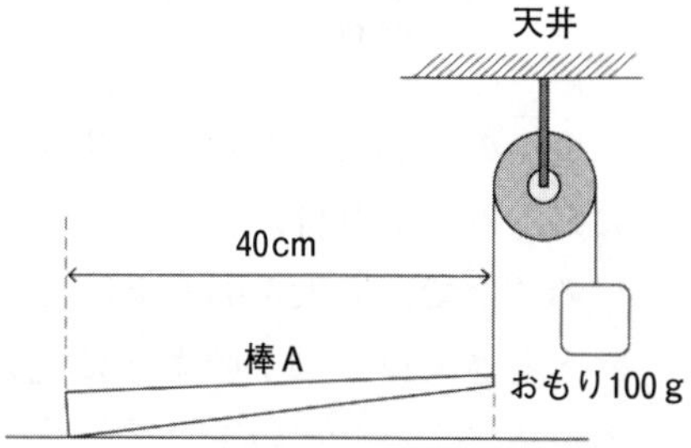

図４

(1)　(i)　図５のように棒Ａの左端にひもを取り付けておもりをつるすとき，何ｇのおもりをつるすとつりあうか答えなさい。

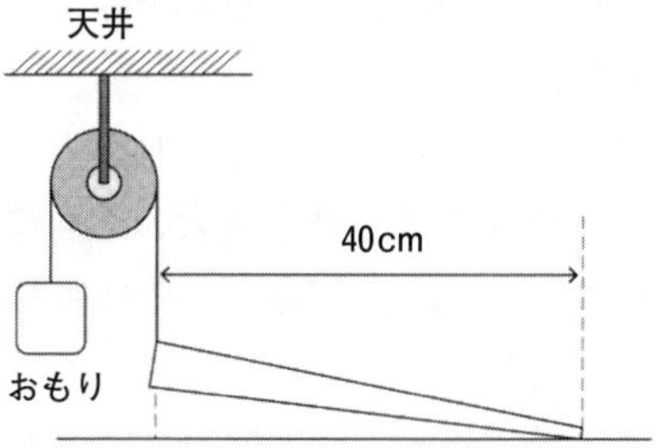

図５

(ii)　図６のように棒Ａを水平につるしました。このときのひもの位置から棒Ａの左端までの距離は何cmか答えなさい。

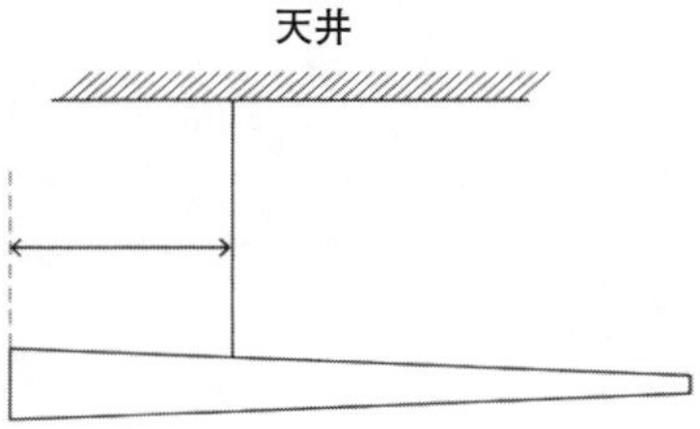

図６

［実験２］

長さ400cm，重さ300kgの丸太を用意します。［実験１］の方法で重心の位置を調べると，丸太の端(図７のＰ)から100cmの位置にあることがわかりました。

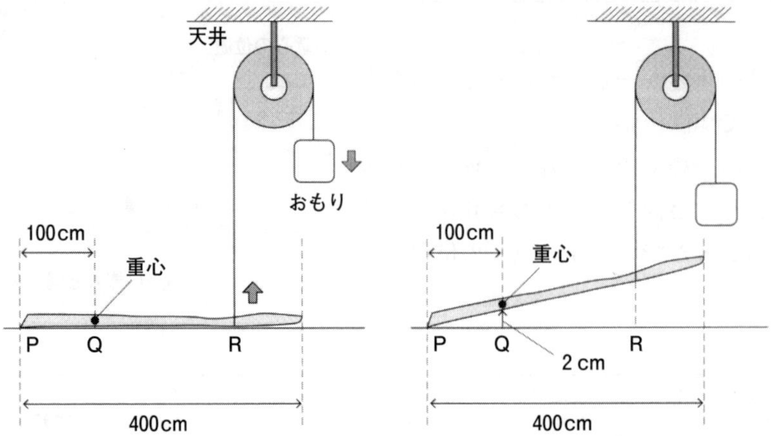

図７

丸太の重心よりも右側にひもを取り付け，ひもの反対側を滑車に通し，丸太がつりあうようにおもりを取り付けます。このとき，丸太は点Ｐで地面と接しています。このおもりを引き下げることで，丸太を引き上げます。

としさんは，図７のように丸太の重心を地面から２cm引き上げるときに，ひもを取り付ける位置によって次の①，②，③の値がどのように変化するか調べました。

①：丸太がつりあうおもりの重さ。単位はkg。

②：重心を地面から２cm引き上げるとき，おもりを引き下げる距離。単位はcm。

③：①と②を掛《か》け算した値。仮に①が４kg，②が３cmのとき12となる。

図７のように，地面に常に触《ふ》れている丸太の左端をＰ，重心から地面に下ろした点をＱ，ひもを取り付けた部分から地面に下ろした点をＲとします。引き上げられた丸太の地面に対する傾《かたむ》きは非常に小さいため，丸太の重心が２cm地面から離れるまで，PQとPRの距離はそれぞれ変わらないものとします。

例えば図８のように丸太の端にひもを取り付けて重心を２cm引き上げる間，常にPQは100cm，PRは400cmとみなせるので，おもりを８cm引き下げればよいことになります。

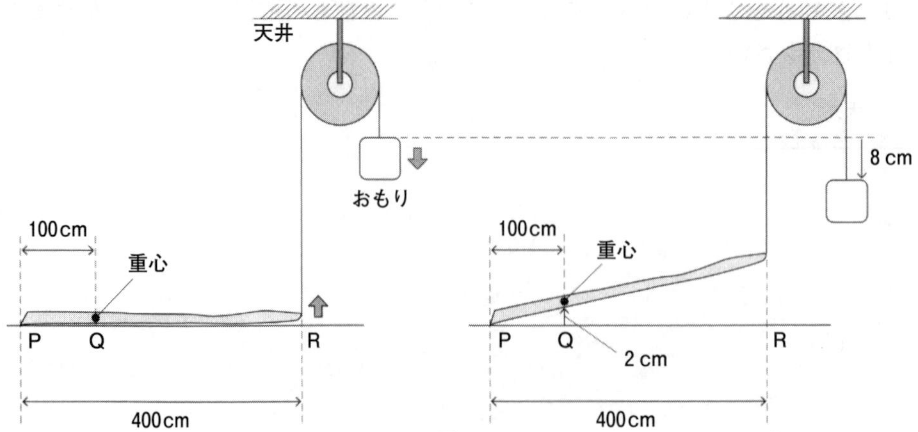

図８

(2)　PR＝200cmのときの①，②，③の値を答えなさい。

(3)　PRの長さを100～400cmの範囲《はんい》で変えたとき，PRの長さと①，②，③の関係を表すグラフとして最も適切なものを次からそれぞれ選び，記号を答えなさい。ただし，同じグラフを選んでよいものとします。

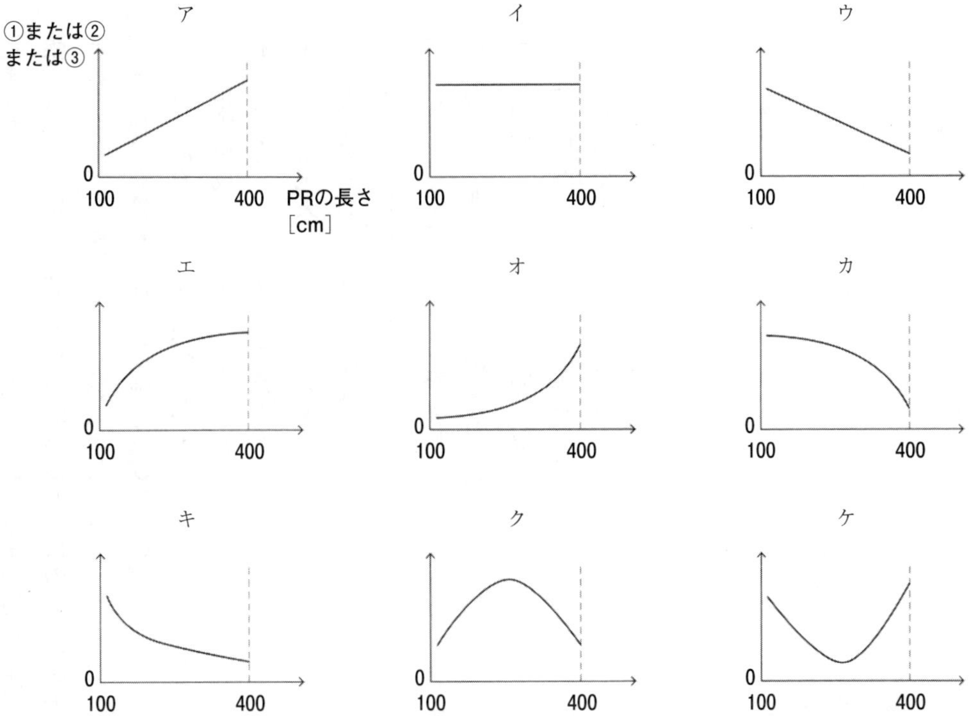

［実験３］

としさんは複数のモーター(あ)～(け)を用意し，図９のようにおもりを持ち上げるときの以下の２つの値を調べました。

・モーターが引き上げることのできるおもりの重さの最大値M[kg]

・モーターが１秒間に巻き取るひもの長さL[cm/秒]

これらのモーターは，おもりの重さがM[kg]を超《こ》えると動かなくなります。M[kg]以下のときL[cm/秒]は一定です。各モーターの性能を表１に示します。

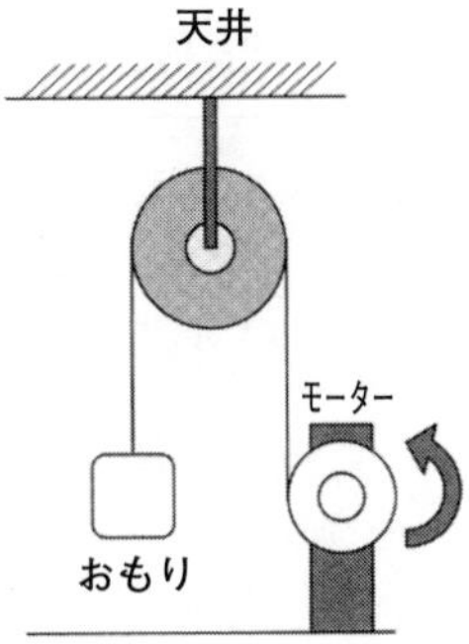

図９

表１

モーターの種類	(あ)	(い)	(う)	(え)	(お)	(か)	(き)	(く)	(け)
M[kg]	280	260	240	220	200	180	160	140	120
L[cm/秒]	0.2	0.3	0.4	0.5	0.6	0.7	0.8	0.9	1.0

としさんは［実験２］の丸太を，おもりの代わりにモーターで持ち上げました。図10のようにモーターを使い，重心を２cm引き上げるのにかかる時間ができるだけ短くなる位置にひもを取り付けて，モーターごとにこの時間を測定しました。この時間をT秒とします。

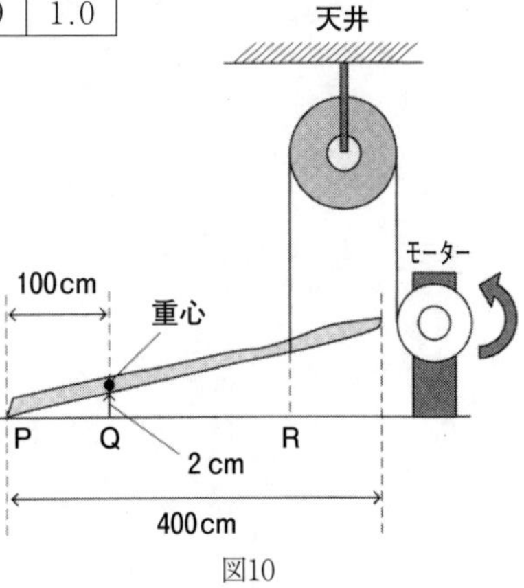

図10

(4)　(i)　モーター(お)を用いるときの，Tの値を答えなさい。

(ii)　(あ)～(け)の各モーターのうち，Tが最も小さくなるモーターと，最も大きくなるモーターをそれぞれ１つ選び，記号を答えなさい。

ま、またひらりと一さじ、スウプを小さなお唇のあいだに滑り込ませた。ヒラリ、という形容は、お母さまの場合、決して誇張では無い。婦人雑誌などに出ているお食事のいただき方などとは、てんでまるで、違っていらっしゃる。

(一) Ⓐの作品を書いた作家の名前を選びなさい。

ア　夏目漱石　　イ　谷崎潤一郎
ウ　川端康成　　エ　芥川龍之介
オ　太宰治　　カ　志賀直哉
キ　三島由紀夫　　ク　村上春樹
ケ　大江健三郎　　コ　中島敦

(二) Ⓐの作品名を選びなさい。

ア「坊っちゃん」　　イ「春琴抄《しゅんきんしょう》」
ウ「伊豆の踊子」　　エ「蜘蛛《くも》の糸」
オ「津軽」　　カ「暗夜行路」
キ「金閣寺」　　ク「走れメロス」
ケ「人間失格」　　コ「斜陽」

「私」の心情の解釈として適当なものを**二つ**選びなさい。

ア　これまでの「私」は息子の誕生を素直に喜べなかったが、順調に成長した息子が、いずれ直面する死に向き合えるように、祖母から母へ、母から自分へと代々語り継がれてきた「鳥の話」を、途絶えさせずに受け継がせたいと思っている。

イ　これまでの「私」は不気味な「鳥の話」を素直に受け容れられなかったが、話の由来がはっきりしたことで幼い頃の家族の思い出と結びついて愛着が芽生え、話の内容が理解できる年頃までに成長した息子にも語って聞かせたいと思っている。

ウ　これまでの「私」は夫に裏切られて別れた母が、夫が強制連行されて殺される話を、子供に語る意味がわからなかったが、子供が生まれて自分も母になったことから理解できるようになり、母と同じように子供に語って聞かせたいと思っている。

エ　これまでの「私」は弟の死を十分に受容できなかったが、息子の順調な成長によって徐々に受け容れられるようになり、「鳥の話」を息子に語り継ぐことで、理不尽な死を迎えた弟の存在を、息子とともに感じつづけていたいと思っている。

オ　これまでの「私」は祖母や母とは違って夫を失ってはいないために、「鳥の話」を語る気にもならなかったが、夫も子供も自分もいつ死ぬのかわからない運命だと悟り、自分のルーツである貴重なアイヌの民話を伝えておきたいと思っている。

問七　この文章の構成の特徴を説明したものとして、最も適当なものを選びなさい。

ア　最初は、謎の子守り歌として「鳥の話」から本文が始まり、その後、「私」が青森やアイヌの民話を調べたことで、「私」の母や祖母がなぜ「鳥の話」を子供たちに話したのかが最後になってわかる構成になっている。

イ　何の断りもなく、いきなり「おまえのお父さんはまだ帰らない」という「鳥の話」から本文が始まることで、読者もまた父親の死に直面して、登場人物の「私と弟」と同じレベルで恐怖を感じる構成になっている。

ウ　最終的に「私」は、民話や歌を調べたことで「鳥の話」の由来を知っているのだが、幼い頃に母から聞いた謎の子守り歌の思い出から語り始めることで話の衝撃的な内容が読者の印象に強く残る構成になっている。

エ　「母」が「お父さん」が殺されて「首なし鳥」になる話を子守り歌として語っていたことから本文をはじめ、のちに実の父が浮気をして去ったことを語ることで深い恨みが込められているとわかる構成になっている。

問八　この小説の作者・津島佑子の父親は、青森県北津軽郡金木《かなぎ》出身で、たびたび自殺・心中未遂を起こしたり、薬物中毒になったりという乱脈な生活をしたことから、戦後「無頼派」と呼ばれた日本文学史を代表する著名な作家であり、Ⓐは彼の代表作の冒頭部分である。以下の問題に答えなさい。

Ⓐ　朝、食堂で、スウプを一さじ、すっと吸ってお母さまが、
「あ。」
と幽《かす》かな叫び声をお挙げになった。
「髪の毛？」
スウプに何か、イヤなものでも入っていたのかしら、と思った。
「いいえ。」
お母さまは、何事も無かったように、またひらりと一さじ、スウプをお口に流し込み、すましてお顔を横に向け、お勝手の窓の、満開の山桜に視線を送り、そうしてお顔を横に向けたま

になった弟の幼い呼び声がなつかしくて、私は微笑を浮かべ、耳を傾ける。

弟はもう戻ってこないのかもしれない。でも、私にはまだわからない。私の子どもがこの先いつ死ぬのか、夫が、私自身が、いつ死ぬのか、だれにもわからないように。

《注》

（＊）アイヌ…現在、主として北海道に居住する少数民族。

問一　＝＝部(a)・(b)のカタカナを漢字に直しなさい。

問二　――部①「とてもこわいお話だった」とあるが、どのようなところが「こわい」のか。説明として**適当でないもの**を**二つ**選びなさい。

ア　「お父さん」が強制的に連れて行かれ、暴力で脅《おど》されて無理やり奴隷として魚を捕らされた挙げ句、殺されて首のない鳥になってしまうところ。

イ　自分の住んでいる国のとなりに、自分たちを突然拉致《らち》するうえに、そこに行けば必ず死んでしまうというおそろしい国があると知らされたところ。

ウ　若くして夫を亡くした「お話」の中の母の、ときが経《た》っても癒《い》えることなく、毎日悲嘆に暮れて泣きながら子供を育てる悲しみが強く伝わってくるところ。

エ　「となりの国の人たち」が、父親に食事の間も寝る間も許さず、海の冷たさで手足から出血しても、倒れ、病気になっても棒で殴って働かせるところ。

オ　棒で殴られて体中から血を流した「お父さん」が、人間の血のにおいが大好きなサメのいる海の中に入れられて、サメに食べられて死んでしまうところ。

問三　――部②「父という言葉とは無縁の、ただのきっかけだ」とあるが、どういうことか。説明として最も適当なものを選びなさい。

ア　「父」は、法律上の父ではないために、家族の一員として感じることができず、他人としてしか意識できないが、確かに自分がこの世に生まれてくるのに必要な存在だということ。

イ　「父」は、自分たちを裏切って別の女を作って家を出てしまい、「私」はそれを恨んでいるために、自分が生まれるのに必要だっただけの存在で父親とは認められないということ。

ウ　「父」は、「私」が生まれたときにはもういなかった人であり、その不在を物足りなく思ったこともない生物学上「私」となる受精卵を誕生させただけの無関係な存在だということ。

エ　「父」は、物心のつかないうちにいなくなっており、親子らしい交流の記憶は特になく、自分がこの世に生まれるのに必要だっただけの愛憎の感情すら湧かない存在だということ。

オ　「父」は、「私」の弟が生まれて間もなく母のもとから去った、お父さんと呼んだことも口ゲンカをしたこともない関心の持てない存在であり、父親とは認められないということ。

問四　――部③「寝床で聞きながら手をつないでいた幼い弟が、私の頭のなかで、首なし鳥の姿になって羽ばたきつづけている」とあるが、どういうことか。「私の頭のなか」で想像されていることを、なぜ、それを想像することになったのかという理由も含めて具体的に説明しなさい。

問五　――部④「子どもが生まれたときに、私は夫の顔を見て泣いた」とあるが、このときの「私」はどういう心情になっているのか。説明しなさい。

問六　――部⑤「泣く代りに、私は母から聞いた『お話』をそのころから、私の子どもに聞かせはじめた。九歳になろうとする私の子どものために聞かせておきたかった」とあるが、このときので、私のクラスの全員が弟をよく知るようになった。おまえの弟！　あんたの弟！　クラスのみんなが、そう言って、私をからかう。それでも私は弟のそばから離れなかった。運動の苦手な弟のために、家で体操のコーチになってやったこともある。学年の代表に弟が選ばれて、終業式に生徒全員の前で、転任になった先生のための「送る言葉」を弟が読んだとき、私は心配のあまり、気分が悪くなってしまった。私の弟。私だけの弟なのだった！

　この子は死なないよ、死ぬはずがないんだよ。私の夫は辛棒強く、まるでちょうど子守り歌をうたうように、私に言い聞かせつづけた。私は信じなかった。弟だって、死ぬはずがなかったのだ。でも三年経って、私の泣く回数は減りはじめた。六年経って、たまにしか泣かなくなった。⑤**泣く代りに、私は母から聞いた「お話」をそのころから、私の子どもに聞かせはじめた。九歳になろうとする私の子どものために聞かせておきたかった**。

——おまえのお父さんはまだ帰らない。……

すると、子どもは変な顔をしてつぶやく。

——ぼくのお父さん、いっつも帰ってくるよ。

私は無視して、「お話」をつづける。

——……毎日、私はおまえを泣きながら育てています。おまえのお父さんはとなりの国の人たちに連れられて行きました。……

——それ、だれの話？　おまえって、ぼくのことじゃないね。

私はなにを言われても知らんふりをしている。

——……でも、おまえのお父さんが言い残していった通りに、今、気持のいい軽い風が海から吹いてきた。なんてさわやかないい風なんでしょう。私は急いで、海辺に走って行きます。沖のほうから、鳥の群れが飛んできます。私は息もできなくなり、鳥の群れを見つめます。ようやく先頭の鳥が見えてきた。私は心臓も止めて、先頭の鳥を見つめつづけます。白い羽根が大きくはばたいている。だけど、白い胴からまっすぐ伸びているはずの頭がない。……

　……首のない鳥になってしまった私の弟！　私の弟がようやく、私のもとに戻ってきてくれた。翼の羽ばたく音が、私の耳にひびいてくる。首のない鳥は私の頭上をまわりはじめる。真白な翼がまぶしい。翼の風が、私のまわりに渦巻く。まだ、死ぬはずじゃなかったのに死んでしまったので、首のない鳥の神さまになった私の弟！　ねえ、聞いて、お姉ちゃん、聞いて、といつも私から離れずにしゃべりつづけていたから、今でも私に言いたいことが多すぎて、だからいっそ、首を捨ててしまった私の弟！　首のない鳥の翼から大粒の涙が光りながらしたたり落ちてくる。その涙で、私の頭、肩、胸、手が濡れていく。翼の風が、私の体を凍らせる。羽音が耳にひびく。弟の声が羽音とともに聞こえてくる。

　お姉ちゃん！　お姉ちゃん！

　私も叫ぶ。

　私はここだよ！

　そのとたん、首のない鳥の神さまになった私の弟は空高く舞いあがり、沖のほうにまっすぐ飛び去っていく。弟の涙に濡れたまま、私は砂浜で泣きつづける。……

　そうして、私の子どもは九歳になった。弟のようには死ななかった。私の子どもは十歳を過ぎても十二歳になっても死ななかった。そして、首のない鳥になった私の弟は沖のほうに飛び去って行った。

　でも、ときどきあの翼の音が今でも私の耳を打つ。すると、私の体は翼からしたたり落ちる弟の涙でびしょ濡れになる。翼の風で凍りつく。

　お姉ちゃん！　お姉ちゃん！

弟の声が聞こえてくる。弟の声は変わらない。首のない鳥の神さまわれて、本当になぜなんだろう、とうろたえてしまった。老いた母にも、なにげなく聞いてみた。母はいとも簡単に答えただけだった。

　私のお母さんが話してくれたから、私もあんたに話してやったんですよ。

　私の祖母は青森から東京に出てきた人だった。祖父は埼玉に生まれ、東京の学校を卒業して以来、東京の会社で働き、私の母がまだ赤ん坊のころに、事故で死んでしまった。それだけのことを思い出し、私はまず青森に伝わる民話の本を買ってきた。私の探す「鳥の話」は見つからなかった。つづけて、埼玉の民話集を買い求めた。やはり、「鳥の話」は見当たらない。岩手、秋田の民話も同じように調べてみた。どこにも、「鳥の話」に似通った話すら見つけることができなかった。

　祖母が自分で作りあげた「お話」だったのだろうか、とも考えてみた。それとも、祖母の近くにいただれかが創作したのか。でも、私にはどうしても、そのようには思えなかった。だれかの思いつきで作られたにしては、あまりに風変わりな「お話」ではないか。なぜ、「ある男が」と言わずに、わざわざ「おまえのお父さんは」と言わなければならないと決められているのだろう。なぜ、首を失った海鳥が悠々と空を飛びつづける姿を想像できたのだろう。ふつうに考えれば、こんな残酷な姿はないのに、どうして「お話」のなかでは、それが美しい姿にさえ感じられてしまうのだろう。

　祖母の生まれた青森のすぐ北には、北海道という、島とは呼べないほどに大きな島が存在していることに、私はふと気がつかされた。祖母の家は太平洋に面した古い漁村の(b)**アミモト**だったという。それならば、北海道の海辺になんらかのつながりがあったのではないか。北海道は、(*)アイヌの人たちの土地だった。

　もしかしたら、という思いで、私はアイヌの民話集を図書館で探して、眼を通してみた。アイヌの歌を集めた本も調べてみた。そして、私はとうとう、あのなつかしい「お話」とそっくりな話と巡り合うことができたのだった。

（中略）

　祖母のこの「お話」を聞いて育った私は、夫を失ってはいないから、「おまえのお父さん」と自分で語ってみても、自分の夫のことなど思い浮かべはしない。私の父や祖父を思ってみるわけでもない。この「お話」をかつて、③**寝床で聞きながら手をつないでいた幼い弟が、私の頭のなかで、首なし鳥の姿になって羽ばたきつづけている。**

　④**子どもが生まれたときに、私は夫の顔を見て泣いた**。夫がそのとき考えたような、うれし涙などではなかった。

　――この子も死ぬ、きっと死んじゃう。そう決まっているの。弟も九歳で死んだ。おじいさんも三十三歳で死んだ。父は姿をけした。男はみんな、私のまわりからいなくなる。だから、あなただって死ぬかもしれない。でも、あなたはもうおとなだから、いつか、あきらめがつく。せっかく生まれたこの子が死ぬのは、どうしたってあきらめられない。どうしよう。この子が弟のように死ぬのを待ちながら育てるなんて、そんなこと、できない。どうして男の子なんか生まれてきたの。男の子なんか欲しくなかったのに。

　長い間忘れていた、弟と遊んだときの喜びが大きな波になって、産後の私に押し寄せてきたのだった。父のいない家で、忙しい母の代りに私は弟のオムツを取り替えてやっていたし、御飯も食べさせ、洋服も着せてやった。お風呂に入ったあと、真裸で弟とふとんの上を転がりまわるのが、大好きだった。弟が小学生になってからは、一年生の教室を必ず、私が毎日、見まわりに行った。弟に友だちができると、私も一緒に遊んだ。私の弟！　私の弟！　私がいつも言いつづけるのえない。寝る時間ももらえない。お父さんは病気になる。となりの国の人たちは病気になったお父さんを棒で打つ。病気のお父さんは体中に血を流しながら、冷たい海のなかに戻って行く。海のなかには、人間の血のにおいが大好きなサメもいる。そんなおそろしいところ。

　おまえのお父さんは行きたくなかったのに、命令に従わないと殺されてしまうので、ある日、船に乗って、となりの国の人たちの村へ出かけて行きました。そのとき、おまえのお父さんはおまえを抱いて泣いている私に言いました。

「もし私がずっと帰って来なかったら、気持のいい軽い風が海から吹いてこないか、気をつけるんだよ。そうしたらおまえは海辺に出て、遠い沖を見つめるんだ。すると鳥の群れが陸に向かってくるのが見えてくる。いいね、その先頭に首のない鳥が一羽飛んでいる。それが私なんだ。ちゃんとその私を見つけて、拝んでくれるね。」

　それにしても父親のいない私たちに、母はなにも思わずにこの「お話」を聞かせていたのだったろうか。私たちの父は弟が赤ん坊のころに母のもとを去って、母よりもっと若い女と暮らし、そうして、当時、東欧と呼ばれていた国のひとつに行って、それ以来、(a)**ショウソク**がわからなくなった。父と母は結婚していなかったので、私たちはもともと、法律上、父のいない子どもたちだった。父は私が生まれたころ、まだ学生だったという。私が大学に入ったとき、母が父との生活のありのままを、でも最低限の範囲で教えてくれた。それから十年以上経《た》っているけれど、私は父について母になにも聞かないし、母も言わない。三歳までの父親が父と言えるのかどうかさえ、私にはわからない。少なくとも、私はその存在を、自分がこの世に生まれてくるきっかけとしか感じなくなっている。②**父という言葉とは無縁の、ただのきっかけだ**。まして、母は私が大学を卒業してからある年上の男と生活をともにしはじめ、今でも老夫婦として一緒にいるので、私にも母たちに対して家族らしい思いが育ち、父という言葉を聞くと、今の母の相手を自分から思い浮かべるようにさえなっている。と言って、お父さんと呼んだこともないし、遠慮のない口ゲンカをしたこともないのだけれど。

　なにしろ自分でさえ首をかしげたくなることがあるほど、私は自分の父についてなにも特別な思いを持たずに、この年まで過ごしてきた。結婚して、子どもを持っても、その無関心は変わらなかった。子どものころ、父がいなくて心細いとか、物足りない、と感じたおぼえがない。でも、母はどうだったのだろう。このごろになって、そんなことが気になりだしている。私と弟を寝かしつけるときに、あの「お話」を聞かせてくれた母は父と別れてからまだ、四年しか経っていなかったのだし、たった三十歳だったのだ。母こそ心細い思いで、「お話」の私と自分を重ね合わせ、でも自分の相手はだれかに強制されて離れていったのではなく、殺されて首のない鳥になったのでもない、と溜息《ためいき》をついていたのではなかっただろうか。それとも、当時の母は生活費をだれにも頼れなかったから、私たちの世話をしながら働くのに忙しすぎて、なんの感傷もなく、自分も一日の疲れで半分眠りながら、子どもたちのために「お話」を寝言のように語っていただけだったのか。

（中略）

　最近になって、私は母から聞いたこの話がどこから来たのか気になりだし、あれこれと民話の本をのぞきはじめた。中学生になった私の子どもに、あの「首なし鳥」の話さ、あれ、だれに聞いても、知らないっていうよ、なんで、あんな話を知ってたんだよ、とあるとき、言

イ　「ひま」の中で、こどもたちがそれぞれの世界を持とうとして冒険へと乗り出すことに対して、社会常識にしばられた大人たちが寛容になる場面がないという点では、現代社会も『トム・ソーヤー』の世界も同じだと筆者は考えている。

ウ　「ひま」の中を生きることができた時代のこどもたちは、大人たちと関わることなく、こどもだけの閉じた世界の中で生きていけたが、今日の社会においては、そのような閉じた世界の中で生きることは難しいと筆者は考えている。

エ　「ひま」を持たないためにこどもたちが、外での活動を縮小せざるをえない現代において、学校の重要度は高まっており、社会的責任も重くなっていると筆者は考えており、そうである以上、人々は学校の方針に従うべきだと主張している。

オ　筆者は親が「ひま」を持たず、それゆえに社会常識が支配する世界を外から見るような余裕がないことをも問題視しており、親が「ひま」を確保し、自らの世界を「ねぶみ」することが大事だと考えつつも、それは難しいとみている。

問七　本文中で言及されている「マーク・トウェーン」および「シクロフスキー」と同じ国の作家が書いた作品をそれぞれ選びなさい。

ア　『星の王子さま』

イ　『イワンのばか』

ウ　『ハムレット』

エ　『世界の終わりとハードボイルド・ワンダーランド』

オ　『不思議の国のアリス』

カ　『若草物語』

二

次の文章は津島佑子《つしまゆうこ》「鳥の涙」の、中盤と最終盤を部分的に省略したものである。これを読んで、後の問いに答えなさい。

——おまえのお父さんはまだ帰らない。……

こんな言葉から、私の母の「お話」ははじまった。私と弟は二つ並んだふとんに寝ている。私が七歳のころ、とすると弟は四歳だったことになる。①とてもこわいお話だったので、私と弟は眼をつむり手をつないで聞いていた。眠る前の子どもに聞かせるにはあまりにこわいお話だと母もやがて気がついたのか、いつの間にか、私たちは別のお話しか聞かなくなっていた。

——これは子守り歌だったっていうんだけど、どんな歌だったのか、わたしにはさっぱりわからない。あんたたちのおばあさんにも、もう、わからなくなっていた。子守り歌だったから、自分の赤ちゃんに聞かせるお話なの。

お話をはじめる前に、母はこのようなことを言ったような気がするのだが、これもはっきりしない。あとから私がこのお話のもとを知って、それで自分の記憶をすりかえてしまっているようにも思える。弟に念のために聞ければいいのだけれど、弟はずっと前に死んでいる。

——おまえのお父さんはまだ帰らない。……

母は話しはじめる。

——……毎日、私はおまえを泣きながら育てています。おまえのお父さんはとなりの国の人たちに連れられて行きました。そこに行けば必ず死んでしまうと言われる、おそろしいところ。冷たい海には、たくさんのさかなたちがいます。そのさかなを一日中、おまえのお父さんは集めつづける。海の波。お父さんは転ぶ。となりの国の人たちがお父さんを棒で打つ。体から血が流れる。足も手も海の冷たさでぼろぼろになって、血だらけになっている。お父さんは食べるものももら然に小さいものになる。こどもはこどもそれぞれの世界をもち、そこから自信をもっておとな(親と先生)をねぶみすることができる。甘えておとなにぶらさがりながら(ということは親と先生の価値基準をうけいれて)の批判ではないのだ。④**そのひまを、今のこどもは、どのようにしてつくることができるか？　こどもだけではなく、親は、どのようにひまをつくることができるか。**

(鶴見俊輔「おとなをねぶみするひま
マーク・トウェーン『トム・ソーヤーの冒険』」全文)

《注》

(＊1)『少年倶楽部』…少年のための月刊総合雑誌。大正三年創刊。

(＊2)佐々木邦…静岡県出身の小説家。

(＊3)シクロフスキー…ロシア、ソ連の批評家。

問一　＝＝部(a)〜(c)のカタカナを漢字に直しなさい。

問二　【X】に入るひらがな二字の言葉を答えなさい。

問三　――部①「小泉八雲とはまた別種の怪談じみたもの」とはどういうものだと考えられるか。その解釈として最も適当なものを次の中から選びなさい。

ア　非現実的なものが現実にあらわれ人間を苦しめるという怪談の恐怖とは異質な、現実の中に非現実的なものが侵入しているにも関わらず、それが非現実だと理解されていないという底知れぬ不気味さ。

イ　苦しみが長時間続くわけでもなく、やがては終わりへと向かうという怪談における恐怖とは異質な、人間をその人生の途中から終わりまで、長期に渡って苦しめ続けるという、救いの訪れない絶望的な恐怖。

ウ　日常目にせぬものが日常に現れ人間を苦しめるという怪談の分かりやすい不気味さとは異質な、日常に既にあって実は個々の人間の生の歩みを損なっているのに、当の人間は損なわれていることに自覚的ではないという不気味さ。

エ　人間の世界を超越した霊的な存在が人間世界に現れて人間を苦しめるという怪談の持つ恐ろしさとは異質な、およそ超越的とは言えないものが人間の健全な精神を破壊し、苦しみの感情から逃れられないようにするという不気味さ。

オ　物質的な性質を帯びて人間の身体性を破壊するものが現れるという怪談の怖さとは異質な、一切の物質性を持たない純粋な理念が、人間の均質的な精神のありかたを破壊してしまうという、得体の知れない恐怖。

問四　――部②「『トム・ソーヤー』には、これとはちがう世界がある」とあるが、本文において筆者は他の世界との比較を通じて『トム・ソーヤー』の世界の特徴を説明している。その特徴とは何か。――部②よりも前の内容をふまえて説明しなさい。ただし、比較されている他の世界の特徴については説明しないでよい。

問五　――部③「その萌芽」とあるが、物語における二人の少年のどのような様子に「別れ」の「萌芽」が見いだせるというのか。簡潔に説明しなさい。

問六　――部④「そのひまを、今のこどもは、どのようにしてつくることができるか？　こどもだけではなく、親は、どのようにひまをつくることができるか」とあるが、この部分とも関連した、本文全体の内容についての解釈として適当なものを次の中から二つ選びなさい。

ア　品物がない時代におけるこどもたちは、ものをつくることに大人たち同様時間がとられるため、かえって「ひま」という、人間にとって非常に大切なものを持ちえたが、現代社会では、それが困難になっていると筆者は考えている。

トムは紙きれを取りだして、用心しながらそれをひろげた。ハックルベリーは、ほしそうな目でながめた。(b)**ユウワク**はたいそう強かった。ついに、彼はいった。

「これ、本物か？」

トムは唇をあげて、抜けあとを見せた。

「そうか、よし」ハックルベリーはいった。

「取引しよう」

（大塚勇三訳、福音館書店発行）

そこで二人はわかれたが、それぞれがまえより物もちになったような気がしていた。それぞれの少年が、自分のねぶみに自信をもっているからで、自分で価値をつくっているからだろう。あかんぼうの世界にはそういう側面がある。その方法が、幼年時代、少年時代にもちこされ得る。ところがそこに学校がわりこんでくる。学校の先生は、一つの価値尺度があると信じており、それを親たちも、それぞれの家庭で信じている。そこで、こどもが、ダニではなく、カブトムシぐらいをもっているとしても、

「それ、いくら？」

というところから、おたがいの話がはじまる。その取引は、デパートとおなじ(c)**コウテイ**相場によることになり、日本全国一律ということになる。この価値のエスカレーターにのって、男女とも定年に達し、墓場までゆくことになると、定年から墓場までに普通にゆるされている老夫婦の家庭内の会話も、デパートのねだん表どおりということになろう。そこには、①**小泉八雲《こいずみやくも》とはまた別種の怪談じみたもの**がありはしないか。

②**『トム・ソーヤー』には、これとはちがう世界がある。**

男女共学は日本でひろくおこなわれているが、成果をあまりあげていないようだ。この小説の中のトム・ソーヤーとベッキー・サッチャーは、たがいに学校でも道でも家の前でもハチのダンスやクジャクの羽ひろげまがいの見せびらかしをさかんにして、それをやりすぎたため、ピクニックに行った洞穴《ほらあな》の中で一行からはぐれて、三日三晩をすごす。それでも、救いだされた時には、セント・ピーターズバーグ村をあげての大歓迎だ。

洞穴の中で、トム・ソーヤーは、殺人犯のかくした宝を見つけて、追跡してきた仲間のハックルベリー・フィンと山わけして、ともに自立の道を見つけるのだが、両者の交友が、そのまま墓場までつづいたわけではない。おなじセント・ピーターズバーグという名前をもつ、ロシアの本場の都市に育った(＊3)シクロフスキーは、『革命のペテルスブルク』で、成人後のハックルベリーのトム・ソーヤーとの気まずい出会いと別れに言及したが(ソヴィエト・ロシアにとっても『トム・ソーヤー』は魅力があるらしい)、③**その萌芽《ほうが》**はすでに、この第一作にある。

宝を山わけして金持ちになった浮浪児ハックルベリーは、ある未亡人の家にひきとられるが、そこでナイフとフォークを使って食べるのや、学校に行くのにたえられない。彼は家を出て、道端のタルの中でくらす。トム・ソーヤーが、さがしにやってきて、

「でも、みんな、そうやってるんだぜ、ハック」

「トム、それだって、おんなじこったよ。おれはみんなじゃねえから、がまんできねえんだ。あんなにしばられるなんて、やなこったよ。それに食いものが、わけなく手にはいりすぎる」

この本は、今の日本のこどもにとって参考になるものではなさそうだ。ここにいるこどもたちには、ひまがある。ひまの中で、学校は自

2023年度

渋谷教育学園幕張中学校

【国　語】〈第一次試験〉（五〇分）〈満点：一〇〇点〉

注意　・記述は解答欄《らん》内に収めてください。一行の欄に二行以上書いた場合は、無効とします。
・記号や句読点も一字に数えること。

一　次の文章を読んで、後の問いに答えなさい。

　これはマッチもまだあまりないころのアメリカの話で、ちょうど「悪魔印」のマッチというのが出はじめたころなのだが、それは簡単にこどもの手に入る品物ではなかった。

　だからこそ、こどもが深夜に墓地にゆくなどというのは大へんな冒険で、ピクニックに洞窟《どうくつ》に入って迷ってしまうと、こどもの力では、もどってくるのが大仕事で、三日三晩も、少年少女が二人きりで洞窟にとじこめられてしまうことになった。

　品物がない時代には、大人だけでなく、こどももものをつくりださなくてはならず、相当な時間をそれにさくことになる。したがって、学校に行く時間をそれほどとらなくてもよいということになり、こどもたちには、ひまがたくさんあった。

　今の日本には、品物が出まわっており、こどももひまがないのだから、この小説の時代とはがらりとちがっていて、つながりがほとんどない。この小説に入りこむことはむずかしいだろう。

　私は、小学生のころ、（＊1）『少年倶楽部《くらぶ》』などにのっている（＊2）佐々木邦の小説が好きで次々に読み、佐々木邦が訳しているので、マーク・トウェーン作の『トム・ソーヤの冒険』と『ハックルベリー・フィンの冒険』とを読んだ。『ハックルベリー』のほうが名作だと言うことをきいており、その後そだつにつれて私の記憶の中では、『ハックルベリー・フィン』のほうがだんだんに『トム・ソーヤー』よりも大きくなったが、それでも、小学生の私にとっては『トム・ソーヤー』のほうがおもしろかったし、ここから入っていって『ハックルベリー』にゆきついた。

　なぜこの本にひきよせられたかというと、私が学校が好きでなかったからで、学校にも家庭にもおちついていられなかったこどもには、今でも『トム・ソーヤー』は魅力があるだろう。

　道であった二人の少年の(a)**ショウダン**。

「それ、なんだい？」（トム・ソーヤー）

「なあに、ダニさ」（ハックルベリー）

「どこで手にいれた？」

「森の中」

「それ、なんとだったら、とっかえる？」

「わからねえ、売るつもりはないんだ」

「ああ、いいさ。なにしろちっちゃなダニだよな」

「ほう、ひとのダニに【　X　】をつけるんなら、だれだってできらあ。おれは、こいつで満足さ。おれにとっちゃ、じゅうぶんけっこうなダニなんだ」

「ちぇっ、ダニなんか、いくらでもいらあ。その気になれば、千匹だってとれるさ」

「ほう、じゃ、なぜとらない？　それはな、とれっこないのが、すごくよくわかってるからさ。こいつは、どうやら、はしりのダニなんだぜ。おれは、今年、はじめて見たやつさ」

「なら、ハック、……そいつのかわりに、ぼくの歯をやるよ」

「見せてみな」

2023年度

渋谷教育学園幕張中学校 ▶解説と解答

算　数　＜第１次試験＞（50分）＜満点：100点＞

解　答

1 (1)　12通り　(2)　152通り　2 (1)　16　(2)　4，9　3 (1)　1440cm²
(2)　4650cm²　4 (1)　①　75度　②　8 cm²　(2)　9 cm²　5 (1)　(ウ)　(2)　5
(3)　(例)　解説の図⑥を参照のこと。

解　説

1 場合の数

(1)　5，6の目が1回出るとすべてのカードが裏向きになるから，もう1回投げて2枚のカードだけを表向きにすることはできない。よって，1，2，3，4の目が出る場合だけを考えればよい。さらに，2枚のカードが表向きになるのは2回の目が異なる場合なので，1回目の目は1，2，3，4の4通り，2回目の目は残りの3通り考えられる。したがって，2回の目の出方は，$4\times3=12$(通り)とわかる。

(2)　5，6の目が出る回数で場合分けをする。ただし，5，6の目が出る回数が奇数《きすう》回(1回または3回)の場合，5，6の目が出ることによって4枚のカードが裏向きになる。すると，1，2，3，4の目を3回または1回出して4枚とも表向きにすることはできないから，条件に合う出方はない。よって，右の図1のように5，6の目が出る回数が偶数《ぐうすう》回の場合について考える。①の場合，1，2，3，4だけが4回出て4枚とも表になるので，$A-A-A-A$のように4回とも同じ目が出る場合と，$A-A-B-B$のように異なる目が2回ずつ出る場合がある。また，②の場合，5，6の目が2回出ることによって4枚のカードが表向きになるから，残りの2回は$A-A$のように同じ目が出ればよい。さらに，③の場合は4枚とも表向きになるので，どの場合も条件に合う。次に，それぞれの場合の目の出方を求める。アの場合，Aには1，2，3，4が入るから，4通りの出方がある。また，イの場合，AとBの目の選び方が，$\frac{4\times3}{2\times1}=6$(通り)あり，どの場合にも$A$と$B$の並べ方が6通りずつあるので，$6\times6=36$(通り)とわかる(たとえば1と2を選んだ場合は右上の図2のようになる)。さらに，ウの場合，□とAの並べ方が右上の図3のように6通りあり，どの場合も□には2通りずつ，Aには4通りの数を入れることができるから，$6\times(2\times2\times4)=96$(通り)と求められる。最後に，エの場合は，$2\times2\times2\times2=16$(通り)なので，全部で，$4+36+96+16=152$(通り)となる。

図1

①　5，6の目が0回出る場合
$A-A-A-A$…ア
$A-A-B-B$…イ
②　5，6の目が2回出る場合
□－□－$A-A$…ウ
③　5，6の目が4回出る場合
□－□－□－□…エ
(A，Bには1，2，3，4
□には5，6が入る)

図2

1 1 2 2
1 2 1 2
1 2 2 1
2 1 1 2
2 1 2 1
2 2 1 1

図3

□□AA
□A□A
□AA□
A□□A
A□A□
AA□□

2 周期算

(1)　a＝1の場合について調べると，下の図1のようになる。2回目に0になるのは16番目だから，（1，n)＝0にあてはまる2番目に小さい数は16である。

(2)　図1で＿以降は同じ数がくり返されるので，（1，n)の値は60個を周期として同じ数がくり返される。よって，2023÷60＝33余り43より，2023番目の数は43番目の数と同じになることがわかるから，（1，2023)＝(1，43)＝6と求められる(図1の＿)。すると，（a，2023)＝10－6＝4となるので，2023番目の数が4となるようなaの値を求めればよいことになる。次に，aが2から9の場合について調べると，下の図2のようになる。図2から，どの場合も，a＝1の数を2倍，3倍，…，9倍した数の一の位になっていることがわかるから，2023番目の数は図2の右端《みぎはし》の数のように求められる。したがって，（a，2023)＝4となるaの値は4と9である。

図1

0	1	1	2	3	5	8	3	1	4
5	9	4	3	7	0	7	7	4	1
5	6	1	7	8	5	3	8	1	9
0	9	9	8	7	5	2	7	9	6
5	1	6	7	3	0	3	3	6	9
5	4	9	3	2	5	7	2	9	1
0	1	…	…	…	…				

図2

a＝1 ➡	0	1	1	2	3	5	8	3	1	4	×2	…6
a＝2 ➡	0	2	2	4	6	0	6	6	2	8	×3	…2
a＝3 ➡	0	3	3	6	9	5	4	9	3	2	×4	…8
a＝4 ➡	0	4	4	8	2	0	2	2	4	6		…4
a＝5 ➡	0	5	5	0	5	5	0	5	5	0		…0
a＝6 ➡	0	6	6	2	8	0	8	8	6	4		…6
a＝7 ➡	0	7	7	4	1	5	6	1	7	8		…2
a＝8 ➡	0	8	8	6	4	0	4	4	8	2		…8
a＝9 ➡	0	9	9	8	7	5	2	7	9	6		…4

3　グラフ―水の深さと体積

(1)　右の図1のように，切り取った直方体の3つの辺の長さをa，b，cとする。方法①の場合，最初に水が入っているのは右下の図2のかげをつけた六角柱の部分であり，このうち水が容器にふれているのは，六角柱の側面にあたる部分と六角柱の下側の底面にあたる部分(つまり面あ)である。また，問題文中のグラフ1から，これらの面積の合計が2340cm^{2}とわかる。ここで，面あのまわりの長さは，縦30cm，横60cmの長方形のまわりの長さと等しく，(30＋60)×2＝180(cm)だから，側面にあたる部分の面積は，180×5＝900(cm^2)とわかる。よって，面あの面積は，2340－900＝1440(cm^2)と求められる。

図1

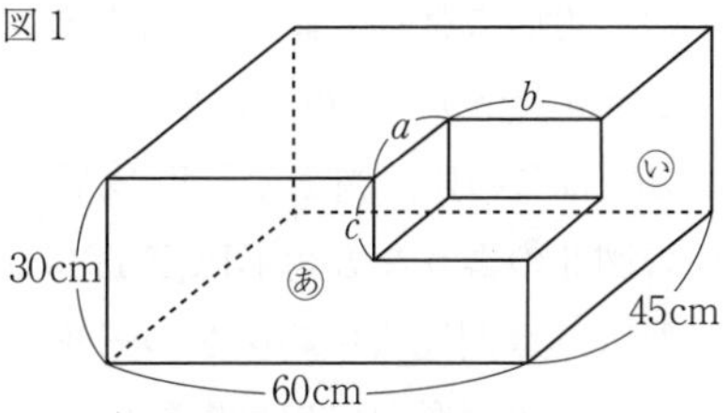

図2

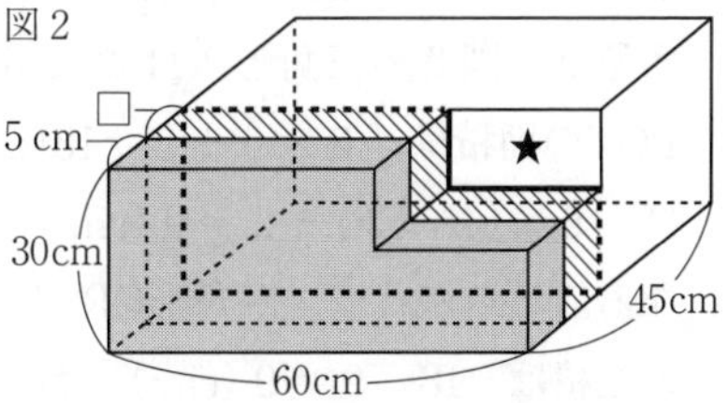

図3

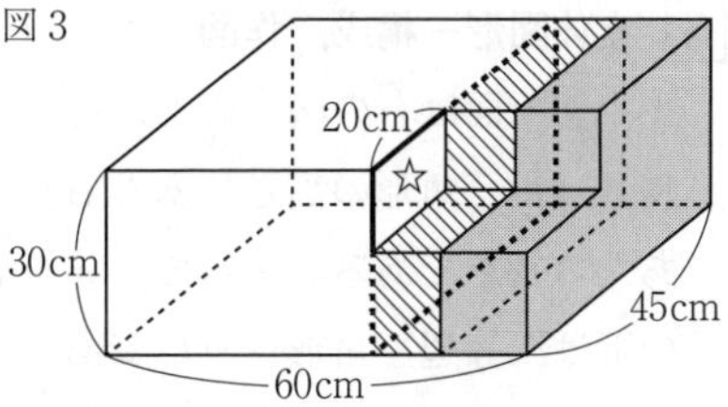

(2)　グラフ1で，水がふれている部分の面積が5040cm^{2}になるのと同時に，その面積が増えている。これは，このときに図2の太線部分まで水が入ったことを表している。また，最初の状態からこの状態になるまでの間に水がふれている部分が増えたのは，六角柱の側面にあたる斜線《しゃせん》部分であり，この面積が，5040－2340＝2700(cm^2)とわかる。よって，斜線部分の高さ(□の長さ)は，2700÷180＝15(cm)なので，a＝5＋15＝20(cm)と求められる。さらに，★印の長方形の面積は，30×60－1440＝360(cm^2)だから，切り取った直方体の体積は，360×20＝7200(cm^3)とわかる。次に，方法②の場合，最初に水が入っているのは上の図3

のかげをつけた六角柱の部分である。また，グラフ2から，水を加え始めてから18分後に図3の太線部分まで水が入ったことがわかるので，斜線部分の水の体積は，1000×18＝18000(cm^3)である。さらに，図2から，最初に入れた水の体積は，1440×5＝7200(cm^3)とわかるから，図3のかげの部分の体積も7200cm^{3}となる。すると，図3のかげの部分と斜線部分に，切り取った直方体を加えた部分の体積の合計は，7200＋18000＋7200＝32400(cm^3)になるので，b＝32400÷(30×45)＝24(cm)と求められる。次に，面㋑のまわりの長さは，(30＋45)×2＝150(cm)だから，図3の太線部分まで水が入ったときに水がふれている部分のうち，六角柱の側面にあたる部分の面積は，150×24＝3600(cm^2)と求められる。また，☆印の長方形の面積は，7200÷24＝300(cm^2)なので，面㋑の面積は，30×45－300＝1050(cm^2)である。したがって，水を加え始めてから18分後に水がふれている部分の面積は，3600＋1050＝4650(cm^2)となる。

4 平面図形—角度，面積

図Ⅰ

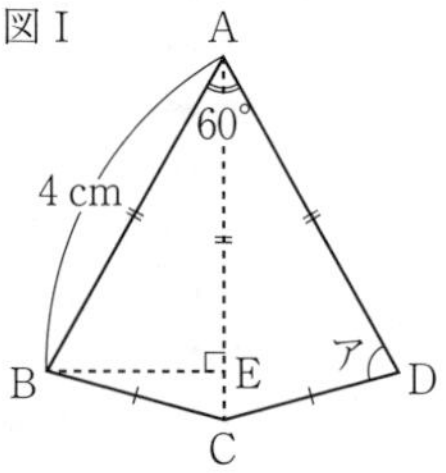

図Ⅱ

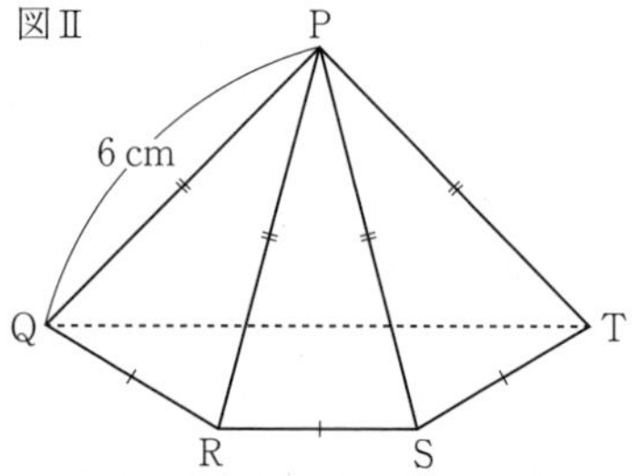

(1) ① 右の図ⅠのようにAとCを結ぶと，三角形ACDは角DACの大きさが，60÷2＝30(度)の二等辺三角形になる。よって，角アの大きさは，(180－30)÷2＝75(度)である。 ② BからACに垂直な線BEを引くと，三角形ABEは正三角形を半分にした形の三角形になる。よって，BEの長さは，4÷2＝2(cm)だから，三角形ABCの面積は，4×2÷2＝4(cm^2)とわかる。したがって，四角形ABCDの面積は，4×2＝8(cm^2)である。

(2) はじめに，図Ⅰの三角形ABCと同じ形で，ABの長さが6cmの三角形を3つくっつけると，上の図Ⅱのような五角形PQRSTになる。図Ⅱで，角QPTの大きさは，30×3＝90(度)なので，三角形PQTは問題文中の図2の三角形ABCと一致《いっち》する。また，角TQRの大きさは，75－45＝30(度)だから，四角形QRSTは問題文中の四角形CEDBと一致する。よって，問題文中の色をつけた部分の面積は，図Ⅱの三角形PQTの面積から四角形QRSTの面積をひいて求めることができる。三角形PQTの面積は，6×6÷2＝18(cm^2)である。また，(1)の②と同様に考えると，三角形PQRの面積は，6×(6÷2)÷2＝9(cm^2)と求められるので，五角形PQRSTの面積は，9×3＝27(cm^2)となる。したがって，四角形QRSTの面積は，27－18＝9(cm^2)だから，問題文中の色をつけた部分の面積は，18－9＝9(cm^2)とわかる。

5 立体図形—構成，作図

図①

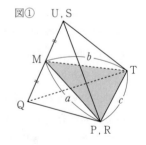

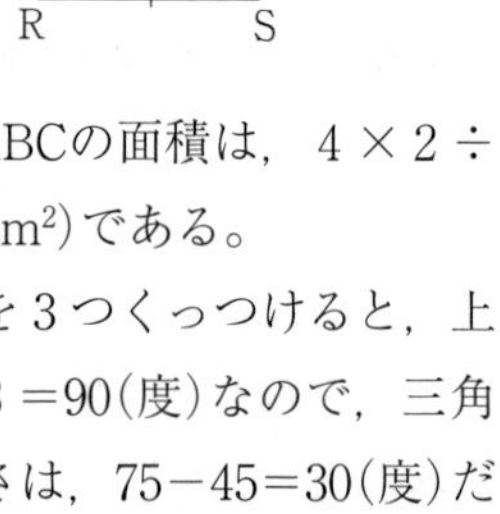

(1) 切断面は右の図①のかげをつけた三角形になる。図①で，aとbの長さは正三角形の高さにあたる長さであり，cの長さは正三角形の辺にあたる長さである。よって，$a=b<c$という関係があるから，切断面の形は二等辺三角形(…ウ)である。

(2) 下の図②は，立体Aにあたる四角すいDEFGHと，立体Bにあたる三角すいDFGIを面DFGでくっつけたものである。ここで，EF，HG，DIの真ん中の点をそれぞれJ，K，Lとして，四角すいを3点D，J，Kを通る平面で切断し，三角すいを3点L，F，Gを通る平面で切断すると，切断面はそれぞれ下の図③のかげをつけた三角形になる。図③で，DJ，DK，LF，LGの長さは正三角形の高さにあたる長さであり，JK，FGの長さは正三角形の辺にあたる長さなので，２つの切断面は合同な三角形とわかる(図①の切断面とも合同になる)。また，これらの三角形をふくむ平面は，面EFGHに垂直である。よって，辺DJと辺LF，辺DKと辺LGはそれぞれ同じ面上にあるから，三角形DEFと三角形DFI，三角形DHGと三角形DGIもそれぞれ同じ面上にあり，この立体は下の図④のようになることがわかる。したがって，この立体の面の数は５である。

図②

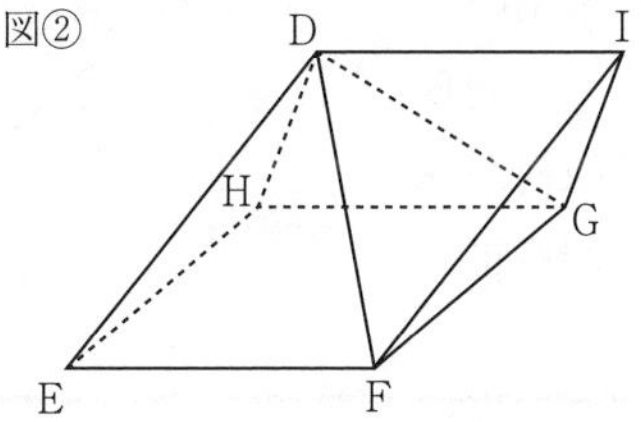

図③

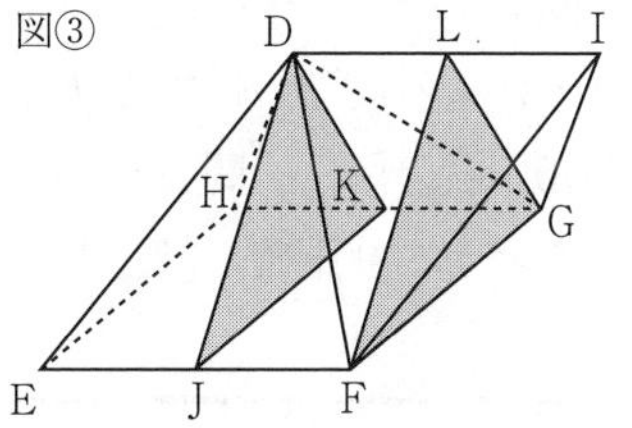

図④

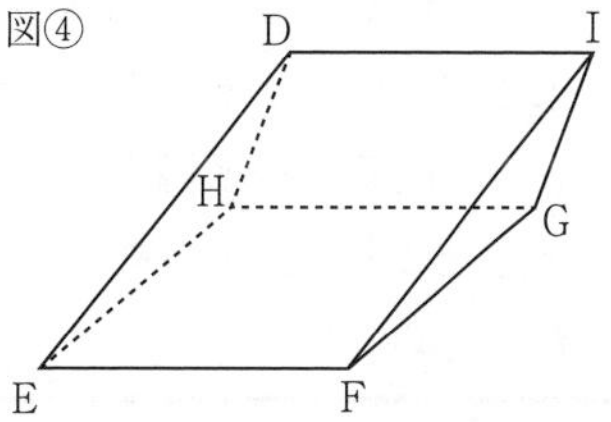

⑶　図②の右横に立体Ａの四角すいをもう１つくっつけると，下の図⑤のような立体ができる。よって，１辺３cmの正三角形２個，１辺３cmの正三角形を３個組み合わせた形の台形２個，１辺３cmの正方形を２個組み合わせた形の長方形１個を作図すればよい。下の図⑥のように，解答用紙に与《あた》えられた正方形をABCDとし，次々と半径３cmの弧《こ》の一部をかいていく。はじめに，ＡとＢを中心にして弧をかいて，その交点をＥとする。次に，ＡとＤを中心にかいて交点をＦとし，ＦとＤを中心にかいて交点をＧとし，ＧとＤを中心にかいて交点をＨとする。図形の下側と右側についても同様に弧をかき，最後に交点どうしを直線で結ぶと，展開図の例は図⑥のようになる。

図⑤

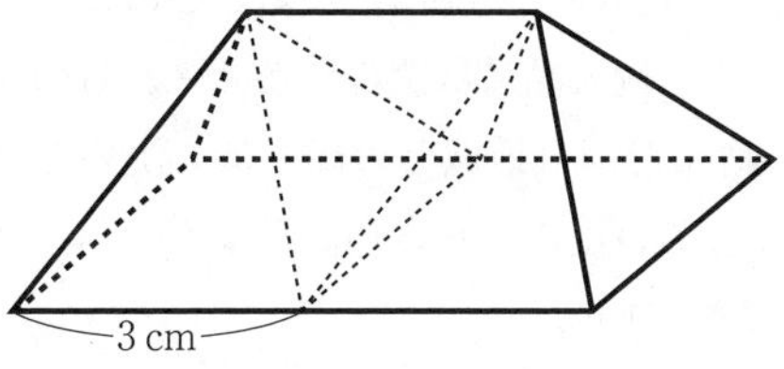

図⑥

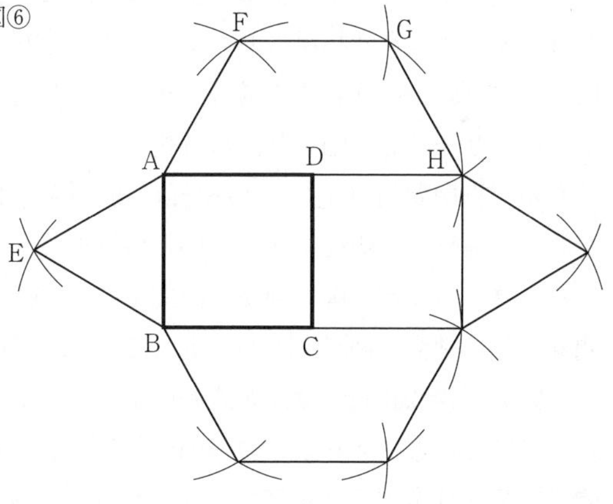

社　会　＜第１次試験＞（45分）＜満点：75点＞

解　答

1　**問１**　4　**問２**　3　**問３**　4　**問４**　3　**問５**　1　**問６**　1　**問７**　2　**問８**　2　**問９**　(例)　鉄道は公共性が高く，その運賃や料金の変更は国民生活に大きな影響をあたえるから。　**問10**　(例)　ホームのせまい駅があることや，ドアの数や位置，車両数が電車によって異なること。　**問11**　4　**問12**　(例)　従事者の高齢化に加え，労働環境の厳しさから，トラック運転手の確保が難しくなっていること。 **2** **問1** 4 **問2** 3 **問3** 5 **問4** 1 **問5** 4 **問6** 2 **問7** 真珠湾攻撃 **問8** （例） 徳川綱吉が定めた生類憐みの令により，犬などの動物を殺すことができなくなった。 **問9** （例） たきぎとして，火をおこす燃料に使った。 **問10** （例） 自宅に入る前に，玄関先で体に塩をまく。 **3** **問1** 4 **問2** 2 **問3** （例） 山だったところが海に沈みこみ，谷だったところに海水が入りこんで形成された。 **問4** 1 **問5** 3 **問6** 2 **問7** （例） 干拓地につくられた水田の農業用水を確保することと，台風などによる高潮の被害を防ぐこと。 **問8** 6 **問9** 関西国際空港 **問10** 右の図 **問11** （例） 測量技術が進歩したことで，入り組んだ海岸線などがより正確に測量されて地図が修正されたため。

解 説

1 政治のしくみや憲法，経済，現代の社会などについての問題

問1 X 空らんアには，国土交通省があてはまる。国土の利用・開発・保全や交通，観光などにかかわる仕事を担当しているが，「生活に必要な木材を植林」するような，林業に関する仕事は農林水産省の担当で，特にその外局である林野庁が行っている。 Y 沖縄や北方領土に関する問題の解決は内閣府の仕事で，内閣府特命担当大臣として沖縄及《およ》び北方対策担当大臣が置かれる。

問2 X 「政令」ではなく「条例」が正しい。政令は，法律の実施に必要なきまりで，内閣が定める。 Y 政令指定都市の権限について，正しく説明している。

問3 X 外国為替《かわせ》相場において，１ドル＝100円だったものが１ドル＝120円になるような状態を，円安(ドル高)という。この場合，それまで100円で輸入できたものが120円になる。このように，円安になると一般的に輸入製品の価格は上昇《じょうしょう》する。 Y 輸入品には関税がかけられるのが一般的だが，自由貿易協定(FTA)や経済連携《れんけい》協定(EPA)を結んだ国・地域との間では，決められた農産物や工業製品に関税をかけないという取り決めを交わしていることが多い。日本も近年，アジアやヨーロッパなどの国・地域との間で，FTAやEPAを結んでいる。

問4 X 常会(通常国会)は，毎年１月に会期150日(１回だけ延長できる)で召集《しょうしゅう》される。 Y 特別会(特別国会)は，衆議院の解散にともなって行われる総選挙のあと，30日以内に召集される。召集とともにそれまでの内閣が総辞職し，そのあと，内閣総理大臣の指名選挙が行われる。

問5 X 日本国憲法第59条１項には「法律案は，この憲法に特別の定《さだめ》のある場合を除いては，両議院で可決したとき法律となる」とある。この「特別の定」は，一般的に「衆議院の優越《ゆうえつ》」とよばれることがらにあたる。 Y 法律の公布は，日本国憲法第７条が定める天皇の国事行為(国事に関する行為)の一つにあたる。天皇の国事行為については，日本国憲法第３条で内閣の助言と承認が必要であると明記されており，内閣がその責任を負う。

問6 税には，税の負担者と納税者が同じである直接税と，税の負担者と納税者が異なる間接税がある。消費税は，商品やサービスを販売した業者などが納めるが，実際に税を負担するのはそれを購入《こうにゅう》した消費者なので，間接税にあたる。なお，直接税には所得税や法人税などがある。

問7 X 日本国憲法は第14条で法の下《もと》の平等を保障しており，性別による差別を禁止している。

特に，雇用《こよう》の場における差別の禁止については，男女雇用機会均等法で具体的に規定されている。
Ｙ　外国人が日本で就労する場合，出入国管理及び難民認定法という法律にもとづいて在留資格を得る必要がある。在留資格によっては，就労できる業種や職種に制限があり，すべての職種で日本人と同じ条件で働けるわけではない。

問８　Ｘ　バリアフリーについて，正しく説明している。　　Ｙ　バリアフリー社会の実現には，施設整備だけではなく，高齢者，障がい者などの困難に当事者意識をもって向き合い，その社会参加に積極的に協力するという「心のバリアフリー」も重要になる。

問９　鉄道は公共性が高いので，その運賃や料金の変更は人々の生活に大きな影響《えいきょう》をあたえる。そのため，変更《へんこう》する場合には政府から認可を受けたり，政府に届出をしたりする必要がある。このような料金を公共料金といい，電気やガス，水道，郵便などの料金もこれにあたる。

問10　ホームドアの普及《ふきゅう》に時間がかかる理由としては，費用の問題のほかに，工事を行う時間が，電車の営業が終わった後の深夜にかぎられるため工事に時間がかかるなどの問題があげられる。

問11　鉄道会社は請願《せいがん》駅の設置費用を負担しないという原則があるなかで，JR東日本にも費用の一部を負担してもらいたいから，新駅開業によって負担したぶんの費用がもどってくることを主張したと考えられる。つまり，新駅の開業によって駅周辺の開発が進み，駅の利用者が増えれば，鉄道会社にとっても利益があるという主張を，鉄道会社に納得してもらう必要がある。

問12　現在，宅配便の取扱《とりあつかい》量が増加しているにもかかわらず，トラック運転手の高齢化が進んでいる。また，長時間労働や深夜労働になりがちなトラック運転手の確保が難しいことから，人手不足が問題となっている。さらに，運送業者の労働環境の改善のために2024年から残業時間の上限規制が設けられるため，トラック輸送量が減ることが予想される。これらの解決策の一つとして，トラック輸送から鉄道輸送へ移行する動きがみられる。

２　各時代の歴史的なことがらについての問題

問１　１は日中共同声明の調印にともなうことで1972年，２は1971年(沖縄返還協定の調印)と1972年(沖縄返還協定の発効)，３は1973年，４は1985年のできごとである。

問２　1945年８月14日，日本政府は連合国の出したポツダム宣言を受け入れて無条件降伏《こうふく》し，敗戦した。これを受けて翌15日，昭和天皇が「玉音《ぎょくおん》放送」とよばれるラジオ放送でこのことを国民に伝え，戦争が終わった。戦争が終わったことを伝える内容なのだから，「今後永く平和な世の中を開こうと思う」という３が正しい。

問３　Ⅰは，663年に起こった白村江《はくすきのえ》の戦いについて説明している。Ⅱは江戸時代のことで，朝鮮からの通信使は1607年に初めて来日し(最初の３回は「回答兼刷還《けんさっかん》使」という)，以後，1811年までに計12回来日した。Ⅲは，414年に建てられた高句麗《こうくり》好太王《こうたいおう》(広開土王《こうかいどおう》)の碑文《ひぶん》に記されているできごとで，戦いは４世紀末に行われたと推定されている。

問４　Ａは二・二六事件で1936年，Ｂは関東大震災で1923年，Ｃは1932年，Ｄは1956年のできごとである。

問５　Ｘ　図２と図３から，男女が別々に授業を受けていたことがわかる。明治時代から第二次世界大戦後まで，学校は男女別学が基本だったが，1947年に教育基本法が出され，男女共学の原則が示された。　　Ｙ　図２には，洋服を着ている子どもの姿もみられる。

問６　２は東大寺の南大門で，平安時代末の源平の合戦のさいに焼き打ちにあったが，鎌倉時代初めに僧の重源《ちょうげん》が大仏様《よう》(天竺《てんじく》様)という宋(中国)の建築様式を取り入れて再建した。なお，１は龍《りょう》安《あん》寺(京都府)の石庭で室町時代，３は蘇我馬子の墓と推定されている石舞台《いしぶたい》古墳(奈良県)で飛鳥時代，４は日光東照宮(栃木県)の陽明門で江戸時代に，それぞれつくられた。

問７　1941年12月８日，日本海軍はハワイの真珠湾《しんじゅわん》にあったアメリカ軍基地を奇襲攻撃《きしゅうこうげき》し，軍艦《ぐんかん》を沈没《ちんぼつ》させるなどした。「ハワイ」「軍艦」「沈没」の語は，これに由来すると考えられる。なお，この真珠湾攻撃とほぼ同時に，日本陸軍がイギリスの統治下にあったマレー半島に上陸したことで，太平洋戦争が始まった。

問８　江戸幕府の第５代将軍徳川綱吉は，1685年以降，生類憐《しょうるいあわれ》みの令とよばれる一連の動物愛護令を出した。徳川綱吉が戌《いぬ》年だったことから，特に犬が大切にあつかわれ，犬を殺したり傷つけたりした者は厳しく罰せられた。これによって，犬を食べる習慣がなくなっていったのだと考えられる。

問９　『桃太郎』でおじいさんが行う「シバかり」の「シバ」は「柴」のことで，山野に生える小さな雑木のことをいう。かりとった柴はおもに，たきぎなどのかまどやいろりにくべる燃料として，調理や暖房《だんぼう》，風呂などに利用された。

問10　お葬式《そうしき》やお通夜《つや》に参列した人には，死のケガレがつくと考えられてきた。そのため，これを自宅に持ちこまないようにする習慣が各地でみられる。ケガレを落として身を清める方法として，家の中に入る前に玄関先などで体に少量の塩をかけることが広く行われている。

3　日本の地形や産業などについての問題

問１　地球一周は約40000kmなので，35649kmは，35649÷40000×100＝89.1225より，ほぼ90％にあたる。

問２　B　長崎県は，対馬《つしま》・壱岐《いき》・五島列島など多くの離島があることや，複雑に入り組んだリアス海岸が多いことから，海岸線の長さが北海道についで全国で２番目に長い。　C　山形県は海岸線が直線的で，離島も飛島《とびしま》だけであることから，海岸線が鳥取県についで全国で２番目に短い。なお，熊本県は全国第９位，東京都は第15位。

問３　写真１からは，山の高い部分が海面上に出ているようなようすがみてとれる。こうした多島海は，山地が海に沈《しず》みこみ，谷だったところに水が入りこんで陸地と切り離され，島となることで形成される。

問４　１は奄美《あまみ》大島，２は屋久島，３は種子《たねが》島で，いずれも鹿児島県に属している。このうち，奄美大島は，「奄美大島，徳之島，沖縄島北部及び西表《いりおもて》島」の構成資産の一つとして，2021年にユネスコ(国連教育科学文化機関)の世界自然遺産に登録された。

問５　リアス海岸は多島海同様，山地が海に沈みこみ，谷だったところに水が入りこんで形成される。日本では，福井県の若狭《わかさ》湾沿岸，岩手県・宮城県の三陸海岸沿岸，三重県の志摩《しま》半島沿岸などでみられるが，愛知県の渥美《あつみ》半島は「リアス海岸が特徴《とくちょう》的にみられる地域」とはいえない。

問６　鳥取砂丘の広がる鳥取県は日本海側の気候に属しており，冬は北西からの季節風の影響で降水量が多くなる。鳥取砂丘で散水のためのスプリンクラーが使われているのは，水はけのよい砂地でも農業が行えるようにするためである。

問７　岡山県南部に広がる児島《こじま》湾では，古くから干拓《かんたく》が行われ，水田が広げられてきた。しかし，農業に必要な水が十分に得られないことがあり，また，台風などのさいには高潮や塩害による被害も大きかった。こうした問題を解決するため，児島湾を堤防で締《し》め切って人造の淡水《たんすい》湖がつくられ，1959年に児島湖として完成した。

問８　化学工業の生産額が多いＡには，周南《しゅうなん》市などで石油化学工業がさかんな山口県があてはまる。輸送機械と鉄鋼の生産額が多いＢは広島県で，広島市や府中町では自動車工業が，福山市や呉《くれ》市では鉄鋼業がさかんである。なお，呉市の製鉄所は2023年で閉鎖される。残ったＣは愛媛県で，新居浜《にいはま》市の化学工業や四国中央市の製紙・パルプ工業がさかんである。

問９　関西国際空港は，大阪府泉佐野市沖合の大阪湾上にうかぶ人工島につくられた国際空港で，1994年に開業した。埋《う》め立てに必要な土砂は淡路島（兵庫県）などから集められ，淡路島北部の土砂採集場の跡地には，淡路島夢舞台という複合施設が建てられた。

問10　〈解答のヒント〉をもとに地図をみると，標高４ｍを表す標高点（・4）が通る道路を境に，北東側と南西側で，建物の建ち方や広さ，道路のようすが異なることがわかる。ここから，この点を通って北西から南東に走る道路が，埋め立て前の海岸線だったと判断できる。

問11　近年，デジタル技術の応用など，測量技術が進歩したことで，それまでよりも精密な地図が作製できるようになった。これによって海岸線に修正が加えられ，陸地から海へと修正された地点では，陸地の面積が縮小した。

理　科　＜第１次試験＞（45分）＜満点：75点＞

解　答

1　(1)　①　おもり　　②　下　　(2)　①　**Ｐ波**…$L\div 6\left(\dfrac{L}{6}\right)$秒　　**Ｓ波**…$L\div 3\left(\dfrac{L}{3}\right)$秒　　②　10秒　　③　60km　　(3)　午前10時29分54秒　　(4)　解説の図ⅰを参照のこと。　　(5)　①　解説の図ⅱを参照のこと。　　②　１倍　　2　Ⅰ　(1)　ア　　(2)　（例）　右の図　　(3)　イ　　(4)　（例）　常温では化合物に変化しにくい性質。／水に溶けにくい性質。　　(5)　(ⅰ)　オ　　(ⅱ)　ウ　　(ⅲ)　ア　　(6)　ウ，エ　　(7)　ア，ウ　　(8)　(ⅰ)　ア　　(ⅱ)　ア　　(9)　オ，カ　　Ⅱ　(1)　２回目　　(2)　2.9kcal　　(3)　47％　　(4)　（例）　熱に強い素材でアルミ缶の底を筒状におおい，ストローで中に空気を送る。　　(5)　（例）　食物繊維は体内で消化・吸収されにくいので，そこから得られるエネルギーは図８のエネルギー量にあまり含まれていないが，完全燃焼するとそのエネルギーも加わるから。　　(6)　①　脂質　　②　気化（蒸発）　　③　空気（酸素）　　④　液体　　3　(1)　(ⅰ)　400ｇ　　(ⅱ)　８cm　　(2)　①　150kg　　②　４cm　　③　600　　(3)　**PRと①の関係**…キ　　**PRと②の関係**…ア　　**PRと③の関係**…イ　　(4)　(ⅰ)　５秒　　(ⅱ)　***T*が最も小さくなるモーター**…(き)　　***T*が最も大きくなるモーター**…(あ)

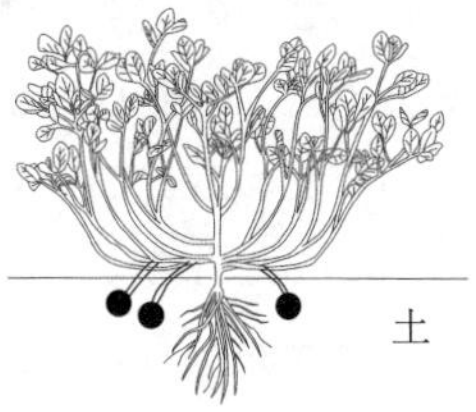

解　説

1　地震《じしん》計のしくみや地震の伝わり方についての問題

(1)　地面が上に動き始めると，地面に接している支柱や，そこにつながっている回転ドラムやばねは地面とともに上に動く。一方，おもりはそのままの状態を保とうとする。したがって，回転ドラムがおもりについているペンに対して上向きに動き，ドラムには下向きに線が記録される。

⑵　①　Ｐ波は震源距離《きょり》L（km）を秒速６kmで進むので，震源から観測点ＡまでＰ波が伝わるのにかかった時間は，$L \div 6 = \frac{L}{6}$（秒）である。同様に，Ｓ波が伝わるのにかかった時間は，$L \div 3 = \frac{L}{3}$（秒）となる。　②　図４は１目盛りが１秒なので，Ｐ波到達《とうたつ》からＳ波到達までの時間差であるPS時間（初期微動継続《びどうけいぞく》時間）は10秒と読み取れる。　③　①と②より，$\frac{L}{3} - \frac{L}{6} = 10$が成り立ち，$\frac{L}{6} = 10$より，震源距離$L$は60kmとわかる。

⑶　地震発生からＰ波が観測点Ａに到達するまでの時間は，60÷６＝10（秒）なので，地震の発生時刻は，午前10時30分４秒－10秒＝午前10時29分54秒である。

⑷　震源距離12kmではPS時間が，12÷３－12÷６＝２（秒），震源距離24kmではPS時間が，24÷３－24÷６＝４（秒）になる。震源距離が，24÷12＝２（倍）になると，PS時間も，４÷２＝２（倍）になっていることから，震源距離とPS時間は比例の関係にあり，震源距離とPS時間の関係をグラフにかくと，右の図ｉのようになる。

図ｉ

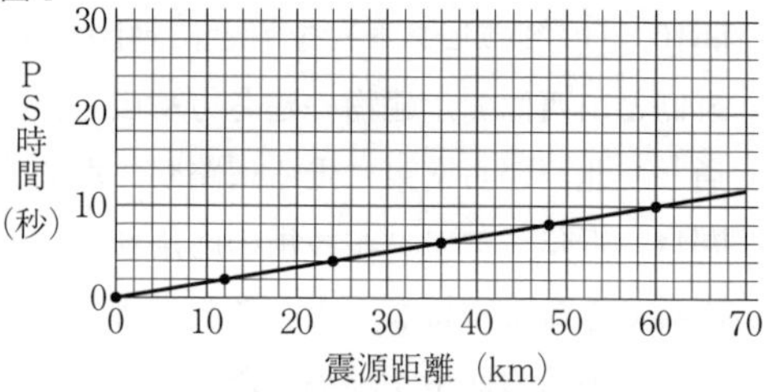

⑸　①　⑷で述べたように，震源距離とPS時間は比例するので，PS時間が同じ観測点Ａ～Ｃはすべて震源距離も等しい。図３で，震源距離が同じ長さである場合，観測点から震央までの距離も同じになるので，観測点Ａ～Ｃの震央までの距離も等しくなる。よって，震央の位置は，下の図ⅱの×印をつけた位置となる。この位置の見つけ方として，線分ABを二等分する点（中点）に線分ABに垂直な線を引き，それと，線分BCの中点を通り，線分BCに垂直な線が交わる点を探す方法がある。また，観測点Ａ～Ｃをそれぞれ中心とする３つの円の一部をかき，観測点Ａと観測点Ｂを中心とした円の２つの交点をつないだ直線，同様に観測点Ｂと観測点Ｃを中心とした円の２つの交点をつないだ直線，観測点Ａと観測点Ｃを中心とした円の２つの交点をつないだ直線を引き，それらの線が１点で交わるところを探す方法もある。　②　下の図ⅲは，図ⅲ左上のわく内と同じ形を図５にかきこんだものである。すると，震央から震源までの深さは，震央から観測点Ａまでの距離と等しいことがわかる。つまり，震央から震源までの深さは，震央から観測点Ａまでの距離の１倍になる。

図ⅱ

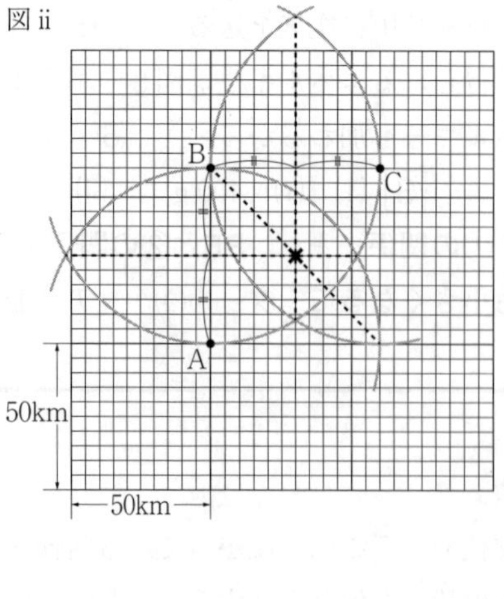

図ⅲ

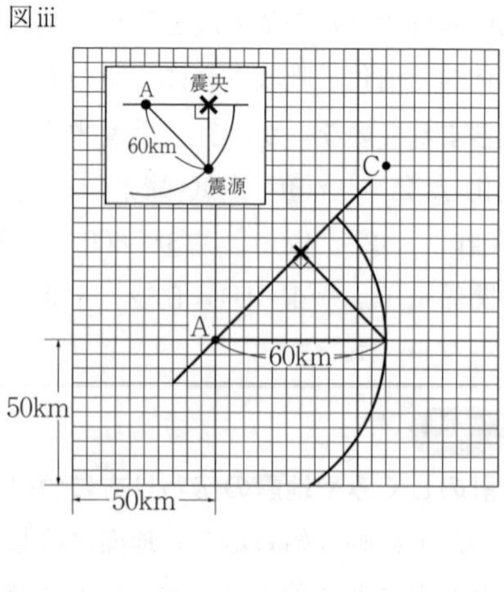

2 落花生についての問題

Ⅰ ⑴ 落花生はマメ科の植物で，花びらが袋《ふくろ》状であると述べられている。エンドウなどのマメ科の植物の花は，花びらが１枚ずつはなれている離弁花で，チョウが羽を広げた姿に似ている。

⑵ 落花生は受粉後，花のつけねにある子房《しぼう》のもとが伸《の》びて子房柄《へい》になり，子房柄が地中にもぐり，地中で子房柄の先がふくらんで実ができる。また，落花生は茎《くき》の地面に近い方から花が咲《さ》き始め，早い時期に咲いた花ほどよく成長した実になると述べられている。そのため，茎の地面に近い部分から土の中に向かう子房柄をかき，実を表す●をかくとよい。

⑶ 落花生の殻《から》の表面のしわのようなあみ目模様は，水や栄養分の通り道である管が集まった維管《いかん》束《そく》というつくりである。

⑷ 気体の水素と気体のちっ素からアンモニアというちっ素化合物をつくるのに高温と高圧を加えると述べられているように，気体のちっ素は常温では化合物に変化しにくい。そのため，植物は空気中のちっ素をそのままでは利用することができないと考えられる。また，気体のちっ素は水に溶《と》けにくいため，根から水とともに吸収するということもできない。

⑸ (i) 図３について，Ｎ０，Ｎ１，Ｎ３では縦じくの最大値が異なっていることに注意する。Ｎ０，Ｎ１，Ｎ３はいずれも50～115日目に開花数が集まっていて，80日目あたりまではそれほど開花数が変わらないが，その後は開花数が多いものから順にＮ３，Ｎ１，Ｎ０となっている。したがって，合計の開花数の多い順は，Ｎ３＞Ｎ１＞Ｎ０になる。 (ii) 図３の各グラフの矢印より右側を見ると，開花最盛期以降の開花数が多いのはＮ３である。 (iii) 開花最盛期までに咲いた花は実になる場合が多く，早い時期に咲いた花ほどよく成長した実になると述べられているので，アが選べる。

⑹ ア １株全体の重さについて，開花最盛期ではＮ３よりもＮ１の方が重い。 イ Ｎ３の茎と葉の重さは，成熟期よりも収穫《しゅうかく》期の方が重くなっている。 ウ Ｎ０もＮ１も，根と根りゅう，実の殻の部分，茎と葉の重さはほとんど変化していないが，タネの重さは増加していて，その増加分にほぼ等しい重さだけ全体の重さも増加している。 エ 全ての実験区で，根の重さはどの時期もほとんど同じで，差がない。 オ 全ての実験区で，実の殻の部分の重さは，成熟期から収穫期にかけてわずかに増えているが，大きく増えて成長しているわけではない。

⑺ ア 全ての実験区で，開花最盛期から収穫期まで根りゅうの数は増加している。 イ 収穫期の根りゅうの数は，Ｎ０が2000個よりやや少なく，Ｎ３が1000個よりやや多いので，Ｎ０の根りゅうの数はＮ３の２倍以下である。 ウ どの時期でも根りゅうの数はＮ０が最も多い。 エ 成熟期にはＮ１が最も根りゅうの重さが重くなっている。 オ 成熟期から収穫期にかけて，根りゅうの重さが最も大きく変化したのはＮ３で，Ｎ１は最も変化が小さい。

⑻ (i) 図６より，子房柄が実になった割合が最も大きい実験区はＮ０である。 (ii) 図７より，収穫期で乾燥《かんそう》前の実１個あたりの重さが最も重い実験区はＮ０とわかる。

⑼ ア，ウ Ｎ３は，成熟期や収穫期に１株全体が最も重かった実験区であり，開花最盛期以降の花が多かった実験区になる。Ｎ３の１株にできた子房柄が実になった割合は３つの実験区のうち最小である。 イ，オ Ｎ３は，合計の開花数が最も多かった実験区であり，ちっ素化合物の元肥を多く与《あた》えた実験区である。Ｎ３は，根りゅうの数が最も少なく，重さが最も軽かった。 エ ちっ素化合物の元肥を与えなかったＮ０では，根りゅうの数が最も多く，重さが最も重くなってい

る。　カ　根りゅうの数が多かったＮ０は，子房柄が実になった割合は最も大きく，実が最も重い。

Ⅱ　⑴　(終わりの水温)－(初めの水温)＝(水の上昇《じょうしょう》温度)，１×50×(水の上昇温度)÷1000＝(水が吸収したエネルギー)，(水が吸収したエネルギー)÷(落花生のタネ１粒《つぶ》の重さ)＝(タネ１ｇあたりから発生するエネルギー)を計算して表１を完成させると，下の表のようになる。燃焼中に落としたものを刺《さ》し直した場合，タネから発生したエネルギーの一部が水に与えられなかったことになるので，計算したタネ１ｇあたりから発生するエネルギーは他の場合より大きく減少した値《あたい》となる。よって，刺し直して燃やしたデータは２回目のデータと考えられる。

	落花生のタネ１粒の重さ	初めの水温	終わりの水温	水の上昇温度	水が吸収したエネルギー	タネ１ｇあたりから発生するエネルギー
１回目	0.70 g	28℃	69℃	41℃	2.05kcal	2.93kcal
２回目	0.98 g	29℃	76℃	47℃	2.35kcal	2.40kcal
３回目	0.66 g	29℃	67℃	38℃	1.90kcal	2.88kcal
４回目	0.81 g	28℃	73℃	45℃	2.25kcal	2.78kcal
５回目	0.63 g	26℃	62℃	36℃	1.80kcal	2.86kcal

⑵　⑴で求めた値より，２回目のデータを除いて，落花生のタネ１ｇあたりから発生するエネルギーの平均値を求めると，(2.93+2.88＋2.78＋2.86)÷４＝2.8625より，2.9kcalになる。

⑶　図８のエネルギーを１ｇあたりにすると，621÷100＝6.21(kcal)で，⑵のデータではそのうち，2.9÷6.21×100＝46.6…より，47％を取り出せている。

⑷　初めの実験ではすすが多く発生している。すすは不完全燃焼によって発生するので，すすのもとになっている炭素という成分が燃えなかった分，発生するはずのエネルギーが水に伝わらず温度が上がりにくかったと考えられる。また，まわりの空気中に熱が逃《に》げたことやアルミ缶《かん》に熱が吸収されたことで水に加えられるエネルギーが減った影響《えいきょう》などもある。したがって，熱ができるだけ空気中などに逃げないように，熱に強い素材で筒《つつ》をつくり缶の底をおおう，アルミ缶よりも熱を伝えやすい銅などの容器に変える，ストローなどを使い燃えている落花生に空気を送りこむようにする，落花生を細かくくだいて空気に触《ふ》れやすくして燃やすなどの改良点があげられる。

⑸　図８のエネルギーは，ヒトが消化・吸収できる栄養成分が全て利用されたときに得られる量を示していると述べられている。食物繊維《せんい》は体内で消化・吸収されにくいため，燃えた場合のエネルギーはその一部しか図８のエネルギーに含《ふく》まれていない。タネが完全燃焼した場合はこの食物繊維が燃えたときに得られたエネルギーが全て加わるので，図８のエネルギーよりも大きな値になると考えられる。

⑹　①　図８で，可食部に50％以上，つまり，100ｇあたり，100×0.5＝50(ｇ)以上含まれているのは，脂質《ししつ》である。　②～④　落花生は表面の脂質がとけ，それが熱で気化(蒸発)して空気(酸素)と触れ，ガスバーナーの熱や炎がうつると燃え出す。また，落花生内部の脂質の燃焼は，ろうそくの燃焼と似ていると述べられている。ろうそくはろうの固体がとけ，ろうの液体が芯《しん》を通過し，芯の先で気体になって燃えるため，落花生内部の脂質は，植物の繊維組織を液体の状態で通過して，表面で気化して燃えるとわかる。

３　てこのつりあいについての問題

⑴　(i)　図４では，重さ500ｇの棒Ａは右端《みぎはし》が100ｇの力で引き上げられ，左端が地面から上向きに，

500－100＝400(ｇ)の力を受け，支えられている。この力の大きさの比は棒Ａの重心の位置で決まるため，図５の場合も棒の右端と左端で支えている力の大きさは図４と変わらない。よって，図５で左端をつり上げている力の大きさは400ｇで，おもりの重さも400ｇである。　(ii)　(i)で述べたように，棒Ａは，左端を400ｇ，右端を100ｇで支えるとつりあうので，この力の大きさの比，400：100＝４：１より，重心から左端と右端までの距離の比が１：４となり，重心の位置は左端から，$40\times\frac{1}{1+4}=8$(cm)とわかる。ここに図６のようにひもをつるすと，棒Ａは水平になる。

⑵　①　Ｐを支点とした場合，丸太を時計回りに回転させようとするはたらきは，300×100＝30000なので，Ｒで丸太を反時計回りに回転させようとする力は，30000÷200＝150(kg)で，おもりの重さも150kgである。　②　PQ：PR＝100：200＝１：２なので，ＱとＲの位置で丸太が上がる高さの比も１：２になる。よって，Ｒの位置で丸太が上がる高さは，$2\times\frac{2}{1}=4$(cm)で，おもりを引き下げる距離も４cmとなる。　③　①と②を掛《か》け算すると，150×４＝600となる。

⑶　⑵の①と②の計算式で，下線を引いた部分がPRの値である。すると，PRの長さと①は反比例の関係なのでキ，PRの長さと②は比例の関係なのでアが選べる。そして，この２つの関係から①と②を掛け算した値である③はすべて600で一定となるため，イのグラフになる。

⑷　(i)　Tが最小になるのは，Ｒの位置が最も重心に近い位置になるとき，つまりPRの長さが最小となるときである。モーター(お)は，M＝200(kg)，L＝0.6(cm/秒)なので，PRの最小値は，300×100÷200＝150(cm)で，モーターが丸太を引き上げる高さは，２×150÷100＝３(cm)である。よって，モーターが巻きとるひもの長さも３cmだから，T＝３÷0.6＝５(秒)である。　(ii)　各モーターについてPRの最小値は，$300\times100\div M=\frac{30000}{M}$(cm)なので，モーターが引き上げる高さは，$2\times\frac{30000}{M}\div100=\frac{600}{M}$(cm)となり，$T=\frac{600}{M}\div L=\frac{600}{M\times L}$と表さる。($M$×$L$)は下の表のようになるので，$T$が最小となるのは，($M$×$L$)が最大になるモーター(き)，$T$が最大となるのは($M$×$L$)が最小になるモーター(あ)とわかる。

モーターの種類	(あ)	(い)	(う)	(え)	(お)	(か)	(き)	(く)	(け)
M×L	56	78	96	110	120	126	128	126	120

国　語　＜第１次試験＞（50分）＜満点：100点＞

解　答

［一］**問１**　下記を参照のこと。　**問２**　けち　**問３**　ウ　**問４**　(例)　学校に行く時間をそれほどとらなくてよい，ひまのあるこどもたちが，自主的にものごとの価値を判断しているので，自分で選んだものごとに満足し，自信を持って生きられること。　**問５**　(例)　みんなのルールに合わせようとするトムと，食べるのに困っても自由を望むハックルベリーのようす。**問６**　ア，オ　**問７**　**マーク・トウェーン**…カ　**シクロフスキー**…イ　［二］**問１**　下記を参照のこと。　**問２**　イ，オ　**問３**　エ　**問４**　(例)　男の子として生まれてきたわが子に幼くして死んだ弟が重なり，かつて自分が弟に注いでいた深い愛情とそれゆえの受容できない悲しみがわき起こってきたことで，理不尽な死をむかえた無念さをいだいているであろう弟が「首なし鳥」に姿を変え，自分にまとわりついて離れないという想像をしたということ。　**問５**　(例)　大切な弟を九歳で亡くし，祖父も三十三歳で亡くなり，父は姿を消したというように，

自分の周りの男がいなくなることを思うと，せっかく生まれたこの子を，弟のように死んでしまうのではないかという不安をかかえながら育てることにたえられず，深い悲しみをいだいて苦しんでいる。　**問6**　ア，エ　**問7**　ウ　**問8**　(一)　オ　(二)　コ

●漢字の書き取り

一　**問1**　(a)　商談　(b)　誘惑　(c)　公定　　三　**問1**　(a)　消息　(b)　網元

解説

一　**出典は鶴《つる》見《み》俊《しゅん》輔《すけ》の「おとなをねぶみするひま　マーク・トウェーン『トム・ソーヤー』の冒険《ぼうけん》」による。**トム・ソーヤーの世界を紹介《しょうかい》しつつ，自分の価値を持つために何が必要かについて述べられている。

問1　(a)　売買などの交渉《こうしょう》や話し合い。　(b)　誘《さそ》いこむこと。　(c)　おおやけに決めること。

問2　ハックルベリーの持つ「ダニ」を欲しがったトムは，「なんとだったら，とっかえる？」ときいたものの「売るつもりはない」と言われ，あてつけに「ちっちゃなダニだよな」と文句を言ったのだから，“けなす”という意味を表す「けちをつける」がよい。

問3　問２でみたトムとハックルベリーのやりとりは，それぞれが明確な価値基準を持ち，主体的に生きる人間の例として取りあげられているが，今や人々は公定相場による「日本全国一律」の価値基準にしたがい，疑いもなく生きている。つまり，本来ならば自らしなければならない生きるための価値判断をほかに委《ゆだ》ねてしまっていながら，そのことに無自覚で生き続けているさまに，筆者は，小《こ》泉《いずみ》八雲《やくも》の描《えが》く幽霊《ゆうれい》や化け物の世界に感じるものとは全く質の異なる恐怖《きょうふ》を覚えているので，ウがよい。なお，「小泉八雲」は，主に明治時代に活躍《かつやく》した小説家・英文学者。ギリシア生まれのイギリス人で，日本に帰化し，英名のラフカディオ＝ハーンから小泉八雲に改名した。代表的な著書『怪談《かいだん》』には，民話をもとにした「耳なし芳一《ほういち》」「雪女」などが収録され，化け物や幽霊，その他の不可解な現象が描かれている。

問4　『トム・ソーヤー』には，定められた一つの価値尺度にしたがい，疑問もいだかずに生きるのとは「ちがう世界」があるのだと筆者は述べている。これまでみてきたように，『トム・ソーヤー』には，「学校に行く時間をそれほどとらなくてもよい」という「ひまがたくさんあった」こどもたちであるトムやハックルベリーが，「自分のねぶみに自信」を持ち，「自分で価値をつくっている」ようすが描かれていた。よって，「学校に行く時間をそれほどとらず，ひまがたくさんあるこどもたちが自分の価値観を持っているので，周囲にまどわされず，自主的に判断して選び取った生き方に満足できていること」のようにまとめる。

問5　ここでの「萌芽《ほうが》」は，“ものごとが起きるきざし”を意味する。続く部分で，ある未亡人に引き取られたものの，食事のマナーや学校へ行くことに耐《た》えられず，家を出てタルの中で暮らすハックルベリーと，定められた決まりにしたがうようさとすトムのようすが対比的に描かれている。こうした価値観のずれに，成人後の二人の「別れ」のきざしがうかがえるので，「食べ物が手に入らなくても自由を選ぶハックルベリーと，みんなのルールにしたがおうと言うトムのようす」のようにまとめる。

問6　品物がなく，自分でものをつくり出さねばならない時代には，学校へ行く時間をそれほどとらずにすみ，こどもは得た「ひま」のなかで自らの価値尺度を持つことができたが，品物が出回り，

「学校がわりこんで」きている現代では，こどもも「ひま」を持てなくなっていると述べられているので，アは正しい。また，「学校の先生は，一つの価値尺度があると信じており，それを親たちも，それぞれの家庭で信じている」とあるとおり，筆者は浸透《しんとう》している価値基準を疑う時間さえ持てない親についても「どのようにひまをつくることができるか」と指摘《してき》しているので，オもふさわしい。　イ　ピクニックに行き，洞穴《ほらあな》の中で一行からはぐれたトム・ソーヤーとベッキー・サッチャーが，三日三晩後に救いだされたとき「村をあげての大歓迎《かんげい》」だったのだから，今より寛容《かんよう》といえる。　ウ　問５でみたが，ハックルベリーは「こどもだけの閉じた世界の中」で生きていたのではない。大人の常識にしばられることをきらい，自主的に自由を選んでいる。　エ　学校の先生や親が「一つの価値尺度」を信じてしたがっていることを，筆者は「怪談じみたもの」と言っている。

問７　マーク・トウェーンは，アメリカの作家。シクロフスキーは，ソ連(現ロシア)の言語学者，批評家である。なお，『星の王子さま』は，フランスの飛行士，小説家であるサン＝テグジュペリの小説。『イワンのばか』は，ロシアの作家トルストイによる，民話をもとにした童話。『ハムレット』は，イギリスの劇作家シェークスピアの戯曲《ぎきょく》。『世界の終わりとハードボイルド・ワンダーランド』は，日本の小説家，村上春樹《むらかみはるき》の小説。『不思議の国のアリス』は，イギリスの数学者，牧師，写真家，小説家であるルイス・キャロルの作品。『若草物語』は，アメリカの作家オルコットの自伝的な小説。

二　**出典は津島佑子《つしまゆうこ》の「鳥の涙《なみだ》」による**。子どものころ眠《ねむ》る前にこわい「お話」を母から聞かされた「私」が，その「お話」と早くに亡《な》くなった弟への思いを，長い間無意識に重ねていたようすが描かれている。

問１　(a)　どんな状況《じょうきょう》にあるかの情報。　(b)　網《あみ》や漁船を所有して漁師を雇《やと》い，漁業を営む者。

問２　お話での「となりの国」であって，それをきいている「私と弟」が「住んでいる国のとなり」ではない。また，お話のなかの「おまえのお父さん」が「連れられて」行った，と言われているにとどまり，「私と弟」(自分たち)まで「突然拉致《とつぜんらち》する」国があるのだと知らされたわけではないので，イはふさわしくない。オは，「サメに食べられて死んでしまう」とはきかされていない。母は，「海のなかには，人間の血のにおいが大好きなサメ」がいる，そんな「冷たい海のなかに戻《もど》って行く」と言っている。

問３　「三歳《さい》までの父親」，つまり物心のつかないうちに自分のもとから去った父について，「私」は当時，母にたずねることもなかったし，「父がいなくて心細いとか，物足りない」などの感情をいだいた覚えもない，と振《ふ》り返っている。昔からその存在に「無関心」であり，「特別な思い」をいだかずに過ごしてきたのだから，「私」は実の父を，自分がこの世に生まれてくるのに必要だっただけの存在と認識していると考えられる。よって，エが正しい。

問４　死ぬはずのなかった弟は九歳で亡くなり，「お話」のなかの「お父さん」は強引に「となりの国」へと連れて行かれ，ひどい仕打ちを受けた結果，亡くなっている。つまり，この二人が姿を変えた「首のない鳥」とは，無念さ，やりきれなさをいだきながら理不尽《りふじん》な死をとげた者の象徴《しょうちょう》として描かれているであろう点をおさえておく。この後，男の子を出産したとき，ふと弟との関係を思い起こす部分からは，わが子と弟を重ねた「私」が，どれほど弟に愛情を注いでいたか，また，それゆえに幼くして亡くなった彼《かれ》の死がいかに受けいれがたいものだったかがうかがえる。生前の弟が，「いつも私から離《はな》れずにしゃべりつづけていた」子であったこともふまえると，「私の頭のなかで，首なし鳥の姿になって羽ばたきつづけている」は，弟の死を受けいれられない「私」が，望まぬ死をとげてさぞ無念な思いであろう弟の在りし日の姿を想像し，頭のなかにいつまでもつなぎとめているようすを表しているものと考えられる。

問５　続く部分からわかるように，弟もおじいさんも父も失っている「私」は，夫にねばり強く説得されても耳を貸すことなく，生まれたわが子もきっと死んでしまうのだろうと涙し，取り乱している。これをふまえ，「祖父が早くに亡くなり，父も姿を消し，大好きな弟だって亡くなったのだから，自分が産んだむすこも死ぬかもしれないという不安にとりつかれ，悲しみに打ちひしがれている気持ち」といった趣旨《しゅし》でまとめる。

問６　「私」がむすこにした「お話」は，「祖母」から「母」に，「母」から「私と弟」に語り伝えられたものだが，「祖母」は自身の夫(祖父)を「私」の母が赤ん坊《ぼう》のころに事故で亡くし，「母」は「私」の弟が赤ん坊のころに夫(父)を失い，そして「私」は九歳の弟を亡くしている。つまり，いずれも理不尽な別れを経験していた点をおさえる。よって，それぞれが「首なし鳥」の「お話」を語り継《つ》いできたのは，「お話」のなかに登場する「私」に自らを重ね，何度も話すなかでその別れと向き合い，受けいれるためだったのではないかという解釈《かいしゃく》ができる。よって，アがふさわしい。また，わが子の成長につれて自分の「泣く回数」が減った一方，「お話」を聞かせはじめた「私」のようすからは，徐々《じょじょ》に弟の死を受けいれられるようになったとともに，語ることで弟の存在を感じ続けようとする意思がうかがえる。よって，エも合う。

問７　ア　母や祖母がなぜ鳥の話を子どもたちにしたのか，明確な答えは出ていない。　イ　「私と弟」の父親は家を出ていき，音信が途絶《とだ》えているが，死んだかどうかはわからない。　エ　母が「深い恨《うら》み」を持っているようすは描かれていない。

問８　㈠　津島佑子の父親は太宰治《だざいおさむ》である。　㈡　Ａは『斜陽《しゃよう》』の冒頭《ぼうとう》。『津軽《つがる》』『走れメロス』『人間失格』も，太宰治の作品である。なお，『坊《ぼ》っちゃん』は夏目漱石《なつめそうせき》，『春琴抄《しゅんきんしょう》』は谷崎潤一《たにざきじゅんいち》郎《ろう》，『伊豆の踊子《おどりこ》』は川端康成《かわばたやすなり》，『蜘蛛《くも》の糸』は芥川龍之介《あくたがわりゅうのすけ》，『暗夜行路』は志賀直哉《しがなおや》，『金閣寺』は三島由紀夫《みしまゆきお》の作品。

2023 年度 渋谷教育学園幕張中学校

【算　数】〈第２次試験〉（50分）〈満点：100点〉

注意　•コンパス，三角定規を使用できます。

1　ある整数が３で割りきれる数のときはその数を３で割り，３で割って１あまる数のときはその数に２を加えて，３で割って２あまる数のときはその数に１を加える，という操作を，計算の答えが１になるまでくり返します。

たとえば，ある整数が７のときは，７→９→３→１となり，３回の操作で１になります。

次の各問いに答えなさい。

(1)　213は何回の操作で１になりますか。

(2)　４回の操作で１になる整数は何個ありますか。

(3)　ある回数の操作で１になる整数の個数が，はじめて50個以上になりました。この50個以上の整数のうち，いちばん大きい数といちばん小さい数は何ですか。

2　(図１)，(図２)のように，正方形と長方形を並べて，その辺の途《と》中にカードを置くための枠《わく》□を書いておきます。また，左下の点をＡ，右上の点をＢとします。(図３)のように，[1]から[4]までの数字が書かれたカードを１つの枠に１枚ずつ置いていきます。点Ａから点Ｂまでの正方形と長方形の辺上を最短経路で移動し，そのとき通った辺に置かれたカードの数字の和を計算します。そして，考えられる最短経路ごとに計算した和を，すべてたした数を＜AB＞とします。

たとえば，(図３)で＜AB＞を考えると，(図４)のように正方形と長方形の頂点をそれぞれＣ，Ｄ，Ｅ，Ｆ，Ｇとすれば，考えられる最短経路は，

Ａ→Ｃ→Ｄ→Ｂ，Ａ→Ｃ→Ｆ→Ｇ→Ｂ，Ａ→Ｅ→Ｆ→Ｇ→Ｂ

の順に頂点を通る３通りがあり，置かれたカードの数字の和はそれぞれ

１+２+３=６，１+３+１+２=７，４+１+１+２=８

となるので，＜AB＞は

＜AB＞=６+７+８=21

となります。

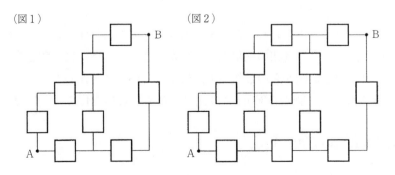

(図１)

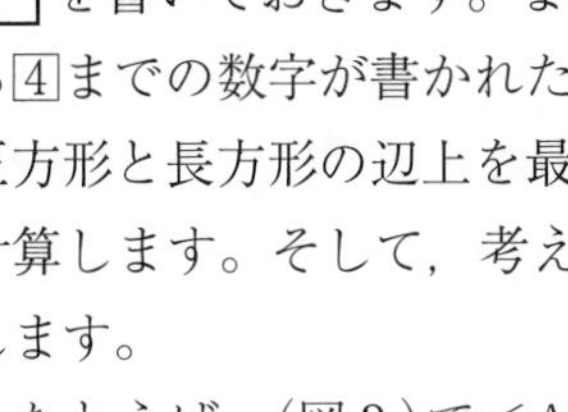

(図２)

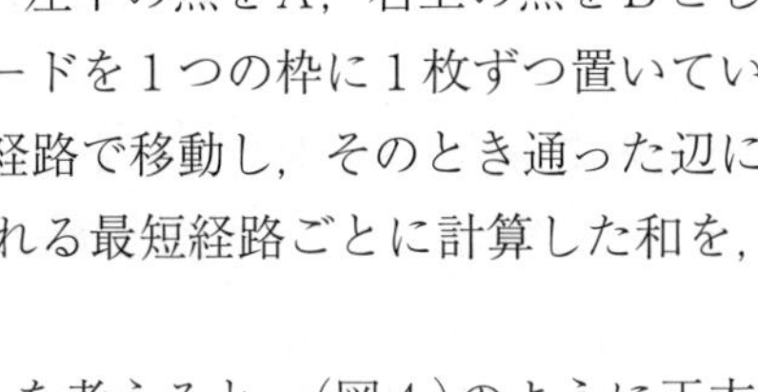

(図３)

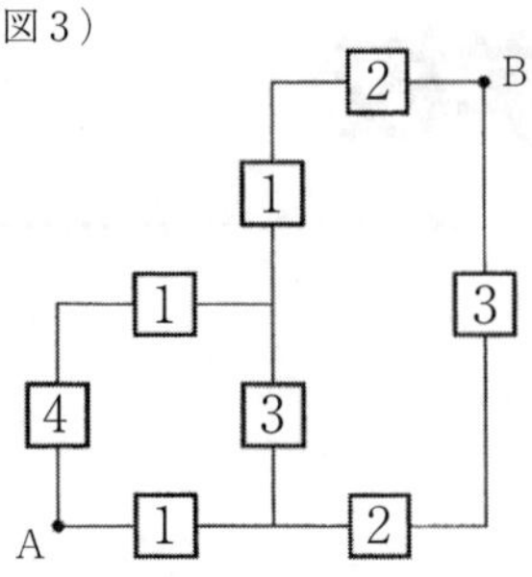

(図４)

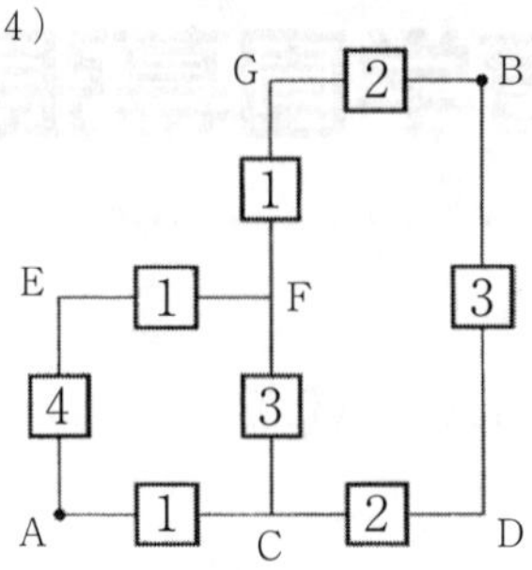

次の各問いに答えなさい。

(1)　(図１)の枠に，＜AB＞がいちばん大きくなるように，[1]を３枚，[2]を２枚，[3]を２枚，[4]を１枚置きます。

①　(図５)は，＜AB＞がいちばん大きくなるように，途中までカードを置いた１つの例です。

解答用紙の空いている□の中に数字を入れて，＜AB＞がいちばん大きくなる例を１つ作りなさい。

(図５)

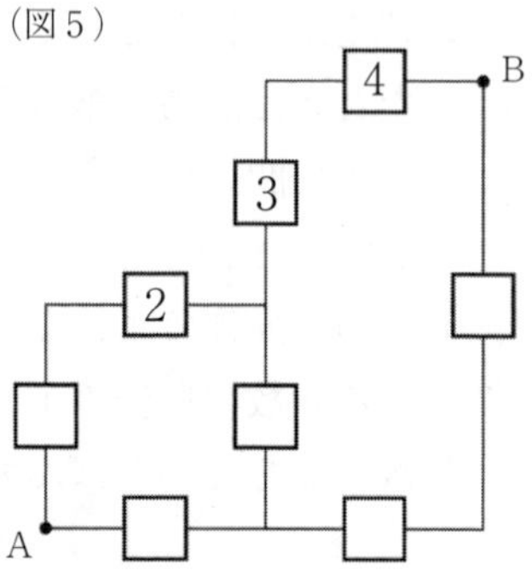

②　＜AB＞がいちばん大きくなる場合，＜AB＞はいくつになりますか。

③　＜AB＞がいちばん大きくなる場合，カードの置き方は何通りありますか。

(2)　(図２)の枠に，＜AB＞がいちばん大きくなるように，[1]を１枚，[2]を７枚，[3]を４枚，[4]を１枚置きます。

①　＜AB＞がいちばん大きくなる場合，＜AB＞はいくつになりますか。

②　＜AB＞がいちばん大きくなる場合，カードの置き方は何通りありますか。

3　Ａ駅から500ｍの距離《きょり》にあるケーキ屋さんで，１個300円のシュークリームを売っています。これが人気商品となり，１日に500個売れるようになりました。そこで店長の真一さんは，別の駅の近くにお店をもう１つ作ることにしました。真一さんは，駅を利用する人数と駅からお店までの距離が売り上げに関係すると考えて，いろいろと調べた結果，次のことがわかりました。

①　シュークリームが１日に売れる個数は，駅を利用する人数が５人増えると１個増えて，５人減ると１個減る。

②　シュークリームが１日に売れる個数は，駅からの距離を２ｍ遠くすると１個減って，２ｍ近くすると１個増える。

鉄道会社のホームページで，真一さんが新しいお店を作ろうとしているＢ駅，Ｃ駅，Ｄ駅と，いまお店があるＡ駅について調べると，各駅の利用人数がわかりました。さらに，駅周辺の様子によって，お店を作ることができる駅からの最短距離が決まっていることがわかりました。たとえば，いまお店があるＡ駅では，駅から300ｍより近いところにお店を作ることはできません。

表にまとめると，それぞれ以下の通りです。

	A駅	B駅	C駅	D駅
駅の利用人数	5000人	6000人	5500人	4500人
駅からの最短距離	300m	400m	50m	50m

次の各問いに答えなさい。

(1)　D駅から400m離《はな》れたところにお店を作ると，シュークリームが１日に売れる個数は何個になりますか。

(2)　シュークリームの売り上げ額を，１日にちょうど24万円にするためには，どの駅から何mのところに新しいお店を作ればよいですか。

4　図のような正六角形ABCDEFがあります。辺BC上に点P，辺DE上に点Qをとり，三角形APQを作ります。三角形APQの３辺の長さの和が最も小さくなるように点P，Qをとるとき，次の各問いに答えなさい。

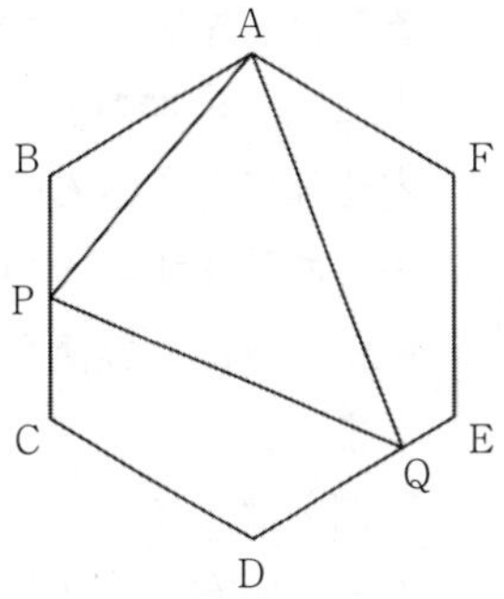

(1)　次の①，②の比を，最も簡単な整数の比で表しなさい。

①　BP：PC

②　DQ：QE

(2)　三角形APQの面積は，正六角形ABCDEFの面積の何倍ですか。

5　図のような直方体ABCD−EFGHがあります。辺AB，辺BC，辺EH上に，それぞれBP＝BQ＝ER＝２cmとなるような点P，点Q，点Rをとり，３点P，Q，Rを通る平面で直方体を切りました。

このとき，次の各問いに答えなさい。

ただし，角すいの体積は，(底面積)×(高さ)÷３で求められるものとします。

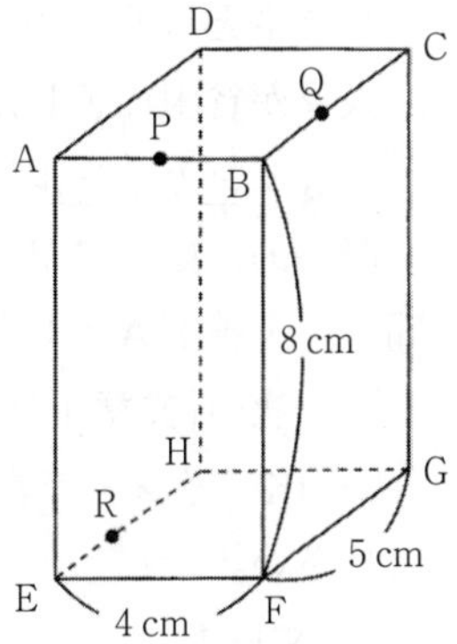

(1)　点Fを含む方の立体の体積は何cm^3ですか。

(2)　切断面の面積は何cm^2ですか。

(3)　点Dを含む方の立体を，切断面を下にして平面上に置きます。このとき，点Dの平面からの高さは何cmですか。

【社　会】〈第２次試験〉（45分）〈満点：75点〉

注意　• 句読点は字数にふくめます。

• 字数内で解答する場合，数字は１マスに２つ入れること。例えば，226年なら|22|6|年|とすること。字数は指定の８割以上を使用すること。例えば，30字以内なら24字以上で答えること。

• 答えはすべて解答用紙のわく内に記入し，はみださないこと。

〈編集部注：実物の入試問題では，写真と画像，**2**の図２と**3**の図１はカラー印刷です。〉

1　次の文章を読み，下記の設問に答えなさい。

地政学という言葉があります。それは簡単に言えば，「**国の地理的な条件をもとに，他国との関係性や国際社会での行動を考えること**」をいいます。右の地図のように世界には，日本のように海に囲まれた国や，内陸部でたくさんの国と国境を接している国もあります。その国の置かれた環境によって，政治や経済などの考え方も変わってきます。

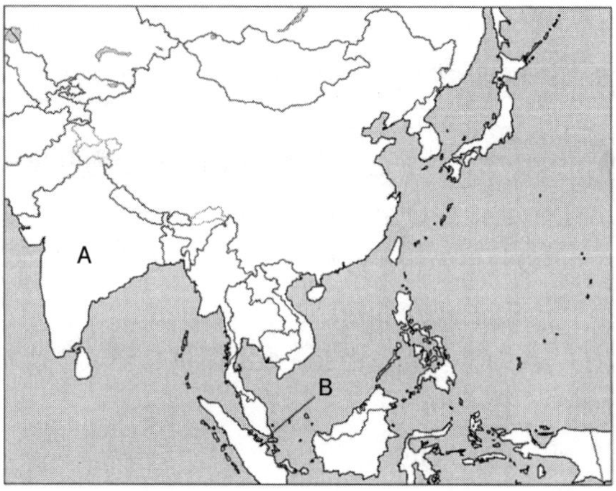

例えば A <u>インド</u>は，インド亜大陸のほとんどを領有する連邦共和制の国家です。世界では第７位の国土面積と第２位の人口を持つ国であり，南にはインド洋があり，南西のアラビア海と南東のベンガル湾に挟《はさ》まれています。都市部と農村部の経済格差は大きく，多くの人々が貧困に苦しんでいます。

B <u>シンガポール</u>は，マレー半島先端部にある小さな島国です。少ない国土ではありますが，経済的には，アジア有数の豊かな国となっています。

問１　下線部**A**インドについて

次の［**文章１**］は，インドで約三年間を過ごした，本校の卒業生・熊谷はるかさんが著した『JK，インドで常識ぶっ壊される』からの抜粋《ばっすい》です。この文章を読んで，以下の問に答えなさい。

［**文章１**］

日本で「メイド」というと秋葉原あたりの光景を浮かべたり，超大金持ちの家を想像したりするが，インドではお手伝いさんを雇うことは広く普及していて，a <u>ひとつの文化</u>でもあった。

（中略）

わたしの家でも，女性のお手伝いさん，つまりメイドさんをひとり雇っていた。彼女はインド北東部の，紅茶で有名なダージリンの出身で，民族性でいうとネパール系だった。いわゆる「インド人」というよりかは，あっさりした東南アジア系の顔つきで，百五十センチくらいの小柄な体形をしていた。その姿は日本人にも近いようなところがあり，私たちは親しみを込めて「ブミちゃん」と呼んでいた。

（中略）

そんな彼女だが，他のインド人と比べて，また特に b 彼女のような階級のなかでは，格段に英語がうまかった。仮住まいのサービスアパートメントではじめに出会ったハウスキーパーさんは，ほぼ「Thank you《サンキュー》」か「OK」しか言わず，何か伝えてもなかなか理解してもらえなかったのに対して，c ブミちゃんとは難なく英語で会話できた。おどろくことに，それもまた北東部出身ゆえのことだという。

（中略）

「ニューデリーの街歩きとかに興味ない？」と母が誘ってきたのは，インドに来てから半年になる二月ごろのことだった。

「はぁ，まぁいいけど」

日本でなら，ただ街を歩くだけなんて老人向けかよと思って断っていたかもしれないが，こっちでは普段車での移動ばっかりで街を歩く機会なんて滅多にないので，自分の足で回ってみるのも悪くないかもと思ってオーケーした。

だが，母が話すところによると，どうやらただ街を歩くだけではないらしい。それを運営している d NGO は，子供を支援する活動をおこなっているんだとか。

（中略）

すこし遅れて，青いＴシャツを着た，わたしよりいくつか歳上に見える少女が現れて，自分が今日の案内役だと名乗った。「今日は，ニューデリー駅の周辺を一緒に歩きます。終着点は，わたしたちの団体の拠点になっている建物。そこまで，デリーの街の様子や，［　ア　］の生活について話しながら，案内します」

はきはきとした少女は，私とあまり変わらないくらいの身長だったが，真っ黒な瞳のうちにどこかしなやかながらも強さを秘めていて，その目でまっすぐに参加者ひとりひとりを見つめながら話していた。

（熊谷はるか『JK，インドで常識ぶっ壊される』河出書房新社　2021年）より抜粋

(1)　下線部 a に関して，ここでいう文化を，「社会全体のためになる生活様式」と考えた場合，それは具体的に，どのようなことを意味するのでしょうか。解答用紙のわく内で，適した内容を書きなさい。

※ただし，**仕事**という言葉を必ず使用してください。

(2)　下線部 b に関して，この昔からの階級制度による身分差別（現在は憲法で禁止）は，インドで多数派を占める，ある宗教に由来しています。その宗教名を答えなさい。

(3)　下線部 c に関して，ブミちゃんが難なく英語で会話できる理由を，地政学から見たインド北東部の民族構成の特色をふまえて，解答用紙のわく内で説明しなさい。

※ただし，**コミュニケーション**という言葉を必ず使用してください。

(4)　下線部 d に関して，NGO について述べた次の文 **X**・**Y** の正誤の組合せとして正しいものを，下記より１つ選び番号で答えなさい。

X　先進国の政府の資金で，発展途上国に対して国際協力活動を行う団体をいいます。

Y　様々な社会貢献活動を行っており，収益は団体の構成員に対し，公平に分配することを目的としています。

1	**X**	正	**Y**	正		2	**X**	正	**Y**	誤
3	**X**	誤	**Y**	正		4	**X**	誤	**Y**	誤

(5) 文中の空らん［ア］には，このNGOが支援している，貧困のため，「道ばたや路上で生活をしている子供たち」を意味する言葉が入ります。その言葉を**カタカナ**で答えなさい。

(6) 2022年２月に始まるロシアのウクライナ侵攻後，国際連合がロシアを非難する決議を重ねましたが，インドは全て棄権しました(2022年10月現在)。その理由を，インド北部の地政学的な要因と，それに関わる具体的な国名を１つあげて，解答用紙のわく内で説明しなさい。

※ただし，**けん制**という言葉を必ず使用してください。

(7) 日本とインドは，他の２か国と共に，「QUAD《クアッド》」と呼ばれる安全保障や経済を協議するための４か国間の会談を行っています。日本とインド以外の２か国の組合せとして正しいものを，下記より１つ選び番号で答えなさい。

1 イギリス・オーストラリア　　**2** イギリス・アメリカ
3 アメリカ・オーストラリア　　**4** アメリカ・シンガポール
5 インドネシア・シンガポール　　**6** イギリス・フランス

問２　下線部**B**シンガポールについて説明した，次の［**文章２**］を読んで，以下の問に答えなさい。

［**文章２**］

シンガポールは，インド・中華などの多様な文化圏の重なる地域に多くの国々がひしめき合っている**e**東南アジアの国の一つです。国土の大きさも東京23区ほどで，石油などの天然資源もありません。それでも，シンガポールが繁栄した理由は，**f**地政学的な優位性にありました。

そして，建国の父と呼ばれたリー＝クアンユー氏(初代首相)は，「ガーデンシティ計画」を提唱し，**g**清潔で緑豊かな都市づくりや，犯罪の少ない安全な国づくり，※インフラ環境の整備などを積極的に進めました。その結果，この国は現在，国民一人当たりのGDPでは，日本を上回る豊かな国になりました。

1991年，渋谷教育学園はこの地に，渋谷幕張シンガポール校(現在は早稲田渋谷シンガポール校)を開校して，アジア地域の日本人子弟の教育を行っています。シンガポールには，他にも様々な国の教育制度に基づいた学校が存在しています。

※インフラ：電気，ガス，水道，道路，鉄道，電話など，日々の生活を支える基盤のこと

(1) 下線部**e**に関して，東南アジアの国で，第二次世界大戦前から欧米諸国の支配を受けずに独立を保った国があります。その国名を，下記より１つ選び番号で答えなさい。

1 マレーシア　**2** カンボジア　**3** インドネシア
4 タイ　**5** フィリピン　**6** ラオス

(2) 下線部**f**に関して，シンガポールの地政学的な優位性について，具体的な内容を，解答用紙のわく内で説明しなさい。

※ただし，**貿易**という言葉を必ず使用してください。

(3) 下線部**g**に関して，これらはリー＝クアンユー氏が，シンガポールの将来の経済的な繁

栄に向けて，**ある事**を推進するための，世界に向けたアピールでもありました。この**ある事**とは何ですか。［**文章２**］の内容も参考にして，解答用紙のわく内で説明しなさい。

(4)　シンガポールには右のグラフのようにインド系の人々が一定の割合で居住しています。この人々のルーツは，19世紀にインドからシンガポールに移住してきたところにあります。その背景を説明している下記の文章の空らんに，適した語句をそれぞれ入れなさい。

・この時代は，インドもシンガポールも［　X　］の［　Y　］であり，労働者として，インドからシンガポールに移住してきました。

※ただし，［X］には国名が入ります。

参考資料　**シンガポールの民族別人口の割合**

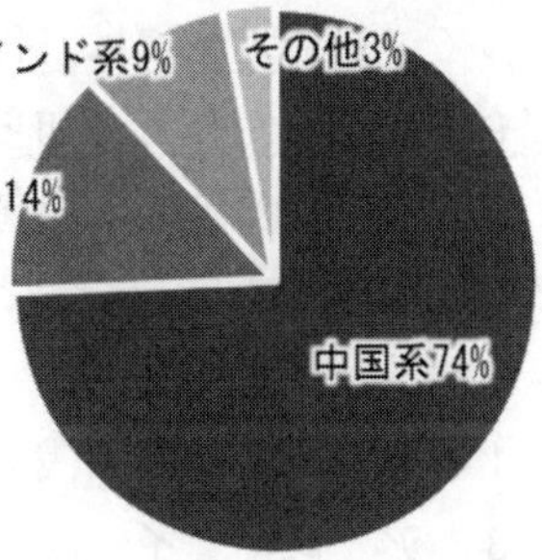

シンガポール統計局データ（2022.6）より

2　次の文章を読み，下記の設問に答えなさい。

科学的な歴史学や考古学は，大学などが整備されたa明治時代に本格化しますが，戦前の日本においては，縄文文化より古い文化，つまり旧石器文化は存在しなかったとする意見が一般的でした。ところが，b1949年に相澤忠洋《あいざわただひろ》の打製石器の発見をきっかけに，【　①　】遺跡（群馬県）の発掘調査が行われると，日本にも旧石器文化が存在した可能性が指摘されるようになりました。その後，さらに数多くの各地の遺跡の調査によって，日本にc旧石器時代（旧石器文化）が存在したことはほぼ確実となっています。

現在，日本で最も古い石器は約11～12万年前のものとされています。その一方で，人類が日本列島に渡って来たのは一般的に３万数千年前とも言われており，大きな時間のズレがあります。ただ，どちらの場合でも地球規模の時期区分で言えば，現在よりも寒冷な氷河時代の出来事になります。

かつて多くの研究者は，寒冷な氷河時代では海面が現在よりも約120mほど［　ア　］，日本列島も大陸と地《じ》続《つづ》きとなり，そのため人類が大陸から日本列島に来ることが可能になったと考えていました。しかし近年では，対馬海峡や，d北海道と本州の間の津軽海峡はともに最大水深が200mよりも［　イ　］，寒冷だった氷河時代でも大陸と地続きではなかったとする意見が多くなっています。それと同時に，人類は船で日本列島に渡って来たと考えられるようになりました。

旧石器時代に続く縄文時代については，船の使用が確認されています。日本における最古の丸木船《まるきぶね》は，2014年に千葉県市川市の雷下《かみなりした》遺跡で発見されたもので，約7500年前の縄文時代早期のものだと考えられています。そして，ⓘその後の日本列島における弥生文化の成立については，船の利用ぬきには考えることが出来ません。

さらに古代の日本の歴史を見わたすと，e遣隋使や遣唐使といった船を利用した使者の派遣がありました。その一方，目を陸上に転じると，古代の律令国家のもとでは，都と各国の国府を結ぶ７つの幹線道路（官道《かんどう》）が整備されました。fその官道の具体的な様子は，近年の発掘によって次第に明らかになりつつあります。

g中世になると中国の宋や元との貿易がさかんに行われました。その様子の一部は，h1975

年に大韓民国の新安の沖合《おきあい》で発見された沈没船からうかがうことが出来ます。この船は元から日本に向かう途中に沈没したと考えられ，２万点を超える陶磁器や，約800万枚，重量にして約28トンの銅銭などが見つかりました。また，この新安の沈没船ばかりでなく，様々な研究によって，ⅱ13世紀には，日本からは硫黄《いおう》や木材が輸出された一方，宋や元からは銅銭や石材なども輸入されたことが知られています。

問１　空らん【①】に入る語句を，解答らんに従って答えなさい。

問２　空らん［ア］・［イ］に入る語句の組合せとして正しいものを，下記より１つ選び番号で答えなさい。

1　**ア**　高く　**イ**　浅く　　**2**　**ア**　高く　**イ**　深く

3　**ア**　低く　**イ**　浅く　　**4**　**ア**　低く　**イ**　深く

問３　下線部**a**に関連して，明治時代の出来事に関して述べた文として正しいものを，下記より１つ選び番号で答えなさい。

1　米価が上がったため，日本各地で米騒動が起きました。

2　夏目漱石が小説『吾輩は猫である』を発表しました。

3　千葉町が千葉市になったほか，東京市が廃止されて東京都が成立しました。

4　直接国税15円以上をおさめた満25歳以上の成年男子には，帝国議会(衆議院・参議院)の選挙権が認められました。

問４　下線部**b**に関連して，1940年代の出来事に関して述べた次の文**A**～**D**について，正しいものの組合せを，下記より１つ選び番号で答えなさい。

A　東京などでラジオ放送が始まりました。

B　内閣総理大臣を総裁とする大政翼賛会が成立しました。

C　サンフランシスコ平和条約が結ばれ，翌年に日本は独立国として主権を回復しました。

D　大日本帝国憲法が改正され，日本国憲法が公布されました。

１　**A・C**	２　**A・D**	３　**B・C**	４　**B・D**

問５　下線部**c**に関連して，**図１**では，黒曜石《こくようせき》の原産地(**図１**中の○囲み)と，その黒曜石を用いて作られた石器(細石刃《さいせきじん》)が出土した遺跡(**図１**の左下の説明の消費地)とが線で結ばれています。この**図１**に関して述べた下の文**X**・**Y**について，その正誤の組合せとして正しいものを，下記より１つ選び番号で答えなさい。

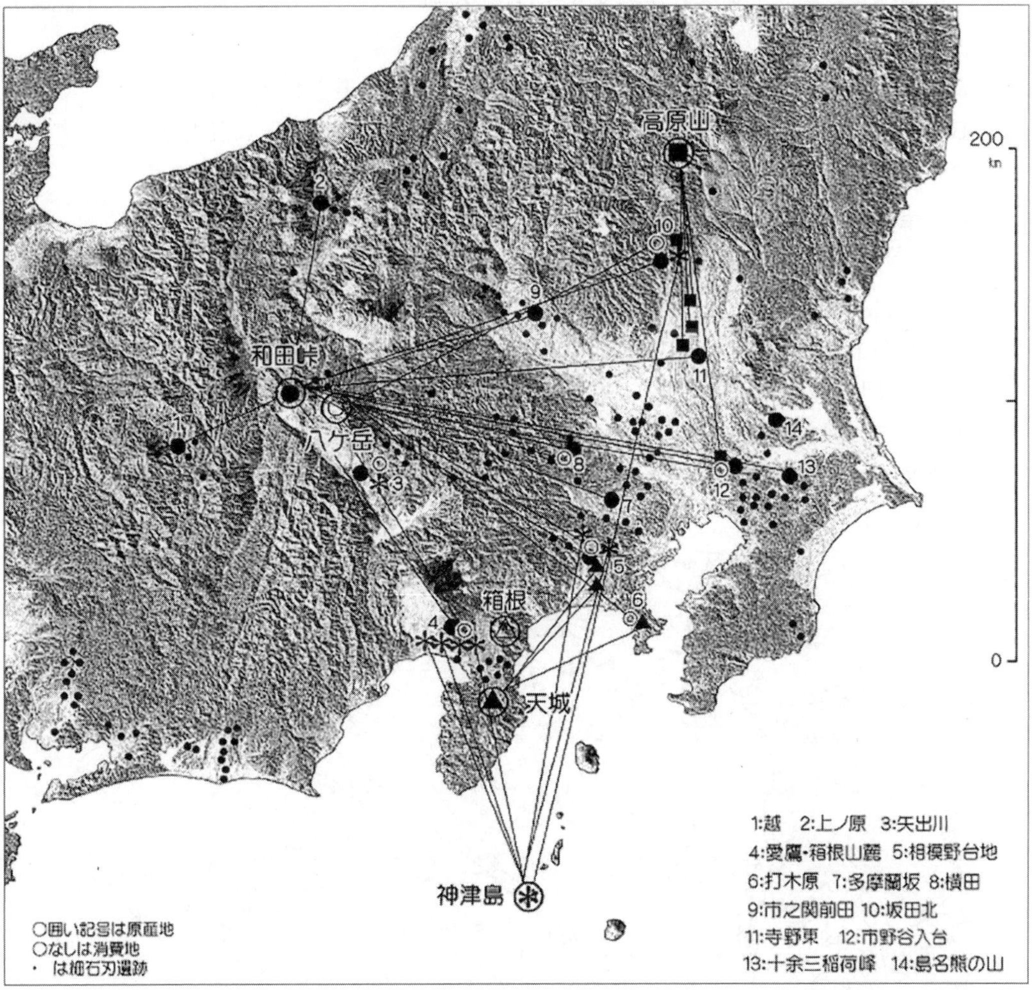

図１

※堤隆「信州黒曜石原産地の資源開発と供給をめぐって」
(『島根県古代文化センター研究論集』第19集，2018年)より転載

X　旧石器時代にも広い範囲で石器の材料などの交易が行われたと考えることが出来ます。

Y　船を使って石器の材料などが運ばれた可能性を考えることが出来ます。

1	**X**	正	**Y**	正	2	**X**	正	**Y**	誤
3	**X**	誤	**Y**	正	4	**X**	誤	**Y**	誤

問６　下線部**d**に関連して，北海道の歴史に関して述べた次の文**X**・**Y**について，その正誤の組合せとして正しいものを，下記より１つ選び番号で答えなさい。

X　日米和親条約では，現在の函館が開港地の１つとされました。

Y　明治政府は，ロシアからクラークを招くなどして，寒冷地に適したロシア式の大規模農業を北海道に導入しようとしました。

1	**X**	正	**Y**	正	2	**X**	正	**Y**	誤
3	**X**	誤	**Y**	正	4	**X**	誤	**Y**	誤

問７　下線部 **e** に関して述べた次の文 **A**～**D** について，正しいものの組合せを，下記より１つ選び番号で答えなさい。

A　推古天皇の時期に，小野妹子らが遣隋使として派遣されました。

B　隋の皇帝は，遣隋使からの要求にこたえ，天皇を倭の国王に任じました。

C　藤原道長の進言により，遣唐使が停止されました。

D　空海や最澄は，遣唐使の船に乗って唐に渡りました。

1　**A**・**C**	2　**A**・**D**	3　**B**・**C**	4　**B**・**D**

問８　下線部 **f** に関連して，次の **図２** に見える青色の線は，発掘調査などに基づいて想定されている奈良時代の官道(東海道)です。また，同じ **図２** に見える茶色の線は，江戸時代の東海道です。この **図２** を見て，奈良時代の官道(東海道)および江戸時代の東海道に関して述べた下の文 **X**・**Y** について，その正誤の組合せとして正しいものを，下記より１つ選び番号で答えなさい。

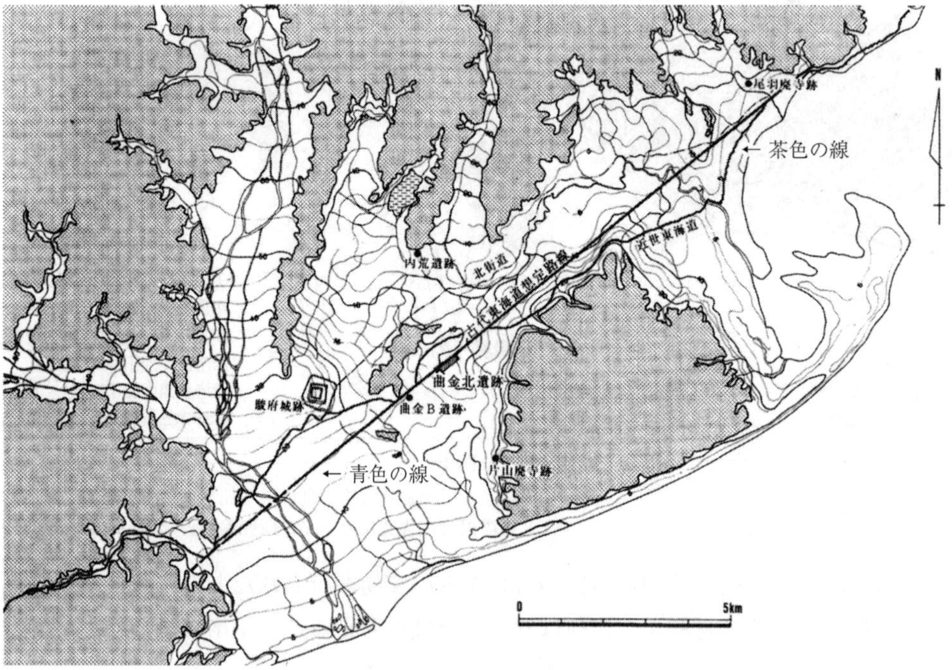

図２

※静岡県埋蔵文化財調査研究所報告 第68集『曲金北遺跡(遺構編)』
(静岡県埋蔵文化財調査研究所，1996年)より転載・加筆

X　奈良時代の官道(東海道)は，ほぼ直線的につくられました。

Y　江戸時代の東海道は，地形におうじたルートを通っていることが多いです。

1　**X**　正　**Y**　正	2　**X**　正　**Y**　誤
3　**X**　誤　**Y**　正	4　**X**　誤　**Y**　誤

問９　下線部 **g** に関連して，日本における時期区分では，11世紀後半から16世紀末までの時期を中世とすることが比較的多いようです。この時期に関して述べた次の文 **A**～**D** について，正しいものの組合せを，下記より１つ選び番号で答えなさい。

A　平清盛は，保元の乱で源義朝らを滅ぼしました。

B　御成敗式目は，執権の北条泰時らによって制定されました。

C　足利義満は，明の皇帝から日本国王に任じられました。

D　浄土真宗の信者を中心とする山城の国一揆は，100年近くにわたって，山城国の南部を支配しました。

1　**A・C**	2　**A・D**	3　**B・C**	4　**B・D**

問10　下線部**h**に関連して，次の**1**～**4**の文の内，1975年に最も近い時期の出来事に関して述べた文として正しいものを1つ選び，番号で答えなさい。

1　新橋・横浜間で日本初となる鉄道が開業しました。

2　アジア初の開催となった東京オリンピックに合わせ，東海道新幹線が開業しました。

3　日本初の高速道路である名神高速道路の全線が開通しました。

4　新東京国際空港(現在の成田国際空港)が開港しました。

問11　波線部ⓘに関連して，どうして船の利用ぬきには弥生文化の成立を考えることが出来ないのでしょうか。50字以内で説明しなさい。

問12　波線部ⓘⓘに関連して，12世紀前半，他国の攻撃を受けた宋が，都を開封《かいほう》から南方の臨安《りんあん》(現，杭《こう》州《しゅう》)に移すと，長江下流域では，臨安のほか，慶《けい》元《げん》(現，寧波《にんぽー》)や蘇州《そしゅう》などの都市が発達しましたが(右の**図3**を参照)，その一方で，この地域では森林破壊が急速に進みました。この森林破壊は，日宋貿易において宋が日本から大量の木材を輸入した背景になったと考えられます。この地域において，12世紀に森林破壊が進んだ理由を30字以内で説明しなさい。

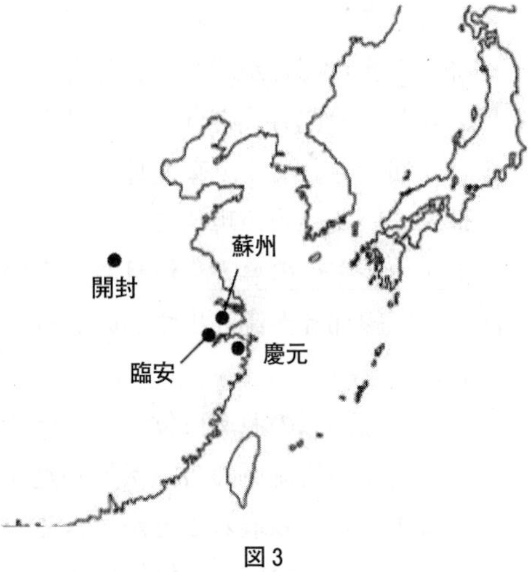

図3

※本文や問題の作成のため，主に以下のものを参照しました。

・「島根・出雲の砂原遺跡の石器，『日本最古』に修正」(日本経済新聞　2013年6月7日配信)

・「韓国・新安沖の海底沈船　日中韓　三国貿易の構造示す」(水中考古学へのいざない(21)　産経WEST　2018年3月24日配信)

・海部陽介『日本人はどこから来たのか？』(文春文庫，文藝春秋，2019年)

・高橋昌明「平家政権の日中間交渉の実態について」(『専修大学古代東ユーラシア研究センター年報』第5号，2019年)

・羽田　正(編)・小島　毅(監修)『海から見た歴史』(東アジア海域に漕ぎ出す1，東京大学出版会，2013年)

3　次の文章を読み，下記の設問に答えなさい。

2022年は電力不足が懸念《けねん》され，政府が節電を呼びかける事態となりました。2021年のデータで，日本で最も発電量が多いのは火力発電で全体の78.8%です。次いで水力発電が9.9%，原子力発電が7.8％と続き，そのほかに太陽光発電，風力発電，地熱発電など新しい発電方式の導入も進んでいます。

1950年代前半までは最も発電量が多いのは水力発電でした。水力発電は水の落下エネルギーを利用して発電するため，大規模なダムを建設することが一般的です。a天竜川の佐久間ダム，b只見《ただみ》川の奥只見ダム，c黒部川の黒部ダムに代表されるように，山がちでd降水量の多い日本にはダム建設に向いている場所がたくさんありました。

1950年代後半から電力需要《じゅよう》が増えるにつれて，水力発電だけではまかないきれなくなり，日本各地に大型の火力発電所がつくられるようになりました。発電量も1955年頃から火力発電が水力発電を上回るようになりました。火力発電所は大容量の発電が可能で，発電量の調節もしやすいので，e千葉県，神奈川県，愛知県など電力需要の高い大都市近郊に多く立地しています。原料にはf石炭，石油，天然ガスといった化石燃料を使用しますが，特に石炭火力発電は二酸化炭素の排出量が多く，環境への負荷が大きいことから，世界的に廃止の動きがあります。しかし，g日本は全体の３割程度を石炭火力発電に頼っているのが現状です。

原子力発電所は1970年代の石油危機以降，建設が進みました。建設には広大な敷地が必要なこと，原子炉の冷却に大量の海水を使用することなどの理由から人口の少ない臨海部に建設されてきました。2000年頃には日本の発電の３割程度を占《し》めるまでになりましたが，h2011年以降は大きく割合が減少しました。

新しい発電方式のうち，地熱発電は火山大国である日本では多くのエネルギーを得られることが期待されます。東北地方やi九州地方を中心に分布していますが，全国的にみると開発が進んでいないのが現状です。一方で，現在では自治体や企業などが進める，j小規模な再生可能エネルギーの導入も注目されています。

問１　下線部aが流れ出す湖の名称を漢字で答えなさい。

問２　下線部bの源流に位置する尾瀬では，現在は貴重な高層湿原の自然保護が進んでいます。**写真１**から読み取ることができる，自然保護に対する工夫について，解答用紙のわく内で説明しなさい。

写真１

※環境省ウェブサイトより

問３　下線部cに関して，黒部川が水力発電に向いていた理由は何ですか。次の**図１**から読み取れることを解答用紙のわく内で説明しなさい。

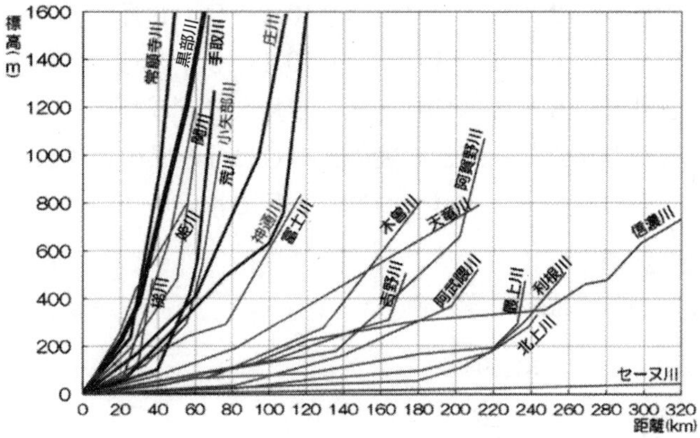

図１

※国土交通省ウェブサイトより

問４　下線部ｄに関して，次のＡ～Ｃは２月，６月，10月のいずれかの日本の月降水量の平年値を示しています。その組合せとして正しいものを，下記より１つ選び番号で答えなさい。

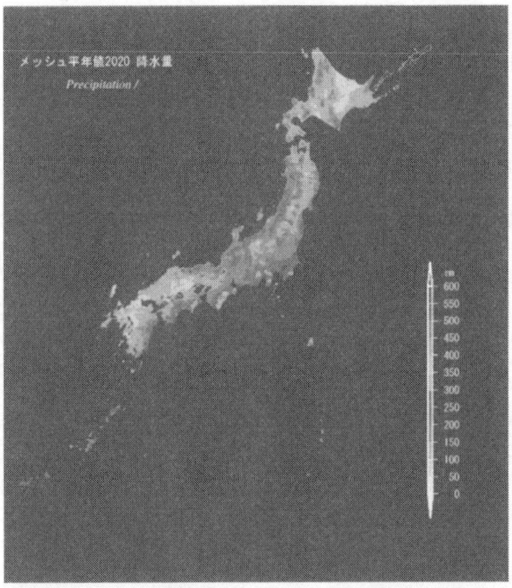

A

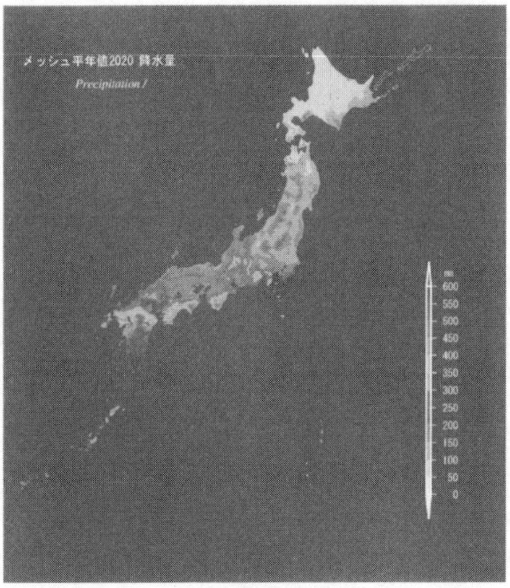

B

C

※弊社ホームページにて，カラー印刷のものを掲載しています。
必要な方はアクセスしてください。
なお，右のQRコードからもアクセスできます。

※図は気象庁ウェブサイトより

1　A　2月　B　6月　C　10月　　**2**　A　2月　B　10月　C　6月
3　A　6月　B　2月　C　10月　　**4**　A　6月　B　10月　C　2月
5　A　10月　B　6月　C　2月　　**6**　A　10月　B　2月　C　6月

問５　下線部**e**の３県はいずれも工業がさかんです。次の**表**のＡ～Ｃには３県のいずれかが該当します。その組合せとして正しいものを，下記より１つ選び番号で答えなさい。

表　2018年の工業生産額(億円)

	鉄鋼	輸送機械	化学
A	17,442	1,259	54,798
B	7,117	41,645	43,297
C	25,210	269,549	20,406

※『グラフィックワイド地理2022～2023』（とうほう）より作成

1　A　千葉県　B　神奈川県　C　愛知県
2　A　千葉県　B　愛知県　C　神奈川県
3　A　神奈川県　B　千葉県　C　愛知県
4　A　神奈川県　B　愛知県　C　千葉県
5　A　愛知県　B　千葉県　C　神奈川県
6　A　愛知県　B　神奈川県　C　千葉県

問６　下線部**f**に関して，次のＡ～Ｃの文は石炭，石油，天然ガスのいずれかについて説明しています。その組合せとして正しいものを，下記より１つ選び番号で答えなさい。
A　海外から輸入するときは液化したものを専用の船で運びます。
B　秋田県や新潟県でわずかに産出しますが，大部分を輸入に頼っています。
C　かつては北海道や九州で大量に産出されていました。

1　A　石炭　B　石油　C　天然ガス
2　A　石炭　B　天然ガス　C　石油
3　A　石油　B　石炭　C　天然ガス
4　A　石油　B　天然ガス　C　石炭
5　A　天然ガス　B　石炭　C　石油
6　A　天然ガス　B　石油　C　石炭

問７　下線部**g**に関して，北海道にある苫東厚真《とまとうあつま》火力発電所(**図２**中の★印)は石炭火力発電所です。この発電所は北海道の電力の半分程度をまかなっていますが，2018年にある自然災害が発生したときに被害を受けて，北海道全域が大規模停電する事態になりました。この自然災害の名称を具体的に答えなさい。

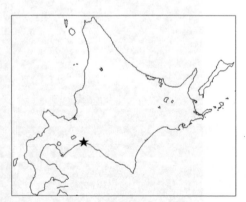

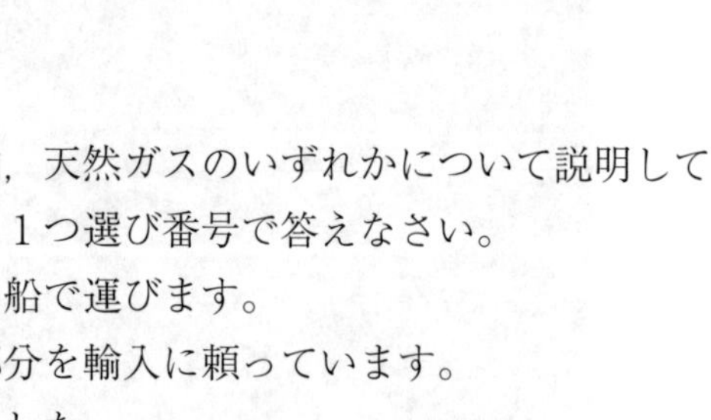
図２

問８　下線部**h**の理由について解答用紙のわく内で説明しなさい。

問９　下線部**i**に関して，九州の火山を説明した次の文**X**・**Y**について，その正誤の組合せとして正しいものを，下記より１つ選び番号で答えなさい。

X　阿蘇山には世界最大級のカルデラ湖が形成されています。

Y　桜島は大正時代の噴火によって，鹿児島市の市街地と陸続きになりました。

1	**X**	正	**Y**	正	2	**X**	正	**Y**	誤
3	**X**	誤	**Y**	正	4	**X**	誤	**Y**	誤

問10　下線部**j**に関して，JR東日本では駅の省エネルギー化や再生可能エネルギーの導入を進めています。海浜幕張駅の南側を撮影した次の**写真２**からは２つのある発電のための設備(**A**・**B**)が設置されていることがわかります。それぞれどのような発電方式か，解答らんに従って答えなさい。

写真２　　※作問者撮影

【理　科】〈第２次試験〉（45分）〈満点：75点〉

注意　・必要に応じてコンパスや定規を使用しなさい。

・小数第１位まで答えるときは，小数第２位を四捨五入しなさい。整数で答えるときは，小数第１位を四捨五入しなさい。特に指示のない場合は適切に判断して答えなさい。

〈編集部注：実物の入試問題では，**1**の天気図と雲画像はカラー印刷です。〉

1　気圧や気体の重さについて，次の(Ⅰ)(Ⅱ)の各問いに答えなさい。

(Ⅰ)　Aさんは理科の実験で，密閉容器に少しだけ空気の入った風船を入れ，密閉容器の中の空気を掃除《そうじ》機のような装置で吸い出したところ，風船がふくらむことに気が付きました。そこでB先生に質問をしました。

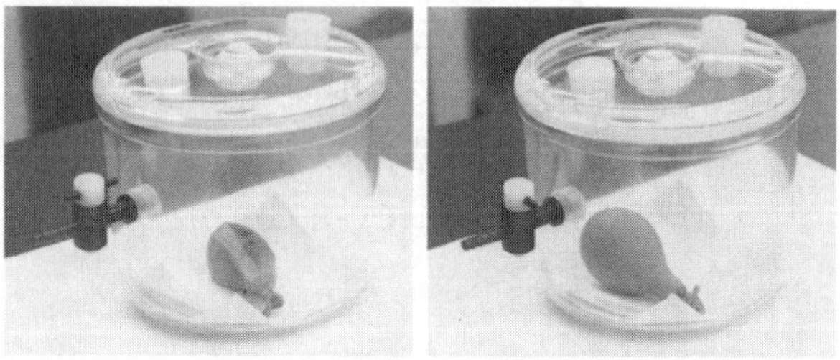

図１

A「なんで空気を抜《ぬ》くと風船がふくらんだのかな？」

B「それは気圧が関係しているんだよ。」

A「気圧というのは天気予報に出てくる，高気圧とか低気圧のことですか？」

B「その通り。普段はあまり感じることはないけど，空気は物を押《お》しているんだ。空気が物を押す強さを気圧の大きさで表しているんだよ。同じ温度の時，気圧は$1\ cm^3$あたりに含《ふく》まれる空気の量が多いほど大きくなるよ。はじめ，容器内の風船の外側と内側の気圧は同じだけど，容器内の空気が減って気圧が小さくなることで，風船の内側の気圧の方が外側よりも大きくなったからふくらんだのさ。登山に持って行ったお菓子《かし》の袋が山頂でふくらむのも同じ理由で，高いところほど気圧が低いんだね。①天気予報では地表付近の気圧が大きい時を高気圧，小さい時を低気圧というよ。」

A「なるほど。風船の外と中で気圧の差が発生したんですね。身近な例で，この気圧の差を利用した現象はないですか？」

B「例えば，ストローでジュースを飲む時だね。ジュースの入ったコップにストローをさして飲む時の，ジュースの液面の気圧に着目してみよう。ストロー内の空気を吸い始めると，ストロー内の気圧はア[上がり・変わらず・下がり]，ストローの外側の気圧はイ[上がる・変わらない・下がる]。そのため，ストロー内の液面の気圧と外の液面の気圧に差が発生してストロー内のジュースが上がってくるんだね。

　これに似た現象が台風の時に見られるよ。台風が発生する時，海面の水温がウ[高く・低く]なることで，水蒸気を多量に含んだ空気がエ[上昇《しょう》・下降]して雲ができる。②台風の中心はオ[高気圧・低気圧]になっていて，海面がカ[上昇・下降]するんだ。」

A「ストローでジュースを飲むといえば，この間テレビで，図２や図３のようにすると，どんなに吸ってもジュースを飲めないというのをやっていたので，私もやってみました。図２ではストロー２本をくわえて片方をジュースに入れて２本同時に吸ったんです。空気は吸えたけどジュースは飲めませんでした。図３ではジュースを入れたガラスのビンに穴の開いたゴム栓《せん》をして，その穴にすき間がないようにストローをさして吸いました。ストロー内の液面が少しだけ上昇したけど，その後はどんなに頑張っても，何も吸えませんでした。」

B「それらの理由もストローの内側と外側の気圧の差で説明ができるよ。図２では，吸ってもストロー内の気圧は変わらず，ストローの外側の液面の気圧と等しいままで気圧の差ができないから，ジュースを飲むことができないんだ。図３でジュースを飲めないのは，③ビン内の気圧を考えることで説明ができるよ。④図３はガラスのビンを紙パックにすれば飲めただろうね。」

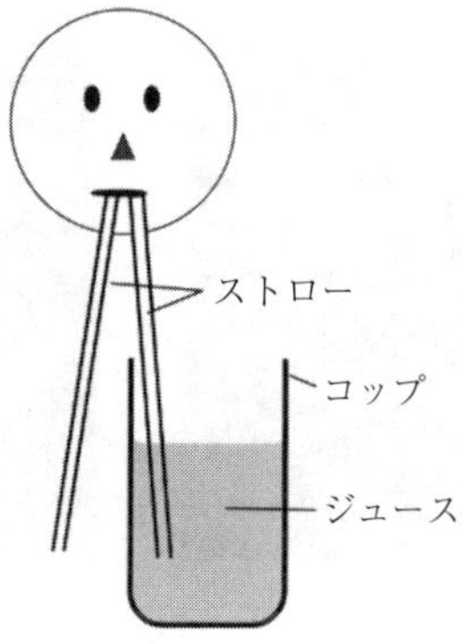

図２

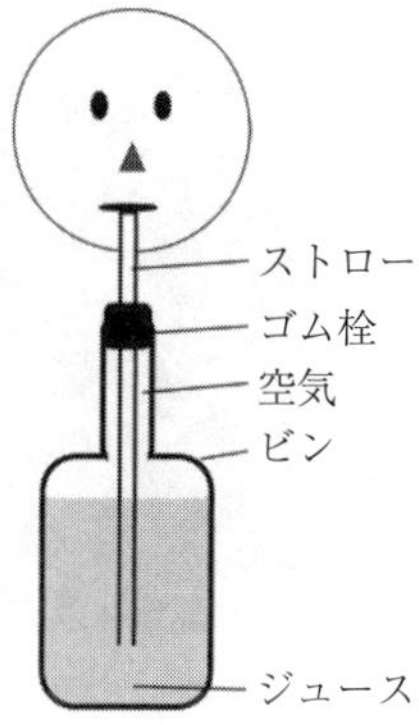

図３

A「なるほど。そういえば，何で高い所へ行くほど気圧が下がるんですか？」

B「それは，ある高さの気圧は，その高さよりも上にある空気の重さが関係するからだよ。高いところほど空気が少なく，気圧も低くなる。空気のない真空では気圧もなくなるのさ。」

(1)　下線部①について，天気図では高気圧を「高」，低気圧を「低」，熱帯低気圧を「熱低」と表し，同じ気圧の場所を線で結んでいます。風は，高気圧から低気圧へ向かって吹き，低気圧に吹き込んだ風は上昇気流となるため，一般的に低気圧では雲ができたり雨が降ったりします。次の天気図①，②と同じ日を示した雲画像として最も適当なものを，それぞれ(あ)～(え)の中から選び記号で答えなさい。

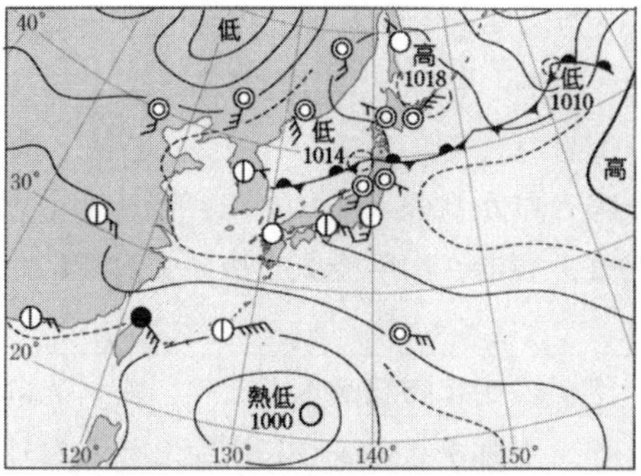

天気図①

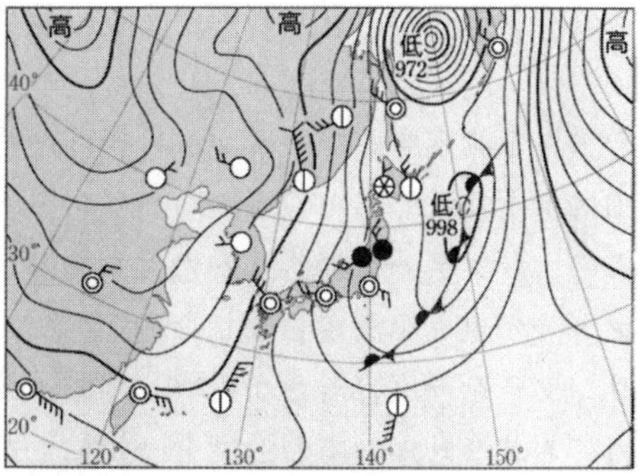

天気図②

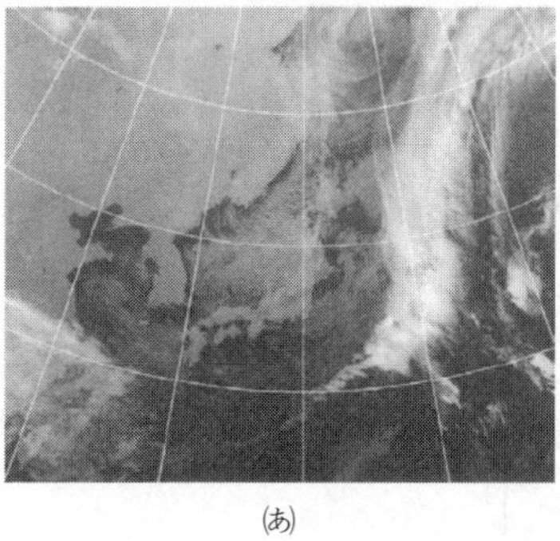
(あ)

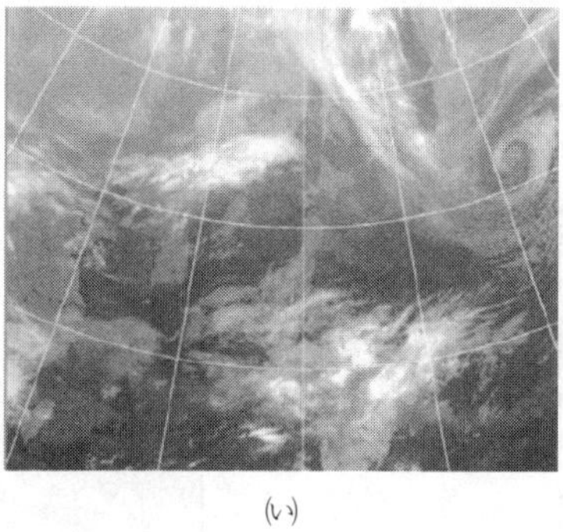
(い)

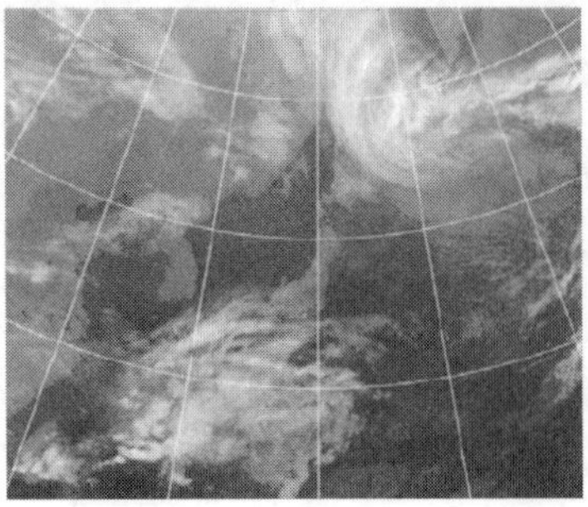
(う)

(え)

(2)　会話文中の[　]について，それぞれ適切なものに○をつけなさい。

(3)　下線部②の現象名を答えなさい。

(4)　下線部③について，図３でストローを吸うとビン内の気圧はどうなりますか。理由とともに答えなさい。

(5)　下線部④について，ガラスのビンの代わりに紙パックにすると，手を触《ふ》れずにストローを吸うだけで紙パックがつぶれてジュースを飲めるようになります。紙パックがつぶれる理由を説明しなさい。ただし，ストローの差込《さしこみ》口にはすき間がないものとします。

(II)　空気中で物質の重さを測定した場合，常に空気の重さが影響《えいきょう》します。空気は軽いため普段は重さを無視できますが，気体のように軽い物質の重さを測定する場合には空気の重さを無視することはできません。真空の中で物質の重さを測定すると，空気の重さを無視することができます。

物質の重さを測定するために，次の操作を行いました。

①　自由に上下に動くふたのついたシリンダー（図１）とはかりの入った密閉容器Ａを用意します。このシリンダーを容器Ａ内のはかりの上にのせ，容器Ａ内の空気を抜《ぬ》いて真空にした後，シリンダーの重さを測定しました。

②　シリンダーを一度容器Ａから取り出し，シリンダーの中に物質を入れます。中に入れた物質は外にもれません。中の温度を一定にした後，ふたが動かないように固定しました（図２）。

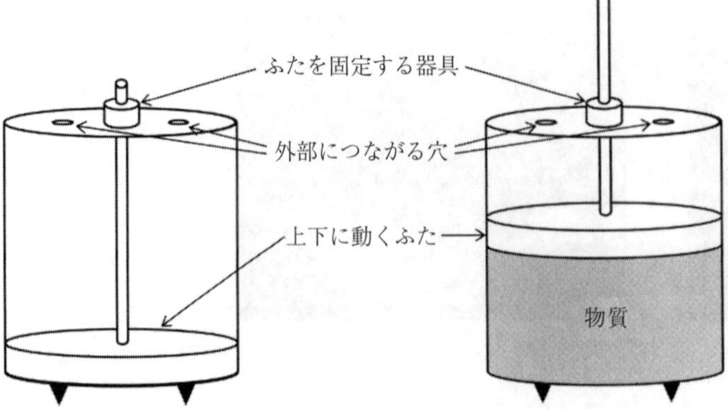

図１　空のシリンダー　　図２　物質の入ったシリンダー

③　シリンダーのふたを固定したまま，シリンダーを容器Ａに入れた後，再び容器Ａ内を真空にして重さを測定しました(図３)。この重さから①のシリンダーの重さを引けば物質の重さを測定することができます。

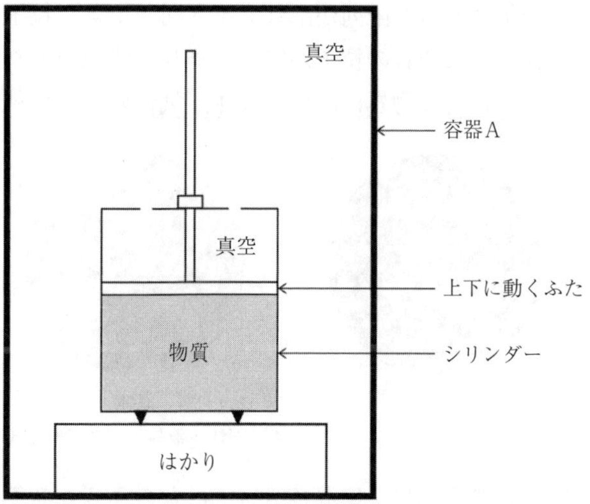

図３　装置の模式図

物質には，固体・液体・気体の３種類の状態があります。固体は，形も体積もほとんど変化しません。液体は，形は変化しますが，体積はほとんど変化しません。気体は，形も体積も変化します。

身のまわりの固体に保冷剤《ざい》として使われるドライアイスがあります。固体であるドライアイスと気体の二酸化炭素は同じ物質です。シリンダー内に二酸化炭素のみを入れ，ふたを押しながら冷却《きゃく》し，ドライアイスを作ります。このときのドライアイスの体積は１cm^{3}でした。ふたを固定し，真空の容器Ａ内で重さを測定すると，ドライアイスの重さは1.56ｇでした。容器Ａからシリンダーを取り出し，シリンダーのふたが動くようにして，シリンダー内の温度を400℃にすると体積が大きくなり，２Ｌになりました。再び①ふたを固定し，真空の容器Ａ内で重さを測定したところ，二酸化炭素の重さは1.56ｇであり，ドライアイスの重さと変わりませんでした。物質の状態が変わっても重さは変わらないことがわかりました。

(1)　下線部①において，もしもシリンダーのふたを固定せずに容器Ａに入れ，容器Ａ内を真空にした場合，どのような現象が起きますか。理由とともに答えなさい。

(2)　二酸化炭素の気体を検出するにはどのような方法がありますか。使用した薬品名がわかるように方法と結果を答えなさい。

(3)　ドライアイスの密度は，400℃の二酸化炭素の密度の何倍ですか。整数で答えなさい。ただし，密度とは一定体積あたりの重さです。

次に，加熱して液体にしたろうを空のシリンダーに流し込み，空気が入らないようにしてふたで密閉しました。ろうを冷却して固体にしてから，ふたを固定し，真空の容器Ａ内で重さを測定しました。固体のろうの重さは0.8ｇで，そのときの体積は１cm^{3}でした。シリンダーを容器Ａから取り出し，ふたが動くようにして60℃まで加熱すると，ろうは固体から液体に変化しました。シリンダー内を400℃にすると，ろうは目に見えない気体となり，シリンダー内の気体の体積は150mLになりました。ふたを固定し，真空の容器Ａ内で重さを測定すると，気体のろうの重さは0.8ｇで変わりませんでした。再び容器Ａから取り出して室温に戻したところ，ろうは固体に戻り，シリンダー内の体積は１cm^{3}になりました。このときのろうの重さは0.8ｇであり，最初の重さと同じでした。

(4)　400℃のろうの密度は，400℃の二酸化炭素の密度の何倍ですか。小数第１位まで答えなさい。

これまでの実験はすべての物質が目に見えない小さな粒《りゅう》子からできていることで説明できます。物質の状態が変化しても粒子自体は大きさも重さも変化しないことがわかっています。

一般《ぱん》的に，固体は多くの粒子が集まって，すき間なく規則正しく並んでいる状態です。固体を加熱すると配列が乱れてすき間ができ，粒子が移動できるようになり，液体になります。気体はそれぞれの粒子が完全に離《はな》れた状態であり，粒子は空間を自由に移動できます。そのため，②一般的に物質は固体，液体，気体の順で体積が大きくなります。

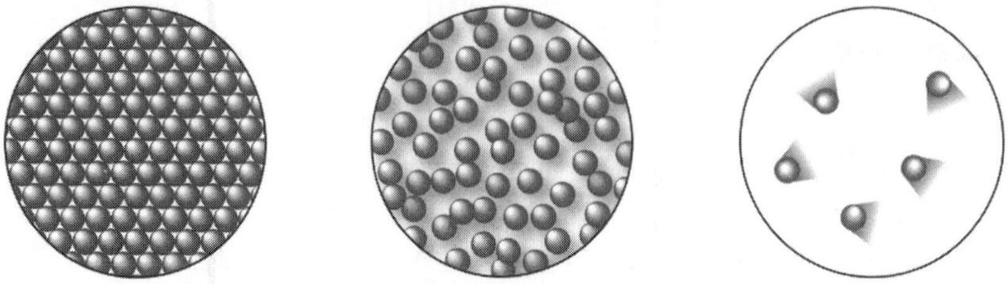

固体　　　　液体　　　　気体

図４　固体・液体・気体の粒子モデル

⑸　次のものは，室温(25℃)ではどのような状態ですか。固体・液体・気体のいずれかに分類し，解答欄《らん》に記号で答えなさい。

㋐　消毒用エタノール　　㋑　ダイヤモンド　　㋒　水素

㋓　塩酸　　㋔　重そう

⑹　次の文章のうち，正しいものをすべて選び記号で答えなさい。

㋐　固体の二酸化炭素で満たしたシリンダー内を加熱すると，白い気体が見られる。

㋑　ろうを状態変化させた場合，$1\,cm^3$に含まれる粒子の個数が一番多いのは固体である。

㋒　雲は空気中の水蒸気が冷やされて，液体または固体になってできる。

㋓　気体の粒子間の距離《きょり》が２倍になると，体積も２倍になる。

㋔　気体の粒子は温めると軽くなる。

㋕　気体の粒子は温めると大きくなる。

⑺　水の場合は下線部②とは異なります。体積が小さい方から順に状態を並べなさい。また，図４の粒子モデルをもとに，水が他の物質とどのように異なるのかを答えなさい。

2　太郎さんはバケツに水を入れて振《ふ》り回しても，水がこぼれない現象を不思議に思い，遠心力に興味を持ちました。そこで先生に相談をして実験をしました。

先生：今日は，キッチンでも使われる計量器(図１)を使って，遠心力の大きさを測定してみましょう。図２は計量器の断面図で，内部構造を模式的に表したものです。このような計量器では，測定部にかかる力の大きさを測定しています。測定部の上にのっている計量皿を，測定部に向かって押《お》したり，逆に引いたりすると，(注１)計量器は力の向きと大きさに応じた数値を表示します。水とバケツの代わりに，図３に示す実験道具セットを準備し，ヒモを持ってバケツと同じように縦方向に回転させます(図４)。そして，回転させている最中に計量器が示した数値を，カメラの動画で確認します。計量皿と分銅に遠心力がはたらくと，計量皿と分銅はカゴの底の方へと押し付けられます。すると，回転中に計量器が示す数値は，回転していないときと比べて遠心力がはたらいた分だけ異なる値になるはずです。

(注１)　ここでは，表示された数値を力の大きさと考えます。例えば，計量器に[50 g]と表示され

た場合は，「測定部に50ｇの力がはたらいている」とみなします。

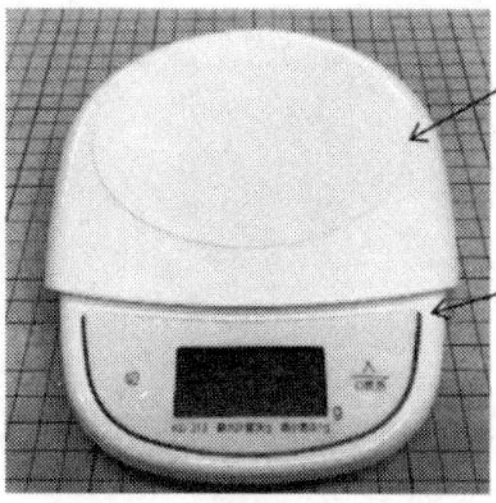

図１　計量器の写真

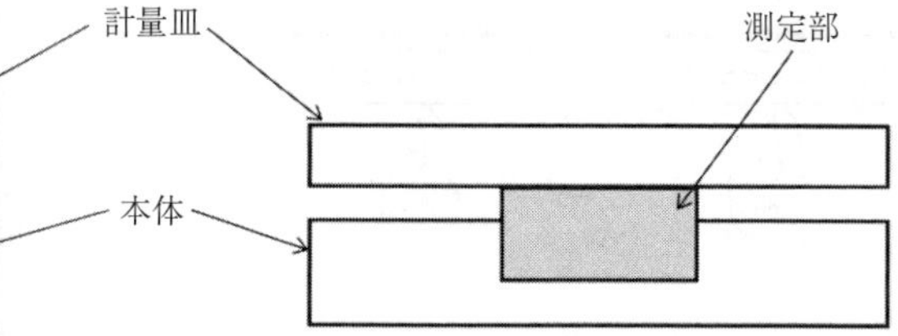

図２　計量器の内部構造の模式図

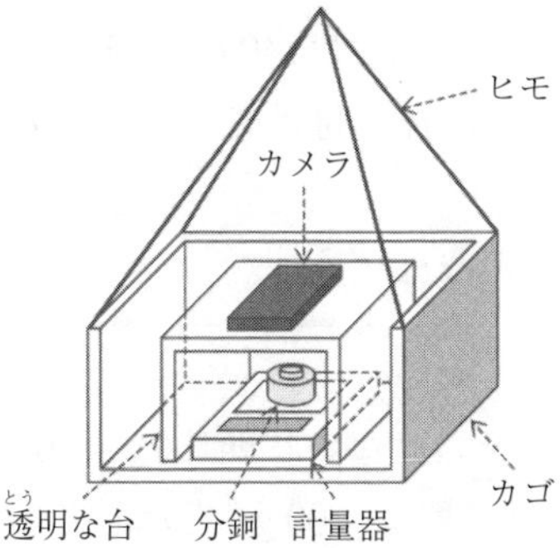

図３　実験道具セット

図４　実験の様子

＜実験１．計量器を用いた力の測定＞

先生：計量器を用いて力の大きさを測定する方法について説明します。まず，計量器を机に置き，計量皿をはずした状態で［０ｇ］を表示するように調整します(図５－ａ)。次に計量皿を取り付け，測定部には計量皿の重さ100ｇが加わった状態(図５－ｂ)で実験に用います。この状態で計量皿に触《ふ》れてみましょう(図５－ｃ)。

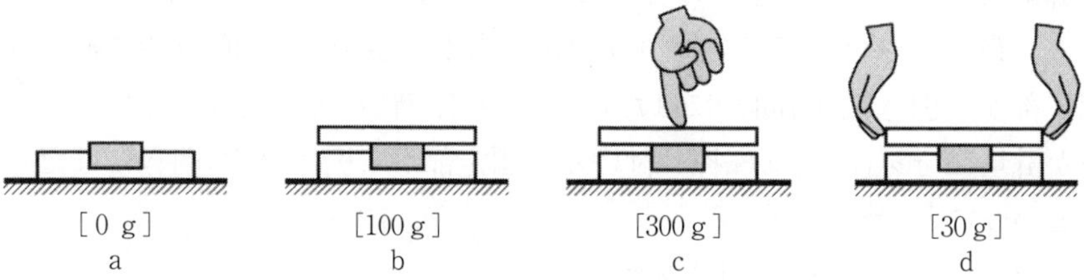

図５　計量器を用いた力の測定　その１

太郎さん：数値が［100ｇ］から［300ｇ］に増えたのは，手は200ｇの力で計量皿を測定部に押し付けているということですか？

先　　生：その通りです。次の場合(図５－ｄ)はどうでしょうか。

太郎さん：今度は数値が［100ｇ］から［30ｇ］に減ったので，手は70ｇの力で計量皿を測定部から引き離《はな》しているということですね。

先　　生：その通りです。今度は計量器を逆さまにし，本体を固定して試してみましょう。計量器を逆さまにすると，［－100ｇ］(マイナス100ｇ)と表示されます(図６－ａ)。これは，測定部が計量皿の重さの分だけ引っ張られたためです。この状態で計量皿に触れてみましょう。

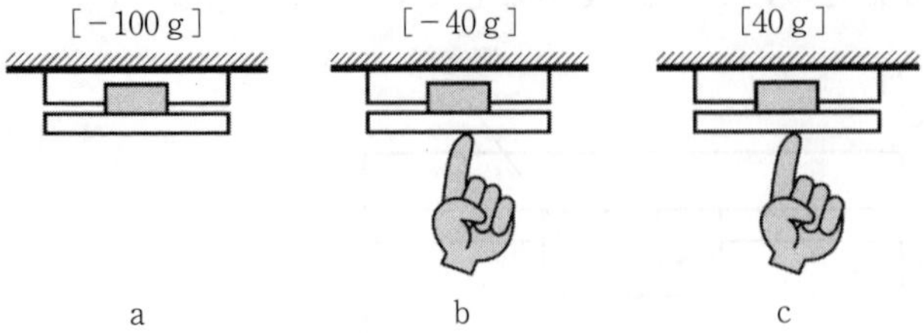

図６　計量器を用いた力の測定　その２

太郎さん：[－40 g]と表示されました(図６－ｂ)。つまり，手は60 gの力で計量皿を測定部に押し付けているということになりますね。次(図６－ｃ)は[40 g]と表示されているので，手は(①) gの力で計量皿を②[測定部に押し付けて・測定部から引き離して]いるということになりますね。

先　　生：その通りです。これを利用して遠心力を測定してみましょう。

＜実験２．計量皿にはたらく遠心力の測定＞

計量皿にはたらく遠心力を測定するため，計量皿の上に分銅をのせない状態(図５－ｂ)で実験道具セットを準備しました。回転させていない状態では，計量器は[100 g]を示していました。実験道具セットを図４のように何度も回転させ，回転している最中の計量器の数値をカメラで確認しました。実験道具セットが最も低い位置での数値の平均値は300 g，最も高い位置での数値の平均値は100 gでした。

太郎さん：結果から，計量皿にはたらく遠心力は最も低い位置で300 g，最も高い位置で100 gということですか？

先　　生：いいえ，そうではありません。この実験では，計量器が示す数値は，計量皿の重さと計量皿にはたらく遠心力の合計になっています。

太郎さん：つまり，最も低い位置では(③) gの遠心力が計量皿を④[測定部に押し付ける・測定部から引き離す]向きにはたらいていて，最も高い位置では(⑤) gの遠心力が計量皿を⑥[測定部に押し付ける・測定部から引き離す]向きにはたらいているということですね！

先　　生：大正解です！　よくわかりましたね。

(1)　会話文の(　)に適切な数値を整数で答えなさい。また，[　]に適切なものを選び○で囲みなさい。

＜実験３．条件を変えたときの遠心力の測定＞

遠心力は次の３つの量によって決まります。

1．物体の重さ(計量皿と分銅の重さの合計値)
2．回転半径(回転の中心から物体までの距離《きょり》)
3．物体の速さ

これらの量と遠心力の関係を調べます。

測定１：物体の重さと遠心力の大きさの関係

実験条件：物体の速さは(注２) 5.0m/s，回転半径は90cmで一定とする。

（注２） 5.0m/s は秒速5.0m という意味です。

結果：

重さ(g)	100	150	200	250
遠心力の大きさ(g)	283	425	567	708

測定２：回転半径と遠心力の大きさの関係

実験条件：物体の重さは100g，物体の速さは5.0m/s で一定とする。

結果：

回転半径(cm)	50	70	90	110
遠心力の大きさ(g)	510	364	283	232

測定３：物体の速さと遠心力の大きさの関係

実験条件：物体の重さは100g，回転半径は90cm で一定とする。

結果：

物体の速さ(m/s)	4.0	5.0	6.0	7.0
遠心力の大きさ(g)	181	283	408	556

(2) 測定１～３の結果を表すグラフとして適切なものを選び，それぞれ記号を答えなさい。ただし，縦軸《じく》は遠心力の大きさ(g)とします。横軸は，測定１では物体の重さ(g)，測定２では回転半径(cm)，測定３では物体の速さ(m/s)とします。

(ア)

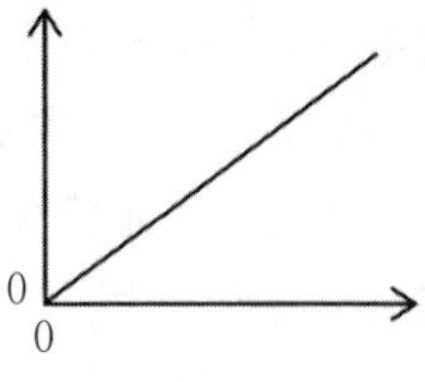

(イ)

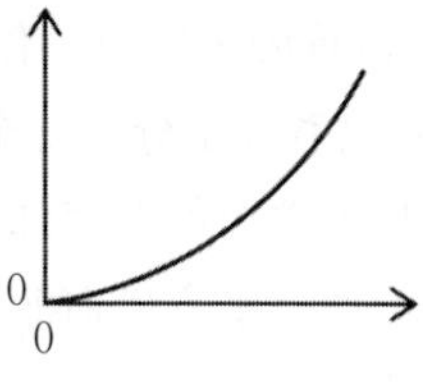

(ウ)

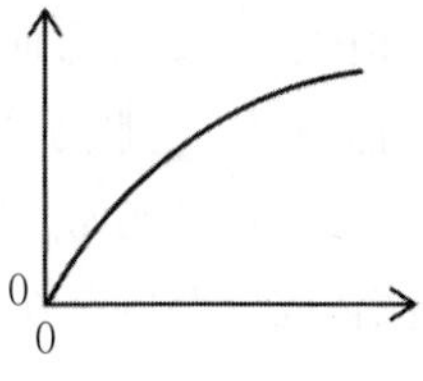

(エ)

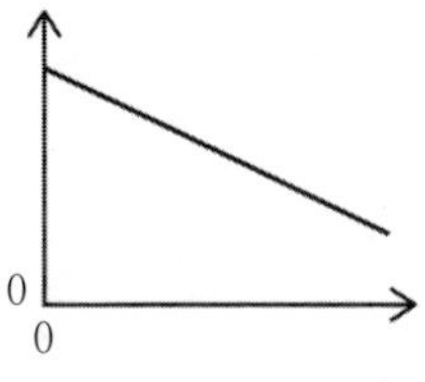

(オ)

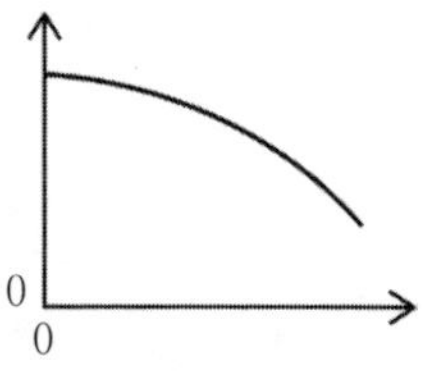

(カ)

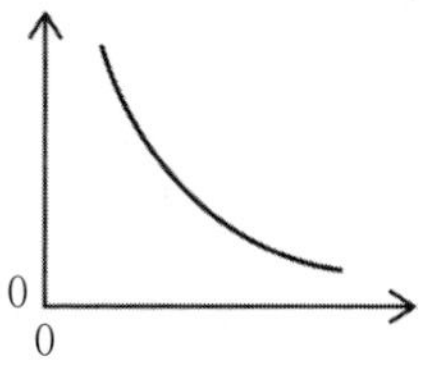

(3) 次の文は測定１と測定２の結果からわかることを述べています。(　)に適切なものを選択肢《せんたくし》より選び，それぞれ記号を答えなさい。

測定１：物体の速さと回転半径を一定にして，物体の重さを変えていくとき，遠心力の大きさは(　①　)。

測定２：物体の重さと物体の速さを一定にして，回転半径を変えていくとき，遠心力の大きさは(　②　)。

選択肢

ア．物体の重さに比例する　　イ．物体の重さに反比例する

ウ．回転半径に比例する　　　エ．回転半径に反比例する
オ．物体の速さに比例する　　カ．物体の速さに反比例する
キ．変わらない

(4) 測定３の結果をもとに，縦軸「遠心力の大きさ(ｇ)」，横軸「速さ(m/s)×速さ(m/s)」のグラフをかきなさい。解答用紙に４つの●を示し，縦軸０・横軸０の点を通る直線を引くこと。

(5) 測定３において物体の速さを小さくしていくと，実験道具セットが最も高い位置を通過する瞬《しゅん》間に計量器が示す数値が［０ｇ］になりました。

① この時の物体の速さは何m/sですか。整数で答えなさい。

② ①を解くのに使った(4)のグラフ上の点を×で示しなさい。

(6) 測定３の物体の重さを300ｇに変えて，物体の速さを小さくしていくと，実験道具セットが最も高い位置を通過する瞬間に計量器が示す数値が［０ｇ］になりました。この時の物体の速さは何m/sですか。整数で答えなさい。

3 ヒトは一生のうちにさまざまな物質に触《ふ》れ，それらを体内に取り込《こ》みます。体内に取り込む物質は，体にとって必要となる糖やタンパク質といった物質もあれば，体にとって不要な物質もあります。不要な物質の中には，今までヒトの体内に入ってきたことのない化学物質もあります。ヒトは取り込んだ不要な物質や体内でつくられた老廃《はい》物を尿《にょう》として排《はい》出します。また，体にとって必要な物質であっても，その量が多すぎる場合は排出し，体内の物質濃度を一定に保とうとしています。尿をつくって不要な物質を排出するはたらきをする臓器はじん臓です。じん臓は血液から尿をつくる臓器です。以下，健康な成人について考えます。

血液は全身をめぐり，さまざまな物質を運ぶはたらきをしています。血液１mLあたりの重さを１ｇとします。成人の体内に含《ふく》まれる血液は体重の８％で，体重が60kgの成人の体内にある血液の量は4.8Ｌです。血液は，心臓から送り出され１分間で全身を循環《じゅんかん》します。安静時には，多い順に肝《かん》臓に28％，じん臓に25％，脳に15％の血液が流れます。血液は赤血球などの固形成分と血しょうという液体成分からなります。血しょうは血液の55％を占《し》めます。

(1) 図１は人体の内臓の位置を示した図です。じん臓，心臓，肝臓を示しているのはそれぞれどれですか。記号で答えなさい。

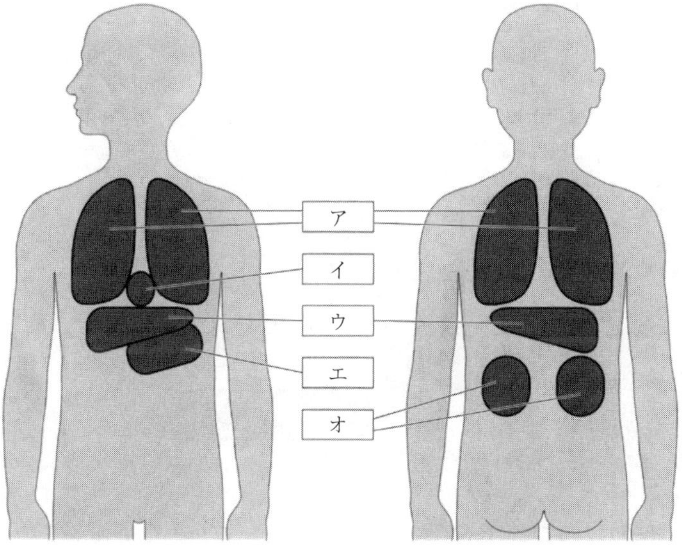

前から見たようす　　後ろから見たようす

図１　内臓の位置を示した図

じん臓の内部のつくりを図２に示します。じん臓に入った血管は枝分かれして細い血管となり，毛糸玉のように密集した糸球体《しきゅうたい》を形成します(図２のＣ)。糸球体は袋《ふくろ》状のつくりに包まれています。袋状のつくりは尿細管という細い管につながっています。尿細管は集合管で他の尿細管と合流します。じん臓には図２のＣのようなつくりが約100万個あります。

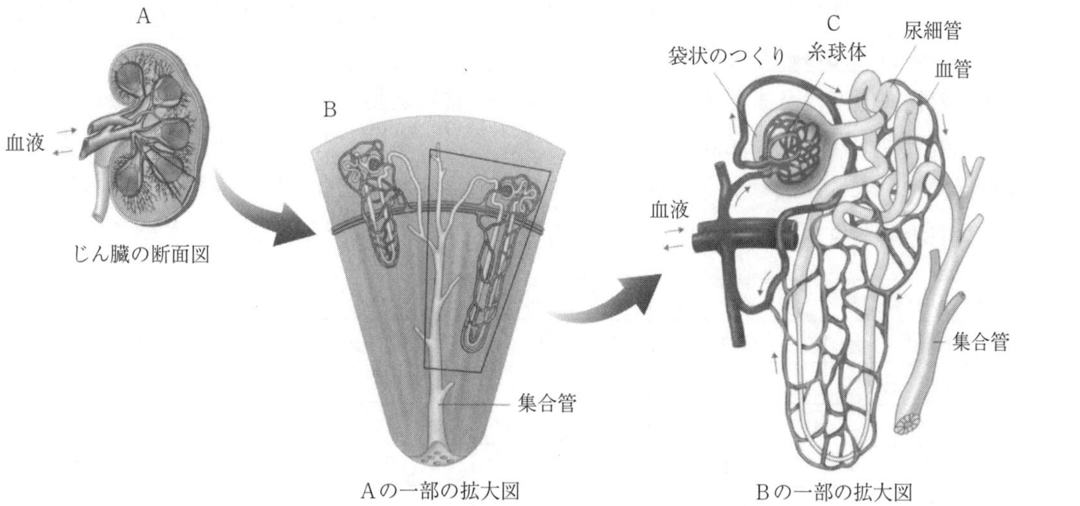

Ａの一部の拡大図　　Ｂの一部の拡大図

図２

じん臓に入った血液は，ろ過と再吸収という２つのはたらきを経て尿となります。それらのはたらきを図３に示します。ろ過とは，糸球体から袋状のつくりへ血しょうが血圧によって押し出されることです。血圧が高くなるほどろ過される量が増えます。糸球体の血管の壁《かべ》には小さな穴が開いており，この穴よりも小さな物質が袋状のつくりへ出ていきます。押し出された液体は原《げん》尿と呼ばれます。原尿には，水分の他に，糖，塩分，尿素などの水に溶けやすい物質が含まれます。今までヒトの体内に入ってきたことのない化学物質であっても，水に溶けやすい小さな物質であればろ過されます。血液の固形成分や血しょう中のタンパク質などの血管の壁の穴よりも大きな物質は，ろ過されません。

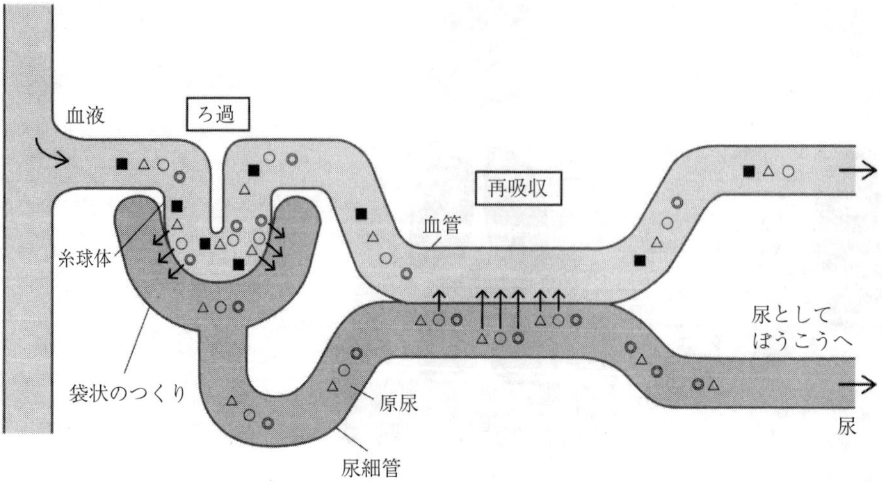

図３　じん臓のはたらきを示す模式図
■○◎△は物質を表している

再吸収とは，尿細管から血管へ原尿に含まれる物質が戻《もど》されることです。尿細管の壁には原尿に含まれる物質をつかまえて血管に戻すしくみがあります。これはそれぞれの物質ごとに対応した専用のしくみであり，再吸収する物質を選んでいます。再吸収される物質の種類と量は，尿細管の壁にある専用のしくみにどれだけつかまえられるかによって決まります。その結果，体にとって必要な量の水分や糖，塩分が再吸収されます。原尿から再吸収されなかったものは尿としてぼうこうにためられ，やがて排出されます。じん臓では，体にとって必要な物質であっても，いったんろ過してから再吸収しています。

体内の物質濃度はさまざまな生命活動によって常に変動していますが，じん臓などのはたらきでその変動幅《はば》は一定の範囲《はんい》に保たれています。じん臓は，安定した生命活動を維《い》持する大切な臓器です。表は，血しょう，原尿，および尿に含まれる主な物質の濃度(％)を示したものです。なお，血しょう，原尿，尿のいずれも１mL あたりの重さは１ｇとします。

含まれている物質	血しょう(％)	原尿(％)	尿(％)
水分	92.0	99.0	95.0
タンパク質	7.1	0	0
塩分	0.7	0.7	1.23
糖	0.1	0.1	0
尿素	0.03	0.03	2.0

(2)　図３の■○◎△は以下の４つの物質を表しています。図３の■，○は，それぞれ何の物質を示していますか。次から選び記号で答えなさい。

ア　タンパク質　　イ　塩分　　ウ　糖　　エ　尿素

(3)　安静時には，じん臓に流れ込んだ血しょうの20％がろ過されるとします。また，体重60kg の成人の場合で，１分間あたりにつくられる尿量が１mL になるとします。本文中の数値を用いて，この成人における次の数値を求めなさい。なお，②と③は小数第１位まで求めなさい。

①　１分間あたりにつくられる原尿量[mL]

② 1分間あたりにつくられる原尿中の水分の重さ[g]

③ 1分間あたりの水分の再吸収量[g]

(4) 以下の文章は，500mLの水を一気に飲んだときのことを，飲む前と比べたものです。[ ]に適する語を選びなさい。

飲んだ水は消化管で吸収される。血しょう中の水分量は増えて血液量が増え，血液中の物質濃度は①[上がる・下がる]。このとき，血圧は②[高く・低く]なり，じん臓ではろ過量が③[増える・減る]。また，再吸収する水分量を④[増やす・減らす]ことで血液中の物質濃度は一定に保たれる。そして，尿量は⑤[増え・減り]，うすい尿ができる。

(5) 以下の問いに答えなさい。

① 表において，塩分，糖，尿素について，それぞれの尿中の濃度は血しょう中の濃度の何倍ですか。小数第1位まで求めなさい。

② ヒトの体にとって，血しょう中の濃度に対する尿中の濃度が高い物質ほど，どのような物質と言えますか。簡潔に述べなさい。

(6) 本文中の下線部に示した方法の代わりに，再吸収で用いる「物質ごとに対応した専用のしくみ」を応用して，排出したい物質をつかまえて尿細管に渡すしくみが血管の壁にあれば，血液から直接尿をつくることができそうです。しかし，実際はこのような方法ではなく，下線部の方法で尿をつくります。下線部で示した方法の利点について，本文の内容をふまえて説明しなさい。

ア　学校に行かずに遊んでしまったことを、みずから反省し、後悔している。

イ　言い訳をしようとしたが、それは良くないと自分で判断してやめている。

ウ　友達の目のまえで父親に叱られてしまうことを、恥ずかしく思っている。

エ　父親のことがこわくて混乱し、頭が真っ白になって何も言えないでいる。

オ　気まずさや緊張によって、自分の気持ちをはっきりとは言えないでいる。

問五　③には、この時の「工夫《こうふ》」の状況や心情を表す慣用句の一部が入る。空欄に入る言葉を漢字一字で答えなさい。

問六　――部④「気毒《きのどく》とも思わなくなって」の説明として最も適当なものを選びなさい。

ア　いくら相手が困っていても、たすけてあげようという気持ちにならないということ。

イ　仕事をせず相手に迷惑をかけても、悪いという気持ちも起きなくなったということ。

ウ　いくら相手に怒られたりしても、自分の意志により怠《なま》けようとし続けたということ。

エ　急患が亡くなったりしても、自分のせいではないから気にならなくなるということ。

オ　なんども仕事をくびになっても、がんばろうという気持ちにはならないということ。

問七　――部⑤「歎息《たんそく》の声を泄《も》らした」とあるが、「工夫《こうふ》」が「歎息の声を泄らした」のはなぜか。説明しなさい。

問八　＝＝部(X)「生《うま》れ変《かわ》ったような心持《こころもち》」とはどういうことか。本文全体の内容を踏まえて、心の変化の前後がわかるようにして説明しなさい。ただし、そのきっかけとなった出来事について説明する必要はない。

等閑《なおざり》にしたのであった。

　父は自分の顔をジロリと眺めて、再び工夫《こうふ》に向《むか》い、「手前《てまえ》は従来《じゅうらい》何をして居《い》た」と尋ねた。「（＊6）車夫《しゃふ》をして居《お》りました」。「能《よ》く勤まったか」、「否《いえ》、々《いえ》。私の抱《かか》えられたのは医師《いしゃ》でございましたが、朝寝と午睡《ひるね》が私の癖で何分までに支度《したく》をしろと言われても、其《そ》の時刻の間に合ったことはございません。時間を喧《やかま》しくいうのが彼《か》の医師の質《たち》で、何時《いつ》も支度が出来る時分には、玄関口に㈦**気を揉《も》んで**立《たっ》て居《お》りました。何《ど》の位小言を聞いたか知れませんが、幾度も続きますと④**気毒《きのどく》とも思わなくなって**仕舞います。すると其《そ》の後、急病人が出来て、夜中《やちゅう》急に車の支度をとのことでございましたが、可憎《あいにく》其《そ》の晩は居酒屋《いざかや》に入浸《いりびた》って、全く帰る時を忘れて居《おり》ました。其《そ》は主人が極懇意《ごくこんい》にする家《うち》であったのに、不幸の上の不幸は病人が死んで仕舞ったので、到頭《とうとう》逐出《おいだ》されて仕舞いました。」

「今度は或《あ》る役所の門番でございます。此《これ》も時間に開閉が出来ないので逐出《おいだ》され、新聞配達になりましたが、新聞位《ぐらい》時を争うものはございませんから、勤まる訳じゃございません。今度は郵便配達、此《これ》も間に合ったことはございません。世間には時間を構《かま》わない職業はございません」と⑤**歎息《たんそく》の声を泄《も》らした**が、再び声を低めて「牛乳配達も遣《や》って見ましたが、凛々《ひりひり》と頬《ほほ》を襞《つんざ》くような寒風《さむかぜ》が、朝早いのですから、堪《たま》ったものじゃございません。一服《いっぷく》してからと油断をして、家《うち》に這《は》入《い》りこんで、預かった牛乳を放擲《うっちゃらか》して、火鉢で温《あたた》まって居《い》ますと、一時間や二時間は「今、今」と思ってる間《ま》に過《た》って仕舞います。「今、今」というのが善くないことで、段々慣れて来ますと気が太くなって、七時になっても八時になっても、一向平気な顔で尻が重くなって来ます。其《そ》れですから牛乳配達も一週間で（＊7）罷《や》められました。」工夫《こうふ》の話が終《お》わると、駅夫の人々は再び何処《どこ》へか連れて往《い》ったが、多分工夫《こうふ》を罷《や》められるのであろうと自分は思った。父は微笑《ほほえ》みながら自分に対《むか》って、「今日は一日休んで、紙鳶《たこ》をあげるが宜《い》い」といった。しかし自分は最《も》早《は》や紙鳶《たこ》に愛想《あいそ》が尽きたのか、「でも先生に叱られると悪いから」といい棄《す》てて、学校へと路《みち》を急いだ。自分には工夫《こうふ》の話が明《あきら》かに判《わか》ったのであった。

（徳田秋声「今、今」（一八九六））

《注》

（＊1）温習…繰り返し学習すること。おさらい。

（＊2）照そうて…光り輝いて。

（＊3）東風…春から夏にかけて吹く東寄りの風。氷をとかし、春を告げる風とされる。

（＊4）隠…ポケット。

（＊5）工夫…工事の仕事をする人。

（＊6）車夫…人力車を引く仕事をする人。

（＊7）罷められました…仕事をくびになりました。

問一　═══部(a)「易」(b)「呑気」の漢字をひらがなに直しなさい。

問二　――部㈠「余念がない」㈡「眉を顰《ひそ》めて」㈦「気を揉《も》んで」の意味をそれぞれ選びなさい。

1　たいへん好きであること。

2　そのことばかり考えていること。

3　おもいやること。

4　いぶかしく思うこと。

5　心配になっていること。

6　苦痛にかんじていること。

問三　――部①「見付けまいことか」とはどういう意味か。前後の内容から考えて答えなさい。

問四　――部②「『今日は……』、と頭《かしら》を掉《ふ》った」とあるが、この時の「自分」についての説明として最も適当なものを選びなさい。

二 次の文章を読んで、後の問いに答えなさい。

自分が丁度《ちょうど》十歳《とお》の時であった。自分の心に非常な革命が起《おこ》って、全く(X)**生《うま》れ変《かわ》ったような心持《こころもち》**のしたのは。自分の父は、古くから王子《おうじ》停車場《ステーション》の駅長を勤めて居《い》たが、或《あ》る朝のことで、自分は例の通り学校へ出掛けようとして、鞄《かばん》を斜《ななめ》に背負って門の外まで出ると、丁度春の初めの頃で、近所の年輩な友達が三四《さんよ》人ばかり、紙鳶《たこ》をあげて居《い》た。何故《なぜ》この人達は学校に往《ゆ》かずに毎日遊び暮すのだろうと、自分は嘲《あざけ》って居《い》たが、面白相《おもしろそう》に紙鳶《たこ》をあげて居《い》るのを見ると、何となく学校が厭《いや》になって、差当《さしあた》り其《そ》の仲間に入るのが楽しく思われた。授業が始まるには間《ま》がある、暫時位《しばらくぐらい》遊んだって差支《さしつかえ》はなかろう、斯《こ》う自分決《ぎ》めに決《き》めて仕舞《しま》って、其《そ》の仲間の中へ飛込《とびこ》んだ。

「今、今」というのが自分の癖で、（＊1）温習《さらい》をしろと父が吩咐《いいつけ》ても、「今、今」、叔母《おば》さん許《とこ》へ使《つかい》に往《い》って呉《く》れろと母が吩咐《いいつけ》ても、「今、今」と返辞《へんじ》をするのが常で、横着をしようという気はないにしろ、「今、今」が幾度《いくど》も続けば、遂には吩咐《いいつか》った事を忘れて仕舞って、後で後悔するのが自分の弱点《よわみ》であった。実は内心此《こ》れ程苦しいことはないので、また此《こ》れ程犯し(a)**易**い罪はないのだ。

此処《ここ》は紙鳶《たこ》をあげるに不便利だというので、一群《ひとむれ》は停車場《ステーション》の後《うしろ》の方へ出掛けた。咲いたばかりの桜は旭《あさひ》に（＊2）照《てり》そうて、（＊3）東風《こち》がそよそよ香《か》を送って来る、其《そ》れさえ自分の心を慫慂《さそ》うには十分であるのに、友達のを奪《と》って自分があげた紙鳶《たこ》は、澄切《すみき》った空に坐《すわ》って、まだまだ興味《おもしろみ》が自分の心を引張《ひっぱ》って居《い》る。

停車場《ステーション》には父の居《い》ることは知って居《い》る、見付《みつけ》られれば叱《しか》られるのも承知して居《い》た。而《しか》し周辺《まわり》の友達は(b)**呑気**な顔をして紙鳶《たこ》に(ア)**余念がない**ので、自分もツイ其《その》気になって学校は何《ど》うでも宜《い》いと思って仕舞った。①**見付《みつ》けまいことか**、少時《しばらく》すると例の駅長の服装をした僕の父は、停車場《ステーション》の建物の方から現れて、一群《ひとむれ》を見掛《みか》けて遣《や》って来た。自分は窃《そっ》と糸を一人の友達に渡して蜘蹰《かがま》って居《い》たが、父は側《そば》に来て時計を（＊4）隠《かくし》から出して(イ)**眉を顰《ひそ》めて**「何をしてる」と一声《いっせい》叫んだ時は、冷汗《ひやあせ》がはや背部《せな》に冷《ひや》ついた。②**「今日は……」、と頭《かしら》を掉《ふ》った**。「往かない？」、「……」、「何故《なぜ》？」、「何故って」と、風に弄《もてあそ》ばれて居《い》る紙鳶《たこ》を眺めて居《い》た。父は別に叱《しか》りもしないで、自分を停車場《ステーション》の方に伴《ともな》った。彼処《あそこ》で叱《しか》られるのであろうと、自分の胸はどきまぎして居《い》た。

丁度其時《そのとき》、第二番の列車は、朝風に煙を靡《なび》かせて威勢《いせい》よく遣《や》って来たが、何《ど》うしたのか、停車場《ステーション》を一町許距《いっちょうばかりさ》った処《ところ》で、列車の二三は凄《すさま》じき響きを発して、右の方の田圃《たんぼ》の中へ顛覆《くつがえ》った。父は気遣《きづか》わしく駈付《かけつ》けたが、自分も好奇《ものずき》の心に駆《か》られて、其《そ》の後に蹤《つ》いて一撒《いっさん》に走って列車に近づいた。

はや機関師の二三人は負傷というので、板に載せられて運ばれた。自分の見たのは、脳が頭蓋骨《ずがいこつ》の破目《われめ》から飛出《とびだ》して、面部《めんぶ》が全く判《わか》らなくなって居《い》た。乗客の中にも怪我は五六人あるとの事であったが、父は始終を見届けて建物の内へ這入《はい》った。惨酷《むご》いことといったら、却々《なかなか》形容の出来ない位であった。

暫時《しばらく》すると、駅夫《えきふ》と（＊5）工夫《こうふ》に連れられて這入《はい》って来た一個《ひとり》の男があった。勿論工夫《もちろんこうふ》で至《いたっ》て自堕落《じだらく》な風をして居《い》たが、眼付《めつき》が優しくて、余り叮嚀《ていねい》に父の前に腰を屈《かが》めた時は、災難の原因は此奴《こやつ》だと知りつつも、自分はまた可哀相《かわいそう》だとも思った。

父は厳格な風で髯《ひげ》を捻《ひねっ》て、「一体何《ど》うしたのだ」と尋問を始めた。工夫《こうふ》は頻《しき》りに ③ を掻《か》いて弁疏《いいわけ》をして居《い》たが、石炭を積んだ小さな車が軌道《レール》の間近にあったのを、取除《とりの》けろと吩咐《いいつか》った時、此《こ》の憐《あわ》れな工夫《こうふ》は丁度他の方面で軌道《レール》を掃《はら》って居《い》た。列車が来るには、まだ二十分の猶予《ゆうよ》があると思って居《い》た間《ま》に、逐次《おいおい》用事が出来て、十分許《ばかり》延着した列車が其《そ》れに衝突して此《この》災難を仕出来《しでか》すまで、工夫《こうふ》は全く小《ちいさ》な例の車をどで、いろいろなことがひっかかることがよくある。そういうときに、ちょっと科学的な見方をして、ことがらの本筋だけをみる癖をつけると、ずっと住みよい国になるであろう。

（中谷宇吉郎『科学と人生』より）

問一　═部(a)「エイキョウ」(b)「カイキュウ」(c)「著」(d)「陥」のカタカナを漢字に、漢字をひらがなに直しなさい。

問二　〰部(Ⅰ)「役に立ちそうもない」とあるが、この意味を持つことわざとして最も適当なものを選びなさい。

ア　青菜《あおな》に塩　イ　釈迦《しゃか》に説法
ウ　月夜に提灯《ちょうちん》　エ　濡《ぬ》れ手で粟《あわ》
オ　虻蜂《あぶはち》取らず

問三　〰部(Ⅱ)「春夏秋冬」とあるが、日本の随筆である『枕草子』の春夏秋冬について書かれた冒頭部分に関して、次の(X)にあてはまる語として、最も適当なものを選びなさい。

春は(X)。やうやう白くなりゆく山ぎは、少し明かりて、紫だちたる雲の細くたなびきたる。

ア　つれづれ　イ　やまぎは　ウ　うたかた
エ　つとめて　オ　あけぼの　カ　うつくし

問四　本文において「科学」とされているものに**あてはまらない**事例を一つ選びなさい。

ア　ライト兄弟の発明をきっかけに飛行技術の研究が進み、ロケットエンジンが発明されるに至り、宇宙開発が進展した。
イ　アルキメデスは風呂に入った時、水があふれるのを見て、いわゆる「アルキメデスの原理」を発見したとされる。
ウ　海からの水蒸気が空中へと上昇し熱帯低気圧を生み出して、それが勢力を増した時、台風に変化することを理解する。
エ　ノーベルによって発明されたダイナマイトが戦争で用いられ、ノーベル自身が「死の商人」と評価されてしまった。
オ　新型コロナウイルス感染症の患者数は増減を繰り返すという法則性を見出し、それに従って対策をとる。

問五　――部①「こういう考え方は非常なまちがいである」とあるが、筆者はなぜこのように考えるのか。その理由を説明しなさい。

問六　――部②「戦争などになると、この弱点が表に出てくる」とあるが、どういうことか。説明しなさい。

問七　本文の内容の説明として適当なものを、**二つ**選びなさい。

ア　戦前の日本が太平洋戦争へと向かっていったのは、国民一人一人が科学的なものの見方をすることができず、真実を知ることができなかったからだと考えられる。
イ　自然界で観察できる天候やものの変化は、研究者による実験結果の蓄積により、研究者自身が生み出したものであり、科学的な成果と指摘してよい。
ウ　地震の予知は、地震の発生メカニズムが複雑であるために現在では難しく、その法則性は結論づけられていないが、いずれは解明できるはずのものである。
エ　ふんに対する「きたないもの」という評価は、人間の心の動きとして当然であるが、このような心の動きがあって初めて科学は進展すると考えられる。
オ　戦前から戦後に至るまで、日本が文明国になるためには、一般に広く日本国民が科学的な知識を得ることが大切であると考えられてきた。
カ　人間同士の感情の行き違いによる争いは、事実を冷静に見極め判断する力を養うとともに、科学的な見方をすることで解決することができる。

務で、法則を知れば、次にはどういうことが起るかを予言することができる。

自然界にある法則で一番はっきりしているのは、天体の運行である。(Ⅱ)**春夏秋冬**、一日の夜昼は、ちゃんと決った法則に支配されている。これがニュートンの万有引力の法則であって、この法則を知れば、日食や月食を一秒の何分の一という精密さで予知することができるのである。現代の科学は天文学の方面から発達してきたのであるが、その理由は、天体の運行にみられる法則が、一番はっきりしていて、また、簡単であるためである。

地震の予知は、現在のところまだできない。それは、地震の発生を支配している法則が、非常に複雑なためである。しかし、もう少し科学が発達すればできるはずのものである。地震の予知ができれば、被害は(c)**著**しく減少する。少くとも、半分以下になるのであろう。それで自然界の法則を知ることは、人間の生活にとって大切なことである。科学というものは、一口に言えば、自然界にある法則とものの本体とを知る学問である。われわれはこの自然界に住んでいるのであるから、その法則や本体を知ることは、われわれの生活に非常に役立つことである。

ものの本体を見、またその間にある法則を知るというが、それはもちろん、人間が見たり知ったりすることである。人間の頭のはたらきには、好ききらいとか、美しいとかきたないとかということを感じるはたらきもあれば、また、こういうことをしては悪いとか、よいとかいうことも考える。しかし、水が高い所から低いほうへ流れたり、太陽が毎朝東から出たりすることは、好ききらいとか、よい悪いとかには関係のないことである。人間がなんと思っても、人間とは関係なくそういう法則があるのであって、一方、人間にはまた、そういう法則を知る頭のはたらきがある。自然科学は、自然界にあるものの本体と法則とを知る学問であるから、科学の範囲では、すべてのものの見方を、この知るということだけに集中する。

ここに人間のふんがあったとする。それは確かにきたないものであり、また、人目につく所にそんなものを置くのは悪いことである。しかし、ふんを分析して、消化吸収されないで残っている栄養分が、どれだけあるかを調べている人には、それは自然界にある一つの「もの」である。その人にとっても、もちろんふんはきたないものであるが、しかし科学の対象としてはきたないもきれいもなく、ただ一つの「もの」があるだけである。だから科学の世界には、きたないものはない。

こういうふうに、人間の愛情とか道徳観とかいうものから離れて、ものとか法則とかをそのままの形で知ろうとすることが、広い意味での科学的なものの見方である。この広い意味での科学的なものの見方が、今までわれわれには欠けていたようである。ふだんはあまり目立たないが、②**戦争などになると、この弱点が表に出てくる**。太平洋戦争中にも、竹やりをかついで防空演習などをやっていたが、Ｂ29は三千メートルの高度を飛んでいるのに、竹やりは十メートルもない。竹やりは三千メートルの高さまでは届かないということを知るのが科学なのである。なんとしても戦争に勝ちたいということと、勝てるかどうかということとは、別問題である。希望や感情を離れて、ことがらだけをまっすぐに考えるのが科学的な考え方である。

希望や感情のはいった議論は、その人の気持が強くはいっているので、とかくまちがったことになりやすい。科学的なものの見方では、ことがらの本筋だけをみるのであるから、まちがえば、ほかの人にすぐわかる。それで互《たがい》に話し合ってみれば、大きいまちがいに(d)**陥**る危険は少ない。

われわれの生活には、つまらないちょっとした感情の行きがかりな

2023年度

渋谷教育学園幕張中学校

【国　語】〈第二次試験〉（五〇分）〈満点：一〇〇点〉

注意　・記述は解答欄《らん》内に収めてください。一行の欄に二行以上書いた場合は、無効とします。

一　次の文章を読んで、後の問いに答えなさい。

太平洋戦争のあと、日本では科学による国家の再建という言葉がよく使われ、科学教育および科学の普及が大いに奨励された。もっとも戦争前および戦時中にも、同じようなことがよくいわれた。現代の文明は、物質文明のみでなく広い意味で科学に基礎を置いているか、あるいは科学の(a)**エイキョウ**を強くこうむっている。それで、日本が現代の世界の中に、一人前の文明国として仲間入りをするには、日本人は誰でも、一応の科学の知識をもっていなければならない。

日本人は誰でもといっても、いろいろな職業の人があって、中には、科学などと全く縁のないように見える生活を一生送る人もたくさんある。それで、こういうふうに考える人もあるかもしれない。すなわち、大きくなって科学の研究者や先生になる人、工業関係の技術者または職工、あるいは大都市でいわゆる文化生活をする人などには、科学も大いに必要であろうが、いなかで農業や漁業、あるいは小さい商売などをやる人には、科学などあまり(Ⅰ)**役に立ちそうもない**という考え方である。しかし、①**こういう考え方は非常なまちがいである**。それは科学というものが、どういう役割を果たすものであるかを知らないことからくる誤解である。

科学を学ぶと、得るところが二つある。一つは科学上のいろいろな知識を得られることであり、もう一つは科学的なものの考え方ができるようになる点である。この後者のほうが非常に大切なのであって、このほうはどんな職業についている人、どんな(b)**カイキュウ**の人にも、大いに役立つものである。

日本ではこれまで、科学というとすぐ原子爆弾とか、レーダーとか、ジェット飛行機とかいうものを考え、そういうものを科学の代表であるかのように思う人が多かった。もちろん、それらは現代の科学が産んだものであり、しかも偉大な産物である。しかし、そういうものが科学の全部ではない。

科学、詳しく言えば自然科学であるが、それは自然界の中に存在している法則と、ものの本体とを知る学問である。自然界にはいろいろなものがあり、それらは絶えず変化している。たとえば天気を一つみても、風が吹いたり、雨が降ったり、そうかと思うと、一天雲一つない青空になったりする。また雨でぬれた木に日が当ると、白い湯気が立ったり、地上に積っていた雪が、春になるとなくなったりする。

ものの本体を知るというのは、場合によっては雪にもなり、雨にもなり、また湯気にもなるものは、その本体は水というただ一種類のものであることを知ることである。もっとも、本体というのは、人間の知識が進めば、さらに深くはいっていくものである。水は酸素と水素という二つの元素からなっているというのが第二段、酸素はまた原子核と電子とからできているというのが第三段、さらに原子核は、いろいろな素粒子から成り立っているというふうに、ものの奥深いところに隠されているその本体をきわめていくのが、自然科学の一つの仕事である。

ところで、これらのものは始終変化しているが、その変化は決してでたらめではなく、その間に決った法則がある。雨が降るには、雨の降る理由があり、雪になるには、雪になるわけがある。それを法則があるという。この法則をみつけることが、科学のもう一つの大切な任

2023年度
渋谷教育学園幕張中学校 ▶解説と解答

算 数 ＜第２次試験＞（50分）＜満点：100点＞

解 答

[1] ⑴ 7回 ⑵ 8個 ⑶ **いちばん大きい数**…2187，**いちばん小さい数**…30 [2] ⑴ ① （例） 解説の図Ⅱを参照のこと。 ② 27 ③ 30通り ⑵ ① 78 ② 63通り [3] ⑴ 450個 ⑵ C駅から100m [4] ⑴ ① 1：3 ② 2：3 ⑵ $\frac{7}{20}$倍 [5] ⑴ $66\frac{1}{3}$cm^3 ⑵ 40.5cm^2 ⑶ $4\frac{2}{3}$cm

解 説

[1] 条件の整理

⑴ 213→（3で割る）→71→（1を加える）→72→（3で割る）→24→（3で割る）→8→（1を加える）→9→（3で割る）→3→（3で割る）→1のように，7回の操作で1になる。

⑵ 1から順にもどしていく。このとき，「2を加える」，「1を加える」という操作を行った後の数は必ず3の倍数になるから，もどす前の数が3の倍数の場合は，「2をひく」，「1をひく」，「3をかける」という操作を行う必要がある。また，もどす前の数が3の倍数以外の場合は，「3で割る」という操作をしたことしか考えられないから，「3をかける」という操作だけを行えばよい。よって，下の図1のようになるので，4回の操作で1になる整数は8個あることがわかる。

図1

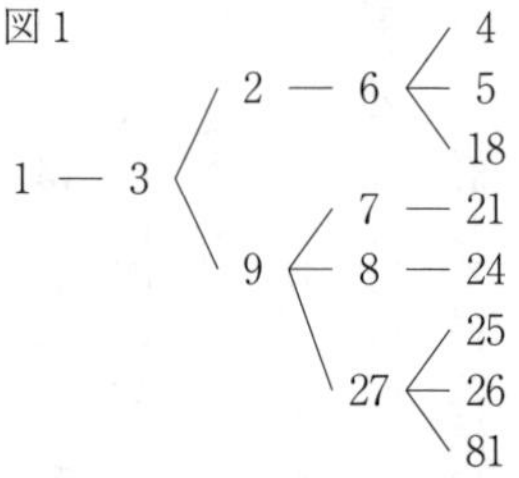

図2

1になるまでの回数 (回)	1	2	3	4	5	6	7
3で割りきれる数 (個)	1	1	2	4	8	16	32
3で割ると1あまる数(個)	0	0	1	2	4	8	16
3で割ると2あまる数(個)	0	1	1	2	4	8	16
合計 (個)	1	2	4	8	16	32	64

⑶ ⑵より，△を3以上の整数とすると，△回の操作で1になる「3で割りきれる数」の個数は，(△－1)回の操作で1になる数の個数と同じであり，△回の操作で1になる「3で割ると1あまる数」と「3で割ると2あまる数」の個数は，どちらも(△－1)回の操作で1になる「3で割りきれる数」の個数と同じになる。よって，上の図2のようになるから，はじめて50個以上になるのは7回の操作を行うときとわかる。したがって，図1の続きを調べると，いちばん大きい数は，81→（3をかける）→243→（3をかける）→729→（3をかける）→2187より，2187と求められる。また，いちばん小さい数は，4→（3をかける）→12→（2をひく）→10→（3をかける）→30より，30とわかる。

[2] 条件の整理，場合の数

⑴ ① 下の図Ⅰのア～オに，[1]を3枚，[2]を1枚，[3]を1枚置くことを考える。このとき，AからBまで行く3通りの最短経路について，イを通る経路だけが2通りあり，ア，ウ，エ，オを通る経路は1通りだけである。よって，〈AB〉の値を大きくするには，イに[3]を置けばよいことになる。

残りの枠《わく》にはどのように置いても〈AB〉の値は変わらないから，たとえば下の図Ⅱのような置き方がある。　② 図Ⅱの場合，A→C→D→Bの和は，３＋１＋１＝５，A→C→F→G→Bの和は，３＋１＋３＋４＝11，A→E→F→G→Bの和は，２＋２＋３＋４＝11なので，〈AB〉＝５＋11＋11＝27と求められる。　③ ３通りの経路についてそれぞれの枠を通過する回数を調べると，下の図Ⅲの●数字のようになる。よって，❷と書かれた３か所の枠には｛$\boxed{3}$，$\boxed{3}$，$\boxed{4}$｝を置き，❶と書かれた５か所の枠には｛$\boxed{1}$，$\boxed{1}$，$\boxed{1}$，$\boxed{2}$，$\boxed{2}$｝を置けばよいことになる。｛$\boxed{3}$，$\boxed{3}$，$\boxed{4}$｝の置き方は３通り，｛$\boxed{1}$，$\boxed{1}$，$\boxed{1}$，$\boxed{2}$，$\boxed{2}$｝の置き方は，$\frac{5\times4}{2\times1}$＝10(通り)あるので，全部で，３×10＝30(通り)と求められる。

図Ⅰ
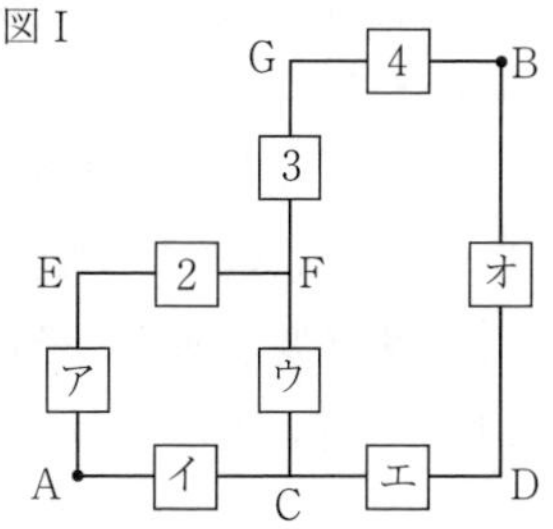

図Ⅱ
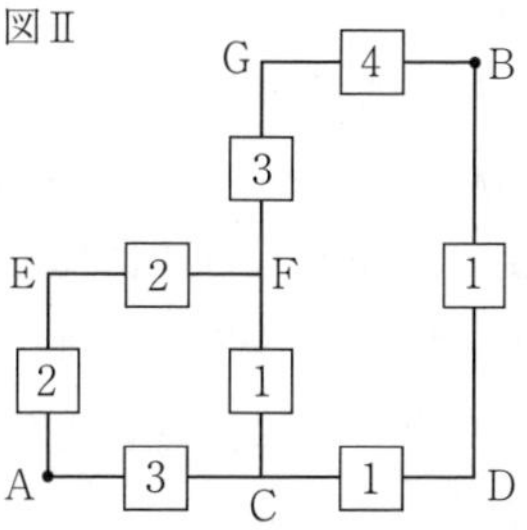

図Ⅲ
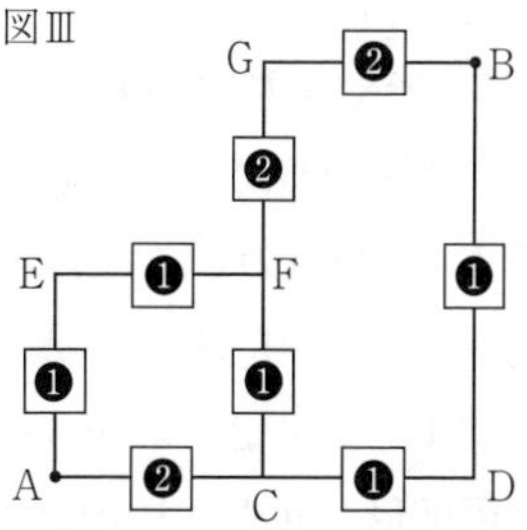

⑵ ① 右の図Ⅳで，AからBまで行く最短経路を交差点ごとに加えて求めると，全部で６通りあることがわかる。また，６通りの経路についてそれぞれの枠を通過する回数を調べると，●数字のようになる。よって，〈AB〉の値を大きくするには，❺と書かれた枠には$\boxed{4}$，❹，❸と書かれた枠には$\boxed{3}$を置けばよい。さらに，かげをつけた❷と書かれた枠には残りの$\boxed{3}$と$\boxed{2}$，❶と書かれた枠には残りの$\boxed{2}$と$\boxed{1}$を置けばよいから，たとえば右の図Ⅴのような置き方がある。このとき，$\boxed{4}$が置かれた枠は５回通るから，$\boxed{4}$だけの和は，４×５＝20になる。同様に考えると，$\boxed{3}$だけの和は，３×(４＋３＋２＋２)＝33，$\boxed{2}$だけの和は，２×(２×５＋１×２)＝24，$\boxed{1}$だけの和は，１×１＝１となるので，〈AB〉＝20＋33＋24＋１＝78と求められる。　② ❺と書かれた枠は$\boxed{4}$，❹，❸と書かれた枠は$\boxed{3}$と決まる。

図Ⅳ
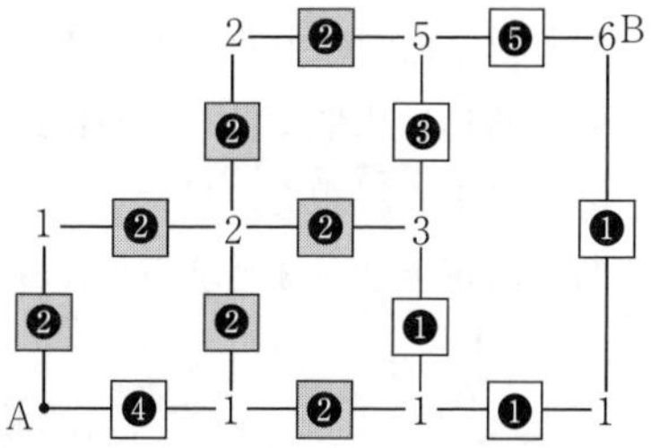

図Ⅴ
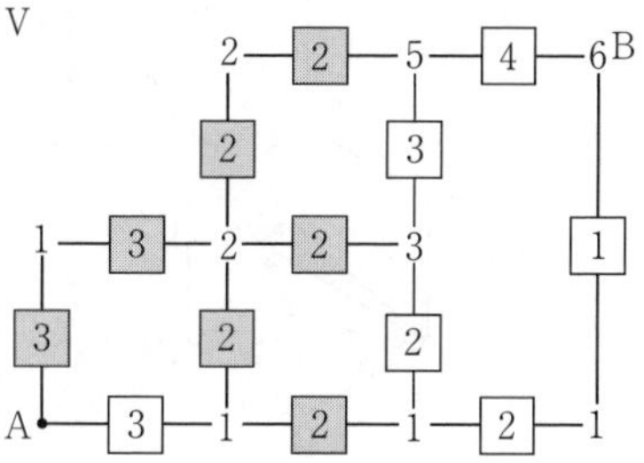

また，７か所ある❷の中から残りの$\boxed{3}$を置く２か所を選ぶ方法は，$\frac{7\times6}{2\times1}$＝21(通り)ある。さらに，３か所ある❶の中から$\boxed{1}$を置く１か所を選ぶ方法は３通りあるから，全部で，21×３＝63(通り)と求められる。

$\boxed{3}$ 条件の整理，正比例と反比例

利用人数…5000人
距離…500m
個数…500個

⑴ 基準になるA駅のお店の条件をまとめると，右のようになる。D駅から400mのところに作る場合，利用人数は4500人だから，基準よりも，5000－4500＝500(人)少ない。これは５人の，500÷５＝100(倍)なので，これによって100個減る。また，400mは基準よりも，500－400＝100(m)近い。これは２mの，100÷２＝50(倍)だから，これによって50個増える。よって，１日に売れる個数は，500－100＋50＝450(個)に

なる。

⑵　１日に売れる個数を，240000÷300＝800(個)にするので，基準よりも，800－500＝300(個)増やす必要がある。Ａ駅に作るとすると，利用人数による増減はないから，距離《きょり》だけで300個増やす必要がある。そのためには基準よりも，２×300＝600(m)近いところに作る必要があるが，これは条件にあわない。また，Ｂ駅に作るとすると，利用人数によって，(6000－5000)÷５＝200(個)増えるので，距離によって，300－200＝100(個)増やす必要がある。そのためには基準よりも，２×100＝200(m)近いところに作る必要がある。つまり駅から，500－200＝300(m)のところに作る必要があるが，Ｂ駅の場合の最短距離は400mだから，これも条件にあわない。次に，Ｃ駅に作るとすると，利用人数によって，(5500－5000)÷５＝100(個)増えるので，距離によって，300－100＝200(個)増やす必要がある。そのためには基準よりも，２×200＝400(m)近いところに作る必要がある。つまり駅から，500－400＝100(m)のところに作る必要があり，これは条件にあう。よって，Ｃ駅から100mのところに作ればよい。なお，Ｄ駅に作るとすると，利用人数によって，(5000－4500)÷５＝100(個)減るから，距離によって，300＋100＝400(個)増やす必要がある。そのためには基準よりも，２×400＝800(m)近いところに作る必要があり，これも条件にあわない。

4　平面図形—相似，辺の比と面積の比

⑴　①　AP，PQ，QAの長さの和を最小にするから，下の図１のように，BCとDEで正六角形を折り返した図の中で，A→P→Q→Aを結ぶ線が一直線になればよい。図１で，かげをつけた２つの三角形は相似であり，相似比は，１：(１＋２)＝１：３だから，BP：PC＝１：３である。

②　図１で斜線《しゃせん》をつけた２つの三角形も相似であり，相似比は，(１＋２)：２＝３：２なので，DQ：QE＝２：３と求められる。

図１

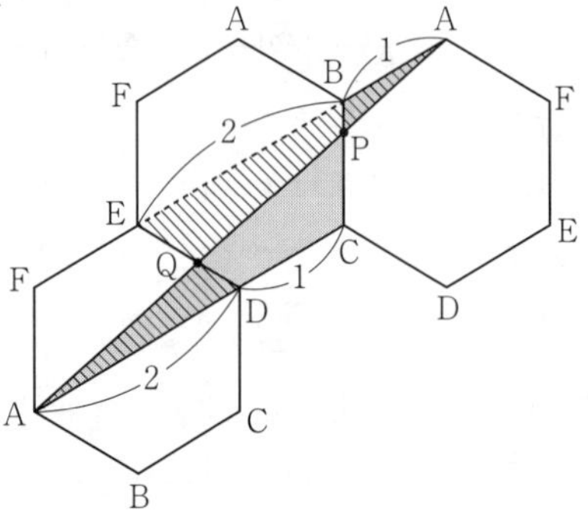

図２

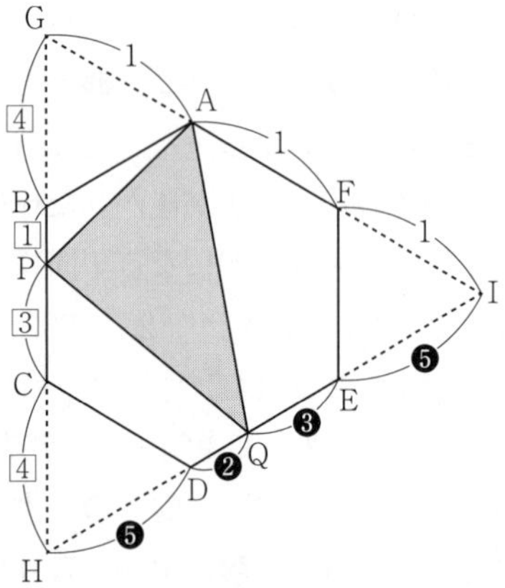

⑵　上の図２のように，正六角形の辺を延長して３つの正三角形GBA，HDC，IFEを作る。また，⑴で求めた比を用いると，それぞれの部分の長さは図２のようになる。正三角形GBA，HDC，IFEの面積をどれも１とすると，三角形GBAと三角形BPAの面積の比は４：１だから，三角形BPAの面積は，$1\times\frac{1}{4}=\frac{1}{4}$となる。また，三角形HQPの面積は三角形HDCの面積の，$\frac{5+2}{5}\times\frac{4+3}{4}=\frac{49}{20}$(倍)なので，三角形HQPの面積は，$1\times\frac{49}{20}=\frac{49}{20}$となり，四角形DQPCの面積は，$\frac{49}{20}-1=\frac{29}{20}$とわかる。同様に，三角形IAQの面積は三角形IFEの面積の，$\frac{1+1}{1}\times\frac{5+3}{5}=\frac{16}{5}$(倍)だから，三角形IAQの面積は，$1\times\frac{16}{5}=\frac{16}{5}$となり，四角形FAQEの面積は，$\frac{16}{5}-1=\frac{11}{5}$と求められる。さら

に，正六角形ABCDEFの面積は三角形GBAの面積の6倍なので，$1\times6=6$となる。よって，三角形APQの面積は，$6-\left(\frac{1}{4}+\frac{29}{20}+\frac{11}{5}\right)=\frac{21}{10}$とわかるから，三角形APQの面積は正六角形ABCDEFの面積の，$\frac{21}{10}\div6=\frac{7}{20}$(倍)である。

5 立体図形—分割，体積，相似，展開図，面積

(1) 下の図1のように，PとQは直接結ぶことができる。また，Rを通りPQに平行な直線を引き，HGと交わる点をSとする。さらに，RSを延長した直線とFE，FGを延長した直線が交わる点をそれぞれI，Jとし，IPとJQを延長した直線が交わる点をKとすると，切り口は六角形PTRSUQとなる。このとき，それぞれの部分の長さは図1のようになる。点Fを含《ふく》む方の立体は，三角すいK－FJIから3つの三角すいK－BQP，T－ERI，U－GJSを取り除いたものである。これらの三角すいは相似であり，相似比は，IF：PB：IE：SG＝(2＋4)：2：2：1＝6：2：2：1だから，体積の比は，(6×6×6)：(2×2×2)：(2×2×2)：(1×1×1)＝216：8：8：1となる。よって，点Fを含む方の立体の体積は三角すいU－GJSの体積の，{216－(8＋8＋1)}÷1＝199(倍)とわかる。さらに，三角すいU－GJSの体積は，$1\times1\div2\times2\div3=\frac{1}{3}$(cm^3)なので，点Fを含む方の立体の体積は，$\frac{1}{3}\times199=\frac{199}{3}=66\frac{1}{3}$(cm^3)と求められる。

(2) 下の図2のように，三角すいK－FJIの展開図は1辺の長さが，8＋4＝12(cm)の正方形になる。図2で，4つの三角形KJI，KQP，TRI，UJSは相似であり，相似比は6：2：2：1だから，面積の比は，(6×6)：(2×2)：(2×2)：(1×1)＝36：4：4：1となる。よって，切断面の面積は三角形KJIの面積の，$\{36-(4+4+1)\}\div36=\frac{3}{4}$(倍)とわかる。さらに，正方形の面積は，12×12＝144(cm^2)であり，三角形KJIの外側にある3つの三角形の面積の和は，6×6÷2＋12×6÷2×2＝90(cm^2)なので，三角形KJIの面積は，144－90＝54(cm^2)と求められる。したがって，切断面の面積は，$54\times\frac{3}{4}=40.5$(cm^2)である。

図1

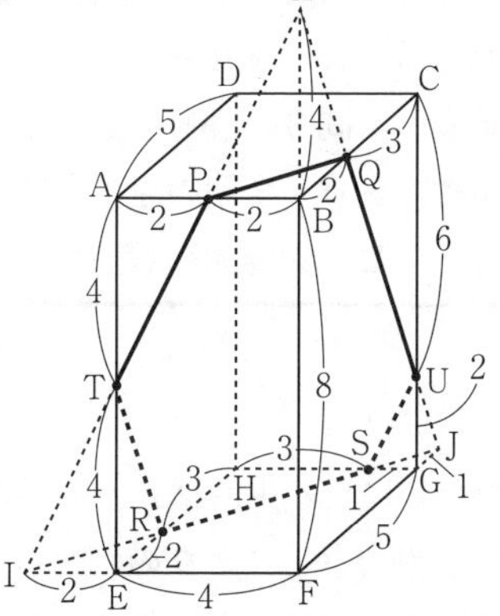

図2

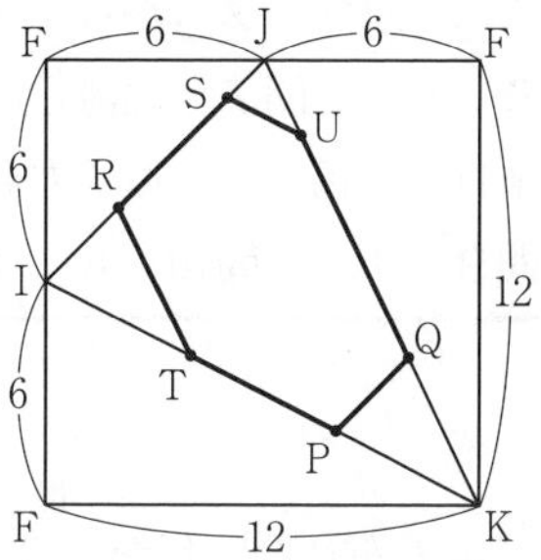

図3

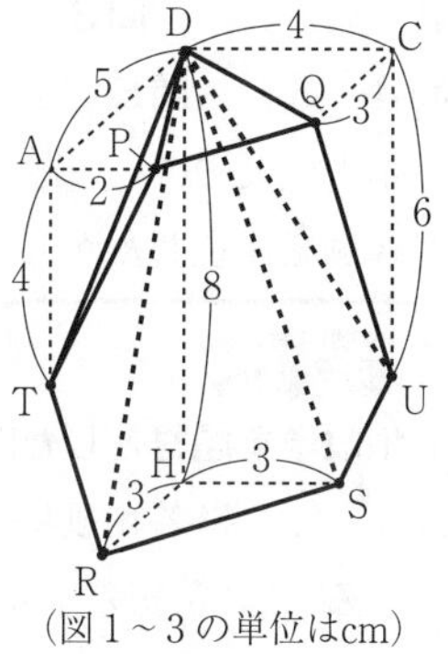

(図1～3の単位はcm)

(3) 上の図3のように，点Dを含む方の立体から3つの三角すいT－APD，U－CDQ，D－HRSを取り除くと，切断面を底面とする六角すいD－PTRSUQができる。よって，この六角すいの高さを求めればよい。はじめに，もとの直方体の体積は，5×4×8＝160(cm^3)だから，点Dを含む方の立体の体積は，$160-\frac{199}{3}=\frac{281}{3}$(cm^3)となる。また，三角すいT－APDの体積は，$5\times2\div2\times4\div3=\frac{20}{3}$(cm^3)，三角すいU－CDQの体積は，4×3÷2×6÷3＝12(cm^3)，三角すいD－HRSの体積は，3×3÷2×8÷3＝12(cm^3)なので，六角すいの体積は，$\frac{281}{3}-\left(\frac{20}{3}+12+12\right)=$

63(cm^3)と求められる。さらに，底面積は40.5cm^{2}だから，六角すいの高さを□cmとすると，40.5×□÷３＝63(cm^3)と表すことができ，□＝63×３÷40.5＝$\frac{14}{3}$＝4$\frac{2}{3}$(cm)とわかる。

社　会　＜第２次試験＞（45分）＜満点：75点＞

解　答

1　**問１**　(1)　(例)　(生活に余裕のある家庭が)貧しい家庭の人をお手伝いさんとして雇い，仕事を与えて収入を得させる(ことで，経済格差を調整していくこと。)　(2)　ヒンドゥー(教)　(3)　(例)　インド北東部はいくつもの国と接しており，多様な民族が多様な言語を使って暮らしていると考えられる。こうした地域でコミュニケーションをとる手段として，インドの公用語の一つである英語が用いられており，ブミちゃんもふだんから英語を使っていたから。　(4)　4　(5)　ストリートチルドレン　(6)　(例)　インドは北部の国境をめぐる問題で中国と対立しているので，中国の動きをけん制するためにも，同じように中国と国境を接するロシアとの関係を悪化させたくないから。　(7)　3　**問２**　(1)　4　(2)　(例)　太平洋とインド洋を結ぶ海上交通の要地で，さまざまな国との貿易を行うのに適していること。　(3)　(例)　国土が小さく天然資源もないシンガポールを，清潔で治安がよく，インフラ環境が整った国にすることで，たくさんの観光客や外国企業に来てもらうこと。　(4)　**X**　イギリス　**Y**　植民地　**2**　**問１**　岩宿　**問２**　4　**問３**　2　**問４**　4　**問５**　1　**問６**　2　**問７**　2　**問８**　1　**問９**　3　**問10**　4　**問11**　(例)　弥生時代には稲作と金属器が広まったが，それらは大陸から船で日本に渡った人々によって伝えられたから。　**問12**　(例)　都市の建設には木材が必要で，土地を広げる必要もあったから。　**3**　**問１**　諏訪(湖)　**問２**　(例)　湿地を訪れた人が湿地をふみ荒らすことなく，すれちがって歩けるように，２本の木道が設けられている。　**問３**　(例)　流れが急で，ダムから発電所まで水を勢いよく流せるということ。　**問４**　5　**問５**　1　**問６**　6　**問７**　北海道胆振東部地震　**問８**　(例)　2011年の東日本大震災のさいに起こった東京電力福島第一原子力発電所の事故を受け，全国の原子力発電所が稼働を停止したから。　**問９**　4　**問10**　**A**　風力(発電)　**B**　太陽光(発電)

解　説

1　地政学を題材とした問題

問１　(1)　解答用紙にあらかじめ書かれた語句が，「社会全体のためになる生活様式」の手がかりになる。「経済格差を調整」するために，「生活に余裕のある家庭」ができることなのだから，生活に余裕のない家庭に何かしらの経済的援助を与えるといった内容があてはまるとわかる。ここから，生活に余裕のない家庭の人をお手伝いさんとして雇《やと》い，収入を得させることが経済的援助にあたり，これが文化，つまり「社会全体のためになる生活様式」として普《ふ》及《きゅう》していると考えられる。
(2)　インドでは，人口の約８割がヒンドゥー教を信仰している。ヒンドゥー教は，インドに伝わってきたさまざまな宗教や考え方が混じり合って４～５世紀ごろに成立したが，その過程で，カーストとよばれる厳しい身分制度が形成された。1950年に憲法で身分による差別が禁止されたが，現在もその影響《えいきょう》が残っている。　(3)　地図から，インド北東部はいくつもの国と接している地域だとわかる。また，ブミちゃんが「ネパール系」で，「東南アジア系の顔つき」をしていることから，この地域には多様な背景を持つ多くの民族が暮らしていると推測できる。こうした人たちがコミュニケーションをとろうとした場合，お互《たが》いに理解できる共通の言語が必要となるが，インドの場合はその役割を，公用語の一つである英語が担《にな》っていると考えられる。また，インド北東部が紅茶の産地で，紅茶はイギリスへの主要な輸出品であったため，この地域に英語を使える人が多くいたと考えられる。ブミちゃんはこうした地域の出身で，ふだんから英語を使ってコミュニケーションをとっていたため，英語が上手だったのだと推測できる。なお，ネパールは，インド北東部でインドと接する国のうち，横に細長い国である。　(4)　X　NGOは「非政府組織」の略称で，政府から助成金が支給されることもあるが，寄付金などを活動資金としている。Xの文の内容は，ODA（政府開発援助）の一つとして発展途上国に派遣される青年海外協力隊などにあてはまる。　Y　NGOは医《い》療《りょう》や人権の保護，福祉などさまざまな分野で社会貢献《こうけん》活動を行っているが，収益を上げることを目的とはしていない。NGOの場合，得られた収益は地域に投資したり，次の事業に再配分・再投資したりするのが一般的であり，構成員で分配することはないと考えられる。　(5)「道ばたや路上で生活をしている子供たち」は，ストリートチルドレンとよばれる。「ストリート」は「通り」，「チルドレン」は「子供」を意味する英語である。町の路上で寝《ね》泊《と》まりする子供や，生活費をかせぐために物売りなどをする子供を指し，こうした子供たちを支援するNGOもある。

(6)「けん制」とは，自分の行動に注意を向けさせることにより，相手の動きを制限するといったことを意味する。ロシアとの関係において，インドがその動きをけん制するべき相手として，インドともロシアとも接している中国があげられる。また，地図でインド北部と中国西部の国境が点線となっているものがあるが，これは両国がこの地域の帰属をめぐって長い間対立しており，国際的に国境が確定していないためである。こうした状況《じょうきょう》でインドがロシアを非難する決議に賛成し，ロシアとの関係が悪化した場合，中国がインドに圧力をかけるような動きを見せても，ロシアがそれを非難しなかったり，インドを支持してくれなかったりするおそれがある。これはインドにとって不利な状況であるため，ロシアとの関係を良好に保っておいたほうが，インドとしては有益となる。そこで，中国をけん制するねらいから，インドはロシアを非難する決議に賛成も反対もせず，棄権《きけん》という方法を選んだのだと推測できる。　(7)　日本とインドは，アメリカ・オーストラリアとともに，QUAD《クアッド》とよばれるわく組みでの会談を行っている。この４か国は，自由や民主主義，法の支配といった基本的価値を共有しており，中国の脅威を念頭に経済や安全保障について協議を重ねている。なお，QUADは英語で「四つの」を意味する。

問２　(1)　東南アジア諸国は，19世紀までに大部分が欧米諸国の植民地支配を受け，現在のミャンマーとマレーシアはイギリス領，ラオス・カンボジア・ベトナムはフランス領，インドネシアはオランダ領，フィリピンはアメリカ領となっていた。一方，タイはイギリス領とフランス領にはさまれ，お互いの衝突《しょうとつ》を避《さ》けるための場所とされたことや，19世紀に西洋的な近代化を推進したことなどから，東南アジアの国で唯一《ゆいいつ》，独立を維持できた。　(2)　マレー半島とスマトラ島の間に広がるマラッカ海峡は，古くからインド洋と南シナ海・太平洋を結ぶ海上交通の要所であった。マレー半島の先端にあるシンガポールはその地政学的な優位性をいかし，中継貿易を行う貿易港として繁栄《はんえい》した。　(3)　国土が小さく，天然資源もないシンガポールが将来も経済的に繁栄していく手段として，外国との関係を良好に保って観光客を多くよびこんだり，外国企業に進出してもらったりすることが考えられる。それには，シンガポールが魅力《みりょく》的な国であることを世界に向けてアピールする必要があり，リー＝クアンユー初代首相はそのために「ガーデンシティ計画」を提唱・推進したのだと考えられる。　(4)　インドとシンガポールはともに，19世紀にイギリスの植民地となった。そのため，イギリスの治める貿易港であったシンガポールに，インドから労働者が流入したのだと考えられる。

2　各時代の歴史的なことがらについての問題

問１　1946年，相澤忠洋《あいざわただひろ》は群馬県の岩宿で，関東ローム層のなかから石片を発見した。これをきっかけに，1949年から本格的な発掘《はっくつ》調査を行い，黒曜石でできた打製石器が発見され，日本にも旧石器時代があったことが初めて確認された。

問２　ア「日本列島も大陸と地続き」になったのだから，現在，日本列島と大陸をへだてている日本海や東シナ海，対馬《つしま》海峡などが地面だった，つまり海面が現在よりも低かったことになる。

イ「海面が現在よりも約120mほど」低かったとしても，対馬海峡や津軽海峡のように，最大水深が200mより深い場所は海だったことになる。この場合，「氷河時代でも大陸と地続きではなかった」という考え方ができる。

問３　１　米騒動《そうどう》は，大正時代(1912～26年)の1918年に起こった。　２　明治時代は，1868年から1912年までにあたる。夏目漱石《そうせき》はその間の1905～06年，文芸誌「ホトトギス」に『吾輩《わがはい》は猫である』を連載《れんさい》した。　３　千葉町が千葉市になったのは大正時代の1921年，東京府と東京市が廃止されて東京都に統合されたのは昭和時代(1926～89年)の1943年のことである。　４　1890年に衆議院議員選挙が行われ，このときの選挙権は直接国税15円以上をおさめる満25歳以上の男子のみに認められた。帝国議会は衆議院と貴族院の二院制で，貴族院議員には選挙はなかった。

問４　Ａは1925年，Ｂは1940年，Ｃは1951・52年，Ｄは1946年のできごとである。

問５　Ｘ　図１によると，黒曜石は高原山(栃木県)や和田峠《とうげ》(長野県)など，限られた場所から産出する。一方，黒曜石を用いてつくられた石器は，100km以上離れた場所からも出土している。ここから，旧石器時代にも広い範囲《はんい》で交易が行われていたと考えられる。　Ｙ　図１によると，神《こう》津《づ》島(東京都)を原産地とする黒曜石からつくられた石器が，海を渡った先の本州で出土している。ここから，神津島でとれた黒曜石は，船を使って運ばれたと考えられる。

問６　Ｘ　1854年に江戸幕府がペリーと結んだ日米和親条約では，下田(静岡県)と函館(北海道)の２港を開くことなどが決められた。　Ｙ　明治政府がアメリカから招いたクラークは，札幌農学校の教頭を務めながら，アメリカ式の大規模農業をめざして北海道に農場を開いた。

問７　Ａ，Ｂ　推古天皇の時代の607年，小野妹子らが遣隋使として隋(中国)に派遣された。このとき小野妹子が持参した国書には，日本の天皇を倭《わ》(日本)の国王として認めてほしいといった要求はなく，天皇も中国の皇帝も同じ「天子」とよぶなど，それまでとは異なる関係で中国と交流しようとしたことがうかがえる。　Ｃ　894年，菅原道真の進言により，遣唐使が停止された。

Ｄ　空海と最澄は，ともに804年に遣唐使船で唐(中国)に渡った。

問８　Ｘ　図２によると，奈良時代の官道(東海道)は，この地域ではほぼ直線的につくられている。

Ｙ　江戸時代の東海道は，おおむね等高線に沿うような形でつくられている。等高線を横切ると傾《けい》斜《しゃ》を上り下りすることになるが，沿うように移動すればそれほど傾斜はきつくなくなる。したがって，地形におうじたルートを通っているといえる。

問９　A　「保元の乱」(1156年)ではなく「平治の乱」(1159年)が正しい。保元の乱では，平清盛は源義朝《よしとも》とともに後白河天皇側で戦い，崇徳《すとく》上皇側に勝利した。　B　1232年，鎌倉幕府の第３代執権《しっけん》北条泰時は，最初の武家法である御成敗《ごせいばい》式目(貞永《じょうえい》式目)を制定した。　C　1401年，足利義満は明(中国)の皇帝に国書を送り，明の皇帝からの返書には，義満を日本国王に任じることなどが書かれていた。　D　「山城の国一揆《いっき》」ではなく「加賀の一向一揆」(1488～1580年)，「山城国の南部」(京都府)ではなく「加賀国」(石川県南部)が正しい。1485年に起きた山城の国一揆では，山城国南部の国人(農村に住み着いた武士)や農民らが，争いを続けていた畠山《はたけやま》氏を国外に追放して８年間自治を行った。

問10　１は1872年，２は1964年，３は1965年，４は1978年のできごとである。

問11　弥生時代には稲作が広まり，鉄器・青銅器という金属器が伝来した。弥生文化を特徴《とくちょう》づけるこれらのものは，中国や朝鮮から船で日本に渡ってきた人々によってもたらされた。つまり，船の利用がなければ，弥生文化は形成されなかったと考えられる。

問12　問題文から，「12世紀前半，他国の攻撃《こうげき》を受けた宋が，都を開封《かいほう》から南方の臨安《りんあん》に」移すと，周辺では都市が発達し，これにともなって森林破壊《はかい》が急激に進んだことがわかる。これは，土地を切り開いて都市や農地にしたり，建物の資材やまきなどの燃料を得たりするために，森林が伐採《ばっさい》されたからだと考えられる。

3　日本の地形や気候，災害，エネルギーなどについての問題

問１　諏訪《すわ》湖は長野県の中央に広がる湖で，周辺部に精密機械工業や電子工業が発達していることで知られる。天竜《てんりゅう》川は，諏訪湖を水源としておおむね南へと流れ，静岡県南部で遠州灘《なだ》に注ぐ。

問２　写真１で手前から奥にのびる道は，「木道《もくどう》」とよばれる木製の歩道で，湿原では木道以外の場所に足をふみ入れないことがルールとなっている。これは，湿原がふみ荒らされるのを防ぐための工夫で，通る人がすれちがえるように２本の木道が湿原上に渡されている。

問３　水力発電は，流れる水の力を利用してタービンを回し，電気を起こす。図１から，黒部川は日本の川の中でも流れが急で，勢いよく水が流れることがわかる。この水勢の強さが，水力発電に適しているのである。また，上流域が豪雪地帯で，水量が豊富であることも，黒部川が水力発電に向いていた理由としてあげられる。

問４　日本列島は，冬は北西の季節風の影響を受けて日本海側の降水量が多くなる一方，太平洋側では乾燥した晴天の日が多くなるので，Cが２月だとわかる。６月と10月を比べた場合，梅雨の影響をほとんど受けない北海道は，全国のほかの地域に比べて６月の降水量が少なくなると判断できる。ここから，Bに６月が，残ったAに10月があてはまるとわかる。

問５　輸送機械の生産額が飛びぬけて多いCには，自動車工業がさかんなことで知られる愛知県があてはまる。また，化学の生産額が最も多いAには，化学工業がさかんな京葉工業地域が広がる千葉県があてはまる。残ったBが神奈川県である。

問６　A　天然ガスは，輸送しやすくするため，超低温で冷却《れいきゃく》して液化させ，体積を小さくしたもの(液化天然ガス，LNG)を専用の船で運ぶ。　B　日本は国内で消費する石油のほぼすべてを輸入に頼《たよ》っているが，秋田県や北海道などでわずかに産出する。　C　石炭はかつてのエネルギー源の中心で，北海道の夕張《ゆうばり》炭田や九州の筑豊《ちくほう》炭田など，全国各地で大量に産出されていた。1960年代ごろから，エネルギー源の中心が石炭から石油に変わるエネルギー革命が起こったことと，

海外から安い石炭が輸入されるようになったことから，国内の炭鉱は次々と閉山されていった。

問7　2018年9月，北海道南西部の胆振《いぶり》地方を震源とするマグニチュード6.7の大地震が発生し，震源地近くの厚真《あつま》町では最大震度7を観測した。この北海道胆振東部地震によって北海道電力苫東《とまとう》厚真火力発電所が緊急《きんきゅう》停止し，その影響を受けて道内の発電所が次々と電力の供給を止めたため，一時，北海道全域が大規模停電する事態になった。

問8　2011年3月11日に発生した東日本大震災のさい，地震の揺《ゆ》れと津波の被害によって，東京電力福島第一原子力発電所で爆発が起こり，放射性物質が外部に放出されるという重大な事故が引き起こされた。この事故を受け，全国の原子力発電所が点検などのために次々と稼働《かどう》を停止したため，原子力発電の発電量が激減した。その後，厳しい安全基準を満たし，地元の同意が得られた原子力発電所は再稼働されたが，原子力発電の発電量は以前の水準にはもどっていない。

問9　X　阿蘇山には世界最大級のカルデラ(火山の噴火によってできたくぼ地)があるが，カルデラ湖は形成されておらず，広大なカルデラ内で人々が生活している。　Y　桜島は，1914年の大噴火によって，東側の対岸にある大隅《おおすみ》半島と陸続きになった。鹿児島市の市街地は，桜島の西側の薩摩《さつま》半島に広がっている。

問10　Aは，羽が風を受けて回るような形になっているので，風力発電の風車だと判断できる。海浜幕張駅は海に近く，風が強いので，それをいかした発電方法がとられている。また，Bは，太陽の光を受けて発電を行うための太陽光パネルである。

理　科　＜第2次試験＞（45分）＜満点：75点＞

解　答

1 (I) (1) **天気図①**…(え)　**天気図②**…(あ)　(2) **ア**　下がり　**イ**　変わらない　**ウ**　高く　**エ**　上昇　**オ**　低気圧　**カ**　上昇　(3) 高潮　(4) (例) ビン内に閉じこめられた空気の体積が増えることで気圧が下がる。　(5) (例) 紙パックの内と外に気圧差が生じたとき，外の空気が押す力に紙パックはたえられずにへこむから。　(II) (1) (例) シリンダー内には二酸化炭素があり，外(容器A内)は真空で気圧が0なので，ふたが上に動き，シリンダー全体に二酸化炭素が広がる。　(2) (例) 気体を石灰水に通すと，白くにごる。　(3) 2000倍　(4) 6.8倍　(5) **固体**…(イ)，(オ)　**液体**…(ア)，(エ)　**気体**…(ウ)　(6) (イ)，(ウ)　(7) 液体，固体，気体／(例) 水の粒子間の距離は，液体より固体の方が大きい。　**2** (1) ①　140g　②　測定部に押し付けて　③　200g　④　測定部に押し付ける　⑤　200g　⑥　測定部に押し付ける　(2) **測定1**…(ア)　**測定2**…(カ)　**測定3**…(イ)　(3) ①　ア　②　エ　(4) 右の図　(5) ①　3m/s　②　右の図　(6) 3m/s　**3** (1) **じん臓**…オ　**心臓**…イ　**肝臓**…ウ　(2) ■…ア　○…ウ

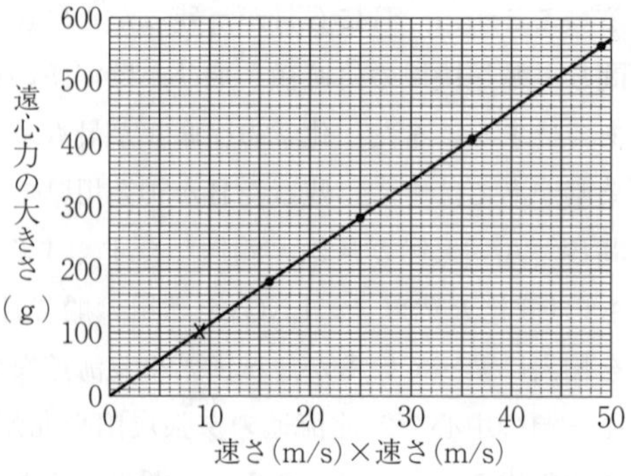

(3) ① 132mL ② 130.7 g ③ 129.8 g (4) ① 下がる ② 高く ③ 増える ④ 減らす ⑤ 増え (5) ① **塩分**…1.8倍 **糖**…０倍 **尿素**…66.7倍 ②（例） ヒトの体にとって不要な物質である。 (6)（例） 体内の物質濃度が変化しても，再吸収する量を調節することで，体内の物質濃度をほぼ一定に保つことができる。

解 説

1 気圧や気体の重さについての問題

(I) (1) **天気図①**…日本の南の北緯《ほくい》20度付近にある熱帯低気圧がポイントとなる。熱帯低気圧は“台風の卵”であり，厚い雲が発達していて，雲画像では真っ白な円形となって見える。また，九州地方が快晴であることから，(え)がふさわしい。 **天気図②**…東日本の太平洋沖(東経150度あたり)に前線をともなった低気圧があることから，その付近には前線にそって帯状の雲があるといえる。また，その東には大きな高気圧があり，そこは晴天域になっていると考えられる。したがって，(あ)が選べる。

(2) **ア，イ** ストロー内の空気を吸い始めると，ストロー内は空気が減るので気圧は下がる。しかし，外側の空気には影響《えいきょう》がなく，気圧は変わらないので，ストローの内側と外側で気圧差が生じる。 **ウ，エ** 熱帯地方では，強い日射で海面の水温が高く，海面上の空気が暖められて膨張《ぼうちょう》する。すると，一定体積あたりの重さが周囲と比べて軽くなるため上昇《じょうしょう》する。このさい，海面からさかんに蒸発した水蒸気を多量に含《ふく》むので，上空で次々と雲をつくる。これにより熱帯低気圧が発生し，勢力が増すと台風になる。 **オ，カ** 台風の中心付近は気圧が大きく下がっている(つまり低気圧)。よって，そこは空気を吸ったときのストロー内と同じような状態となっているため，海面が上昇する。

(3) (2)で考えたように，台風の中心のような気圧が大きく下がったところでは，海面が上昇しやすい。これに満潮や，強風による海水の吹《ふ》き寄せなどが重なると，海岸では潮位が異常に高くなることがある。これを高潮といい，沿岸部では浸水《しんすい》などの災害が発生するおそれがある。

(4) 図３で，ストローを吸うと，ビン内でジュースの液面が下がる。すると，ビン内に閉じこめられた空気の体積が大きくなり気圧が下がる。よって，ストロー内の気圧とビン内の気圧に差が生じなくなるので，ジュースはストロー内を上昇しない。

(5) 紙パックにさしたストローを吸うと，(4)と同様に，紙パック内の気圧が下がり，紙パック内の気圧と外側の気圧には差が生じる。すると，外側の気圧によって紙パックが押《お》され，紙パックにはそれにたえられるほどの強度がないので，紙パックがつぶれる。

(II) (1) シリンダー内には二酸化炭素があり，シリンダーの外(容器Ａ内)は真空なので，二酸化炭素の気圧によってふたがシリンダーの上面に押しつけられた状態で，二酸化炭素がシリンダー内全体に広がる。

(2) 気体を石灰水(水酸化カルシウム水溶液《すいようえき》)に通したり，気体を入れた容器に石灰水を加えてよく振《ふ》ったりしたときに，石灰水が白くにごったら，その気体が二酸化炭素であることが確認できる。

(3) ドライアイス(固体)の体積は１cm^3，400℃の二酸化炭素(気体)の体積は２Ｌ(＝2000cm^3)であり，重さは同じなので，ドライアイスの密度は400℃の気体時の，2000÷１＝2000(倍)とわかる。

(4) 400℃のろうの密度は，0.8÷150＝$\frac{8}{1500}$(g/cm^3)，400℃の二酸化炭素の密度は，1.56÷2000＝

$\frac{156}{200000}$（g/cm³）だから，$\frac{8}{1500}\div\frac{156}{200000}=6.83\cdots$より，6.8倍である。

⑸　生活の中で見たとき，ダイヤモンドと重そうは固体のすがた，消毒用エタノールと塩酸は液体のすがた，水素は気体のすがたをしている。

⑹　㋐について，固体の二酸化炭素（ドライアイス）をシリンダー内で加熱して気体にしたとき，その気体が色づいて見えることはない。なお，空気中でドライアイスを置いておくと，そこから発生した気体の二酸化炭素の冷気によって空気中の水蒸気が水滴《すいてき》になり，そのため白い気体が出てきたように見える。㋓について，粒子《りゅうし》間の距離《きょり》が２倍になると，体積は８（＝２×２×２）倍になる。㋔と㋕について，説明文中に「物質の状態が変化しても粒子自体は大きさも重さも変化しない」とある。物質の状態（すがた）は温度によって決まるので，温度が変わっても粒子の大きさや重さは変化しないといえる。

⑺　水は一般《いっぱん》的な物質とは異なり，液体のときに密度が最大になる。つまり，体積が小さい方から順に液体，固体，気体となる。水の粒子は例外的で，規則正しく並んだ固体のときには液体のときより粒子間の距離が大きくなるため，体積も大きくなる。

２　遠心力についての問題

⑴　①，②　図６の⒜では，測定部に計量皿の重さによる100ｇの下向きの力がはたらいている。これは測定部から引き離《はな》す力なので，数値がマイナス表示となっている。⒞では，数値が40ｇとなっているので，測定部には40ｇの上向きの力（測定部に押し付ける力）がはたらいている。これは計量皿の重さによる100ｇの下向きの力を差し引いても残った上向きの力なので，手が計量皿を測定部に押し付ける力（手による上向きの力）は，100＋40＝140（ｇ）である。　③，④　最も低い位置では，計量皿の向きは図５と同じになる。数値が300ｇの場合，そのうち100ｇは計量皿の重さによる下向きの力，残りは下向きにはたらく遠心力である。したがって，遠心力は，300－100＝200（ｇ）である。　⑤，⑥　最も高い位置では，計量皿の向きが図６と同じである。遠心力は上向きにはたらいており，そこから計量皿の重さによる下向きの力100ｇを差し引いて，数値が100ｇ（上向きの力）となったので，遠心力は，100＋100＝200（ｇ）とわかる。

⑵　**測定１**…結果の表より，物体の重さが□倍になったとき，遠心力の大きさもほぼ□倍となっていることがわかる。よって，物体の重さと遠心力の大きさは比例しているといえるので，㋐のグラフが選べる。　**測定２**…結果の表より，回転半径と遠心力の大きさの積は，どの場合もおよそ25500となっている。これより，回転半径と遠心力の大きさは反比例の関係にあるといえるから，㋕のグラフのようになる。　**測定３**…結果の表で，物体の速さが4.0m／ｓから5.0m／ｓへ1.25倍になると，遠心力の大きさは，283÷181＝1.56…（倍）となっていて，物体の速さが4.0m／ｓから7.0m／ｓへ1.75倍になると，遠心力の大きさは，556÷181＝3.07…（倍）になっている。よって，遠心力の大きさの増え方は速さの増え方よりも大きくなっていくと考えられるので，㋑のグラフが適切である。

⑶　⑵の解説を参照のこと。

⑷　測定３の結果の表から「速さ×速さ」をそれぞれ求め，それをもとに点（●）を４つ打つ。そして，（縦軸《じく》０・横軸０）の点から，４つの点をほぼ通るような直線を引く。なお，このことから，遠心力の大きさは「速さ×速さ」に比例することがわかる。

⑸　最も高い位置で数値が０ｇとなったとき，上向きにはたらく遠心力と物体の重さによる下向き

の力100gがつり合っているから，遠心力の大きさは100gである。⑷で作成したグラフで，遠心力の大きさが100gになるときの「速さ×速さ」を読み取ると，約9.0となっている。したがって，3×3＝9より，このときの速さは3m/sである。

⑹　最も高い位置で数値が0gとなったので，遠心力の大きさは物体の重さと同じ300gである。測定1の条件(物体の速さ5.0m/s，回転半径90cm)で，物体の重さが300gのとき，遠心力の大きさは，283×$\frac{300}{100}$＝849(g)となる。遠心力の大きさは「速さ×速さ」に比例するから，遠心力の大きさを849gから300gにした場合，「速さ×速さ」の値は，5.0×5.0×$\frac{300}{849}$＝8.83…より，およそ9とわかる。よって，3×3＝9より，物体の速さは3m/sと求められる。

3　血液の循環《じゅんかん》と排出《はいしゅつ》についての問題

⑴　図1で，アは胸部に1対ある肺，イは両肺の間に位置する心臓，ウは肺のすぐ下に位置する最大の器官である肝《かん》臓，エは肝臓のとなりにある消化器官の胃，オはへその高さあたりの背中側に1対あるじん臓である。

⑵　図3において，■は，糸球体でろ過されていない(原尿《にょう》に含まれていない)。表で，血しょう中にあって原尿中にないのはタンパク質だけである。また，○は，糸球体でろ過され，原尿には含まれているが，尿細管からすべて再吸収されていて，尿には含まれていない。表で，原尿中に含まれているが尿中には含まれていないのは糖だけである。

⑶　①　体重が60kgの成人の場合，1分間あたりにじん臓に流れ込《こ》む血しょうの重さは，血しょう4.8Lの重さが4.8kgだから，4.8×0.25×0.55＝0.66(kg)になる。このうち20%がろ過されて原尿となるので，1分間あたりにつくられる原尿の重さは，0.66×0.2×1000＝132(g)である。この体積は132mLとなる。　②　原尿中の水分は99.0%なので，132×0.99＝130.68より，130.7gになる。③　1分間あたりにつくられる尿量は1gで，そのうち水の重さは，1×0.95＝0.95(g)である。よって，1分間あたりの水分の再吸収量は，②で求めた数値を用いると，130.7－0.95＝129.75より，129.8gである。

⑷　①　血しょう中の水分量が増えるので，物質濃度《のうど》は下がる。　②　血しょう中の水分量が増えて血液量が増えるため，血圧は高くなる。　③　血圧が高くなると，血管の壁《かべ》から押し出される量が増えるので，じん臓でのろ過量は増える。　④　血液中の水分量を減らして物質濃度を上げるために，再吸収する水分量を減らす。　⑤　再吸収される水分量が減ると，尿中の水分量は増えるので，尿量が増える。

⑸　①　塩分は尿中で1.23%，血しょう中で0.7%なので，1.23÷0.7＝1.75…より，1.8倍である。同様に，糖は，0÷0.1＝0(倍)，尿素は，2.0÷0.03＝66.66…より，66.7倍となる。　②　尿中の濃度を血しょう中と比べると，ヒトの体にとって有用な糖は0倍であるのに対し，不要な尿素は66.7倍もある。塩分はある程度必要な物質で，それらの間の1.8倍となっている。このことから，血しょう中の濃度に対する尿中の濃度が高い物質ほど，ヒトの体にとって不要だといえる。

⑹　下線部のようなしくみであれば，体内の物質濃度が大きく変動しても，再吸収する量を調節することで，理想の物質濃度に戻《もど》すことができる。下線部の直後に述べられているが，このしくみによって，体内の物質濃度の変動幅《はば》は一定の範囲《はんい》に保たれている。じん臓は単に尿をつくって不要物を排出するだけでなく，体内の物質濃度の調節器官でもある。

国　語　＜第２次試験＞（50分）＜満点：100点＞

解　答

一　**問１**　(a), (b)　下記を参照のこと。　(c)　いちじる(しく)　(d)　おちい(る)　**問２**　ウ　**問３**　オ　**問４**　エ　**問５**　(例)　科学を学んで得られる，ことがらの本体のみを知ろうとする考え方は，感情や道徳観などに左右されることなく，冷静にものごとを判断できるようになるという意味で，だれの生活にも非常に役立つものだから。　**問６**　(例)　科学的なものの見方を欠いた日本人が，戦争に勝ちたいあまり，三千メートルもの高度を飛ぶＢ29に届くはずもない竹やりで防空演習をするようなまちがいをおかしたこと。　**問７**　ウ，オ　二　**問１**　(a)　やす(い)　(b)　のんき　**問２**　(ア)　2　(イ)　4　(ウ)　5　**問３**　(例)　学校をさぼっている自分を父は必ず見つけるだろう。　**問４**　エ　**問５**　頭　**問６**　イ　**問７**　(例)　世の中には時間を構わない職業がないのに，自分はどうしても時間を守れず，職業を転々としなければならないことに落ちこんでいるから。　**問８**　(例)　言いつけを後回しにしては忘れることをくり返していた自分が，それは悪癖だと身にしみて感じ，今すべきことは，今しようという気持ちになったということ。

●漢字の書き取り

一　**問１**　(a)　影響　(b)　階級

解　説

一　**出典は中谷宇吉郎《なかやうきちろう》の『科学と人生』による**。科学を学ぶことで得られる，「科学的なものの考え方」の重要性について述べられている。

問１　(a)　力や作用がほかのものにまで及《およ》ぶこと。　(b)　身分，職業，学歴，財産の程度などで等級づけられた集団。　(c)　音読みは「チョ」で，「著名」などの熟語がある。　(d)　音読みは「カン」で，「陥落」などの熟語がある。訓読みにはほかに「おとしい(れる)」などがある。

問２　ア　「青菜に塩」は，元気を失い，しょげているさま。　イ　「釈迦《しゃか》に説法」は，その道の専門家に向けて，未熟な者が一人前の口をきくこと。　ウ　「月夜に提灯《ちょうちん》」は，役に立たないもの。　エ　「濡《ぬ》れ手で粟《あわ》」は，苦労せず多くの利益を得ること。　オ　「虻蜂《あぶはち》取らず」は，“両方を同時に手に入れようとして，結局はどちらも手に入れられない”という意味。

問３　「春はあけぼの。やうやう白くなりゆく山ぎは，少し明かりて，紫《むらさき》だちたる雲の細くたなびきたる」は，『枕草子《まくらのそうし》』のはじめの部分で，“春はほのぼのと夜が明け始めるころがよい。徐々《じょじょ》に白くなる山際《やまぎわ》が少し明るくなって，紫がかった雲が細くたなびいている”という意味。平安時代中期の女流歌人である清少納言《せいしょうなごん》の作品。

問４　「科学」（自然科学）とは，自然界にある法則とものの本体とを知る学問をいう。ただし，「ものとか法則とかをそのままの形」で知る，つまり「広い意味での科学的なものの見方」をするためには，「好ききらい」や「道徳観」など，個人的な考え・感情から離《はな》れる必要があるのだから，エが合わない。ノーベル自身を「死の商人」と評価するのは，道徳観によるものである。

問５　研究者や先生，工業関係の技術者，職工，大都市で文化生活をする人間などには必要だろうが，いなかで農業や漁業，小さい商売などをやる人にとっては「科学などあまり役に立ちそうもない」という考え方に対し，筆者は「非常なまちがい」だと断じている。問４でみたとおり，「ことがらの本筋だけ」に注目する「科学的なものの見方」を身につければ，「感情」に左右されず大きなまちがいに陥ることはない。そういった意味で，「科学」は「どんな職業についている人，どんな階級の人にも，大いに役立つ」のだから，科学の要・不要を職業や居住地域で分ける考え方は誤りなのだと筆者は述べている。これをふまえ，「道徳観や感情をはなれ，ことがらの本筋を知ろうとするのが科学的な考え方であり，科学を学んで得られるこの考え方は，職業や階級にかかわらず人の役に立つものだから」のようにまとめる。

問６　「ものとか法則とかをそのままの形で知ろうとする」，広い意味での科学的なものの見方が日本人に欠けているという弱点は，戦争などになると顕著《けんちょ》に表れると述べられている。太平洋戦争中，なんとしても勝ちたいと強く願うあまり，「ことがらの本筋」を見失った日本人は，三千メートルもの高度を飛ぶＢ29に対し，とうていその高さまで届くはずもない竹やりをかついで防空演習などという「まちがったこと」をしていたのである。これをもとに，「戦争などになると，科学的なものの見方がわれわれには欠けているという弱点が，三千メートルの高さのＢ29に対する十メートルもない竹やりによる防空演習といった非合理な形であらわれるということ」のようにまとめる。

問７　戦前や戦後の日本では，文明国になるために「科学」の重要性がさけばれていたことが最初の段落から読み取れるので，オは合う。また，第九段落で，「非常に複雑な」法則のため「地震の予知は，現在のところまだできない」が，「もう少し科学が発達すればできるはず」だと述べられているので，ウも正しい。

二　**出典は徳田《とくだ》秋声《しゅうせい》の「今，今」による。**父や母に言いつけられたことを，つい後回しにするうち，よく忘れてしまう「自分」が，学校をさぼって紙鳶《たこ》あげに加わってしまった日のできごとを語っている。

問１　(a)　音読みは「イ」「エキ」で，「難易度」「貿易」などの熟語がある。　(b)　のんびりと気楽なようす。ものごとにあまり気をつかわないようす。

問２　(ア)　見つかれば叱《しか》られるのに，「自分」の周辺《まわり》の友達は呑気《のんき》に紙鳶あげをし続けていたのだから，２が合う。　(イ)　学校へ行かなければならない時間に紙鳶あげをしている「自分」を見て，父は「時計」を出しながら「何をしてる」と叫《さけ》んでいるので，４がふさわしい。　(ウ)　時間にだらしない工夫《こうふ》(従来はとある医者の車夫《しゃふ》をしていた)を待てず，医者はすでに玄関《げんかん》口に立っていたのだから，時間が気にかかり，いてもたってもいられなかったのだろうと考えられる。よって，５が選べる。

問３　「まい」は“～ないだろう”という意味を表す，打ち消し推量の助動詞。「～まいことか」で“そうならないことがあろうか，いや，必ずそうなる”という意味になり，断定を強めるためにあえて伝えたいことと逆の内容を疑問の形で言う，反語表現になる。つまり，「見付けまいことか」は“見つけないことがあろうか，見つけるにちがいない”という内容になる。停車場のそばで紙鳶をあげている「自分」たちが，駅長を勤める父親に見つからないはずはないのである。

問４　学校へ行くべき時間にもかかわらず紙鳶あげをしていた「自分」が，父から「何をしてる」と怒鳴《どな》られ，背中に冷汗《ひやあせ》をかきながら「今日は……」と言葉をつまらせた点をおさえる。続く部分でも，たたみかけるような父の質問にうまく答えられていなかったり，停車場に連れられている間，叱られることを想像してどぎまぎしたりしているとおり，「自分」は父への恐怖《きょうふ》からひどく動揺《どうよう》しているものと想像できるので，エがふさわしい。なお，この一連の「自分」のようすからは，「気まずさや緊張《きんちょう》」というよりも，父そのものと，これから「自分」が迎《むか》えるであろう状況《じょうきょう》への恐怖がうかがえるので，オは正しくない。

問５　列車事故について父から尋問《じんもん》された工夫は，軌道《レール》の上に乗った小さな車を取り除くようにとの指示を受けていながら，次々とできた用事のせいでいつの間にかそのことを忘れてしまい，結果的に事故を引き起こしてしまったのだと弁明している。悪気なく後回しにした仕事が，大きな事故へとつながってしまったことに工夫は困惑《こんわく》し，言い訳をしているので，「頭を掻《か》いて」とするのがよい。

問６　時間通りに車を支度《したく》しないせいで，かつて車夫をしていた工夫は雇《やと》い主の医師から何度も「小言」を言われている。仕事に対する自らのいい加減さが，医師の往診にさしつかえているのに，小言に慣れて「気毒《きのどく》」にも思わなくなったのである。イが，この経緯《けいい》と「気毒」という心情を正しくとらえている。なお，「気毒」は，人が困っていることに心が痛むこと。

問７　工夫は，「世間には時間を構《かま》わない職業」など存在しないが，時間通りに仕事ができない癖《くせ》のせいで，車夫から郵便配達までどんな仕事も続かなかったことを嘆《なげ》いている。自身の質《たち》と，それが世間に合わないことをふまえ，「朝寝と昼寝の癖がしみついた自分にとって，時間を構わない仕事がない世の中で生きていくことは難しく，どうしたらよいかわからないから」のような趣旨《しゅし》でまとめる。なお，「歎息《たんそく》」は，悲しみや落胆《らくたん》などからため息をつくこと。

問８　仕事を後回しにする癖によって引き起こされた大事故を目のあたりにした「自分」は，工夫の生き方にみずからの姿を重ねている。工夫と同様の悪癖《あくへき》が，これからの人生にもたらすものを意識できたために，父から「今日は一日休んで，紙鳶をあげるが宜《い》い」と言われても「自分」は「学校」へ急いだのである。「今，今」という考え方から，“今，すべきことを今しよう”との気持ちに変わったことをおさえ，「何事もすぐにせず，後回しにしては忘れてしまっていた自分が，今すべきことは後回しにせずに今しようと思うようになったということ」のようにまとめる。

2023年度 渋谷教育学園幕張中学校

【英　語】〈帰国生試験〉（筆記・リスニング：50分　エッセイ：30分）

〈満点：面接もふくめて100点〉

注意 ■ Before the listening section starts, you will have two minutes to read the questions.

■ You will hear the listening section recording **once**.

■ You may make notes on the test paper.

PART 1. LISTENING

Listen carefully to the passage. You may take notes or answer the questions at any time.

Write the letter of your answer on the answer sheet.

1. What is true of Joel Erikkson ?
   A. He is 30 years old.　B. He is a computer programmer.
   C. He is from Switzerland.　D. He is often distracted.
2. Which word best describes the content of the message Erikkson found ?
   A. humorous　B. abstract　C. threatening　D. intriguing
3. Another phrase to describe digital steganography could be
   A. coding digital information.
   B. concealing digital information.
   C. retrieving digital information.
   D. connecting digital information.
4. Which Roman emperor did Erikkson uncover in the decoding process ?
   A. Tiberius Caesar Augustus　B. Tiberius Julius Caesar
   C. Tiberius Claudius Caesar　D. Tiberius Claudius Nero
5. The cipher was used by the emperor in his
   A. private conferences.　B. private correspondence.
   C. private responses.　D. private respondents.
6. Having some knowledge of ______ has been helpful in this hunt.
   A. cyber theory　B. the occult　C. punk music　D. Mayan history
7. Who or what is "Wind" ?
   A. a poem　B. a song　C. a character　D. a mysterious disease
8. The clause, "everyone thinks it's the CIA" suggests that people believe the CIA is
   A. a mysterious secret society.　B. a political think tank.
   C. a military-style agency.　D. a recruiting company.
9. Based on descriptions from the passage, which word best describes Cicada 3301 ?
   A. conclusive　B. sophisticated　C. sinister　D. impossible

10. Based on Eriksson's last statement, which of the following is true ?

A. He is mathematical. B. He is challenged.

C. He is defiant. D. He is persistent.

※＜**リスニング問題放送原稿**＞は問題の終わりに付けてあります。

PART 2. GRAMMAR

There may be an error with grammar, structure, expression, or punctuation in the underlined parts of the following sentences.

If you find an error, select the best replacement for the underlined part and write the letter on the answer sheet. If you think there is no error, select letter A.

1. Pablo is fluent in two languages, but **none** of them is English.

A. none [NO ERROR] B. both C. neither D. either

2. Some of these books are **yours**, and the rest of **it** belong to my sister.

A. yours . . . it [NO ERROR] B. mine . . . them

C. mine . . . it D. your . . . them

3. Don't walk **at** the middle of the street! Walk over here **on** the sidewalk.

A. at . . . on [NO ERROR] B. on . . . at

C. in . . . at D. in . . . on

4. She doesn't have **as much** energy **that** she had in her youth.

A. as much . . . that [NO ERROR] B. as much . . . as

C. so much . . . that D. such . . . as

5. I don't suppose anyone will volunteer to clean up the kitchen, **won't they** ?

A. won't they [NO ERROR] B. will they

C. wouldn't they D. would they

6. Would you mind holding **out** while I make this phone call ?

A. out [NO ERROR] B. over C. on D. in

7. **Several** of the information was lost on the computer.

A. Several [NO ERROR] B. A number C. Some D. Many

8. If the Internet **stopped** working, people **would go** outside.

A. stopped . . . would go [NO ERROR] B. stopped . . . will go

C. stops . . . would go D. will stop . . . would go

9. We were unlucky on our trip. Hawaii **had not had** that much rain for months.

A. had not had [NO ERROR] B. did not have

C. has not had D. had had

10. Our friends are planning a party for **she and I**.

A. she and I [NO ERROR] B. me and she

C. her and I D. her and me

PART 3. VOCABULARY

Select the best word or words to complete the following sentences and write the letter on your answer sheet.

1. Although he desperately wanted to go to the party, his parents did not ______ it.
   A. admit B. allow C. presume D. let
2. There was ______ among the knights when they could not agree on who should have the better horse.
   A. discord B. contradiction C. disarray D. solidarity
3. On its ______ journey, the cat crossed fast-flowing rivers, crawled under fences, and dodged angry dogs.
   A. monotonous B. perilous C. joyous D. devious
4. As a ______ against intruders, the club members protected their fort with traps and security cameras.
   A. premonition B. burden C. sabotage D. precaution
5. The most effective trap is an original design : a ______ net-throwing robot, named Lars.
   A. novel B. dated C. botched D. sufficient
6. It was difficult to find anything in the desk as it was filled ______ with old junk.
   A. vaguely B. rationally C. haphazardly D. unreasonably
7. The synchronized divers ______ sprang from their boards and entered the water together with hardly a splash.
   A. divergently B. randomly C. simultaneously D. likewise
8. She received a shovel for her birthday, ______ gift for any ______ archeologist or gardener.
   A. a suitable . . . expiring B. an apt . . . budding
   C. an unprecedented . . . hopeful D. a shrewd . . . emerging
9. To ______ participation in the sports tournament, the sponsors contributed ______.
   A. boost . . . hardly B. hamper . . . collectively
   C. promote . . . unintentionally D. bolster . . . generously
10. The millionaire ______ herself as a charitable person, but it was recently ______ that she never made a single donation.
    A. published . . . disclosed B. saw . . . secluded
    C. contemplated . . . found D. portrayed . . . revealed

PART 4. READING COMPREHENSION

Read the following story and answer the questions that follow.

Adapted from "A Man Who Had No Eyes"
by MacKinlay Kantor

A beggar was coming down the avenue just as Mr. Parsons emerged from his hotel. He was a blind beggar, carrying the traditional battered cane, and thumping his way before him with the cautious, half-furtive effort of the sightless. He was a shaggy, thick-necked fellow ; his coat was greasy about the lapels and pockets. Apparently he had something to sell. Mr. Parsons, standing there in front of his hotel and noting the clack-clack-approach of the sightless man, felt a sudden and foolish sort of pity for all blind creatures.

And, thought Mr. Parsons, he was very glad to be alive. A few years ago he had been little more than a skilled laborer ; now he was successful, respected, admired. And he had done it alone, unaided, struggling beneath handicaps. He took a step forward just as the tap-tapping blind man passed him by. The shabby fellow turned.

"Listen, guv'nor. Just a minute of your time. I ain't no beggar, guv'nor. I got a handy little article here" — he fumbled until he could press a small object into Mr. Parsons' hand — "that I sell. One buck. Best cigarette lighter made."

Mr. Parsons stood there, somewhat annoyed and embarrassed. "But I don't smoke."

"Listen. I bet you know plenty people who smoke. Nice little present," wheedled the man. "And, mister, you wouldn't mind helping a poor guy out ?" He clung to Mr. Parsons' sleeve.

Mr. Parsons sighed, got a dollar and pressed it into the man's hand. "Certainly. I'll help you out. Have you lost your sight entirely ?"

The shabby man pocketed the dollar. "Fourteen years, guv'nor." Then he added with an insane sort of pride : "Westbury, sir. I was one of 'em."

"Westbury," repeated Mr. Parsons. "Ah, yes. The chemical explosion. The papers haven't mentioned it for years. But at the same time, it was supposed to be one of the greatest disasters."

"They've all forgot about it." The fellow shifted his feet wearily. "Last thing I ever saw was C shop going up in one grand smudge, and gas pouring in all of the busted windows. Just think about it, guv'nor. There was 108 people killed, about 200 injured, and over 50 of them lost their eyes. Blind as bats ! I tell you, sir, there wasn't nothing worse than that in the war. If I had lost my eyes in the war, okay. I would have been well took care of. But I was just a workman. You want to know how I lost my eyes ?" His words fell with the bitter and studied drama of a story often told, and told for money. "I was there in C shop, last of all the folks rushing out. Just when I was about there, crawling along between those big vats, a guy behind me grabs my leg. He says, 'Let me pass, you'. He hauled me back and climbs right over me !" He swallowed — a studied sob — and stood dumbly expectant. He could imagine the next words : (Tough luck, my man. Now, I want to —) "That's the story, guv'nor."

"The story is true," Mr. Parsons said, "except that it was the other way around. I was in C shop. You were the fellow who hauled back on me and climbed over me. You were bigger than I was, Markwardt."

The blind man stood for a long time, swallowing hoarsely. He gulped : "Parsons. By God. By God ! I thought you —," and then he screamed fiendishly : "Yes, maybe so, but I'm blind ! And you've been sitting here letting me spout to you, and you've been laughing at me ! I'm blind !"

"Well," said Mr. Parsons, "don't make such a row about it, Markwardt. So am I."

Choose the letter of the best answer to each question and write it on the answer sheet.

1．Which word best describes the beggar in the first paragraph ?

A．disheveled　B．suspicious　C．untrustworthy　D．wary

2．What does the "clack-clack approach" refer to ?

A．the blind man's shoes　B．the hotel's door opening and closing

C．the horse hooves on the street　D．the sound of the blind man's cane

3．The description of Mr. Parsons in the second paragraph shows he is **not**

A．prejudiced.　B．dependent on others.

C．well-dressed.　D．handicapped himself.

4．Which word best replaces "wheedled" in the fifth paragraph ?

A．scolded　B．complained　C．teased　D．persuaded

5．Why is the beggar's pride described as "insane" ?

A．He is proud despite his shabby appearance.

B．He feels important because he worked hard despite his handicap.

C．It is unusual to feel pride about being in an accident.

D．It is crazy to want to work in a chemical plant.

6．The beggar gives the statistics of the Westbury disaster most likely to

A．highlight the injustice of workplace injuries.

B．honor the memories of those lost in the catastrophic event.

C．evoke sympathy by mentioning the extent of the suffering.

D．demonstrate how impressive his memory is.

7．What do the phrases "studied drama" and "studied sob" show about the beggar ?

A．He attended school.　B．He is insincere.

C．He can entertain well.　D．He is cautious.

8．Which words best complete Markwardt's sentence "I thought you—" ?

A．hated me　B．were dead

C．had moved away　D．were hospitalized

9．Markwardt most likely lies about what happened on the day of the accident because he

A．is ashamed of what he did.

B．believes he is the true victim.

C．feels that it makes people pity him more.

D．has lost his memory.

10．Which factor has most likely influenced the characters' positions in life ?

A．Markwardt's impoverished background

B．their honesty with others

C．their attitude about being blind

D．Parsons' compensation for his injury

PART 5. READING COMPREHENSION

Read the following article and answer the questions that follow.

Adapted from "The Rich of Silicon Valley Have a Doomsday Escape Plan"

By Olivia Carville

Years of doomsday talk at Silicon Valley dinner parties has turned to action. In recent months, two 150-ton survival bunkers journeyed by land and sea from a Texas warehouse to the shores of New Zealand, where they're now buried 11 feet underground.

Seven worried Silicon Valley entrepreneurs have purchased bunkers from Rising S Co. and installed them in New Zealand in the past two years, said Gary Lynch, the manufacturer's general manager. At the first sign of an apocalypse—nuclear war, a killer germ, a French Revolution-style uprising targeting the 1 percent—the Californians plan to hop on a private jet and hunker down, he said.

"New Zealand is an enemy of no one," Lynch said in an interview from his office in Murchison, Texas, southeast of Dallas. "__________."

The remote island nation, clinging to the southern part of the globe, 2,500 miles off Australia's coast, has 4.8 million people and six times as many sheep. It has a reputation for natural beauty, easy networking, low-key politicians who bike to work, and rental prices half those of the San Francisco Bay Area. That makes it an increasingly popular destination for more than just those fretting about impending dystopia. Such notoriety has made New Zealand's isolation, once deemed an economic handicap, one of its biggest assets. The nation allows foreign nationals to essentially buy residency through investor visas, and rich Americans have poured a fortune into the country, often by acquiring palatial estates.

In the event of a pandemic, Sam Altman, president of Silicon Valley start-up incubator Y Combinator, planned to escape to New Zealand, *The New Yorker* reported in 2016. Now he says he was just joking. "The world is so much smaller than it was 20 years ago that if anything was to happen, we would all be in pretty bad shape, unfortunately," Altman, 33, said in a phone interview. "I don't think you can just run away and try to hide in a corner of the Earth." Still, Altman said biological warfare is the biggest threat to civilization and that people aren't "as scared enough about that as they should be." Such doomsday fantasies have always run deep in American culture.

Apocalyptic religious cults have never ended well, from Jim Jones's People's Temple in the 1970s to Heaven's Gate and the Branch Davidians in the 1990s. Just six years ago, many Americans believed the world was ending because of a Mayan prophecy. What's different about Silicon Valley is that those entertaining fears of the religious prophecies of the end of the world have the means to put elaborate plans into action.

Robert Vicino, founder of the Vivos Project, a builder of underground bunkers, said Silicon Valley elites discussed detailed plans to flee to New Zealand last year at the World Economic

Forum in Davos, Switzerland. He said they foresaw "a revolution or a change where society is going to go after the 1 percenters." In other words, them.

New Zealand isn't the best solution, he said, because a tsunami caused by an asteroid strike in the Pacific could submerge the island's highest point. But Vicino is a businessman, and demand dictates he get to work on a bunker on the northern tip of the South Island that would accommodate about 300 people. The price : $35,000 a head. That's a bargain compared with the most expensive bunker Lynch's Rising S has shipped to New Zealand. To complete a project like this, it takes about two weeks to excavate the land and bury the bunker, Lynch said. It's all done secretly so local residents aren't aware. Once installed, passersby would have no way of knowing it's there.

"There's no clue left behind, not even a visible entrance," Lynch said.

So, the sight of an American billionaire wandering the sheep meadows consulting his GPS and kicking at the dirt can only mean one thing : It must be New Zealand.

Choose the letter of the best answer to each question and write it on the answer sheet.

1. Which word best describes the people who are talking about doomsday at Silicon Valley dinner parties ?

A. panicky　B. cautious　C. anxious　D. arrogant

2. The Silicon Valley entrepreneurs are buying bunkers because they are concerned

A. for the world's safety.　B. for their own safety.

C. about their bank balances.　D. about San Francisco.

3. In this article, the phrase "hunker down" means

A. to squat down and hide.

B. to escape and take shelter.

C. to hide on their private airplanes.

D. to fly to another country.

4. Fill in the gap in the third paragraph with the most appropriate quotation.

A. "It's not a nuclear target. It's not a target for war."

B. "There is little risk of a virus being brought in."

C. "It's not friends with any dangerous countries."

D. "It's isolated from the rest of the world."

5. In the fourth paragraph, which word best replaces "fretting" ?

A. palpitating　B. alarming　C. pining　D. panicking

6. Which of the following is **not** listed by the author as one of New Zealand's assets ?

A. its affordability　B. its relaxed officials

C. its location　D. its economy

7. In the fifth paragraph, what does Altman imply about trying to flee a pandemic ?

A. It is a waste of time.

B. The bunkers are too small.

C. It is a good guarantee of survival.

D. The bunkers are unnecessary.

8. According to the sixth paragraph, Silicon Valley elites who are predicting the end of days are

A. financially able to do something about escaping.
B. aware of what to do in order to survive the end of days.
C. making plans to entertain themselves before the world ends.
D. religious extremists who believe they will be saved.

9. Despite Vicino thinking New Zealand is not the best location, we can infer he continues to build bunkers for the 1% because

A. he has demanding clients.
B. he is afraid of being unprotected.
C. he makes a good profit.
D. he wants to be accommodating.

10. The phrase "the sight of an American billionaire wandering the sheep meadows consulting his GPS and kicking at the dirt" has ______ tone.

A. a jealous B. a mocking C. an admiring D. a disgusted

ESSAY

Essay topic

You must send a capsule into outer space that includes three things to teach aliens about the people of planet Earth. What would you include in your capsule?

＜リスニング問題放送原稿＞

Adapted from "The Internet Mystery That Has the World Baffled"

by Chris Bell

One evening in January of 2012, Joel Eriksson, a 30-year-old computer analyst from Uppsala in Sweden, was trawling the web, looking for distraction, when he came across a message on an Internet forum. The message was in stark white type, against a black background.

"Hello, we are looking for highly intelligent individuals. To find them, we have devised a test. There is a message hidden in this image. Find it, and it will lead you on the road to finding us. We look forward to meeting the few that will make it all the way through. Good luck."

The message was signed: "3301".

Eriksson's interest was immediately piqued. This was—he knew—an example of digital steganography: the concealment of secret information within a digital file. Most often seen in conjunction with image files, a recipient who can work out the code can retrieve an entirely different image from the randomized background "noise".

Eriksson thought he'd try his luck decoding the message from "3301". After only a few minutes' work he'd got somewhere: a reference to the Roman emperor Tiberius Claudius Caesar and a line of meaningless letters. Joel deduced it might be an embedded "Caesar cipher"—an encryption technique named after Julius Caesar, who used it in private correspondence. It replaces characters by a letter a certain number of positions down the alphabet. As Caesar was the fourth emperor, it suggested "four" might be important—and lo, within minutes, Eriksson found another web address buried in the image's code.

Feeling satisfied, he clicked the link.

It was a picture of a duck with the message: "Whoops! Just decoys this way. Looks like you can't guess how to get the message out."

Eriksson didn't realize it then, but he was embarking on one of the internet's most enduring puzzles; a scavenger hunt that has led thousands of competitors across the web, down telephone lines, out to several physical locations around the globe, and into uncharted areas of the "darknet". So far, the hunt has required a knowledge of number theory, philosophy and classical music. An interest in both cyberpunk literature and the Victorian occult has also come in handy, as has an understanding of Mayan numerology.

It has also featured a poem, a tuneless guitar ditty, a mysterious femme fatale called "Wind" who may, or may not, exist in real life, and a clue on a lamp post in Hawaii. Only one thing is certain: as it stands, no one is entirely sure what the challenge—known as Cicada 3301—is all about or who is behind it. Depending on who you listen to, it's either a mysterious secret society, a statement by a new political think tank, or an arcane recruitment drive by some quasi-military body. Which means, of course, everyone thinks it's the CIA.

For some, it's just a fun game, like a more complicated Sudoku; for others, it has become an obsession. Almost two years on, Eriksson is still trying to work out what it means for him. "It is, ultimately, a battle of the brains," he says. "And I have always had a hard time resisting a challenge."

2023年度

渋谷教育学園幕張中学校　▶解　答

※　編集上の都合により，帰国生試験の解説および作文の解答は省略させていただきました。

英　語　＜帰国生試験＞（筆記・リスニング：50分　エッセイ：30分）＜満点：面接もふくめて100点＞

解　答

	1	2	3	4	5	6	7	8	9	10
PART 1	A	D	B	C	B	B	C	C	B	D
PART 2	C	B	D	B	B	C	C	A	A	D
PART 3	B	A	B	D	A	C	C	B	D	D
PART 4	A	D	B	D	C	C	B	B	C	C
PART 5	C	B	B	A	D	D	A	A	C	B

ESSAY　省略

2022年度　渋谷教育学園幕張中学校

〔電　話〕 (043) 271－１２２１
〔所在地〕 〒261-0014　千葉市美浜区若葉１－３
〔交　通〕 JR総武線・京成千葉線―「幕張駅」より徒歩15分
JR京葉線―「海浜幕張駅」より徒歩10分

【算　数】〈第１次試験〉（50分）〈満点：100点〉

注意　・コンパス，三角定規は使用できます。

1　【図１】のように，はじめに白石を１個置きます。次に，１周，２周，…と，はじめの白石を正六角形で囲むように黒石を置いていきます。

【図１】

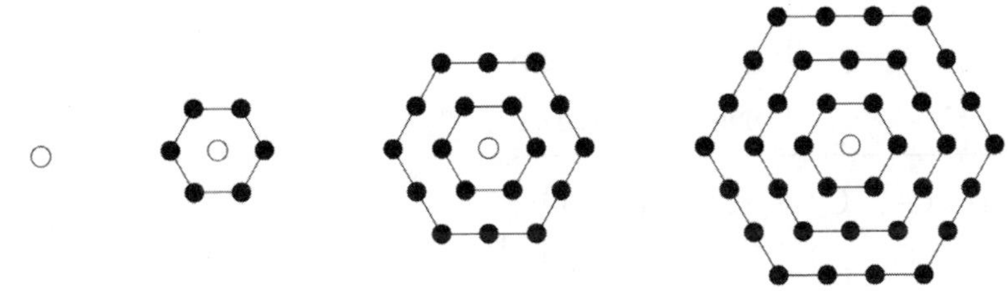

次の各問いに答えなさい。

(1)　はじめの白石をちょうど10周まで黒石で囲むために必要な石の総数は，はじめの白石を含《ふく》めて何個ですか。

(2)　黒石の総数が1000個のとき，はじめの白石を最大で何周まで黒石で囲むことができますか。

(3)　まず，【図１】のように，はじめの白石をちょうど□周まで囲むように黒石を置きました。次に，そこで用いた黒石をすべて使って，【図２】のように，はじめの白石を正方形で囲むように置き直したところ，ちょうど何周かの正方形で囲むことができました。□に入る最も小さい数を求めなさい。

【図２】

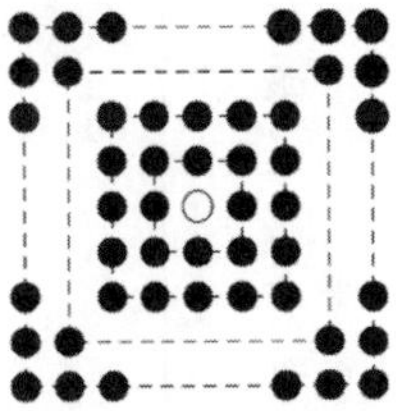

2　赤，青，黄，緑の４色を点灯することができるライトを４つ，左から一列に並べます。この４つのライトは，スイッチを押すたびにある規則にしたがって色が切り替《か》わります。例えば，右の図のように

赤を青，青を青，黄を緑，緑を赤

に切り替わるような規則を定めると，スイッチを押すたびに，この規則にしたがって色が変わっていきます。

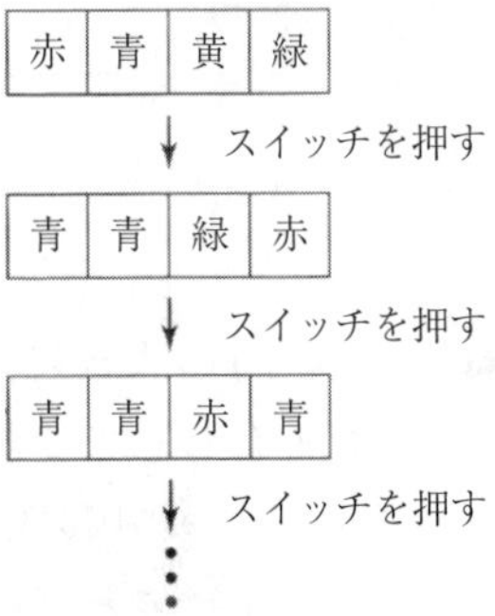

はじめ，ライトは左から順に赤，青，黄，緑に点灯しています。

次の各問いに答えなさい。

(1)　はじめの状態からスイッチを１回押したとき，異なる４色のライトが点灯するような規則は何通り作れますか。

(2)　はじめの状態からスイッチを２回続けて押したとき，ライトが左から順に赤，青，黄，緑に

点灯するような規則は何通り作れますか。

(3)　はじめの状態からスイッチを３回続けて押したとき，４つのライトは初めて赤一色になりました。このような規則は何通り作れますか。

3　３種類のロウソクＡ，Ｂ，Ｃがあります。３本のロウソクは火をつけるとそれぞれ一定の割合で燃えます。Ａに火をつけてから10分後にＢに火をつけ，そのさらに５分後にＣに火をつけたところ，ロウソクＣが最初に燃え尽《っ》き，その後ロウソクＡ，Ｂが同時に燃え尽きました。下のグラフは，Ａに火をつけてからすべてのロウソクが燃え尽きるまでの時間と，最も長いロウソクと最も短いロウソクの長さの差の関係を表したものです。また，燃え尽きてしまったロウソクの長さは０cm であると考えます。次の各問いに答えなさい。

(1)　次の①，②において，最も長いものと最も短いものの組(最も長い，最も短い)を，下の(ア)～(カ)から選び，記号で答えなさい。

①　ロウソクＡ，Ｂ，Ｃについて，火をつける前の長さ

②　ロウソクＡ，Ｂ，Ｃについて，１分間に燃える長さ

(ア)（Ａ，Ｂ）	(イ)（Ａ，Ｃ）	(ウ)（Ｂ，Ａ）
(エ)（Ｂ，Ｃ）	(オ)（Ｃ，Ａ）	(カ)（Ｃ，Ｂ）

(2)　ロウソクＡ，Ｂ，Ｃについて，火をつける前の長さをそれぞれ求めなさい。

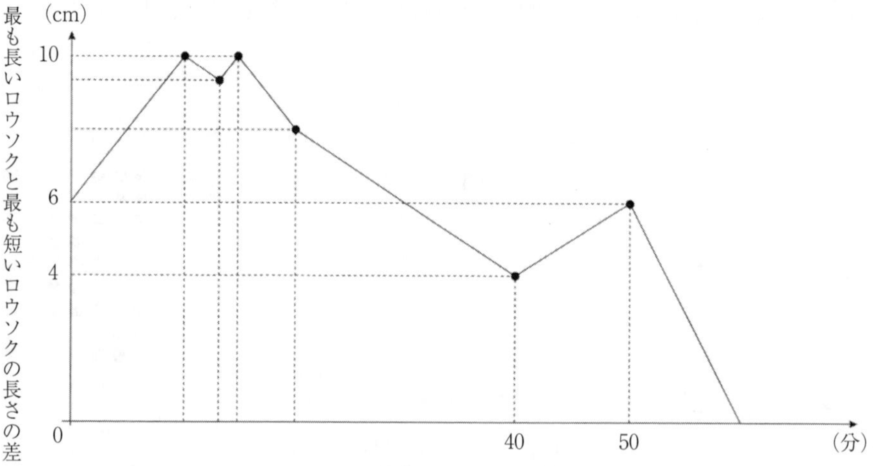

4　【図１】のように，半径３cm の円５つを組み合わせてできた太線の図形を考えます。５つの円の中心Ａ，Ｂ，Ｃ，Ｄ，Ｅは，すべてとなりの円の周上にあります。また，点Ｐ，Ｑ，Ｒは３つの円が１点で交わっている点です。

円周率を3.14として，次の各問いに答えなさい。

【図１】

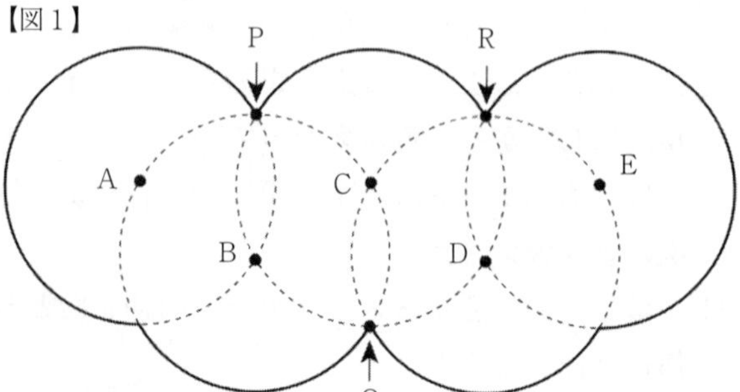

⑴　太線の長さは何 cm ですか。

⑵　【図２】の斜線《しゃせん》部分(【図１】の太線で囲まれた部分)の面積は何 cm^2 ですか。ただし，１辺の長さが３cm の正三角形の面積は $3.9cm^2$ とします。

【図２】

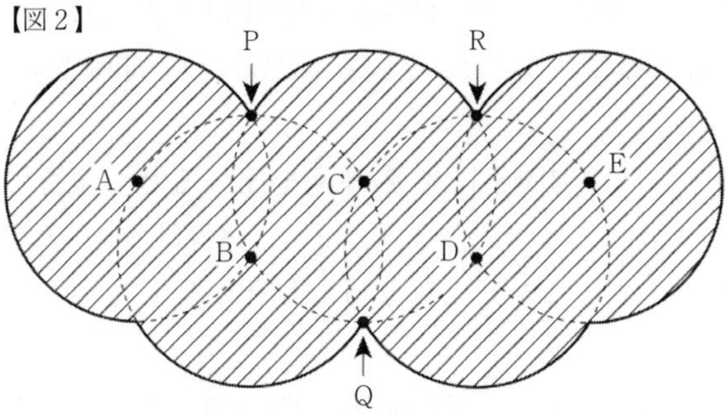

5　立方体 ABCD-EFGH において

正方形 ABCD の対角線 AC を三等分する点をＡに近い方から点Ｐ，Ｑ

正方形 FGCB の対角線 FC を三等分する点をＦに近い方から点Ｒ，Ｓ

正方形 HDCG の対角線 HC を三等分する点をＨに近い方から点Ｔ，Ｕ

とします。次の各問いに答えなさい。

ただし，角すいの体積は，(底面積)×(高さ)÷３で求められるものとします。

⑴　立方体を３点Ｐ，Ｒ，Ｔを通る平面で切断したときにできる切り口の図形を㋐，３点Ｑ，Ｓ，Ｕを通る平面で切断したときにできる切り口の図形を㋑とします。㋐の面積と㋑の面積の比を，最も簡単な整数の比で答えなさい。

⑵　立方体を３点Ｐ，Ｒ，Ｔを通る平面と，３点Ｑ，Ｒ，Ｔを通る平面で同時に切断したときにできる立体のうち，点Ｂを含《ふく》む立体と点Ｅを含む立体の体積の比を，最も簡単な整数の比で答えなさい。

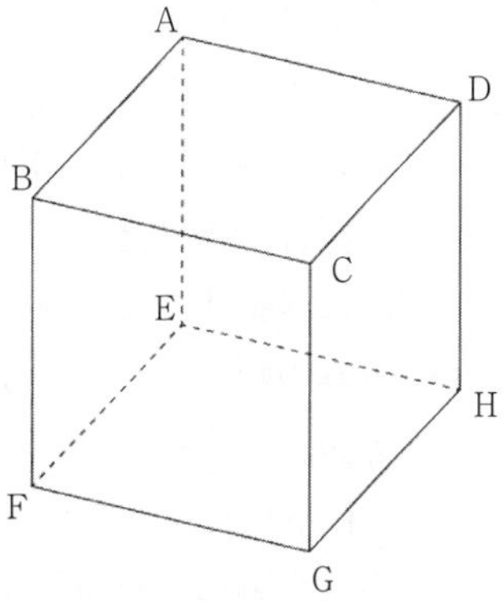

【社　会】〈第１次試験〉（45分）〈満点：75点〉

注意　・句読点は字数にふくめます。

・字数内で解答する場合，数字は１マスに２つ入れること。例えば，226年なら［22］［6］［年］とすること。字数は指定の８割以上を使用すること。例えば，30字以内なら24字以上で答えること。

〈編集部注：実物の入試問題では，**2**の写真と図はすべて，**3**の写真と図も半数はカラー印刷です。〉

1　次の文章を読み，下記の設問に答えなさい。

繁華街《はんかがい》などの街中には，銀行があります。30年前の地図と今の地図を比べると，銀行の名前が変わっていたり，窓口が廃止されていたりすることがあります。また，銀行以外の店舗や集合住宅などに建て替えられていることもあります。なぜ，このような変化が生じたのでしょうか。

銀行は金融機関の一つで，お金が余っている人と不足している人の間で仲立ちをするのが役割です。金融機関には銀行の他に保険会社や証券会社などがあり，金融の仕組みを安定させるための行政機関として a金融庁が設置されています。

銀行には，「b預金」「貸出」「為替《かわせ》」の三つの業務があります。

預金(「貯金」ともいいます)とは，個人や会社ですぐに使わないお金を銀行が預かることです。銀行は預金に利息(「利子」ともいいます)をつけます。預金者のお金の出し入れは預金口《こう》座《ざ》に記録します。

貸出とは，お金を必要とする個人や会社に対して，銀行がお金を貸すことです。借りた個人や会社は，借りたお金に利子をつけて返します。c貸出のさい，銀行は貸したお金が確実に返してもらえるか，審査をします。

為替とは，別の人の預金口座にお金を振り込むことです。高額な売買代金を相手に支払うとき，銀行で振り込むことにより現金を輸送することなく相手に送金することができます。日本国内に送金することを内国《ないこく》為替，外国に送金することを d外国為替といいます。

日本の銀行はいくつかの種類に分けられます。都市銀行は大都市や海外に支店があります。地方銀行は本店のある都道府県内で主に営業します。

e日本銀行は日本の中央銀行として，特殊な役割があります。その一つが紙幣を発行し，通貨の量を調節する役割です。日本銀行が1885年に紙幣を発行するまでは，アメリカの「ナショナルバンク」を直訳した民間の国立銀行が紙幣を発行していました。国立銀行は設立順に番号がついており，現在でも番号を銀行名に残しているものもあります。

日本の銀行は1990年代後半からの約10年の間に経営破綻《はたん》や合併が相次ぎ，支店の閉鎖や統合がおこなわれました。そして現在，再び銀行を取り巻く環境は厳しさを増し，多くの課題を抱えています。

その一つ目は銀行利用客の減少です。特に地方では，f少子化による人口減少の影響が著しいです。

二つ目は［　ア　］金利です。金利とは利子の割合のことです。銀行は預金で集めたお金を貸し出して利益を得ます。つまり，［　イ　］い金利で預金を集めて［　ウ　］い金利で貸すほど，銀行の利益が増えます。しかし近年，政府や日本銀行は金利が［　エ　］くなる政策を続けているため，貸出金利も過去最［　オ　］を記録しています。これが銀行の経営を圧迫しています。

三つ目はデジタル化への対応です。為替などで利用者が銀行に支払う手数料は銀行の収入源ですが，インターネットやスマートフォンが普及したため，銀行を使わなくても送金することが容易になりました。g法律の改正でh異業種から新たな形態の銀行も参入し，金利や手数料の競争も激しくなっています。また，iキャッシュレス化により現金の必要な場面が減ったなどの理由で，銀行窓口への来店客数も減りました。新型コロナウイルスの感染拡大もその流れに拍車《はくしゃ》をかけています。しかし，j従来の銀行の仕組みではインターネット取引やデジタル化が難しいため，それらを改める取り組みを進めています。

2020年９月には，菅義偉《すがよしひで》k内閣官房長官（当時）が「地方の銀行について，将来的には数が多すぎるのではないか」「再編も選択肢《し》の一つになる」と発言をしました。また，地域金融機関の経営統合を後押しする法律が施行されました。上記のような課題に対処するには，銀行の規模が大きい方が有利だからです。今後も地方銀行を中心に金融機関や店舗の再編が続くと予想されます。

問１　空らん［ア］～［オ］には「低」または「高」が入ります。そのうち，「高」が入る空らんの記号の組合せとして正しいものを，下記より１つ選び番号で答えなさい。

1　アエオ	2　アイエオ	3　アウエオ
4　イ	5　イウ	6　ウ

問２　下線部aに関する次の文X・Yについて，その正誤の組合せとして正しいものを，下記より１つ選び番号で答えなさい。

X　金融庁は経済産業省の外局として設置されています。

Y　金融庁は金融機関に対する検査や監督，命令をおこなうことができます。

1　X　正　Y　正	2　X　正　Y　誤
3　X　誤　Y　正	4　X　誤　Y　誤

問３　下線部bに関する次の文X・Yについて，その正誤の組合せとして正しいものを，下記より１つ選び番号で答えなさい。

X　税金や公共料金などは，預金口座から引き落として支払うことができます。

Y　現在，金融機関の経営が破綻したときは，政府がすべての預金を全額払い戻すことを保証しています。

1　X　正　Y　正	2　X　正　Y　誤
3　X　誤　Y　正	4　X　誤　Y　誤

問４　下線部cについて，この審査は銀行を経営する上で大変重要なことです。その理由を解答用紙のわく内で説明しなさい。

問５　下線部dに関連して，外国通貨との交換比率のことを外国為替相場といいます。このことに関する次の文X・Yについて，その正誤の組合せとして正しいものを，下記より１つ選び番号で答えなさい。

X　１ドル＝200円から１ドル＝100円になることを「円安ドル高」といいます。

Y　現在，日本円とアメリカドルの外国為替相場は，日々変動しています。

1	X	正	Y	正	2	X	正	Y	誤
3	X	誤	Y	正	4	X	誤	Y	誤

問６　下線部 e に関する次の文X・Yについて，その正誤の組合せとして正しいものを，下記より１つ選び番号で答えなさい。

X　現在，日本銀行は千円・二千円・五千円・一万円の日本銀行券(紙幣)を発行しています。

Y　日本銀行は個人や一般の会社からの預金を受け入れています。

1	X	正	Y	正	2	X	正	Y	誤
3	X	誤	Y	正	4	X	誤	Y	誤

問７　下線部 f に関する次の文X・Yについて，その正誤の組合せとして正しいものを，下記より１つ選び番号で答えなさい。

X　日本では人口や職業，世帯構成などの基礎的な資料を得るため，国勢調査をおこなっています。

Y　菅義偉内閣には少子化対策担当大臣が置かれていましたが，岸田文雄内閣で廃止されました。

1	X	正	Y	正	2	X	正	Y	誤
3	X	誤	Y	正	4	X	誤	Y	誤

問８　下線部 g に関連して，法律案を国会で議決することに関する日本国憲法の規定を説明した次の文X・Yについて，その正誤の組合せとして正しいものを，下記より１つ選び番号で答えなさい。

X　法律案の議決は，衆議院・参議院のどちらが先におこなってもかまいません。

Y　衆議院で可決し，参議院でこれと異なった議決をした法律案は，衆議院で出席議員の過半数で再び可決したときは，法律となります。

1	X	正	Y	正	2	X	正	Y	誤
3	X	誤	Y	正	4	X	誤	Y	誤

問９　下線部 h に関する次の文X・Yについて，その正誤の組合せとして正しいものを，下記より１つ選び番号で答えなさい。

X　インターネットのみで取引をおこなう銀行は，預金を受け入れていません。

Y　コンビニエンスストアやスーパーマーケットを経営する会社が銀行を設立し，ATM(現金自動預け払い機)を設置しています。

1	X	正	Y	正	2	X	正	Y	誤
3	X	誤	Y	正	4	X	誤	Y	誤

問10　下線部 i に関連して，日本は世界の主要国の中で，キャッシュレス決済の割合が低いと指摘されています。その原因の一つとして，キャッシュレス決済が利用できない店の多いことが挙げられています。店側の立場から，キャッシュレス決済を導入することに消極的な理由

を，解答用紙のわく内で説明しなさい。

問11　下線部ｊに関する次の文Ｘ・Ｙについて，その正誤の組合せとして正しいものを，下記より１つ選び番号で答えなさい。

Ｘ　取引のさいに，暗証番号やパスワードを入力することで，ペーパーレス化を進めています。

Ｙ　紙の通帳の発行をやめ，インターネットで取引の記録を確認できるようにしています。

１	Ｘ	正	Ｙ	正	２	Ｘ	正	Ｙ	誤
３	Ｘ	誤	Ｙ	正	４	Ｘ	誤	Ｙ	誤

問12　下線部ｋに関する次の文Ｘ・Ｙについて，その正誤の組合せとして正しいものを，下記より１つ選び番号で答えなさい。

Ｘ　内閣総理大臣が任命する国務大臣から充《あ》てられます。

Ｙ　原則として平日に首相官邸で記者会見をおこなっています。

１	Ｘ	正	Ｙ	正	２	Ｘ	正	Ｙ	誤
３	Ｘ	誤	Ｙ	正	４	Ｘ	誤	Ｙ	誤

２　次の文章を読み，下記の設問に答えなさい。

中学校や高校で学ぶ古典の一つにａ平安時代に清少納言が著した随筆《ずいひつ》『枕草子』もあります。この『枕草子』には牛飼童《うしかいわらわ》が登場します。平安時代やｂ鎌倉時代を中心に，貴族などの中には，牛車《ぎっしゃ》に乗って移動する人がいましたが，その牛車を引っ張る牛を操《あやつ》ったり，飼育したりしたのが牛飼童です。

現在の京都三大祭の１つ葵祭《あおいまつり》では，**図１**のように，白い服を着た車副《くるまぞえ》の人々とともに牛車をひく，赤い服を着た牛飼童の姿を見ることが出来ます。しかし，平治の乱を描いた『平治物語絵巻』(**図２**)や，鎌倉時代の僧で時宗《じしゅう》の開祖とされる一遍《いっぺん》の一生を描いた『一遍上人絵伝《いっぺんしょうにんえでん》』(**図３**)の牛飼童の姿を見ると(赤点線◯で囲んだのが牛飼童)，**図１**のような現在の葵祭などで見る姿とは，ずいぶん違っているようにも思います。

さらに『一遍上人絵伝』では，牛飼童以外にも，武士に仕えている童《わらわ》の姿がいくつかの場面で見ることが出来ます(**図３・４**の青◯で囲んだ人物)。そこで再び古典に戻ると，いわゆる源平の合戦を中心に平家の盛衰《せいすい》を描いた『平家物語』のｃ屋島の戦いの場面では，平教経《のりつね》に仕える童の菊王丸《きくおうまる》が，腹巻《はらまき》という鎧《よろい》を着るなど武装して戦いにのぞむも，18歳の若さで戦死してしまう話があります。

そして戦場における童には，金王丸《こんのうまる》という童もいました。東京のｄ渋谷駅の近くに金王《こんのう》八幡宮という特徴的な名前のｅ神社がありますが，この「金王」というのは，院政期に活躍したと伝えられる金王丸に由来するそうです。金王丸は源義朝《よしとも》に仕えた童で，17歳の時に保元の乱で活躍しました。その後，主君の義朝が平治の乱で敗れ，ｆ尾張国で命を落とすと，金王丸は京都に上《のぼ》り，義朝の側室《そくしつ》である常盤御前《ときわごぜん》に義朝の死を伝えたと言われています。後のｇ江戸時代になると，金王丸を扱った歌舞伎が上演されたり，浮世絵が描かれたりしたので，金王丸は江戸の人々に広く知られた存在だったようです。

以上のように，ⓘ中世には，牛飼童など貴族に仕える童もいれば，武士に仕える童など，色々な童がいたようですが，ⓘⓘ彼らは，外見など色々な点において，多くの武士たちが14，15歳で＊元服をし，成人男性として生活をしたのとは，ずいぶん違うものだったようです。

＊　中世の武士の元服では，髪を結《ゆ》って烏帽子《えぼし》をかぶり，幼名《ようみょう》を廃して諱《いみな》を名乗りました。例えば，源義経は，幼名を牛若丸といい，元服して義経と名乗りました。

図１

↓赤点線○

図２

↓青○

←赤点線○

図３

↓青○

図４

※　図１～図４は以下より転載しました。
図１：京都観光オフィシャルサイト　京都観光　Navi
図２：東京国立博物館ウェブサイト　コレクション　名品ギャラリー「平治物語絵巻」
図３・４：国立文化財機構ウェブサイトe國寶「一遍上人絵伝」

問１　下線部ａについて述べた文として正しいものを，下記より１つ選び番号で答えなさい。

1　来日した唐僧の最澄は，日本に天台宗を伝えました。

2　推古天皇は，小野妹子らを隋に派遣しました。

3　墾田永年私財法が出されました。

4　平等院鳳凰堂は，藤原頼通によって建てられました。

問２　下線部ｂに関して述べた次の文Ａ～Ｄについて，正しいものの組合せを，下記より１つ選び番号で答えなさい。

A　多くの民衆が京都の土倉や酒屋といった金融業者をおそうと，鎌倉幕府は永仁の徳政令を出し，借金を帳消しにしました。

B　鎌倉時代の末期には，悪党と呼ばれる人々が，荘園をおそったりしました。

C　チンギス＝ハンの命令によって，元は２度にわたって日本を攻撃しました。

D　後鳥羽上皇は執権の北条義時を倒そうとするも，鎌倉幕府軍に敗れました。

1　A・C	2　A・D	3　B・C	4　B・D

問３　下線部 c に関連して，屋島の戦いの古戦場は，現在の香川県内にあります。その香川県出身の内閣総理大臣に大平正芳《おおひらまさよし》がいます。この大平正芳が外務大臣や内閣総理大臣として活躍した**1970年代の出来事**に関して述べた次の文A～Dについて，正しいものの組合せを，下記より１つ選び番号で答えなさい。

A　アメリカの統治下にあった沖縄が日本に復帰しました。

B　東京と大阪の間を結ぶ東海道新幹線が開通しました。

C　中華人民共和国との国交が正常化されました。

D　東京ではトーキーと呼ばれた無声映画の上映が始まり，人気を集めました。

1　A・C	2　A・D	3　B・C	4　B・D

問４　下線部 d に関連して，渋谷駅の歴史は，日本鉄道会社品川線の渋谷停車場が1885(明治18)年に開業したことに始まります。この渋谷駅(渋谷停車場)が開業した明治時代について述べた文として正しいものを，下記より１つ選び番号で答えなさい。

1　原敬が初の本格的な政党内閣を組織しました。

2　衆議院と参議院の審議を経て大日本帝国憲法が制定されました。

3　日清戦争の講和条約で，日本は清から賠償金を得ることになりました。

4　陸軍・海軍・空軍から成る軍隊が整備され，満20歳以上の成年男子は徴兵検査を受けるようになりました。

問５　下線部 d に関連して，渋谷駅は，そのハチ公口前に銅像「忠犬ハチ公像」があることで有名です。1923(大正12)年11月に生まれたハチ公は，1935(昭和10)年３月に世を去りました。この期間に起きた出来事に関して述べた次の文A～Dについて，正しいものの組合せを，下記より１つ選び番号で答えなさい。

A　納税額による制限が廃止され，満25歳以上の男子は衆議院議員選挙の選挙権を持つようになりました。

B　日本はニューヨークに本部が置かれた国際連盟の常任理事国になりました。

C　陸軍の青年将校が犬養毅首相を暗殺した二・二六事件が起きました。

D　柳条湖事件をきっかけにして満州事変が起きました。

1　A・C	2　A・D	3　B・C	4　B・D

問６　下線部 e に関連して，東京都内のいくつかの神社の境内《けいだい》や神社に隣接する所には貝塚があります。貝塚ができた縄文時代に関して述べた次の文A～Dについて，正しいものの組合せ

を，下記より１つ選び番号で答えなさい。

A　マンモスやナウマンゾウなど大型の動物を捕《と》るために，弓矢が発達しました。

B　採集したドングリなどの木の実を煮たり，保存するために土器を用いました。

C　青森県の吉野ヶ里遺跡では，大規模な集落が数千年も存続したことがわかりました。

D　貝塚の中から，屈葬《くっそう》の状態で人骨が見つかることもあります。

1　**A・C**	2　**A・D**	3　**B・C**	4　**B・D**

問７　下線部 **f** に関連して，尾張国は現在の愛知県西部にあった国です。愛知県の県庁所在地は名古屋市ですが，右の**図５**は，その名古屋における米騒動の様子を描いたものです。この**図５**を見て，米騒動に関して述べた次の文**A**～**D**について，正しいものの組合せを，下記より１つ選び番号で答えなさい。

図５

※　「米騒動絵巻」(徳川美術館ウェブサイト　特別展・企画展「タイムスリップ1918 大正の名古屋」より転載)

A　名古屋でも，女性を中心とする人々が，米の安売りを求めて米屋に押しかけました。

B　米騒動が起きた当時，名古屋などの都市では電灯が普及し，夜になると電灯の明かりが街を照らしました。

C　米騒動を鎮《しず》めるため，警察だけでなく，軍隊も出動しました。

D　米騒動は，米が不足する12月から翌年の３月にかけて起きました。

1　**A・C**	2　**A・D**	3　**B・C**	4　**B・D**

問８　下線部 **g** に関連して，江戸時代の文化について述べた文として正しいものを，下記より１つ選び番号で答えなさい。

1　元禄文化は，小林一茶や葛飾北斎など上方の町人を主な担い手としました。

2　歌川広重(安藤広重)は，『東海道中膝栗毛』などの浮世絵を描きました。

3　歌舞伎の役者を描いた浮世絵版画がつくられました。

4　雪舟は，風景を題材にした数多くの水墨画を描きました。

問９　下線部 **g** に関連して，天保の改革では江戸の高い物価に対する政策として，幕府はどのようなことをおこないましたか。５～10字で答えなさい。

問10　二重下線部ⓘに関連して，中世後期の室町時代の日本における貨幣の使用状況は，**図６・７**のような形で各地の遺跡から出土した銅銭を調べることによって知ることができます。出土した貨幣に関する**表１～３**を見て，室町時代における貨幣の使用状況について40字以内で説明しなさい。そのさい，室町時代における中国との貿易をふまえて答えなさい。

図6

図7

銭種	枚数
宋銭	4293
明銭	45
その他中国銭	790
輸入銭(中国以外)	5
銭名不詳	700
計	5833

表1　岡山県中屋遺跡

銭種	枚数
宋銭	2269
明銭	276
その他中国銭	241
銭名不詳	16
計	2802

表2　山梨県小和田遺跡

銭種	枚数
宋銭	327905
明銭	12
その他中国銭	33549
輸入銭(中国以外)	53
日本銭	15
銭名不詳	12901
計	374435

表3　北海道志苔館跡

※　**図6・7**は山梨県埋蔵文化財センター『埋蔵銭貨出土遺跡群詳細分布調査報告書』(2004年)より転載。

※　**表1～3**は，下記を参考に作成しました。

表1：岡山県赤磐市教育委員会『向山宮岡遺跡・丸田遺跡・中屋遺跡の大量出土銭』(2013年)

表2：山梨県埋蔵文化財センター『埋蔵銭貨出土遺跡群詳細分布調査報告書』(2004年)

表3：田原良信「再考　志海苔古銭と志苔館」(『市立函館博物館　研究紀要』第14号，2004年)

問11　二重下線部ⅱに関連して，牛飼童などの童は，多くの武士たちとはどのような点で異なりますか。60字以内で説明しなさい。

※　本文や設問は，すでに掲げたもののほか，以下の文献などを参考にしました。

- 松尾　聰・永井和子 校注・訳『枕草子』(日本古典文学全集11，小学館，1974年)
- 佐藤謙三 校註『平家物語』上・下巻(角川文庫，角川書店，1959年)
- 信太　周・犬井善壽ら校注・訳『将門記　陸奥話記　保元物語　平治物語』(新編日本古典文学全集41，小学館，2002年)
- 『渋谷駅100年史：渋谷駅開業100周年記念』(日本国有鉄道渋谷駅，1985年)
- 金王八幡宮公式ホームページ
- 港区立郷土歴史館ウェブページ「西久保八幡貝塚出土遺物」
- 豊島区公式ホームページ「池袋東貝塚について」

3　次の各テーマに関する文章を読み，下記の設問に答えなさい。

テーマ①　平年値

2021年の関東地方は，平年と比べて梅雨入りがやや遅かったそうです。平年とはどのように決まるのでしょうか。日本の気象庁では，西暦年の一の位が「1」の年から続く［　ア　］年間の値を平年値として使用し，10年ごとに更新しています。これらの値が「平年」として用いられているのです。2021年は平年値が更新され，5月19日から10年ぶりに新しい平年値(新平年値)が使用されています。新平年値では，日本の平均気温が長期的に見て上昇しているため，ほとんどの地点で年平均気温が上昇しています。平年値の変化は，地球温暖化や自然変動の影響に加え，地点によっては都市化も影響しています。

問1　空らん［ア］に入る数字を答えなさい。

問2　新平年値ではどのような変化があったでしょうか。真夏日（日最高気温30℃以上）の年間日数，冬日（日最低気温０℃未満）の年間日数，年間降雪量の全国的な傾向として，正しいものの組合せを，**1**～**8**のうちから1つ選び番号で答えなさい。

	真夏日の年間日数	冬日の年間日数	年間降雪量
1	増加	減少	減少
2	増加	減少	増加
3	増加	増加	減少
4	減少	増加	増加
5	減少	増加	減少
6	減少	減少	増加
7	増加	増加	増加
8	減少	減少	減少

問3　次の表は，関東地方における猛暑日（日最高気温35℃以上）の年間日数，熱帯夜（日最低気温25℃以上）の年間日数，年間降雪量を示したものです。表内(ア)～(ウ)には以下の地図中，東京・熊谷・銚子のいずれかの観測地点が当てはまります。(ア)～(ウ)の組合せとして正しいものを，**1**～**6**のうちから1つ選び番号で答えなさい。

	猛暑日の年間日数(日)	熱帯夜の年間日数(日)	年間降雪量(cm)
(ア)	18.1	12.1	16
(イ)	0.0	8.1	0
(ウ)	4.8	17.8	8

（気象庁資料より作成。新平年値を使用。）

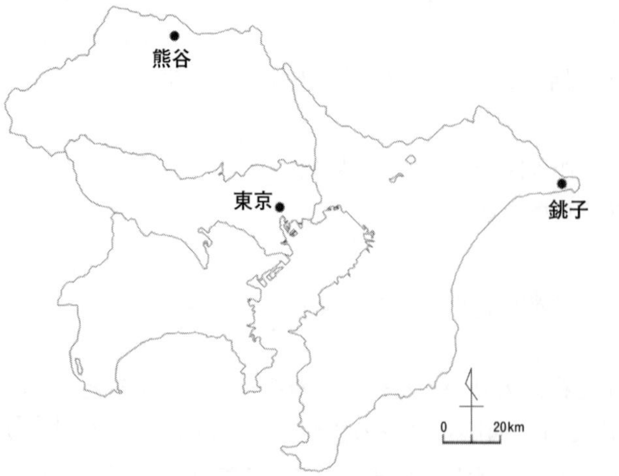

	(ア)	(イ)	(ウ)
1	東京	熊谷	銚子
2	東京	銚子	熊谷
3	熊谷	東京	銚子
4	熊谷	銚子	東京
5	銚子	東京	熊谷
6	銚子	熊谷	東京

問４　都市化の進展は気候に影響を与えるだけでなく，局地的大雨や集中豪雨にともなって水害の生じるリスクが高まることも指摘されています。その理由として，以下の**図１**から読み取れることを，解答用紙のわく内で説明しなさい。

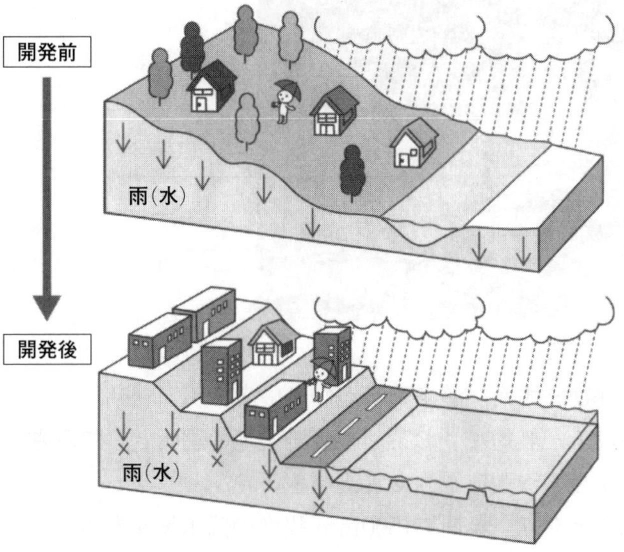

図１

（鎌田浩毅 監修『日本列島のしくみ 見るだけノート』宝島社（2019年）より作成）

テーマ②　和食

「和食―日本人の伝統的な食文化」がユネスコの世界無形文化遺産に登録されたのは2013年のことでした。和食の食材の代表として「米」が挙《あ》げられます。稲の栽培は基本的に平地でおこなわれていますが，傾斜地では**写真１**のような稲作地も見られます。米は基本的にご飯として食べられますが，寿司にされたり，発酵《はっこう》させて酒や酢にされたりもします。

和食では食事中の飲み物としてお茶を飲むことが多いです。同じお茶でも紅茶やウーロン茶などと違って，日本のお茶は茶葉の色そのままの緑色であることが特徴です。ａお茶は静岡県や鹿児島県，京都府など日本各地で栽培されています。

「出汁（以下，ダシと表現）」は和食を特徴付ける大きな要素です。近年，家庭では顆粒《かりゅう》ダシを使用することも多くなっていますが，干しシイタケや煮干しなどからダシを取る家庭もあるでしょう。和食のダシを代表するものとしては，鰹節《かつおぶし》と昆布が挙げられます。関東は鰹節，関西は昆布だしという認識が一般的ですが，併用されることも多いです。鰹節の元となる鰹は回遊魚であり，［　イ　］海流にのってくるので太平洋岸の漁の対象です。鰹節の製造工程は江戸時代に完成したとされていますが，大消費地である江戸への海運の行程を，腐《くさ》らせずに保存して輸送する必要がありました。一方で，昆布は主として［ウ］の沿岸で採取されます。その後，西廻《まわ》り航路を通じて大阪へもたらされ，関西のダシ文化につながったと考えられています。

（文章は金田章裕『和食の地理学』平凡社(2020年)を参考に作問者が作成）

写真１　(作問者撮影)

問５　**写真１**のような稲作地を何と呼びますか，漢字で答えなさい。

問６　下線部**a**に関して，日本における一般的な「お茶」の栽培適地の説明として**ふさわしくないもの**を，次の文**１**～**４**のうちから１つ選び番号で答えなさい。

１　年間平均気温が14～16℃以上となり，年間で1500mm 程度の降水量があること。

２　夏季の最高気温が40℃を超えず，冬季の最低気温もマイナス５～マイナス６℃におさまること。

３　雨季と乾季がある程度はっきりしており，特に夏季の降水量が少ないこと。

４　空気や水が通りやすく，水分や肥料を保つ力が強い土壌《どじょう》であること。

問７　空らん［イ］・［ウ］に入る語句を答えなさい。ただし［ウ］には都道府県名が入ります。

問８　鰹は巻き網漁で漁獲されることが多いですが，右のイラストのような一本釣り漁で漁獲されることもあります。一本釣り漁は，巻き網漁などと比較して乱獲を防ぐなど海洋資源に優しいというメリットがあります。その他に一本釣り漁にはどのようなメリットがありますか，解答用紙のわく内で答えなさい。

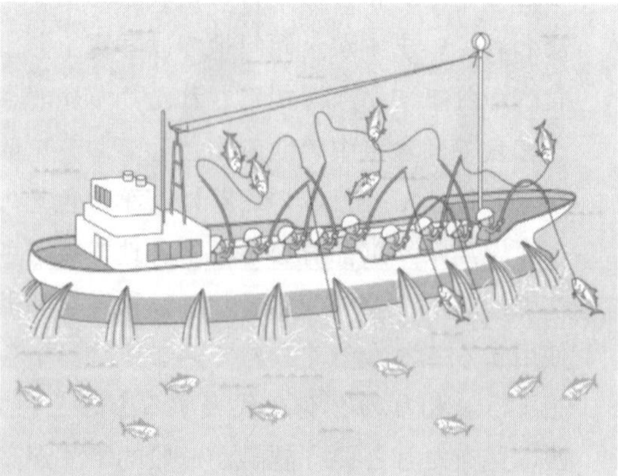

（イラストは農林水産省ウェブサイトより引用）

テーマ③　空き家

近年，空き家が増加してきていることが問題視されています。住宅・土地統計調査によると，空き家とは「一つの世帯が独立して家族生活を営むことができる住宅において，普段人が居住していない住宅」と定義されています。しかし，bある一定数の住居が一時的に空き家になっていることは地域の存続に不可欠で，適正な*空き家率は５～７％程度と推計されています。従って，「半永久的に空き家状態が継続する建造物」の増加が問題視されていると言えるでしょう。

空き家の状況は地域によって異なっており，空き家などの適正管理に関する条例を施行している自治体(**図２**)が多くあります。その内容は自治体によって様々であり，例えば東京周辺の地域では密集市街地が多いので，防災や防犯の観点から条例が施行されています。

＊　空き家率とは，総住宅数に占める空き家の割合のことをさします。

(文章は由井義通・久保倫子・西山弘泰 編著『都市の空き家問題　なぜ？どうする？—地域に即した問題解決にむけて—』古今書院(2016)を参考に作問者作成)

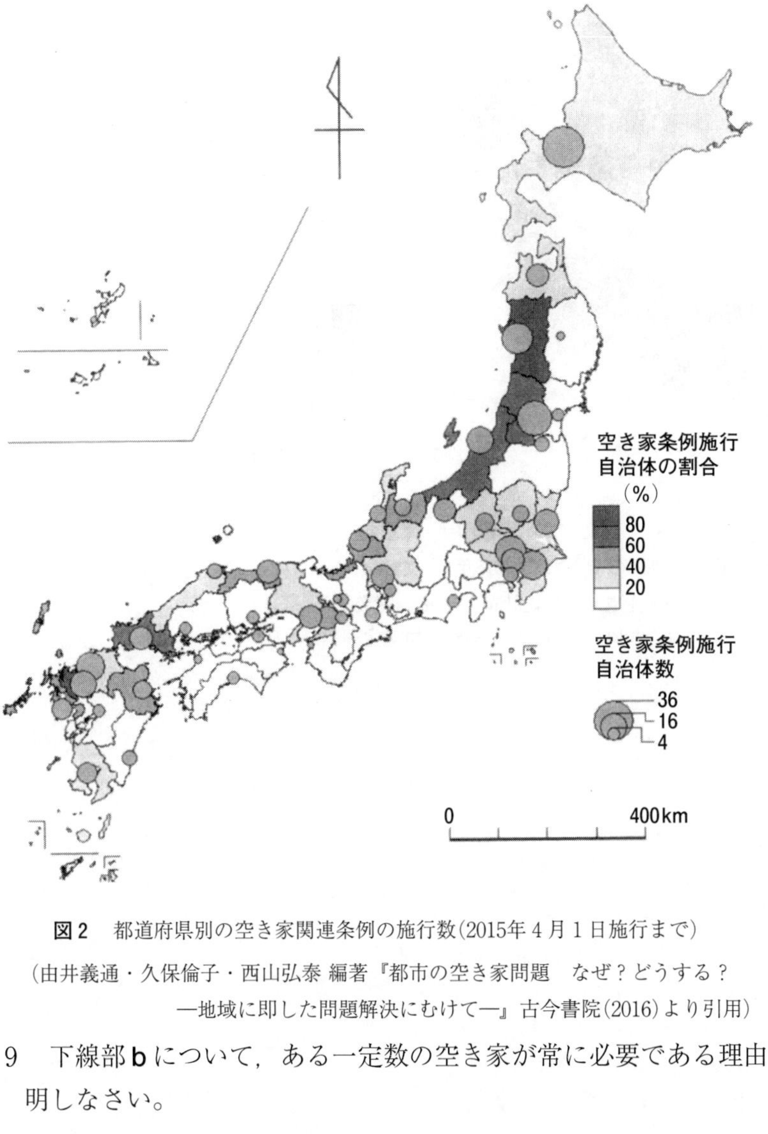

図２　都道府県別の空き家関連条例の施行数(2015年４月１日施行まで)

(由井義通・久保倫子・西山弘泰 編著『都市の空き家問題　なぜ？どうする？—地域に即した問題解決にむけて—』古今書院(2016)より引用)

問９　下線部**b**について，ある一定数の空き家が常に必要である理由を，解答用紙のわく内で説明しなさい。

問10　空き家関連条例(空き家条例)の施行数は秋田県，山形県，新潟県，富山県，福井県など日本海側に多い傾向があります。これらの地域で空き家対策を積極的に実施しなくてはいけない理由を，その地域の自然環境をふまえて解答用紙のわく内で説明しなさい。

問11　下の**図３**は都道府県別の空き家率を示しています。**図３**を参考に，地域別の空き家状況の説明として**誤っているもの**を，次の文**１**～**４**のうちから１つ選び番号で答えなさい。

1　長野県や山梨県では，別荘などが多いため空き家率が高くなっています。

2　人口が継続的に流入超過傾向にある東京都は，空き家率が低い傾向です。

3　沖縄県は本島の他に離島も多く，空き家率が高いです。

4　過疎《かそ》地域を多く抱える西日本の太平洋側では，空き家率が高い地域が多いです。

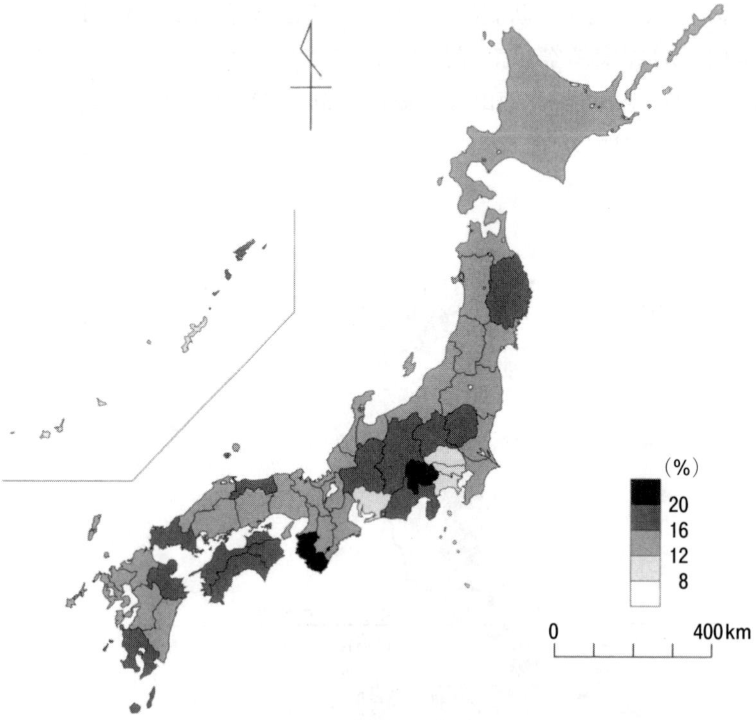

図３　都道府県別の空き家率(2018年)

「平成30年住宅・土地統計調査結果」(総務省統計局)
(https://www.stat.go.jp/data/jyutaku/2018/tyousake.html)を加工して作成

【理　科】〈第１次試験〉（45分）〈満点：75点〉

注意　・必要に応じてコンパスや定規を使用しなさい。

・小数第１位まで答えるときは，小数第２位を四捨五入しなさい。整数で答えるときは，小数第１位を四捨五入しなさい。指示のない場合は，適切に判断して答えなさい。

〈編集部注：実物の入試問題では，1の写真と図，3の図６と図７と図10はカラー印刷です。〉

1　ポップコーンがふくらむのはどうしてかを考えてみましょう。ポップコーンはトウモロコシのたねを加熱して作ったものです。

(1)　次のうちトウモロコシの苗《なえ》はどれですか。適切なものを次より選び，記号を答えなさい。

ア

イ

ウ

エ

オ

カ

ポップコーンに使われているトウモロコシは爆裂種《ばくれつしゅ》と呼ばれるもので，私たちがゆでたり焼いたりして食べるトウモロコシは，スイートコーンといって別の種類です。図１は爆裂種とスイートコーンの断面図です。外側はかたい硬質《こうしつ》デンプン，内側はやわらかい軟質《なんしつ》デンプンです。

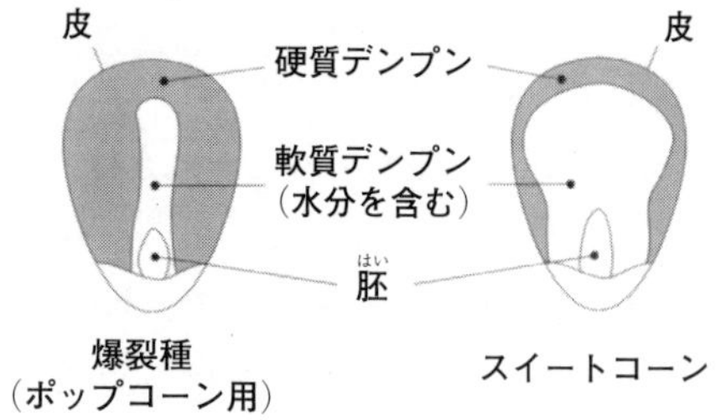

図１

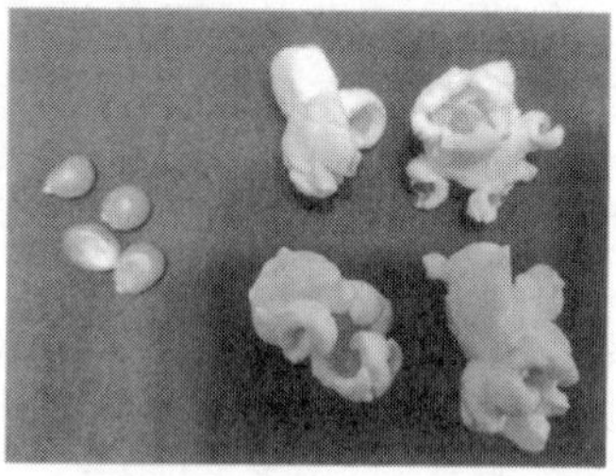

図２

爆裂種のたねを鍋《なべ》でよく振《ふ》りながら加熱すると，やがて表面が薄茶色になり，図２のように白く大きくふくらみポップコーンになります。ポップコーンの白くふわふわな部分は図１の硬質デンプンです。スイートコーンのたねを爆裂種と同様に加熱すると，たねは半分以上破裂《はれつ》しますが，黒くなりふくらみませんでした。

以下，実験で使うたねは，トウモロコシの爆裂種のことを指します。また，水１cm^{3}あたりの重さを１ｇとします。

爆裂種のたねは非常にかたくて，水にしずみます。たね１粒の重さと体積を求めるため，＜実験１＞を行いました。

＜実験１＞

１．空のガラス製のコップとガラス板を用意し，重さをはかると227.2ｇでした。

２．コップの中にたね50粒を入れ，ガラス板でふたをして重さをはかると237.1ｇでした。

３．たね50粒入れたコップに水を満杯《ぱい》になるように入れ，空気が入らないようにガラス板でふたをして重さをはかると501.6ｇでした。

４．３の中身を捨てた空のコップにもう一度水をみたし，ガラス板でふたをして重さをはかると498.8ｇでした。

(2)　＜実験１＞より次の値(平均値)を小数第２位まで求めなさい。

①　たね１粒の重さ[ｇ]

②　たね１粒の体積[cm^3]

たねを加熱してポップコーンを作ると含《ふく》まれている水がなくなることが知られています。たねがふくらむのは水が関係しています。そのときポップコーンの重さの変化を求めるため，班ごとに次の＜実験２＞を行いました。

＜実験２＞

１．乾《かわ》いた100mL ビーカーの重さ[ｇ]を測定した。

２．たね12粒をビーカーに入れ，ビーカーとその中身の重さを測定した。

３．ビーカーの口をステンレス製の網《あみ》でおおい，これをふたとする。そのビーカーをたねがはじけるまで，ゆっくりと加熱した。

４．全部はじけたら，ふたをとり，ビーカーを冷やして室温にした。

５．ビーカーとその中身の重さ[ｇ]を測定した。

結果

班	ビーカーの重さ[g]	ビーカー＋たねの重さ[g]	ビーカー＋ポップコーンの重さ[g]
A	70.6	73.2	72.8
B	61.7	64.1	63.8
C	60.2	62.6	62.3

(3)　＜実験2＞より，各班のたね12粒の重さ，12粒のたねがポップコーンになることで失われた水の重さを，小数第1位まで求めなさい。

(4)　水は100℃で気体になると，1700倍の体積になることが知られています。＜実験2＞の平均値より，たね1粒から100℃で何mLの水蒸気が発生すると考えられますか。整数で答えなさい。

ポップコーンの作り方の調理例に，ふたをした鍋にたねを入れ，植物性油を少し加え強火にし，はじけ始めたら，火から少し離《はな》し絶えず回すように鍋をゆらし続けると書いてありました。＜実験3＞では鍋の振り方を変え，ポップコーンの体積と様子を調べました。

＜実験3＞

鍋に，たね50粒を入れ，強火で加熱しながら様子を観察し，たねがすべてはじける(あるいはこげて黒くなる)まで続けました。その後，500mLのメスシリンダーにできあがったポップコーンを，つぶれないようにすきまなく入れ，体積をはかりました。

結果

	全く振らない	はじけたらよく振る	はじめからよく振る
体積	36mL	146mL	324mL
様子	数個がはじけるがほとんどふくらまず，鍋にふれている所からこげる	2～10粒がこげたままふくらまないが，その他はふくらむ	ほとんどがはじけ，ふっくらふくらむ

(5)　＜実験3＞の結果より，トウモロコシのたねは鍋を振りながら加熱する方がこげずによくふくらみます。その理由を述べなさい。

(6)　これまでの内容から，適切なものを次より2つ選び，記号を答えなさい。

(ア)　内側に軟質デンプンが多く含まれるほど，ポップコーンはふくらむ。

(イ)　硬質デンプンが，大きくふくらみ白くなる。

(ウ)　爆裂種であれば，たねをどんなに乾燥させても，ポップコーンはふくらむ。

(エ)　外側の硬質デンプンは粉々にくだけ，内側の軟質デンプンがとびだして白く固まる。

(オ)　ポップコーンがふくらむとき，たねに含まれている水は，たねの体積の300倍以上の水蒸気になる。

出典

『野外観察ハンドブック　校庭の作物』板木利隆・岩瀬　徹・川名　興 共著(全国農村教育協会)

『野外観察ハンドブック　校庭の花』並河　治・岩瀬　徹・川名　興 共著(全国農村教育協会)

2　新型コロナウイルス感染症《しょう》(COVID-19)は，2019年に発見・報告された新型コロナウイルス(図１)によって引き起こされる感染症です。このウイルスに感染すると，発熱や咳《せき》をはじめ，さまざまな症状が出ることが報告されています。2020年３月にはWHOによってパンデミック(世界的な流行)に相当すると発表されました。

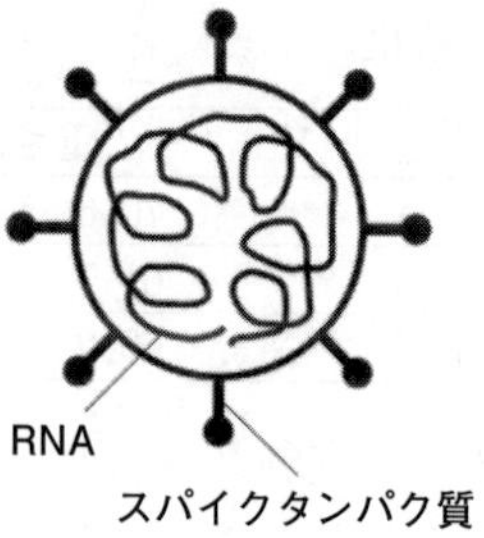

図１　新型コロナウイルスの模式図

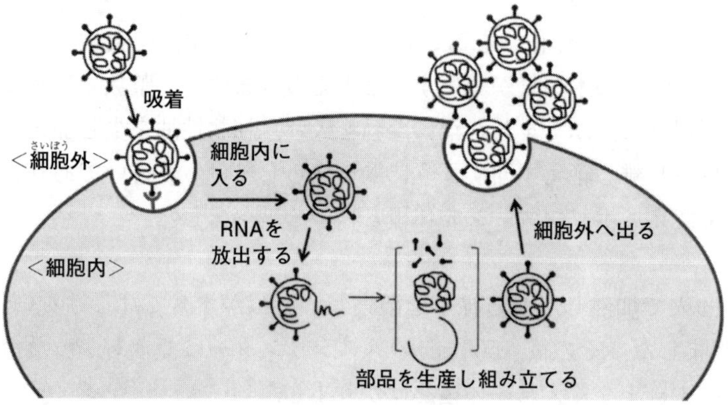

図２　コロナウイルスのふえ方の模式図

私たちの体をつくる細胞《さいぼう》には，タンパク質の設計図としてはたらくDNAが含まれます。DNAがもつ設計図の情報は，RNAと呼ばれる物質に写し取られ，これを読み取って多数のアミノ酸をつなげていくことでタンパク質がつくられます。タンパク質は生物が生きていく上で必要不可欠な物質であり，実際に生命活動を担《にな》っています。

図２はコロナウイルスのふえ方を示しています。ウイルスは自分自身でタンパク質をつくることができず，ふえるためには細胞に感染する必要があります。コロナウイルスの感染は，スパイクタンパク質が細胞にある突起《とっき》に吸着することで起こります。細胞内に入ったコロナウイルスはRNAを放出します。細胞内ではRNAの情報にもとづいてスパイクタンパク質などの部品がつくられ，新たにウイルスが組み立てられます。新たにつくられたウイルスは細胞外に出て別の細胞に感染していきます。このように，ウイルスは，細胞内で行われているタンパク質をつくる仕組みを利用することでふえていきます。

RNAは４種類の物質が一列に並んでおり，その物質の並び方がアミノ酸の並び方を決定します。したがって，RNAを調べることで，つくられるタンパク質の種類や性質がわかります。ここでは，RNAをつくる４種類の物質を，◎，×，□，△の４種類の記号で表すことにします。なお，新型コロナウイルスがもつRNAは３万個の記号が並んでできています。

表１はRNAとアミノ酸の対応表です。RNAは３個の記号の並びで１つのアミノ酸を指定することがわかっています。例えば，「◎◎◎」は，フェニルアラニンというアミノ酸を指定しています。また，「◎◎×」も同じくフェニルアラニンと対応します。なお，「◎□□」，「◎□△」，「◎△□」に対応するアミノ酸はありません。このことから，例えば図３のように，RNAの記号の並びをアミノ酸の並びに変換《へんかん》することができます。ただし，RNAは一方向にしか読み取られません。

表1　RNAとアミノ酸の対応表

1文字目	2文字目 ◎	2文字目 ×	2文字目 □	2文字目 △	3文字目
◎	◎◎◎ ◎◎× フェニルアラニン (F) ◎◎□ ◎◎△ ロイシン (L)	◎×◎ ◎×× ◎×□ ◎×△ セリン (S)	◎□◎ ◎□× チロシン (Y) ◎□□ ◎□△ なし	◎△◎ ◎△× システイン (C) ◎△□ なし ◎△△ トリプトファン (W)	◎ × □ △
×	×◎◎ ×◎× ×◎□ ×◎△ ロイシン (L)	××◎ ××× ××□ ××△ プロリン (P)	×□◎ ×□× ヒスチジン (H) ×□□ ×□△ グルタミン (Q)	×△◎ ×△× ×△□ ×△△ アルギニン (R)	◎ × □ △
□	□◎◎ □◎× □◎□ イソロイシン (I) □◎△ メチオニン (M)	□×◎ □×× □×□ □×△ トレオニン (T)	□□◎ □□× アスパラギン (N) □□□ □□△ リシン (K)	□△◎ □△× セリン (S) □△□ □△△ アルギニン (R)	◎ × □ △
△	△◎◎ △◎× △◎□ △◎△ バリン (V)	△×◎ △×× △×□ △×△ アラニン (A)	△□◎ △□× アスパラギン酸 (D) △□□ △□△ グルタミン酸 (E)	△△◎ △△× △△□ △△△ グリシン (G)	◎ × □ △

◎◎◎　フェニルアラニン　(F)

RNAの3個の記号の並び　アミノ酸の名称　アミノ酸の1文字表記

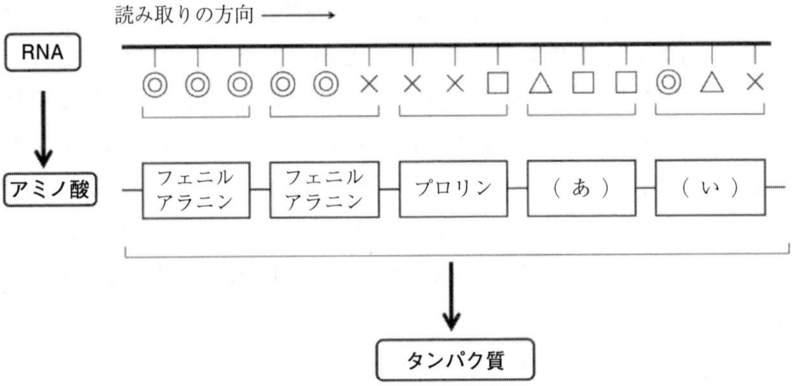

図3　RNAからタンパク質への変換

(1)　アスパラギンとアスパラギン酸を指定するRNAの3個の記号の並びを，以下の例に従って，それぞれすべて答えなさい。

例：フェニルアラニン　◎◎◎，◎◎×

(2)　図3の(あ)(い)に当てはまるアミノ酸の名称《しょう》を答えなさい。

(3)　1つの新型コロナウイルスがもっているRNAの記号の並びがすべてアミノ酸に変換されると仮定すると，最大で何種類のタンパク質がつくられますか。整数で答えなさい。ただし，ひとつのタンパク質は1000個のアミノ酸がつながっているものとします。

新型コロナウイルスによるパンデミックは2021年においても続きました。長期化の要因のひとつとして，変異体の出現が考えられています。ここでいう変異体とは，突然《とつぜん》変異によって生じた新型コロナウイルスを指します。

タンパク質はRNAにもとづいてつくられるため，4種類の記号の並び方が変化すると，つくられるタンパク質も変化します。これが突然変異です。例えば，突然変異によって◎◎◎という並びが◎◎□になってしまうと，指定されるアミノ酸はフェニルアラニンからロイシンに変わります。このようにある1個の記号が別の記号に置き換《か》わる突然変異を「置換《ちかん》変異」と呼びます。置換変異は特定の目的や方向性をもって起こるのではなく，不規則に起こります

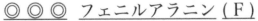

(図4)。

変異体はコロナウイルスではあるものの，それまでとは異なるタンパク質をもつために，異なる性質をもちます。突然変異は不規則に起こるので，感染力が高くなったウイルスが生じる場合もあれば，反対に感染力が低くなったウイルスが生じる場合もあります。

[元の記号の並び]		[新たな記号の並び]	[指定されるアミノ酸]
◎ ◎ ◎	⟶	◎ ◎ □	ロイシン
(フェニルアラニン)	置換変異	◎ ◎ △	ロイシン
		◎ × ◎	セリン
		□ ◎ ◎	イソロイシン
		△ ◎ ◎	バリン

図4　不規則に起こる置換変異の例

2021年時点で，多くの変異体が報告されています。

アルファ変異体はイギリスで最初に報告された変異体で，スパイクタンパク質にN501Yという変異をもっています。デルタ変異体はインドで最初に報告された変異体で，スパイクタンパク質にL452RおよびE484Qという変異をもっていることが報告されています。

なお，N501Yにおいて，NやYはアミノ酸の1文字表記を示したものです。表1を見ると，Nがアスパラギン，Yがチロシンを示していることがわかります。また，501はアミノ酸の番号を示しています。つまりN501Yとは，スパイクタンパク質における501番目のアミノ酸であるアスパラギンがチロシンに変わったことを表しています。同じように，L452Rは452番目のアミノ酸である(ア)が(イ)に変化したことを表しており，E484Qは484番目のアミノ酸である(ウ)が(エ)に変化したことを表しています。

(4)　文中の空欄に入るアミノ酸の名称を答えなさい。

(5)　アルファ変異体に見られるN501Yが，RNAの1個の記号の置換変異によって生じたものであるとすると，どのような変異が起こった可能性がありますか。考えられるものを以下の例に従ってすべて答えなさい。

◎◎◎が◎◎□になっているとき　例：[◎◎◎→◎◎□]

(6)　突然変異は不規則に起こっているのでさまざまな変異体が生じていますが，特定の変異体が数を増やしました。アルファ変異体やデルタ変異体は，突然変異によってどのような性質を獲《かく》得《とく》し，感染力が高くなったと考えられますか。本文を読んで推測し，説明しなさい。

3　夜空を見上げると，さまざまな明るさの星が輝《かがや》いています。注意深く観察すると，星には色のちがいがあることがわかります。カメラや望遠鏡を使うと，星の明るさや色がさらにはっきりと区別できるようになります。

電球を使った実験を行い，夜空に輝く星について調べます。みなさんの家庭で使われている電球は，LEDのものが多くなってきましたが，白熱電球という種類の電球も使われています。白熱電球は点灯すると熱を発生します。

家庭や実験室で使われている電気の電圧は，100V(ボルト)です。電圧を変える装置のことを変圧器と呼びます。電圧を変えると，白熱電球の明るさが変化します。

光が当たっている場所の明るさを照度といい，ルックスという単位を使います。照度が大きいほど明るいです。照度は照度計で測れます。

＜実験１＞

図１のように装置を配置して電圧は一定のまま，白熱電球を点灯し，電球から照度計を少しずつ遠ざけて，距離《きょり》と照度の関係を測定しました。すると，図２のような結果が得られました。

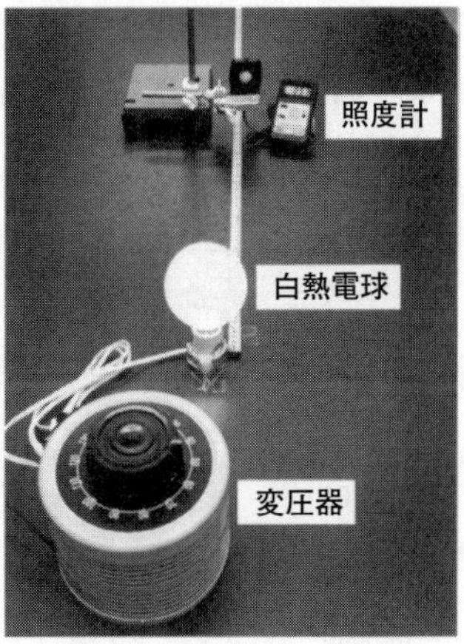

図１　距離と照度の関係を測定する装置

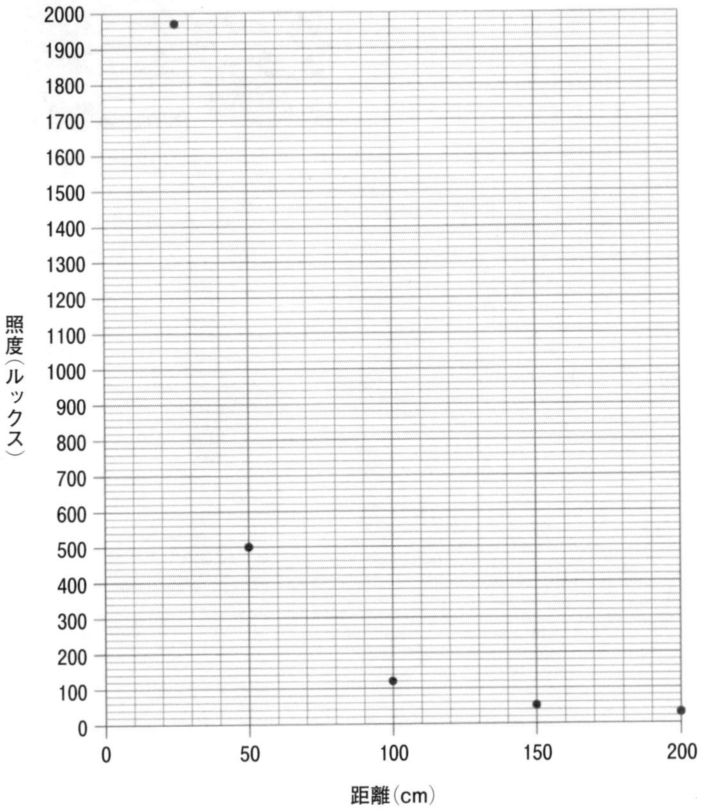

図２　白熱電球から照度計までの距離と照度

(1)　次の[　]にもっとも適するものを選び，〇で囲みなさい。

電圧が一定ということは，白熱電球が出している光の量に変化がないということです。＜実験１＞では，電球と照度計の距離が遠くなると，照度が①[上昇《しょう》・下降]していくことがわかります。図２より，電球から100cmの距離での照度は，50cmの距離での照度にくらべると，約②[$\frac{1}{2}$・$\frac{1}{3}$・$\frac{1}{4}$]になっていることがわかります。この関係から，250cmの距離での照度は，50cmの距離での照度にくらべて，約③[$\frac{1}{5}$・$\frac{1}{10}$・$\frac{1}{25}$・$\frac{1}{250}$]になることが予想できます。

＜実験２＞

次に図３のように，白熱電球と照度計との距離を一定にして，電圧を変化させて照度を測定しました。結果を図４に示します。同時に，放射温度計を用いて電球の温度を測定しました。結果を図５に示します。

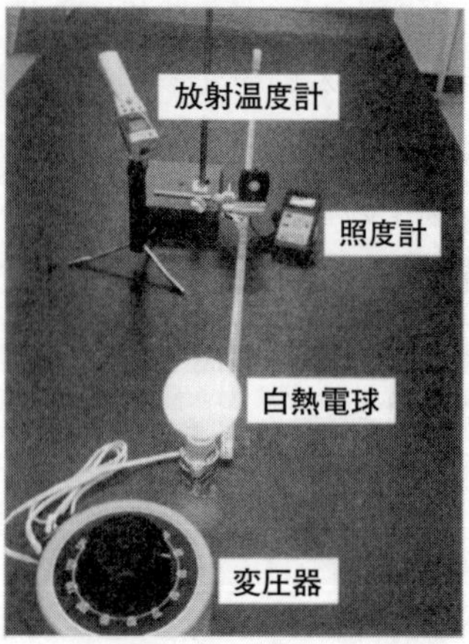

図３　電圧と照度，温度の関係を測定する装置

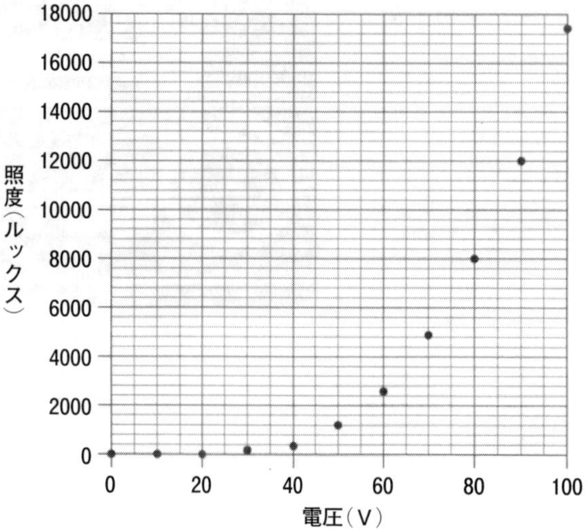

図４　電圧を変化させた時の照度

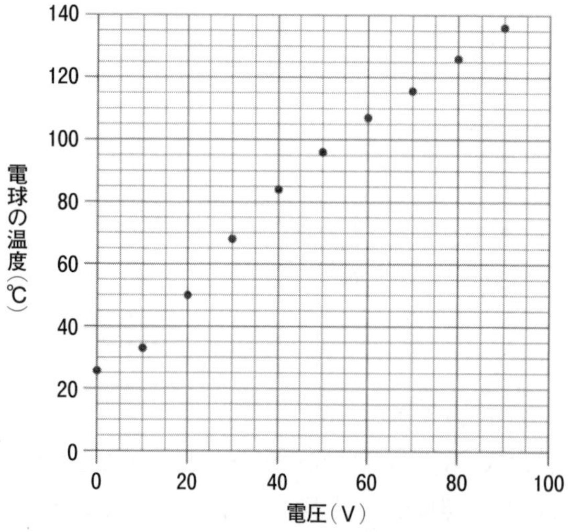

図５　電圧を変化させた時の電球の温度

(2)　次の[　]にもっとも適するものを選び，〇で囲みなさい。

電圧を上げると，照度が①[上昇・下降]します。白熱電球と照度計の距離は一定なので，電圧が大きいほど，電球は②[明るく・暗く]なることがわかります。電圧が50Ｖの時とくらべて，100Ｖでは，明るさは約③[２・５・15・30]倍になっていることがわかります。電球の温度は，電圧を上げると④[上昇・下降]していくことがわかります。夜空の星が同じような性質ならば，明るい星は温度が⑤[高い・低い]ということになります。

図６の虹《にじ》の写真からわかるように，太陽の光の中にはさまざまな色の光がふくまれています。白熱電球も同様です。

テレビやスマートフォンの画面は，青色，緑色，赤色の光の強さを調節して，多くの色を表す仕組みになっています。そこで，図７のような青色，緑色，赤色の色ガラスを用意しました。これらの色ガラスは，その色の光しか通さない性質をもっています。色ガラスを利用して，白熱電球の光の特徴《ちょう》を測定しました。

図６　空にかかる虹

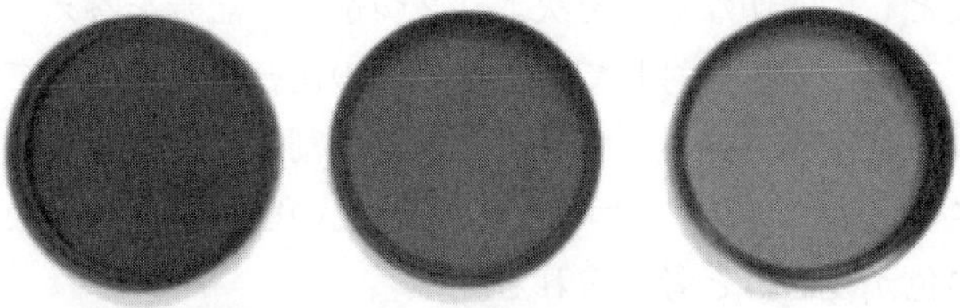

図７　青色，緑色，赤色の色ガラス

＜実験３＞

照度計に色ガラスをかぶせて，次の実験をしました。白熱電球との距離を一定に保ったまま，電圧を変えて，それぞれの色ガラスごとに照度の測定をしました。すると，表１のような結果になりました。これをもとにグラフを作ったのが図８，図９です。

表１　色ガラスごとの照度の測定結果

電圧(V)	青(ルックス)	緑(ルックス)	赤(ルックス)
0	0	0	0
10	0	0	0
20	0	4	13
30	2	26	55
40	5	103	164
50	13	330	410
60	27	760	810
70	53	1600	1520
80	83	2620	2300
90	124	4060	3250
100	178	5900	4400

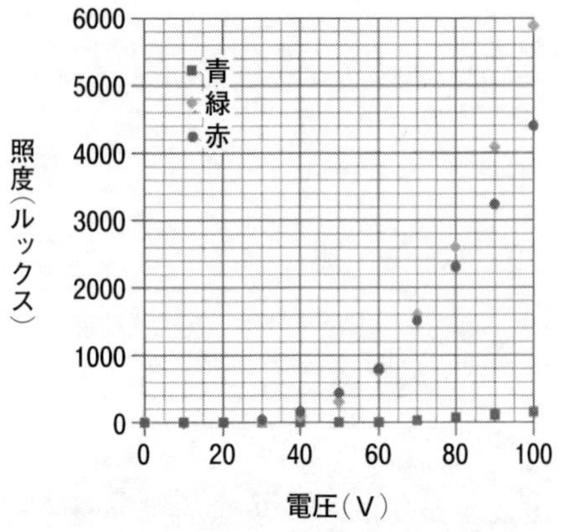

図８　色ガラスごとの電圧と照度の関係

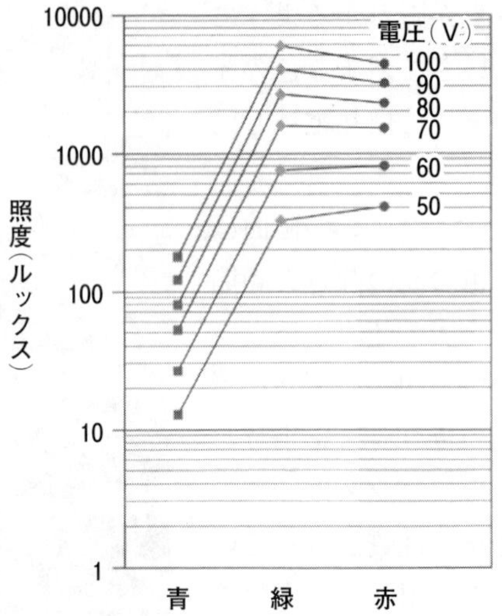

図９　電圧ごとの色ガラスによる照度の比較

(3)　＜実験３＞の結果から考えられる文として適切なものを次より２つ選び，記号を答えなさい。

(ア)　白熱電球からの光は電圧を高くすると，赤色に対して青色と緑色の割合が高くなっていく。

(イ)　白熱電球からの光は電圧を高くすると，赤色に対して青色と緑色の割合が低くなっていく。

(ウ)　白熱電球からの光は電圧を変化させても，赤色に対する青色と緑色の割合は変わらない。

(エ)　電圧を変化させると，白熱電球の色が変わると考えられる。

(オ)　電圧を変化させても，白熱電球の色に変化はないと考えられる。

(4)　夜空に見える星の明るさや色の関係が，＜実験１＞，＜実験２＞，＜実験３＞と同じと考える。次の文のうち適切なものを２つ選び，記号を答えなさい。

(ア)　赤い星と青い星は，温度は変わらないが，青い星ほど明るい。

(イ)　赤い星と青い星は，温度は変わらないが，赤い星ほど明るい。

(ウ)　赤い星は温度が低くて暗く，青い星は温度が高くて明るい。

(エ)　赤い星は温度が低くて明るく，青い星は温度が高くて暗い。

(オ)　赤い星は赤色の光だけ，青い星は青色の光だけを出して輝いている。

(カ)　星はさまざまな色の光を出しているが，距離が遠いと青く，近いと赤く見える。

(キ)　星はさまざまな色の光を出しているが，温度のちがいで出している色の割合が変わり，ちがった色に見える。

宇宙では，たくさんの星がせまい範囲《はんい》に同時に誕生することがあります。地球から見ると，ほとんど同じ距離に星が集まっていることになります。このような星の群れを星団とよびます。図10は星団の例です。

図10　かに座　プレセペ星団 M44

＜実験４＞

まず色ガラスをつけないでプレセペ星団を撮影《さつえい》して，それぞれの星の明るさを求めました。次に色ガラスをつけて星団を撮影し，青い光と赤い光の割合を計算しました。図11には測定できた星団の一部の星を示しています。明るい星は上に，暗い星は下になります。左側にあるのは青い星，右側にあるのは赤い星となります。

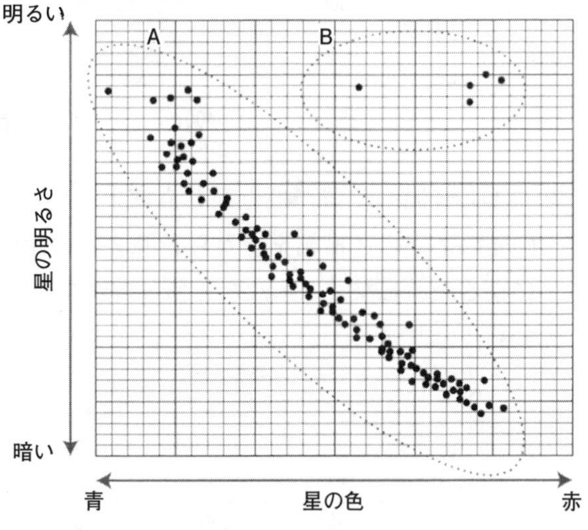

図11　星の色と明るさの関係

(5)　次の[　]に適するものを選び，○で囲みなさい。

プレセペ星団には，図11の中に点線で囲んだように，AとBの異なった性質をもつ星のグループが見られます。白熱電球の実験結果と似ているのは①[A・B]グループと考えられます。Aグループは②[青い・赤い]星が明るいという特徴が見られます。ところが，Bグループは明るくて，③[青い・赤い]星があります。

(6)　プレセペ星団には，赤い色をした星が二種類あることがわかります。明るい赤い星と暗い赤い星です。明るい赤い星は，暗い赤い星とくらべて，どのようにちがうと考えられますか。次の(　)を補い，文を完成させなさい。

明るい赤い星は，暗い赤い星とくらべて(　　　　　)。

4　次の各問いに答えなさい。ただし音速は常に毎秒350mとします。

図１のように壁《かべ》から300m離《はな》れた位置に観測者がいます。壁と観測者の直線上に音源を置きます。この音源から音を１回鳴らすと，観測者は音源から直接届く音と，壁で反射した音の，合わせて２回の音が聞こえました。このとき観測者が聞いた音と音の間の時間を T 秒とします。

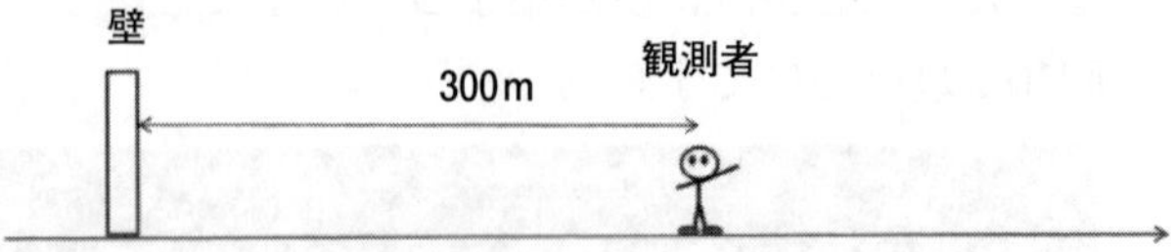

図１　壁と観測者の位置関係

(1)　次の①，②の場合について，T の値を小数第１位まで答えなさい。

①　音源と壁の間の距離が140mの場合（図２）

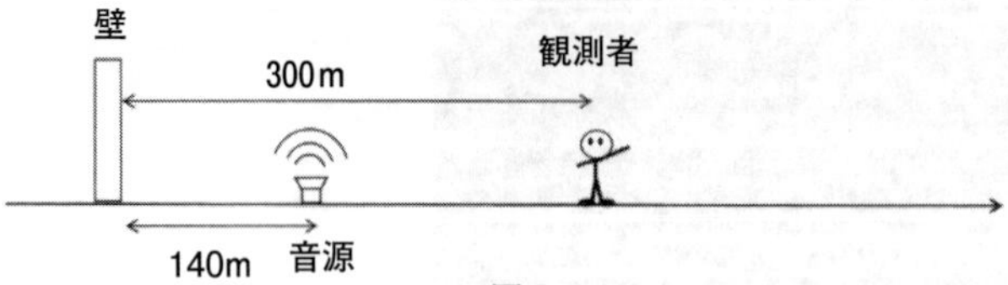

図２

②　音源と壁の間の距離が400mの場合（図３）

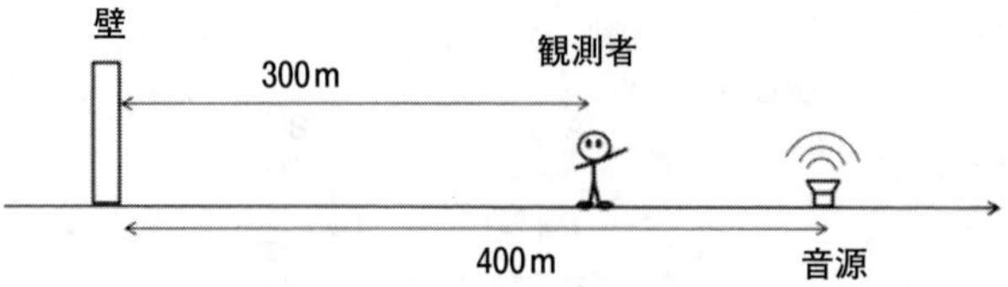

図３

(2)　(1)の音源の位置だけを同じ直線上でいろいろ変えたとき，T の値がどうなるか調べました。図４のように，横軸《じく》を壁から音源までの距離，縦軸を T とするとき，どのような形のグラフになるか示しなさい。ただし値は書かないこと。(1)②の答えを t とする。

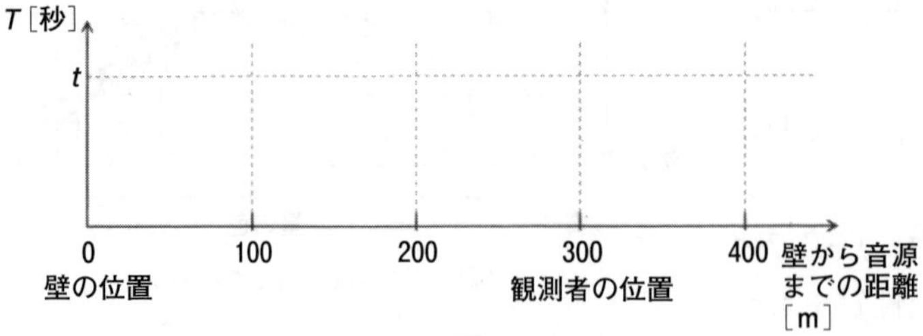

図４

次に平面上で考えます。図５は上から見た様子で１目盛りを50mとします。Ａ，Ｂの２か所に観測者がいて，ＡとＢは800m離れています。Ａ，Ｂと同じ平面上のどこか１か所に音源を置き，その音源から出た音を聞いた時刻を測定しました。

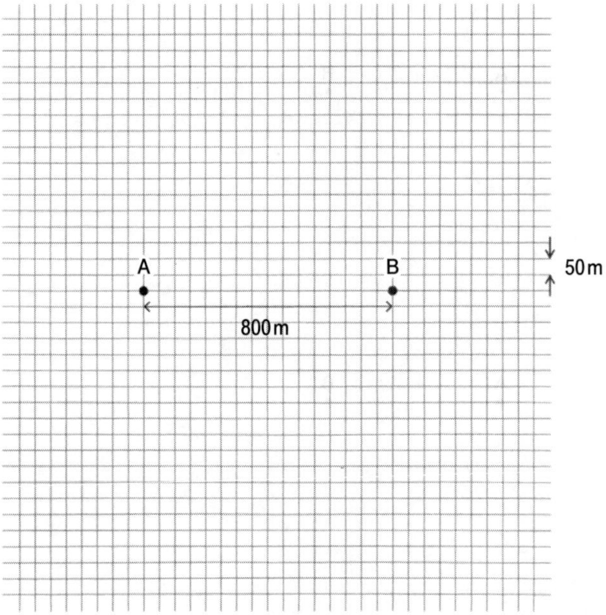

図５　観測者の位置Ａ，Ｂ

(3)　音源で音を出してからＡでは１秒後に，Ｂでは２秒後に音が聞こえました。このとき音源の位置として考えられるすべての位置を作図しなさい。ただし，作図に必要な線はすべて残しなさい。また，音源の位置を点，線，範囲《はんい》で示す場合，図６に従い答えの部分を矢印で示しなさい。

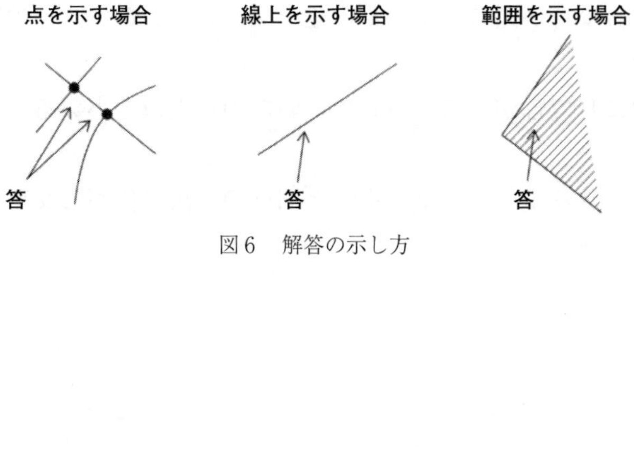

図６　解答の示し方

(4)　音源で音を出し，Ａで音が聞こえた時刻から１秒後にＢで音が聞こえました。このときの音源の位置を示す線として最も適切なものを次より選び記号を答えなさい。

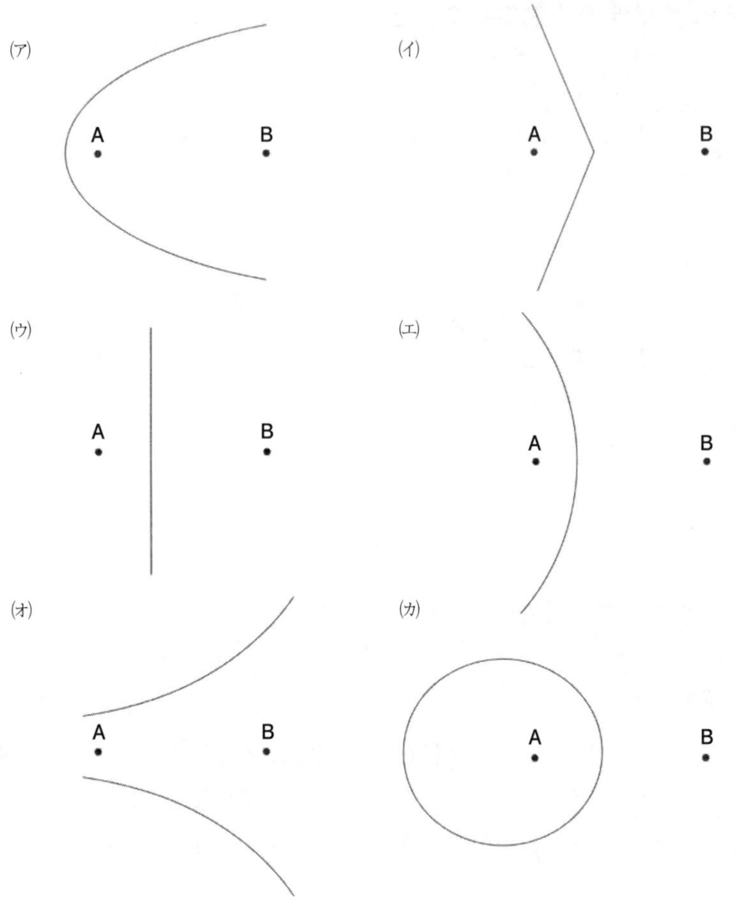

(5)　音源の位置をいろいろ変えて，ＡとＢで音が聞こえた時刻の差を測定したところ，その時間には最大値があることがわかりました。

①　初めにＡで音が聞こえてから，次にＢで音が聞こえるまでの時間の最大値を小数第１位まで答えなさい。

②　①のときの音源の位置として考えられるすべての位置を(3)と同様の方法で作図しなさい。

とで、読者に違和感を覚えさせる。

イ　自分はあくまでＶＦであり、生き返ったわけではないのだという中尾の悔しさが強く伝わる。

ウ　ＶＦとなった中尾が娘と会った時に、非常に強い感情の高ぶりがあったかのように感じさせる。

エ　ＶＦは脅威的な技術であり、科学技術のこのような使用は許されないことを強く訴えかける。

オ　ＶＦは人間以上に豊かな心を持ち得ると暗示し、豊かな心を失った現代人に反省をうながしている。

カ　親子の死別は絶対的に悲しいものであり、悲しみをこらえる必要は一切ないと読者に訴えかけている。

問十　――部⑦「苦しみとしか言いようのない熱」とあるが、どういうことか。説明しなさい。

問十一　平野啓一郎は第一二〇回芥川賞受賞作家であるが、芥川賞の創設を提唱した人物は誰か。

ア　菊池寛　　イ　森鷗外　　ウ　川端康成

エ　太宰治　　オ　夏目漱石

イ　相手の心を理解しようとしたり、感情を動かしたりするのではなく、データ化された様々な状況から見出されたパターンによって、最も自然に感じられる返答をすること。

ウ　現実空間ではなく、仮想空間におけるコミュニケーションを研究の対象とし、超現実的世界における有効な言語を生み出していくべく、最新の返答を次々としていくこと。

エ　純粋に言語だけを用いて意思疎通をする場合においても、十分に意思疎通を行うことが可能になるような言語をもっぱら追求し、最も具体性のある返答をすること。

オ　サービス向上のためにこれまでの顧客の心理をデータ化し、ＡＩによってデータを詳細に分析することで、顧客が最も快適に感じられる返答のみをするということ。

問七　――部④「喜びというより不穏なものを感じた」とあるが、それはなぜだと考えられるか。このことを説明したものとして最も適当なものを選びなさい。

ア　対面で母を失った悲しみを受け止めてくれ、しかも生きている人間と見間違えるほど精巧なＶＦを作ってくれる会社に感謝の気持ちを持ち続けてきたが、心の有無をめぐっての顧客とのトラブルが絶えないと聞き、アフターサービスという点で、最後まで顧客に寄り添ってはくれないという欠点があるのではないかと、強い不安を持ったから。

イ　本当の母と全く区別がつかないようなＶＦを手に入れることは、生前の母とのむつまじい日々を取り戻せるようで、嬉しい出来事だと予想してきたが、これまでＶＦを購入してきた人の多くがクレーマーになったと聞き、ＶＦに心を奪われるあまり、恩人にクレームを言うような人間に自分がなってしまうのではないかという怖れが生じたから。

ウ　母が死んでしまったにもかかわらず、母との自然なやりとりをもう一度もたらしてくれるＶＦには、とても魅力を感じているが、一方で、人間の心を復元することによって、人間の死という重大な出来事さえも、この社会に存在しないものにしてしまう科学技術のあまりに強大な力に、破滅的な人類の未来を予期してしまっていたから。

エ　心を持たないにもかかわらず心を持つかのように感じさせるというＶＦには、母の再生および母との生活の再来という大きな喜びを期待してきたが、あまりにも精巧なＶＦには、生きている人間を全て仮想の存在に感じさせる効果があるように思われ、事実、少しずつ現実感を失いつつある自分に気づき、恐ろしさがわいてきていたから。

オ　心が感じられるほど精巧な母のＶＦを入手することは、失われた母を取り戻すようなものであり、そこには喜びもあると考えていたが、それよりも、ＶＦを購入するということは、それなしに自立できないほど自分の精神が損なわれているということなのだと感じ、将来ＶＦに心を感じているであろう自分が怖くなったから。

問八　――部⑤「その手前で、『まあ、』と一呼吸置いてみせたのだった」とあるが、このことは「僕」に対してどのような効果があったというのか。これに答える次の一文の空らんに入るように、本文中から十字で抜き出しなさい。

中尾をより［　　　　］に見せる効果。

問九　――部⑥「――心から」とあるが、この表記はどのような効果を読者にもたらすものと考えられるか。適当なものを二つ選びなさい。

ア　ＶＦが心という言葉を用いていることに注意を向けさせるこ

明瞭な面持ちで立っていたと思う。「話しかければ、非常に自然に受け答えをしてくれます。ただ、〝心〟はありません。」という、野崎の最初の説明が脳裡《のうり》を過《よぎ》った。

彼はつまりＡＩ（人工知能）で、その言葉のすべては、一般的な振る舞いに加えて、彼の生前のデータと、ここでの、何十人だか、何百人だかの新規顧客との会話の学習の成果なのだった。ただ、「尤《もっと》もらしい」ことを言っているに過ぎず、実際、こうしたやりとりは、大体いつも、似たり寄ったりなのだろう。

第一、それを言うなら、柏原や野崎の言動こそ、僕が誰であろうと、そう大して変わらない、パターン通りの内容だった。彼らとて、一々《いちいち》、僕の心を読み取り、何かを感じ取りながら話をしているわけではなく、「統語論的に」応対しているだけに違いない。

「お母様を亡くされたと伺《うかが》ってます。きっと、あなたのお母様も、私と同じように、ＶＦとして立派に再生しますよ。娘はね、私と再会した時、本当に涙を流して喜んでくれました。もちろん、私も泣きましたよ。⑥心から。」

僕は、中尾の姿に母を重ねようとした。しかしそれは、どう努力しても止《とど》めることの出来ない、破れやすい、儚《はかな》い幻影だった。それでも、母とまた、こんな風に会話を交わす日が来るという期待は、僕の胸を⑦**苦しみとしか言いようのない熱**で満たした。

わかった上で欺《だま》されることを、やはり欺されると言うのだろうか？　もしそれで幸福になれるなら？　僕は絶対的な幸福など、夢見てはいない。ただ、現状より、相対的に幸福でさえあるなら、残りの人生を、歯を喰《く》い縛ってでも欺されて過ごしかねなかった。……

《注》

（＊1）　ＡＲ方式…実世界から得られる知覚情報に、コンピューターが情報を補足したり、センサーによる情報を加えて強調したりする技術の総称。

（＊2）　ＣＧ…コンピューターによる図形処理によって描いた図形や動画。

問一　＝＝部(a)「キョウ」(b)「イガイ」(c)「ハガン」を漢字に直しなさい。

問二　X には「結局のところ」という意味を表す言葉が入る。次の漢字の中から二つ選んでその言葉を作りなさい。

下	容	語	足	言
受	句	投	挙	掛

問三　Y に入る漢数字を書きなさい。なお、「朔」という漢字は、「月が死んでまたよみがえる様を表したもの」と言われている。

問四　――部①「呆然」のここでの意味を説明したものとして最も適当なものを選びなさい。

ア　精神的に未熟で落ち着きのない様子
イ　後ろ暗いところがあり人目を避ける様子
ウ　悲しい出来事に打ちひしがれている様子
エ　取り返しのつかないことをしてあわてる様子
オ　気が抜けてしまってぼんやりした様子

問五　――部②「感情生活の落伍者なりの手立て」とあるが、どういうことか。四十五字以上六十字以内で説明しなさい。

問六　――部③「統語論的に分析して、最適な返答をする」とあるが、どういうことか。このことを説明したものとして最も適当なものを選びなさい。

ア　思いを伝えることよりも自然な受け答えをすることを最も大切なことと考えて、言葉を可能な限り省略し、以心伝心を実感できるような返答をすること。

よく日焼けしているが、僕とは違い、長い休暇中に、ゆっくり丁寧に時間をかけて焼いたらしい肌艶《はだつや》だった。

もう一人は、紺のスーツを着て、眼鏡をかけた白髪《しらが》交じりの小柄な男性だった。

「初めまして、代表の柏原《かしわばら》です。」

日焼けした男の方が、白眼《しろめ》よりも更《さら》に白い歯を覗《のぞ》かせて腕を伸ばした。

僕は握手に応じたが、ウィンド・サーフィンでもやっているんだろうか、といった眩《まぶ》しい想像を掻《か》き立てられた。

続けて、隣の男性を紹介された。

「弊社《へいしゃ》でお手伝いいただいている中尾《なかお》さんです。」

「中尾です。どうぞ、よろしく。暑いですね、今日は。――お手伝いと言っても、ただここでお話をさせていただくだけなのですが。」

彼は、額《ひたい》に皺《しわ》を寄せて、柔和に(c)**ハガン**した。落ち着いた物腰だったが、こちらの人間性を見ているような、微かな圧力を感じさせる目だった。「お手伝い」というのがよくわからなかったが、僕と同じVFの製作依頼者なのだろうかと考えた。

同様に握手を求められたので、応じかけたが、その刹那《せつな》に、ハッとして手を引っ込めた。実際には、それも間に合わず、僕は彼に触れ、しかも、その感触はなかったのだった。

「私は、VFなんです。実は四年前に、川で溺《おぼ》れて亡くなっています。娘がこの会社に依頼して、私を製作してくれたんです。」

僕は、物も言えずに立っていた。〝本物そっくり〟というのは、(＊2)CGでも何でも、今は珍しくないが、中尾と名乗るこのVFは、何かが突き抜けていた。それが、僕の認知システムのどこをどう攻略したのかはわからない。誇張なしに、僕には彼が、本当に生きている人間にしか見えなかった。柏原と見比べても、質感にはまったく差異がなかった。

僕は、半ば救いを求めるように野崎を振り返った。彼女は特に、「どうです！」と誇らしげな様子を見せるわけでもなく、「気になることがあれば、何でも質問してみてください。」とやさしく勧めた。恐らく、彼女がVFに接する態度も、これを人間らしく見せている一因だろう。

彼の額に、うっすらと汗が浮いているのに気がついて、僕は驚いた。僕の眼差《まなざ》しを待っていたのか、それは、目の前で、静かにしずくになって垂れ、こめかみの辺りに滲《にじ》んで消えた。そのベタつくような光沢を、中尾は痒《かゆ》そうに、二、三度、掻いた。

僕は、反射的に目を逸《そ》らした。彼の足許《あしもと》には、僕たちと同じ角度で、同じ長さの影まで伸びていた。

「ちゃんと、足は生えてますよ。」と中尾は愉快そうに笑って、「そんな、幽霊を見るみたいな顔をしないで下さい。」と、腹の底で響いているような篦太《のぶと》い声で言った。

「すみません、……あんまりリアルなので。」

「中尾さんは、実は収入もあるんですよ。」と野崎が言った。

「――収入ですか？」

「これが仕事なんです。」と中尾が自ら引き取った。「ここでこうして、自分自身をサンプルに、新しいお客様にVFの説明をしているんです。それに、データの提供も。お金を受け取るのは、家内と大学生の一人娘ですがね。……かわいそうなことをしましたから、まあ、親として出来るせめてもの孝行ですよ。」

そう説明する彼の眼には、憂いの色があった。しかも彼は、「親として出来るせめてもの孝行」と言うだけでなく、⑤**その手前で、「まあ、」と一呼吸置いてみせたのだった。**

僕は、自分の方こそ、出来の悪いVFにでもなったかのように、不ようになったのだろうとは、考えることがある。決して口には出さないけれど。

僕は結局、②**感情生活の落伍者《らくごしゃ》なりの手立て**に頼ろうとしている。

ありがたいことに、そういう人向けのサーヴィスに目をつけた人もいるのだった。

担当者は、野崎《のざき》という名の、僕よりも恐らく、一回り年上らしい女性だった。白いブラウスを着ていて、髪を短く切っている。メイクの仕方から、外国生活が長いのではないか、という感じがした。

ここに来る客では、泣き出すことも珍しくはないのか、彼女は、理解に富んだ表情で、僕が落ち着くのを待った。一重まぶたの小さな目が、よくわかりますよ、という風にこちらを見ていたが、観察されている感じもした。誇張でなく、僕は一瞬、彼女は受付用のロボットなのではないかと疑った。

ネットで済むはずの手続きを、わざわざ対面で行うのが、この会社の「人間味溢れる」特徴で、彼女はつまりは、そういう仕事に恵まれる人物なのだった。

「お母様のVFを製作してほしい、というご依頼ですね。」

「はい。」

「VFについては、おおよそ、ご存じですか?」

「――多分、一般的なことくらいしか。」

「仮想空間の中に、人間を作ります。モデルがいる場合と、まったくの架空の人物の場合と、両方あります。石川《いしかわ》様の場合は、いる方、ですね。姿かたちは、本当の人間と、まったく区別がつきません。たとえば、わたしのVFとわたし本人とが、仮想空間で石川様にお会いしても、まず、どちらが本物かは見分けられないと思います。」

「そこまで……ですか?」

「はい。あとでお見せしますが、その点に関しましては、ご信頼ください。話しかければ、非常に自然に受け答えをしてくれます。――ただ、〝心〟はありません。会話を③**統語論的に分析して、最適な返答をする**だけです。」

「それは理解しています。」

「(a)**キョウ**醒《ざ》めかもしれませんが、どれほど強調しても、お客様は途中から、必ずVFに〝心〟を感じ始めます。もちろん、それがVFの理想ですが、その誤解に基づいたクレームが少なからずありますので、最初に確認させていただいてます。」

半信半疑だったが、想像すると、④**喜びというより不穏なものを感じた**。彼女の口調は、製品の説明というより、僕自身の治療方針の確認のようだった。

(中略)

体験ルームは、(b)**イガイ**と平凡な応接室だったが、外部からは遮蔽《しゃへい》されていて、壁には闘牛をモティーフにしたピカソのエッチングが飾られていた。かなり古色を帯びていて、しみもある。最近の精巧なレプリカなのか、二十世紀に刷られたものなのかは、わからなかった。

ヘッドセットを装着しても、何の変化もなかった。僕は、これから対面するVFが、(*1)AR方式で、現実に添加《てんか》されるのか、それともヘッドセット越しに見ている部屋が、既《すで》に仮想的に再現された応接室なのか、本当に区別できなかった。

黒いレザーのソファの前には、コーヒーが置かれている。座って、それを飲めば、わかることだろうが。……

野崎が、二人を連れだって戻って来た。

一人は、薄いピンクの半袖シャツを着た、四十前後の痩身《そうしん》の男性。

「――母を作ってほしいんです。」

担当者と向き合って座ると、たった数秒の沈黙に耐えられず、僕の方から、そう口を開いた。

もっと他に言いようがあったのかもしれない。

メールで既に、希望は伝えてあったので、確認程度のつもりだった。しかし僕は、それだけのことさえ最後まで言い果《おお》せずに、途中で涙ぐんでしまった。

なぜかはわからない。母を亡くして、半年間堪《こら》えていた寂しさが、溢《あふ》れ出してしまったのだろうが、その［ X ］がこれかと、何となく惨《みじ》めな気持ちになった。

それに、その不可能な単語の組み合わせが、単純におかしかったのだとも思う。――おかしくて泣いて悪い理由があるだろうか？

僕は、二十九歳になったところだった。

僕と母は、どちらかが死ねば、遺《のこ》された方は一人になるという、二人だけの家族だった。そして僕は、二〇四〇年代の入口に立って、時々後ろを振り返りながら、まだ①呆然としているのだった。

もう母は存在しない。その一事を考えれば考えるほど、僕は、この世界そのものの変質に戸惑う。

簡単なことが、色々とわからなくなった。例えば、なぜ法律を守らなければならないのか、とか。……

用心していても、孤独は日々、体の方々に空いた隙間から、冷たく無音で浸透してきた。僕は慌てて、少し恥ずかしさを感じながら、誰にも覚《さと》られないように、その孔《あな》を手で塞《ふさ》いだ。

僕たちを知る人は多くはなかったが、誰からも仲の良い親子だと見られていたし、僕は母親思いの、大人しい、心の優しい青年だという評判だった。

話を簡単にしてしまえば、母の死後、僕がすぐに、VF（ヴァーチャル・フィギュア）を作るという考えに縋《すが》ったように見えるだろうが、実際には、少なくとも半年間、母のいない新しい生活に適応しようとする、僕なりの努力の時間があったのだった。

それは、知ってほしいことの一つである。

僕は、六月［ Y ］日生まれで、それが、「朔也《さくや》」という名の由来になっている。「［ Y ］日」を、古い言葉で「朔《さく》」ということを、僕は母から何度となく聞いていた。

母に祝われることのない初めての誕生日から数日を経て、僕は不意に胸に手を当て、言いしれぬ不安に襲われた。

自分では、その都度うまく蓋《ふた》をしたつもりだった体の隅々の孔が、結局、開《ひら》いたままで、僕の内側に斑《まだら》な空虚を作り出していた。僕は、外からの侵入者を警戒するあまり、僕自身が零《こぼ》れ落ち続けていたことに、気づいていなかったのだった。

体が軽くなる、というのは、大抵は何か快さの表現だが、僕はその腐木《ふぼく》のような脆《もろ》い感触に、これはいけない、と初めて自覚し、その解決策を考えた。

それが、僕が今、渋谷の高層ビルの中にいる理由だった。

死は勿論《もちろん》、平凡な出来事だろう。誰もがある時、この世に生まれてきて、いつか死ぬ。これは、絶対に例外のない事実だ。取り分け、親が子供よりも先に死ぬというのは、まったく平凡なことに違いない。逆よりずっといい。そして、平凡なことを受け容れられない人間は、周囲を苛立《いらだ》たせる。――それはわかっている。僕の経験は平凡だ。ただ、ふと、どうしてそんなにみんな、何でも平凡なことだと思いなす

（＊4）蹂躙…ふみにじること。暴力的に侵すこと。
（＊5）封建的…かつて社会の制度であった、「封建制度」の性質をもっているさま。一般に、上下関係を重視し、個人の自由や権利を認めないさま。
（＊6）デモクラシー…民主主義。市民に主権があり、市民の人権が保障され、法律によって政治が行われる政治のあり方。また、広く一般に、人間の自由と平等を尊重する立場をいうこともある。
（＊7）修身…明治時代から第二次大戦終戦まで日本の教育で行われていた科目。道徳教育にあたる。

問一　══部(a)「アマ」(b)「甚」(c)「ソッチョク」のカタカナを漢字に、漢字をひらがなに直しなさい。

問二　X に入る言葉を漢字一字で答えなさい。

問三　――部①「私は沈黙の偉人などというものを信用しない」とあるが、その理由を説明しなさい。

問四　――部②「人の発言を封じる言葉がむやみに多い」とあるが、ここで筆者が言いたいことの説明として最も適当なものを選びなさい。

ア　日本は、「黙れ」「やかましい」などの、人の発言を封じる言葉を積極的に用いるおそろしい社会だということ。
イ　日本は、「黙れ」「やかましい」などの、人の発言を封じる言葉を使うが、フランスでは使われないということ。
ウ　日本は、発言すること自体がよく思われない社会なので、西洋より気を付けて発言する習慣があるということ。
エ　日本は、私的な場では勝手気ままに喋り散らしてしまう人が多いため、発言を禁止する言葉が多いということ。
オ　日本は、人の発言を禁止することが多くみられる程度には、西洋に比べて人権意識が低い社会だということ。

問五　――部③「王侯の前に膝を屈するが心は屈しない」とはどのようなことを例えたものか、具体的に七十字程度で説明しなさい。

問六　――部④「真によき社会を作ろうと思うならば、ものいいという一見些細なしかし本当は大切なことを、ここでよく考えなおしてみる必要がある」とあるが、筆者はなぜこのように主張するのか。その理由を本文全体の内容をふまえて説明しなさい。

問七　本文の説明として最も適当なものを選びなさい。

ア　筆者は、芭蕉の句は、一般によくある人間の価値観をあらわしているとして高く評価している。
イ　芭蕉の時代にはものいいをよしとするような時代性があったのではないかと筆者は考えている。
ウ　筋道を立てて理解してもらいやすい発言をすれば、会社の空気がよくなると筆者は考えている。
エ　人間だけが持つものいいの機能を発揮し、デモクラシーの時代を築くべきと筆者は考えている。
オ　筆者は、人権意識が根づいていない日本は、西洋に比べて民主主義を達成しづらいとしている。

問八　松尾芭蕉の作である俳句を一つ選びなさい。

ア　柿くへば鐘が鳴るなり法隆寺
イ　古池や蛙飛びこむ水の音
ウ　菜の花や月は東に日は西に
エ　名月をとってくれろと泣く子かな
オ　春の海ひねもすのたりのたりかな

二

次の文章は平野啓一郎『本心』第一章の冒頭部分である。これを読んで、後の問に答えなさい。

て他人にわかるように発言することが必要なのである。そうすることは他人に対する社会的義務である。そのためには各人が、ものいいが上手になるように努力しなければならない。気のきいた言い方をせよ、というのでは決してない。自分にはっきりわかっていることを自信をもって明瞭《めいりょう》にいうことが第一である。もちろん、地位の上の人に対しては尊敬をもって話さねばならない。(＊6)デモクラシーといっても、社会には常に秩序がなくてはならぬからである。しかしそのために自分の所信《しょしん》をまげたり、卑屈《ひくつ》になったりしては絶対にいけない。つまり話す態度には尊敬があっても、話されることについてはあくまで平等の立場でありたい。あるフランスの昔の文学者が、③**王侯《おうこう》の前に膝《ひざ》を屈するが心は屈しない**といった、その気持が大切である。従って大切なのは、地位の上の人々が、部下のまたは年少の者の話をきくときに、あくまで相手を喋らせ、しかもその至らぬところ、誤っているところは、おだやかに人間的に訂正してやるだけの雅量《がりょう》をもつことである。そうすれば、部下のものは進んで話すようになり、従ってよい意見も出てき、部内の空気は必ず明朗《めいろう》になり、仕事は進むにちがいない。ものいえば唇さむしの感を決して抱かせぬようにせねばならない。これができぬような人間はデモクラシーの時代に、人の上に立つ資格はないのである。そういう X 的な話し方の他に私的なものいいについても工夫が必要であろう。

二、三人の時はいいが七、八人や十人にもなると、日本人はきっと二、三人ずつかたまって、ひそひそ話をする。これは西洋流にいうと大そう礼儀にそむくことであって、座の人々に共通の話題について皆で喋るのがよいとされている。そういう時には頭のすぐれた人がおのずと座長のようになって、しかも自分一人が喋るのではなく、皆が話せるようにもってゆくべきである。また一人だけ喋りちらすのも失礼だが、集りの中でつまらぬ浮かぬ顔をして黙りこくっているのは一そう無礼である。そういう人間は出てこないがよい。自分の意見や感想は遠慮せずにいうがよい。そのさい自分の学力や知識や経験のことを考えて、ひとに笑われはせぬかなどと心配するのはいらぬことである。他人の説の受け売りでなく、素朴《そぼく》のようでも自分自身が真実にそう思うことをいう、そして真実の言葉は必ず人を動かすものである。

こう述べてくると、何か喋り方についての(＊7)修身をきかせられているような気になるかもしれないが、ものをいうということは、社会生活においての一つの義務であると同時に、人生においての人間らしい楽しみの一つなのである。親しい友だちどうしの歓談、これ以上に喜ばしいものがあろうか。しかしその喜びを一そう大きくするために、面白く話すことを覚えるがよい。面白くというのはホラを吹いたり、下品なことを喋ったりすることではない。内容は同じことでも、それを聞き手の興味をひくように、いわばユーモアをまじえて話すのである。(中略)

ものいいなどは、どうでもいいというのは誤りである。各人が平等であり、また各人が人生を楽しむということがデモクラシーの目的であり、また条件でもある。④**真によき社会を作ろうと思うならば、ものいいという一見些細《ささい》なしかし本当は大切なことを、ここでよく考えなおしてみる必要がある**。

《注》

(＊1) 芭蕉…松尾芭蕉。江戸時代の俳人。

(＊2) 「ものいへば唇さむし秋の風」…芭蕉の詠んだ句。現在では「人の短所を言ったあとは、後味が悪く、寂しい気持ちがする。転じて、何事につけても余計なことを言うと、災いを招くということ」という意味のことわざとしても用いられている。

(＊3) 彼をしてかかる句を吐かしめた…彼にこのような句を詠ませた、の意味。

二〇二二年度
渋谷教育学園幕張中学校

【国　語】〈第一次試験〉（五〇分）〈満点：一〇〇点〉

注意　・記述は解答欄《らん》内に収めてください。一行の欄に二行以上書いた場合は、無効とします。
・記号や句読点も一字に数えること。

一　次の文章は、桑原武夫「ものいいについて」（一九四六年）の一部である。これを読んで、後の問に答えなさい。

（＊1）芭蕉に（＊2）「ものいへば唇さむし秋の風」という有名な句がある。私はこの句を好まない。（中略）それは、私がものをいうことが相当以上に好きであるという生れつきによるのだろうが、それはばかりではない。

うるさい人の世を多少とも渡って来た人間には、この句の真実性を身にしみて感じ、思わず「ものいへば唇さむし秋の風」と呟《つぶや》きたくなる瞬間も稀《ま》れではないであろう。人間の真実性を現わしているという点において、この句は文学的に一応の成功を収めているといえよう。しかしその真実性が大らかな広い、正しい人間性に根ざしているか、どうか。またそれが、一つの格言のようになって人口に膾炙《かいしゃ》していることは、社会的に健全な現象であるか、どうか。一体、この句を呟きたくなるときの気持《きもち》はどんなものだろう。「ああ、言わずもがなのことを口にした、恐らく私の真意はわからなかったろう、いや誤解されたかもしれぬ。口は禍《わざわ》いのもと、おれも馬鹿だった、それにしても人の世は寒々とつれないものだ」。そこには後悔と自嘲《じちょう》とがある。（中略）ともかく、私はこの句を思い出すごとに、芭蕉の一部にある小ささ、というよりむしろ（＊3）彼をしてかかる句を吐かしめた時代の矮《わい》小《しょう》さを感じる。そして思う、こんな句の真実性がぴったりわかるような人間がだんだん稀れになってゆくのでなければ、日本の社会がよくなったとは言えぬのだろうと。

動物はものをいわない。人間だけがものをいう。この天賦《てんぷ》の機能を正しく用い、またこれを楽しまぬというのは間違いである。日本で従来、ものを(a)**アマ**りいわぬことを偉人になくてはならぬ性質のように考えたのは間違いである。平常ものをいわぬ人が、たまたま口を開いたので、何をいうかと耳をかたむけると、馬鹿げきったことを鹿爪《しかつめ》らしくしゃべっただけだった、そういう経験を私はいやというほどもっている。①**私は沈黙の偉人などというものを信用しない**ことにしている。不言実行という言葉もあるが、それが不言不実行にすりかえられていることが多いのであって、私は不言実行などという人より一言半行、いったことのせめて半分は必ず実行する人の方を重んじる。ものをいえば必ず社会的に何らかの責任を生じる。不言実行などというのは社会的に責任をとるまいとすることであって、（中略）われわれは今後、大いにものをいうようにしなければならない。

がんらい日本語には、「黙れ」「やかましい」「もういい」「わかった」「うるさい」等々、②**人の発言を封じる言葉がむやみに多い**（たとえば『暗夜行路』をみよ）。西洋語には、少なくとも私のよく知っているフランス語には(b)**甚**だ少ない。しかも「テゼ・ヴ」（お黙り）というような言葉を用いることは、一種の人権（＊4）蹂躙《じゅうりん》と考えられている。このことは言語発表ということについて、日本がまだ極めて（＊5）封建的だということを示している。

しかし、ものをいうことを遠慮するなといっても、それは人に通じないようなことを、勝手気ままに喋《しゃべ》り散らしてよいということでは、もちろんない。自分の思うことを(c)**ソッチョク**に、しかし筋道をたて

2022年度

渋谷教育学園幕張中学校　▶解説と解答

算　数　＜第１次試験＞（50分）＜満点：100点＞

解　答

1 (1)　331個　　(2)　17周　　(3)　７周　　2 (1)　24通り　　(2)　10通り　　(3)　６通り　3 (1)　①　(ウ)　　②　(オ)　　(2)　A　24cm　　B　30cm　　C　28cm　　4 (1)　43.96cm　　(2)　97.14cm^2　　5 (1)　13：４　　(2)　５：16

解　説

1 図形と規則，数列

(1)　右の図①のように区切ると，３周目の黒石の数は，３×６＝18(個)と求めることができる。同様に考えると，N周目の黒石の数は，N×６(個)と表すことができるから，１周目から10周目までの黒石の数の合計は，(１＋２＋…＋10)×６＝55×６＝330(個)と求められる。よって，はじめの白石を含《ふく》めると，330＋１＝331(個)になる。

図①

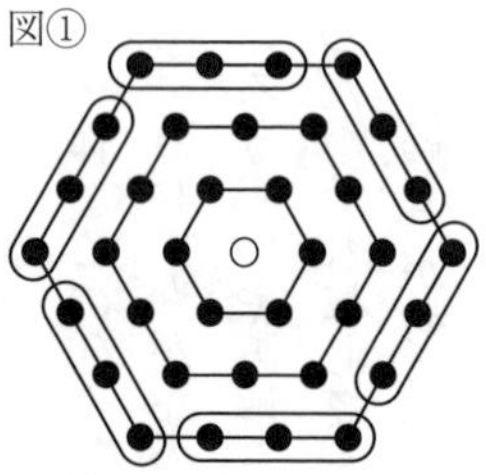

(2)　(１＋２＋…＋N)×６≦1000にあてはまる最も大きいNの値を求めればよい。≦の両側を６で割ると，１＋２＋…＋N≦166.6…となるので，１＋２＋…＋17＝(１＋17)×17÷２＝153より，N＝17とすればよいことがわかる。よって，最大で17周まで囲むことができる。

(3)　正方形で囲むとき，白石を含めた個数の合計は奇《き》数《すう》の平方数になる。また，正六角形で囲む場合の石の総数を調べると右の図②のようになるから，７周まで囲むと169(＝13×13)個になることがわかる。よって，□に入る最も小さい数は７である。

図②

周	1	2	3	4	5	6	7
並べる黒石	6	12	18	24	30	36	42
石の総数	7	19	37	61	91	127	169

2 条件の整理，場合の数

(1)　赤が切り替《か》わる色は，{赤，青，黄，緑}の４通りある。どの場合も，青が切り替わる色は，赤が切り替わった色を除いた３通りあり，黄が切り替わる色は，赤と青が切り替わった色を除いた２通りある。さらに，緑が切り替わる色は残りの１通りだから，異なる４色が点灯する規則は，４×３×２×１＝24(通り)作ることができる。

(2)　下の図１のようになる場合を考える。パターン①のように，赤を赤，青を青，黄を黄，緑を緑にすると条件に合い，この場合は１通りである。また，パターン②のように，アを青にすると，その後で青が赤になるので，イは赤と決まる。このとき，ウを黄，エを緑にすると条件に合う。これは赤と青の間で色を入れかえたことになるが，ほかの２色の間で入れかえることもできるから，この場合は，$\frac{4\times3}{2\times1}$＝６(通り)ある。また，パターン③のように，赤と青の間で入れかえ，さらに黄と緑の間で入れかえることもできる。このとき，入れかえる色の組み合わせは，(赤と青，黄と緑)，

(赤と黄，青と緑)，(赤と緑，青と黄)の３通りあるので，この場合は３通りである。よって，全部で，１＋６＋３＝10(通り)と求められる。

図１

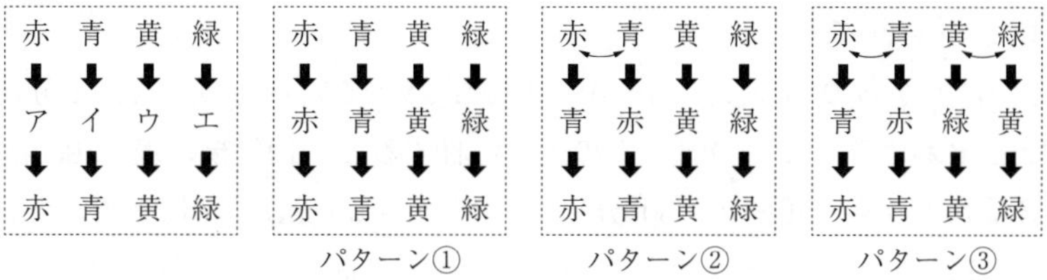

(3)　下の図２のようになる場合を考える。もし，アが赤以外の色(たとえば青)だとすると，オには赤と青以外の色(たとえば黄)が入るから，イ，カ，ウ，キの色も決まり，下の図３のようになる。すると，赤一色にならないので，条件に合わない。よって，アとオは赤と決まるから，下の図４のようになる。図４で，イが赤の場合を考えると，パターン①とパターン②の２通りが条件に合う。同様に，ウ，エを赤にした場合も２通りずつあり，イ，ウ，エのうち２つ以上を同じ色にすると，１回目または２回目に赤一色になってしまうので，条件に合わない。したがって，全部で，３×２＝６(通り)と求められる。

図２

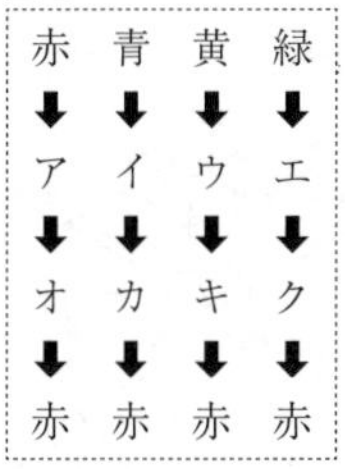

図３

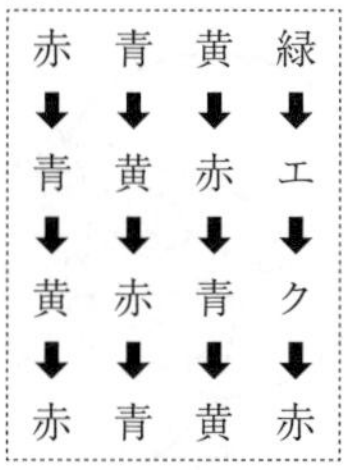

図４

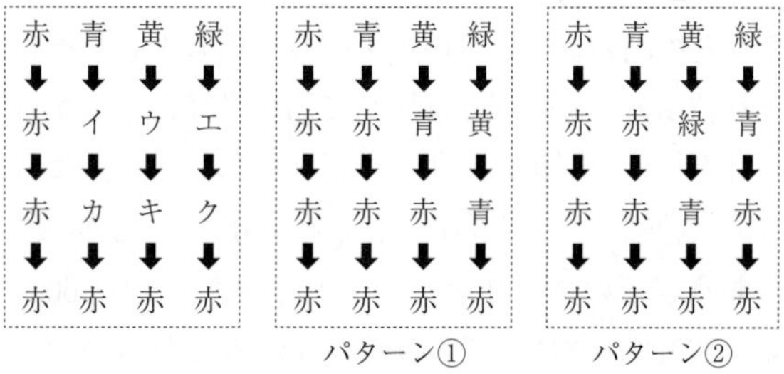

3　グラフ

(1)　はじめの10分はＡだけが短くなる。下の図１で，もし，Ａが最も長いとすると，はじめの10分で「最長と最短の差」は減り，Ａが２番目に長いとすると，はじめの10分で「最長と最短の差」は変わらない。また，Ａが最も短いとすると，はじめの10分で「最長と最短の差」は増えるから，問題文中のグラフより，Ａが最も短いことがわかり，10分後には下の図２のようになる。次に，10分後からはＢも短くなる。それにともなって「最長と最短の差」は減っているので，最も長いのはＢとわかり，ＡとＢの長さの関係をグラフに表すと，下の図３の太実線のようになる。さらに，問題

図１(はじめ)

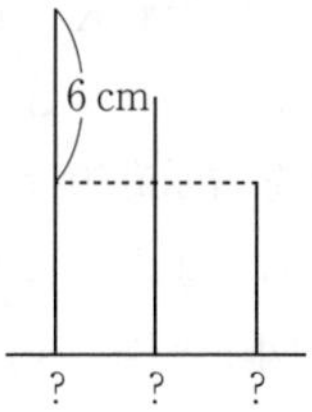

図２(10分後)

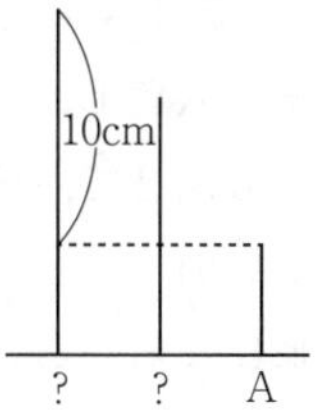

図３

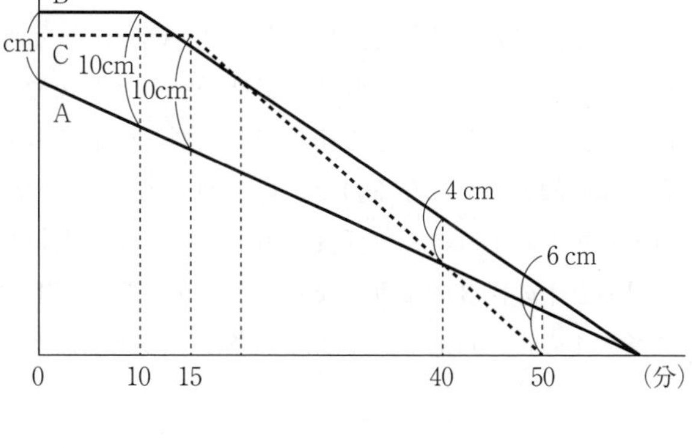

文中のグラフの折れ方から，図３にＣのグラフをかき入れると，太点線のようになることがわかる。図３より，火をつける前の長さについて，(最長，最短)の組は(Ｂ，Ａ)とわかる。また，グラフの傾《かたむ》きの大きさから，１分間に燃える長さについて，(最長，最短)の組は(Ｃ，Ａ)と求められる。よって，①は(ウ)，②は(オ)である。

(2)　Ａは火をつけてからの10分で，10－６＝４(cm)燃えているから，Ａが１分間に燃える長さは，４÷10＝0.4(cm)とわかる。また，ＢとＡの差に注目すると，10分後の差は10cm，40分後の差は４cmなので，ＢはＡよりも，40－10＝30(分)で，10－４＝６(cm)多く燃えたことになる。すると，１分間では，６÷30＝0.2(cm)多く燃えるから，Ｂが１分間に燃える長さは，0.4＋0.2＝0.6(cm)と求められる。同様に，ＣとＡの差に注目すると，15分後の差は10cm，40分後の差は０cmなので，ＣはＡよりも，40－15＝25(分)で10cm多く燃えたことになる。すると，１分間では，10÷25＝0.4(cm)多く燃えるから，Ｃが１分間に燃える長さは，0.4＋0.4＝0.8(cm)とわかる。次に，Ｂの最後の６cmが燃えるのにかかった時間は，６÷0.6＝10(分)なので，Ａが燃え尽《つ》きるまでの時間は，50＋10＝60(分)，Ｂが燃え尽きるまでの時間は，60－10＝50(分)とわかる。さらに，Ｃが燃え尽きるまでの時間は，50－15＝35(分)だから，火をつける前の長さは，Ａが，0.4×60＝24(cm)，Ｂが，0.6×50＝30(cm)，Ｃが，0.8×35＝28(cm)と求められる。

4　平面図形―長さ，面積

(1)　右の図のように，円周上の点と円の中心をそれぞれ結ぶと，直線部分はすべて円の半径になるから，かげをつけた三角形はすべて正三角形になる。よって，太線部分は，中心角が，360－60×２＝240(度)のおうぎ形の弧《こ》が２か所と，中心角が，360－60×４＝120(度)のおうぎ形の弧が３か所になるので，

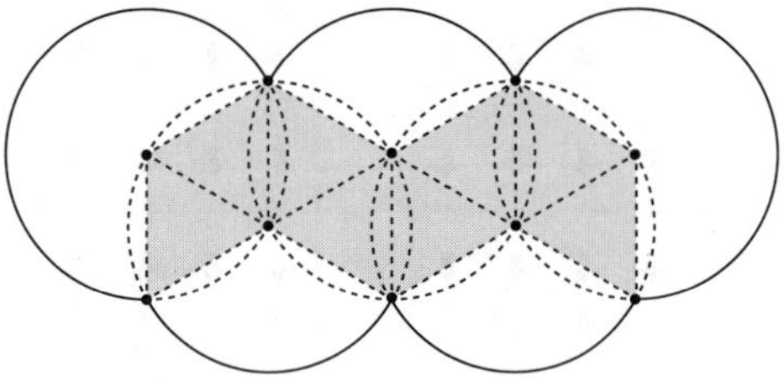

中心角の合計は，240×２＋120×３＝840(度)とわかる。したがって，太線の長さは，３×２×3.14×$\frac{840}{360}$＝14×3.14＝43.96(cm)と求められる。

(2)　おうぎ形の面積の合計は，３×３×3.14×$\frac{840}{360}$＝21×3.14＝65.94(cm^2)である。また，正三角形８個の面積の合計は，3.9×８＝31.2(cm^2)だから，太線で囲まれた部分の面積は，65.94＋31.2＝97.14(cm^2)となる。

5　立体図形―分割，体積

(1)　はじめに，Ｐ，Ｒ，Ｔを通る平面で切断したときの切り口の図形(ア)の形を考える。下の図１で，ＲとＴを結ぶ直線はＢとＤを結ぶ直線と平行になるから，Ｐを通りBDに平行な直線IJを引くことができる。また，IJを延長した直線と，CB，CDを延長した直線が交わる点をそれぞれＫ，Ｌとし，ＫとＲ，ＬとＴをそれぞれ結んで延長すると，図形(ア)は太線の六角形になる。次に，Ｑ，Ｓ，Ｕを通る平面で切断したときの切り口の図形(イ)の形を考える。下の図２で，ＳとＵを結ぶ直線はＢとＤを結ぶ直線と平行になるので，Ｑを通りBDに平行な直線NOを引くことができる。また，ＮとＳ，ＯとＵをそれぞれ結んで延長すると，図形(イ)は太線の三角形になる。ここで，図１と図２を真上から見ると下の図３のようになるから，正方形ABCDの対角線の長さを３とすると，図形(ア)は１辺の長さが４の正三角形から１辺の長さが１の正三角形を３個取り除いたものであり，図形(イ)は１辺の

長さが２の正三角形とわかる。したがって，(ア)と(イ)の面積の比は，（４×４－１×１×３）：（２×２）＝13：４と求められる。

図１

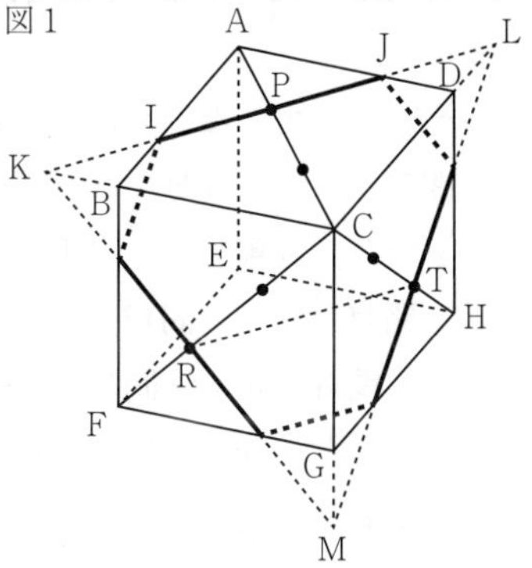

図２

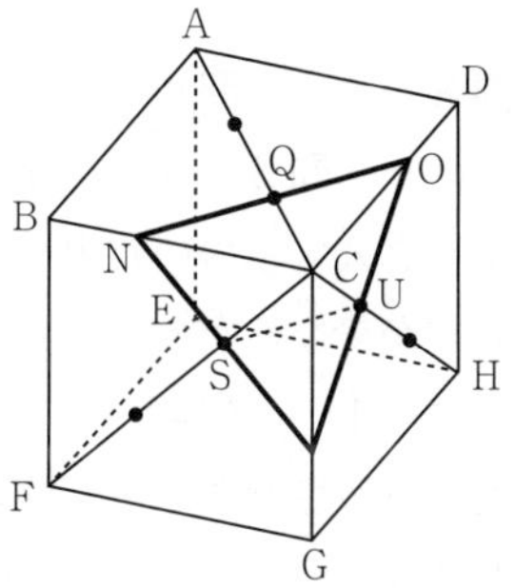

図３

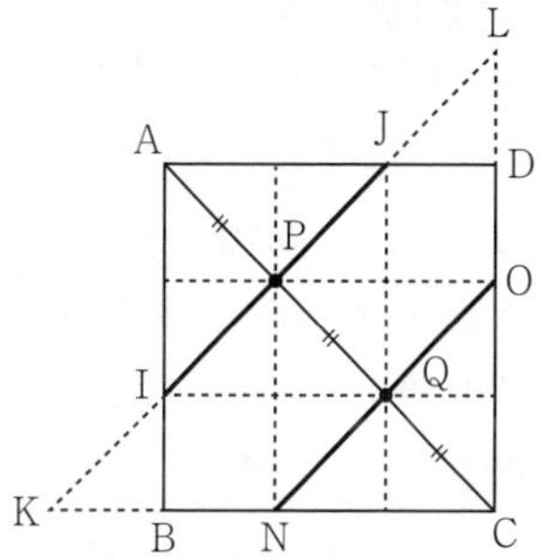

(2)　図形(ア)で分けられた２つの立体のうち，点Ｃを含む方の立体をＸ，点Ｅを含む方の立体をＹとする。立方体の１辺の長さを，３×３＝９とすると，図１で，CK＝CL＝CM＝３×４＝12なので，三角すいＭ－CLKの体積は，12×12÷２×12÷３＝288となる。また，立方体の外側の小さな三角すい１個の体積は，３×３÷２×３÷３＝4.5だから，立体Ｘの体積は，288－4.5×３＝274.5と求められる。さらに，立方体の体積は，９×９×９＝729なので，立体Ｙの体積は，729－274.5＝454.5とわかる。次に，Ｑ，Ｒ，Ｔを通る平面で切断したときの切り口の図形は，右上の図４の長方形NVWOになる。ここで，図４の一部を取り出して新たに記号をつけると，右上の図５のようになる。Ｑ，Ｒ，Ｔを通る平面で切断するとき，立体Ｘから切り落とされるのは，三角柱ウエオ－カキクと，三角すいシ－カキクから三角すいシ－スコセを取り除いた立体，つまり三角すい台カキク－スコセである。三角柱ウエオ－カキクの体積は，６×６÷２×６＝108であり，三角すいシ－カキクの体積は，６×６÷２×６÷３＝36，三角すいシ－スコセの体積は，３×３÷２×３÷３＝4.5だから，三角すい台カキク－スコセの体積は，36－4.5＝31.5となる。よって，点Ｂを含む立体の体積は，274.5－(108＋31.5)＝135と求められる。一方，立体Ｙから切り落とされるのは，三角柱カキク－ケコサから三角すい台カキク－スコセを取り除いた形の立体Ｚである。三角柱カキク－ケコサの体積は，６×６÷２×３＝54，三角すい台カキク－スコセの体積は31.5なので，立体Ｚの体積は，54－31.5＝22.5と求められ，点Ｅを含む立体の体積は，454.5－22.5＝432とわかる。したがって，点Ｂを含む立体と点Ｅを含む立体の体積の比は，135：432＝５：16である。

図４

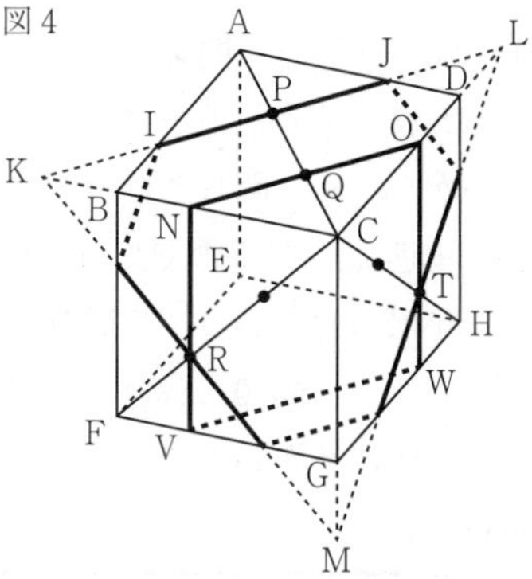

図５

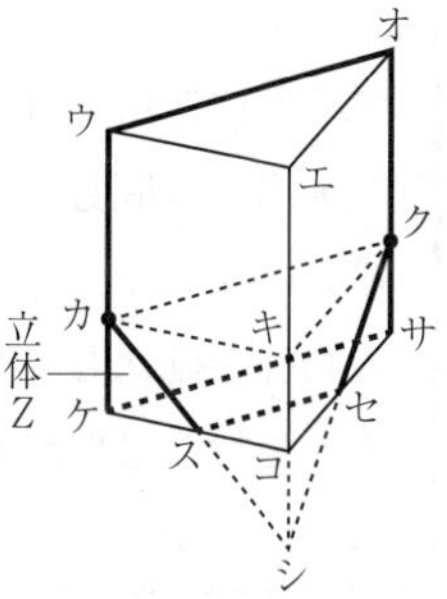

社　会　＜第１次試験＞（45分）＜満点：75点＞

解　答

1 **問1**　6　**問2**　3　**問3**　2　**問4**　（例）　貸したお金が返ってこなければ，それがそのまま銀行の損失になるから。　**問5**　3　**問6**　2　**問7**　2　**問8**　2　**問9**　3　**問10**　（例）　専用端末を導入するのに費用や手間がかかったり，利用するのに手数料がかかって現金での決済よりも利益が少なくなったりするから。　**問11**　3　**問12**　1

2 **問1**　4　**問2**　4　**問3**　1　**問4**　3　**問5**　2　**問6**　4　**問7**　3　**問8**　3　**問9**　（例）　株仲間を解散させた。　**問10**　（例）　宋銭などに加え，勘合貿易で得られた明銭が全国的に貨幣として使われていた。　**問11**　（例）　貴族や武士などに仕える童は元服のしきたりに従わず，大人になってからも独特の服装や髪型で，子どものような姿をしていた。

3 **問1**　30(年間)　**問2**　1　**問3**　4　**問4**　（例）　地表がコンクリートやアスファルトでおおわれ，雨水が地中にしみこまないので，大雨が降ると雨水が地表を流れて一気に河川に流れこむから。　**問5**　棚田　**問6**　3　**問7**　**イ**　日本(海流)　**ウ**　北海道　**問8**　（例）　一匹ずつとるので，魚の体に傷がつきにくい。(一匹ずつとるので，すぐに冷凍しやすく，鮮度が保ちやすい。)　**問9**　（例）　移住してきた人の住居として提供できる物件を確保しておくため。　**問10**　（例）　豪雪地帯では，屋根に積もった雪を取り除く雪下ろしを行う必要があるが，居住者がいないと雪下ろしができず，雪の重みで建物が倒壊するおそれがあるから。　**問11**　3

解　説

1 **銀行の機能や現状を題材とした問題**

問1　銀行は，個人や会社などから預かったお金(預金)を元手に，企業などに資金を貸し出す。預金に対して支払う利子の金利(利子率)よりも，貸し出した資金に対して受け取る利子の金利のほうが高く設定されており，その差額が銀行の利益となる。日本では近年，政府や日本銀行がお金を借りやすくして市場の貨幣《かへい》を増やし，経済を活性化させようという方針のもと，金利を低く設定する政策を続けている。そのため，一般の銀行も低金利で貸しつけを行うことになり，これが銀行の経営を圧迫する要因の一つとなっている。

問2　金融《きんゆう》庁は，金融制度の企画・立案や金融機関の検査，監督《かんとく》，証券市場の監視をおもな仕事とする行政機関で，内閣府の外局として設置されている。

問3　X　税金や公共料金は，送付されてくる払《はら》いこみ通知などに従ってみずから納めることもできるが，事前に申しこむことで，銀行などにつくった自分の預金口座から，決まった日に引き落として支払うこともできる。　Y　日本では預金保険制度が整備されており，金融機関が経営破綻《はたん》した場合，預金者一人あたり1000万円までの元本と利息の払い戻《もど》しが保証されているが，「すべての預金を全額払い戻すこと」は保証されていない。

問4　銀行が個人や会社などに貸しつけを行う場合は，借り手がお金を返すことが前提条件となる。お金が返ってこなければ，貸しつけた金額はそのまま銀行の損失となるので，そうしたことがないように銀行は厳格な審査《しんさ》を行ってからお金を貸し出す。会社の場合は経営が，個人の場合は収入が安定していることなどが，その条件となる。

問５　X　外国為替《かわせ》相場が１ドル＝200円から１ドル＝100円になった場合，200円出さないと交換《こうかん》できなかったものが100円で交換できるようになる。これが「円高ドル安」という状態で，ドルに対する円の価値が上がったことを意味する。　　Y　かつて外国為替相場は，１ドル＝360円というように交換比率が決まっている固定相場制がとられていたが，1973年以降，主要国の為替相場は，その通貨に対する需要《じゅよう》と供給の関係によって日々変動する変動相場制に移行した。

問６　X　日本銀行は唯一《ゆいいつ》の発券銀行として，千円・二千円・五千円・一万円の四種類の日本銀行券(紙幣)を発行している。なお，硬貨《こうか》は財務省所管の独立行政法人である造幣局が発行している。　Y　日本銀行は「政府の銀行」として政府資金を取りあつかうとともに，「銀行の銀行」として一般の銀行との間で資金を預かったり，貸しつけを行ったりしている。しかし，個人や一般の会社との取引は行っていない。

問７　X　国勢調査は，人口や世帯数，就業状況，産業別・職業別の就業人口といった国の基礎的な統計資料を得るために行われる。1920年以来５年ごとに行われ(1945年は中止され，代わりに1947年に実施)，2020年には第21回の調査が行われた。　　Y　少子化対策担当大臣は，各省庁の長となる大臣とは別に，内閣府特命担当大臣として置かれている。2021年10月に発足した岸田文雄内閣では，衆議院議員の野田聖子が少子化対策担当大臣に就任した。

問８　X　予算については衆議院で先に審議・議決することが定められているが，法律案などの審議・議決は衆議院・参議院どちらが先に行ってもかまわない。　　Y　衆議院で可決した法律案を参議院が否決するか，国会休会中を除く60日以内に議決しなかった場合，衆議院が出席議員の３分の２以上の賛成で再可決すれば，法律として成立する。

問９　X　インターネットのみで取引を行う銀行(ネット銀行)も，一般の銀行と同じように預金を受け入れている。　　Y　スーパーマーケットやコンビニエンスストアなどの小売店を運営する会社の中には，銀行を設立し，自社の店舗《てんぽ》などにATM(現金自動預け払い機)を設置している会社もある。

問10　キャッシュレス決済は，現金を使わないで支払いを済ませる方法のことで，クレジットカードやプリペイドカードによる支払い，スマートフォンを利用した二次元バーコード決済などがあてはまる。店側としては，会計時間が短くできる，お釣りの間違いがなくなるなどの利点もあるが，専用端末を用意する費用や手続きの手間がかかる，利用するにあたって決済手数料がかかるといった短所もある。また，売り上げが入金されるまでに時間がかかることも店側にとっての短所となりえる。

問11　X「ペーパーレス化」は紙の利用を減らそうという取り組みで，銀行の取引の場合，通帳や利用明細を紙ではなく，電子データとして見られるようにすることなどがこれにあたる。暗証番号の入力は店舗のATMでも必要で，それ自体がペーパーレス化につながるわけではない。なお，多くの銀行はペーパーレス化の取り組みの一つとして，インターネットを用いた取引方法(インターネットバンキング)を導入している。　　Y　インターネットバンキングでは，インターネット上で取引の記録を確認できるので，原則として紙の通帳を必要としない。新規に口座を開設する場合，紙の通帳の発行を有料化する銀行も増えている。

問12　内閣官房《かんぼう》長官は，内閣総理大臣を直接補佐する内閣官房という機関の長で，内閣総理大臣が任命する国務大臣が充《あ》てられる。官房長官のおもな仕事は，行政各機関や国会諸会派(特に与党)との調整や，政府の公式見解などを発表する政府報道官としての務めで，原則として毎週月曜から金曜の午前と午後の２回，定例記者会見を行う。

2 各時代の歴史的なことがらについての問題

問１　1　最澄《さいちょう》は近江《おうみ》国(滋賀県)出身の僧で，平安時代初めに唐(中国)に渡り，帰国して日本に天台宗を開いた。　2　推古天皇や聖徳太子を中心とする朝廷は，飛鳥時代の607年，小野妹子らを遣隋使として隋(中国)に派遣した。　3　奈良時代の743年，口分田の不足を補うために墾《こん》田《でん》永年私財法が出された。　4　平安時代のできごとを正しく説明している。

問２　A　鎌倉幕府は1297年，生活に苦しむ御家人を救うために永仁の徳政令を出した。民衆が土倉や酒屋などの金融業者をおそうという土一揆《いっき》は，室町時代の1428年に起こった正長の土一揆が最初である。　B　鎌倉時代末期には，幕府や領主に従わず，荘園を奪《うば》ったりする者が近畿地方などにあらわれ，悪党とよばれた。悪党とよばれた人物としては，後醍醐《ごだいご》天皇に協力して鎌倉幕府と戦った楠木《くすのき》正成《まさしげ》が知られる。　C 「チンギス＝ハン」ではなく「フビライ＝ハン」が正しい。D　鎌倉時代初めの1221年に後鳥羽《ごとば》上皇が起こした承久《じょうきゅう》の乱について，正しく説明している。

問３　A　第二次世界大戦後，長くアメリカの統治下に置かれていた沖縄は，1972年５月に日本に返還された。　B　東京オリンピック開会直前の1964年10月１日に東海道新幹線が開業し，東京駅と新大阪駅を約４時間(翌年には３時間10分)で結んだ。　C　1972年９月，田中角栄首相が中華人民共和国(中国)の首都・北京で周恩来首相と会談し，日中共同声明に調印したことで，日本と中国の国交が正常化された。　D　トーキーは音声つきの映画のことで，昭和時代初期に普及《ふきゅう》し始めた。それまでは，活動弁士とよばれる人が画面に合わせてせりふや解説を語るサイレント映画(無声映画)がつくられていた。

問４　1　原敬《たかし》が，立憲政友会の総裁として初の本格的な政党内閣を組織したのは1918年のことで，これは大正７年にあたる。　2　大日本帝国憲法は，第１回帝国議会が開かれる前年の1889年に，天皇が国民に授けるという形で発布された。参議院は日本国憲法の制定後の1947年，貴族院に代わって創設された。　3　日清戦争の講和条約である下関条約は，明治28年にあたる1895年に結ばれ，日本は清(中国)から多額の賠償《ばいしょう》金を手に入れた。　4　明治時代に整備された軍隊は陸軍と海軍で編成されており，その後に編成された航空部隊も，陸海軍いずれかの所属とされた。

問５　Aは1925年，Dは1931年のできごとである。Bについて，第一次世界大戦後である1920年に設置され，日本も常任理事をつとめた国際連盟の本部はスイスのジュネーブに置かれた。Cについて，犬養毅《いぬかいつよし》首相は1932年，海軍の青年将校らが起こした五・一五事件で暗殺された。二・二六事件は，1936年に陸軍の一部の部隊が起こしたクーデター未遂事件である。

問６　A　旧石器時代にはマンモスやナウマンゾウの大型動物が狩猟《しゅりょう》の対象だったが，縄文時代にはイノシシやシカなどの中小動物が狩猟の対象となり，そのための道具として弓矢が発達した。B　縄文時代のようすを正しく説明している。　C 「吉野ヶ里遺跡」ではなく「三内丸山遺跡」が正しい。吉野ヶ里遺跡は，佐賀県で発掘《はっくつ》された弥生時代の環濠《かんごう》集落跡である。　D　屈葬《くっそう》は手足を折り曲げ，体を丸くした状態で埋葬《まいそう》する方法で，縄文時代に行われた。貝塚は縄文時代の人々がごみ捨て場などに用いた場所で，貝類が層をなして見つかるほか，人骨なども出土する。

問７　A　図５では，左半分に米騒動《そうどう》を起こした人々が描かれているが，身につけている衣服から，男性が中心であるとわかる。　B　図５の中央やや右には，電灯がつるされた電柱が描かれているので，正しいと考えられる。　C　図５の右半分にはサーベル(剣)を持ち，帽子をかぶった人が複数描かれている。色つきの制服と白い制服の人がいることから，警察と軍隊という二つの組織が米騒動の鎮圧《ちんあつ》に出動したと推測できる。　D　1918年，政府がシベリア出兵を決定すると，米価の値上がりを見こして大商人らが米の買い占《し》めを行った。これによって米価が大きく値上がりしたため，同年８月，富山県魚津で主婦らが米の安売りなどを求めて米屋に押しかけ，警察が駆《か》けつける騒《さわ》ぎが起こった。こうして始まった米騒動が新聞で報道されると，同じような騒ぎが各地に広がり，政府は軍隊まで動員して翌９月にようやくこれを鎮めた。

問８　1　俳人の小林一茶《いっさ》や浮世絵師の葛飾北斎《かつしかほくさい》は，江戸時代後半，江戸の町人をおもな担《にな》い手として栄えた化政文化の時代に活躍《かつやく》した。　2　『東海道中膝栗毛《ひざくりげ》』は十返舎一九《じっぺんしゃいっく》が著した滑稽《こっけい》本で，歌川広重の代表作には「東海道五十三次」がある。　3　江戸時代の文化について正しく述べている。　4　雪舟は，室町時代に日本風の水墨画《すいぼくが》を大成した画僧である。

問９　天保の改革を進めた老中の水野忠邦は，商工業者の同業組合である株仲間が物価高の原因と考え，これを解散させたが，効果はあがらなかった。

問10　平安時代中期から鎌倉時代中期にかけて行われた日宋貿易では大量の銅銭(宋銭)が輸入され，室町時代に行われた明(中国)との貿易である勘合貿易でも多くの銅銭(明銭)が輸入された。当時の日本では朝廷や幕府によって貨幣が発行されなかったこともあり，輸入銭は国内で広く流通し，貨幣経済の発達をうながした。表１～３からは，前の時代に輸入された宋銭が室町時代にも使われていたことや，新たに輸入されるようになった明銭が北海道にまで広く伝わっていたことが読み取れる。なお，大量の銅銭が埋《う》められた理由については，緊急《きんきゅう》時のための貯蓄や神仏への供え物など諸説あり，はっきりしたことはわかっていない。

問11　本文にあるように，中世には牛飼童《うしかいわらわ》のように，貴族や武士に仕える「童」とよばれる男性の子どもや若者がいた。図２～４からわかるように，彼らは武士たちのように元服して烏帽子《えぼし》をかぶる習慣に従わず，独特の服装や髪型をしており，一般の男性とは異なる存在であったことがうかがえる。なお，牛飼童がそのような姿をしていた理由については，よくわかっていない。

3 「平年値」や「和食」，「空き家」を題材とした地理の問題

問１　気象庁が発表する気温などの平年値は，西暦年の一の位が「１」の年から続く30年間の数値を平均して求められる。2021年５月19日からは，それまでの1981～2010年の数値に代わり，1991～2020年の30年間の数値が用いられるようになった。

問２　本文に「新平年値では，日本の平均気温が長期的に見て上昇しているため，ほとんどの地点で年平均気温が上昇しています」とあることから，真夏日の年間日数は増加し，冬日の年間日数と年間降雪量は減少していると判断できる。

問３　熊谷《くまがや》(埼玉県)は夏の気温が高くなることで知られ，2018年には当時の国内最高記録となる41.1度を記録した。内陸に位置するため昼夜の寒暖差が大きく，熱帯夜の日数はそれほど多くない。銚子《ちょうし》(千葉県)は，沖合を流れる暖流の影響を受けるため比較《ひかく》的温暖な気候で，年間降雪量が０となっている。海風が吹《ふ》いて熱がこもらないことから，猛暑《もうしょ》日，熱帯夜の年間日数も三つの中では最も少ない。東京は，緑が少ないことや冷房器具，自動車などからの排熱が多いことなどを原因としてヒートアイランド現象が発生するため，熱帯夜の年間日数が三つの中で最も多い。

問4　森林には降った雨水を地中にためこみ，伏流水《ふくりゅうすい》や地下水として流し，湧《わ》き水として少しずつ地表に出す働きがある。しかし，都市化の進展で森林が減り，地表がコンクリートやアスファルトで覆《おお》われると，雨水は地中にしみこまなくなる。こうした状況で大雨が降ると，雨水が地表を流れて一気に河川に流れこむため，河川の水位が急激に上昇して水害が起こりやすくなる。

問5　写真1のように斜面《しゃめん》に開かれた稲作地は，棚田《たなだ》とよばれる。機械を使った農作業が難しく，手間がかかることから減少傾向《けいこう》にあったが，保水作用があり防災効果があることや，景観として優《すぐ》れていることからその価値が見直されつつあり，各地で保全のための活動が進められている。

問6　日本ではお茶は静岡県や鹿児島県など，夏の降水量が多い太平洋側の気候に属する地域でさかんに栽培されているので，3がふさわしくない。

問7　**イ**　日本の太平洋側には，南から北上してくる暖流の日本海流(黒潮)と，北から南下してくる寒流の千島海流(親潮)という二つの海流が流れている。鰹《かつお》は日本海流に乗って日本近海にあらわれ，鹿児島県や高知県などでさかんに漁獲《ぎょかく》される。　**ウ**　昆布《こんぶ》は海水温の低い海域に生息する海藻で，日本では北海道の沿岸部が主産地となっている。

問8　巻き網《あみ》などで一度に多くの魚をとる漁法に対して，一本釣りは一匹ずつとるので魚の体を傷つけにくいというメリットがある。また，とってすぐに冷凍保存できるため，鮮度を保ちやすいというメリットもある。

問9　空き家は，建物が老朽《ろうきゅう》化しやすい，不審者が侵入《しんにゅう》するなど防犯上の不安がある，ゴミが不法投棄されやすいといった理由から，その数が多くなることは問題となる。しかし，空き家がなければ，何らかの事情でその地域に移転してきた人たちの住む家が確保できなくなってしまう。そのため，一定数の空き家があり，人がすぐに住めるよう手入れをしておくことは，地域社会の存続にとって不可欠となる。過疎《かそ》地などでは，都市部からの移住者の受け入れ先としてそうした物件を安く紹介《しょうかい》するしくみを整えている地域もある。

問10　日本海側の地域は冬の降水量が多く，積雪が多い地域もある。こうした地域で屋根に雪が積もった場合，早めに雪下ろしをしないと，雪の重みで家が倒壊《とうかい》する可能性があるが，人が住んでいない空き家では，雪下ろしがされないまま放置されるおそれがある。こうした事情から，積雪の多い地域では，条例を定めるなどして積極的に空き家対策を行っている。

問11　図3から，沖縄県の空き家率は12％以下と低い水準になっていることがわかる。

理　科　＜第1次試験＞（45分）＜満点：75点＞

解　答

1 (1)　オ　(2)　①　0.20 g　②　$0.14cm^3$　(3)　（たね12粒の重さ，たね12粒から失われた水の重さの順で）　**A**　2.6 g，0.4 g　**B**　2.4 g，0.3 g　**C**　2.4 g，0.3 g　(4)　47mL　(5)　（例）　たね全体が均一に十分加熱されるから。　(6)　(イ)，(オ)　2 (1)　**アスパラギン**…□□◎，□□×　**アスパラギン酸**…△□◎，△□×　(2)　(あ)　グルタミン酸　(い)　システイン　(3)　10種類　(4)　**ア**　ロイシン　**イ**　アルギニン　**ウ**　グルタミン酸　**エ**　グルタミン　(5)　□□◎→◎□◎，□□×→◎□×　(6)　（例）　コロナウイルスがもつスパ

イクタンパク質が，より細胞に吸着しやすい性質になったから。　**3**　⑴　①　下降　②　$\frac{1}{4}$　③　$\frac{1}{25}$　⑵　①　上昇　②　明るく　③　15　④　上昇　⑤　高い　⑶　(ア)，(エ)　⑷　(ウ)，(キ)　⑸　①　A　②　青い　③　赤い　⑹　（例）（明るい赤い星は，暗い赤い星と比べて）大きさが大きい(。)　**4**　⑴　①　0.8秒　②　1.7秒　⑵　解説の図Ⅰを参照のこと。　⑶　解説の図Ⅱを参照のこと。　⑷　(エ)　⑸　①　2.3秒　②　解説の図Ⅲを参照のこと。

解　説

1　ポップコーンについての問題

⑴　トウモロコシは単子葉類のなかまで，葉脈が平行脈，子葉が１枚である。オのように芽生えた後，葉を地面付近に複数広げるのではなく，上方向に向かうように葉がのび，ある程度の高さからは葉の先端《せんたん》がやや横を向くようになる。

⑵　①　たね50粒《つぶ》の重さは，237.1－227.2＝9.9(g)だから，１粒の重さは，9.9÷50＝0.198より，0.20 gになる。　②　コップいっぱいに入れた水の重さが，498.8－227.2＝271.6(g)なので，コップの容積は271.6cm^{3}とわかる。また，たね50粒を入れたコップを水で満たすときに入れた水の重さは，501.6－237.1＝264.5(g)であり，その体積は264.5cm^{3}である。したがって，たね50粒の体積は，271.6－264.5＝7.1(cm^3)で，たね１粒の体積は，7.1÷50＝0.142より，0.14cm^{3}と求められる。

⑶　たね12粒の重さは，A班が，73.2－70.6＝2.6(g)，B班が，64.1－61.7＝2.4(g)，C班が，62.6－60.2＝2.4(g)である。また，たね12粒から失われた水の重さは，A班が，73.2－72.8＝0.4(g)，B班が，64.1－63.8＝0.3(g)，C班が，62.6－62.3＝0.3(g)になる。

⑷　実験２より，たね12粒がポップコーンになることで失われた水の重さの平均値は，(0.4＋0.3＋0.3)÷３＝$\frac{1}{3}$(g)で，その体積は$\frac{1}{3}$mLと表すことができる。よって，100℃でたね１粒から発生した水蒸気の体積は，$\frac{1}{3}$÷12×1700＝47.2…より，47mLである。

⑸　鍋《なべ》を振《ふ》りながら加熱するとたねがよく動くので，どのたねにも均一に十分熱が加わる。そのように加熱すると，たねの一部がこげてふくらまなくなることを防ぐことができ，どのたねもよくふくらむと考えられる。

⑹　⑴と実験１の説明の間にある文中に，ポップコーンの白くふわふわな部分は硬質《こうしつ》デンプンであることが述べられているため，(イ)が選べる。また，⑵の②と⑷より，たね１粒に含《ふく》まれていた水が100℃で水蒸気になったときの体積は，たね１粒の体積の，47÷0.14＝335.7…(倍)と求められるので，(オ)が選べる。

2　コロナウイルスについての問題

⑴　表１より，アミノ酸を指定するRNAの３個の記号の並びについて，アスパラギンは□□◎と□□×の２種類，アスパラギン酸は△□◎と△□×の２種類がある。

⑵　表１から，△□□はグルタミン酸，◎△×はシステインというアミノ酸を指定する。

⑶　新型コロナウイルスのRNAは３万個の記号が並んでできていると述べられている。よって，変換《へんかん》されるアミノ酸は，30000÷３＝10000(個)，これによってつくられるタンパク質の種類は最大で，10000÷1000＝10(種類)となる。

⑷　変異の表し方では，アミノ酸番号の前に変化する前のアミノ酸の１文字表記を示し，番号の後

に変化した後のアミノ酸の１文字表記を示す。表１より，アミノ酸の１文字表記では，Ｌはロイシン，Ｒはアルギニン，Ｅはグルタミン酸，Ｑはグルタミンを表している。

⑸　表１によると，アスパラギンは□□◎と□□×の２種類，チロシンは◎□◎と◎□×の２種類それぞれが対応している。よって，□□◎は先頭の□が◎に置き換《か》わると◎□◎，□□×は先頭の□が◎に置き換わると◎□×になる。

⑹　コロナウイルスの感染《かんせん》は，スパイクタンパク質が細胞《さいぼう》にある突起《とっき》に吸着することで起こると述べられている。このことから，コロナウイルスがもつスパイクタンパク質が細胞の突起に吸着しやすい性質に変異したり，スパイクタンパク質の数が多くなるように変異したりすると，感染力が高くなると考えられる。

3　星の明るさや色と表面温度についての問題

⑴　①　図２で距離《きょり》の値が大きくなるほど，照度の値は小さくなっている。つまり，電球と照度計の距離が遠くなると照度は下降している。　②　電球から100cmの距離での照度は120ルックス，50cmの距離での照度は500ルックスなので，120÷500＝0.24より，距離が100cmの位置での照度は50cmの位置での照度の約$\frac{1}{4}$になっている。　③　②より，距離を50cmの２倍の100cmにすると，照度が約$\frac{1}{4}$になることから，距離を50cmの５倍の250cmにした場合，照度は50cmのときの約，$\frac{1}{5\times5}=\frac{1}{25}$になると考えられる。

⑵　①，②　図４で電圧を上げると照度が大きくなっている。ここでは電球からの距離が一定なので，電圧が大きいと電球が明るくなることがわかる。　③　図４より，電圧が100Ｖのときの照度は17400ルックス，50Ｖのときの照度は1200ルックスと読み取れる。よって，100Ｖのときの明るさは50Ｖのときとくらべて，17400÷1200＝14.5より，約15倍である。　④　図５で，電圧が上がると電球の温度も上がっている。　⑤　図４，図５より，電圧を上げると照度が上がり，温度も上がるため，明るい電球は温度が高いと考えられる。夜空の星も同じような性質ならば，明るい星は温度が高いことになる。

⑶　たとえば，図９で電圧を高くした場合について，各色の照度の上がり具合を比べる。図９では点と点の間の長さが長いほど照度の上がる割合が大きいため，照度の上がり具合は赤色に対して青色や緑色の方が大きいとわかる。したがって，電圧を高くしていくと，赤色に対して青色や緑色の割合が高くなっている。このことから，電圧を変化させると，白熱電球の色が変わると考えられる。

⑷　⑵で述べたように，実験１と実験２より，電圧が高くなると温度が高くなり，明るさが明るくなると考えられるので，表１より，温度が低いときには暗く，赤色の割合が高いため赤色っぽく見え，温度が高いときには明るく，青色や緑色の割合が高いため青緑色っぽく見える。夜空に見える星も同様だとすると，赤い星は温度が低くて暗く，青い星は温度が高くて明るい。また，星は温度がちがうと色の割合が変わるので，ちがった色に見える。

⑸　Ａグループは，星の色が赤に近づくほど星の明るさが暗くなり，青に近づくほど星の明るさが明るくなっているので，白熱電球の実験結果と似ている。Ａグループでは，青い星は明るく，赤い星は暗いが，Ｂグループでは，星は明るく，赤っぽい色をしたものが多い。

⑹　星の明るさは色のちがいによるものだけではなく，温度が低く赤い星でも，大きさが大きければ明るく見える。

4 音の速さと伝わり方についての問題

⑴ ① 音源と壁《かべ》の間を音が往復する分だけ音が遅《おく》れて聞こえるので，Tの値は，140×２÷350＝0.8(秒)である。 ② 遅れて聞こえる音は，観測者と壁の間を音が往復する分だけ遅れるため，Tの値は，300×２÷350＝1.71…より，1.7秒と求められる。

⑵ 音源が観測者と壁の間にある場合は，音源と壁の間の距離の２倍を音が進む時間だけ，音が遅れて聞こえる。そして，音源が壁から300mの位置よりも遠いときは，音源がどこにあっても，音が観測者と壁の間を往復する時間だけ遅れて聞こえるので，つねにTの値はtとなる。このようすをグラフにすると，右上の図Ⅰのようになる。

図Ⅰ

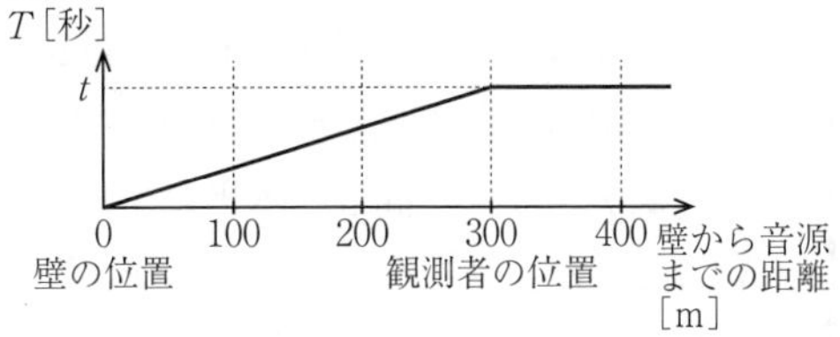

⑶ 音源はAに１秒で音が届く位置で，かつ，Bに２秒で音が届く位置にあることになる。よって，右の図Ⅱのように，Aを中心とした半径，350×１＝350(m)の円と，Bを中心とした半径，350×２＝700(m)の円をかき，その２つの円の交点２つが音源の位置を示す点になる。

図Ⅱ

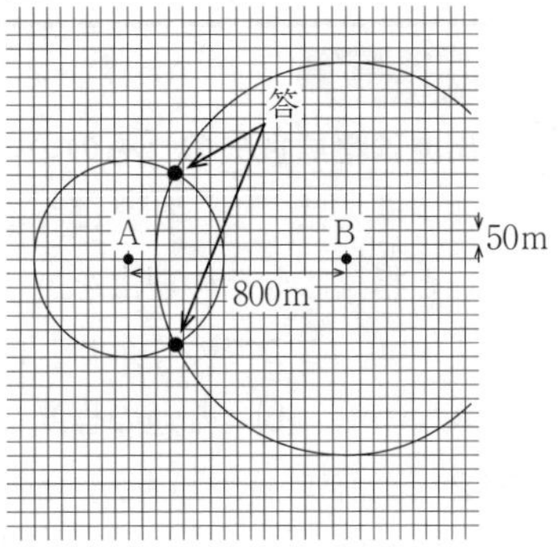

⑷ Aから音源までの距離とBから音源までの距離の差が350mで一定となる点の集まりがえがく線上に，音源があることになる。それを表したものとして㈠が選べる。２つの点からの距離の差が一定となる点がえがく曲線は双《そう》曲線とよばれる。

⑸ ① 直線AB上以外の位置にある点をPとすると，三角形APBがつくられるとき，APとBPの差は他の１辺すなわちABよりも小さい。よって，APとBPの差が最大となるのは，点Pが直線AB上にあるときで，その最大値はAB間の距離の800mである。したがって，AとBで音が聞こえた時刻の差の最大値は，800÷350＝2.28…より，2.3秒と求められる。
② ⑵で考えたように，求める音源の位置が直線AB上でAからBに対して反対にある点であれば，AとBで音が聞こえた時刻の差は①で求めた値になる。よって，その位置を図に表すと，右上の図Ⅲの太線部分となる。

図Ⅲ

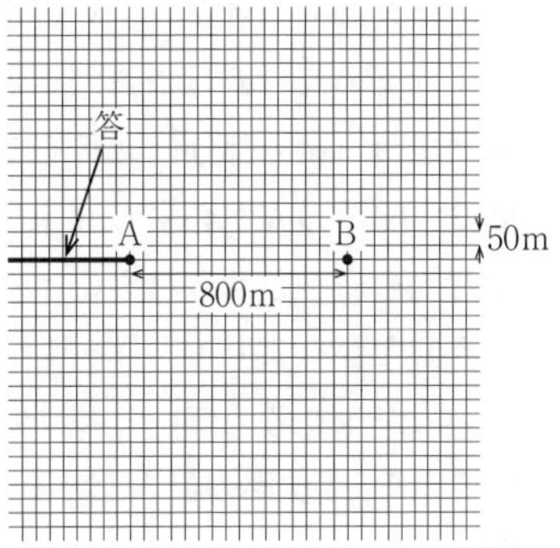

国 語 ＜第１次試験＞（50分）＜満点：100点＞

解 答

一 **問１** (a)，(c) 下記を参照のこと。 (b) はなは(だ) **問２** 公 **問３** （例） 沈黙している人が深く考えているわけではないことを何度も見てきたし，ものを言わないのは社会的に無責任な態度と考えるから。　**問4**　オ　**問5**　(例)　公的な場面で自分よりも地位が上の人に話すときには，尊敬をもって対するべきだが，話す内容に関して自分の所信を曲げたり卑屈になったりしてはならないという心構え。　**問6**　(例)　だれもが平等で，だれもが人生を楽しめるデモクラシーが根づいた社会の実現は，各人がどのようなものいいをするかというところより始まるから。　**問7**　エ　**問8**　イ　二 **問1**　下記を参照のこと。　**問2**　挙句　**問3**　一　**問4**　オ　**問5**　(例)　母の死を受けいれられず，判断力も失いつつある自分に気づいた「僕」が，母のVFをつくることで心の隙間をうめようとしたこと。　**問6**　イ　**問7**　オ　**問8**　本当に生きている人間　**問9**　ア，ウ　**問10**　(例)　VFをつくれば母とまた会話を交わせるという「僕」の期待には，儚い幻影に過ぎないとわかったうえで欺され続けなければならない苦しみが，ともなうだろうということ。　**問11**　ア

●漢字の書き取り

一 問1　(a)　余(り)　(c)　率直　二 問1　(a)　興　(b)　意外　(c)　破顔

解説

一 **出典は桑原武夫《くわばらたけお》の「ものいいについて」による。** 芭蕉《ばしょう》の「ものいへば唇《くちびる》さむし秋の風」という句を導入に，よい社会になるためにはこの句が表している意味がわかる人間は減らなくてはならないと指摘《してき》し，その理由を述べている。

問1　(a)　ここでの「余り」は，後に打消しの語をともなって“それほど～ではない”という意味を表す。　(b)　普通《ふつう》の程度をこえているようす。　(c)　ごまかしがなく正直なさま。

問2　直前に「そういう」とあるので，これより前の部分に注目する。筆者は「ものをいう」という人間だけに与《あた》えられた「天賦《てんぷ》の機能」を大いにいかすよう勧《すす》めたうえで，部下または年少者は，地位が上の人に対して敬意を持ちつつも卑屈《ひくつ》になったり所信を曲げたりするべきではないし，地位が上の人は下の者がうまく話せるよううながしたり，誤りがあったさいにはおだやかに諭《さと》したりするよう努めなければならないと述べている。つまり，「公的」な話し方には，工夫《くふう》が必要なのである。なお，続く部分に「私的なものいい」とあることも参考になる。

問3　沈黙《ちんもく》の人が必ずしも「耳をかたむける」べき思索《しさく》をしているわけではなく，むしろ「不言不実行」を痛感させられることの多かった筆者は，ものをいわないことで社会的責任から逃《のが》れているそうした存在よりも，「一言半行」の人を重んじると述べている。つまり筆者は，常にものをいわない人が深く考えているわけではないことを何度も経験し，沈黙は社会的な責任の放棄《ほうき》だと考えているから，「沈黙の偉人《いじん》などというものを信用しない」のである。

問4　続く部分で，「『テゼ・ヴ』(お黙《だま》り)」といった言葉が「一種の人権蹂躙《じゅうりん》」だと考えられているフランスに対し，「人の発言を封《ふう》じる言葉」が多い日本は，まだまだ上下関係を重視し，個人の自由や権利を認めない「封建的《ほうけん》」な国だと述べられている。よって，オが選べる。なお，ア～エは，「封建的」であることの説明がなされていないので誤り。

問5　筆者は積極的に「ものをいう」ことを勧めているが，自分よりも地位が上の人と話すときには，尊敬の念を抱《いだ》きつつも卑屈になったり所信を曲げたりせぬよう心がけるべきだと述べている。これが，「王侯《おうこう》の前に膝《ひざ》を屈《くっ》するが心は屈しない」ということである。

問6　元来「人の発言を封じる言葉」の多い「封建的」な考え方が支配している日本では，沈黙は

あたかも美徳であるかのような見方がはびこっていた。しかし，積極的なものいいは我々が生きていくうえでの「社会的義務」を果たすことになるほか，親しい友人との間柄《あいだがら》においては「人間らしい楽しみ」を見出《みいだ》すことにもつながる。つまり筆者は，「平等」や「楽しみ」を大いに感じられる，「ものをいう」という行為《こうい》にこそ，本当の意味での民主主義を社会へもたらす要素があると主張しているのだから，これをもとに，「各人の平等や各人の人生を楽しむといったデモクラシーの目的と条件は，どのようにものをいうかという日常の身近なところから実現されていくものだから」といった形でまとめる。

問７　ア，イ　筆者は，「ものいへば唇さむし秋の風」という句を芭蕉に詠《よ》ませた「時代の矮小《わいしょう》さ」を指摘し，このような句を呟《つぶや》きたくなる気持ちがわかる人間が減らなければ，日本の社会がよくなったとはいえないと批判している。　ウ　会社の空気をよくするには，目下の者たちが進んで話したくなる雰囲気《ふんいき》を「地位の上の人々」がつくるべきだと述べられている。　オ　日本が「西洋に比べて民主主義を達成しづらい」といういい方はされていない。まだ封建的だが，デモクラシーの社会を目指して大いに発言し実行しようというのが，筆者の意見である。

問８　ア　柿《かき》を食べていると，法隆《ほうりゅう》寺の鐘《かね》の音が聞こえてきたという意味の正岡子規《まさおかしき》の句。「柿」が秋の季語である。　イ　蛙《かえる》が古池に飛びこむ音さえ聞こえてくる，その静けさを詠んだ松尾芭蕉の句。「蛙」が春の季語である。　ウ　菜の花が一面に咲《さ》き，東からは月が昇《のぼ》り始めて太陽が西に沈《しず》んでいくという意味の与謝蕪村《よさぶそん》の句。「菜の花」が春の季語である。　エ　おわれた幼《おさな》子《ご》が十五夜の月をほしがって泣く情景を，情愛をこめて詠んだ小林一茶《こばやしいっさ》の句。「名月」は，旧暦《きゅうれき》八月の十五夜，または九月の十三夜に出る満月で，秋の季語である。　オ　よく晴れた春の日，一日中のたりのたりと波が寄せては返すうららかな春の海を描《えが》いた与謝蕪村の句。「春の海」は春の季語である。

二　**出典は平野啓一郎《ひらのけいいちろう》の『本心』による。**母親を半年前に亡《な》くして孤独《こどく》感にさいなまれ，簡単なことさえわからなくなっていた中，「僕《ぼく》」は，母親のVF(ヴァーチャル・フィギュア)をつくろうと考える。

問１　(a)「興醒《ざ》め」は，楽しい気分がそがれること。　(b)　予想とちがうこと。　(c)　表情をやわらげて笑うこと。

問２　「挙句」は，ものごとの結末。もともとは，連歌や連句の最後の七・七の句をいう。最後の句であることから，最終的な結果を表すようになった。似た意味のことばには「とどのつまり」「果ては」などがある。

問３　「月が死んでまたよみがえる」さまを表しているというのだから，次の月のはじまり，つまり「一日」を意味していると推測できる。

問４　「半年」前，唯一《ゆいいつ》の肉親である母を亡くした「僕」は，日々突《つ》きつけられる孤独とたたかい続ける一方で，いつの間にか簡単なことさえもわからなくなっていた自分に気づいている。このことが「呆然《ぼうぜん》」の具体的な内容にあたるので，オがふさわしい。

問５　平凡《へいぼん》なできごとであるはずの母親の「死」が受けいれられず，徐々《じょじょ》にもろくなっていく心を自覚した「僕」は危機感を覚え，その解決策として亡き母の「VF(ヴァーチャル・フィギュア)を作る」という「手立て」に目をつけたのである。「落伍《らくご》」のようすと立ち直るための「手立て」をおさえ，「母親の死後，孤独感にさいなまれて，ただ呆然と暮らす落伍者同然の状態から立ち直るために，母親のVFをつくろうと考えたこと」のようにまとめる。なお，「落伍者」は，仲間についていけなくなった者，社会から落ちこぼれた者。「手立て」は方法・手段。

問６　亡き母のVFを製作するにあたり，「僕」は担当者の野崎《のざき》から説明を受けている。仮想空間の中につくられる，母をモデルとしたVFは「本当の人間と，まったく区別」がつかないばかりか，話しかけても非常に自然な受け答えをしてくれるが，それは「学習の成果」であって“心”による判断の結果ではないというのだから，イが合う。なお，「統語論」は，文中の単語や語群の配列様式とその機能を研究する学問。

問７　「お客様」は必ずVFに“心”を求めるようになるが，仮想空間につくられる人間と気持ちを通わせることなど決してできないと，野崎は「僕」に話している。VFの製作によって，一時は母を取り戻《もど》せるかもしれないと期待をよせたものの，改めてその状況《じょうきょう》を想像した「僕」は，いずれ仮想空間の母に“心”を要求し，すがらずにはいられなくなることへの可能性や，そもそもVFに頼《たよ》ろうと考えた自分に気づいて怖《こわ》くなり，野崎の説明が単なる製品の説明でなく「僕自身の治療《ちりょう》方針の確認《かくにん》」のように思えてきたのだから，オがふさわしい。

問８　実際には数年前に亡くなり，VFとなって野崎の会社で「お手伝い」をしている中尾《なかお》が，自身の仕事について説明する中で「まあ，」と一呼吸置いたことに「僕」はとまどっている。この言葉は，中尾の人間らしさをより「リアル」に感じさせたのだから，少し前にある「本当に生きている人間」がぬき出せる。

問９　「心」を持たない中尾のVFが，娘《むすめ》とあたかも感動の「再会」を果たしたかのように「心から」と話しているのだから，ア，ウが選べる。

問10　母とまた「会話を交《か》わ」せるという期待は所詮《しょせん》「儚《はかな》い幻影《げんえい》」だと知りつつも，あえて欺《だま》されることを望む自分自身に，「僕」はやりようのない苦しみを覚えている。VFによってよみがえった母と再会すれば幸福になれるだろうと思う反面，その「リアル」さゆえに感じられる，「死」という現実と向き合わざるを得なくなったことに気づかされたのである。将来，常にそうした相反する感情を抱《かか》えながら生きていかなければならない自分の思いや状況を「苦しみとしか言いようのない熱」と表現していることをおさえ，「VFをつくれば母とまた会話を交わせるという期待には，仮想現実に過ぎない母を目のあたりにするたび，母の死を再確認しつつ欺されたふりをしなければならない苦しみがともなうということ」のような趣旨《しゅし》でまとめればよい。

問11　芥川《あくたがわ》賞・直木《なおき》賞は，文藝《ぶんげい》春秋社の創業者である菊池寛《きくちかん》の発案によって創設された。親友の直木三十五《さんじゅうご》が亡くなった翌年，彼《かれ》を記念する賞と同時に，すでに亡くなっていた親友の芥川龍之《りゅうの》介《すけ》を記念する賞の制定を提案し，ともに1935(昭和10)年に始まった。

2022年度　渋谷教育学園幕張中学校

〔電　話〕（043）271－１２２１
〔所在地〕〒261-0014　千葉市美浜区若葉１－３
〔交　通〕JR総武線・京成千葉線―「幕張駅」より徒歩15分
JR京葉線―「海浜幕張駅」より徒歩10分

【算　数】〈第２次試験〉（50分）〈満点：100点〉

注意　コンパス，三角定規を使用します。

1　【図１】はある教室の座席表です。座席は全部で９席あり，生徒はみな黒板を向いて座ります。前後左右の座席に並んで座らないように，座席を決めていきます。

例えば【図２】のように座席に番号をつけたとき，①の座席に生徒が座るならば，他の生徒は②と④の座席には座ってはいけません。

【図１】

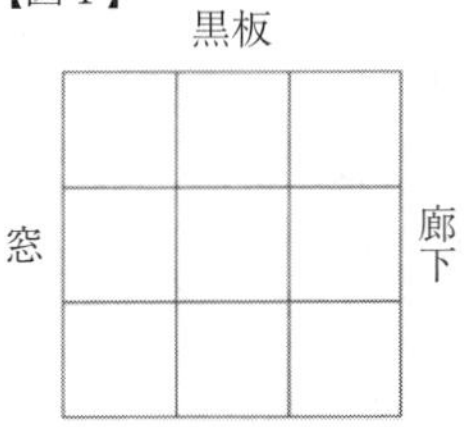

【図２】

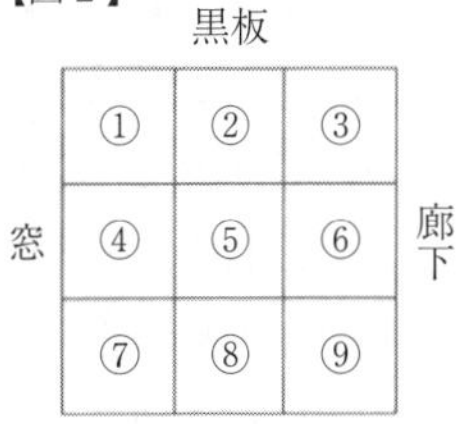

次の各問いに答えなさい。

(1)　A，B，C，D，Eの５人が座るとき，座席の決め方は何通りありますか。

(2)　A，B，C，Dの４人が座るとき，座席の決め方は何通りありますか。

(3)　A，B，Cの３人が座るとき，座席の決め方は何通りありますか。

2　下のように，$\frac{1}{2022}$から始まり，分母が１ずつ減り，分子が１ずつ増える分数を順番に2022個並べます。

$$\frac{1}{2022},\ \frac{2}{2021},\ \frac{3}{2020},\ \frac{4}{2019},\ \cdots\cdots,\ \frac{2022}{1}$$

この中で，$\frac{4}{6}=\frac{2}{3}$のように約分できるものを探していきます。

次の各問いに答えなさい。

(1)　初めて約分ができるのは，左から数えて何番目ですか。

(2)　３回目に約分ができるのは，左から数えて何番目ですか。

(3)　25回目に約分ができるのは，左から数えて何番目ですか。

3　真一くんは自宅から一本道でつながっている友達の家へ遊びに行きます。最初は走って向かっていましたが，疲《つか》れてしまったので，自宅と友達の家のちょうど真ん中の地点からは歩いて向かいました。そのため，自宅から友達の家まで走って行くより20分遅《おく》れて到着《とうちゃく》しました。

帰りは母が車で迎《むか》えに来てくれます。真一くんは友達の家を歩きで，母は自宅を車で，それぞれ同時に出発し，真一くんが一本道を帰る途中《とちゅう》に母と出会ったところで車に乗り，２人で自宅に戻《もど》る予定でした。ところが真一くんは友達の家を出るのが予定より10分遅れてしまいました。予定通り出発した母は真一くんと出会うまで車を進め，無事に真一くんを車に乗せて自宅に戻ったところ，予定より時間がかかってしまいました。

真一くんの歩く速さと比べて，走る速さは２倍，車の走る速さは５倍です。車の速さは真一くんを乗せても変わらないものとします。また，真一くんが帰りに車に乗りこむための時間は，一切かからないものとします。

次の各問いに答えなさい。

(1) 行きについて，真一くんは自宅から友達の家まで何分かかりましたか。

(2) 帰りについて，真一くんと母が自宅に戻ったのは，予定より何分後ですか。

4 【図１】の四角形ABCDに対して【図２】は，辺BCの長さを変えずに，四角形ABCDと面積が等しい長方形BCQPを，辺BCの上側にかいたものです。

次の各問いに答えなさい。

【図１】

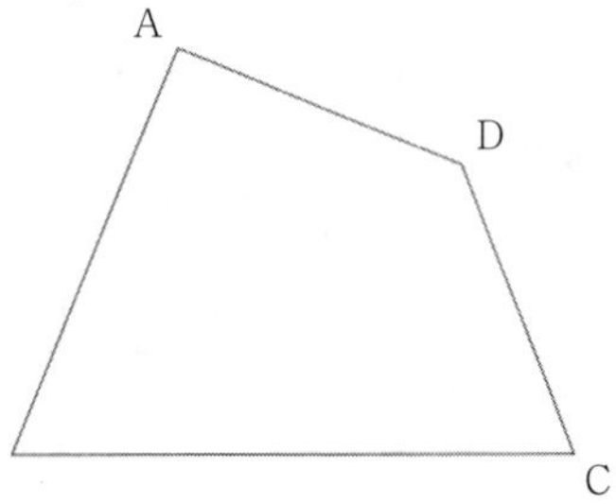

【図２】

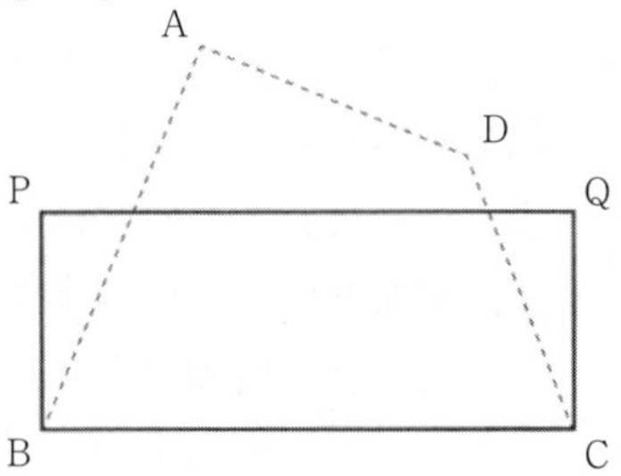

(1) 【図２】にならい，解答らんの四角形ABCDと面積が等しい長方形BCQPを辺BCの上側に作図しなさい。また，作図した点P，Qのすぐ近くにそれぞれ記号P，Qを書きなさい。

三角定規の角を利用してもよいとします。長さを定規の目もりで測ってはいけません。作図に用いた線は消さずに残しておくこと。

(2) 【図２】において，辺BPを点P側に延ばした直線の上に点Rを，BP＝PRとなるようにとります。同様に，辺CQを点Q側に延ばした直線の上に点Sを，CQ＝QSとなるようにとります。PQ，QR，BSの３つの直線に囲まれた三角形の面積をKとします。四角形ABCDの面積はKの何倍ですか。

5 【図１】のような，６cm，６cm，a cmの直角二等辺三角形Aを６枚，１辺がa cmの正三角形Bを２枚用いて，【図２】のような立体Cの展開図をつくり，組み立てます。

【図１】

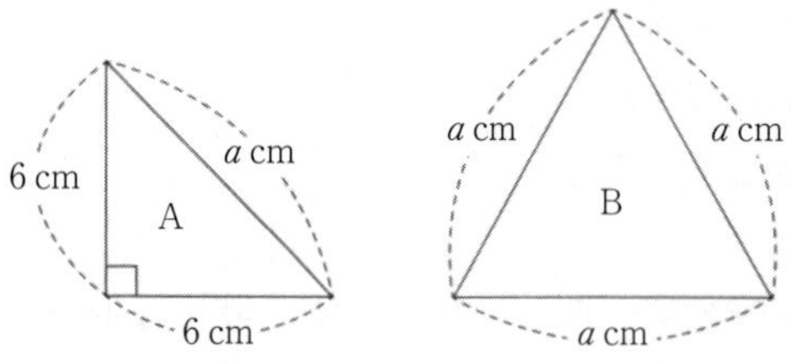

（A：６枚）　（B：２枚）

【図２】 立体Cの展開図

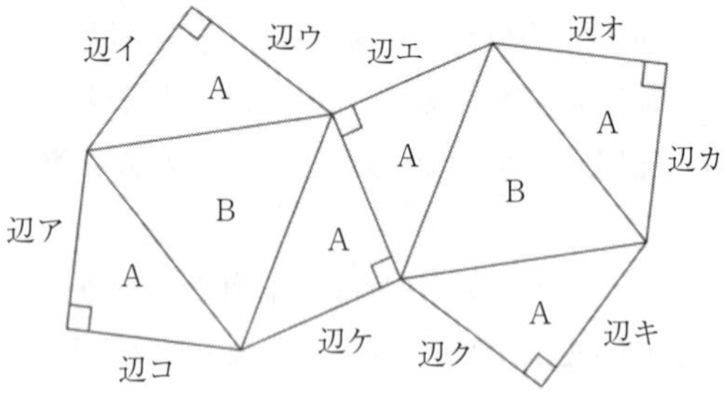

次の各問いに答えなさい。

ただし，角すいの体積は，(底面積)×(高さ)÷３で求められるものとします。

(1) この展開図を組み立てたとき，辺アとくっつく辺はどれですか。図の辺イ～コから選び，記号で答えなさい。

(2) 立体Cの辺の数を答えなさい。

(3) １辺が６cmの立方体をDとします。

立体Cと立方体Dの体積の比を，最も簡単な整数の比で答えなさい。

【社　会】〈第２次試験〉（45分）〈満点：75点〉

注意　・句読点は字数にふくめます。

・字数内で解答する場合，数字は１マスに２つ入れること。例えば，226年なら[22][6][年]とすること。字数は指定の８割以上を使用すること。例えば，30字以内なら24字以上で答えること。

・答えはすべて解答用紙のわく内に記入し，はみださないこと。

〈編集部注：実物の入試問題では，写真はすべて，図やグラフも大部分はカラー印刷です。〉

1　次の文章を読み，下記の設問に答えなさい。

現在，私たちはさまざまな地球環境問題に直面しています。地球温暖化による海面上昇だけでなく，森林伐採《ばっさい》による砂漠化の拡大や，自動車の排気ガスや工場のばい煙などによる酸性雨，水や大気の汚染など多くの環境問題をかかえています。

これらの問題を解決するためには，社会や経済の発展と環境の保全とを両立させながら，a地球環境問題を世界共通の課題としてとらえ，それぞれの国や地域やb国際連合(国連)などの国際機関や，NGO(非政府組織)が協力して，国際的なルールをつくり，それらが守られるようにする努力が必要です。

国連は，2015年に定めた[　ア　]目標(SDGs)で，2030年までに達成すべき[　イ　]のゴールを示し，貧困や飢餓をなくしたり，教育を普及させたりする取り組みを進めています。

2015年にSDGsが採択されたのち，日本政府は2016年５月にc内閣総理大臣を本部長，内閣官房長官，d外務大臣を副本部長とし，全閣僚をメンバーとする「SDGs推進本部」を設置し，国内実施とe国際協力の両面で率先して取り組む体制を整えました。

2017年からは「ジャパンSDGsアワード」としてSDGs達成のために優れた取り組みをおこなっている企業，NGOやfNPO(非営利組織)，g地方自治体などを表彰しています。これはSDGs推進にあたり，国内の取り組みを「見える化」し，より多くの行動を促進するためのものです。

日本政府はさらに2018年から，「SDGs未来都市」を選定しています。これはSDGsを原動力とした地方創生を推進するため，優れたSDGsの取り組みを提案する都市・地域を新しい時代の流れを踏まえ選定するものです。2018年度から2020年度の３年間で全国各地の93都市を選定し，地方におけるSDGsの取り組みを推進しています。その中の一つ，京都府亀岡市では，h2020年３月に「亀岡市プラスチック製レジ袋の提供禁止に関する条例」が制定されました。このi条例の内容は，有償無償を問わず，市内事業者のプラスチック製レジ袋の提供を禁止するものです。この取り組みはSDGsの目標「海の豊かさを守ろう」などに深く関係しています。

日本政府も，国の取り組みとしてjレジ袋の有料化を義務づけました。有料化によりプラスチックごみを削減しようとするものです。環境省はレジ袋の有料化をきっかけに，ライフスタイルの変革を目指すキャンペーン「みんなで減らそうレジ袋チャレンジ」を展開しました。

問１　空らん[ア]には語句を，[イ]には数字をそれぞれ答えなさい。

問２　下線部aに関する次の文X・Yについて，その正誤の組合せとして正しいものを，下記より１つ選び番号で答えなさい。ただし，西暦には誤りがないものとします。

X　1992年に国連環境開発会議(地球サミット)が開かれ，気候変動枠組み条約や生物多様性条約などが調印されました。

Y　2015年にパリ協定が採択され，気温上昇を産業革命前と比べて地球全体で２度未満におさえる目標を設定しました。

1	X	正	Y	正	2	X	正	Y	誤
3	X	誤	Y	正	4	X	誤	Y	誤

問３　下線部**b**に関する次の文**X**・**Y**について，その正誤の組合せとして正しいものを，下記より１つ選び番号で答えなさい。

X　国連の本部はニューヨークにあり，2021年末の加盟国数は193カ国です。

Y　国連の活動を実施するための経費は，主に加盟国からの分担金でまかなわれており，日本は毎年最も多くの分担金を負担しています。

1	X	正	Y	正	2	X	正	Y	誤
3	X	誤	Y	正	4	X	誤	Y	誤

問４　下線部**b**に関する次の文**X**・**Y**について，その正誤の組合せとして正しいものを，下記より１つ選び番号で答えなさい。

X　ユネスコとは，世界のこどもたちの生きる権利と健やかな発育を守るためにつくられた国連の機関の一つです。

Y　ユニセフとは，教育・科学および文化などの活動を通じて，世界平和に貢献するためにつくられた国連の機関の一つです。

1	X	正	Y	正	2	X	正	Y	誤
3	X	誤	Y	正	4	X	誤	Y	誤

問５　下線部**c**に関する次の文**X**・**Y**について，その正誤の組合せとして正しいものを，下記より１つ選び番号で答えなさい。

X　内閣総理大臣は，国務大臣と副大臣で構成する閣議を主宰《しゅさい》します。

Y　内閣総理大臣は，国際会議などに出席し，スピーチすることがあります。

1	X	正	Y	正	2	X	正	Y	誤
3	X	誤	Y	正	4	X	誤	Y	誤

問６　下線部**d**に関する次の文**X**・**Y**について，その正誤の組合せとして正しいものを，下記より１つ選び番号で答えなさい。

X　外務大臣は，必ず国会議員のなかから選ばれます。

Y　外務大臣は，天皇によって任命されます。

1	X	正	Y	正	2	X	正	Y	誤
3	X	誤	Y	正	4	X	誤	Y	誤

問７　下線部**e**に関する次の文**X**・**Y**について，その正誤の組合せとして正しいものを，下記より１つ選び番号で答えなさい。

X　日本政府による国際協力には，自衛隊の国連平和維持活動がふくまれています。

Y　日本は，政府開発援助によって開発途上国に対し，無償で学校や病院を建設する支援をおこなっています。

1	X	正	Y	正	2	X	正	Y	誤
3	X	誤	Y	正	4	X	誤	Y	誤

問８　下線部ｆに関する次の文Ｘ・Ｙについて，その正誤の組合せとして正しいものを，下記より１つ選び番号で答えなさい。

Ｘ　日本では，NPOによる社会貢献活動を支援する仕組みを整える法律が制定されました。

Ｙ　NPOの活動は，日本国内に限定されており，海外での活動はありません。

1	X	正	Y	正	2	X	正	Y	誤
3	X	誤	Y	正	4	X	誤	Y	誤

問９　下線部ｇに関する次の文のうち正しいものを，下記より１つ選び番号で答えなさい。

1　千葉県知事の任期は６年，千葉県議会議員の任期は４年です。

2　千葉県議会議員と参議院議員の立候補できる年齢の条件は同じです。

3　千葉県議会議員選挙と衆議院議員選挙で投票できる年齢は満18歳以上です。

4　千葉県知事は，千葉市議会に対して解散権を行使することができます。

問10　下線部ｈに関する次の文Ｘ・Ｙについて，その正誤の組合せとして正しいものを，下記より１つ選び番号で答えなさい。

Ｘ　日本政府はプラスチックごみ削減のため，全国のコンビニエンスストアでプラスチック製のストローやスプーンなどの有料化を決定しました。

Ｙ　イギリスは，EU(ヨーロッパ連合)に支出する分担金が多いことへの不満や，移民の流入などの問題に対する不満からEUを離脱しました。

1	X	正	Y	正	2	X	正	Y	誤
3	X	誤	Y	正	4	X	誤	Y	誤

問11　下線部ｉに関する次の文Ｘ・Ｙについて，その正誤の組合せとして正しいものを，下記より１つ選び番号で答えなさい。

Ｘ　条例の制定には，総務省の承認が必要です。

Ｙ　住民が条例の制定や改廃を請求する権利は，日本国憲法に明記されています。

1	X	正	Y	正	2	X	正	Y	誤
3	X	誤	Y	正	4	X	誤	Y	誤

問12　下線部ｊに関連して，レジ袋やプラスチックごみ削減は，SDGsの目標の一つ「気候変動に具体的な対策を」の達成にもつながると考えられますが，それはどのような点においてですか。解答用紙のわく内で説明しなさい。

2　次の文章を読み，下記の設問に答えなさい。

エルサルバドルは，昨年，暗号資産のビットコインを自国の法定通貨(法律で政府が認めた貨《か》幣《へい》)と定めました。暗号資産は支払いや送金，投資に使われますが，価格変動の激しさが

17世紀にaオランダで起きた状況と似ているとして，この政策に否定的な考えを持つ人もいます。

そもそも貨幣は，紀元前７世紀，現在のトルコにあったリディア王国によって世界で初めて造られ，交易によりその使用を広めました。

日本では，７世紀に銀や銅を使って貨幣を発行し，708年にb和同開珎を発行しました。朝廷は都建設の労賃や役人の給与の支払いに和同開珎を用い，それを持つ人々が都で開かれた市において使用しました。また朝廷は，調庸を都で納めて帰郷する人々に，銭貨《せんか》を携帯させる政策などを実施して流通を促しました。その後，約250年にわたって朝廷は銭貨を発行しました。平安時代につくられたc『うつほ物語』や『土佐日記』などの作品には，銭貨の普及している様子をうかがうことができます。しかし，10世紀後半になると銅の産出量が減少したことなどにより，朝廷は銭貨を発行しなくなりました。

12世紀半ば以降，日本は中国の宋との貿易によって宋銭を大量に輸入しました。人々が宋銭を使うようになると商工業が発達し，定期的に市が開かれ，(1)手工業者の活動も盛んになりました。その手工業者の中には，宋銭を素材として利用するものもいました。

同じ頃，ベネチア商人マルコ・ポーロのd『世界の記述』に「これらの紙片《しへん》には，カーン(皇帝)の印がいちいち押されている。こうして作製された通貨はどれも純金や純銀の貨幣と全く同様の権威《けんい》を付与《ふよ》されて発行されている」と記述があり，当時，中国を支配していた元が紙幣を発行していた様子がわかります。

15世紀半ば以降，日本で銭貨の不足が起こると，国内外で私的に作られた銭貨が広まり，人々が劣悪な銭貨を排除するなどしたため経済は混乱しました。16世紀，軍役《ぐんやく》の基準を銭《ぜに》建てから米《こめ》建てにかえる戦国大名が現れ，e豊臣秀吉がこの政策を引き継ぎました。また，戦国大名は積極的に鉱山開発などをおこなったため金銀の産出量が増えました。特に(2)銀は大量に輸出され，ヨーロッパとアジアの経済や文化の交流に大きな役割を果たしました。

江戸幕府はf金貨，銀貨，銭貨の三貨を発行し，貨幣制度を整備しました。江戸を中心とした東日本は金貨を，大坂(阪)を中心とした西日本は銀貨を主に使用しました。金貨と銀貨の交換比率は日々変動したため，両替商と呼ばれる商人が活躍しました。庶民は主に銭貨を使いました。庶民は給与を銭貨で得るので，銭貨の価値が高くなることを好みました。銭貨の価値が低くなると多くの商品を購入することができなくなるからです。

幕末，欧米諸国との貿易が開始されると，日本と諸外国との金銀交換比率の違いから日本の金貨が大量に海外へ流出したことや，生糸などの輸出品を中心に物不足が起きたため(3)国内の経済は混乱を極めました。

明治政府は，1871年，通貨の単位をこれまでの「両」にかえて「円(圓《えん》)」とするなど，近代的な貨幣制度を定めました。なお，g紙幣は政府と民間の国立銀行によって発行されました。1870年代後半，西南戦争の戦費調達などによって政府が紙幣を増発したため，物価は上昇しました。そこで，貨幣価値の安定を図るため，中央銀行として日本銀行を設立し，紙幣を発行できる唯一《ゆいいつ》の銀行として1885年に日本銀行券を発行しました。その後，日本はh日清戦争の勝利によって得た賠償金《ばいしょうきん》の一部をもとに，金と自国通貨との交換を保証する金本位制度を採用しました。さらに世界恐慌が起こると，中央銀行がおこなう金融政策によって自国通貨を管理する管理通貨制度へ移行しました。

第二次世界大戦終了後，極度の物不足などから，人々の生活はとても苦しいものでしたが，1950年代から徐々に経済が回復し，高度経済成長期を迎えました。この頃(4)人々の所得が向上したので，1958年に初めての一万円札が発行されました。

問１　下線部ａに関する次の文Ｘ・Ｙについて，その正誤の組合せとして正しいものを，下記より１つ選び番号で答えなさい。

Ｘ　この国は，いわゆる鎖国体制下において，ヨーロッパの国々の中で唯一，長崎の出島において日本と貿易を続けました。

Ｙ　17世紀にこの国で活躍したゴッホらの描いた西洋画は，日本の浮世絵版画に影響を与えました。

１	Ｘ	正	Ｙ	正	２	Ｘ	正	Ｙ	誤
３	Ｘ	誤	Ｙ	正	４	Ｘ	誤	Ｙ	誤

問２　下線部ｂに関する次の文Ｘ・Ｙについて，その正誤の組合せとして正しいものを，下記より１つ選び番号で答えなさい。

Ｘ　和同開珎は，平城京やその周辺の遺跡で多く発見されています。

Ｙ　和同開珎は，古代の主要な道路沿いの遺跡から発見されることがあります。

１	Ｘ	正	Ｙ	正	２	Ｘ	正	Ｙ	誤
３	Ｘ	誤	Ｙ	正	４	Ｘ	誤	Ｙ	誤

問３　下線部ｃの作品ができた時期に関する次の文Ｘ・Ｙについて，その正誤の組合せとして正しいものを，下記より１つ選び番号で答えなさい。

Ｘ　清少納言ら宮廷に仕《つか》える女性たちは，かな文字を用いて『徒然草』などの作品をあらわしました。

Ｙ　藤原道長は娘を天皇のきさきにすることで天皇との関係を強め，政治を主導しました。

１	Ｘ	正	Ｙ	正	２	Ｘ	正	Ｙ	誤
３	Ｘ	誤	Ｙ	正	４	Ｘ	誤	Ｙ	誤

問４　下線部ｄに関する次の文Ｘ・Ｙについて，その正誤の組合せとして正しいものを，下記より１つ選び番号で答えなさい。なお「　」内の記述は下線部の『世界の記述』に書いてある内容です。

Ｘ「ジパングは，東のかた，大陸から千五百マイルの大洋中にある，……この国王の一大宮殿は，それこそ純金ずくめで出来ている」とあり，「一大宮殿」とは足利義満が建立した鹿苑寺金閣であると考えられています。

Ｙ「バグダッドは大都市である。かつては，全世界のイスラム教徒の長たるカリフの都だった」とあり，現在でも「バグダッド」を含む西アジア地域はイスラム教徒が多く居住しています。

１	Ｘ	正	Ｙ	正	２	Ｘ	正	Ｙ	誤
３	Ｘ	誤	Ｙ	正	４	Ｘ	誤	Ｙ	誤

問５　下線部 **e** の政策に関する次の文 **X**・**Y** について，その正誤の組合せとして正しいものを，下記より１つ選び番号で答えなさい。

X　平定した土地で検地をおこない，田畑の広さや土地の良し悪し，耕作者などを調べました。

Y　百姓から刀や鉄砲といった武器を取り上げる政策などによって，武士・百姓・町人の身分の分離が進みました。

1	X	正	Y	正	2	X	正	Y	誤
3	X	誤	Y	正	4	X	誤	Y	誤

問６　下線部 **f** に関する次の文 **X**・**Y** について，その正誤の組合せとして正しいものを，下記より１つ選び番号で答えなさい。

X　大坂(阪)から商品を仕入れる江戸の商人は，銀貨に対する金貨の価値が高いと，より安く商品を手に入れることができます。

Y　江戸の多くの武士は，給与でもらった米を金貨に換え，さらに銭貨に両替するので，金貨に対する銭貨の価値が高いと，より多くの銭貨を手にすることができます。

1	X	正	Y	正	2	X	正	Y	誤
3	X	誤	Y	正	4	X	誤	Y	誤

問７　下線部 **g** に関して，次のⅠ～Ⅲは1860年代・70年代・80年代にそれぞれ発行された紙幣です。これらの紙幣が初めて発行された年代順に正しく配列したものを，下記より１つ選び番号で答えなさい。

Ⅰ

Ⅱ

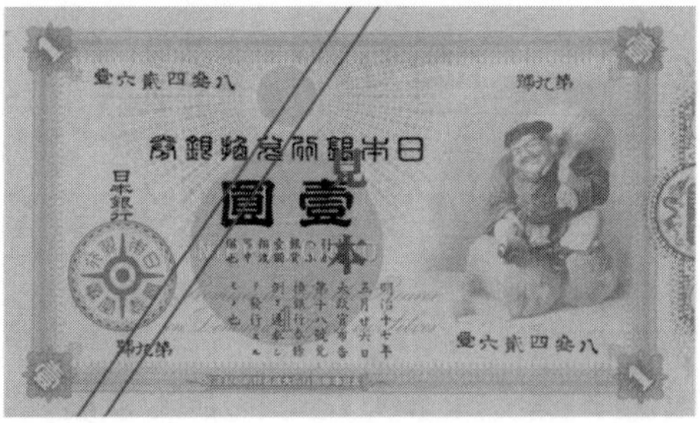

Ⅲ

（Ⅰは福井県文書館ウェブサイト　Ⅱ・Ⅲは独立行政法人国立印刷局ウェブサイトより）

1　Ⅰ―Ⅱ―Ⅲ	2　Ⅰ―Ⅲ―Ⅱ	3　Ⅱ―Ⅰ―Ⅲ
4　Ⅱ―Ⅲ―Ⅰ	5　Ⅲ―Ⅰ―Ⅱ	6　Ⅲ―Ⅱ―Ⅰ

問８　下線部**h**に関する次の文**X**・**Y**について，その正誤の組合せとして正しいものを，下記より１つ選び番号で答えなさい。

X　与謝野晶子は戦場の弟を想う詩で，この戦争に反対する気持ちを表しました。

Y　ロシアは，日本がこの戦争で手に入れた領土の一部を清に返還させました。

1　**X**　正　**Y**　正	2　**X**　正　**Y**　誤
3　**X**　誤　**Y**　正	4　**X**　誤　**Y**　誤

問９　波線部(**1**)に関して，右の絵は鎌倉時代の絵巻物で，鋳物師《いもじ》とその仕事場を描いたものです。注文者の僧侶が完成間近な製品の受け取りを待っている様子が描かれています。右の絵の鋳物師は何を材料にしてどのような製品を作っているのか，本文を踏まえて10～15字で説明しなさい。

（嵐山町《らんざんまち》web博物誌ウェブサイトより）

問10　波線部(**2**)に関して，次の図は16世紀末にヨーロッパで作られた日本を描いた地図の一部です。図中の［青わく］で囲んだ部分には，銀鉱山を意味する単語が書かれています。この銀鉱山の名称を漢字４字で書きなさい。

（文化遺産オンラインウェブサイトより）

問11　波線部(**3**)に関して，国内の経済の混乱は人々の生活にどのような影響を与えましたか。次の図が風刺《ふうし》している内容に触れて，40字以内で説明しなさい。

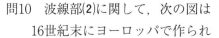

「樹上商易諸物引下図」（一部）

（日本銀行金融研究所貨幣博物館ウェブサイトより）

問12　波線部(4)に関して，この一万円札には，耐久《たいきゅう》消費財の普及など生活向上を背景としたある工夫が施《ほどこ》されていました。どのような工夫を施したのか，耐久消費財の名称を次のグラフの中から１つ選び，その名称を含めて30字以内で説明しなさい。

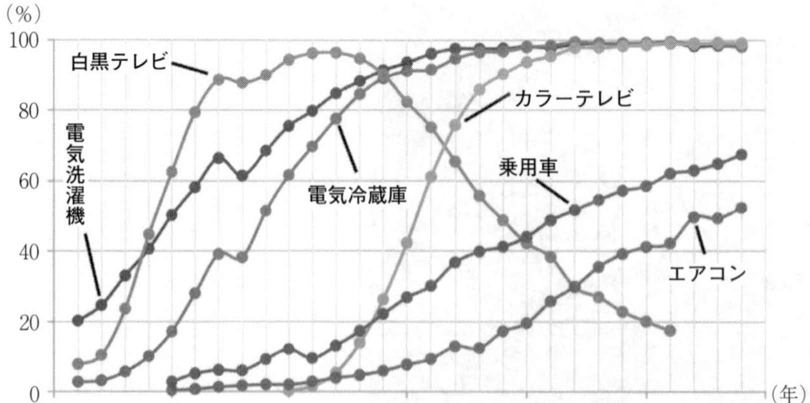

耐久消費財普及率の推移（1957〜85年）

（内閣府「消費動向調査」より作成）

3　次の５つの都道府県地図を見て，下記の設問に答えなさい。なお，５枚の地図の縮尺は同じではなく，どれも上が北を向いています。

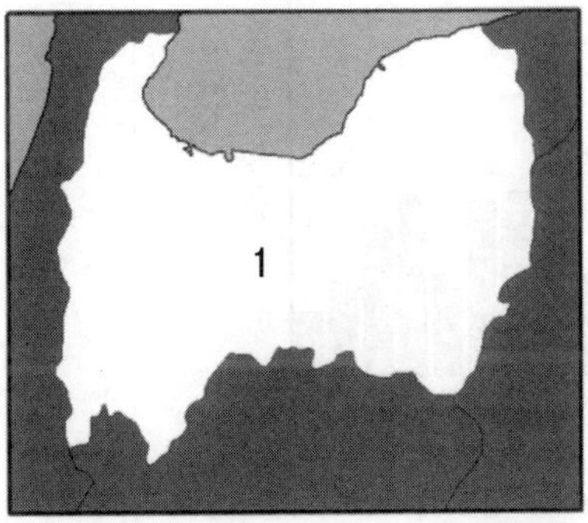

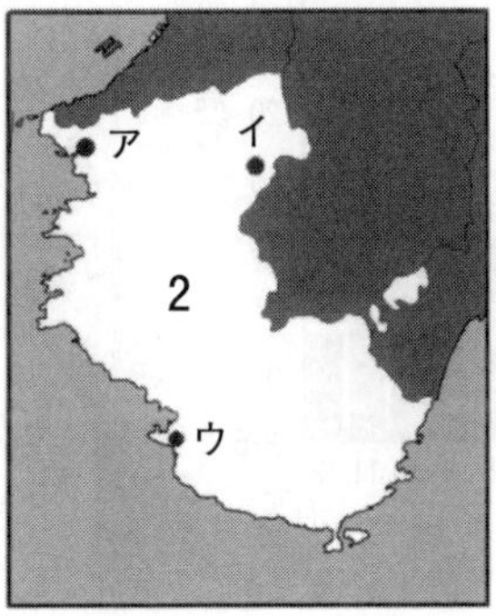

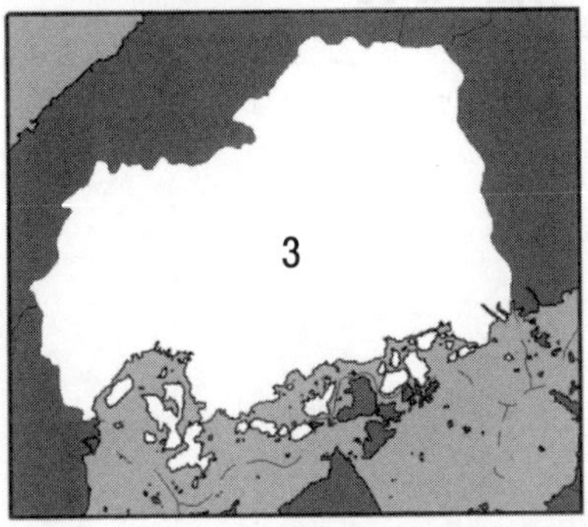

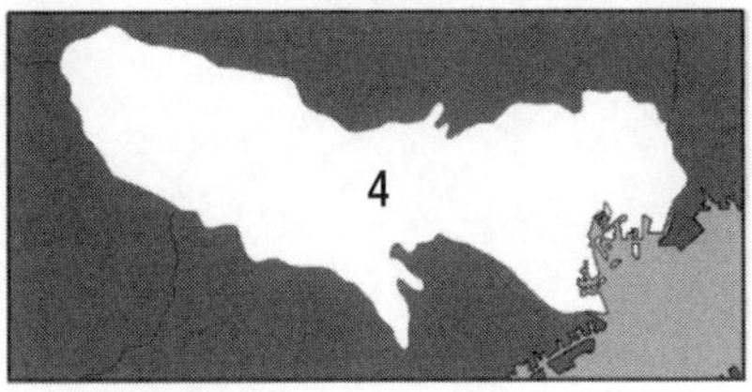

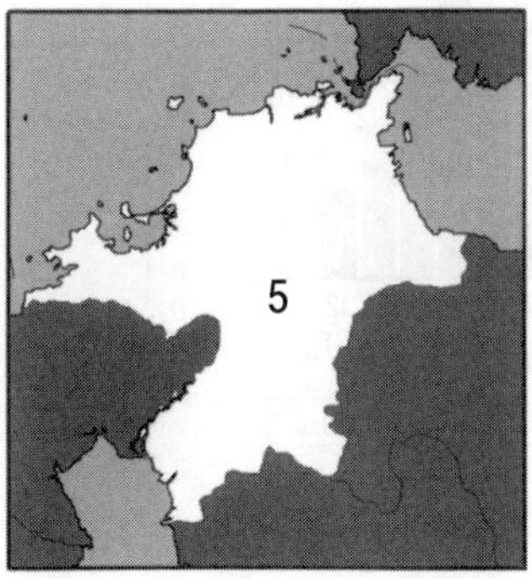

問１　都道府県**1**では，イタイイタイ病が発生しました。イタイイタイ病に関する次の文**X**・**Y**について，その正誤の組合せとして正しいものを，下記より１つ選び番号で答えなさい。

X　鉱山から流出した有機水銀が原因物質と断定されています。

Y　鉱毒は農作物に蓄積されたり，飲み水に含まれることで，被害が大きくなりました。

1	**X**	正	**Y**	正	2	**X**	正	**Y**	誤
3	**X**	誤	**Y**	正	4	**X**	誤	**Y**	誤

問２　都道府県**2**について，以下の問いに答えなさい。

(1)　次の雨温図Ａ～Ｃは，都道府県**2**の図中**ア**～**ウ**の観測地点のいずれかのものです。この組合せとして正しいものを，１～６から１つ選び番号で答えなさい。

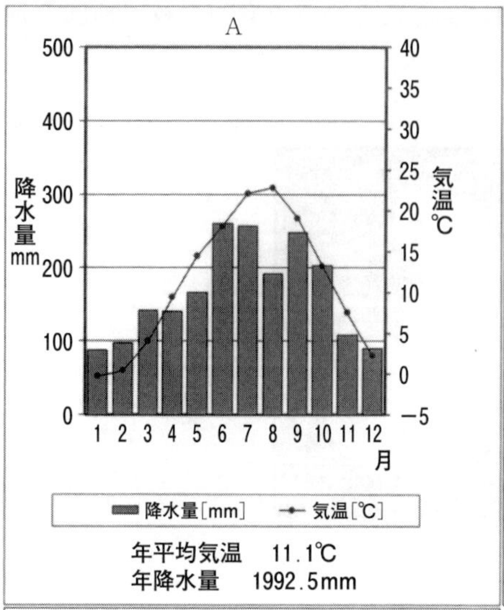

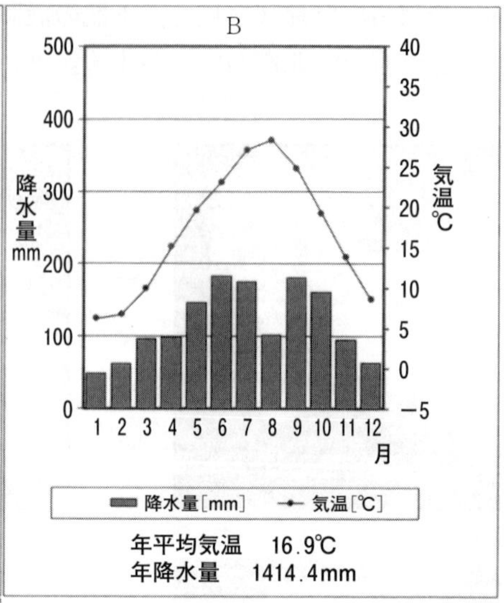

(気象庁ウェブサイトより作成)

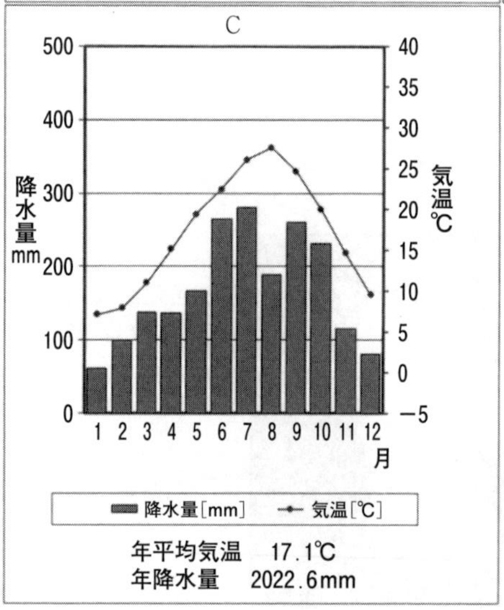

	ア	イ	ウ
1	A	B	C
2	A	C	B
3	B	A	C
4	B	C	A
5	C	A	B
6	C	B	A

(2)　**ウ**の付近にある天神崎《てんじんざき》は，冬でも温暖な気候のため，多くの海洋生物が生息している世界的にも貴重な場所です。その理由を述べた次の文の(　)に適語を入れなさい。

冬でも温暖な理由は，田辺湾が西に大きく開いていることで北西季節風が(　　)海流を湾内に押し込む働きをしてくれるからです。

問３　都道府県**３**について，以下の問いに答えなさい。

(1)　次の**図１**は，この都道府県が主な生産地となっている海産物の生産量の割合を示しています。この海産物を答えなさい。

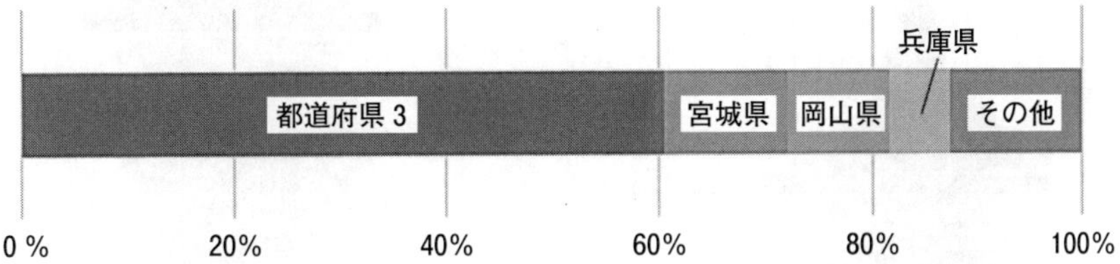

図１　ある海産物の生産量の割合(令和２年漁業・養殖業生産統計より作成)

(2)　この都道府県に面している海域では，**図２**のような現象が発生することがあります。この現象名と発生要因を，それぞれ解答用紙のわく内で説明しなさい。

(3)　(1)の海産物は，(2)の現象の解決に役立っています。どのように役立っているか，解答用紙のわく内で説明しなさい。

(4)　(2)の現象への対応として，法律や条例により排水基準を厳しく設定した結果，漁獲量が減少することもあります。その理由について，解答用紙のわく内で説明しなさい。

図２　(環境省ウェブサイトより)

問４　都道府県**４**について，以下の問いに答えなさい。

(1)　この都道府県では，高度経済成長期に多くの人口が流入し，様々な問題が発生しました。その問題として**適当でないもの**を，下記より１つ選び番号で答えなさい。

１　通勤・通学する人々が増えたことで，公共交通機関の混雑が深刻化しました。

２　自動車の交通渋滞や排気ガスによる環境問題が発生しました。

３　都心部では住宅が不足したため，土地の価格が下落しました。

４　ごみの増加により，埋立処分場では悪臭などの問題が深刻化しました。

(2)　この都道府県では昭和40年(1965年)に南西部の丘陵《きゅうりょう》にニュータウン建設が計画され，昭和46年(1971年)には入居が開始されました。このニュータウンが建設された丘陵を答えなさい。

(3)　(2)のニュータウンの開発当初に移り住んだ人々の中には，現在この住居に居住しにくさを感じる人も出てきました。そこで，住居の中には**図４**のような改修工事をしているものもあります。なぜこのような工事が必要になったのか，**図３**と**図４**を参考に解答用紙のわく内で説明しなさい。

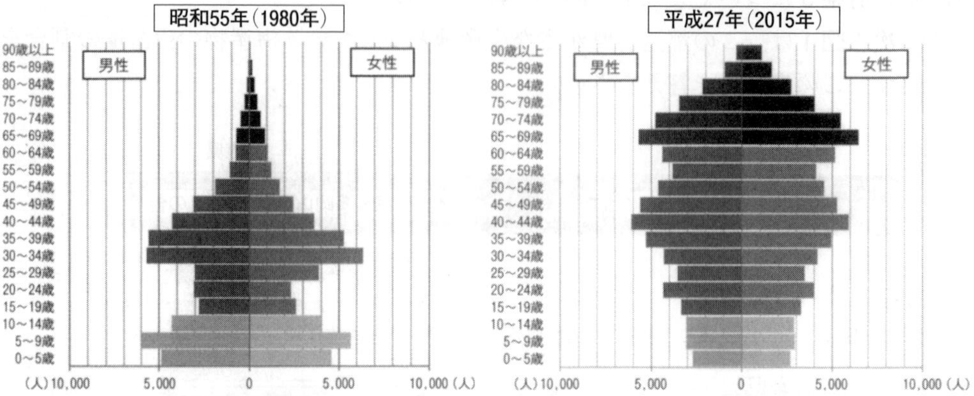

図３　ニュータウンのある市の人口ピラミッド

(ニュータウンのある市のウェブサイトより，一部改変)

図４　住宅に増築したエレベーター(作問者撮影)

問５　都道府県**５**の県庁所在地は，昭和53年(1978年)と平成６年(1994年)に深刻な水不足を経験し，節水意識の高い都市として知られています。この市について，以下の問いに答えなさい。

(1)　この市では全国で初めて，下水処理水をさらに浄化した，トイレや散水用，工業用など，飲料水ほどの水質を求めない用途に使用できる水を供給しました。このような水を何と言うか，答えなさい。

(2)　一級河川が流れないこの市では，水源を確保することに努力してきました。現在では，ある一級河川から山地を越えて導水路が引かれ，この市に水が供給されています。この河川の名称を，下記より１つ選び番号で答えなさい。

１　筑後川　　２　球磨川　　３　遠賀川　　４　川内川

【理　科】〈第２次試験〉（45分）〈満点：75点〉

注意　・必要に応じてコンパスや定規を使用しなさい。

・小数第１位まで答えるときは，小数第２位を四捨五入しなさい。整数で答えるときは，小数第１位を四捨五入しなさい。特に指示のない場合は適切に判断して答えなさい。

1　アンモニアの発生とその性質に関する実験を行いました。次の各問に答えなさい。

＜実験１＞

①　塩化アンモニウムの粉末と水酸化カルシウムの粉末を，よく混ぜてから試験管に入れ，ガラス管を通したゴム栓《せん》をつけた。

②　試薬を入れた試験管をクランプ(試験管をスタンドに固定する器具)でスタンドに固定した。

③　試験管をガスバーナーで加熱すると，アンモニアの気体と水蒸気が発生した。発生した気体を乾燥剤《かんそうざい》に通してから，上方置換《ちかん》法で丸底フラスコに集めた。

④　丸底フラスコの管口近くからアンモニアのにおいがすることを確認した。

気体は図１の上方置換法や図２の水上置換法で集めます。アンモニアは水に溶《と》けやすいので，水上置換法ではなく，上方置換法で集めます。上方置換法では，容器内を目的の気体で完全に満たすことが難しいことが欠点です。

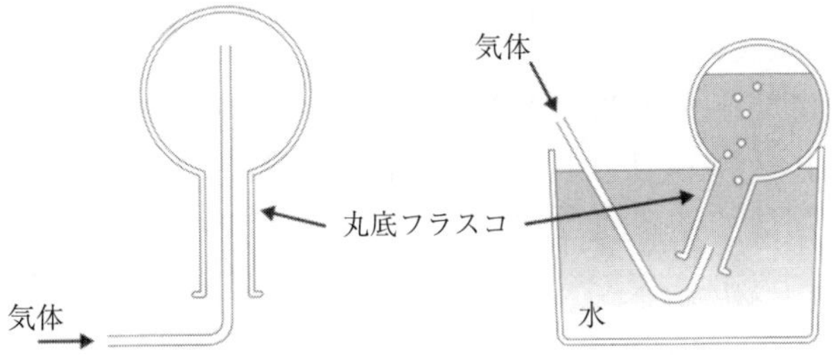

図１　　図２

(1)　実験１を安全で確実に行うためには，急な温度変化が起きないように注意して装置を組み立てなければいけません。操作②で試験管をガスバーナーに対してどのように固定すると良いですか。ガスバーナーの火を当てる位置と試験管の向きに気を付けて，試験管をかきなさい。なお，試験管は図３を参考にしなさい。試薬は試験管の底にあるものとします。

図３

＜実験２＞

実験２では，実験１で集めたアンモニアを用います。図４に実験装置を示します。

スポイトにはBTB溶《よう》液が入っています。ビーカーには濃《こ》い塩酸とBTB溶液を混ぜた液(以降，この溶液を混合液と呼ぶ)が入っています。ガラス管の下はビーカーの底近くまで入れています。装置を組み立てた時には，丸底フラスコの中に混合液は入ってきません。

スポイトを指でおしてBTB溶液を丸底フラスコに入れると，ビーカーの混合液が丸底フラスコ内に，勢いよくふき上がり，やがて図５のようになりました。丸底フラスコ内にたまっていく間に，液体の色は変化していきました。

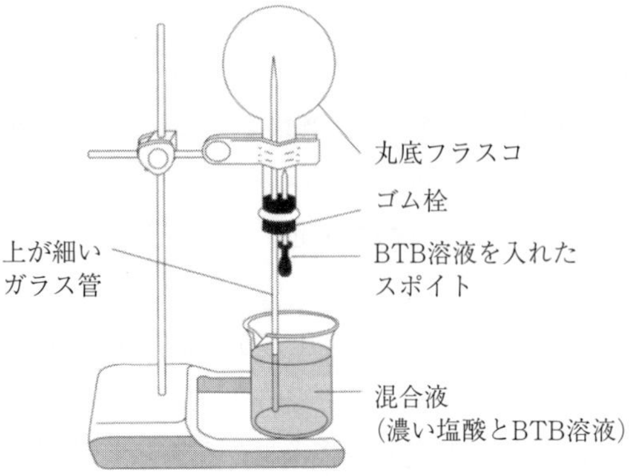

図４

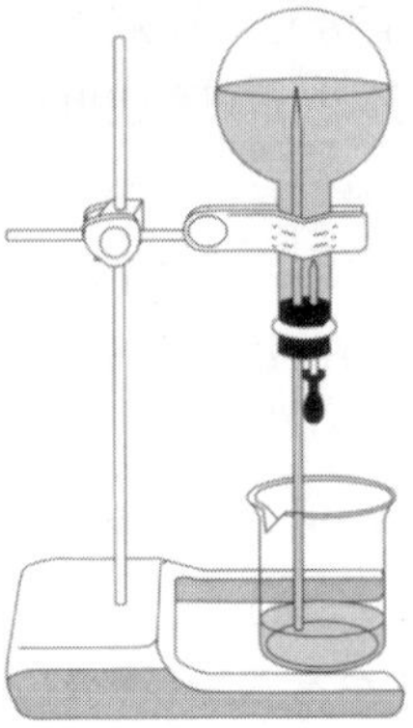
図５

(2)　実験１の操作③で乾燥剤を通さずに得られた気体を用いた場合，図５の丸底フラスコ内に入る混合液の体積はどのように変わりますか。次よりひとつ選び，記号を答えなさい。また，そのようになる理由を答えなさい。

ア　増える　　イ　減る

(3)　実験２で，丸底フラスコ内にたまっていく液体の色の変化について考えます。次の文章の空らんに適する語句を下より選びなさい。ただし，同じ語句を２回以上使ってはいけません。

> スポイトから出て丸底フラスコ内にたまったBTB溶液は，(　ア　)色になった。ビーカー内の混合液が丸底フラスコ内にたまっていくと，(　イ　)色を経て，最終的に(　ウ　)色になった。

[語句]　黄　　緑　　青　　赤　　無

(4)　実験２の結果，図５に示すように丸底フラスコは混合液で完全には満たされませんでした。それはなぜですか。次の語句をすべて用いて，簡潔に説明しなさい。

[語句]　丸底フラスコ　　アンモニア

(5)　実験１，２をいろいろな班に分かれて行ったところ，ビーカー内の混合液が丸底フラスコ内に勢いよく入っていかない班がいくつかありました。この理由として当てはまるものを次よりすべて選び，記号を答えなさい。

ア　塩化アンモニウムの粉末と水酸化カルシウムの粉末，それぞれ２倍量を試験管に入れた。
イ　丸底フラスコの管口近くからアンモニアのにおいがする前に栓をした。
ウ　スポイトに入れたBTB溶液の量が多かった。
エ　ビーカーの混合液中のBTB溶液が薄《うす》かった。
オ　丸底フラスコを閉じるゴム栓のしめ方が弱かった。

2　ミツバチの集団はおよそ２万匹《ぴき》もの個体から構成されていて，それぞれに役割分担がなされています。花から花粉や蜜《みつ》を運ぶのは，働きバチです。えさ場から帰ってきた働きバチは，巣(巣箱)の中でダンスをおどることで，えさ場の位置を仲間の働きバチに伝えることが知られています。働きバチがおどるダンスには「８の字ダンス」と「円形ダンス」の２種類があります。以下では，日本において観察される働きバチのダンスについて考えます。

巣箱には図１のように巣板と呼ばれる板が垂直に入っています。えさ場を見つけた働きバチは巣板面で図２のような８の字ダンスを行います。尻《しり》を振《ふ》りながら直進したのち時計回りをして元の位置にもどり，再び尻を振りながら直進をしたのち反時計回りをして元の位置へもどるという動きを繰《く》り返します。尻を振りながら進んで示す方向(図２の線Ｌ)と巣板面での上方向がつくる角度(図２のＸ°)が，巣箱から見たえさ場の方向と巣箱から見た太陽の方向がつくる角度(図３のＸ°)と等しくなります。これにより，働きバチはえさ場のある方向を仲間の働きバチに伝えます。また，えさ場までの距離《きょり》は，一定時間に図２の線Ｌを通る回数(ダンス回数)によって伝えます。ダンス回数とえさ場までの距離は，図４の関係があります。

えさ場が100ｍ以内の距離にあるときは，働きバチは８の字ダンスではなく，図５のような円形ダンスをおどります。

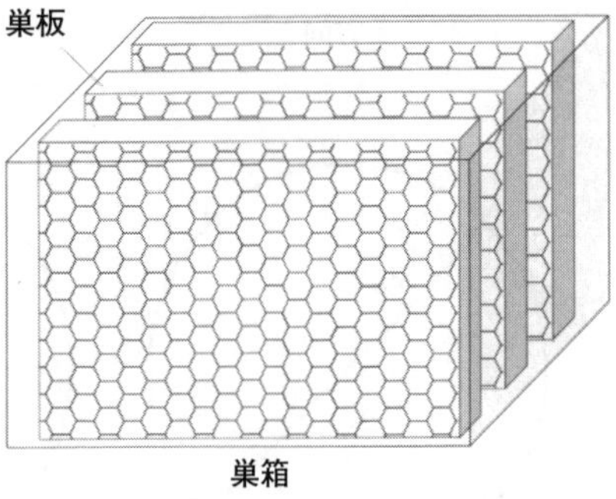

図１

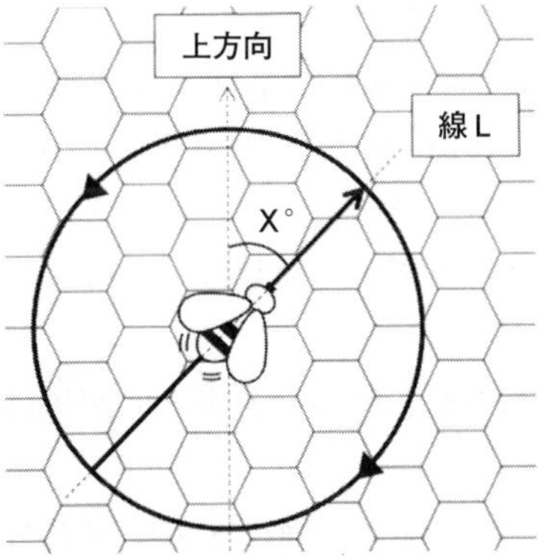

図２

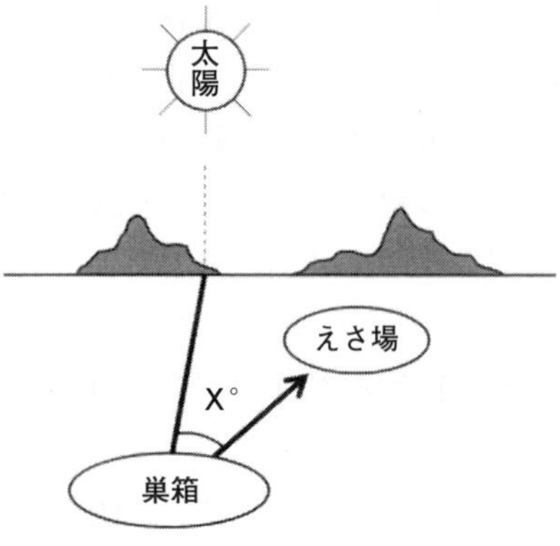

図３

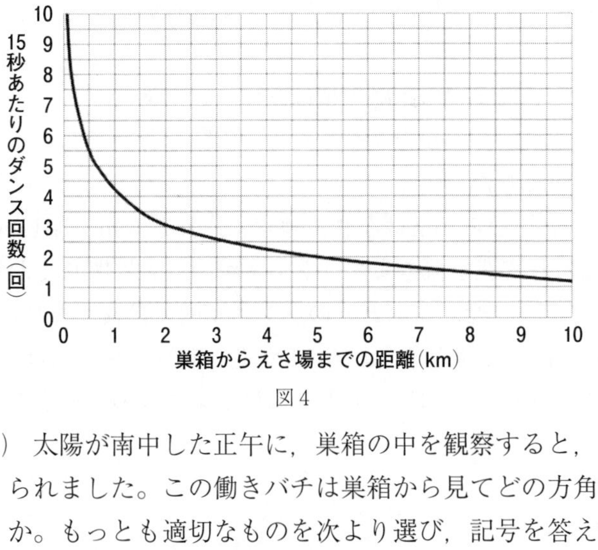

図４

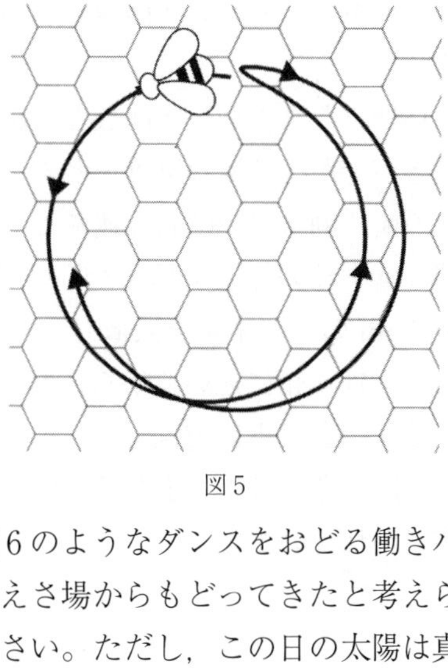
図５

(1)　太陽が南中した正午に，巣箱の中を観察すると，図６のようなダンスをおどる働きバチが見られました。この働きバチは巣箱から見てどの方角のえさ場からもどってきたと考えられますか。もっとも適切なものを次より選び，記号を答えなさい。ただし，この日の太陽は真東からのぼって，真西にしずみました。

ア　北西　　イ　北東　　ウ　南西　　エ　南東

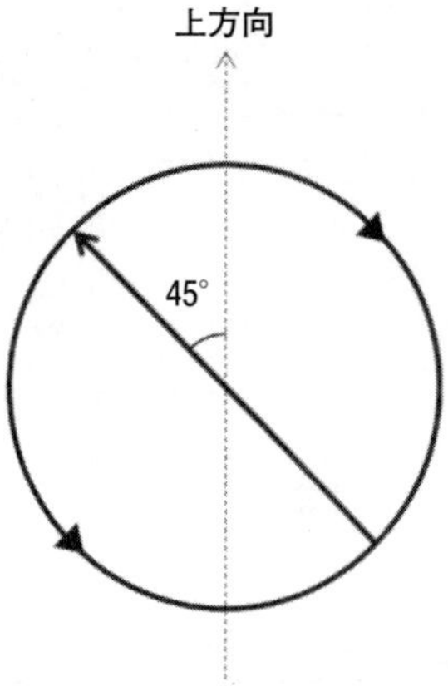

図６

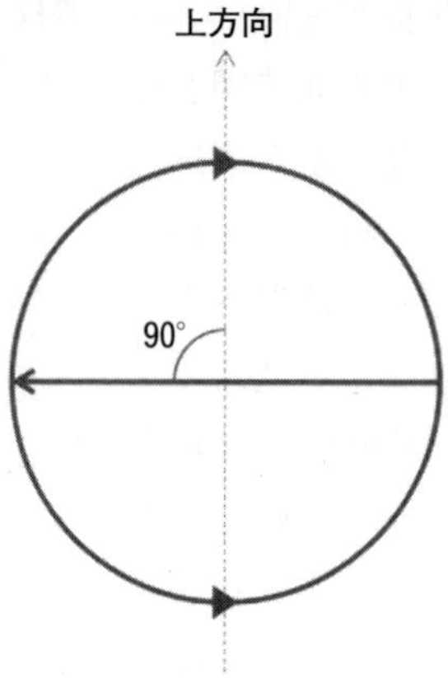

図７

(2)　(1)の次の日，同じ巣箱を観察すると，図７のようなダンスをおどる働きバチが見られました。このダンスを認識した仲間の働きバチは(1)と同じえさ場にたどりつきました。このダンスを観察した時刻は何時ですか。もっとも適切なものを次より選び，記号を答えなさい。

ア　午前６時　　イ　午前９時　　ウ　午後３時　　エ　午後６時

(3)　図４のグラフから読み取れることとして正しいものを次より１つ選び，記号を答えなさい。

ア　巣箱からえさ場までの距離が0.5～１km のときと７～7.5km のときでは，0.5～１km のときの方が，えさ場までの距離をくわしく伝える事ができる。

イ　巣箱からえさ場までの距離が15km になると，15秒あたりのダンス回数は，０になると考えられる。

ウ　花の種類が変わると，15秒あたりのダンス回数と巣箱からえさ場までの距離の関係は変化する。

エ　巣箱から約200m のえさ場から帰ってきた働きバチは，１分間に８回の８の字ダンスを行う。

オ　15秒あたりのダンス回数が多いことは，えさ場にある花の蜜が，より甘いことを示している。

カ　15秒あたりのダンス回数と巣箱からえさ場までの距離の積は常に一定である。

働きバチがえさ場の位置をどのように認識するのかを調べるため，実験を行いました。なお，実験の間，働きバチは同じ速さで飛んでいました。

図８は実験の様子を示したものです。巣箱から35m はなれた地点に，長さ６m，幅《はば》11cm，高さ20cm のトンネルを設置し，えさ場として花を置きます。トンネルの一方は閉じており，働きバチは巣箱に近い側からしか出入りできません。a と b のトンネル内には縦じま（働きバチが進む向きと垂直方向），c のトンネル内には横じま（働きバチが進む向きと平行方向）の模様がつけてあります。また，a にはトンネルの入り口に，b と c にはトンネルのつき当たりに花が置かれています。

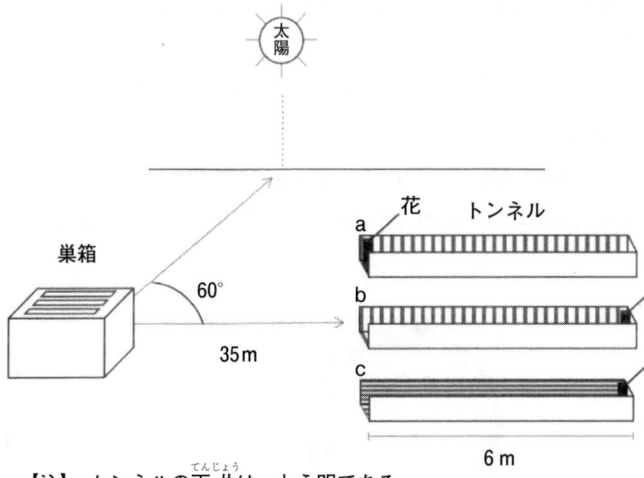

【注】 トンネルの天井《てんじょう》は，とう明である。

図８

働きバチがトンネル内の花を訪れてから巣箱にもどったときに，どのようなダンスをおどったかを調べました。また，花の場所を動かさずにトンネルだけを取り除き，仲間の働きバチが花にたどりつくことができるかどうかを調べました。

表１は巣箱にもどった働きバチが行ったダンスの種類と，仲間の働きバチが同じ花にたどりつくことができたかどうかを示しています。仲間の働きバチが同じ花にたどりつくことができた場合を○，たどりつくことができなかった場合を×としています。図９は，ｂのトンネルを通った働きバチが行った８の字ダンスを示しています。

表１

トンネル	ダンス	仲間の働きバチ
a	円形ダンス	○
b	８の字ダンス	×
c	円形ダンス	○

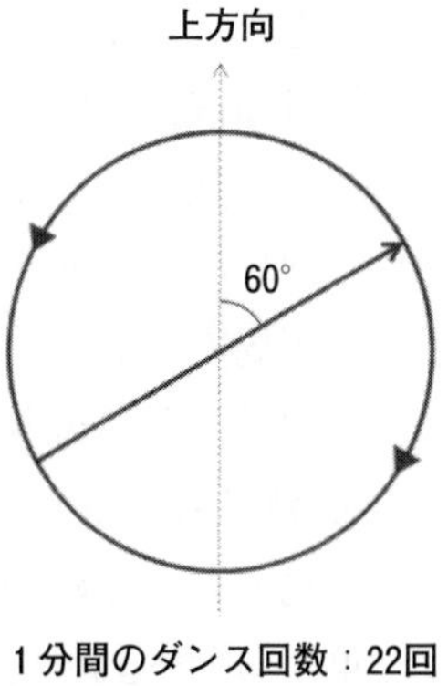

図９

(4)　ｂのトンネルを使った実験で，ダンスを受けた仲間の働きバチが花にたどりつけなかった理由を述べた次の文章について，［　］に適切な語句を○で囲みなさい。また，（　）には適切な整数を答えなさい。

仲間の働きバチは花と①［同じ・異なる］方向に（ ② ）m飛んだから。

(5)　この実験の結果から考えられることや推測できることとして適するものを，次より２つ選び，記号を答えなさい。

ア　働きバチは，えさ場までの距離を，自身がどれだけ羽ばたいたかをもとに測っている。

イ　働きバチは，えさ場までの距離を，自身の周りの景色がどれだけ流れたかをもとに測っている。

ウ　働きバチは，えさ場までの距離を，自身にどれだけの強さで風が吹《ふ》いたかをもとに測っている。

エ　ａのトンネルを10ｍにすると，働きバチは８の字ダンスを行うようになる。

オ　ｂのトンネルを10ｍにすると，働きバチが行う15秒あたりのダンス回数は減る。

カ　ｃのトンネルを10ｍにすると，働きバチは８の字ダンスを行うようになる。

3　月食は地球の影《かげ》に月が入り込《こ》んで欠けていく現象です。地球の影が丸いことによって，地球の形が丸いということを実感できる現象として知られています。2021年５月26日に日本で皆既《かいき》月食が見られました。皆既月食とは，地球の影に月がすべてかくれる現象です。図１は，月―地球―太陽のそれぞれの中心が，皆既月食時に一直線上にならんでいるようすを示しています。下の各問に答えなさい。

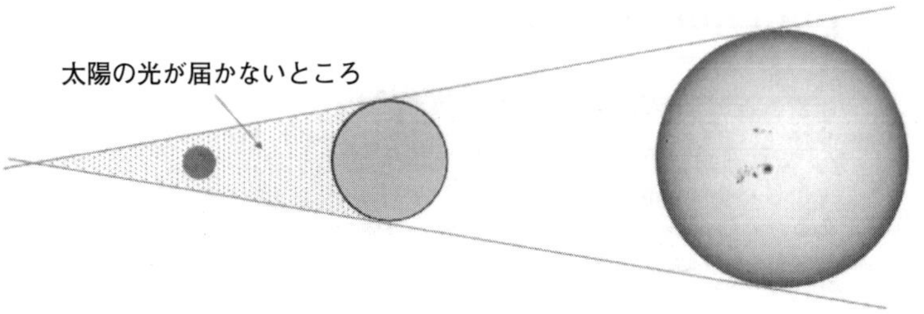

図１　皆既月食時の　月―地球―太陽　の位置関係
（実際の距離《きょり》，直径の比とは異なります）

(1)　下の文は，皆既月食が見られる時間について述べたものです。(　)に適する数を整数で書きなさい。ただし，計算には次の値を用いるものとします。

月の直径：3500km
月の地球に対する公転周期：30日
地球の中心から月の中心までの距離：380000km
円周率：３

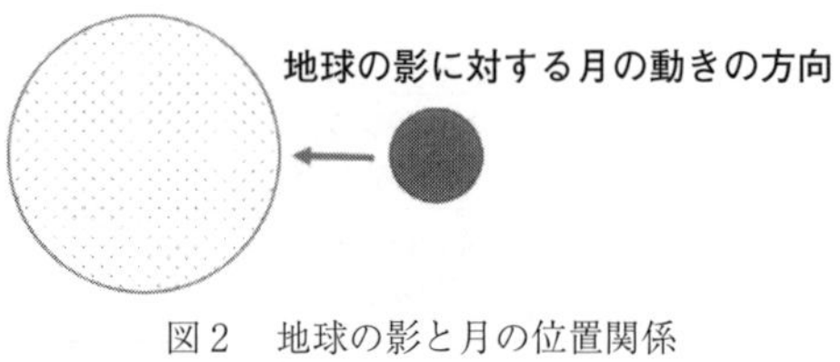

図２　地球の影と月の位置関係

地球と月は太陽の周りを回っていますが，この影響《えいきょう》は考えないことにします。また，観察者から見ると，地球の自転によって地球の影と月は，東から西へ動いていきますが，この影響も考えないことにします。そうすると，図２のように，月が公転している距離での空に固定された地球の影を，月が通過していくことだけを考えればよいことになります。月の中心が地球の周りを円を描《えが》いて回ると考えると，その円周の長さは(　あ　)kmです。また，月が地球の周りを30日で公転するということは，その円周上を１分間に(　い　)kmの速さで動いていることになります。地球の影の直径を仮に9000kmと考えたとき，図２のような地球の影の中心を通るような皆既月食は(　う　)分間続くことになります。ただし，月が地球の影を通るとき月の公転は円の一部ではなく直線とみなします。

ふつうの実験や観察では，太陽までの距離は非常に遠いので，太陽光線は平行に地球に届くと考えています。しかし，図１のように，太陽表面から出た光が，地球に差し込むようすを表す直線を引くと，太陽の光が届かないところが円すいのような形になることがわかります。つまり，皆既月食で観測される地球の影の大きさは，実際の地球の大きさより小さくなります。この時の地球の影の大きさを求めるために，図１をもとに次の３つの円すいを考えます。これらの円すいは，共通の頂点を持ち，形が同じで大きさが異なる円すいであるとみなすことにします。

円すいＡ：月の中心を通る，地球の影を底面とする円すい

円すいＢ：地球の中心を通る円を底面とする円すい

円すいＣ：太陽の中心を通る円を底面とする円すい

(2)　下の文は，地球の影の直径を実際に求めるための方法を述べたものです。(　)に適する数を指示された通りに書きなさい。ただし，計算には(1)で示した値に加えて，円すいＢの底面の直径を地球の直径12800km，円すいＣの底面の直径を太陽の直径1400000kmとみなします。また，地球の中心から太陽の中心までの距離を150000000kmとします。

（あ）　10000kmの位を四捨五入して答えること。

（い）　10kmの位を四捨五入して答えること。

円すいＢと円すいＣから，地球の中心から円すいの頂点までの距離は(　あ　)kmと計算できます。同じように，円すいＡと円すいＢから，月食の時の地球の影の直径は約(　い　)kmと計算できます。

地球や月の公転は，完全な円を描くのではなく，図３のように「だ円」と呼ばれる図形を描きます。地球と太陽との距離はつねに変化しています。地球と太陽の距離は，もっとも近い時には約１億4710万kmで，もっとも遠い時には約１億5210万kmになります。同様に，地球を回る月も，地球にもっとも近い時には約36万kmで，遠い時には約41万kmです。このことによって，皆既月食時に観測される地球の影の大きさが異なります。

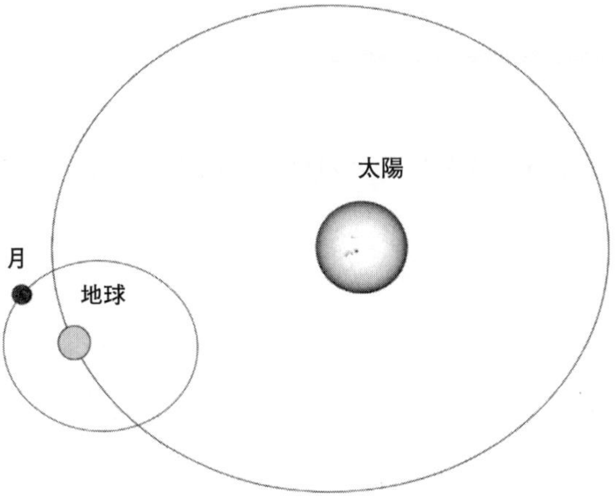

図３　地球，月の公転は「だ円」を描く
（実際の距離，直径の比とは異なります）

(3)　次の文は，地球の影の大きさの変化について述べたものです。[　]に適する語句を選び，○で囲みなさい。

最初に，地球から太陽までの距離を一定として考えてみます。月から地球までの距離が近いほど，月は①[大きい・小さい]地球の影を通ることになります。次に，月から地球までの距離を一定として考えてみます。地球と太陽の距離が遠いほど，月が横切る地球の影は②[大きく・小さく]なります。

したがって，皆既月食時の地球の影がもっとも大きくなるのは，月から地球までの距離が③[遠く・近く]，地球から太陽までの距離が④[遠い・近い]ときであると考えられます。

4　光は，均一な空気やガラスの中を進むとき，それぞれの中を直進します。光の通り道のことを光線といいます。空気やガラスがすき通っているときは，光線を横から見ることはできません。しかし，光が何かに当たると，当たったところが明るくなることから，光線がわかります。

緑色の光を細く発射するLED(発光ダイオード)を用いた場合で，光線について考えます。

図１のように，LEDで点Aからスクリーンに向けて光を発射したところ，スクリーンの点Bが明るくなりました。光線は点Aと点Bをつないだ直線上にあることがわかります。

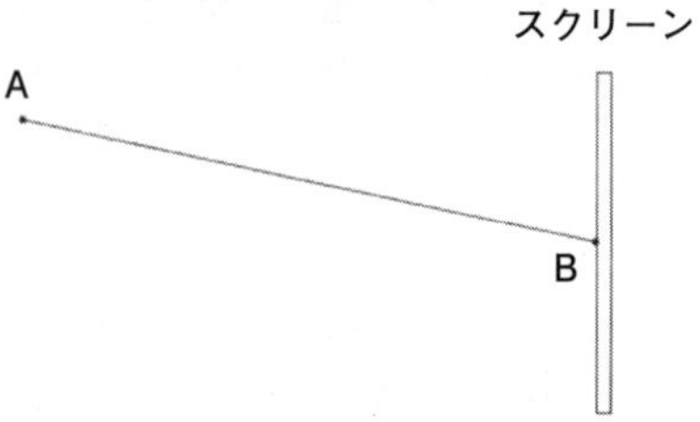

図１

図２のように点Cから鏡に向かって光を発射したところ，スクリーンの点Dが緑色に光りました。鏡のどこに光が当たっているのかわからないので，LEDを固定したまま，鏡の上にうすい紙を置いたところ，紙の点Eが緑色に光りました。

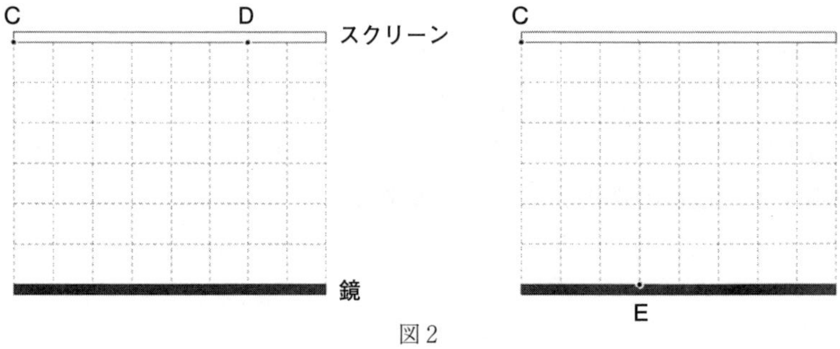

図２

(1)　光を図３の点Fから鏡に向けて発射したところ，スクリーンの点Gが緑色に光りました。光線をかきなさい。

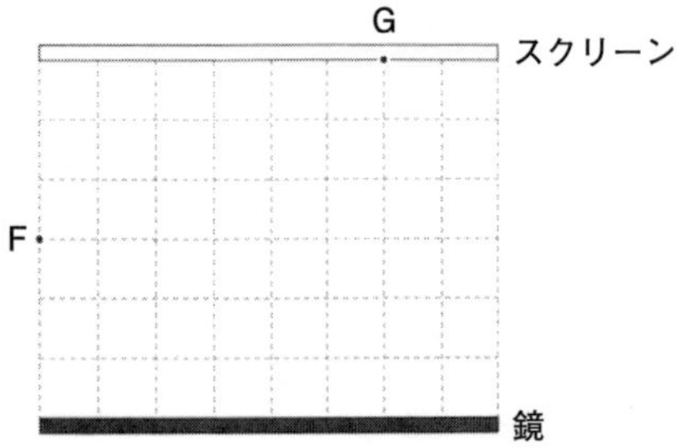

図３

光は，空気中からガラスの中に入ったり，ガラスの中から空気中に出たりするとき，進む向きが変わります。

図４のように，直方体のガラス板①をスクリーンの上に置き，LEDを点Hからガラス板①に向けて固定しました。スクリーンの点Ｉが緑色に光りました。しかし，これだけでは点Hから点Ｉの間の光線はわからないので，ガラス板①の上にうすい紙を置いたところ，点Ｊが緑色に光りました。

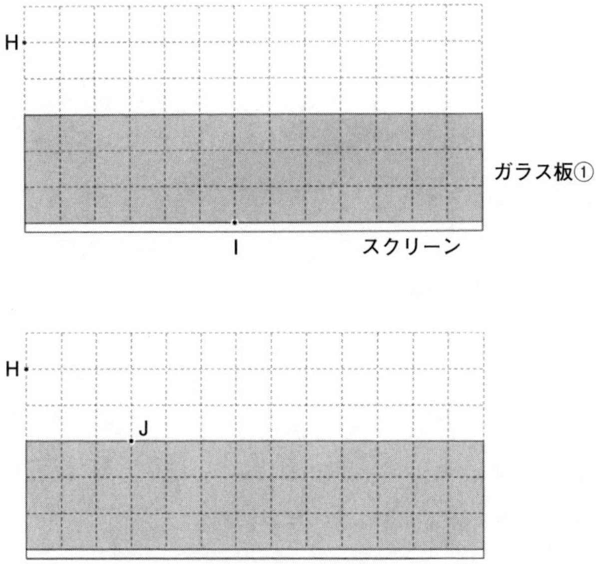

図4

次に，図4でのLEDとガラス板①を固定したまま，図5のようにスクリーンをガラス板①からはなしました。すると，スクリーンの点Kが緑色に光りました。

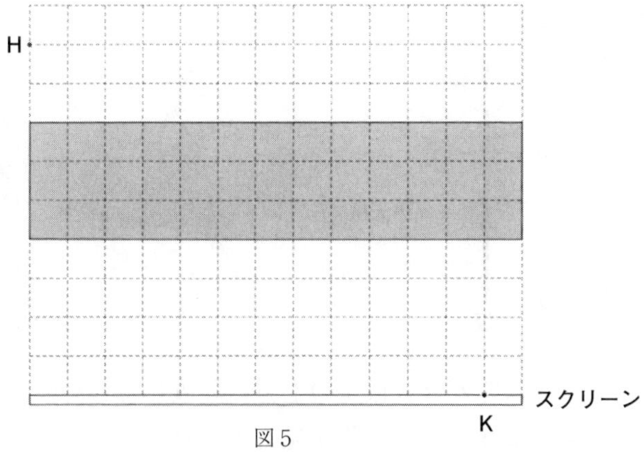

図5

(2)　図4と図5より，ガラス板①に入るまでの光線と，ガラス板①を出てからの光線に，関係があることがわかります。その関係を示す次の文章の(　)に，適切な語句を入れなさい。

ガラス板①に入るまでの光線と，ガラス板①を出てからの光線は，(　　)である。

以下の問いでは，異なるガラス板に光を発射しますが，ガラス板に入るまでの光線と，ガラス板を出てからの光線について，(2)の関係は成り立っているとします。

(3)　図6に示した直線のように，点Lからガラス板②に向けて光を発射したところ，スクリーンの点Mが緑色に光りました。ガラス板②に入ってから点Mまでの光線をかきなさい。

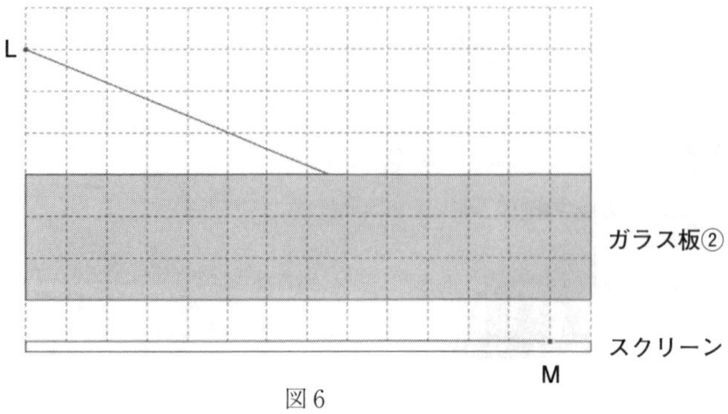

図６

図７のように，ガラス板③の下に鏡を置き，ガラス板③の上方にスクリーンを設置しました。図７に示した直線のように，点Ｎからガラス板③に向けて光を発射したところ，スクリーンの点Ｏが緑色に光りました。

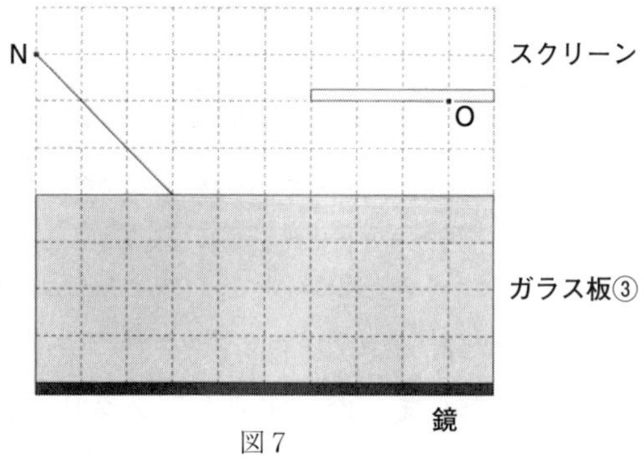

図７

(4)　図７でガラス板③に入ってから点Ｏまでの光線をかきなさい。

正午ごろ，南に向けて小さい穴があいた板を立てます。穴を通った太陽光を図８のように三角柱の形をしたガラスに入れると，スクリーンに虹のように様々な色が見えました。太陽光には様々な色の光が混ざっていて，色によってガラスに入ってからの光線が異なることがわかります。

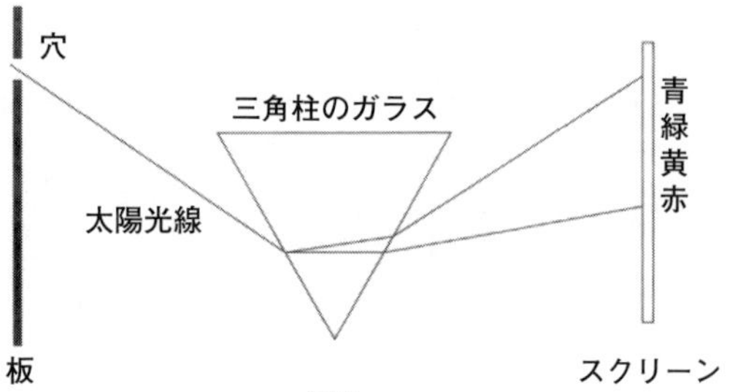

図８

図８の板の穴を通った太陽光を，今度は図９に示した直線のように，ガラス板④に入射させました。ガラス板④の下に鏡を置き，スクリーンをガラス板④の上方に設置しました。スクリーンの点Ｐから点Ｑまで，図８のスクリーンのように様々な色が見えました。

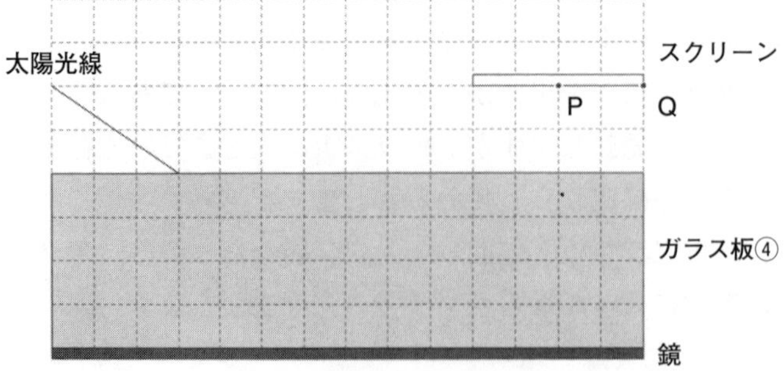

図９

(5)　太陽光がガラス板④に入ったあとの，点Ｐまでの光線と，点Ｑまでの光線を，それぞれかきなさい。

(6)　点Ｐは何色に見えますか。図８の色の中から１つ選び，○で囲みなさい。

で、良彦の心情の変化をテンポよく読み取ることができるようになっている。

イ　「茅葺き」や「カンテラ」などの古風な事物だけでなく、「天体望遠鏡」などの新しい事物をも登場させることで、時代設定があいまいになるように書かれている。

ウ　文章全体を通じて良彦の視点で描かれており、彼が見たまま、感じたままの情景のみが描かれているため、妹や老人がどのように感じたのかがまったくわからないようになっている。

エ　登場人物の会話や心内語（心の中で思っている言葉）にはすべて方言が用いられており、標準語で描写されるよりも力強く、活き活きとした印象を生み出している。

オ　文末に「――」や「……」が多く使われており、強い意志を持たず、はっきりと決断することのできない良彦の心の弱さが読み取れるよう工夫されている。

カ　「キチキチ」や「ばくばく」といった擬態語や擬音語を多用することで、情景をイメージしやすくし、物語全体を臨場感あふれるものにしている。

問一　＝＝部(a)～(d)の漢字をひらがなに、カタカナを漢字に直しなさい。

問二　「～を返す」で「後戻りする」の意味になるように、空欄 X にあてはまる言葉をひらがなで答えなさい。

問三　空欄 Y に入る言葉として最も適当なものを選びなさい。

ア　天高く馬肥ゆる秋
イ　秋の鹿は笛に寄る
ウ　一葉落ちて天下の秋を知る
エ　秋の日はつるべ落とし
オ　女心と秋の空

問四　空欄 Z に入る一文を本文から二十五字以内で抜き出し、初めの五字を答えなさい。

問五　――部①「良彦も涙ぐみそうになる」とあるが、ここでの良彦の気持ちとして最も適当なものを選びなさい。

ア　本来ならば兄として、何事においても妹を支えなければならない立場であるにも関わらず、妹の他愛ない質問にすら答えられず、自分を情けないと思う気持ち。
イ　トンネルの魅力に取りつかれて行動してしまい、母の戒《いまし》めを無視してしまった上に、妹の美津子の身を危険にさらしてしまったことを後悔する気持ち。
ウ　父親の幻影を振り切り、何とか現実世界に戻ってきたのはいいものの、今度は妹の美津子に兄としての責任を問われ、途方に暮れる気持ち。
エ　自分のしたいことを優先し、欲望を満たすことはできたが、母の言いつけに背いてしまったので、母に厳しく叱られるかもしれないと恐れる気持ち。
オ　「宇宙の穴」に自分を引き込もうとした父に怒りを感じるとともに、どんな状況においても自分たちを心配し続けてくれる母に感謝する気持ち。

問六　――部②「とっさに美津子を背中に負ぶい、良彦は藪の中を駆け出した」とあるが、なぜそのような行動をしたのか。説明しなさい。

問七　――部③「話しているうちに、涙が溢れ始めた」とあるが、それはなぜか。説明として最も適当なものを選びなさい。

ア　迷子にはなってしまったが、見ず知らずの老人が良彦たちの心配をする様子を見て、子供である自分たちの身柄を確保し、母親の元まで案内してくれるはずだという確信が持てたから。
イ　迷子になってやっとたどり着いた人家が、こけしの並ぶ怪しげな家で、しかもそこに住んでいると思われる老人の低い声が良彦の恐怖心をますます駆り立てたから。
ウ　兄とともに迷子になってしまったが、見ず知らずの老人の家にたどり着き、ようやく自宅に帰ることができるという目途がたち、安心する気持ちが急激に大きくなったから。
エ　迷子になり、山の妖怪の家に紛れ込んでしまったかもしれないと思った良彦だが、自分たちの身の上の話をしているうちにそんな不安が薄れ安堵の気持ちが強くなったから。
オ　山の中で迷子になってしまったが、良彦たちを発見した見知らぬ老人に詰問され、それに答えていくうちに、その老人に責め立てられているような気持ちになってしまったから。

問八　――部④「老人の眼が弓なりになった」とあるが、これは老人のどのような心情のあらわれか。説明しなさい。

問九　この文章の表現の特徴について説明したものとして、適当なものを二つ選びなさい。

ア　文章の始めから終わりまで、一文一文が短く歯切れがよいの

「おばんでがす」
返事がないので、恐る恐る家の中を覗き込む。
その瞬間、良彦は大きく息を呑んだ。
土間のいたるところに、白木のこけしがずらりと並んでいる。眼も鼻もないこけしが、のっぺらぼうの真白な顔を、一斉にこちらに向けた気がした。
「うわぁああっ！」
幼い頃に母から聞かされた山の妖怪の話が脳裏をよぎり、良彦は尻餅をつきそうになる。後からきた美津子の手を引っ張り、逃げ出そうとしたとき――。
「坊主、どした」
背後で低い声がした。
怖々《こわごわ》振り返れば、（＊３）作務衣《さむえ》を着た老人が、不思議そうにこちらを見ている。
「お前《め》ら、こんな時間に、どこさがらぎた」
老人の問いに、良彦は必死に説明を始めた。
母と一緒に、（＊４）中山平温泉まできたこと。トンネルを見にいった帰りに、道に迷ってしまったこと。
③**話しているうちに、涙が溢れ始めた**。
兄の良彦が泣いているのを見ると、美津子も「うわぁっ」と声をあげて泣き出した。つぶらな瞳から、大粒の涙がぽろぽろと零《こぼ》れて土間に散る。
「分がった」
老人は頷き、良彦の肩に手をかけた。
「大丈夫だ。爺《じい》が、宿まで送ってやるべな」
その言葉に安堵したのか、良彦も涙をとめられなくなる。
ぐずぐずと泣いていると、肩をぽんとたたかれた。視線を上げれば、老人の日に焼けた顔がすぐそこにあった。
「坊主、トンネルは、おっかねがったか」
老人の静かなⓓ**眼差**しが、じっと良彦を覗き込む。
「おっかねがった」
素直に頷けば、④**老人の眼が弓なりになった**。
「んだども、面白がったべ」
瞬間、ふらふらとトンネルに吸い込まれそうになった感覚が甦り、ごくりと唾《つば》を呑んだ。
「……んだ」
望遠鏡を担いだ父が少しだけ振り返り、にやりと笑う。
気がつくと、深く頷いていた。
老人に言われて、自分では理解できなかった胸の中のざわつきが、ようやく言葉になった。
恐ろしかったけれど。
「面白がった」
老人はもう一度良彦の肩をぽんぽんとたたき、それから机の上の筆を取りにいった。
しゃくりあげている美津子の前に立ち、一番小さな白木のこけしを手に取り、素早く絵筆を動かし始める。

（古内一絵『星影さやかに』による。
なお出題の都合上、一部省略を行った。）

《注》
（＊１）錦繍…美しい紅葉や花のたとえ。
（＊２）カンテラ…携帯用の石油ランプ。
（＊３）作務衣…禅宗寺院で僧が着る作業服。家庭着としても用いられる。
（＊４）中山平温泉…宮城県にある温泉。

せて見える。明るかったぼんぼりが暗くなり、松葉の尖《とが》った緑が濃くなってきた。

線路をたどり、後は斜面の獣道を上るだけ。そうすれば、宿のある竹林に続く山道に出るはずだ。なにも難しいことはない。

良彦は、頭の中で繰り返した。

ところが、きたとおりに戻っているはずなのに、どれだけ上っても、大きな道にたどり着けない。一体、どうしたというのだろう。

下草や落ち葉を踏みしめて、良彦と美津子は息を切らしながら獣道を上っていった。

おかしい。

上る場所を間違えたのだろうか。けれど、もう一度線路まで戻るのは嫌だ。

良彦は美津子の手を引き、斜めに進んでみた。草の中から、大小のバッタがキチキチと飛び出す。

[Y]。

気づいたときには、辺りに夕闇が漂《ただよ》い始めていた。

あんなに明るかったのに。あんなに美しかったのに――。

一気に色を無くしていく山の様子に、良彦は大きなトンネルがすべての光を吸い尽くしていく様を思い浮かべた。

[Z]

父の話を思い出し、良彦は急に怖くなってきた。

このままでは自分たちも、トンネルの底なしの重力につかまってしまう。先ほどの父の幻のように、闇の中に吸い込まれていってしまう。

無暗《むやみ》に歩いているうちに、方向感覚が麻痺してきた。

右に進んでいるのか、左に進んでいるのかが分からない。良彦の心臓が、ばくばくと音をたて始める。息が上がり、胸や腋《わき》の下を気味の悪い汗が次々に流れていく。

迷うはずがない。迷うはずがない。

祈るような思いで、斜面を上る。もう少しで、開けた道に出るはずだ。

ところが、歩けば歩くほど山が深くなり、周囲はどんどん暗くなってくる。

「兄《あん》ちゃん、もう歩げね」

それまで黙って手を引かれていた美津子が、ついに泣き言を口にした。

「もう少しだべ」

「もう少しって、後、どんぐらい？」

美津子の問いに、良彦は答えることができなかった。ここまでくると、もう認めない訳にはいかない。

迷ったのだ。

自分たちは山の中で、迷子になってしまったのだ。

んだども、あんまし遠ぐさいがねでけろ――。

母の言葉が甦り、①**良彦も涙ぐみそうになる**。

そのとき、前方に小さな明かりが灯っているのが眼に入った。良彦はハッとして、眼を凝らす。

大きなミズナラの葉陰の向こうに、確かに人家の明かりが見える。

②**とっさに美津子を背中に負ぶい、良彦は藪《やぶ》の中を駆け出した**。木の枝が顔を打ったが、気に留めもしなかった。

やがて、茅葺《かやぶ》きの小さな家が見えてくる。その小屋の扉の所に、明るい（＊2）カンテラが掛かっていた。

助かった――。

美津子を背中から下ろし、良彦は小走りで小屋に向かう。

「ごめんくなんせ」

大声をあげて重い扉を押しあけた。

お父《ど》さん、なしてそっちさいぐ——！

父の幻影を追うように、良彦の足が勝手にふらふらと歩き始めた。

「兄《あん》ちゃん！」

そのとき、信じられない大きさの声が、洞窟一杯に響き渡った。

我に返って振り向けば、トンネルの入口で、美津子が拳を握り締めている。

(c)**ギャッコウ**で、その姿が影のように黒い。

「どこさいぐの！　戻ってけろっ」

美津子の声がわんわんと辺りに反響し、良彦はなんだか恐ろしくなってきた。トンネルの中と外に、はっきりと境界線があるのを感じた。

[X]を返そうとした途端、ずるりと足が滑る。

「わっ」

思わず漏らした声が、何倍もの大きさとなって闇の中に響き渡った。

ようやく暗闇になれた眼でよく見ると、雨が降った後のように地面が濡れていた。

戻らないと——。

濡れた地面に足を取られないように、良彦は美津子の影に向かって歩き出す。

だが、途中でなにかに引き留められるように、歩みがとまった。

お父《ど》さん。

父の幻が消えていった闇に向かい、足元の石を蹴ってみる。

カランッ。

大きな音をたてて、石が転がった。

その反響が暗闇の中に波紋のように広がり、やがて消える。音が消えた先に、まだ父がいる気がした。

なぜだろう。

胸の中がざわざわ騒ぐ。

簡単に向こう側が見通せると思っていたトンネルは、実際には深く暗い闇だった。

見えない先は恐ろしいけれど、同時に震えるほど強く惹《ひ》かれてしまう。

「戻ってけろ！」

再び、美津子の声が響いた。

駄目だ。

良彦は本能的な恐怖に囚《とら》われる。ここにいたら、本当に戻れなくなる。

俺は、そっちさいげね。

父の幻影を振り払うように[X]を返し、良彦は急いで入口に向かった。妹を置いていくことは、良彦にはできなかった。

ようやく明るい場所に出ると、べそをかいている美津子の顔が眼に入る。

妹の元に戻ってこられたことに、良彦は内心安堵《あんど》した。

「兄《あん》ちゃん！」

美津子は良彦に駆け寄り、その手をぎゅっと握る。

「お母《が》さんとこ帰る。トンネル、おっがねえ」

良彦ももう、妹を「弱虫」呼ばわりすることはできなかった。

「泣ぐな、泣ぐな。なんでもねえべ」

自らに言い聞かせるように、しゃくりあげ始めた美津子をなだめる。

「さ、いくべ」

美津子の涙を指の腹でぬぐってやり、良彦はきた道を引き返し始めた。

いつの間にか、日が傾き始めている。きたときとは違い、良彦も美津子も、黙々と歩き続けた。

日が陰ってきたせいか、あんなに鮮やかだった紅葉も、どこか色褪《あ》

オ　自分という意識は客観的に目に見えるものではないが、その存在はたしかに意識することができる。

カ　我を忘れるという体験をするとき、自己をとりまとめる働きをするアイデンティティまでも失われてしまっている。

二　次の文章を読んで、後の問いに答えなさい。

「兄《あん》ちゃんってばぁ」

美津子が呼んでいるのが聞こえるのに、黒い口に誘われるように、足をとめることができなかった。

真っ黒な口がどんどん大きくなってくる。

途中から、自分が近づいているのか、口が迫ってくるのかが、よく分からなくなってきた。

ついに、その前に立ったとき、良彦は思わず立ちすくんだ。

なんだべ、これ……。

これがあの、一瞬にして飛んでいってしまうトンネルなのだろうか。良彦は、トンネルの先には山の向こう側が見えるのだとばかり思い込んでいた。

覗き穴のように、渓谷の紅葉が(a)**垣間見**えるに違いないと。

ところが眼の前の大きな穴は、どんなに眼を凝らしても、黒々とした闇が漠々《ばくばく》と広がっているだけだった。

しかも、こんなに大きなものだったとは。

(b)**ナカ**ば茫然《ぼうぜん》として、良彦は巨大な黒い丸天井を見上げた。

〝この宇宙の彼方には、不思議なものがたくさんあるんだよ〟

ふと、父の穏やかな声が耳の奥で甦《よみがえ》る。

以前、天体望遠鏡を片手に、父が語ってくれたことがあった。

この宇宙のどこかには、なにもかもを吸い込んでしまう、凄まじい重力を持つ大きな穴がある。その重力場につかまると、光ですら逃げることができないのだと。

（中略）

宇宙なんて、どうでもいい。そんなことより、もっと大事なことがあるはずだ。

いつもそう思っていたはずなのに、なぜか今は、父の話が頭から離れない。

目前に広がる深い闇は、その宇宙の穴を思わせた。

宇宙の穴につかまれば、太陽だって逃げられない。宇宙の穴の質量は、太陽の数百万倍もあるのだそうだ。想像しただけで、気が遠くなりそうだ。

お父《ど》さん……。

天体望遠鏡を持った父が、巨大な穴の前に立っている。

まるで重力につかまったように、良彦の足がふらりと前へ出た。トンネルの中に足を踏み入れた途端、ひんやりとした空気が全身を包み込む。

山道を歩き、汗ばんでいた身体が一気に冷えて、背筋がぶるりと震えた。

たった数歩進んだだけなのに、驚くほど寒い。昼の光が吸われ、たちまち辺りが夜になる。

明るい（＊1）錦繍《きんしゅう》の世界から、突如、漆黒《しっこく》の異次元に足を踏み入れたみたいだった。

これはトンネルじゃない。まだ見たことのない、巨人や大蛇《おろち》が棲《す》む洞窟だ。

良彦の空想を嗤《わら》うかのように、天体望遠鏡を担いだ父がくるりとこちらに背中を向けて、すたすたと闇の中に消えていく。

イ　老年にさしかかり、生の終わりを意識して死の恐怖にとらわれても、どうすることもできずに絶望し諦めてしまおうと考えること。

ウ　生の終わりを意識するような年齢となり、自らの死を肯定的に受け入れたうえで、死後の世界について静かに思いをめぐらそうとすること。

エ　年老いて死期が近いことを悟りつつも、そこから生じる迷いや恐怖をあるがままに受容し、心穏やかな境地に達しようとすること。

オ　いつの間にか年をとって寿命が近くなるにつれて、今まで人生を無駄に過ごしてきてしまったことに対し、反省をしようと考えること。

問四　――部②「この『わたし』という言葉も自明なように見えて、なかなかつかまえにくい言葉です」とあるが、なぜそういえるのか。説明しなさい。

問五　――部③「物をつかむという動作は、わたしの行為の習慣のなかに言わば沈殿している」とあるが、どういうことか。説明として最も適当なものを選びなさい。

ア　物をつかむという動作は、それぞれの動きが単純すぎるため、そのたびごとに自覚されないままになっているということ。

イ　物をつかむという動作は、日常生活において身体の持ち主に意識されており、あえて言語化されないだけだということ。

ウ　物をつかむという動作は、手や腕の筋肉が意識からの指示を無視して勝手に行っているものであるということ。

エ　物をつかむという動作は、哲学的に解明されたものであり、日常の中で考える必要のないものになっているということ。

オ　物をつかむという動作は、身体が自然と行っているものであり、いちいち意識されるものではないということ。

問六　――部④「自己とはこの体のことであると言われると、そうではないという印象が残る」とあるが、なぜそういえるのか。説明しなさい。

問七　――部⑤「ここにはいわゆるアイデンティティ、同一性が成立しています」とあるが、どういうことか。説明として最も適当なものを選びなさい。

ア　自らの思考や感情を物体を見る方法とは異なる仕方で意識できることが、同じ自己が成り立っている証拠だということ。

イ　感情や思考が一つの同じ身体の中にあることによって、自己という一定の意識が生まれてくるということ。

ウ　様々な感情や意識の動きを一人のものとしてまとめる働きが存在し、その働きが一定の自己を可能にしているということ。

エ　一年前から今年、昨日から今日へという時間の流れが記憶を生み出すことで、一定の自己を成立させているということ。

オ　できごとの流れや脈絡を整理することを通じて、それらを経験しているのが同じ私だという感覚が作られるということ。

問八　本文の内容を説明したものとして、適当なものを二つ選びなさい。

ア　今ここに自分が存在しているということの不思議さに感動を覚えるのは、死を間近に控えた老人に特有の現象である。

イ　自己が存在しているということは、一見すると当たり前の事態であるが、実は数ある可能性の中の一つに過ぎない。

ウ　身体がなければ、様々なことを経験することができないため、自己とは身体そのもののことだといえる。

エ　虚子の句は、老いてなお自分の存在の不思議さを理解しようという知的な試みの上に成立したものである。

思ったりすること、そしてこの映画を見たときに、監督は観客にいったい何を訴えたいと思ったのだろうかと考えたりすること、こうした意識の内面の出来事であるとあなたは言われるかもしれませんね。

たしかに「わたし」というのは、身体ではなく、むしろ、こういう感情や意欲、思考などで成りたっているものだと言えるようにも思います。

意識のこうした働き、たとえば悲しいと感じたり、あるいは「わたしっていったい何なのだろう」と考えたりすること、こういうことは目に見えるものではありません。たとえば目の前のリンゴを見るような仕方で、それを見ることはできません。それは物体的なものとははっきりと異なったものです。しかし、わたしたちはそうした感情や思考をはっきりと意識することができます。そうしたわたしたちの意識の働きを、わたしたちは「わたし」という言葉で言い表しているのだと言えそうです。

しかし、それだけではないように思われます。というのも、たとえば何かを見たり、聞いたりする、あるいはうれしいとか悲しいと感じる、そういうときわたしたちは脈絡《みゃくらく》なしに、何かを感じたり、何かを考えたりしているわけではありません。いつもわたしたちのそうした働きを一つにまとめているものがあります。わたしたちはさまざまな行為をしながら、つねにそれらを一つにとりまとめているものを意識しています。それこそ「わたし」だと言えるのではないでしょうか。

もちろんわたしたちは、ときおり「われを忘れる」という経験をします。われを忘れて小説の世界に入り込んだりします。その小説の主人公になりきって、いっしょに泣いたり笑ったりします。そしてしばらくして、ふとわれに返ります。午後に友人に会う約束をしており、そのために着替えをしなければならないといったことに気づきます。しかし通常は、何をしている場合でも、それをしているわたしを見つめている「わたし」がいます。そのために、小説の世界に入り込んでしまったわたしも、われに返れば、すぐに日常の生活を営んでいる「わたし」に結びつけられるのです。わたしが行うことはすべて「わたし」につなぎとめられています。それはいまのことだけではありません。昨日起こったことも、一年前に起こったことも、一〇年前に起こったことも、ぜんぶこの「わたし」に帰属するものとしてわたしは理解しています。

⑤**ここにはいわゆるアイデンティティ、同一性が成立しています。**「われを忘れて」何かに没頭するという例外もありますが、通常は、わたしの行為には、これはわたしの行為であるという意識が伴っています。それによってすべての行為が一つにとりまとめられています。このまとまりによって「自己」が成りたっていると言えます。

（藤田正勝『はじめての哲学』による。
なお出題の都合上、一部省略を行った。）

問一 ――部(a)～(d)の漢字をひらがなに、カタカナを漢字に直しなさい。

問二 空欄 X に入る、『歌よみに与ふる書』で短歌の革新運動を行い、『吾輩は猫である』を執筆した夏目漱石とも交流があった人物の名前を選びなさい。

ア 正岡子規　イ 石川啄木　ウ 与謝野鉄幹
エ 小林一茶　オ 松尾芭蕉

問三 ――部①「そういうさまざまな思いのなかで、虚子は『斯く在る』ことをただ静かに受けとめようとする」とあるが、どういうことか。説明として最も適当なものを選びなさい。

ア 自己が存在するということが、数ある可能性の一つに過ぎないことを自覚し、自分の存在の小ささを何とかして納得しようとすること。

ょう。いま自分のことをふり返っているあなたにとって、おそらく「わたし」は疑いようのない事実として意識されていることと思います。

しかし、②**この「わたし」という言葉も自明なように見えて、なかなかつかまえにくい言葉です**。「わたし」というのは、いまここにいる人物が相手に向かって何かを語りかけようとするとき、自分のことを言い表すために使う言葉であり、誰でもそれを使うことができます。それは、相手に向かって何かを語りかけようとする人が、そのときどきの自分に貼りつけるラベルのようなものだと言ってもよいかもしれません。しかし、そのラベルには何も書かれていません。「わたし」は、もともと特定された内容をもった言葉ではないのです。誰がどんな場面で「わたし」と言うのか、そのときどきの状況のなかではじめてその意味が浮かびあがってくるのです。

そこで「あなたの言う「わたし」とは何ですか」とさらに問いを重ねるとすれば、あなたは、「わたしが指し示そうとしたのは、このわたし自身のことです」と答えるでしょう。しかし、その「あなた自身」とは何でしょうか。

そう問われたとき、おそらくあなたは自分の方を指さして、「これです」と言うことでしょう。そのときあなたが指し示そうとしたのは、指の先にあるあなたの体、身体のことでしょうか。たしかに「自己」とはこのわたしの身体のことであるという考えも成りたつと思います。「自」という漢字はもともと鼻をかたどったものでした。自分を示すために、顔なり、(b)**胸元**を指さすのは自然なことです。

また、わたしの意識の働き、つまり見たり、聞いたりすることや、楽しいと感じたり、怒りを覚えたりすることは、このわたしの体を離れては考えられません。しかし他方、自己とはこの身体のことだと言ってしまうと、どうもそうではないという印象が残ります。

身体というのは、もちろん医学や生物学でも問題にされますが、哲学にとってもたいへんおもしろい(c)**コウサツ**の対象です。たとえば手で机の上に置いてあるコップをつかもうとするような場合を考えてみましょう。わたしは手や腕の筋肉にいちいち指示を与えてコップを取りにいくわけではありません。わたしの意識はあくまで対象の方に(この場合にはコップの方に)向けられ、手や腕の方には向けられていません。それでも腕は自然に動き、(d)**テキカク**な動作をします。③**物をつかむという動作は、わたしの行為の習慣のなかに言わば沈殿している**と言ってよいかもしれません。そういう仕方で身体は、背後に退くような形で、わたしたちのさまざまな行動を支えています。どの筋肉を動かしてなどと考えていたのでは、わたしたちはコップ一つ取ることができないでしょう。

さて、わたしがわたしの身体を身体としてはっきりと意識するのは、それをわたしの外にあるものとして見つめるときです。たとえばスポーツの練習でまめだらけになった手や家事で荒れてしまった手をじっくりと眺めるような場合です。そのときには見つめるわたしと見つめられる手とが分かれてしまっています。わたしの手はどこまでもわたしの手ですが、その手は、見つめる「わたし」とは別のものとしてそこにあります。

身体にはそういう面があるのです。そのために、④**自己とはこの体のことであると言われると、そうではないという印象が残る**のです。

あなたが「わたし」という言葉で指し示そうとしたのは、このわたし自身のことです」と答えたときに考えていたのは、物体としての身体ではなく、うれしいとか楽しいと感じたりすること、あるいはたとえば新しく封切りになったハリウッド映画を見にいきたいと

二〇二二年度 渋谷教育学園幕張中学校

【国語】〈第二次試験〉（五〇分）〈満点：一〇〇点〉

注意 ・記述は解答欄《らん》内に収めてください。一行の欄に二行以上書いた場合は、無効とします。

一 次の文章を読んで、後の問いに答えなさい。

「自己とは何か」ということを問題にする前に、少し横道にそれますが、自分とか自己ということについて考えるときに、わたしがいつも感じていることについてお話ししたいと思います。それは自分がいま生きている、あるいはいまここにいる（わたしがある）ことの不思議さについてです。

それについてお話しする手がかりになると思いますので、 X の弟子の一人である高浜虚子《たかはまきょし》の俳句を一つ紹介します。

老いてこゝに斯《か》く在《あ》る不思議唯《ただ》涼し

という句です。「老いて」と言われても、自分には遠い先のことだと思う人もいるかもしれませんね。しかし、わたしのように年齢のいったものはこの句に深い共感を覚えます。

「斯く在る不思議」というのは、もちろん老人だけが抱く感懐ではないでしょう。若い人にとっても、自分がいまここにいること、それはとても不思議なことだと思います。父と母が出会わなかったら、わたしは生まれていなかったわけですし、戦争の時代に生まれていれば、その戦乱のなかで幼くして亡くなっていたかもしれません。

わたしたちはいまここに生きている、その視点からすべてを見ていますが、存在しなかったかもしれない、あるいは亡くなってしまったかもしれない、その存在しない方から見てみると、いま生きていることはとても不思議なことです。いまいる、いまあるということは、まだない、もうないというとてつもなく大きな「無」に包まれたちっぽけな点、小さな小さな「有」でしかないのかもしれないのです。このように「斯く在る」ことはとても不思議なことなのです。

老人にはまた、若い人とは違った思いが浮かびあがってきます。知らないうちに「斯く在る」、つまり、いつのまにかこのように齢《よわい》を重ね、いまここにいるという思いが強くするのです。そしてその先にあるものに目がいきます。生の終わりを意識しながら、「斯く在る」ことをどう受けとめるのか、その先にあるものをどう受けとめるのか、そうしたことを考えます。さまざまな思いがわきあがってきて、心は(a)ヘイセイではいられません。たとえ知らないうちに「斯く在る」としても、「唯涼し」とはとても簡単には言えません。迷いもあり、執着もあります。不安もあり、恐れもあります。

しかし、①そういうさまざまな思いのなかで、虚子は「斯く在る」ことをただ静かに受けとめようとする自分に気づいたのだろうと思います。それもとても不思議なことだと思います。簡単にはそのような境地に立つことはできません。しかし、そういうことがありうるのはわかりますし、そのことにとても惹《ひ》かれる――そのような思いを抱く句です。

わたしがいまここにいる（ある）こと自体が不思議ですが、「自己」に関しては、そのほかにもすぐには理解できないことがたくさんあります。それに対して、そこには何の不思議もないじゃないか、と言う人もいるかもしれません。「自己とは何か」という問いに対して、「自己とはこのわたしのことです」と明快に答えられる方もいることでし

2022年度

渋谷教育学園幕張中学校 ▶解説と解答

算　数　＜第２次試験＞（50分）＜満点：100点＞

解　答

1 (1)　120通り　(2)　144通り　(3)　132通り　2 (1)　７番目　(2)　17番目　(3)　133番目　3 (1)　60分　(2)　$3\frac{1}{3}$分後　4 (1)　（例）　解説の図②を参照のこと。　(2)　12倍　5 (1)　辺カ　(2)　12本　(3)　２：３

解　説

1 場合の数

(1)　５人が座ることができるのは，{①，③，⑤，⑦，⑨}の座席に座る場合だけである。①に座る人の選び方は５通り，③に座る人の選び方は残りの４通り，⑤は残りの３通り，⑦は残りの２通り，⑨は残りの１通りあるから，全部で，５×４×３×２×１＝120(通り)となる。

(2)　座る４つの座席の組み合わせは，下の図Ⅰの６つの場合がある。どの場合も，４人の座り方が，４×３×２×１＝24(通り)ずつあるので，全部で，24×６＝144(通り)と求められる。

図Ⅰ

{①，③，⑤，⑦}
{①，③，⑤，⑨}
{①，③，⑦，⑨}
{①，⑤，⑦，⑨}
{②，④，⑥，⑧}
{③，⑤，⑦，⑨}

図Ⅱ

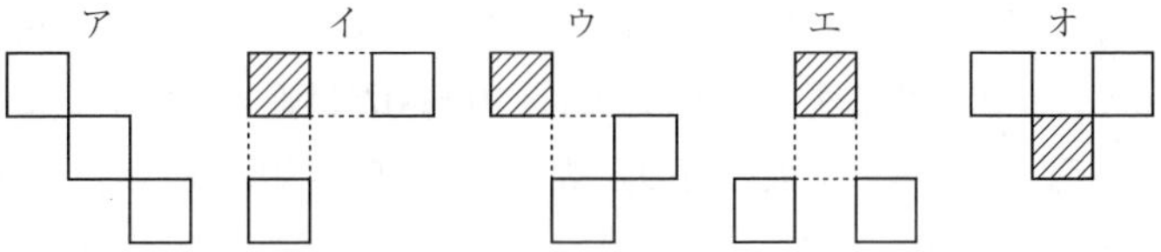

(3)　３つの座席の位置関係で場合分けをすると，上の図Ⅱの５つに分けることができる。アの場合は，{①，⑤，⑨}，{③，⑤，⑦}の２通りある。また，イとウの場合は，斜線《しゃせん》部分が{①，③，⑦，⑨}になる場合があるから，それぞれ４通りある。さらに，エの場合は，斜線部分が{②，④，⑥，⑧}になる場合の４通りあり，オの場合は，斜線部分が⑤になる場合の４通りと，{②，④，⑥，⑧}になる場合の４通りあるので，全部で，２＋４×５＝22(通り)とわかる。どの場合も，３人の座り方が，３×２×１＝６(通り)ずつあるから，22×６＝132(通り)と求められる。

2 素数の性質，周期算

(1)　分母と分子の和はつねに，１＋2022＝2023である。また，2023＝７×17×17だから，N番目の分数は右のように表すことができる。この分数が約分できるのは，Nの値が７または17の倍数になるときである(例を参照)。よって，初めて約分できるのはNが７のときであり，左から数えて７番目とわかる。

$$\frac{N}{2023-N}=\frac{N}{7\times17\times17-N}$$

（例）

$$\frac{35}{2023-35}=\frac{\overset{5}{\cancel{35}}}{\underset{1}{\cancel{7}}\times17\times17-\underset{5}{\cancel{35}}}$$

(2)　７の倍数は小さい順に{７，14，21，…}，17の倍数は小さい順に{17，34，51，…}なので，７または17の倍数のうち，小さい方から数えて３番目の数は17とわかる。よって，３回目に約分できるのは，左から数えて17番目である。

(3)　７と17の最小公倍数である，７×17＝119を周期と考える。１から119までに７の倍数は17個，17の倍数は７個あり，119は両方に共通だから，１つの周期の中に約分できる分数は，17＋７－１＝23(個)あることがわかる。よって，25回目に約分できるのは，２つ目の周期の中の，25－23＝２(回目)となる。さらに，１つ目の周期で２回目に約分できるのは，左から数えて14番目なので，25回目に約分できるのは，左から数えて，119＋14＝133(番目)と求められる。

3　速さと比，旅人算

(1)　すべて走る場合と途中《と　ちゅう》から歩く場合を図に表すと，下の図１のようになる。アとウの部分にかかった時間は同じだから，イとエの部分にかかった時間の差が20分となる。また，走る速さと歩く速さの比は２：１なので，イとエの部分にかかった時間の比は，$\frac{1}{2}:\frac{1}{1}=1:2$である。よって，１にあたる時間は，20÷(２－１)＝20(分)だから，すべて走ったときにかかる時間は，20＋20＝40(分)とわかる。したがって，実際にかかった時間は，40＋20＝60(分)と求められる。

図１

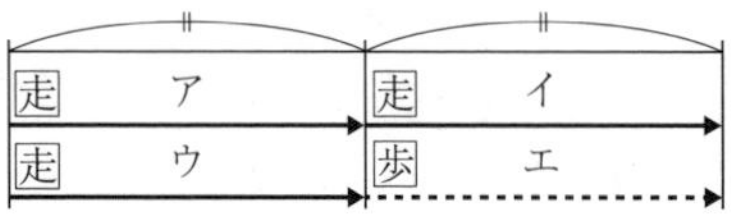

図２

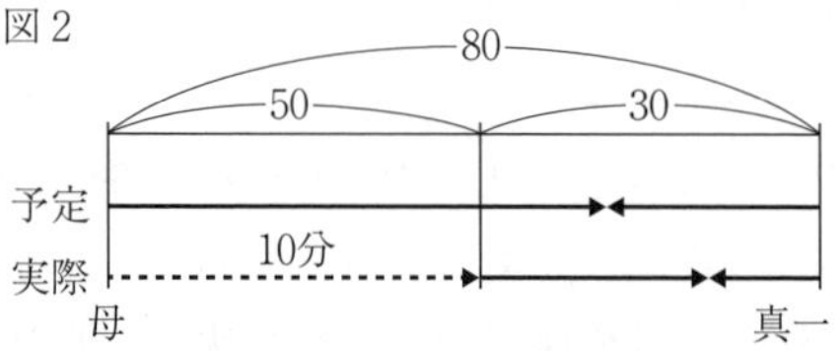

(2)　歩く速さを分速１，走る速さを分速２とすると，全体の道のりは，２×40＝80となる。また，母の速さは分速５なので，真一くんが予定通りに出発していれば，80÷(５＋１)＝$\frac{40}{3}$(分後)に出会い，$\frac{40}{3}\times 2=\frac{80}{3}$(分後)に自宅に戻《もど》ったことになる。ところが，真一くんは10分遅《おく》れて出発したから，真一くんが出発するまでに母は，５×10＝50だけ進んでいる。よって，上の図２のように，真一くんが出発するときの２人の間の距離《きょり》は，80－50＝30になるので，真一くんが出発してから２人が出会うまでの時間は，30÷(５＋１)＝５(分)とわかる。これは母が出発してから，10＋５＝15(分後)だから，自宅に戻るのは母が出発してから，15×２＝30(分後)となる。したがって，自宅に戻ったのは予定の，$30-\frac{80}{3}=\frac{10}{3}=3\frac{1}{3}$(分後)である。

4　平面図形―構成，作図，相似，辺の比と面積の比

(1)　下の図①のように，ＢとＤを直線で結び，Ａを通りBDと平行な直線を引く。この直線とCDを延長した直線の交点をＥとすると，三角形ABDと三角形EBDの面積は等しいから，四角形ABCDと三角形EBCの面積も等しくなる。次に，EBの真ん中の点ＨとECの真ん中の点Ｉを通るように直線HIを引き，その直線上に，角HPBと角IQCが直角になるようにＰとＱをとる。すると，かげをつけた三角形と斜線をつけた三角形はそれぞれ合同になるので，三角形EBCと長方形BCQPの面積も等しくなる。これを三角定規とコンパスを使って作図すると，下の図②のようになる。なお，Ａを通りBDと平行な直線を引く場面では，たとえば下の図③のように三角定規を使えばよい。また，Ｈをとる場面では，ＥとＢを中心としてEBの左側と右側にそれぞれ等しい半径の円弧《えんこ》をかき，交点どうしを結ぶ。すると，FGはEBを垂直に二等分するから，ＨはEBの真ん中とわかる。Ｉをとる場面も同様である。さらに，直線HI上にＰとＱをとる場面では，角HPBと角IQCの部分に三角定規の直角の角をあてればよい。

図①

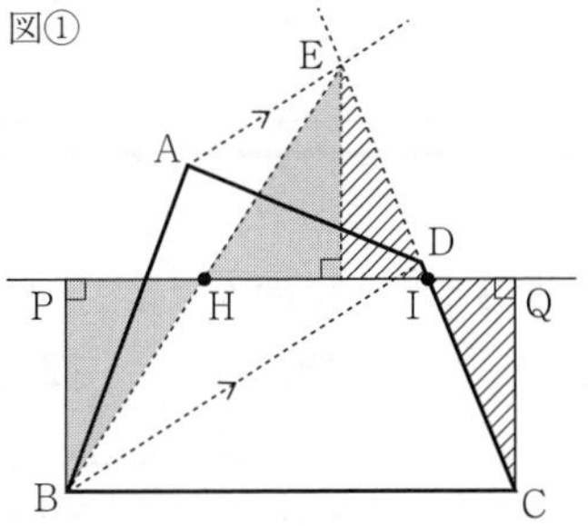

図②

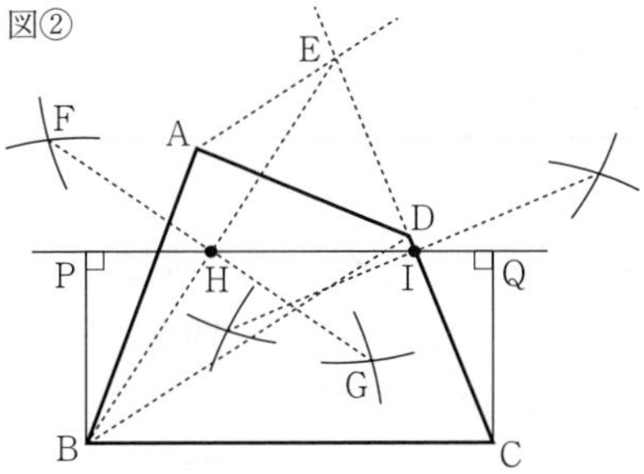

図③

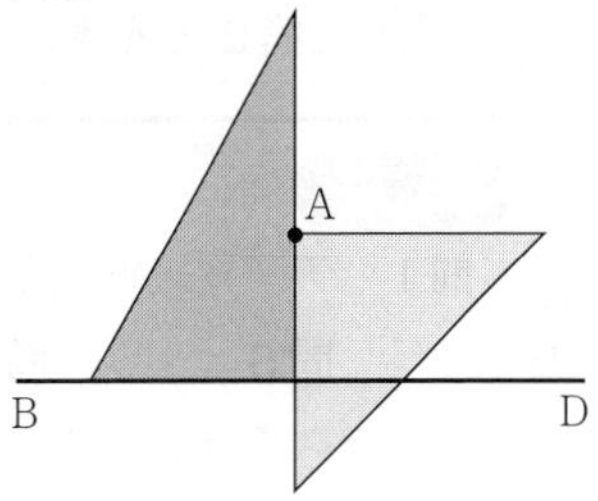

(2)　右の図④のかげをつけた三角形の面積がKである。四角形ABCDの面積を１とすると，長方形BCQPの面積も１なので，長方形RPQSの面積も１であり，三角形RPQの面積は$\frac{1}{2}$となる。また，三角形RBUと三角形QSUは相似であり，相似比は，RB：QS＝２：１だから，RU：UQ＝２：１となる。さらに，三角形PBTと三角形QSTは合同なので，PT＝TQとわかる。よって，Kは三角形RPQの面積の，$\frac{1}{2+1}\times\frac{1}{1+1}=\frac{1}{6}$(倍)なので，$K=\frac{1}{2}\times\frac{1}{6}=\frac{1}{12}$と求められる。したがって，四角形ABCDの面積は$K$の，$1\div\frac{1}{12}=12$(倍)である。

図④

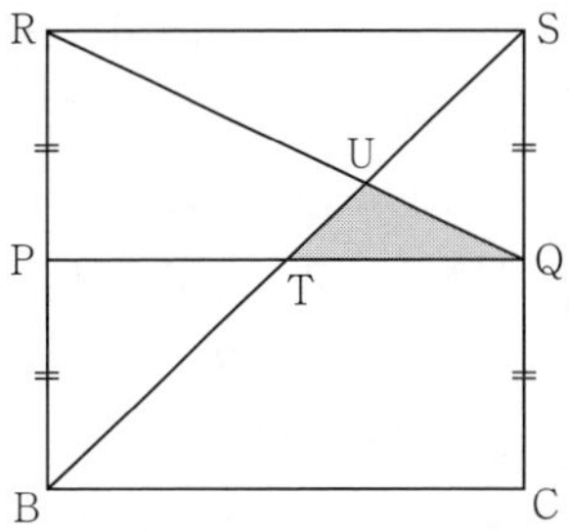

5　立体図形—展開図，構成，体積

(1)　下の図①のように，立体Ｃは立方体EFGH－IJKLから，２つの三角すいI－EFHとG－KLJを切り取った形の立体である。この立体のかげをつけた三角形を下の図②のように対応させると，頂点の記号は図②のようになる。よって，辺ア(HL)とくっつくのは辺カとわかる。

(2)　上の面と下の面に３本ずつ，側面に６本あるから，全部で，３＋３＋６＝12(本)と求められる。

(3)　１辺が６cmの立方体の体積は，６×６×６＝216(cm^3)である。また，そこから切り取った三角すい１個の体積は，６×６÷２×６÷３＝36(cm^3)なので，立体Ｃの体積は，216－36×２＝144(cm^3)とわかる。よって，立体Ｃと立方体Ｄの体積の比は，144：216＝２：３である。

図①

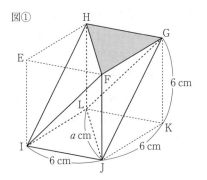

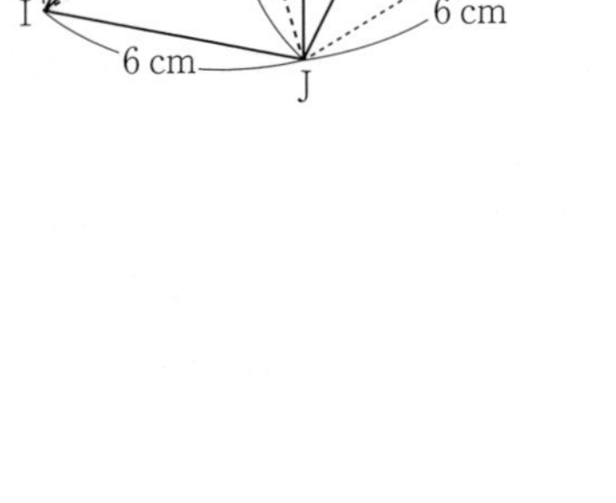

図②

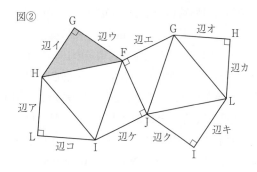

社　会　＜第2次試験＞（45分）＜満点：75点＞

解　答

1 **問1** **ア** 持続可能な開発(目標)　**イ** 17　**問2** 1　**問3** 2　**問4** 4　**問5** 3　**問6** 4　**問7** 1　**問8** 2　**問9** 3　**問10** 3　**問11** 4　**問12** (例) プラスチックは燃やすと二酸化炭素が発生するので，プラスチックごみを削減することは，温室効果ガスの排出量削減につながる。　**2** **問1** 2　**問2** 1　**問3** 3　**問4** 3　**問5** 1　**問6** 2　**問7** 2　**問8** 3　**問9** (例) 宋銭を材料として鐘をつくった。　**問10** 石見銀山　**問11** (例) 食料品や日用品などの生活必需品が大きく値上がりし，人々の生活が苦しくなった。　**問12** (例) 電気洗濯機で洗濯しても破れたり変形したりしないようにした。　**3** **問1** 3　**問2** (1) 3　(2) 日本(海流)　**問3** (1) かき　(2) 赤潮／(例) 生活用水などの流入で海水が富栄養化し，プランクトンが異常発生したこと。　(3) (例) プランクトンをえさとして取りこむことで，海水を浄化している。(4) (例) 排水基準を厳しく設定したことで海の浄化は進んだが，その結果，栄養分が減ったことで，魚のえさとなるプランクトンも減ったから。　**問4** (1) 3　(2) 多摩(丘陵)　(3) (例) 建設から50年以上が経過して住民の高齢化が進み，エレベーターの必要性が高くなったから。　**問5** (1) 再生水　(2) 1

解　説

1 日本の政治のしくみや現代の社会についての問題

問1 **ア，イ** SDGsはSustainable《サステナブル》 Development《デベロップメント》 Goals《ゴールズ》の頭文字をとったもので，日本語では「持続可能な開発目標」と表される。2015年に国際連合(国連)総会で採択《さいたく》され，世界が2030年までに達成するべき17の目標(ゴール)と169の達成基準(ターゲット)が示されている。

問2 X 1992年にブラジル南東部の都市リオデジャネイロで開かれた国連環境開発会議(地球サミット)について，正しく説明している。　Y 2015年，フランスの首都パリで国連気候変動枠《わく》組《ぐ》み条約第21回締約《ていやく》国会議(COP21)が開かれた。このとき，説明文にあるような内容を盛りこんだパリ協定が採択され，参加国すべてに温室効果ガスの排出量削減《さくげん》に向けた努力が義務づけられた。

問3 X 国連は第二次世界大戦後の1945年10月に原加盟国51カ国で発足し，本部はアメリカ東部の都市ニューヨークに置かれている。2021年末時点で，193カ国が加盟している。　Y 国連の活動に必要な経費は，おもに加盟国が納める分担金によってまかなわれる。分担金は各国の経済力などに応じて3年ごとに割り当てられ，総会によって決定される。日本の分担金の割合はアメリカについで第2位の年が続いていたが，近年はアメリカ，中国についで第3位となっている。

問4 Xは「ユニセフ(UNICEF，国連児童基金)」，Yは「ユネスコ(UNESCO，国連教育科学文化機関)」について説明した文である。

問5 X 閣議は，内閣総理大臣が議長となり，すべての国務大臣が参加して行われる会議で，全会一致によって政策が決定される。副大臣は大臣を補佐し，その職務を代行することもあるが，閣議には出席しない。　Y 内閣総理大臣は，国連総会やサミット(主要国首脳会議)などの国際会議に出席し，スピーチを行うことがある。

問６　日本国憲法の規定により，国務大臣の過半数は国会議員でなければならない。任命権は内閣総理大臣にあり，天皇が認証する。過半数が国会議員であれば，残りは民間から登用してもよいので，外務大臣を民間から登用することもできる。

問７　日本は，自衛隊による国連平和維持活動(PKO)への参加や，政府開発援助(ODA)など，さまざまな形で国際協力を行っている。日本が開発途上国に対して行う政府開発援助には，有償《ゆうしょう》の資金協力のほか，無償の資金協力や技術協力があり，学校や病院の建設支援は無償で行われている。

問８　X　1995年の阪神・淡路大震災における復興活動をきっかけとして，NPO(非営利組織)の活動が注目されるようになり，これを支援するため，1998年に特定非営利活動促進《そくしん》法が制定された。　Y　NPOは営利を目的とせず，福祉や医療《いりょう》，教育，環境保護などさまざまな分野において社会貢《こう》献《けん》を行う団体のことで，国外で活動しているものもある。

問９　1　都道府県知事も地方議会議員も，ともに任期は４年である。　2　参議院議員と都道府県知事の被選挙権は満30歳以上，衆議院議員・市町村長・地方議会議員の被選挙権は満25歳以上で認められる。　3　2015年の公職選挙法改正により，国会議員，首長，地方議会議員のいずれについても，選挙権の年齢は満20歳以上から満18歳以上に引き下げられた。　4　都道府県知事は，都道府県議会を解散する権限は持っているが，市(区)町村議会を解散する権限はない。

問10　X　年間のプラスチックの使用量が多いコンビニエンスストアやホテル，クリーニング店などの業者に対して，プラスチック製のストローやスプーン，ハンガーなどの提供方法の見直しの義務づけなどを定める「プラスチック資源循環促進《じゅんかんそくしん》法」が，2022年４月に施行される。この法律は，プラスチックごみの削減と再利用促進を目的として制定されたが，すべて有料化されるわけではなく，受け取らない人へのポイント付与などでも対応できる。　Y　2020年１月末にEU(ヨーロッパ連合)から正式に脱退《だったい》したイギリスについて，正しく説明している。

問11　X　地方自治体の議会は，憲法と法律の範囲《はんい》内で，その地域だけに適用されるきまりである条例を制定できる。地方自治体独自のきまりとして制定でき，国の承認は必要ない。　Y　条例の制定や改廃，地方議会の解散請求，首長の解職請求など，地方自治体の住民に認められている直接請求権は日本国憲法には明記されておらず，地方自治法という法律で規定されている。

問12　プラスチックごみの削減が気候変動への対策，特に温室効果ガスの排出量の削減につながる理由としては，プラスチックの原料である石油の生産や精製の過程で二酸化炭素が発生することや，ごみ処理のさいにプラスチックを燃やすと二酸化炭素が発生することがあげられる。また，プラスチックが太陽の光に当たって劣化《れっか》するさい，温室効果ガスの１つであるメタンが発生するという研究結果もある。

2　各時代の歴史的なことがらについての問題

問１　X　オランダではキリスト教のプロテスタントを信仰する人が多く，カトリック信者の多いスペインやポルトガルとちがって布教活動を行わなかったため，鎖国中も長崎の出島で幕府との貿易を認められた。　Y　19世紀後半に日本が開国すると，日本の浮世絵《うきよえ》が海外に伝わるようになった。この時期に活動したオランダの画家ゴッホは，歌川広重の浮世絵を模写したり，自身の作品に浮世絵を描いたりするなど，その影響を強く受けた。

問２　平城京の造営費をまかなうことなどを目的として，708年に和同開珎《わどうかいちん》が発行された。しかし，当時は物々交換《こうかん》が中心で，貨幣《かへい》の利用に慣れていなかったため，平城京やその周辺以外の地域にはそれほど流通しなかった。そこで，朝廷は貨幣の流通をうながそうと法令を定めたり，物や労働の代金として銭を用いたりしたため，これを持って都から地方に下る人もいた。こうしたことから，和同開珎は平城京やその周辺で多く出土するものの，都と地方を結ぶ主要街道沿いや，地方の国府跡などからも発見される。

問３　Ｘ　平安時代中ごろ，宮廷女官の清少納言はかな文字を用いて随筆『枕草子』を著した。『徒然草《つれづれぐさ》』は，鎌倉時代に兼好《けんこう》法師(吉田兼好)が著した随筆である。　Ｙ　藤原道長は４人の娘を天皇のきさきとして皇室との関係を強め，息子の頼通《よりみち》とともに摂関政治の全盛期を築いた。

問４　Ｘ　マルコ・ポーロはイタリアの商人・旅行家で，13世紀に元(中国)に行き，皇帝フビライ・ハンに仕えた。帰国後，マルコ・ポーロが語った旅のようすが『世界の記述』(『東方見聞録』)としてまとめられ，日本が「黄金の国ジパング」として紹介《しょうかい》されている。足利義満が金閣を建立《こんりゅう》したのは，『世界の記述』が書かれてからおよそ100年後にあたる14世紀末のことである。　Ｙ　バグダッドはイラクの首都で，８世紀から13世紀まで，カリフとよばれるイスラム教の最高指導者が治めるイスラム王朝の首都として栄えた。現在も，西アジア地域にはイスラム教徒が多い。

問５　Ｘ　豊臣秀吉が1582年から始めた検地(太閤検地)について，正しく説明している。　Ｙ　豊臣秀吉が1588年に出した刀狩令とその影響について，正しく説明している。

問６　Ｘ　本文にもあるように，江戸時代，西日本ではおもに銀貨が，東日本ではおもに金貨が用いられた。したがって，江戸の商人が大坂(大阪)から商品を仕入れる場合には，銀貨で支払うために金貨と銀貨を交換しておく必要があった。その場合，銀貨に対する金貨の価値が高ければ，同じ量の金貨でもより多くの銀貨と交換でき，より多くの商品が買える。つまり，実質的には安く物が買えたのと同じことになる。　Ｙ　江戸に住む旗本や御家人の多くは，給与としてもらった米(俸禄《ほうろく》米)を現金化することで生計を立てていた。金貨に対する銭貨の価値が高いと，同じ量の金貨と交換できる銭貨は少なくなる。

問７　Ⅱの左側に「日本銀行」とあり，本文から，日本銀行券が発行されたのが1885年以降のことだとわかる。また，Ⅲの中央上には「大日本帝国国立銀行」(右から左へ読む)とあり，これが1871年から始まった「近代的な貨幣制度」にもとづいて「民間の国立銀行」が発行した紙幣であると判断できる。残ったⅠが1860年代にあてはまるので，初めて発行された年代順にⅠ—Ⅲ—Ⅱとなる。

問８　Ｘ　与謝野晶子《よさのあきこ》は日露戦争(1904～05年)のさい，戦場にいる弟の身を案じて雑誌「明星」に「君死にたまふことなかれ」という詩を発表し，戦争に反対した。　Ｙ　日清戦争に勝利した日本は，下関条約で遼東《リャオトン》半島を清(中国)からゆずり受けたが，日本の大陸進出をきらったロシアはドイツ・フランスを誘って三国干渉《かんしょう》を行い，圧力に負けた日本は賠償《ばいしょう》金の増額と引き換えに遼東半島の返還に応じた。

問９　本文に，「手工業者の中には，宋銭を素材として利用するものもいました」とある。ここから，絵の中央で火にくべられているものは，宋(中国)から輸入された銅銭で，これをとかして鋳物《いもの》の材料としていたことが考えられる。注文者の僧侶《そうりょ》は袈裟《けさ》を着た左側の人物で，そのそばには鐘《かね》が描かれているので，寺で使う鐘を受け取りに来たのだと推測できる。

問10　絵の下半分に，四国と九州と思われる島が見えることから，わくで囲まれた場所が島根県付近にあたるとわかる。島根県中部にあった石見《いわみ》銀山は戦国時代に本格的に開発され，ここで産出した多くの銀は，南蛮貿易を通じてヨーロッパなどに伝わった。これにより，「石見」の名もヨーロッパで広く知られることとなった。

問11　波線部(3)のすぐ前から，国内で物不足が起こったことが読み取れる。また，図には，米俵や酒樽《さかだる》，油などさまざまな食料品や日用品が高い木の枝に引っかかっており，下にいる人々がそれらを綱《つな》で引き落とそうとしているようすが描かれている。ここから，外国との貿易が始まったことで国内の経済が混乱し，さまざまなものが値上がりして人々の生活を圧迫《あっぱく》していたことがわかる。

問12　グラフから，初めて一万円札が発行された1958年は，電気洗濯《せんたく》機が全国の家庭に普及《ふきゅう》し始めた時期にあたることがわかる。これにともない，衣服のポケットの中などにうっかり紙幣を入れたまま洗濯してしまうような事態が起こったため，この時期に新しく発行された一万円札には，水に濡《ぬ》れても破れたり形が変わったりしにくいよう，樹脂《じゅし》加工が施《ほどこ》された。

3　各都道府県の気候や特色などについての問題

問１　X　都道府県１は富山県である。富山県を流れる神通《じんづう》川の流域では，上流の神岡鉱山(岐阜県)から流されたカドミウムが下流域の耕地を汚染したことで，イタイイタイ病という公害病が発生した。有機水銀が原因となった公害病としては，水俣病と第二(新潟)水俣病がある。　Y　カドミウムの起こす被害について，正しく説明している。

問２　(1)，(2)　都道府県２は和歌山県で，アは和歌山市，イは高野山(高野町)，ウは南紀白浜(白浜町)である。このうち，最も南に位置する白浜町は，沖合を流れる暖流の日本海流(黒潮)や，夏の南東の季節風の影響を最も強く受けると考えられるので，Ｃにあてはまる。一方，和歌山市は瀬戸内の気候に属しており，１年を通じて降水量が少なく，冬でも比較《ひかく》的温暖なので，Ｂがあてはまる。残ったＡが高野町で，紀伊山地の中にあるため，気温が低い。

問３　(1)　都道府県３は広島県である。広島湾ではかきの養殖がさかんに行われており，広島県の養殖かきの生産量は全国の６割ほどを占《し》めて最も多い。統計資料は『日本国勢図会』2021/22年版による。　(2)　瀬戸内海沿岸のように工業化や都市化が進んだ地域では，工場排水や生活排水が海に流れこんで海水が富栄養化し，プランクトンが異常発生して海水が赤褐色《せきかっしょく》に変色する「赤潮」が発生することがある。赤潮が発生すると，水中の酸素不足によって養殖の水産物が死ぬなどの被害が生じる。　(3)　かきなどの二枚貝は，大量の海水をえらから吸収し，えさとなるプランクトンをこしとり，水を排出するので，海水を浄化《じょうか》する働きがある。かきは吸収する水の量が多いので，その作用が特に大きいとされている。　(4)　赤潮の発生を減らすため，法律や条例で排水規制が進められた結果，海水中のリンやチッ素などの量が減り，海の浄化が進んだ。ところが，栄養分の減少にともなってプランクトンの量が減り，それらをえさとする魚介《ぎょかい》類の量も減るという問題が生じており，適切な排水の処理の方法が検討《けんとう》されている。

問４　(1)　都道府県４は東京都である。土地に限らず，一般的に，ものが不足すると希少性が高くなって価格が上昇する。東京都では，高度経済成長期やバブル経済の時期に土地の価格が上昇した。(2)　東京都南西部から神奈川県北東部には，多摩丘陵《たまきゅうりょう》という丘陵地がのびている。高度経済成長期には，都市圏《けん》に流入する人口に対応するため，郊外各地にニュータウンとよばれる住宅地が建設された。この一つとして，多摩丘陵を切り開いて多摩ニュータウンが建設された。　(3)　ニュータウン開発当初に移り住んだ人の多くは，図３の左側の「昭和55年(1980年)」の人口ピラミッドから，20歳代後半から30歳代の人だったと推測できる。この時期に移り住み，まだそこに住んでいる人は，図３の右側の「平成27年(2015年)」の人口ピラミッドからわかるように，2015年には65歳以上の高齢者になっている。上層階に暮らす高齢者にとってエレベーターがないのは不便であるため，改修工事にともなってエレベーターを設置するところがあるのだと考えられる。

問５　(1)　都道府県５は福岡県である。下水処理水を，ろ過処理やオゾン処理などによってさらに浄化した水は，再生水とよばれる。トイレや散水用，工場用水など，飲料水ほどの水質が求められない用途に用いられる。福岡市は，過去の水不足の経験から，条例を定めるなどして再生水の利用を積極的に進めている。　(2)　問題文から，山地をまたいで福岡市の反対側を流れる川であることがわかる。福岡市の南には筑紫《つくし》山地が連なっており，九州一の長流である筑後《ちくご》川はその南を流れて有明海に注いでいる。なお，球磨《くま》川は熊本県，川内《せんだい》川は鹿児島県と宮崎県，熊本県を流れている。遠賀《おんが》川は福岡県東部をおおむね南北に流れ，北九州市などを通って響灘《ひびきなだ》(日本海)に注ぐ。

理　科　＜第２次試験＞（45分）＜満点：75点＞

解　答

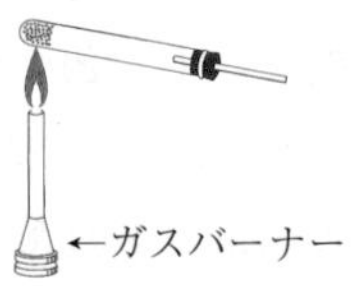

1　(1)　右の図　(2)　**記号**…イ　**理由**…(例)　丸底フラスコ内のアンモニアの体積の割合が減っているから。　(3)　**ア**　青　**イ**　緑　**ウ**　黄　(4)　(例)　アンモニアがすべて水に溶けても，丸底フラスコ内に空気が残っているから。　(5)　イ，オ　**2**　(1)　エ　(2)　ウ　(3)　ア　(4)　①　同じ　②　500　(5)　イ，オ　**3**　(1)　**あ**　2280000　**い**　53　**う**　104　(2)　**あ**　1400000　**い**　9300　(3)　①　大きい　②　大きく　③　近く　④　遠い　**4**　(1)　解説の図Ⅰを参照のこと。　(2)　平行　(3)　解説の図Ⅲを参照のこと。　(4)　解説の図Ⅳを参照のこと。　(5)　解説の図Ⅴを参照のこと。　(6)　青

解　説

1　アンモニアの発生とその性質についての問題

(1)　塩化アンモニウムと水酸化カルシウムの粉末を混ぜ合わせて加熱すると，アンモニアが発生すると同時に水もできる。この水が加熱部分に流れると，熱せられた試験管が急に冷えて割れるおそれがある。これを防ぐために，試験管の口を少し下げた状態で試験管の底の部分を加熱する。

(2)　アンモニアは水に非常に溶《と》けやすい気体である。実験２で，丸底フラスコに混合液が勢いよくふき上がって入るのは，フラスコ内に入れたBTB溶液《ようえき》にアンモニアが溶け，フラスコ内の圧力が急激に下がるからである。実験１の操作③で乾燥剤《かんそうざい》を通さないと，発生した気体に水蒸気が混じってフラスコ内のアンモニアの体積の割合が減り，BTB溶液に溶けるアンモニアの体積が減るので，フラスコ内に入る混合液の体積も減る。

(3)　BTB溶液は，アルカリ性で青色，中性で緑色，酸性で黄色を示す。スポイトでBTB溶液を丸底フラスコ内に入れた直後は，BTB溶液にアンモニアが溶けて青色を示すが，混合液がフラスコ内にたまっていくと中和が進み，やがて中性になり，その後酸性へと変わっていくと考えられる。したがって，液体の色も緑色から黄色へと変わっていく。

(4)　上方置換《ちかん》法では，目的の気体だけで容器内を満たすことは難しく，ある程度の空気が混じってしまう。そのため，実験２で，丸底フラスコの中にあるアンモニアがすべて水に溶けても，フラス

コ内には水に溶けにくい空気が残り，フラスコ内は混合液で完全には満たされなかった。

(5) 混合液が勢いよく丸底フラスコの中に入っていかないのは，フラスコにたまっていたアンモニアの量が少なく，BTB溶液を入れたときにフラスコ内の圧力があまり下がらなかったためである。丸底フラスコ内のアンモニアが少なかった理由として，実験１でアンモニアが十分にたまる前に栓《せん》をしてしまったり，丸底フラスコを閉じるゴム栓のしめ方が弱く，空気が入ってしまったりしたことなどが考えられる。

2 ミツバチのダンスについての問題

(1) 問題文と図２，図３より，ミツバチは８の字ダンスをする角度でえさ場の位置を仲間の働きバチに伝えていて，このとき，巣板面の上方向を太陽の方向としていることがわかる。すると，働きバチが図６のようなダンスをおどるとき，えさ場は南中した太陽の方向から反時計回りに45度回った方向，つまり，南東の方角にある。

(2) 働きバチが図７のようなダンスをおどるとき，太陽の方向はえさ場の方向から時計回りに90度回った方向にある。(1)より，えさ場は南東の方角にあるので，このときの太陽の方角は南西である。太陽が真東からのぼって真西にしずむ日に，太陽が南西の方角にくるのは，午後３時ごろである。

(3) 図４でダンス回数の変化は，えさ場までの距離《きょり》が短いほど大きくなっている。たとえば，えさ場までの距離が0.5～１kmのときは15秒当たり5.5～4.2回とその差が１回より多いが，７～7.5kmのときには回数の違《ちが》いがほとんど見られない。よって，えさ場までの距離が近い方がよりくわしい距離を伝えられるといえる。なお，距離が長くなるにつれてダンス回数はなだらかに減少しているが，しだいに水平方向に近づいているので０になるとは考えられない。

(4) ｂのトンネルを通った働きバチは，図９のように１分間に22回，つまり，15秒では，$22\times\frac{15}{60}=$5.5(回)のダンスを行っている。図４より，15秒で5.5回のダンスはえさ場までの距離が500mのときに行うものであるから，ミツバチは実際には40mほどのところにある花までの距離を，間違えて仲間に伝えていることになる。ただし，えさ場の方角は正しく伝えている。以上より，仲間の働きバチは，飛んだ方向は同じでも，誤って500mの距離を飛び，花にたどり着けなかったと考えられる。

(5) 表１の結果から，働きバチは同じ距離にえさ場があってもトンネルの模様が違うと，えさ場までの距離を間違えて仲間に伝えてしまうことがわかる。よって，働きバチはえさ場までの距離を，周りの景色をもとに測っているといえる。また，ｂのような縦じま模様のついたトンネルを通ったとき，距離を間違えて長く伝えていることから，ｂのトンネルを長くすると，より遠くにえさ場があるように間違えてしまい，15秒当たりのダンス回数は少なくなる。

3 皆既《かいき》月食についての問題

(1) **あ** 地球の中心から月の中心までの距離を半径とする円の円周の長さを求めると，380000×２×３＝2280000(km)である。 **い** 月は，2280000÷(30×24×60)＝52.7…より，１分間に53kmの速さで動いている。 **う** 地球の影《かげ》の中に月全体がちょうど入った瞬間《しゅんかん》から，月の一部が影から出始める直前までの時間を求める。すると，(9000－3500)÷53＝103.7…より，皆既月食は104分間続くとわかる。

(2) **あ** 円すいＢと円すいＣは相似な立体で，その相似比は，12800：1400000＝８：875である。よって，下の図より，地球の中心から円すいの頂点までの距離は，$150000000\times\frac{8}{875-8}=$1384083.0…より，1400000kmである。 **い** 円すいＡと円すいＢは相似な立体で，その相似比は，「あ」より，(1400000－380000)：1400000＝51：70なので，月食のときの地球の影の直径は，12800×$\frac{51}{70}$＝9325.7…より，9300kmと求められる。

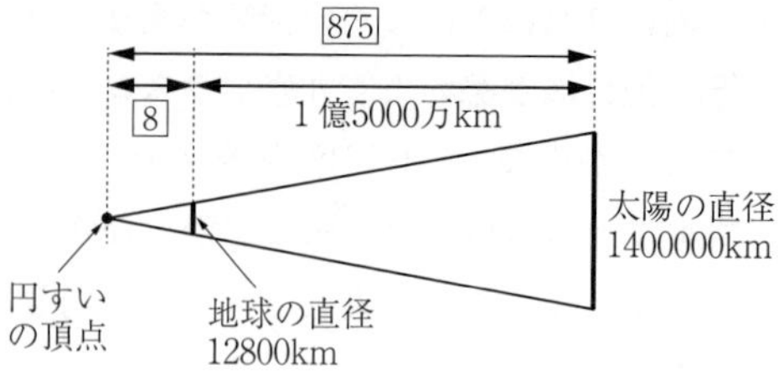

(3)　①　地球から遠ざかるほど地球の影の直径は小さくなるので，月が地球に近いほど，月は大きい地球の影を通過することになる。　②　地球と太陽の距離が遠いほど，太陽から届く光は平行に近くなり，地球の影の直径は大きくなる。　③，④　①と②で述べたことより，皆既月食時の地球の影は，月から地球までの距離が近く，地球から太陽までの距離が遠いほど大きくなると考えられる。

4　光の進み方についての問題

(1)　図２で点Ｃから発射された光は点Ｅで反射して点Ｄに当たっている。そのことから光線は点Ｃと点Ｅ，点Ｅと点Ｄを結んだ直線上にあることがわかる。このとき，点Ｅから鏡に垂直に立てた線(法線)と光線のなす角が左右で等しくなる。図３でも同様に考えると，図３の点Ｆと点Ｇの鏡からの高さが１：２となっていることから，光が鏡の面で反射する前と後で右向きに進んだマスの数の比も１：２となることがわかる。よって，反射する鏡の面上の点は，点Ｆと点Ｇの間の６マスを１：２に分ける点なので，この点と点Ｆおよび点Ｇを直線で結んだ光線を図に表すと右上の図Ⅰのようになる。

図Ⅰ

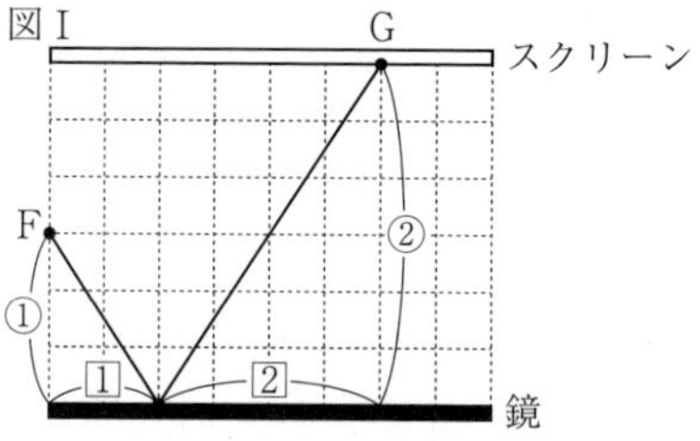

(2)　光が異なる物質に入ったときに進む向きが変わる現象を光の屈折《くっせつ》という。図４では点Ｊと点Ｉで光の進む向きが変わり，点Ｈから出た光線は，下の図Ⅱのように表せる。このとき，ガラス板①に入るまでの光線(点Ｈと点Ｊを結んだ直線)とガラス板①から出た光線(点Ｉと点Ｋを結んだ直線)は，それぞれ右に３マス，下に２マス進むような光線になるので，平行である。

図Ⅱ

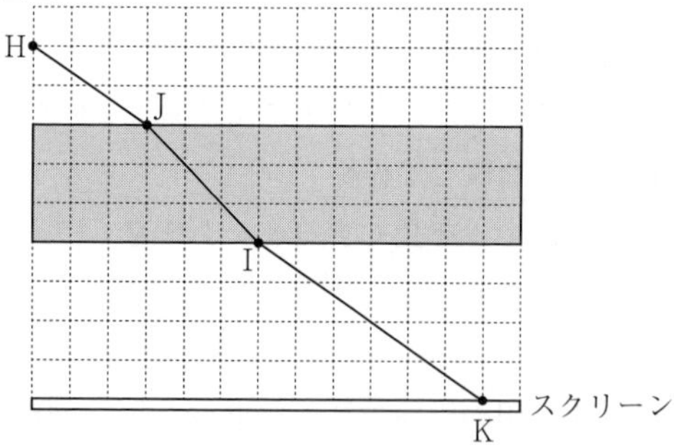

図Ⅲ

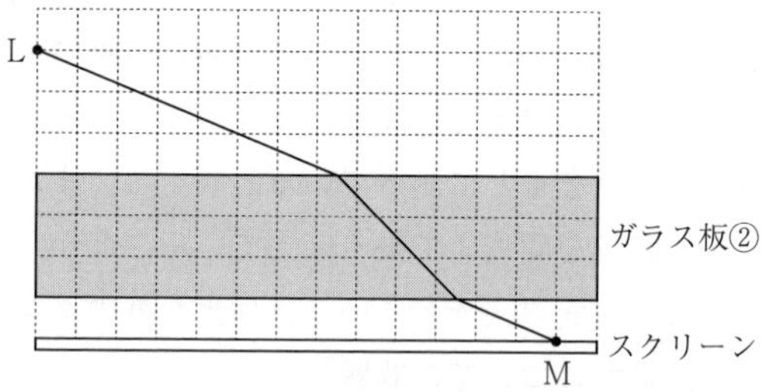

(3)　光は，点Ｌからガラス板②まで右に５マス，下に２マスのように進む。よって，これと平行になるように，ガラス板②を出た光は，スクリーンまで右に2.5マス，下に１マス進む。この光を表す直線とガラス板②との交点が，ガラス板②の中を進んだ光が空気中に出る点なので，光線は上の図Ⅲのようになる。

(4)　点Ｎから出た光は空気中で右に１マス，下に１マスのように進む。よって，ガラス板③から出て点Ｏへ向かう光の進み方は右に１マス，上に１マスのように進む(ただし，下向きが上向きに変わる)。また，法線と光線のなす角は左右で等しくなるので，ガラス板③に光が入る点と出る点のちょうど真ん中の位置にあたる鏡の面上で反射する。以上より，光線は下の図Ⅳのようになる。
⑸　それぞれ，⑷と同様に考える。太陽光線はガラス板④に入る前には，右に３マス，下に２マスのように進み，ガラス板を出た後は右に３マス，上に２マスのように進む。ガラス板④から点Ｐ，点Ｑに進む光が，ガラス板④から出る点と太陽光線がガラス板④に入る点のちょうど真ん中の位置にあたる鏡の面上でそれぞれ反射するので，光線は下の図Ⅴのように表せる。
⑹　⑸でかいた光線から，点Ｐに到達《とうたつ》する光は屈折のしかたがもっとも大きい光である。図８より，屈折のしかたがもっとも大きいのは青色の光だから，点Ｐは青色に見える。

図Ⅳ
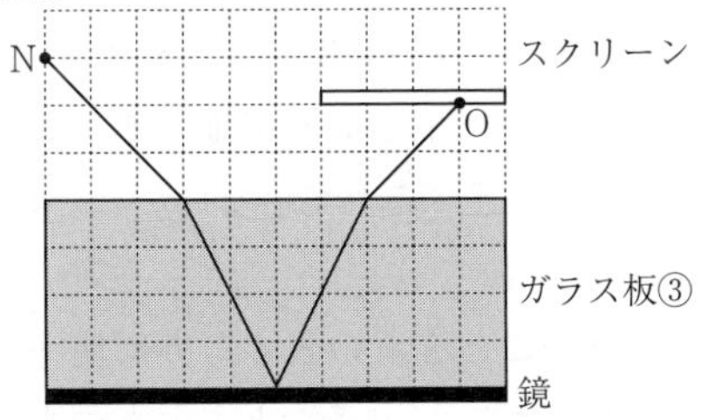

図Ⅴ
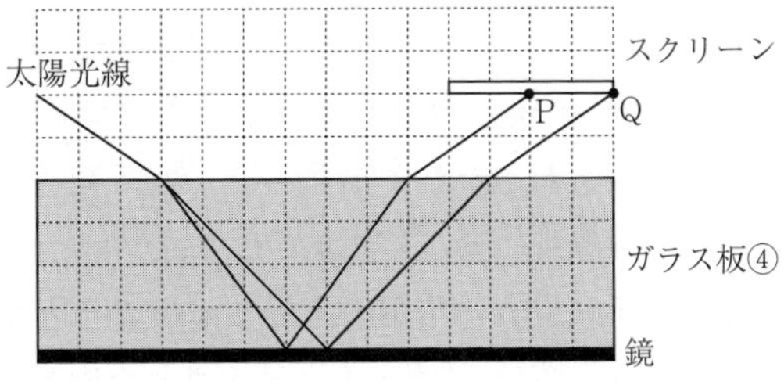

国　語　＜第２次試験＞（50分）＜満点：100点＞

解　答

一　**問１**　(a)，(c)，(d)　下記を参照のこと。　(b)　むなもと　**問２**　ア　**問３**　エ　**問４**　（例）「わたし」という言葉は特定の内容をもたず，ただ相手に対し自分を指す言葉で，そのときどきの状況のなかで意味が決まるから。　**問５**　オ　**問６**　（例）物をつかんだり自分の手を見つめたりするとき，意識とは別のもののように腕は動き，手は存在するから。　**問７**　ウ　**問８**　イ，オ　**二**　**問１**　(a)　かいまみ(える)　(b)，(c)　下記を参照のこと。(d)　まなざ(し)　**問２**　きびす　**問３**　エ　**問４**　宇宙の穴に　**問５**　イ　**問６**　（例）妹を連れて暗い山道で迷った責任を感じていたとき，人家の明かりを見つけ，助けを求めようとしたから。　**問７**　エ　**問８**　（例）異次元のようなトンネルの闇に，恐ろしいのに強く惹きつけられ，思わずふみこんでしまったのだろう子どもの姿が目に見えるようで，ほほえましく思っている。　**問９**　ア，カ

●漢字の書き取り

一　**問１**　(a)　平静　(c)　考察　(d)　的確　**二**　**問１**　(b)　半(ば)　(c)　逆光

解　説

一　**出典は藤田正勝《ふじたまさかつ》の『はじめての哲学《てつがく》』による。**自分がいま生きて，ここにいる不思議さを静かに受けとめる境地を詠《よ》んだ高浜虚子《たかはまきょし》の句を導入に，「わたし」とは何かを考察している。
問１　(a)　おだやかで静かなようす。　(b)　胸の辺り。　(c)　ものごとを明らかにするためによく調べて考えること。　(d)　的《まと》を外さない確かなようす。
問２　ア　正岡子規《まさおかしき》は明治時代に活躍《かつやく》した歌人・俳人で，高浜虚子にとって俳句の師にあたる。歌

論の『歌よみに与《あた》ふる書』のほか，句集の『寒山落木』などを残した。　イ　石川啄木《いしかわたくぼく》は明治時代の歌人・詩人。『一握《いちあく》の砂』『悲しき玩具《がんぐ》』などの歌集を残した。　ウ　与謝野鉄幹《よさのてっかん》は明治～昭和時代の歌人・詩人。詩歌中心の文芸雑誌である『明星』を創刊した。　エ　小林一茶《こばやしいっさ》は江戸時代後期の俳人。俳文《はいぶん》集である『おらが春』などを著した。　オ　松尾芭蕉《まつおばしょう》は江戸時代前期の俳人。俳諧紀行文である『おくのほそ道』『野ざらし紀行』などを著した。

問３　「そういう」とあるので，前の部分に注目する。「齢《よわい》を重ね，生の終わりを意識」する老人は，迷いや執着《しゅうちゃく》，不安，恐《おそ》れなどの「さまざまな思い」を抱《いだ》き「平静」ではいられないが，虚子は「いまここ」に「斯《か》く在《あ》る」ことを静かに受けとめようとしているのだから，エがよい。　ア「自分の存在の小ささ」については取り上げられていない。　イ「静かに受けとめようとする」心情とは，「絶望し諦《あきら》めてしまおうと」するものではなく，「唯涼《ただすず》し」という境地である。「涼し」は，潔《いさぎよ》くさわやかなようす。　ウ「死後の世界」については述べられていない。　オ「今まで人生を無駄《むだ》に過ごしてきてしまった」とは述べられていない。

問４　相手に向かって何かを語りかけようとするとき，自分のことを言い表すために使う「わたし」という言葉は，「もともと特定された内容をもった」ものではなく，「そのときどきの状況《じょうきょう》のなかではじめてその意味が浮《う》かびあがってくる」のだと，同じ段落で述べられている。これをもとに，「『わたし』は，相手に話しかけるとき自分を指して使う言葉だが，特定の内容をもたず，そのときどきで意味が決まるから」のようにまとめる。

問５　手でコップをつかもうとする場合，自身の意識はあくまで「対象」に向かっており，「手や腕《うで》の筋肉にいちいち指示を与えて」いるわけではないが，身体は自然に動き，的確な動作をすると述べられている。つまり，自身の「行為《こうい》の習慣のなか」に「沈殿《ちんでん》」している状態とは，「物をつかむという動作」が無意識のうちになされることにあたる。よって，オが選べる。

問６　直前に「そのために」とあるので，前の部分に注目する。問５でみたように，物をつかもうとするとき，意識が「手や腕」へと向けられていないにもかかわらず，身体は自然と動いている。また，「手をじっくりと眺《なが》める」ようなとき，「見つめる」自分と「見つめられる」手は「分かれてしまって」いる。これが「自己とはこの体」であると断定しきれない理由にあたる。以上をふまえ，「『わたし』が命じなくとも体は自然に動き，見つめる手と『わたし』の意識は別のものとしてあるから」のようにまとめる。

問７　いつ，何をしていても，その自分を見つめる確かな「わたし」が存在する。そうした，自分の行為はすべて「この『わたし』」につなぎとめられているという意識によって，「自己」が成りたっているというのだから，ウがふさわしい。これ以外は，「すべての行為が一つにとりまとめられて」いる点をおさえていないので，誤り。

問８　ア　本文では，「斯く在る不思議」とは「老人だけが抱く感懐《かんかい》ではない」と述べられているので，正しくない。　ウ　本文では，「自己とはこの身体のことだと言ってしまうと，どうもそうではないという印象が」残ると述べられているので，合わない。　エ「斯く在る不思議」を「理解しよう」というのではなく，「唯涼し」と受けとめているので，誤り。　カ　小説の世界に入りこむときのように，何かに夢中になって自分の存在を忘れたとしても，ふとわれに返れば「すぐに日常の生活」を営む「わたし」に結びつけられると筆者は説明しているので，合わない。

二　**出典は古内一絵《ふるうちかずえ》の『星影《ほしかげ》さやかに』による。**恐ろしいと思いつつもトンネルの不思議な魅力《みりょく》に誘《さそ》いこまれた良彦は，妹の呼び声で戻《もど》ってくるが，宿へ帰ろうとして迷ってしまう。

問１ (a)「垣間《かいま》見える」は，もののすき間から何かが見えることを表す。　(b) 音読みは「ハン」で，「半分」などの熟語がある。　(c) 対象物の背後からさす光。　(d)「眼差し」は，目つき。

問２ 「きびすを返す」は，“後戻りする”“引き返す”という意味。なお，「きびす」はかかとを指す。

問３ 「紅葉」の季節であることをおさえる。トンネルから戻った良彦は日が陰《かげ》ってきたなか，宿のある竹林に続く山道に出ようと斜面《しゃめん》の獣道《けものみち》を上り続けていたが，「どれだけ上っても，大きな道にたどり着け」ず，「気づいたときには，辺りに夕闇《ゆうやみ》が漂《ただよ》い始めていた」ことに不安を抱いている。よって，秋の日暮れの早さを表す「秋の日はつるべ落とし」が合う。つるべ(釣瓶)は，井戸《いど》水をくむために縄《なわ》や竿《さお》などの先につけておろす桶《おけ》。秋の日暮れの早さを，つるべが一気に井戸の中へおりていくことにたとえている。　ア　秋は空気が澄《す》んで空は高く感じられ，馬もたくましく育つ収穫《しゅうかく》の季節である。そういう秋のすばらしさを表す。　イ　“繁殖《はんしょく》の時期である秋の鹿《しか》は，笛の音にも寄ってくる”という意味。恋《こい》で身をほろぼすこと，弱みにつけこまれて危険な目にあうことのたとえ。この「笛」は，雌鹿《めすじか》の鳴き声に似せた鹿笛《ししぶえ》。猟師《りょうし》が鹿をおびき寄せてとらえるために吹《ふ》く。　ウ　“落葉の早い青桐《あおぎり》の葉が一枚落ちるのを見て秋を知る”という意味で，わずかな前兆から将来の大きな動きを察することを表す。　オ　“変わりやすい秋の天気のように女性は移り気である”という意味。

問４ 一気に色を無くす山を見て，「大きなトンネルがすべての光を吸い尽《つ》くしていく様」を想像した良彦は「父の話を思い出し」，怖《こわ》くなっている。最初の場面で，「宇宙の穴につかまれば，太陽だって逃《に》げられない」という「父の話が頭から離《はな》れ」ず，目前に広がるトンネルの深い闇に，なにもかも吸い込《こ》んでしまう宇宙の大きな穴を重ねる良彦の姿が描《えが》かれているので，ここがぬき出せる。

問５ 歩けば歩くほど山は深くなり，周囲もより暗くなっていくなか，美津子から泣き言とともに，いつ戻れるのかを問われた良彦は，とうとう自分たちが道に「迷った」ことを認め，母の「あんまし遠ぐさいがねでけろ」(あまり遠くへ行かないように)という言葉を思い出している。母の言いつけを守らなかったために迷子になり，美津子まで危険にさらしてしまったことを，良彦は悔《く》やんでいるものと想像できるので，イがよい。

問６ 良彦は母の言いつけを破って道に迷い，我慢《がまん》してついてきていた美津子を危険にさらしてしまっている。そこに「人家の明かり」を見つけたのだから，良彦は助けを求めるために美津子を背負って駆《か》け出したのだろうと考えられる。これをふまえ，「妹もいるのに母の戒《いまし》めを破って道に迷った暗い山中で，人家の明かりが見え助けを求めようとしたから」のようにまとめる。

問７ たどりついた人家に並ぶ白木のこけしを見た良彦の脳裏には「山の妖怪《ようかい》の話」がよぎり，「逃げ出そう」としている。しかし，そこで声をかけてきた老人に事情を話すうち，「涙《なみだ》が溢《あふ》れ始めた」のだから，「山の妖怪」の家に来てしまったかもしれないという恐怖《きょうふ》や今までの不安が薄《うす》れたとともに，張りつめた気持ちから解放されたのだろうと推測できる。よって，エがふさわしい。

問８ 「眼《め》が弓なり」になるとは，ほほえんだ表情になったことを表す。トンネルは怖かったかという質問に対し，「おっがねがった」と素直《すなお》に答える良彦のようすを見た老人はほほえみ，「んだども，面白《おもしろ》がったべ」と言っている。このことから，老人もまた「トンネルに吸い込まれそうになった」良彦の感覚を理解しているものとわかる。「向こう側が見通せ」ない「漆黒《しっこく》の異次元」のようなトンネルに良彦が「恐ろし」さを感じた一方，「強く惹《ひ》かれ」てもいたことをふまえ，「向こうを見通せない漆黒の異次元のようなトンネルに吸い込まれそうになった目の前の子どもの，恐ろしいのに強く惹かれた姿が見えるようで，ほほえましかった」のような趣旨《しゅし》でまとめる。

問９　イ　「茅葺《かやぶ》き」や「カンテラ」と「天体望遠鏡」を登場させることで，時代設定をあいまいにしようとの意図が作者にあったかどうかはわからない。　ウ　妹の気持ちは，兄の手を「ぎゅっと握《にぎ》る」動作や，「トンネル，おっがねえ」と泣き出したところに表れている。老人の気持ちも，「大丈夫《だいじょうぶ》だ」とうけあって良彦の「肩《かた》をぽんと」たたくなど，会話や動作からわかる。　エ　「あんなに明るかったのに」「迷うはずがない」「恐ろしかったけれど」とあるとおり，心内語に方言は使われていない。　オ　人家の明かりを見たときの，「とっさに美津子を背中に負ぶ」って「藪《やぶ》の中を駆け出した」行動などに，良彦の決断力がうかがえる。

2022年度　渋谷教育学園幕張中学校

〔電　話〕 (043) 271－１２２１
〔所在地〕 〒261-0014　千葉市美浜区若葉１－３
〔交　通〕 JR総武線・京成千葉線―「幕張駅」より徒歩15分
JR京葉線―「海浜幕張駅」より徒歩10分

【英　語】〈帰国生試験〉（筆記・リスニング：50分　エッセイ：30分）

〈満点：面接もふくめて100点〉

注意 ■ Before the listening section starts, you will have two minutes to read the questions.

■ You will hear the listening section recording **once**.

PART 1. LISTENING

Listen carefully to the passage. You may take notes or answer the questions at any time.

Write the letter of your answer on the answer sheet.

1. Douglas Mawson was acclaimed as one of the best ______ of his generation.
   A. seismologists　B. geologists　C. glaciologists　D. geneticists
2. Which word is used to describe Mawson ?
   A. small　B. strong　C. motivated　D. earnest
3. The Far Eastern Shore Party's expedition was considered risky because
   A. the members had to carry all their food.
   B. there were only three members in the party.
   C. the members would travel over dangerous terrain.
   D. the weather was the most unpredictable.
4. Xavier Mertz could best be described as
   A. highly qualified.　B. high-spirited.　C. wealthy.　D. expedition-hardened.
5. What personal possession did each man take ?
   A. Ninnis : some music, Mertz : a book, Mawson : his fiancée
   B. Ninnis : a diary, Mertz : a book, Mawson : his fiancée
   C. Ninnis : some music, Mertz : a book, Mawson : his diary
   D. Ninnis : a book, Mertz : a book, Mawson : a photograph
6. The men slept fitfully on the evening of December 13 because of
   A. explosions up ahead of them.　B. the ground opening up under them.
   C. strange sounds beneath them.　D. the warm air beneath them.
7. Which word best describes Mawson's reaction when Mertz discovered the crevasse ?
   A. panicked　B. distracted　C. indifferent　D. vigilant
8. Mawson used fishing line to
   A. check the depth to the ledge.　B. measure the thickness of the ice.
   C. climb down to the ledge.　D. attempt to secure Ninnis's belongings.
9. Which question best captures Mawson and Mertz's "horrifying realization" ?
   A. How will we retrieve Ninnis's body ?

B. How will we get down to the sledge ?

C. How will we be able to continue ?

D. How will we navigate the other crevasses ?

10. Which word best describes Mawson's last diary entry ?

A. optimistic　**B**. sarcastic　**C**. unwavering　**D**. frank

※＜**リスニング問題放送原稿**＞は英語の問題の終わりに付けてあります。

PART 2. GRAMMAR

There may be an error with grammar, structure, expression, or punctuation in the underlined parts of the following sentences.

If you find an error, select the best replacement for the underlined part and write the letter on the answer sheet. If you think there is no error, select letter A.

1. She has lived in Japan for sometime, so she speaks Japanese quite well.

A. for sometime [**NO ERROR**]　**B**. for some times

C. sometime　**D**. for some time

2. It has been said that studying in the morning is better for you than to study at night.

A. to study [**NO ERROR**]　**B**. study　**C**. studying　**D**. having studied

3. It could be dangerous, so I think we ought to try.

A. so [**NO ERROR**]　**B**. yet　**C**. because　**D**. and

4. The school put their collection of student artwork on display.

A. their collection [**NO ERROR**]　**B**. its collection

C. they're collection　**D**. it's collection

5. Ray was frightened—or maybe he just pretended to.

A. pretended to [**NO ERROR**]　**B**. pretended to be

C. pretended he is　**D**. pretends to be

6. That night at the festival we met many people we had seen that afternoon.

A. had seen [**NO ERROR**]　**B**. saw　**C**. have seen　**D**. will be seeing

7. Of the two brothers, Robert is oldest.

A. is oldest [**NO ERROR**]　**B**. is the eldest

C. is the oldest　**D**. is the older

8. Because of recent threats made against the band, we have decided to beef up the security for the concert.

A. beef up [**NO ERROR**]　**B**. put on　**C**. blow up　**D**. boil down

9. I opened the door, but I could see nobody.

A. could see nobody [**NO ERROR**]　**B**. could see anybody

C. couldn't see no one　**D**. couldn't see nobody

10. She married with a friend of her sister's.

A. married with a friend [**NO ERROR**]　**B**. married to a friend

C. married a friend　**D**. married by a friend

PART 3. VOCABULARY

Select the best word or words to complete the following sentences and write the letter on your answer sheet.

1. One ______ of reading books is expanding one's vocabulary.
   A. factor B. artifact C. benefit D. solution
2. Due to ______ weather conditions, the team decided to reschedule the hike.
   A. appropriate B. adverse C. adequate D. agile
3. This sweater's ______ texture makes me feel very itchy.
   A. gruff B. stingy C. bold D. coarse
4. After hearing the closing statements, the jury left the courtroom to decide the ______.
   A. verdict B. evidence C. accused D. argument
5. I cannot ______ why you like that aggressive old cat.
   A. conclude B. assert C. fathom D. profess
6. A fake handbag will never ______ a designer original.
   A. equate B. match C. defeat D. compare
7. We cannot ______ when a natural disaster will occur, but we can ______ a response.
   A. analyze . . . elaborate B. forecast . . . originate
   C. determine . . . install D. anticipate . . . prepare
8. The ______ of the illness seems to be ______ to the mishandling of foodstuffs.
   A. origin . . . related B. catastrophe . . . suspected
   C. source . . . responding D. priority . . . extended
9. John was wearing headphones, so he was ______ to the ______ danger.
   A. obvious . . . apparent B. oblivious . . . approaching
   C. ambiguous . . . continuous D. indifferent . . . drastic
10. While he was ______ trimming the dog's claws, the dog growled ______.
   A. delicately . . . unfortunately B. carefully . . . ferociously
   C. clumsily . . . glaringly D. conscientiously . . . displeasingly

PART 4. READING COMPREHENSION

Read the following passage and answer the questions that follow.

Adapted from *When Marnie Was There*
by Joan G. Robinson

She had not seen Marnie since the party three nights ago, and the Marsh House had been silent. She glanced toward it, but it seemed dark and asleep. Dismayed, she turned towards an old <u>hulk</u> that lay permanently on its side above the waterline. Here she could lie for hours, unseen by anyone. She climbed up and dropped down inside—and there was Marnie!

She was lying on her back in the bottom, wearing a blue linen smock and white socks, and sandals, and with her hands under her head was staring straight up into Anna's astonished face. "Hello," she said, laughing quietly.

"Marnie ! I thought you'd gone away."

"Silly, I live here."

"But I never see you."

"Goose, you're seeing me now."

Anna laughed, but Marnie put a hand lightly over her mouth. "Hush ! They'll hear and come and find us."

They talked in low voices lying huddled in the bottom of the boat.

"I've been so lonely," said Anna, surprised to hear herself saying it—it was so rare for her to confide in anyone.

"Poor you. But so have I."

"You ! What, with a whole houseful of jolly people ?"

Marnie turned to look at her with surprised blue eyes.

"Oh, you mean the people at the party ? They've gone, ages ago—two days at least. I'm all on my own now."

"Not all alone in that big house ?"

"Oh, well apart from the others, I mean, but I don't count them. Nan's not much use. She's not even much good at looking after me. She spends nearly all her time in the kitchen, drinking tea and telling fortunes in the tea leaves—not that *I* mind."

"Who's Nan ? I thought you hadn't got any sisters."

Marnie laughed delightedly. "Sisters ? Of course not. Nan's my nurse."

"Nurse ! Are you ill ? What's the matter with you ?" In her concern, Anna asked the questions quickly. She was amazed when Marnie turned on her, suddenly furious.

"What do you mean, what's the matter with me, you saucy girl ?"

Anna drew back, startled. "Don't get huffy. It's not your fault if you're ill. I've been ill too, only you said you had a nurse to look after you."

Marnie laughed again. "Oh, you funny goose ! I didn't mean a sick nurse—why should you think I meant that ?—I meant my own nurse, to look after my clothes, brush my hair, take me for walks—that sort of thing. Not that she ever does take me for walks, hardly ever anyway, but I don't mind."

Anna was relieved. Marnie was odd, the way she was angry one minute and laughing the next, but at least she was still friendly. And she understood now. This strange girl must be very rich ; the sort of girl you read about in books but never met in real life. She felt a pang of envy, remembering how she had first seen her from the boat, having her hair brushed in the upper window. Fancy having a nurse to look after your clothes !

Marnie, as if she had read her thoughts, looked curiously at Anna's shorts. "Why do you always wear those ?"

"Why not ?" said Anna. "They're more comfortable." She glanced in turn at Marnie's smock, which secretly she thought looked more like a best dress. "Why don't you ?"

"I wouldn't be allowed." Marnie looked regretful for a moment, then tossed her head. "Anyway, it doesn't look right." She sprang up suddenly. "Brother ! That was the bell, I must go."

Choose the letter of the best answer to each question and write it on the answer sheet.

1. Based on the description in the text, what is the "hulk" ?
   A. a powerful green monster　B. a giant whale
   C. a ruined lighthouse　D. a boat
2. Why does Anna worry that Marnie had "gone away" ?
   A. She had not seen Marnie in a while.
   B. Her house appeared neglected.
   C. Marnie was good at hiding.
   D. Marnie was wearing travel clothing.
3. Marnie calls Anna "Goose" because she thinks Anna is
   A. a little foolish.　B. very untidy.
   C. intentionally hurtful.　D. extremely clever.
4. Anna tells Marnie that she has "been so lonely" because she ______ Marnie.
   A. admires　B. loves　C. is disappointed by　D. trusts
5. Why is Anna surprised that Marnie also feels lonely ?
   A. She has seen many people visiting the Marsh House.
   B. Marnie seems like a girl who has many friends.
   C. Marnie seems too independent to feel lonely.
   D. She has seen Marnie dancing at parties at the Marsh House.
6. What is the most likely reason Marnie does not "count" the others at her house ?
   A. She thinks they are not as clever as her.
   B. There are too many other people in the house.
   C. She does not have much of a relationship with them.
   D. She avoids and hides from them.
7. Marnie most likely calls Anna a "saucy girl" because she
   A. thinks Anna is being impolite.
   B. does not like people talking about Nan.
   C. thinks Anna is too messy.
   D. cannot control her anger.
8. Anna imagines that Marnie must be wealthy because
   A. she has a nanny to take care of her.
   B. she lives on a boat.
   C. her manner is highly changeable.
   D. she wears expensive jewelry.
9. What is the relationship between Anna and Marnie ?

A. They have known each other a long time.
B. They are cousins.
C. They are very close friends.
D. They are just becoming friends.

10. What is the most likely reason that there are so many misunderstandings between the two girls?
A. They are from different time periods.
B. There is a big age gap between them.
C. They are from different countries.
D. They have different tastes in fashion.

PART 5. READING COMPREHENSION

Read the following speech and answer the questions that follow.

Adapted from Severn Suzuki's Speech at the 1992 UN Earth Summit

Hello, I'm Severn Suzuki speaking for "ECO"—the Environmental Children's Organization. We are a group of 12-and 13-year-olds trying to make a difference. We've raised all the money to come here ourselves to tell you adults you must change your ways.

I have no <u>hidden agenda</u>. I am fighting for my future. I am here to speak for all generations to come. I am here to speak on behalf of the starving children around the world whose cries go unheard. I am here to speak for the countless animals dying across this planet because they have nowhere left to go.

I am afraid to go out in the sun now because of the holes in our ozone layer. I am afraid to breathe the air because I don't know what chemicals are in it. I used to go fishing in Vancouver, my home, with my dad until, just a few years ago, we found the fish full of cancers. Now, we hear of animals and plants going extinct every day, vanishing forever. I have dreamt of seeing the great herds of wild animals, jungles, and rainforests full of birds and butterflies, but now I wonder if they will even exist for my children to see.

Did you have to worry about these things when you were my age? All this is happening before our eyes and yet we act as if we have all the time we want and all the solutions. I'm only a child and I don't have all the solutions. I want you to realize that neither do you. You don't know how to fix the holes in our ozone layer. You don't know how to bring back an animal now extinct. And you can't bring back the forests that once grew where there is now a desert. <u>If you don't know how to fix it, please stop breaking it</u>.

In my anger, I'm not blind; in my fear, I'm not afraid of telling the world how I feel. In my country we make so much waste, we buy and throw away, buy and throw away, buy and throw away and yet Northern countries will not share with the needy. Even when we have more than enough, we are afraid to share; we are afraid to let go of some of our wealth.

In Canada, we live a privileged life. We've plenty of food, water, and shelter. We have so much, the list could go on for two days. Here in Brazil, we were shocked when we spent time with some children living on the streets. One child told us : "I wish I was rich and if I were, I would give all the street children food, clothes, medicines, shelter, and love and affection."

If a child on the streets who has nothing is willing to share, why are we who have everything still so greedy ? I can't stop thinking that <u>it makes a tremendous difference where you are born</u> ; that I could be one of those children living in the *favelas* of Rio. I am only a child, yet I know if all the money spent on war was spent on finding environmental answers, ending poverty, and in making treaties, what a wonderful place this Earth would be.

At school, even in kindergarten, you teach us how to behave in the world. You teach us not to fight with others, to work things out, to respect others, to clean up our mess, not to hurt other creatures, to share, not be greedy. Then, why do you go out and do the things you tell us not to do ? Do not forget why you are attending these conferences—who you're doing this for. We are your children. You are deciding what kind of a world we are growing up in.

My dad always says, "You are what you do, not what you say." Well, what you do makes me cry at night. You grown-ups say you love us. So I challenge you, please, make your actions reflect your words.

Thank you.

Choose the letter of the best answer to each question and write it on the answer sheet.

1. What does the speaker mean by "hidden agenda"?
   A. a secret reason　　B. an undecided plan
   C. a vague motivation　　D. a calendar that is not shown
2. In the second and third paragraphs, what is <u>**not**</u> a reason the speaker gives for being at the Summit ?
   A. to encourage governments to continue their environmental efforts
   B. to urge for the protection of the environment and wild animals
   C. to advocate for future generations
   D. to be a voice for those who do not have much power
3. In the third paragraph, the speaker talks about her childhood to show
   A. she has many possessions.
   B. how the environment has deteriorated.
   C. her knowledge of laws and wildlife.
   D. how well Canada cares for its citizens.
4. By saying, "If you don't know how to fix it, please stop breaking it", Severn implies that
   A. we live in a wasteful society because we create so much garbage.

B. countries are careless and should take more care of the environment.

C. leaders are not good with tools and often destroy what they have.

D. people should handle equipment carefully so it does not get ruined.

5. In the fifth paragraph, what does Severn scold rich countries for ?

A. being privileged　　B. sharing wealth with poorer countries

C. being greedy　　D. being angry and unfeeling

6. In the seventh paragraph, the phrase "it makes a tremendous difference where you are born" highlights

A. the importance of various cultures.

B. the difference between the rich and poor.

C. the influence of parents.

D. the gratitude of privileged people.

7. What are "*favelas*" ?

A. rich areas　　B. orphanages　　C. slums　　D. big cities

8. In the eighth paragraph, Severn mentions lessons children learn in kindergarten to show

A. the hypocrisy of adults.

B. the superior intelligence of adults.

C. that children have much to learn.

D. the controlling nature of adults.

9. Why does the speaker repeat the phrases "I am only a child", "buy and throw away", and "I am here" throughout her speech ?

A. She fears her listeners are not paying attention.

B. She is young and does not know many words or synonyms.

C. She wants to emphasize her speaking points.

D. She does not have many arguments.

10. What is the tone of this speech ?

A. urgent　　B. hopeful　　C. menacing　　D. guilty

ESSAY

Essay topic

Imagine a stone, a flame, or a river.　Which of these best represents your personality ? Explain why.

＜リスニング問題放送原稿＞

Adapted from "The Most Terrible Polar Exploration Ever : Douglas Mawson's Antarctic Journey"

by Mike Dash

In 1912, Australian explorer Douglas Mawson set sail across the Southern Ocean on a polar expedition that historians have described as the most terrible ever undertaken in

Antarctica. Mawson was 30 years old and already acclaimed as one of the best geologists of his generation. Born in Yorkshire, England, but happily settled in Australia, he was chosen to lead the Australasian Antarctic Expedition, whose chief purpose was to explore and map some of the remotest points of the white continent. Tall, lean, balding, earnest and determined, Mawson was an Antarctic veteran, a supreme organizer, and physically tough.

The Australasian party anchored in Commonwealth Bay in January 1912. Mawson split his expedition into four groups, one to man base camp and the other three to head into the interior to do scientific work. He nominated himself to lead the Far Eastern Shore Party—a three-man team assigned to survey several glaciers hundreds of miles from base. It was an especially risky assignment. Mawson and his men would have the furthest to travel, the heaviest loads to carry, and they would have to cross an area pitted with deep crevasses, concealed by snow.

Mawson selected two companions to join him. Lieutenant Belgrave Ninnis, a British army officer, was the expedition's dog handler. Ninnis's close friend, Xavier Mertz, was a 28-year-old Swiss lawyer whose chief qualifications for the trek were his high spirits and his standing as a champion cross-country skier.

Each had a sledge pulled by five huskies and loaded with a combined 1,720 pounds of food, survival gear, and scientific instruments. Mawson limited each man to a minimum of personal possessions. Ninnis chose a volume of Thackeray, Mertz a collection of Sherlock Holmes short stories. Mawson took his diary and a photograph of his fiancée, an upper-class Australian woman named Francisca Delprait.

At first, Mawson's party made good time. They had travelled 300 miles by December 13, a month after their departure. Almost everything was going to plan.

That evening the three explorers pitched camp in the middle of a glacier. They slept fitfully, disturbed by distant booms and cracking sounds deep below them. Mawson and Ninnis did not know what to make of the noises, but they frightened Mertz, whose long experience of snowfields taught him that warmer air had made the ground ahead of them unstable.

The next morning, the party continued to make good time, and at noon Mawson halted briefly to shoot the sun in order to determine their position. He was standing on the runners of his moving sledge, completing his calculations, when he became aware that Mertz, who was skiing ahead, had raised one ski pole to signal that he had found a crevasse. Mawson called back to warn Ninnis, before returning to his calculations. It was only several minutes later that he noticed that Mertz had stopped again and was looking back in alarm. Twisting around, Mawson realized that Ninnis and his sledge and dogs had vanished.

Mawson and Mertz hurried back a quarter-mile to where they had crossed the crevasse. Here they discovered a yawning chasm in the snow 11 feet across. Peering into the void, Mawson made out a narrow ledge far below him. He saw two dogs lying on it: one dead, the other moaning and writhing. Below the ledge, the walls of the crevasse plunged into darkness.

Frantically, Mawson called Ninnis's name. Nothing came back but the echo. Using a knotted fishing line, he sounded the depth to the ice ledge and found it to be 150 feet—too far to climb down to. He and Mertz took turns calling for their companion for more than five hours, but they got no response. Suddenly, Mawson and Mertz looked at each other with the same horrifying realization. At the bottom of that crevasse, lying somewhere alongside Ninnis's body, was the sled and almost all of their supplies. Spades, picks, tents and almost all the food lay somewhere below, now far out of reach of the two desperate men. All that remained were sleeping bags and food to last them both for a few days. That night, with blizzards descending, Mawson opened his diary and wrote what would come to describe the enormity of the challenge that lay ahead : "Eating the dogs may help us get through to winter, but after that, may God help us."

2022年度

渋谷教育学園幕張中学校 ▶解　答

※　編集上の都合により，帰国生試験の解説および作文の解答は省略させていただきました。

英　語　＜帰国生試験＞（筆記・リスニング：50分　エッセイ：30分）＜満点：面接もふくめて100点＞

解　答

Part 1　1 B　2 D　3 C　4 B　5 D　6 C　7 D　8 A
9 C　10 D

Part 2　1 D　2 C　3 B　4 B　5 B　6 A　7 D　8 A
9 A　10 C

Part 3　1 C　2 B　3 D　4 A　5 C　6 B　7 D　8 A
9 B　10 B

Part 4　1 D　2 A　3 A　4 B　5 B　6 C　7 A　8 A
9 D　10 A

Part 5　1 A　2 A　3 B　4 B　5 C　6 B　7 C　8 A
9 C　10 A

Essay　省略

Dr.福井の

入試に勝つ！ 脳とからだのウルトラ科学

勉強が楽しいと，記憶力も成績もアップする！

みんなは勉強が好き？　それとも嫌い？――たぶん「好きだ」と答える人はあまりいないだろうね。「好きじゃないけど，やらなければいけないから，いちおう勉強してます」という人が多いんじゃないかな。

だけど，これじゃダメなんだ。ウソでもいいから「勉強は楽しい」と思いながらやった方がいい。なぜなら，そう考えることによって記憶力がアップするのだから。

脳の中にはいろいろな種類のホルモンが出されているが，どのホルモンが出されるかによって脳の働きや気持ちが変わってしまうんだ。たとえば，楽しいことをやっているときは，ベーターエンドルフィンという物質が出され，記憶力がアップする。逆に，イヤだと思っているときには，ノルアドレナリンという物質が出され，記憶力がダウンしてしまう。

要するに，イヤイヤ勉強するよりも，楽しんで勉強したほうが，より多くの知識を身につけることができて，結果，成績も上がるというわけだ。そうすれば，さらに勉強が楽しくなっていって，もっと成績も上がっていくようになる。

でも，そうは言うものの，「勉強が楽しい」と思うのは難しいかもしれない。楽しいと思える部分は人それぞれだから，一筋縄に言うことはできないけど，たとえば，楽しいと思える教科・単元をつくることから始めてみてはどうだろう。初めは覚えることも多くて苦しいときもあると思うが，テストで成果が少しでも現れたら，楽しいと思えるきっかけになる。また，「勉強は楽しい」と思いこむのも一策。勉強が楽しくて仕方ない自分をイメージするだけでもちがうはずだ。

Dr.福井（福井一成《ふくいかずしげ》）…医学博士。開成中・高から東大・文Ⅱに入学後，再受験して翌年東大・理Ⅲに合格。同大医学部卒。さまざまな勉強法や脳科学に関する著書多数。

2021年度　渋谷教育学園幕張中学校

〔電　話〕 (043) 271－１２２１
〔所在地〕 〒261-0014　千葉市美浜区若葉１－３
〔交　通〕 JR総武線・京成千葉線―「幕張駅」より徒歩15分
JR京葉線―「海浜幕張駅」より徒歩10分

【算　数】〈第１次試験〉 (50分) 〈満点：100点〉

注意　• コンパス，三角定規を使用してもかまいません。

1　aとbを０ではない整数とします。

$a \times b$を$a+b$で割ったときの商を$a \triangle b$，余りを$a \blacktriangledown b$と表すことにします。

例えば，$a=6$，$b=4$とすると，$a \times b=24$，$a+b=10$で，24を10で割った商は２で余りは４だから

$6 \triangle 4=2$，$6 \blacktriangledown 4=4$

となります。

このとき，次の各問いに答えなさい。

(1)　$5 \triangle 10$，$5 \triangle 30$，$5 \triangle 60$はそれぞれいくつですか。

(2)　cを０ではない整数とします。cをいろいろな整数にかえて$8 \triangle c$を計算します。考えられる$8 \triangle c$のうち，もっとも大きいものはいくつですか。

(3)　dを０ではない整数とするとき，$3 \blacktriangledown d=3$となるdは全部で３つあります。それらをすべて答えなさい。

2　図１のような六角形のライトが，たくさんあります。

これを図２のように28個ならべ，00:00から23:59までの時刻を表すデジタル時計をつくりました。

図１

ライト(消灯)　ライト(点灯)

図２

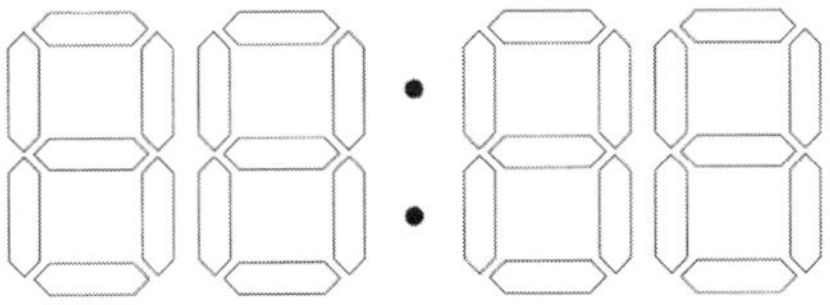

(注)「：」はライトではありません。

このとき，次の各問いに答えなさい。ただし，０から９までの数字は，右の図３のように表すこととし，時または分を表す数が０から９までのときは，十の位に０を表示します。

例えば，午前２時１分は02:01，午後８時５分は20:05と表します。

(1)と(3)で時刻を答える場合も，02:01，20:05のように表しなさい。

図３

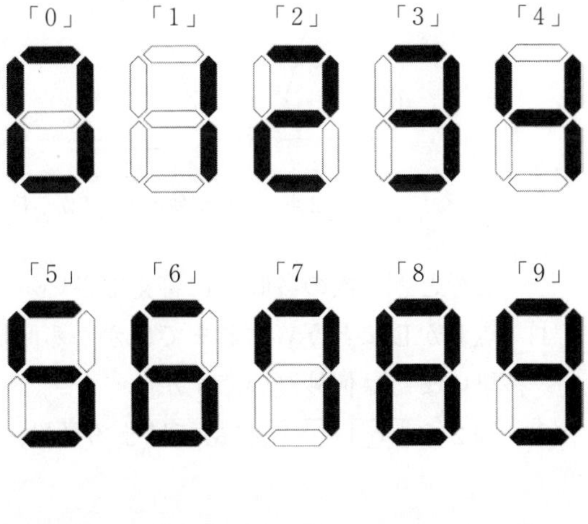

(1)　点灯しているライトの本数がもっとも多

い時刻は，何時何分ですか。

(2) ある時刻にライトが12本点灯していました。考えられる時刻は何通りありますか。

(3) ある時刻に点灯しているライトの本数と，その1分後に点灯しているライトの本数を比べます。点灯しているライトの本数が1分後にもっとも多く増えるのは，何時何分ですか。考えられる時刻をすべて答えなさい。

3 図1のように，AB＝20cm，AD＝24cm の長方形ABCDがあります。

点Pは，Aを出発して，A→D→C→B→Aの順に長方形の辺上を一定の速さで動き，Aにとう着したら停止します。点Qは，点Pと同時にAを出発して，A→B→C→D→Aの順に長方形の辺上を一定の速さで動き，Aにとう着したら停止します。ただし，PのほうがQより速く動きます。

このとき，3点B，C，Qを頂点とする三角形の面積と，3点C，D，Pを頂点とする三角形の面積の和をScm^{2}とします。ただし，3つの点が三角形をつくらない場合は，面積は0cm^{2}とします。

2点P，Qが動き始めてから停止するまでの時間とSの関係は，図2のようになりました。

図1

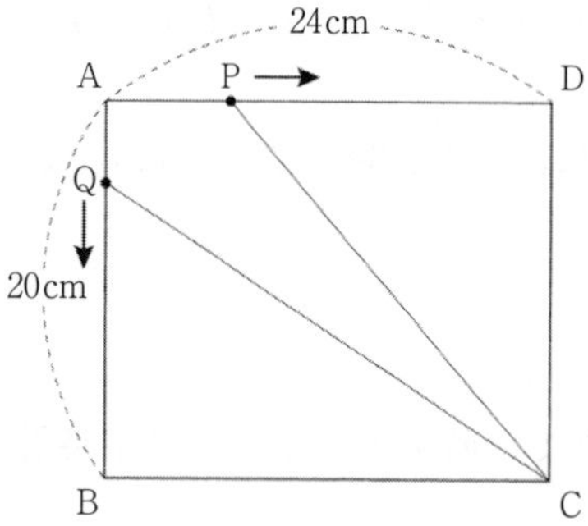

図2

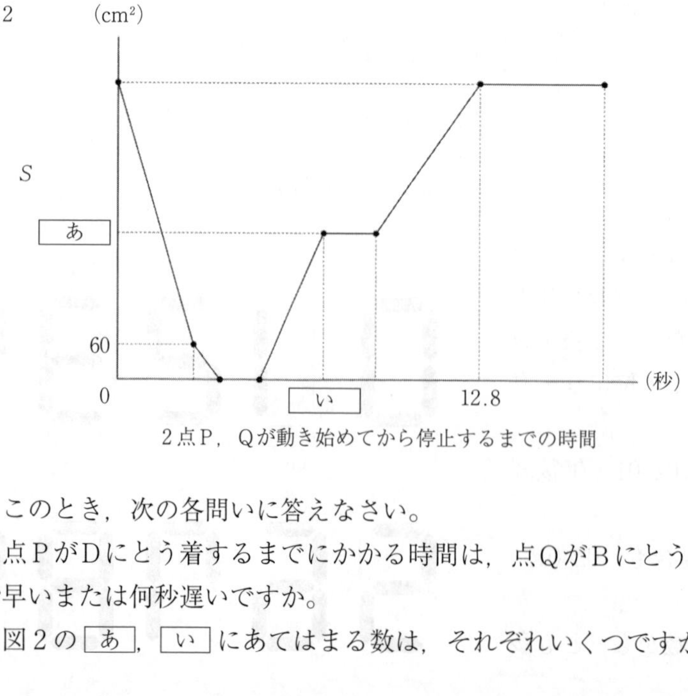

このとき，次の各問いに答えなさい。

(1) 点PがDにとう着するまでにかかる時間は，点QがBにとう着するまでにかかる時間より何秒早いまたは何秒遅いですか。

(2) 図2の あ ，い にあてはまる数は，それぞれいくつですか。

(3)　点Ｐが辺 BC 上にあるときを考えます。３点Ａ，Ｂ，Ｐを頂点とする三角形の面積と，３点Ａ，Ｂ，Ｑを頂点とする三角形の面積の差が$100cm^2$になるのは，２点Ｐ，Ｑが動き始めてから何秒後ですか。考えられるものをすべて答えなさい。

4　図１のように，おうぎ形Ａとおうぎ形Ｂがあります。おうぎ形Ａの半径 OP は６cm で中心角は60°です。おうぎ形Ｂの半径 QR は12cm で中心角は30°です。

図２のように，おうぎ形Ｂの半径 QR の上におうぎ形Ａを，ＰとＱがぴったり重なるように置きます。そして，おうぎ形Ａを，すべらないようにしておうぎ形Ｂの周りを矢印の方向に転がし，おうぎ形Ａの半径 OP の一部の線がおうぎ形Ｂの半径 QR と再び重なったところで転がすのを止めます。

図１

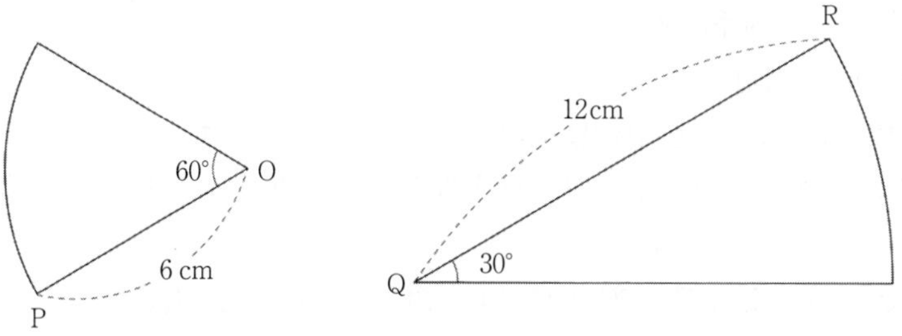

おうぎ形Ａ　　　　おうぎ形Ｂ

図２

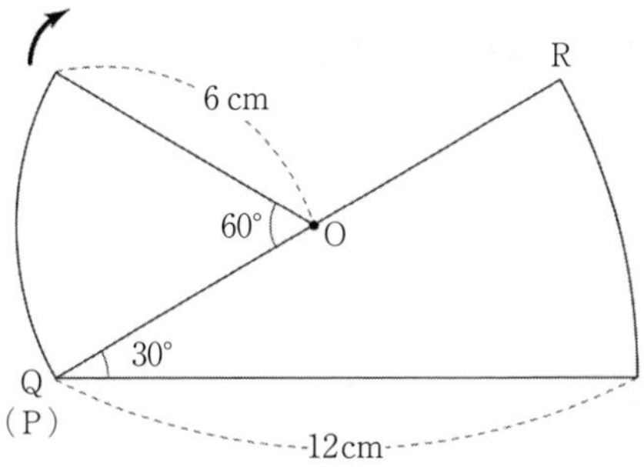

このとき，次の各問いに答えなさい。なお，円周率は3.14とします。

(1)　転がすのを止めたとき，QO の長さは何cm ですか。

(2)　点Ｏがえがく線の長さは何cm ですか。

5　図１のように，底面がひし形で，側面がすべて長方形である四角柱 ABCD-EFGH があります。点K，L，M，Nはそれぞれ辺 AB，BC，CD，DA 上にあり，AK：KB＝AN：ND＝1：1で，BL：LC＝DM：MC＝2：1です。

また，点Oはひし形EFGHの対角線EG上にあり，EO：OG＝1：5です。

四角形KLMNの各頂点と点Oをそれぞれ結び，四角すいO-KLMNをつくります。

このとき，次の各問いに答えなさい。

ただし，角すいの体積は，(底面積)×(高さ)÷3でもとめられるものとします。

図１

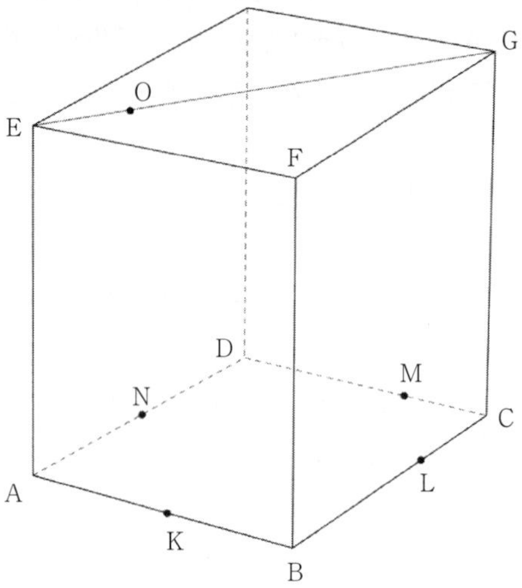

(1)　四角すいO-KLMNの体積は，四角柱ABCD-EFGHの体積の何倍ですか。

(2)　辺AE，BF，CG，DHのそれぞれの真ん中の点を通る平面で四角すいO-KLMNを切るとき，切り口の面積はひし形ABCDの面積の何倍ですか。

(3)　点P，Q，Rを，それぞれ辺AE，BF，CG上にAP：PE＝2：1，BQ：QF＝1：1，CR：RG＝1：2となるようにとります。

図２は，図１に点P，Q，Rをかき加えたものです。

点P，Q，Rを通る平面で四角すいO-KLMNを切って２つの立体に分けるとき，点Oを含むほうの立体の体積は，四角すいO-KLMNの体積の何倍ですか。

図２

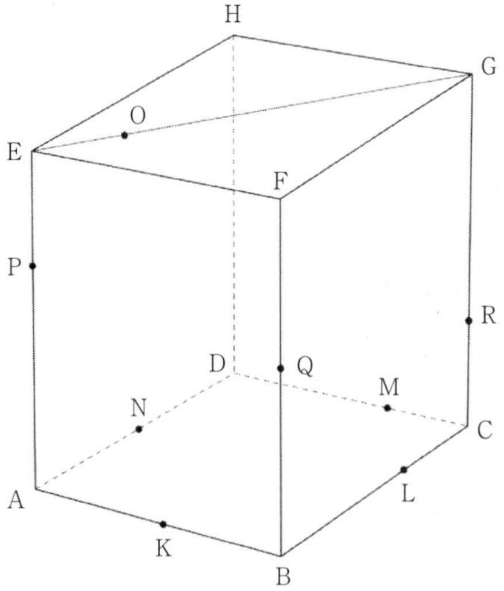

【社　会】〈第１次試験〉(45分)〈満点：75点〉

注意　•句読点は字数にふくめます。

•字数内で解答する場合，数字は１マスに２つ入れること。例えば，226年なら[22][6][年]とすること。字数は指定の８割以上を使用すること。例えば，30字程度なら24字以上で答えること。

〈編集部注：実物の入試問題では，3の写真と地形図，雨温図はすべてカラー印刷です。〉

1

次の文章を読み，下記の設問に答えなさい。

a昨年(2020年)の夏休みは新型コロナウイルスの感染拡大により，例年よりも期間を短縮した学校が多くありました。８月中に学校を再開したものの，残暑が厳しく学校生活を安全に送るのが難しい日もありました。そのようななか，茨城県つくばみらい市は，市内のすべての公立小・中学校にb自動販売機(自販機《じはんき》)を設置し，c児童・生徒にペットボトル入り冷水の無料配布を夏休み明けから始め，９月末まで続けました。

同じ県内の日立市では７月中から冷蔵庫を活用するなどしてペットボトル入り冷水の無料配布をおこなっていましたが，d自販機を利用して無料配布したのはつくばみらい市が初めてでした。つくばみらい市が自販機の利点に着目したことに関心を持ったので，自販機について調べてみました。

日本で現存している一番古い自販機は，1904年に発明家の俵谷高七《たわらやこうしち》が考案した「自働郵便切《じどうゆうびんきっ》手葉書売下機《てはがきうりさげき》」で，e郵便及び通信に関する収蔵品を展示・紹介する東京の郵政博物館に所蔵されています。

日本では1962年から自販機が本格的に普及《ふきゅう》しました。それはアメリカの大手飲料メーカーが自販機を設置したのがきっかけでした。その後，日本の技術力の高さ，都市部での人口の増加，人々の生活やニーズ(需要)の変化などにより，1970年には自販機が100万台を突破しました。都市部だけでなく，サービスエリアや道路沿《ぞ》い，駅の構内など，全国のさまざまな場所に設置されました。

かつて自販機での支払いはf硬貨《こうか》のみでしたが，その後紙幣《しへい》での支払いが可能になり，今ではg電子マネーも使えるようになりました。さらには昨年からある大手飲料メーカーはクレジットカードやデビットカードをタッチするだけで購入できるような自販機の設置を始めました。

ところが，日本の自販機市場はすでに飽和《ほうわ》状態にあると専門家が指摘《してき》しています。日本の至る所に自販機が設置されており，自販機製造・飲料メーカーもこれ以上の伸びしろが望めないと考えているようです。それに加えて，近年日本が抱えるhある問題により台数を増やすのが難しい状況にあるとも考えています。

さらに，iある飲料メーカーでは自販機の売り上げが昨年の３～５月は前の年の同じ月に比べて落ち込みました。天候で売れ行きが左右されにくい屋内の自販機の販売需要が減ったことも要因と考えられます。それでも自販機への積極投資を貫《つらぬ》いているメーカーもあります。

日本では，飲料，食品，乗車券，各種入園券の購入など，暮らしを便利にするためにいろいろな自販機が活躍しています。さらにもっと人の役に立てるようにという発想で自販機の開発が進められています。

最近の自販機はさまざまなハイテク技術を搭載《とうさい》しています。j環境性能はもちろん，k災害対応，さらにはl地域の防犯拠点《きょてん》の役割を担うなど，現代社会が抱《かか》える問題の解決に貢献《こうけん》できるよう日々進化を続けていることがわかりました。

問１　下線部**a**に関して，2020年のできごとに関する次の文**X**・**Y**について，その正誤の組合せとして正しいものを，下記より１つ選び番号で答えなさい。

X　東京都と鹿児島県の知事選挙では，ともに現職の候補が当選しました。

Y　国民の祝日に関する法律が改正され，2020年から体育の日がスポーツの日に改められました。

1	**X**	正	**Y**	正	2	**X**	正	**Y**	誤
3	**X**	誤	**Y**	正	4	**X**	誤	**Y**	誤

問２　下線部**b**に関する次の文**X**・**Y**について，その正誤の組合せとして正しいものを，下記より１つ選び番号で答えなさい。

X　缶やペットボトル入りの清涼飲料を販売する自販機の設置には地方自治体の許可が必要なので，自販機に営業許可証がはられています。

Y　飲料の自販機を設置する際には，自販機の脇《わき》に空《から》容器回収ボックスを付設《ふせつ》することが，容器包装リサイクル法で義務づけられています。

1	**X**	正	**Y**	正	2	**X**	正	**Y**	誤
3	**X**	誤	**Y**	正	4	**X**	誤	**Y**	誤

問３　下線部**c**の理由を，解答用紙のわく内で答えなさい。

問４　下線部**d**について，つくばみらい市は児童・生徒にペットボトル入り冷水を無料で配布するために，会計年度の途中に予算を組みました。この予算はどのような手続きを経て成立したのですか。解答用紙のわく内で答えなさい。なお，この手続きはつくばみらい市に限らず，すべての地方公共団体に共通するものです。

問５　下線部**e**を現在扱《あつか》っている中央省庁に関する次の文**X**・**Y**について，その正誤の組合せとして正しいものを，下記より１つ選び番号で答えなさい。

X　政府の統計情報を国民が利用できるように，インターネット上にも窓口を開いています。

Y　国の行政機関がおこなっている仕事に問題点がないか調べて，改善するように指摘しています。

1	**X**	正	**Y**	正	2	**X**	正	**Y**	誤
3	**X**	誤	**Y**	正	4	**X**	誤	**Y**	誤

問６　下線部**f**について，自販機の硬貨の投入口には縦型《たてがた》と横型があります。駅にある切符の自販機ではなぜ縦型を採用しているのですか。硬貨の特性をふまえて，その理由を解答用紙のわく内で答えなさい。

問７　下線部**g**に関する次の文**X**・**Y**について，その正誤の組合せとして正しいものを，下記より１つ選び番号で答えなさい。

X　電子マネーを利用するには，年齢制限や支払い能力の有無などに関する審査を受ける必要があります。

Y　すべての電子マネーには，残高《ざんだか》不足で支払いができないことのないようにクレジット機能がついています。

1	X	正	Y	正		2	X	正	Y	誤
3	X	誤	Y	正		4	X	誤	Y	誤

問8　下線部hとはどのような問題ですか。次の点をふまえて，解答用紙のわく内で答えなさい。

・自販機の設置や商品の納入に関すること。

・自販機のメンテナンスに関すること。

・景気に関することは除きます。

・異常気象や自然災害に関することは除きます。

・自販機を設置するスペースや電源のことは除きます。

問9　下線部iについて，天候に左右されにくい屋内の自販機の売り上げが落ち込んだ理由を，解答用紙のわく内で答えなさい。

問10　下線部jに関する次の文X・Yについて，その正誤の組合せとして正しいものを，下記より1つ選び番号で答えなさい。

X　電力使用がピークとなる日中は自販機の冷却運転を停止する一方で，電力に余裕のある夜間に稼働《かどう》させて，一日の電力使用量を平均化するようにしています。

Y　周囲が暗くなると自販機の照明が点灯《てんとう》し，明るくなれば消灯して，電力使用を必要最低限にとどめています。

1	X	正	Y	正	2	X	正	Y	誤
3	X	誤	Y	正	4	X	誤	Y	誤

問11　下線部kに関する次の文X・Yについて，その正誤の組合せとして正しいものを，下記より1つ選び番号で答えなさい。

X　災害時には，自販機内の飲料を無料で提供できる機能を備えた自販機があります。

Y　携帯電話で110番や119番に通報《つうほう》する際，自販機を見ればその場所の住所がわかるように，住所表示ステッカーがはられているものがあります。

1	X	正	Y	正	2	X	正	Y	誤
3	X	誤	Y	正	4	X	誤	Y	誤

問12　下線部lに関する次の文X・Yについて，その正誤の組合せとして正しいものを，下記より1つ選び番号で答えなさい。

X　自販機の中にはメッセージボード(電光掲示板)を利用して，地域の安全情報や犯罪情報を発信するものがあります。

Y　自販機の中には防犯カメラを設置して，防犯に協力しているものがあります。

1	X	正	Y	正	2	X	正	Y	誤
3	X	誤	Y	正	4	X	誤	Y	誤

2　次の文章を読み，下記の設問に答えなさい。

古来より日本列島には a中国・朝鮮半島から多くの人々が渡ってきて影響をおよぼしました。４世紀頃にヤマト政権が確立していくなかで医療関係の組織も，交流のあった朝鮮半島の影響を受けて，渡来人に任されるようになっていきました。６世紀の b仏教の受容には，仏が持つ高い治癒《ちゆ》能力を期待した一面もありました。実際の治療においても，医者だけでなく病気の治癒を神仏に祈る験者《げんじゃ》がよばれることも多かったようです。平安時代の中頃になると，災害や伝染病の流行によって社会不安が高まり， c浄土教が信仰を集めるようになりました。僧による治療は祈禱《きとう》だけでなく，薬や針灸《しんきゅう》を用いるようになりました。

鎌倉時代や室町時代には，丹波《たんば》氏や和気《わけ》氏といった特定の氏族が，典薬頭《てんやくのかみ》として天皇や貴族を治療して報酬《ほうしゅう》を得たり， d座からも収入を得たりしていました。

室町時代から戦国時代にかけて，京にいた医者は各地の大名に招かれて地方に赴《おもむ》き，医術を伝えました。同じ頃， eヨーロッパから日本に来航する者があらわれ，ヨーロッパ式の医療技術が伝わりました。

江戸幕府には医療に関わる職制も設けられ，５代将軍徳川綱吉の時には「 f儒医」という表記が見られます。８代将軍徳川吉宗の時には漢訳洋書の輸入制限を緩《ゆる》めることで医学情報が多く入るようになりました。また吉宗の命を受けた［　g　］は甘藷《かんしょ》の栽培だけでなく，オランダ語の入門書も編纂《へんさん》しました。民間に目を向けてみると，「合わせ薬」とよばれる家庭常備薬が重視され，「越中富山の薬売り」のような訪問販売がおこなわれました。他にも19世紀の前半には， h有名寺社などに参詣《さんけい》し，そこで販売されている寺社伝来の薬を購入する人々も多くなりました。

明治政府はドイツの医学を採用して日本の医療の近代化を図りました。多くの留学生がドイツに派遣され， i大きな研究成果を挙げる者も出てきました。20世紀に入ると医療体制が強化され，1911年に「 j恩賜《おんし》財団済生会《さいせいかい》」が発足しました。

1929年に始まった世界恐慌は日本にも影響をおよぼしました。失業者が増えて，食生活の貧困化が進み，徴兵検査の不合格者もそれまでの1.5倍程度に増えました。政府は国民体力の向上や結核対策に組織的に取り組むため，1938年に厚生省を設置しました。日中戦争が始まると，召集されて戦地に赴く医師も増加したため，女性・［　k　］の医師が国内の医療を受け持つことになりましたが，医薬品の供給も不十分なことから，十分な医療を提供できませんでした。

1945年の終戦後に，日本が l連合国軍最高司令官総司令部(GHQ)の統治下に置かれると，厚生省はGHQの指示のもと，現行の医療システムの基盤をつくりました。1952年に日本が主権を回復し，その後，高度経済成長期に入ると，公的な医療保険制度の不備が指摘されるようになったため，1960年代に国民健康保険制度が設けられました。この制度により，国民すべてが保険適用の医療を受けられるようになりました。

問１　下線部aに関連して，６～７世紀の中国・朝鮮半島を説明した次の文X・Yについて，その正誤の組合せとして正しいものを，下記より１つ選び番号で答えなさい。

X　６世紀の末に唐が中国を統一し，朝鮮半島の新羅と結んで高句麗を攻撃しました。

Y　７世紀の前半に日本は百済と結び，白村江の戦いで高麗に敗北したため，朝鮮半島から撤退しました。

1	X	正	Y	正	2	X	正	Y	誤
3	X	誤	Y	正	4	X	誤	Y	誤

問２　下線部**b**に関連して，仏教を厚く信仰した聖武天皇の時代のできごとを説明した次の文**X**・**Y**について，その正誤の組合せとして正しいものを，下記より１つ選び番号で答えなさい。

X　国ごとに国分寺・国分尼寺の建設を命じるなど，仏の持つ力を用いて国家の安定を図ろうとしました。

Y　墾田永年私財法が出されると，貴族や寺社は国司や郡司の協力のもと，農民などを使って開墾をおこないました。

1	X	正	Y	正	2	X	正	Y	誤
3	X	誤	Y	正	4	X	誤	Y	誤

問３　下線部**c**に関して，この教えが広まり，全国に阿弥陀堂が建立されました。東北地方を支配した藤原清衡《きよひら》が建立した，金色堂《こんじきどう》で有名な寺院の名称を漢字で答えなさい。

問４　下線部**d**の「座」とはどのようなものだったかについて，文の最後が「**組合**。」で終わるように，解答用紙のわく内で説明しなさい。

問５　下線部**e**に関連して，16世紀の日本とヨーロッパとの関係について説明した次の文**X**・**Y**について，その正誤の組合せとして正しいものを，下記より１つ選び番号で答えなさい。

X　織田信長は，キリスト教に好意的で，宣教師と面会し，教会の建設を許可しました。

Y　豊臣秀吉は，キリシタン大名がイエズス会に土地を寄進したことをきっかけに，バテレン追放令を出してポルトガル・スペインとの貿易を禁止しました。

1	X	正	Y	正	2	X	正	Y	誤
3	X	誤	Y	正	4	X	誤	Y	誤

問６　下線部**f**に関して，「儒」という言葉が用いられた背景には，儒学を重視する幕府の姿勢がありました。幕府が重視した儒学の一派の名称を漢字で答えなさい。また，幕府が重視したその一派の教え（特徴）について，解答用紙のわく内で説明しなさい。

問７　空らん［**g**］に入る人名を漢字で答えなさい。

問８　下線部**h**について，こうした動きの１つとして民衆が爆発的に伊勢神宮へ参詣したことを何といいますか。

問９　下線部**i**に関して，次の文**X**・**Y**について，その正誤の組合せとして正しいものを，下記より１つ選び番号で答えなさい。

X　志賀潔《しがきよし》は黄熱病の研究に取り組み，その原因を発見しました。

Y　ドイツで学んだ北里柴三郎は，ペスト菌を発見しました。

1	X	正	Y	正	2	X	正	Y	誤
3	X	誤	Y	正	4	X	誤	Y	誤

問10　下線部**j**はどのような目的で設立されたのですか。次の史料を読み，貧民救済や慈善事業

以外の設立目的を30字程度で説明しなさい。

> **「恩賜財団済生会協賛趣意書」**（明治44年＜1911年＞）
> 一国の活力は医療不足のために著しく消耗することを免れることができず，一国の生産力は，また医療不足のために減殺してしまうのだ。（中略）
> 貧民救済の施設を作って，適切な医療をおこなって重病化しないように治療し，（中略）労働に従事させることは，一国の活力にとって大いに有益であろう。
> ※設問の都合上，一部を改めています。

問11　空らん［k］に入る語句を答えなさい。

問12　下線部 **l** に関して，次の文のうち**誤っているもの**を，下記より１つ選び番号で答えなさい。

1　GHQ は北海道・本州・四国・九州・沖縄を，日本政府を通じて間接統治しました。
2　GHQ の統治下において，日本国憲法が1946年11月３日に公布されました。
3　GHQ の指示により，戦争犯罪人や大政翼賛会の有力者などが公職から追放されました。
4　朝鮮戦争が起きると，GHQ の指示により警察予備隊が設立されました。

＜以下の資料を参考にしました。＞
新村拓（編）『日本医療史』（吉川弘文館　2006年）
新村拓『日本仏教の医療史』（法政大学出版局　2013年）
酒井シヅ『病が語る日本史』（講談社学術文庫　2008年）

3　次の文章を読み，下記の設問に答えなさい。

起伏《きふく》に富んだ地形が広がる日本では，国土のおよそ４分の３を山地（山脈・高地・高原などを含む）や丘陵《きゅうりょう》地が占《し》めています。そのため，a森林面積の割合も高く，住宅地や耕地《こうち》として利用できる面積は限られています。

本州の中央部には b飛驒山脈，木曽山脈，赤石山脈など標高3000m級の山々が連なっており，これらは日本アルプスとよばれています。日本列島の標高の高い山々は地球が今よりも寒冷であった時代には，氷河に覆《おお》われていました。現代の日本に氷河は残っていないと長く考えられていましたが，2012年に富山県の立山《たてやま》に存在することが確認され，話題となりました。

日本の山地は険《けわ》しいものばかりではありません。北上高地や c中国山地などのように比較的標高の低い，なだらかな山地もあります。

最も標高が高い富士山をはじめ，日本には火山も多くあります。富士山と似《に》た形状の山を地元の人々が「〇〇富士」とよぶことがあります。d羅臼《らうす》岳（知床富士）や岩木山（津軽富士），鳥《ちょう》海《かい》山（出羽富士・庄内富士）など，このような例は日本各地にあります。火山はひとたび噴火《ふんか》すると，大きな災害を引き起こすこともありますが，一方で e人間生活にさまざまな恩恵《おんけい》をもたらします。

高い山地は自然の「壁」となり，人々の交流を妨げます。そのため f都道府県境となっている例が多くあります。

山地に湿った風がぶつかると，上昇気流を起こし，降水をもたらします。そのため同じ都道府県内でも，山地を境に気候が大きく異なることがあります。g阿武隈高地と奥羽山脈を境にして県が３つの地域に区分されることが多い福島県は，その例の１つです。

小規模ですが，人工的につくられた山もあります。例えば，福岡県の北東部にはｈ「ボタ山」とよばれる山が点在しています。

問１　下線部ａに関して，47都道府県の「都道府県の総面積に対する森林面積の割合」(2017年)の最も高い都道府県と低い都道府県の組合せとして正しいものを，下記より１つ選び番号で答えなさい。

1　高い　北海道　低い　大阪府
2　高い　高知県　低い　神奈川県
3　高い　北海道　低い　神奈川県
4　高い　高知県　低い　大阪府

問２　下線部ｂに関して，次の**写真１**は飛騨山脈の穂《ほ》高《たか》連峰に発達しているカールとよばれる地形です。この地形はどのようにして形成されたと考えられますか。解答用紙のわく内で説明しなさい。

写真１　(赤色で示した，くぼんだ部分がカール)
(上高地公式ウェブサイトより作成)

問３　下線部ｃに関して，山間部に位置する津山《つやま》盆地などにはいくつかの工業団地がつくられています。山間部であるにもかかわらず，この地域に工業団地がつくられた理由の１つに，部品や製品の輸送が便利であったことがあげられます。その理由について，解答用紙のわく内で説明しなさい。

問４　下線部ｄに関して，次の文**ア**～**ウ**は羅臼岳，岩木山，鳥海山のいずれかについて説明しています。文と山岳名の組合せとして正しいものを，下記より１つ選び番号で答えなさい。

ア　この山の東側に広がる平野では，リンゴの栽培がさかんです。
イ　この山の南側に広がる平野は，日本有数の稲作地帯です。
ウ　この山を含む半島は，世界自然遺産に登録されています。

1　**ア**　羅臼岳　**イ**　岩木山　**ウ**　鳥海山
2　**ア**　羅臼岳　**イ**　鳥海山　**ウ**　岩木山
3　**ア**　岩木山　**イ**　羅臼岳　**ウ**　鳥海山
4　**ア**　岩木山　**イ**　鳥海山　**ウ**　羅臼岳
5　**ア**　鳥海山　**イ**　羅臼岳　**ウ**　岩木山
6　**ア**　鳥海山　**イ**　岩木山　**ウ**　羅臼岳

問５　下線部 **e** に関して，次の**図１**中の X は，ある火山の周辺に建設された施設を示しています。この施設名を答えなさい。

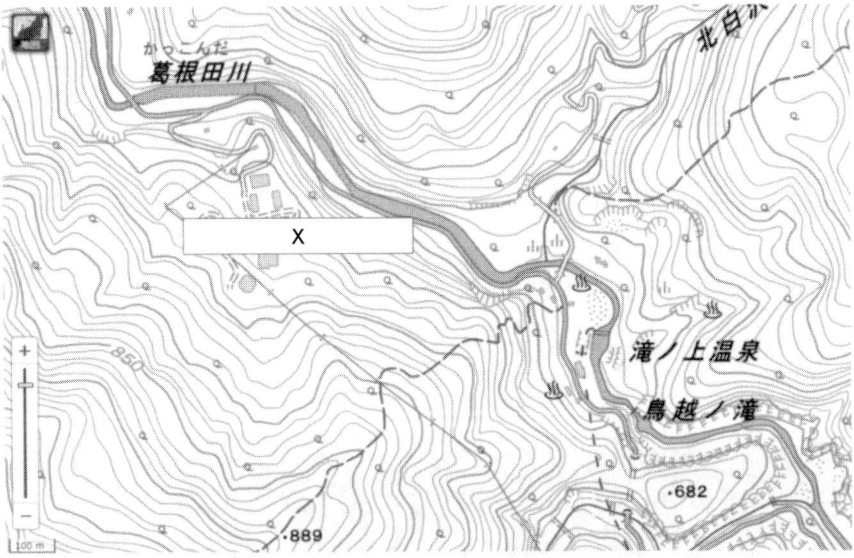

図１

（地理院地図より作成）

問６　下線部 **f** に関して，次の(1)・(2)に答えなさい。

(1)　都道府県境となっている山地について説明した次の文のうち，**誤っているもの**を１つ選び番号で答えなさい。

１　生駒山地は，大阪府と奈良県の境となっています。

２　伊吹山地は，京都府と滋賀県の境となっています。

３　讃岐山脈は，香川県と徳島県の境となっています。

４　鈴鹿山脈は，三重県と滋賀県の境となっています。

(2)　他都府県と陸続きではない北海道と沖縄県を除く45都府県のうち，山地を都府県境とする部分が存在しないものが１つあります。その都府県名および，おもに何を都府県境としているか(固有名詞)を答えなさい。

問７　下線部 **g** に関して，福島県では阿武隈高地と奥羽山脈を境界として，浜通り(阿武隈高地の東側)，中通り(阿武隈高地と奥羽山脈の間)，会津(奥羽山脈の西側)の３地域に分ける地域区分がよく使われます。次の雨温図は浜通り地方の小名浜《おなはま》(いわき市)，中通り地方の福島，会津地方の会津若松のいずれかです。雨温図と地名の正しい組合せを１つ選び番号で答えなさい。

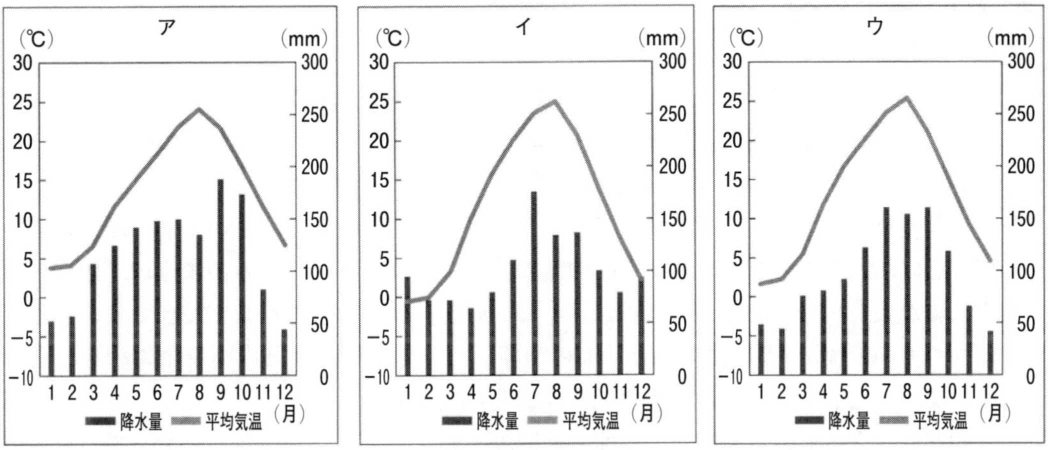

ア	イ	ウ
年降水量　1408.9mm	年降水量　1213.3mm	年降水量　1166.0mm
年平均気温　13.4℃	年平均気温　11.7℃	年平均気温　13.0℃

（気象庁ウェブサイトより作成）

1　**ア**　福島　　**イ**　会津若松　**ウ**　小名浜
2　**ア**　福島　　**イ**　小名浜　**ウ**　会津若松
3　**ア**　会津若松　**イ**　福島　**ウ**　小名浜
4　**ア**　会津若松　**イ**　小名浜　**ウ**　福島
5　**ア**　小名浜　**イ**　福島　**ウ**　会津若松
6　**ア**　小名浜　**イ**　会津若松　**ウ**　福島

問８　下線部**ｈ**に関して，次の**写真２**は「ボタ山」の一例です。この山はどのようにして出来上がったと考えられますか。この地域の産業の歴史をふまえて，解答用紙のわく内で説明しなさい。

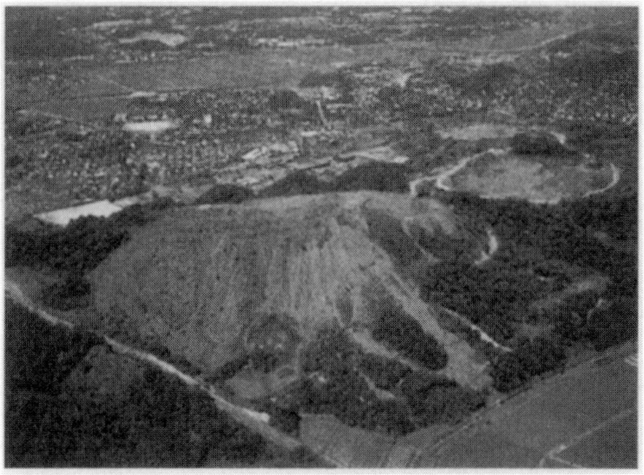

写真２
（『グラフィックワイド地理 世界・日本 2020〜2021』より）

【理　科】〈第１次試験〉（45分）〈満点：75点〉

注意　•必要に応じてコンパスや定規を使用しなさい。

•小数第１位までを答えるときは，小数第２位を四捨五入しなさい。整数で答えるときは，小数第１位を四捨五入しなさい。指示のない場合は，適切に判断して答えなさい。

〈編集部注：実物の入試問題では，**2**(2)鳥の写真はカラー印刷です。〉

1　天体の見かけの動きを考えるときに，「天球」という考え方を使います。図１のように，観察者を取り囲むような球を考え，その球の内側に，プラネタリウムのように，距離には関係なく天体が張り付いていると考えます。「天の赤道」は，地球の赤道を大きく広げて，天球に合わせたものです。「天の北極」と「天の南極」は，地球の北極と南極を結ぶ線を延長して，天球に交わった点です。天の北極の近くには北極星があります。

観察者が立っている面を「地平面」と呼び，地平線を広げた面として考えてください。この面より上にある天体が空に見えます。逆に，この面より下にある天体は地平線下にあるので見えません。観察者の真上の点を「天頂」と呼びます。観察者にとって，「北」と「南」の方向は，天の北極と天の南極と天頂を通る円が地平面と交わる方向です。また，「東」と「西」の方向は，北と南の方向を結ぶ線に対して直角の方向です。この時，天の赤道は東と西を通る円となっています。天の北極と天の南極を結ぶ軸が回転して，天球が回転します。結果，太陽や星が東の方からのぼり，西の方へ沈むことを説明することができます。

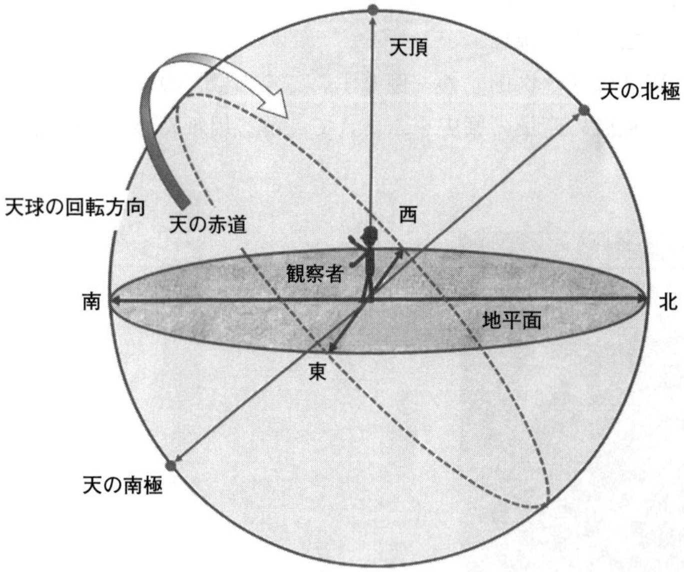

図１　天球の説明図

2020年７月19日の天体の位置や動きについて，以下の問いに答えなさい。

(1)　図２に示したAは，東京での日の出の位置を表しています。解答用紙の図は，観察者が北を背にして，空を見上げた図です。東西南北の地平線まで見えているものとします。この日の太陽の動きをなめらかな曲線で書き，日の入りの位置をマーク(●)で表しなさい。

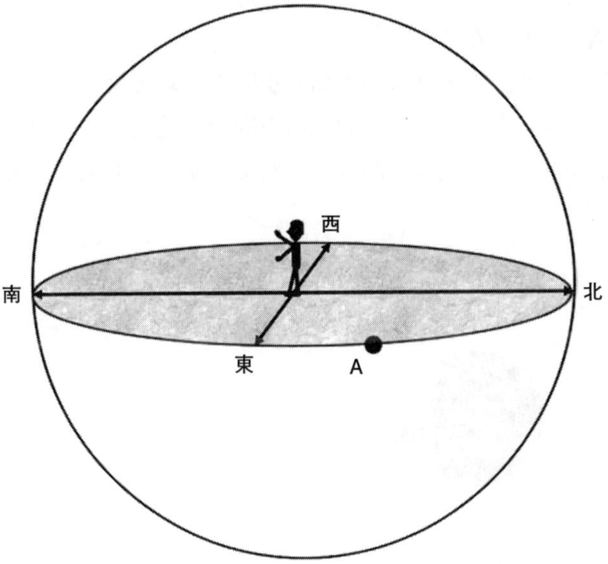

図２　日の出の位置

(2)　この日の明け方に，地球からすべての惑星を一度に見ることができるという珍しいことが起こりました。図３は，観察者が北を背にして空を見上げている図です。天王星と海王星は肉眼では見ることができませんので，望遠鏡で見えた位置に印をつけてあります。この図で，７つの惑星の位置を結ぶと，なめらかな曲線になっていることに気がつきます。次の中から，この図と関係のある文を２つ選び，記号を答えなさい。

(ア)　太陽の強い力で，惑星が一箇所の空間に集められている。

(イ)　惑星は，大きさの順に並んで見えている。

(ウ)　惑星は，太陽からの実際の距離の順に並んで見えている。

(エ)　惑星の位置を結んだ滑らかな曲線の延長上に太陽がある。

(オ)　実際に惑星が太陽の周りを回る道すじは，ほぼ同じ平面上にある。

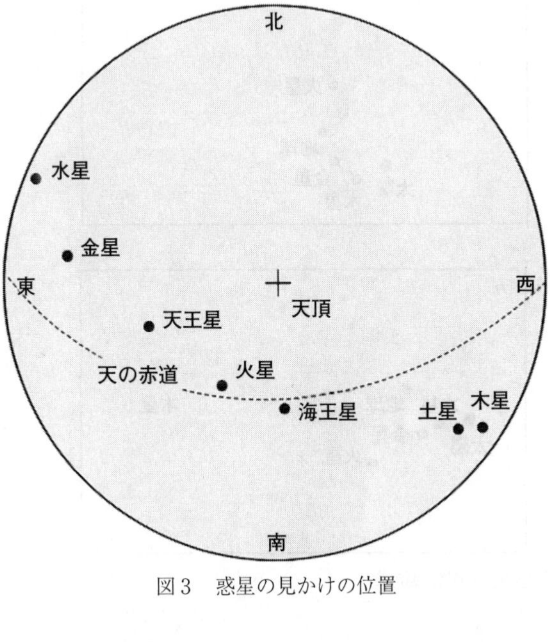

図３　惑星の見かけの位置

(3)　この日に火星が昇ってくる位置は，地平線のどのあたりになると考えられますか。解答用紙に示した図に濃くはっきりとマーク(●)を書きなさい。

(4)　図４のように，天の北極の方向から見ると，地球は太陽の周りを時計の針と反対向きに公転しています。地球の自転も時計の針と反対向きです。天の北極の方向から見た，この日のそれぞれの惑星(水星，金星，地球，火星，木星)の位置は，図５のどれですか。最も適するものを(ア)～(カ)から選び，記号を答えなさい。

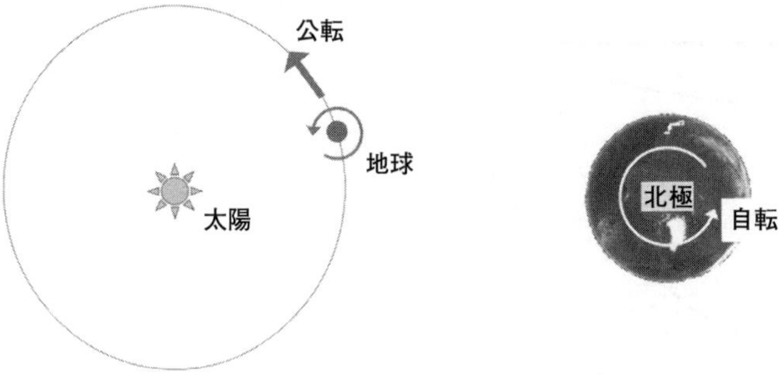

図４　天の北極から見た地球の公転と自転の方向

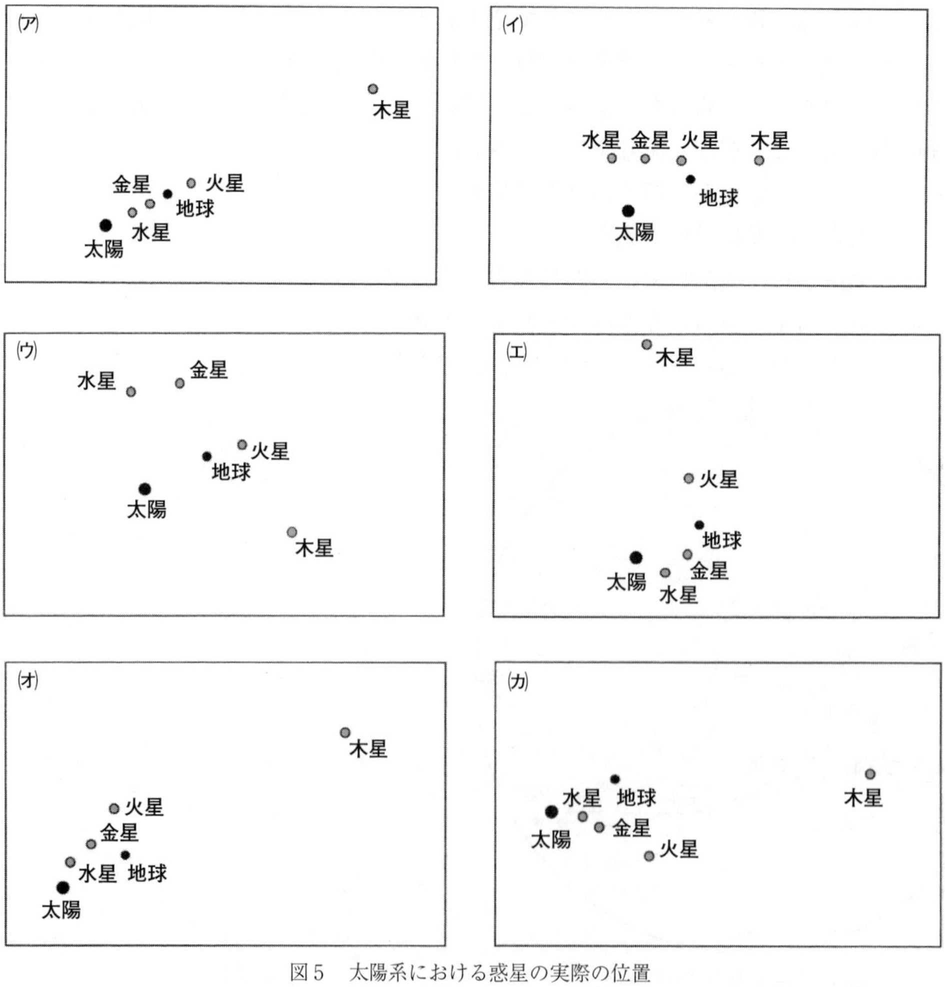

図５　太陽系における惑星の実際の位置

すい星は太陽系の天体で，惑星と同じように太陽の周りを公転しています。太陽系のかなり遠くの方から太陽に接近して急に明るくなり，遠ざかると急に暗くなって見えなくなってしまうことが特徴です。また，図６のように，長い尾をたなびかせて他の天体とは違った姿を見せます。すい星の尾は太陽と反対側に伸びます。

(5)　新しいすい星が発見され，この日の夕方に，太陽が沈んでからすぐに見えたとします。すい星の尾の見え方を，１本の直線で表しなさい。

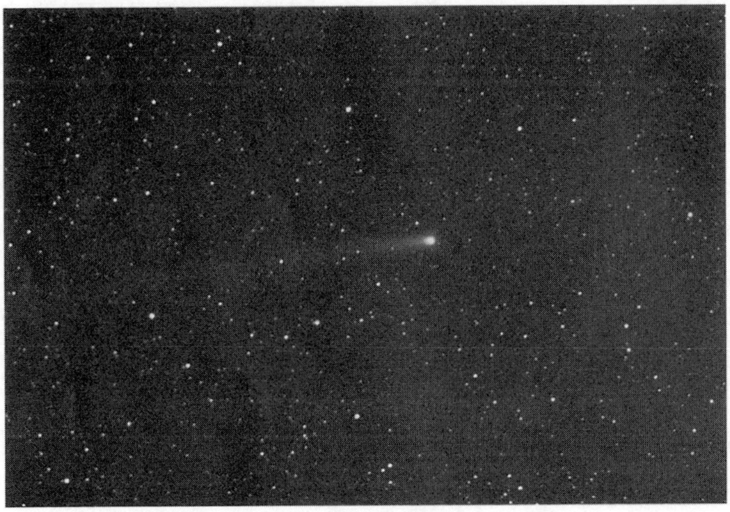

図６　ラブジョイすい星(2013年12月８日撮影)

2　次の文を読み，問いに答えなさい。

千葉県には，東京湾に面した干潟がいくつかあります。干潟とは，波のおだやかな湾や河口に，川から流れてきた土砂が積もってできた地形です。谷津干潟は周囲が護岸でおおわれ，住宅地や高速道路に囲まれた特殊な干潟です。かつては広大な干潟の一部でしたが，埋め立てが進み，市民の保護運動の結果，現在の姿になりました。現在，谷津干潟に陸から流れ込む川は

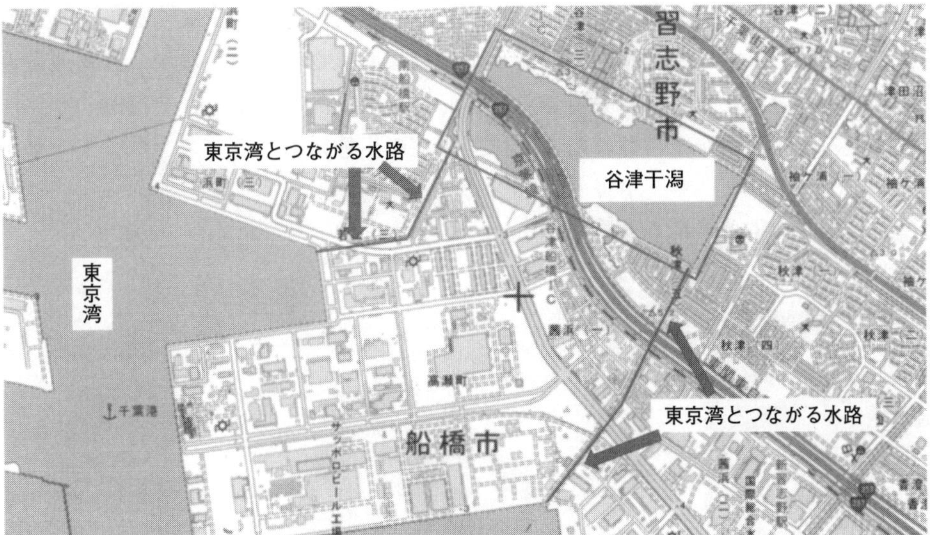

図１　谷津干潟付近(出典：国土地理院地図を加工して作成)

ありません。それでも東京湾とは２本の細い水路でつながり，潮の満ち引きが見られます。

谷津干潟では，子育てにくる夏鳥，越冬する冬鳥，渡りの途中に立ち寄る旅鳥を観察できます。旅鳥の中には，シギやチドリがいます。これらは，夏にシベリア，アラスカの北極圏で子育てをして，越冬のために南へ渡ります。渡りの途中，干潟で翼を休め，カニなどの節足動物やゴカイ，貝などを食べ，エネルギーを補給します。谷津干潟は，渡り鳥の中継地としての役割を担っています。1971年，イランの（ あ ）で開催された「湿地および水鳥の保全のための国際会議」で（ あ ）条約が採択されました。日本には現在，30か所以上の登録湿地があります。谷津干潟は1993年に登録認定されました。

東京湾は，農地や人口密集地に囲まれているため，土砂や生物由来の物質の破片，微生物の遺がい，生物の排出物，生活排水などの有機物が多く流れ込む湾です。有機物とは，糖や油，タンパク質，洗剤の成分などで，どれも燃焼させると，ススを出しながら燃える物質です。有機物は，生物の体をつくる成分であるだけでなく，生きるためのエネルギー源にもなります。生物が有機物をエネルギー源にするときは，酸素を使い，代わりに二酸化炭素や水，無機塩類を放出します。無機塩類とは，植物が根から吸収する窒素やリンなどを指します。生物が有機物を利用し，その結果放出した無機塩類は，植物に吸収され，有機物の合成に利用されます。人は農作物を育てる目的で，無機塩類を含む肥料をたくさん利用します。農作物が吸収しきれなかった分は，やがて東京湾に流れ込みます。潮の満ち引きのたびに，無機塩類や有機物が多く含まれる東京湾の海水が，谷津干潟に流れ込みます。

干潟には多くの生物がおり，食物連鎖を形成しています。光合成ができる生物は，有機物を合成するときに周りから無機塩類を吸収して利用します。微生物のバクテリアやカビなどは口がなく，周りの有機物を，直接体内に吸収して生活します。カニなどの節足動物，ゴカイ類，貝の仲間など，泥の中で生活する生物は，口を持ち，生物由来の物質の破片，プランクトンやその遺がいなどの有機物を食べて利用します。肉食性の鳥は食物連鎖の上位者で，カニやゴカイなどを食べて生活します。このように，食物連鎖の作用で，干潟に流入した有機物や無機塩類の一部は，生物に利用されます。生物が利用しきれなかった余分な有機物や無機塩類が増えすぎて，生態系にたまってくると，水が汚くなったり，生物の種類が少なくなったりして，生態系のバランスが崩れます。生態系内にたまった余分な有機物や無機塩類が，食物連鎖の作用のほか，水でうすめられたり，泥に吸着されたりして，取り除かれることを自然の浄化作用と言います。自然の浄化作用が維持されることは，現在の生態系のバランスを保つ上で欠かせません。

(1) (あ)に当てはまる都市の名称を答えなさい。

(2) シギとチドリの写真を次から２つ選び，記号を答えなさい。

ア

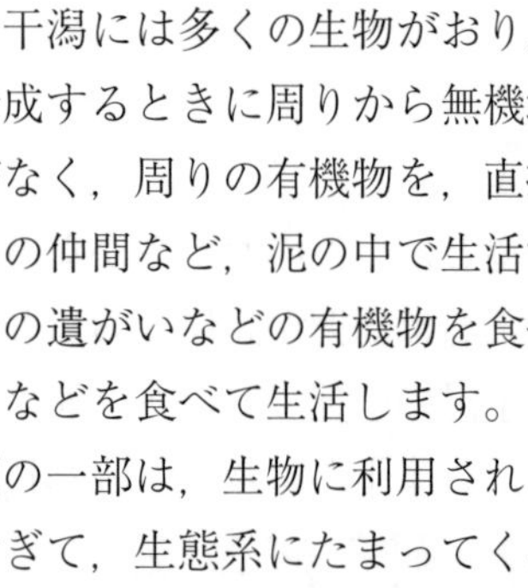

イ

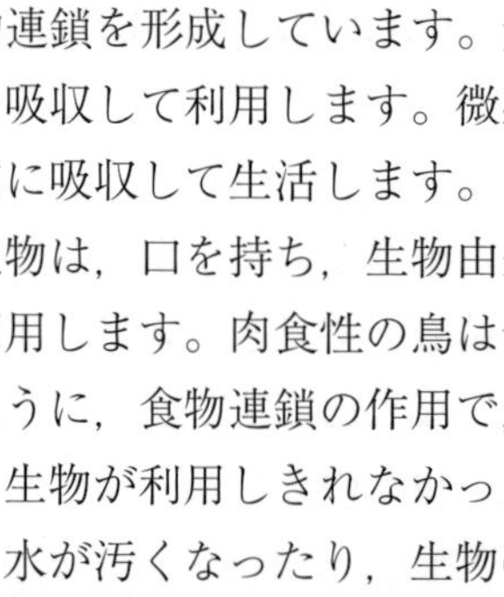

ウ

エ

オ

カ

(3)　主に生物由来の有機物の破片や，プランクトンを食べて利用する生物を，次から２つ選び，記号を答えなさい。

ア　バクテリア　　　イ　マガキ
ウ　アシ　　　エ　コメツキガニ
オ　ダイサギ　　　カ　キアシシギ
キ　植物プランクトン(ケイ藻・ラン藻)　　　ク　アオサ

(4)　二酸化炭素や水，無機塩類を取り込み，有機物の合成を行う生物を(3)の選択肢から３つ選び，記号を答えなさい。

(5)　干潟における食物連鎖で，渡り鳥が有機物を利用することを考えます。干潟を訪れるメダイチドリ(以下，チドリ)を観察し，干潟に流入した有機物をどれだけ食べるかを考えました。次の文の(　)に適切な数値を求め，小数第２位まで答えなさい。

ある年の４月15日午前９時に飛来したチドリＡを観察しました。チドリＡは，体長19cm，体重は64ｇでした。飛来して１日目，昼の干潮に合わせて，すぐにゴカイを食べ始めました。１日観察していると，チドリＡはゴカイばかりを73匹食べました。観察していないとき，チドリＡは何も食べず，排出物は無視します。

ゴカイ１匹の体重は平均0.3ｇです。１匹のゴカイは，１日あたり0.03ｇの有機物を取り込み，全て体内に吸収するとします。また，ゴカイは潮が満ちている４時から９時の５時間に，その日の全ての採餌を終えているとします。

15日のチドリＡのエサとなった73匹のゴカイが，15日４時からの５時間で食べた干潟の有機物の合計は(①)ｇでした。ゴカイはこの状態でチドリＡに食べられました。翌16日，チドリＡは，やはり73匹のゴカイを食べました。これらのゴカイも，みな15日と同量の有機物を食べた後で，チドリＡに食べられました。16日に食べられたゴカイは，２日間で73匹が合計(②)ｇの有機物を食べた後で，チドリＡに食べられました。このように考えていくと，チドリＡが１週間で多量の有機物を，ゴカイを介した食物連鎖で取り込んだことになります。チドリＡがゴカイを介して間接的に取り込んだ有機物の総量は，１週間で(　③　)gです。

(6)　チドリＡは，１週間滞在したのち，干潟から飛び去りました。

自然の浄化作用において，渡り鳥はどのような役割を果たしますか。「渡り鳥は」から始まる説明を40字程度で記しなさい。説明には，次の語句を全て用いなさい。

食物連鎖　　干潟の有機物

参考資料

・国土地理院地図

・石川勉：『谷津干潟を楽しむ　干潟の鳥ウォッチング』文一総合出版

・高野伸二 解説・叶内拓哉 写真：『フィールド図鑑　カラー写真による身近な野鳥』東海大学出版会

3　気体は分子と呼ばれる目には見えないとても小さい粒が無数に空間を飛び回っている状態です。飛び回る範囲はきわめて広く，粒と粒の間の距離はどこも同じです。気体は種類が異なっても，実験をする場所や温度が変わらなければ，同じ体積の中には同じ数の気体の粒が飛び回っています。

表１　実験に用いた気体の性質と空気中に占める体積の割合

名前	性質	空気中に占める体積の割合
水　素	表のうち，重さが最も軽い気体	0.000055%
酸　素	空気に近い重さを持つ	21%
アルゴン	二酸化炭素に近い重さを持つ 他の物質と反応しない	0.93%
二酸化炭素	表のうち，重さが最も重い気体	0.04%

３種類の異なる気体のボンベが１本ずつあります。どのボンベがどの気体のものか分かりません。３種類の気体の名前や性質は，表１のとおりです。性質を比べるために二酸化炭素も入れてあります。**操作１～３**は，同じ場所，同じ温度でおこないました。

操作１

３本のボンベに入っている気体について，それぞれ別々に，次の手順で調べました。この操作の目的は，ボンベから出した気体の体積と重さを，正確に測ることです。結果は，表２に示します。

表２　ボンベから出した各気体の体積と重さ

	気体１	気体２	気体３
気体の体積	120mL	230mL	480mL
気体の重さ	0.171g	0.410g	0.043g

〈手順〉

①　ボンベの重さを測りました。

②　水を入れた水そうに，水で満たしたメスシリンダーを逆さまに立てました。

③　ホースの一端をボンベにつなぎ，もう一端を水で満たしたメスシリンダー内に導きました。

④　ボンベの気体をメスシリンダー内に出して，集めた気体の体積を測りました(図１)。

⑤　ボンベからホースを外し，再びボンベの重さを測りました。ボンベの重さの減少分を，気体の重さとしました。

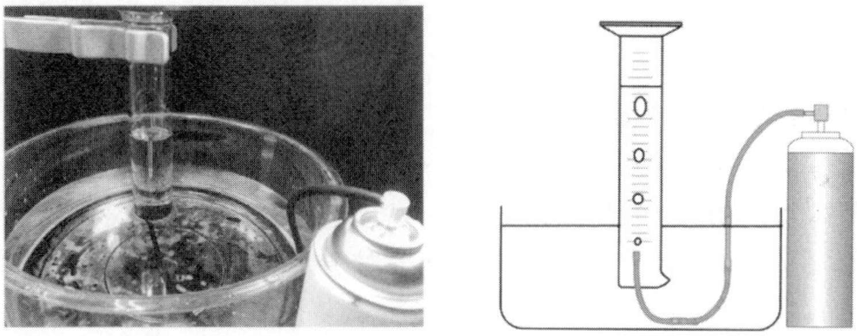

図１　水を満たし，逆さまにしたメスシリンダーに，気体を集めたようすの写真と図

(1)　ボンベから出した気体の体積と，メスシリンダー内に集められた気体の体積を等しくする必要があります。**操作１**の③で，ホースの一端をメスシリンダー内に導く前の手順として正しいものを１つ選び，記号を答えなさい。

(ア)　空中でボンベにホースをつないだ。

(イ)　空中でボンベにホースをつなぎ，ボンベから十分な量の気体を出した。

(ウ)　水中でホースに水を満たした後，ボンベにホースをつないだ。

(エ)　水中でホースをつぶして完全に空気を抜いた後，ボンベにホースをつないだ。

操作２

気体１，気体２，気体３のうちから２種類ずつ選び，次のように混ぜて，混合気体「あ」，「い」，「う」を別々に準備しました。

〈手順〉

①　太く硬いビニール管を用意しました。管には目盛を付け，管の先には着火装置を付けました。以降，この器具を反応管と呼びます(図２)。

②　水を入れた水そうに，水で満たした反応管を立てました。

③　２種類の気体の体積がそれぞれ10mLずつになるように，**操作１**の③と同様の手順でホー

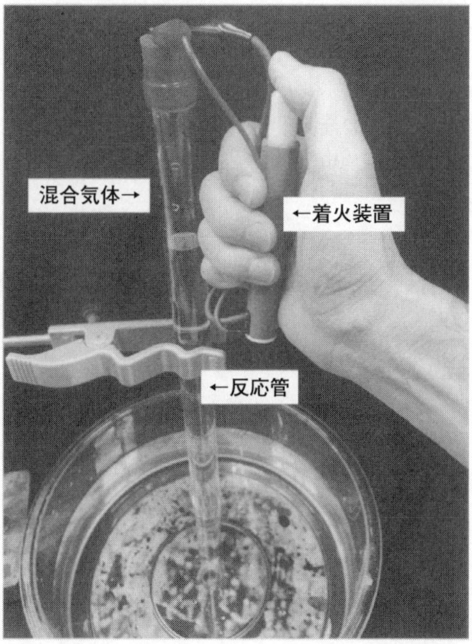

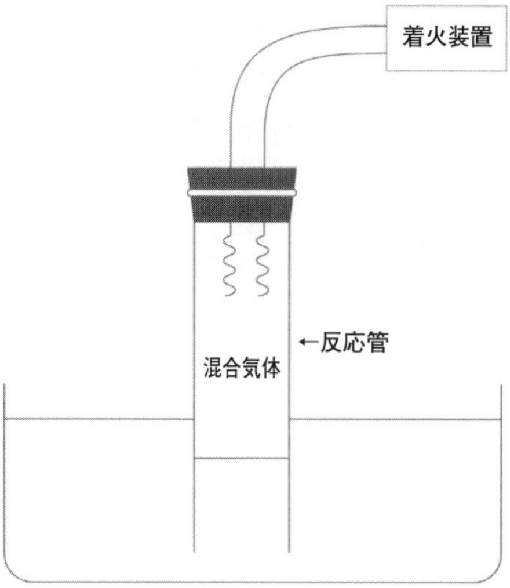

図２　反応管に入れた混合気体と着火装置(写真と図)

スを反応管に導き，気体を集めました。

④　着火装置を用いて着火しました。

「あ」　気体１を10mL と気体２を10mL の混合気体

「い」　気体１を10mL と気体３を10mL の混合気体

「う」　気体２を10mL と気体３を10mL の混合気体

実験の結果，混合気体「い」の体積だけが大きく減少しました。よって，混合気体「い」では反応が起きたと考えられます。

(2)　表１，表２，**操作２**を参考に，気体１，気体２，気体３の名前を，表１の気体の名前で答えなさい。

(3)　ボンベから反応管に集める気体の体積をそれぞれ10mL にする必要があります。**操作２**の③で，ホースの一端を反応管内に導く前の手順として**誤りのあるもの**を１つ選び，記号を答えなさい。

(ア)　空中でボンベにホースをつないだ。

(イ)　空中でボンベにホースをつなぎ，ボンベから十分な量の気体を出した。

(ウ)　水中でホースに水を満たした後，ボンベにホースをつないだ。

(エ)　水中でホースをつぶして完全に空気を抜いた後，ボンベにホースをつないだ。

操作３

操作２で反応した混合気体「い」について，混合する気体の割合を変えて，実験しました。なお，気体の集め方は，**操作２**と同じ手順です。

表３は，混合する割合を変えて，反応管に入れた混合気体の，反応前の体積と反応後の体積をまとめたものです。

表３　反応前後の反応管内の全気体の体積

	条件１	条件２	条件３	条件４
反応前の管内の全ての気体の体積 mL	14.0	16.8	22.4	33.6
反応後の管内の全ての気体の体積 mL	5.6	0	5.6	?

全ての条件で，気体３の体積は11.2mL としました。つまり，気体１の体積を変化させることで，混合気体の割合を変えています。また，反応後は長時間放置しても，体積の変化はありませんでした。

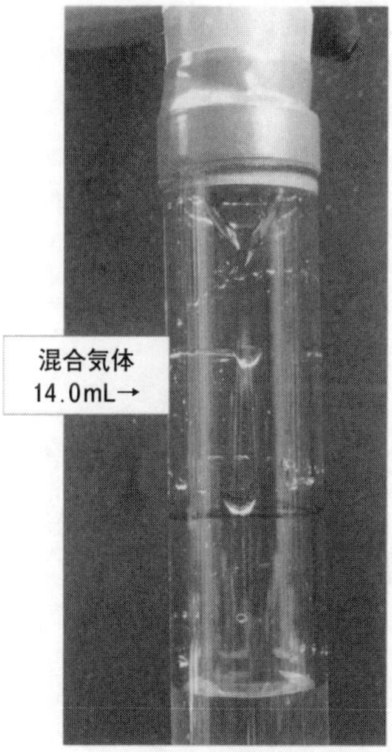

図３－１　条件１
反応前の混合気体

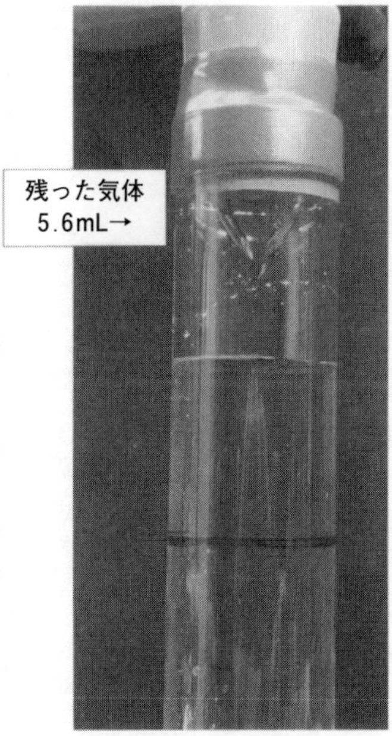

図３－２　条件１
反応後の様子

(4)　条件１で，反応後に残った気体の名前を，表１の気体の名前から答えなさい。

(5)　条件４で，反応後に残った気体の名前を答え，体積を小数第１位まで答えなさい。

(6)　11.2mL の気体３と空気を反応させます。気体３が残らないようにするために最低限必要な空気の体積を小数第１位まで答えなさい。

4　てつお君は趣味で，電車の乗り換え案内を作成しました。さらに興味を持ったてつお君は，駅間の距離も調べることにしました。

次の文章は，てつお君が先生に相談したときの会話です。

てつお：先生！　駅間の距離を調べる良い方法はありませんか。
先　生：時間と速さの関係のグラフから距離を求めることができるよ。
てつお：どうしてですか?!
先　生：例えば，一定の速さ10km/時（時速10km を10km/時と書き表します）で５時間進んだら，どれだけの距離を移動したことになるかな。
てつお：①______km です。
先　生：どうやって求めたのかな。
てつお：「(あ)______×(い)______＝距離」の式を用いて計算しました。
先　生：そうだよね。では，横軸を時間，縦軸を速さにしてグラフを書いてみよう。
てつお：図１のようになりました。

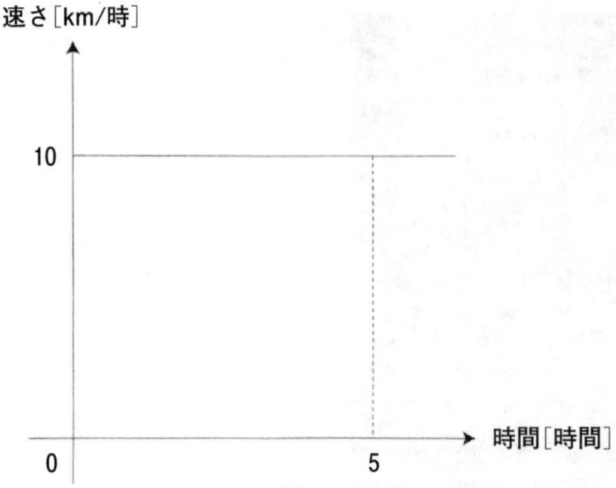

図１

先　生：では，時間と速さのグラフをよく観察してごらん。距離を求めた計算式は，グラフの何を計算することになるかな。

てつお：図２の塗りつぶした部分の(う)＿＿＿＿です。

先　生：正解!!

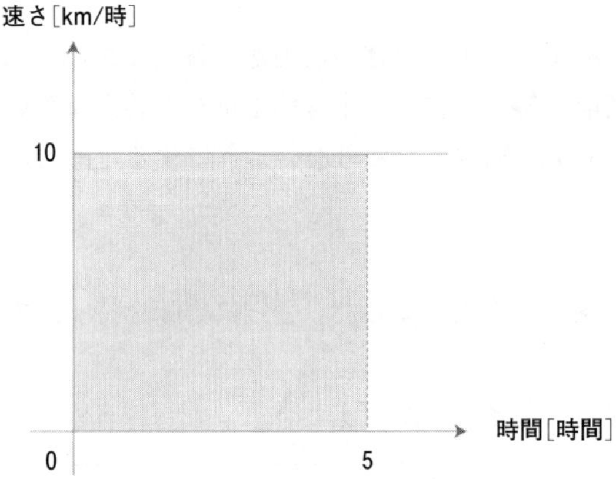

図２

先　生：では，図３のように速さが変化するグラフの場合は，グラフのどの部分が５時間で移動した距離を示すかな。

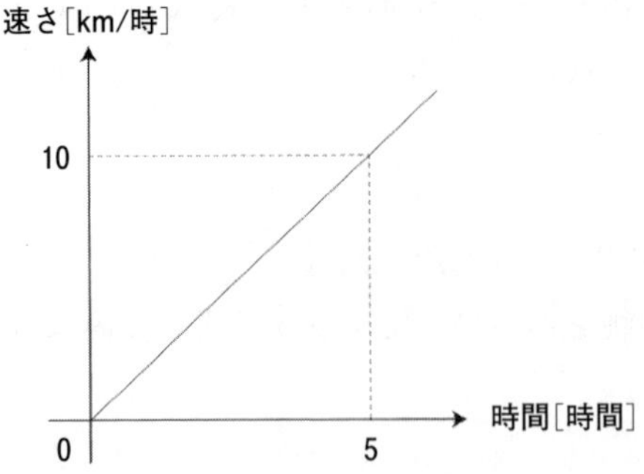

図３

てつお：うーん，分かりません…。

先　生：では，図４のように，グラフを短い時間間隔《かんかく》に分け，長方形を使って考えてみよう。

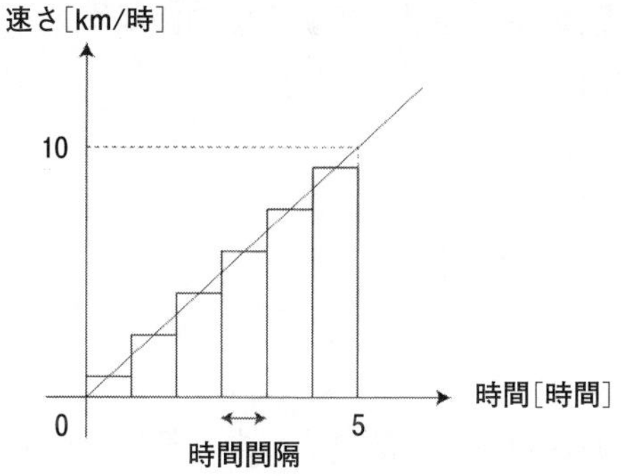

図４

先　生：図４の時間間隔をさらに短くしていくと，図５のように，たくさんの長方形で埋め尽くすことになるよね。

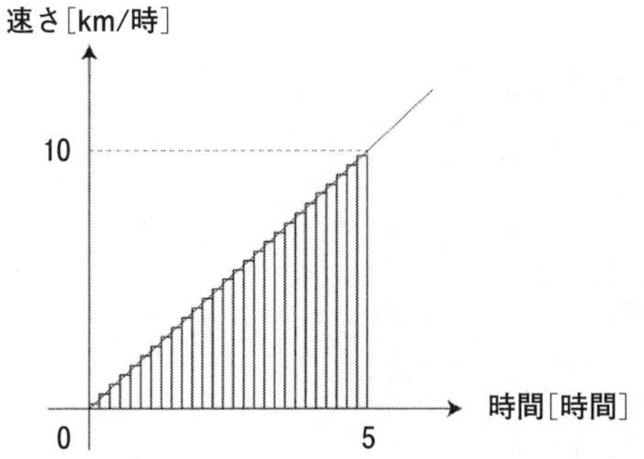

図５

てつお：はい。

先　生：では，１つ１つの長方形の(う)＿＿＿＿は何を示しているのかな。

てつお：短い時間の間に移動した距離です。

先　生：正解。よって，５時間の間に移動した距離は，それぞれの細長い長方形の(う)＿＿＿＿を足し合わせたものとして考えることができるよ。

　図５のグラフの時間間隔をさらに短くしていくと，５時間の間に移動した距離は図のどの部分になるのかな。

てつお：移動した距離は，図のこの部分ですね。（てつおくんはそう言いながら，図３の一部分を塗りつぶしました）

先　生：その通り！　では，図３のように速さが変化した場合，５時間の間に移動した距離はいくらかな。

てつお：②＿＿＿＿km です。

先　生：大正解!!

てつお：先生，ありがとうございました！

(1)　会話文の①，②には適切な数値を答え，(あ)～(う)には適切な語句を答えなさい。

てつお君は先生との会話のあと，図６の幕張駅から幕張本郷駅までの距離を求めるために，幕張駅から乗車し，幕張本郷駅に向かいました。

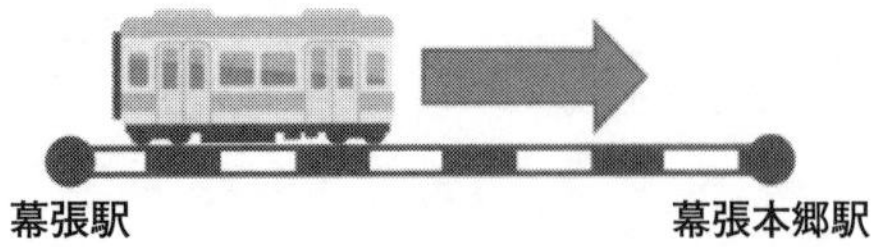

図６

電車の先頭車両の速度計を利用して，10秒おきの速さを調べました。速度計の値は，その時間の瞬間の速さを示します。結果は表１のようになりました。

電車が発車してから60秒後までは，一定の割合で速さが増していきます。60秒後から120秒後までは一定の速さで進みます。120秒後から一定の割合で速さが減っていき，150秒後に停車しました。

ただし，電車と駅の長さは考えないものとします。

表１

時間[秒]	0	10	20	30	40	50	60	70
速さ[km/時]	0	12	24	36	48	60	72	72

時間[秒]	80	90	100	110	120	130	140	150
速さ[km/時]	72	72	72	72	72	48	24	0

(2)　表１の値を点(•)ではっきりと示し，時間と速さの関係のグラフを書きなさい。

(3)　72km/時は何m/秒ですか。

(4)　幕張駅から幕張本郷駅までの距離は何mですか。

次に，てつお君は幕張本郷駅から乗車し，幕張駅に戻りました。てつお君は同じように，10秒おきの速さを調べました。時間と速さの関係のグラフは図７のようになりました。

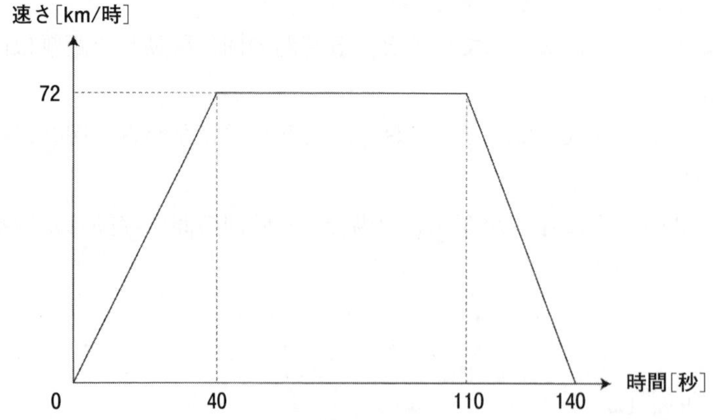

図７

２本の電車が幕張駅と幕張本郷駅を同時に発車してすれ違う場合，次の問いに答えなさい。

(5)　出発してから２本の電車がすれ違うまでの時間は何秒ですか。小数第１位まで答えなさい。

(6)　電車がすれ違う位置と幕張駅との間の距離は何mですか。整数で答えなさい。

問六　――部④『地獄』とあるが、ここで地獄に『　』をつけているのはなぜか。その解釈として最も適当なものを選びなさい。

ア　想像力の働く余地をなくすものという、一般的な地獄のイメージとは異なり、ここではむしろ、人間の想像力を刺激するものとして地獄がイメージされており、地獄と呼ぶことがためらわれてしまうから。

イ　永久不変なるものという、地獄の持つイメージはここでは見失われており、むしろ、ここでは、変化と刺激をもたらすものとして地獄が認識されていて、真の意味での地獄とは違うものになっているから。

ウ　タイトルが『極楽』であるのに反して、この小説で本当に描きたかったものは、実は地獄の方であったということを読者に気づかせるには、『地獄』という強調表現を用いるのが有効であるから。

エ　本来地獄は、人間に苦しみを与えるものとして想起されるが、ここでの地獄は、むしろ、想起することで喜びをもたらすもの、言わば極楽のようなものとしてとらえられており、本来的な意味を失っているから。

オ　この小説は、実は極楽こそが地獄であり、地獄こそが極楽であるという認識を示すものであるが、そのような認識を、読者自身に読み解いてもらうためのヒントとして、『地獄』という強調表現は有効だから。

問七　「おかん」にとって、「地獄」の話をすることが楽しみになったのはなぜか。本文全体の内容をふまえて説明しなさい。

問八　次の作品の中で、菊池寛が書いたものを一つ選びなさい。

ア　恩讐《おんしゅう》の彼方に　　イ　それから　　ウ　破戒《はかい》

エ　古都　　オ　歯車　　カ　細雪《ささめゆき》

同じ日が何時までも続くかと思うと、立っていても堪らないような退屈が、ヒシヒシと感ぜられるのであった。が、おかんが退屈しようがしまいが、お介意《かまい》なしに同じような平穏な平和な光明の満ち溢れた日が、毎日々々続いた。

それから、また十年も経った頃であった。その頃になると、おかんと、宗兵衛とはかたみ代りに、欠伸《あくび》ばかり続けていた。或日のこと、おかんはふと気が付いたように云った。

「地獄はどんな処《ところ》かしらん」

おかんに、そう訊かれた時、宗兵衛の顔にも、華やかな好奇心が咄《とっ》嗟《さ》に動くのが見えた。

「そう？　どんな処だろう。恐ろしいかも知れん。が、ここほど退屈はしないだろう」そう云ったまま宗兵衛は、黙ってしまった。おかんも、それ以上は、話をしなかった。が、二人とも心の中では、地獄の有様を各自に、想像していた。

又五年経ち十年経った。年が経つに連れて、おかんは極楽の凡《すべ》てに飽いてしまった。五十年七十年の間、蓮の花片一つ落ちるほどの変化さえなかった。宗兵衛とも余り話をしなかった。凡ての話題が彼等に古くさくなってしまったのである。彼等がまだ見た事のない④**『地獄』**の話をする時だけ、彼等は不思議に緊張した。各自の想像力を、極度に働かせて、血の池や剣の山の有様をいろいろに話し合った。

こうして、二人は同じ蓮の台に、未来永劫《えいごう》坐り続けることであろう。彼等が行けなかった『地獄』の話をすることをただ一つの退屈紛《まぎ》らしとしながら。

（菊池　寛『極楽』による）

問一　═══部(a)～(c)のカタカナを漢字に直しなさい。

問二　【X】には漢字二字の、【Y】には漢字一字の言葉が入る。その言葉を、それぞれひらがなで答えなさい。ただし【X】は四字、【Y】は一字で答えること。

問三　――部①「自分の往生の安らかさ」とあるが、どういう点で「おかん」の死は「安らか」だったのか。そのような「安らかな」死を「おかん」が迎えられた原因も分かるように説明しなさい。

問四　――部②「宗兵衛は不思議に、何とも答えなかった」とあるが、これはなぜか。その説明として最も適当なものを選びなさい。

ア　宗兵衛は、極楽に苦しみが少ないとは感じていたが、苦しみが全くないとは思っていなかったから。

イ　欲望を捨て去った宗兵衛は、苦しみがないことを喜ぶという気持ちとも無縁な境地に至っていたから。

ウ　先に極楽に来た宗兵衛は、極楽に生きることのつまらなさを理解していた分、おかんの感想には同意しかねたから。

エ　同じ話を繰り返しがちなおかんに対して、宗兵衛は嫌悪感を抱いており、おかんに同意する気が起きなかったから。

オ　宗兵衛は、極楽こそが最良の場所だと思って疑わないような、厚い信仰心を、おかんと違い持ち合わせていなかったから。

問五　――部③「不退転の精神」とはどういう精神か。その説明として適当なものを二つ選びなさい。

ア　必ず浄土にたどりつくのだと信じ、勇気を持ち続ける精神。

イ　救いなき闇でしかなかった人生から脱し、光をつかもうとする精神。

ウ　退屈なものであれ、否定せずに受け入れようとする精神。

エ　苦しみから解放されることこそが素晴らしいと考える精神。

オ　宗兵衛との再会を願い、無限の道をひたむきに進む精神。

カ　よりよい世界を自ら作り出す為に、前を向き続ける精神。

なかった。

同じような日が毎日々々続いた。毎日々々春のような光が、空に溢《あふ》れている。澄み渡った空を、孔雀《くじゃく》や舎利《しゃり》※極楽の鳥の一つが、美しい翼を拡げて舞い遊んでいる。娑婆のように悲しみも苦しみも起らなかった。風も吹かなかった。雨も降らなかった。蓮華《れんげ》の一片《ひとひら》が、散るほどの変化も起らなかった。おかんの心の中の目算では、五年ばかりも蓮の台に坐っていただろう。「何時まで坐るんじゃろ。何時まで坐っとるんじゃろ」と、おかんは或日《あるひ》ふと宗兵衛に訊《き》いてみた。それを聴くと宗兵衛は一寸《ちょっと》苦い顔をした。「何時までも、何時までも、何時までもじゃ」と、宗兵衛は吐き出すように云った。

「そんな事はないじゃろう。十年なり二十年なり坐っていると、又別な世界へ行けるのじゃろう」と、おかんは、【Ｙ】に落ちないように訊き返した。

宗兵衛は苦笑した。

「極楽より外に行くところがあるかい」と、云ったまま黙ってしまった。そう聴かされてみるとおかんにも宗兵衛の云っている事が、本当であることが、解った。御門跡のお話にも、お寺様の話の中にも、極楽以上の世界があることなどは、まだ一度も聴かされたことがなかった。もう自分達も仏になっている以上、それより外になり様はないのだと思った。

（中　略）

無事な平穏な日が、五年経ち、十年経ち、二十年経ち、三十年経った。もうおかんが、極楽へ来てからも、五十年近くの日が経った。最初は、あのように荘厳美麗《そうごんびれい》に感ぜられた七重の羅網《らもう》※宝珠をつらねた網も、七重の行樹《ぎょうじゅ》※七宝で飾られた林も、何の感銘《かんめい》をも、おかんの心に与えなかった。（中略）五十年近くの間、毎日同じものを見ているので、見るものにも、聞くものにも飽いてしまったのである。

「ほんまに、何時までも、ここに坐っとるものか知らん。百年か千年か、坐り続けたら、何処《どこ》か別な所へ行けるのではないかしら」

もう、何十年振《ぶり》かにおかんは、そんな疑問を宗兵衛に訊いてみた。その宗兵衛の顔さえ、年が年中五寸と離れない所にあるので、この頃は何となく鼻に付きかけている。

「くどい！　何時までも、何時までも、何時までもじゃ」と、宗兵衛は何十年か前に云った答を繰り返した。

ものうい倦怠《けんたい》が、おかんの心を襲い始めた。娑婆に居る時は、信心の心さえ堅ければ、未来は極楽浄土へ生れられるのだと思うと、一日々々が何となく楽しみであった。あの死際に、可愛い孫女の泣き声を聞いた時でも、お浄土の事を一心に念じていると、あの悲しそうな泣き声までが、いみじいお経か何かのように聞えていた。娑婆から極楽へ来るまでの、あの気味の悪い、薄闇の中を通る時でさえ、未来の楽しみを思うと、一刻でさえ足を止めたことはなかった。あんな単調な長い道を辿った時でも、心だけは少しも退屈しなかった。③**不《ふ》退転《たいてん》の精神**が、心の裡に燃えていた。ところが、その肝心の極楽へ来てみると、如何《いか》にも苦も悲しみもない、老病生死の厄《やく》もない、平穏な無事な生活が、永遠に続いて行くのである。が、おかんには、今日となに、この道が長く続いても、何時《いっ》かは極楽へ行けるのだ。有難《ありがた》い御説教で、幾度も聞かされた通りお浄土へ行けるのだ。配偶の宗兵衛にも十年振に、顔を合わせることが、出来るのだ。そう思うと、おかんは新しい力を感じて来て老《おい》の足に力を入れて、懸命に歩き続けるのだった。

（中　略）

気が付くと自分の立っている所から、一町《いっちょう》ばかり向うに、お西様の勅使《ちょくし》門を十倍にもしたような大きさの御門《ごもん》が立っていた。おかんは、その門がきっと極楽の入り口だと思ったので、急いで門の方へ行って見た。門の方へ行って見ると門の扉は八文字に開かれていた。おかんは、オズオズとその大きく開かれた御門の中に入った。御門の中の有様は、有難い御経の言葉と寸分違っていなかった。

※勅使門：勅使の出入りに使われる門

（中　略）

おかんは極楽を一目見ると、嬉しさに涙が止め度なく流れて来た。極楽に往生し得た身の果報《かほう》が、嬉しくて堪《たま》らなかった。御門跡様《ごもんぜきさま》を初《はじめ》、お寺様のお言葉の真実が、身にヒシヒシと感ぜられた。よくも、弥陀如来《みだにょらい》の本願を頼み奉《たてまつ》ったものだと思った。もし、信心が薄くて、こんな果報を取り逃がして、地獄へでも落ちていたならば、今頃はどんなであったろうと思うと、思わず身体が戦《おのの》き顫《ふる》うのを感じた。おかんは、感極って『南無阿弥陀仏々々々々々』と、幾度も繰返《くりかえ》した。

※果報：前世でよい行いによって報われること
※御門跡様：本願寺の門主
※本願：人々を救うために、阿弥陀如来がかつて起こした誓いのこと

その声に応ずるように御姿だけは幾度拝んだか分らない阿弥陀如来が忽然《こつぜん》として、咫尺《しせき》の間に出現し給《たも》うた。おかんは、御仏《みほとけ》に手を取られて夫宗兵衛の坐《すわ》っている蓮《はす》の台《うてな》へと導かれた。おかんは、絶えて久しい夫の姿を見ると、わっ！　と嬉し泣きに泣きながら縋《すが》り付いた。が、不思議に、宗兵衛は余り嬉しそうな顔をしなかった。『お前も来たのか』と云うような表情をしながら座を滑《す》べっておかんの為に半座を分けてくれただけである。

※咫尺：非常に距離が近いこと

それでも、おかんは落着くと、夫と死に別れてから後の一部始終を話した。当代の宗兵衛が、家業に精を出す事やら嫁のお文《ふみ》が自分に親切にしてくれたことやら、孫娘のお俊が可愛《かわい》くて可愛くて堪らなかったことなども、クドクド話し続けた。そうして娑婆《しゃば》の話が何日となく続いた。一家の中の話は、幾度も繰り返し話した。（中略）宗兵衛も面白そうに聞いていた。が、幾日々々も話している中《うち》には、大抵の話は尽きてしもうた。おかんは、話が絶えてしまうと初《はじめ》て落着いて、極楽の風物を心から楽しもうとした。何処《どこ》を見ても燦然《さんぜん》たる光明が満ち満ちている。空からは縹渺《ひょうびょう》たる天楽《てんがく》が、(c)フダンに聞えて来る。おかんは、恍然《こうぜん》としてそうした風物の中に、浸《ひた》りきっていた。楽しい日が続いた。暑さも寒さも感じなかった。色食の慾《よく》もなかった。百八の【Ｘ】は、夢のように、心の中から消えていた。極楽の空がほがらかに澄んでいるように、心の中も朗らかに澄んでいた。

※娑婆：人間の住む俗世
※縹渺：かすかではっきりしない様子

「ほんとうに極楽じゃ。針で突いたほどの苦しみもない」と、おかんは宗兵衛の方を顧みて云った。が、②宗兵衛は不思議に、何とも答え

二　次の文章を読んで、後の問に答えなさい。

京師《けいし》室町《むろまち》姉小路《あねがこうじ》下《さが》る（※京都の地域区分のひとつ）染物悉皆《しっかい》商（※染物関係の業者）近江屋宗兵衛の老母おかんは、文化二年二月二十三日六十七歳を一期《いちご》（※一生）として、(a)ソッチュウの気味で突然物故《ぶっこ》（※死んだ）した。穏やかな安らかな往生《おうじょう》であった。配偶《つれあい》の先代宗兵衛に死別《しにわか》れてから、おかんは一日も早く、往生の本懐《ほんかい》（※死後極楽浄土に行くという願望）を遂《と》ぐる日を待っていたと云《い》ってもよかった。先祖代々からの堅い門徒で、往生の一義に於《お》いては、若い時からしっかりとした安心を懐《いだ》いていた。殊《こと》に配偶に別れてからは、日も夜も足りないようにお西様《にしさま》（※西本願寺）へお参りをしていたから、その点では家内の人達にさすがはと感嘆させたほど、立派な大往生であった。

信仰に凝《こ》り固まった老人《としより》の常として、よく嫁いじめなどをして、若い人達から、早く死ねよかしに扱われるものだが、おかんはその点でも、立派であった。一家の者は、この人のよい、思いやりの深い親切な、それでいて(b)カイカツな老婦人が、半年でも一年でも、生き延びてくれるようにと、祈らないものはなかった。従って、おかんが死際《しにぎわ》に、耳にした一家の人々の愁嘆《しゅうたん》の声に、微塵《みじん》虚偽や作為の分子は、交っていない訳だった。

おかんは、浄土《じょうど》に対する確かな希望を懐いて、一家の心からの嘆きの裡《うち》に、安らかな往生を遂げたのである。万人の免《まぬか》れない臨終の苦悶《くもん》をさえ、彼女は十分味《あじ》わわずに済んだ。死に方としてはこの上の死に方はなかった。死んで行くおかん自身でさえ、段々消えて行く、狭霧《さぎり》（※霧）のような取止めもない意識の中で、①自分の往生の安らかさを、それとなく感じた位である。

（中　略）

再びほんのりとした意識が、還《かえ》って来るまでに幾日経《た》ったか幾月経ったか、それとも幾年経ったか判《わか》らなかった。ただおかんが気の付いた時には、其処《そこ》に夜明とも夕暮とも、昼とも夜とも付かない薄明りが、ぼんやりと感じられた。右を見ても左を見ても、灰色の薄暗《うすやみ》が、層々《そうそう》と重っていた。足下にも汚れた古綿のような暗《やみ》があった。それを踏んでいるおかんの足が、何かたしかな底に付いているのかどうかさえ、彼女には分らなかった。ただ行手にだけは、右や左や上下などよりも、もっとあかるい薄暗があった。ほのぼのとした光明を包んだような薄暗があった。おかんは左右を顧みないで、ただ一心に行手を急ぐより外《ほか》はなかった。

（中　略）

何等の区劃《くかく》もなく無限に続いている時と道とを、おかんは必死に懸命に辿《たど》り続けるだけであったが、どんなに道が長く続いても、勇ましく進むことが出来た。周囲は暗かった、背後を顧みると累々《るいるい》とした闇が重って行く。が、前途だけには、ほのぼのとした光があった。どん

こと。

問四　——部②「情報伝達の方法が急激に変化してきた」とあるが、このことについての筆者の考えを、本文全体の内容をふまえて説明したものとして最も適当なものを選びなさい。

ア　既に具象化されたものである遠くの出来事を知ることのできる情報技術は、科学が具象化の努力により実現したものとして評価できる。

イ　テレビなどによって、万人に瞬時に同じ情報を与えることは、遠くの他人も身近に感じることができ、他人の正しい評価を可能とする。

ウ　テレビなどで既に具象化された情報を得る事は、科学者を研究成果で評価するのと同様に、形になる前の努力を無視する事につながる。

エ　テレビなどの情報伝達は、機械と同様に、人類にとっていまだに理論化されていない世界のことを、個人の特殊性を越えて理解させる。

オ　遠くの直接関係のない人々の情報を知ることで、自分の知らない人の、具象化以前の世界に対する努力について想像することができる。

問五　——部③「混沌に目鼻をつけようとする努力」とはどのようなものか説明しなさい。

問六　〰〰部(Y)「外から見て、離れて見て、ある人の評価をするだけではいけない」とあるが、なぜそういえるのか。本文全体の内容をふまえて説明しなさい。

問七　——部(1)～(6)の語を、本文の内容に従って二つのグループに分けたとき、どのような分け方になるか。最も適当なものを選びなさい。

ア　「(1)(6)」と「(2)(3)(4)(5)」

イ　「(1)(2)(3)(6)」と「(4)(5)」

ウ　「(1)(3)(4)」と「(2)(5)(6)」

エ　「(1)(3)(6)」と「(2)(4)(5)」

オ　「(1)(2)(6)」と「(3)(4)(5)」

カ　「(1)(4)」と「(2)(3)(5)(6)」

キ　「(1)(3)(4)(6)」と「(2)(5)」

問八　次のア～オのうち、本文が主に主張しようとしている考え方に沿った文章として最も適当なものを選びなさい。

ア　筆者の湯川秀樹は、１９４９年に日本人で初めてノーベル物理学賞を受賞したため、偉大な物理学者の一人として評価されている。

イ　夏目漱石は、イギリスへの留学で西洋の社会に影響を受けて考えたことが、帰国後の作品に表現されている、という読み方がある。

ウ　グーグルの検索システムは、ネット上に混沌としたまま存在する情報のまとまりに、明確な形式を与えて示してくれるものである。

エ　精神科医で思想家のフロイトは、人間には無意識という自分で支配できない混沌とした領域があるという新説を唱えて評価された。

オ　画家のパウル・クレーは、目には見えない人間の内面を抽象的な絵画で表現したとして有名であり、作品は高値で取引されている。

あったとは限らない。他人は知らなくても、その人自身は何かについて苦心をしつづけていたかも知れない。その(4)**「何か」**が重要なことであったかも知れない。「どんな風に」苦心したかが重要であったかも知れない。

　絵をかく人は、絵になる以前の(5)**イメージ**を自分の中で暖《あた》ため育ててきたであろう。彫刻家は素材を前にして、まだ現実化されない理想的な形態を思い浮かべているであろう。科学者の研究が一応完結するまでに、一編の論文となるまでに、どんなに長い間、生みの苦しみをつづけてきたのか。ついに絵にならない場合、ついに彫刻が完成しない場合、論文が出版されない場合、それがどんなに多いか。外から離れて見る者にはわからない。いわばそれは具象以前の世界である。混《こん》沌《とん》から、ある明確な形態をもった物が生まれるより以前の世界、生まれようとしている世界である。その人自身にとって、また深い関心をもって、その人の世界を知ろうとする人にとって、それは無意味な世界ではない。

　科学文明の発達の結果として、②**情報伝達の方法が急激に変化してきた**。新聞・ラジオ・テレビ等を通じて、私たちに与えられる情報が、ますます重要となり、私たちに圧倒的な影響を及ぼすようになってきた。それは一方では、遠く離れたところで起こった出来事、自分と直接関係のない人々を、身近に感じさせる作用を持っている。他方ではしかし、情報を受けとる個人の特殊性を越えて、あらかじめ選択された情報を万人に同じように与える作用をも持っている。それは既に具象化されたものの中からの選択である。具象以前の世界は初めから問題になっていない。

　情報伝達だけではない。人間の頭脳の機能の一部までも機械が受けもってくれるようになってきた。しかし、そういう機械もまた、既に具象化された(6)**知識**を適当な記号の形に変えた時にだけ質問として受け入れてくれるのである。そしてその機械が与えてくれる答えもまた、具象化された知識に関するものだけである。

　人間は具象以前の世界を内蔵している。そしてそこから何か具象化されたものを取り出そうとする。科学も芸術もそういう努力のあらわれである。いわば③**混沌に目鼻をつけようとする努力**である。人生の意義の少なくとも一つは、ここに見出し得るのではなかろうか。

（湯川秀樹「具象以前」）

問一　═部(a)～(c)のカタカナを漢字に、漢字をひらがなに直しなさい。

問二　空欄 X に入る言葉を本文中から十字で抜き出し、最初の五字を答えなさい。

問三　──部①「同じ平面の上の少し離れたところにきているに過ぎない」とあるが、その具体例として最も適当なものを選びなさい。

ア　具象以前の世界に属していた、明確な形をもった研究の構想や計画が、結局は無意味なものであった事実が発覚したということ。

イ　個人として進歩・飛躍をすることができず、同じようなことの繰り返しで無駄なエネルギーを消費してしまっていたということ。

ウ　着想・構想段階にあった研究内容が、論文として発表できる論理体系の状態に、少ししか近づくことができなかったということ。

エ　研究の中で、未だに理論化することのできていない混沌とした部分と、理論体系化された部分とが、同じ段階にあるということ。

オ　まだ研究の着想・構想という段階から、新しい理論が形になる段階への移行は行われないような進展の様子であったという

二〇二一年度 渋谷教育学園幕張中学校

【国語】〈**第一次試験**〉（五〇分）〈満点：一〇〇点〉

注意 ・記述は解答欄《らん》内に収めてください。一行の欄に二行以上書いた場合は、無効とします。
・記号や句読点も一字に数えること。

一 次の文章を読んで、後の問に答えなさい。

人生の最も大きな喜びの一つは、年来の希望が実現した時、長年の努力が実を結んだ時に得られる。私のような研究者にとっては、長い間、心の中で暖めていた着想・構想が、一つの具体的な(1)**理論体系**の形にまとまった時、そしてそれから出てくる結論が実験によって確証された時に、最も大きな生きがいが感ぜられる。しかし、そういう瞬間は、私たちの長い研究生活の間に、ごくまれにしか訪れない。私たちの人生のほとんど全部は、同じようなことのくりかえし、同じ平面の上でのゆきつもどりつのために(a)**費**やされてしまう。日々の努力によって、相当前進したつもりになっていても、ふりかえってみると、結局、①**同じ平面の上の少し離れたところにきているに過ぎない**ことを、あまりにもしばしば発見する。一つの段階からもう一つ上の段階に飛びあがれるのは、それこそ［　X　］ほどに、まれなことである。

そんなら人生の大半は、小さくいえばその人の個人としての進歩・飛躍、大きくいえば人類の進歩・飛躍とは無関係な、エネルギーの消費に終始しているのであろうか。決してそうではないように思われる。むしろムダに終わってしまったように見える努力のくりかえしの方が、たまにしか訪れない決定的瞬間より、ずっと深い大きな意味を持つ場合があるのではないか。ずっと若いころの私は「百日の労苦は一日の成功のためにある」という考えに傾いていた。近年の私の考え方は、年とともにそれとは反対の方向に傾いてきた。それに伴《とも》なって、真理の探求の道を歩いた多くの科学者に対する私の評価も、昔と今とで大分違ってきた。

ある科学者が(b)**カッキ**的な発見をするとか、基本的に新しい(2)**着想**から出発した、ある学説を提唱するとかした場合、私たちはもちろん、その学者を高く評価する。一言にしていえば、科学者をその業績によって評価する、それは確かに公正な態度である。どんなにその学者が苦心さんたんしたにせよ、そこから独創的な(3)**業績**が生まれなかったら、多くの場合、私たちはその人の価値を認める正当な理由を持ち得ないであろう。それはそうに違いない。しかし同時にそれは、外から見た時の、やや離れて見た時の評価でもある。

ところで、私たちは自分以外の学者の大多数が、どういう苦労をしているか、何に苦労をしているかを知らない。自分の身近の少数の学者について、あるいは遠くにいる学者がある大きな成功を(c)**オサ**めた場合についてだけ、それらの人々の苦心を知らされたり、関心を持ったりするのである。一人の人間の能力はきわめて限られている。自分以外の多数の人たちの苦労に一々関心を持っていたのでは、自分自身が失われてしまうであろう。それもその通りである。

しかし、それにもかかわらず、私は近来、(Y)**外から見て、離れて見て、ある人の評価をするだけではいけない**ということを、ますます強く感じるようになってきた。ある人が何のために努力しているか、何を苦労しているかという面を、もっと重要視しなければならないと思うようになってきた。天の羽衣がきてなでるという幸運は滅多に来ない。一度もそういう幸運に恵まれずに一生を終わる人の方がずっと多いであろう。しかし、だからといって、そういう人の人生は無意味で

2021年度
渋谷教育学園幕張中学校 ▶解説と解答

算 数 ＜第１次試験＞（50分）＜満点：100点＞

解 答

1 (1) **5△10**＝３，**5△30**＝４，**5△60**＝４　(2) ７　(3) １，３，９　**2** (1) 08：08　(2) 16通り　(3) 01：59，07：59，11：59，17：59，19：59，21：59　**3** (1) １秒早い　(2) **あ** 240　**い** 8.5　(3) ６秒後，$7\frac{7}{13}$秒後　**4** (1) 12.28cm　(2) 87.92cm　**5** (1) $\frac{35}{216}$倍　(2) $\frac{35}{288}$倍　(3) $\frac{11}{125}$倍

解 説

1 約束記号，計算のくふう

(1) 約束にしたがって計算すると，（５×10）÷（５＋10）＝50÷15＝３余り５より，５△10＝３となる。また，（５×30）÷（５＋30）＝150÷35＝４余り10より，５△30＝４となり，（５×60）÷（５＋60）＝300÷65＝４余り40より，５△60＝４と求められる。

(2) $(8\times c)\div(8+c)=\frac{8\times c}{8+c}$となり，この数の逆数は，$\frac{8+c}{8\times c}=\frac{\cancel{8}}{\cancel{8}\times c}+\frac{\cancel{c}}{8\times\cancel{c}}=\frac{1}{c}+\frac{1}{8}$と表すことができる。ここで，$c$の値をどんなに大きくしても$\frac{1}{c}$の値が０になることはないから，$\frac{1}{c}+\frac{1}{8}$の値は$\frac{1}{8}$よりも大きくなる。よって，その逆数である$\frac{8\times c}{8+c}$の値は８よりも小さくなるので，考えられる８△$c$のうち，最も大きい数は７とわかる。

(3) (2)と同様に考えると，考えられる３△dのうち，最も大きい数は２とわかる。つまり，（$3\times d$）を（$3+d$）で割ったときの商は{０，１，２}のいずれかなので，右の３つの場合が考えられる。㋐の場合は，$3\times d=(3+d)\times 0+3$，$3\times d=3$より，$d=3\div 3=1$と求められる。同様に，㋑の場合は，$3\times d=(3+d)\times 1+3$，$3\times d=3+d+3$，$3\times d=6+d$，$3\times d-d=6$，$(3-1)\times d=6$，$2\times d=6$より，$d=6\div 2=3$となる。㋒の場合は，$3\times d=(3+d)\times 2+3$，$3\times d=6+2\times d+3$，$3\times d=9+2\times d$，$3\times d-2\times d=9$，$(3-2)\times d=9$，$1\times d=9$より，$d=9\div 1=9$となる。よって，考えられる$d$の値は{１，３，９}である。

・㋐商が０の場合
　$(3\times d)\div(3+d)=0$余り３
・㋑商が１の場合
　$(3\times d)\div(3+d)=1$余り３
・㋒商が２の場合
　$(3\times d)\div(3+d)=2$余り３

2 条件の整理

(1) それぞれの数字を表すときに点灯するライトの本数は，右の図①のようになる。また，(時)と(分)の各位のライトが表示する数字は，右の図②のようになる。よって，点灯するライトの本数が最も多くなるのは，(時)の十の位が０，(時)の一の位が８，(分)の十の位が０，(分)の一の位が８の場合であり，08時08分となる。

図①

数字	0	1	2	3	4	5	6	7	8	9
本数	６本	２本	５本	５本	４本	５本	６本	４本	７本	６本

図②

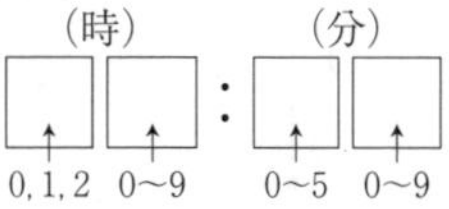

(2)　図①にあらわれる本数を４つ組み合わせて12本にする方法は，右の図③の２通りある。また，それぞれの本数を使ってできる数字は図③のようになる。㋐の場合，１を３か所に使うから，残りの部分に｛0，6，9｝を入れると，01：11，10：11，11：01，11：10，11：16，11：19，16：11，19：11の８通りの時刻ができる。また，㋑の場合，１を２か所に使うので，残りの部分に｛4，7｝を入れると，11：44，11：47，14：14，14：17，14：41，17：14，17：17，17：41の８通りの時刻ができる。よって，全部で，８＋８＝16(通り)と求められる。

図③

㋐		㋑	
本数	数字	本数	数字
２本	1	２本	1
２本	1	２本	1
２本	1	４本	4，7
６本	0，6，9	４本	4，7

(3)　はじめに，(分)の一の位が９以外の場合を考える。最も多く増えるのは「１から２」または「７から８」に変わる場合であり，５－２＝７－４＝３(本)増える。また，このときほかの位は変わらないから，全体では３本増える。次に，右の図④の(Ⅰ)のように，(分)の一の位が９の場合を考える。このとき，９から０に変わっても本数は変わらないが，(分)の十の位が１増える。よって，最も多く増えるのは(分)の十の位が「１から２」に変わるときであり，全体では３本増える。さらに，(Ⅱ)のように，(分)の一の位が９で十の位が５(つまり59分)のとき，(分)の十の位が５から０に変わることによって，６－５＝１(本)増えるので，(時)の一の位が「１から２」または「７から８」に変わることによって，全体では，１＋３＝４(本)増えることになる。同様に，(Ⅲ)のように(時)の一の位が９から０に変わるときも，(時)の十の位が「１から２」に変わることによって，全体では４本増える。したがって，最も多く増えるのは(Ⅱ)と(Ⅲ)の場合であり，01：59，07：59，11：59，17：59，21：59，19：59の６回となる。

図④

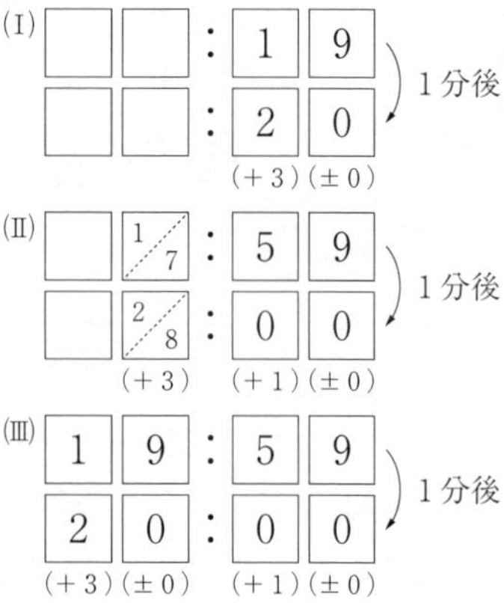

3　グラフ―図形上の点の移動，速さ，面積

(1)　もし，下の図①のようにＱの方が先にＢに着いたとすると，このときの三角形PCDの面積は60cm^{2}である。すると，このときのPDの長さは，60×２÷20＝６(cm)だから，Ｐが動いた長さは，24－６＝18(cm)になる。一方，Ｑが動いた長さは20cmなので，Ｐの方が速いという条件に合わない。よって，下の図②のように，Ｐの方が先にＤに着くことがわかる。このとき，三角形QBCの面積が60cm^{2}だから，QBの長さは，60×２÷24＝５(cm)であり，Ｑが動いた長さは，20－５＝15(cm)とわかる。一方，Ｐが動いた長さは24cmなので，ＰとＱの速さの比は，24：15＝８：５となる。次に，ＰがＡに着くまでに動く長さ(長方形ABCDのまわりの長さ)は，(20＋24)×２＝88(cm)だから，その間にＱが動く長さは，$88\times\frac{5}{8}$＝55(cm)とわかる。これは下の図③のようにＱが辺CD

図①

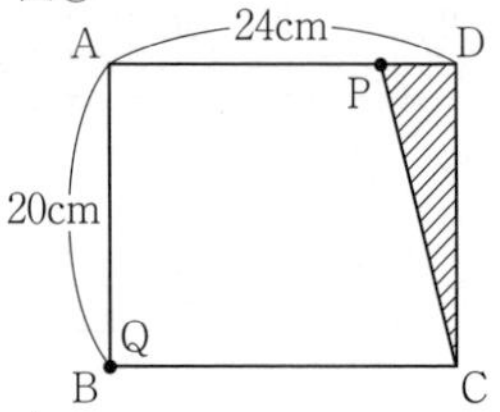

図②

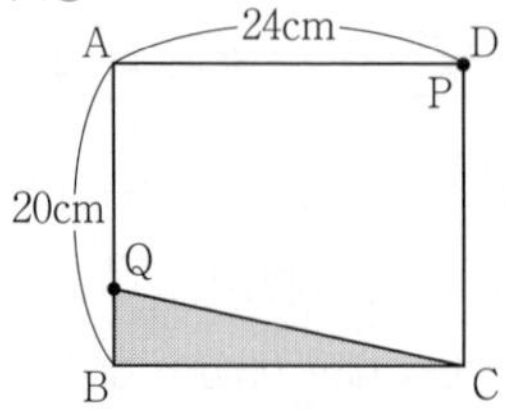

図③

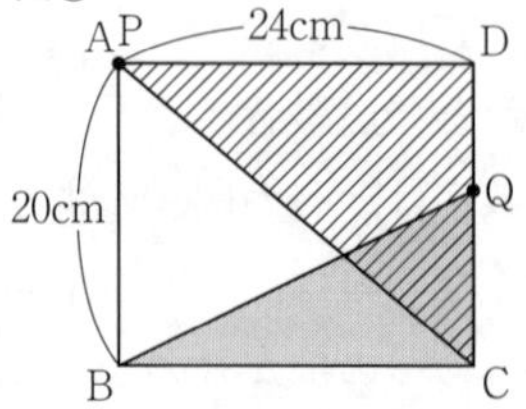

図④

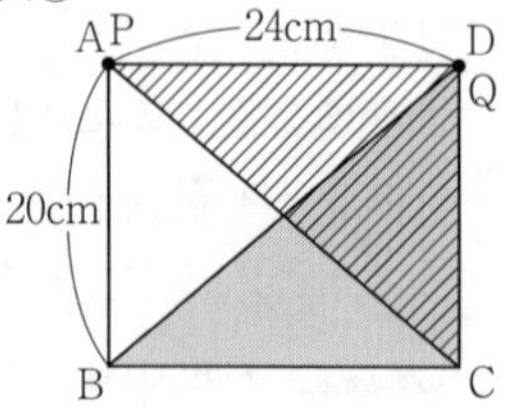

にあるときなので，Sの値は最大ではない。また，問題文中のグラフから，12.8秒後にSの値が最大になることがわかるから，12.8秒後には上の図④のようにQがDに着くことになる。したがって，Qの速さは毎秒，$(20+24+20)\div12.8=5$(cm)なので，Pの速さは毎秒，$5\times\frac{8}{5}=8$(cm)と求められる。すると，PがDに着くのは，$24\div8=3$(秒後)，QがBに着くのは，$20\div5=4$(秒後)となるから，Pの方が，$4-3=1$(秒)早いことがわかる。

(2)　PとQが長方形の頂点に着くときのようすを調べると，下の図⑤のようになる。よって，「い」は8.5秒後であり，そのときのSの値「あ」は，$24\times20\div2=240$(cm^2)とわかる。

図⑤

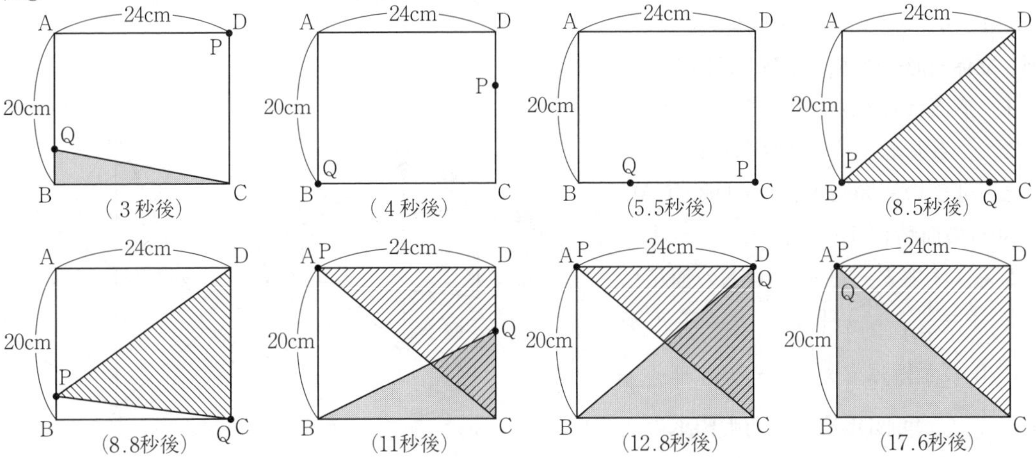

(3)　Pが辺BC上にあるのは5.5秒後と8.5秒後の間であり，この間で三角形ABPと三角形ABQの面積の差が100cm^2になるのは，右の図⑥のように２回ある。このとき，どちらの場合も三角形APQの面積が100cm^2になるので，PQの長さは，$100\times2\div20=10$(cm)とわかる。また，長方形ABCDのまわりの長さは88cmだから，１回目はPとQが動いた長さの和が，$88-10=78$(cm)になるときであり，２回目はPとQが動いた長さの和が，$88+10=98$(cm)になるときである。よって，１回目は，$78\div(8+5)=6$(秒後)，２回目は，$98\div(8+5)=7\frac{7}{13}$(秒後)と求められる。

図⑥

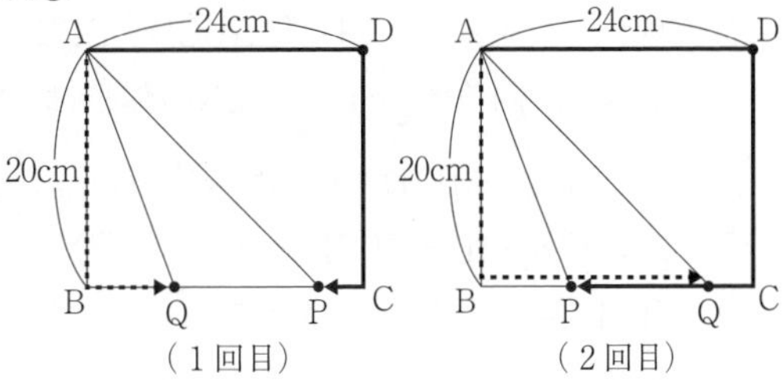

4　平面図形―図形の移動，長さ

(1)　はじめに，おうぎ形Aの弧《こ》の長さは，$6\times2\times3.14\times\frac{60}{360}=2\times3.14=6.28$(cm)であり，おうぎ形Bの弧の長さは，$12\times2\times3.14\times\frac{30}{360}=2\times3.14=6.28$(cm)だから，２つのおうぎ形の弧の長さは一致《いっち》することに注意する。すると，おうぎ形Aが

図①

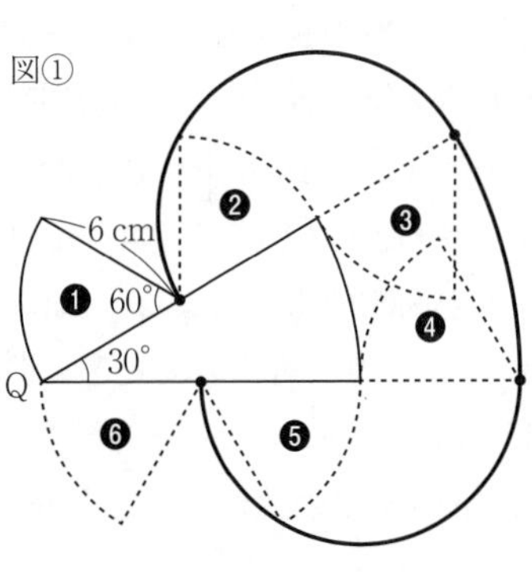

図②

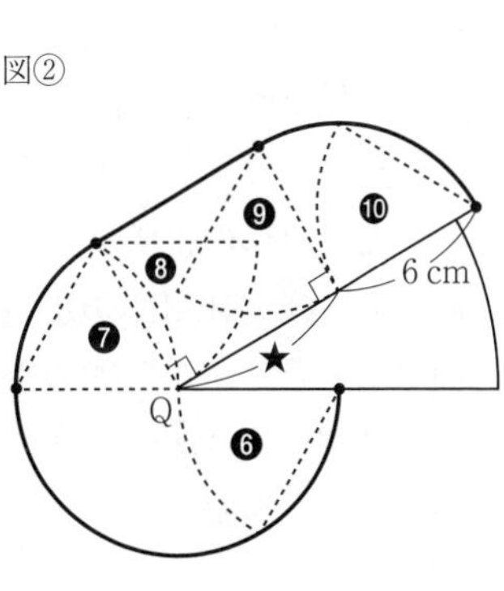

転がるようすは上の図①，図②の❶～❿のようになる（２つの図の❻は同じものである）。図②で，❽と❾の間は弧の部分が直線上を転がるので，★の長さはおうぎ形Ａの弧の長さと等しく6.28cmとわかる。よって，❿のときのQOの長さは，6.28＋６＝12.28(cm)である。

⑵　点Ｏがえがく線は太線のようになる。はじめに，半径が６cmのおうぎ形の中心角は，❷と❸の間が180度，❹と❺の間が180度，❻と❼の間が180度，❼と❽の間が60度，❾と❿の間が90度である。これに❽と❾の間の部分（中心角60度の弧の長さと同じ）を加えると，180×３＋90＋60×２＝750(度)になる。また，❸と❹間は，半径が，12＋６＝18(cm)で中心角が30度のおうぎ形の弧である。よって，点Ｏがえがく線の長さは，$6 \times 2 \times 3.14 \times \frac{750}{360} + 18 \times 2 \times 3.14 \times \frac{30}{360} = (25 + 3) \times 3.14 = 87.92$(cm)と求められる。

5　立体図形―体積，分割，相似

⑴　底面は右の図①のようになる。ここで，ひし形ABCDの面積を１とすると，４つの三角形ABD，CDB，DAC，BCAの面積はすべて，$1 \div 2 = \frac{1}{2}$になる。すると，三角形AKNの面積は，$\frac{1}{2} \times \frac{1}{1+1} \times \frac{1}{1+1} = \frac{1}{8}$，三角形CMLの面積は，$\frac{1}{2} \times \frac{1}{1+2} \times \frac{1}{1+2} = \frac{1}{18}$，三角形DNMと三角形BLKの面

図①

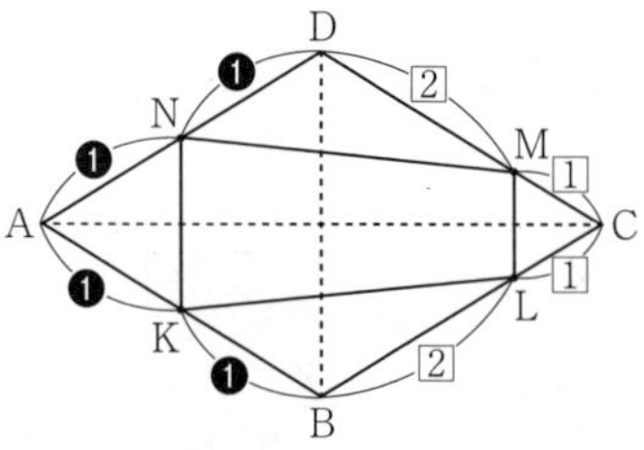

図②

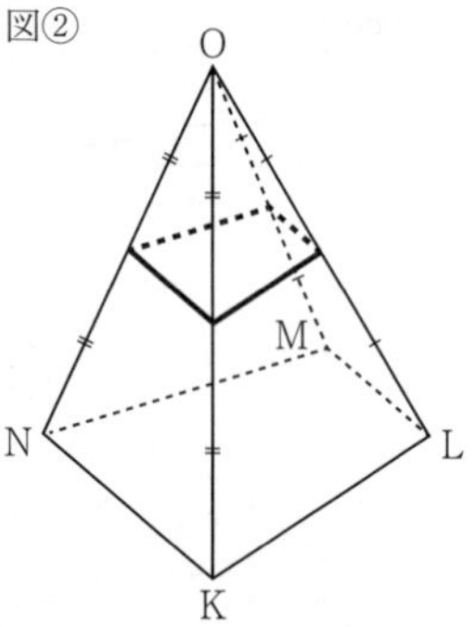

積は，$\frac{1}{2} \times \frac{1}{1+1} \times \frac{2}{2+1} = \frac{1}{6}$となるから，四角形KLMNの面積は，$1 - \left(\frac{1}{8} + \frac{1}{18} + \frac{1}{6} + \frac{1}{6}\right) = \frac{35}{72}$と求められる。よって，四角柱ABCD－EFGHの高さを１とすると，四角柱ABCD－EFGHの体積は，１×１＝１，四角すいO－KLMNの体積は，$\frac{35}{72} \times 1 \div 3 = \frac{35}{216}$となるので，四角すいO－KLMNの体積は，四角柱ABCD－EFGHの体積の，$\frac{35}{216} \div 1 = \frac{35}{216}$(倍)とわかる。

⑵　四角柱ABCD－EFGHを高さが半分のところで切るから，右上の図②のように，四角すいO－KLMNも高さが半分のところで切られる。よって，切り口は四角形KLMNを$\frac{1}{2}$に縮小したものになるので，切り口の面積は四角形KLMNの面積の，$\frac{1}{2} \times \frac{1}{2} = \frac{1}{4}$(倍)とわかる。したがって，切り口の面積は，$\frac{35}{72} \times \frac{1}{4} = \frac{35}{288}$だから，ひし形ABCDの面積の，$\frac{35}{288} \div 1 = \frac{35}{288}$(倍)と求められる。

⑶　四角柱の高さを，２＋１＝３と，１＋１＝２の最小公倍数の６とすると，下の図③のようになる。図③で，Ｐ，Ｑ，Ｒを通る平面が辺HDと交わる点をＳとすると，PA＋RC＝QB＋SDより，SD＝４＋２－３＝３となる。また，EGの長さを，（１＋５）×２＝12とすると，長方形EACGを正面から見た図は下の図④のようになる。図④で，三角形IPEと三角形IQFは相似なので，IE：EF＝２：（３－２）＝２：１となり，IE＝（２＋４）×$\frac{2}{1}$＝12とわかる。同様に，CJ＝12だから，斜線《しゃせん》をつけた三角形の相似から，ア：イ＝(12＋２)：（３＋４＋２＋12)＝２：３と求められる。よって，四角すいO－KLMNの切り口は下の図⑤のようになる。次に，この四角すいをＯ，Ｎ，Ｌを通る平面で切ると，下の図⑥のように，２つの三角すいＸとＹに分かれる。ここで，図①の三角形AKNと三角形CMLの相似から，NK：LM＝$\frac{1}{1+1}$：$\frac{1}{1+2}$＝３：２とわかる。また，NKとLMは平行なので，三角形NKLと三角形LMNの面積の比は３：２となり，三角すいＸと三角すいＹの体積の

比も３：２とわかる。したがって，四角すいO－KLMNの体積を１とすると，三角すいXの体積は，$1\times\frac{3}{3+2}=\frac{3}{5}$，三角すいYの体積は，$1\times\frac{2}{3+2}=\frac{2}{5}$となる。さらに，三角すいXの切り口より上の部分の体積は，三角すいXの体積の，$\frac{2}{2+3}\times\frac{2}{2+3}\times\frac{1}{1+1}=\frac{2}{25}$(倍)だから，$\frac{3}{5}\times\frac{2}{25}=\frac{6}{125}$と求められる。同様に，三角すいYの切り口より上の部分の体積は，三角すいYの体積の，$\frac{2}{2+3}\times\frac{1}{1+1}\times\frac{1}{1+1}=\frac{1}{10}$(倍)なので，$\frac{2}{5}\times\frac{1}{10}=\frac{1}{25}$と求められる。以上より，図⑤の切り口より上の部分の体積は，四角すいO－KLMNの体積の，$\left(\frac{6}{125}+\frac{1}{25}\right)\div 1=\frac{11}{125}$(倍)である。

図③

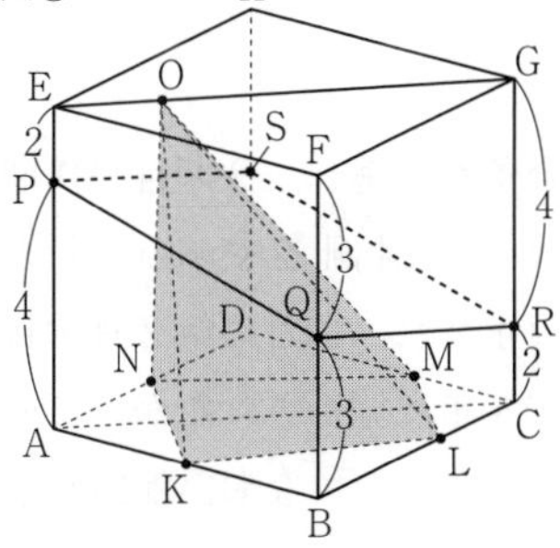

図④

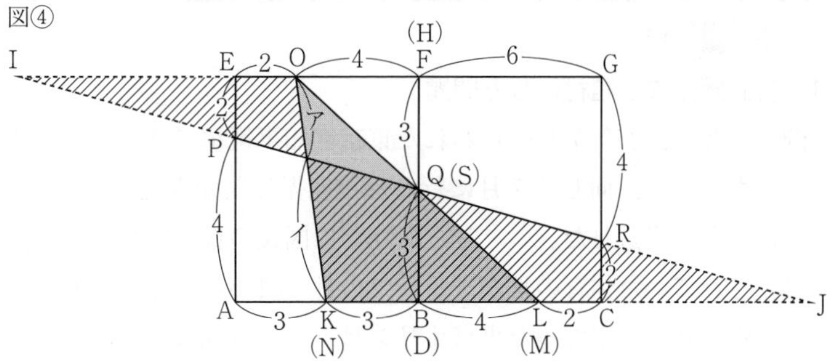

図⑤

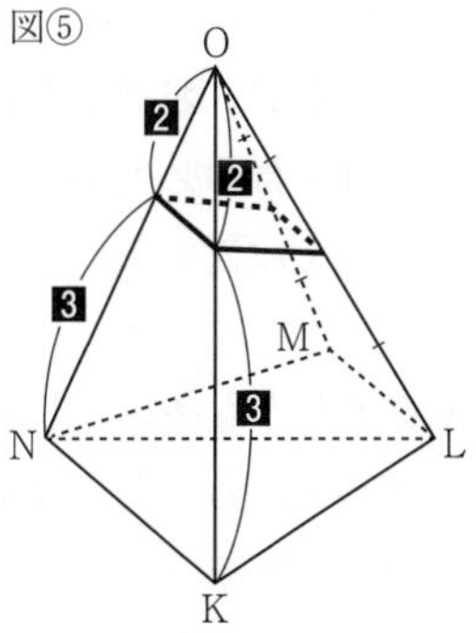

図⑥

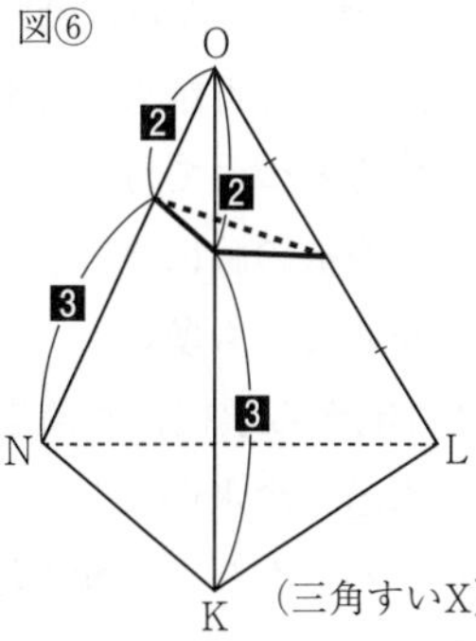

(三角すいX)

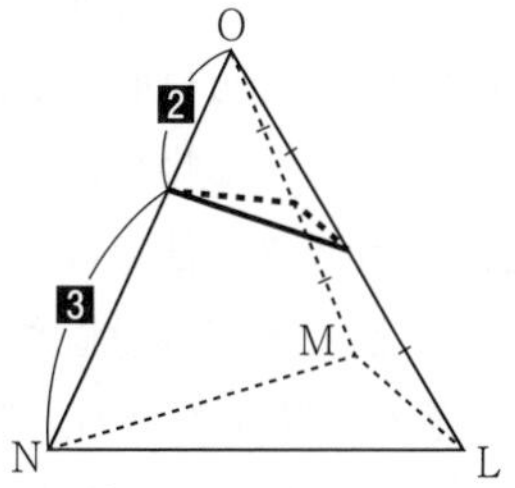

(三角すいY)

社　会　＜第１次試験＞（45分）＜満点：75点＞

解　答

[1] **問１**　3　**問２**　4　**問３**　(例)　水飲み場に密集したり，取っ手などにふれたりして感染症が拡大するのを防ぐため。　**問４**　(例)　市長が決定し，提出した予算案を，市議会で審議，議決して成立した。　**問５**　1　**問６**　(例)　硬貨は縦にしたほうが転がって速く移動するので，識別する時間を短くして早く切符を出すことで，行列ができるのを防げるから。　**問７**　4　**問８**　(例)　少子高齢化にともなう労働人口の減少で，働き手を確保するのが難しくなっているという問題。　**問９**　(例)　人々が外出をひかえたことによって，屋内の自販機が置かれた施設を利用する人が減ったから。　**問10**　1　**問11**　1　**問12**　1　[2] **問１**　4　**問２**　1　**問３**　中尊寺　**問４**　(例)　貴族や寺社の保護を受けて組織された，商工業者の同業(組合。)　**問５**　2　**問６**　**名称**…朱子学　**教え**…(例)　家庭内や社会に

おける身分の上下関係を重視した。　**問７**　青木昆陽　**問８**　御蔭参り　**問９**　3　**問10**　(例)　医療によって国民を健康にし，労働に従事させることで，国を活性化するため。
問11　(例)　学生　**問12**　1　　**3**　**問１**　4　**問２**　(例)　氷河が斜面を下るさい，山はだをけずって形成された。　**問３**　(例)　中国自動車道が開通したことにより，部品や製品のトラック輸送がしやすくなったから。　**問４**　4　**問５**　地熱発電所　**問６**　(1)　2　(2)　千葉県／利根川と江戸川　**問７**　6　**問８**　(例)　炭鉱で石炭を採掘したとき，使えない石炭や石を積み上げてできた。

解　説

1　自動販売《はんばい》機を題材にした問題

問１　X　2020年７月に行われた東京都知事選挙では現職の小池百合子《ゆりこ》が当選し，２期目の任期に入った。一方，同じく７月に行われた鹿児島県知事選挙では，現職の三反園《みたぞの》訓《さとし》をやぶって新人の塩田康一が当選した。　Y　2018年に国民の祝日に関する法律が改正され，10月の第２月曜日に設定されていた体育の日がスポーツの日に改められた。この法律は2020年に施行されたが，この年に開催される予定だった東京オリンピックの日程に合わせ，７月24日とされた。なお，2021年もスポーツの日の日程が変更され，７月23日とされた。

問２　X　びん，缶，ペットボトル入りの清涼《せいりょう》飲料の自動販売機(自販機)については，設置にさいして地方自治体の許可は必要ないので，営業許可証もはられていない。なお，お酒やたばこなどの自動販売機を設置する場合には，法律にもとづいて行政機関のある許可を得る必要がある。
Y　容器包装リサイクル法では，飲料の自販機の脇《わき》に空容器回収ボックスを設置することを義務づけてはおらず，駅などでは設置されていないことも多い。

問３　熱中症《しょう》を予防するため，夏場は自宅から学校に水筒《すいとう》を持参する子どもも多い。しかし，持ってきた飲料がなくなると，学校にある水道や冷水機などから水筒に水を入れることになる。このとき，水道の蛇口《じゃぐち》や取っ手を多数の人がさわったり，水飲み場に多数の人が密集したりすると，新型コロナウイルスに感染したり，感染が拡大したりするおそれが高まる。これをさけるため，ペットボトル入り冷水を無料で配布する取り組みが行われたのだと考えられる。

問４　地方公共団体では，首長を中心とする執行《しっこう》機関が予算案を作成して地方議会に提出し，これを地方議会で審議《しんぎ》したのち，議決することで成立する。これは，年度途中に予算を組みなおす場合でも同様である。つくばみらい市の場合は，市長が議会に予算案を提出し，これを市議会で審議・議決すると，予算が成立する。

問５　X　郵便及《およ》び通信を扱《あつか》う中央省庁は総務省である。総務省統計局では，政府の統計情報をインターネットで国民が利用できるように，政府統計の総合窓口(e-Stat)をインターネット上に整備している。　Y　総務省には，各省庁の仕事ぶりを調査し，課題や問題点を総合的に分析《ぶんせき》して改善策を提示する行政評価局という機関が置かれている。

問６　硬貨《こうか》は縦向きにしたほうが転がって速く移動する。自販機には，投入された硬貨が本物かどうかを判別する識別装置が備えられているが，行列ができやすい駅の券売機では，少しでも速く硬貨を識別し，処理する必要がある。そのためには，横型ではなく縦型の投入口が適している。

問７　電子マネーでも，お金をあらかじめカードに入金(チャージ)し，その金額の範囲《はんい》内で使用できる前払い(プリペイド)式のカードであれば，審査を受けることなく利用することができる。しかし，この方式のカードでは，残高が不足した場合に支払いができなくなる。

問８　近年の日本が抱《かか》える問題として，少子高齢社会の進行と，これにともなう労働人口の減少があげられる。自販機の設置や商品の納入には体力が必要で，膨大《ぼうだい》な数の自販機のメンテナンスを行うには多くの人員が必要になる。こうした仕事は大変であるうえ，労働人口の減少も重なり，働き手の確保が難しくなっているため，自販機の台数を増やすのも難しくなっていると考えられる。

問９　新型コロナウイルス感染症の拡大にともない，2020年３月には多くの学校が臨時休校とされ，４月には全国に緊急《きんきゅう》事態宣言が出された。自販機の売り上げが落ちた2020年の３～５月は，この期間に重なる。屋内の自販機は学校や企業，店舗《てんぽ》などの中に設置されていることが多いが，人々が外出をひかえた結果，こうした施設に設置された屋内の自販機の利用者が減ったため，売り上げが落ちこんだのだと推測できる。

問10　X　タイマーを備え，電力使用がピークとなる日中の冷却《れいきゃく》運転を一定時間停止する機能を持つ自販機も多い。また，夜間に冷却を行うことで，昼間にほとんど電気を使わなくてすむものもある。　　Y　自販機の中には，明るさを感知するセンサーがついており，照明を自動的に調整して電力使用量を減らせるものもある。

問11　X　飲料メーカーは，災害が起こったさい，停電時でも自販機内の飲料を無料で取り出せるような自販機を開発・設置している。　　Y　携帯《けいたい》電話の普及《ふきゅう》にともない，通報する人が緊急事態を発見して通報しても，自分がどこにいるかが正確にわからないということが増えるようになった。そこで，あちこちに設置されている自販機を活用する取り組みとして，2005年から屋外の自販機に住所表示ステッカーがはられるようになった。

問12　X　自販機の中には，メッセージボード(電光掲示《けいじ》板)を備え，ふだんは地域情報などを，災害時には必要な情報を発信する機能を持ったものがある。　　Y　自販機はそれ自体が被害にあう場合もあることから，防犯カメラが取りつけられたものもある。周囲を映すことで地域の防犯に貢《こう》献《けん》するだけでなく，犯罪の捜査《そうさ》にも役立てられる。

２　各時代の歴史的なことがらについての問題

問１　X　唐が中国を統一したのは７世紀前半の628年(建国は618年)のことで，６世紀末の581年には隋が建国され，589年に中国を統一した。　　Y　７世紀後半の660年，朝鮮半島南部にあり，日本と友好関係にあった百済《くだら》が新羅《しらぎ》によって滅《ほろ》ぼされると，中大兄《なかのおおえの》皇子はこれを復興しようと朝鮮半島に出兵したが，663年，新羅・唐の連合軍に大敗した。これを白村江《はくすきのえ》の戦いという。この戦いに敗れた日本は，朝鮮半島から撤退《てったい》した。なお，高麗《こうらい》は918年に建国された。

問２　X　仏教を厚く信仰した聖武天皇は，仏の持つ力で国家を安らかに治めようと願い，741年，地方の国ごとに国分寺・国分尼《に》寺を建てる命令を出した。　　Y　聖武天皇の時代には口分田の不足が深刻になったため，743年には墾田《こんでん》永年私財法が出され，新しく開墾した土地の永久私有が認められるようになった。これにより，力のあった貴族や寺社は，国司や郡司の協力を得ながら開墾をすすめ，のちに荘園とよばれる私有地を増やしていった。

問３　平安時代後半に東北地方を支配した奥州藤原氏の初代清衡《きよひら》は，前九年の役(1051～62年)と後三年の役(1083～87年)で亡くなった人の魂《たましい》をとむらうための阿弥陀《あみだ》堂として，1124年，中尊寺に金色堂を建てた。

問４　座は商工業者の同業組合で，室町時代に畿内を中心として発達した。座は，本所とよばれる貴族や寺社などに営業税を納める代わりに，ある地域における営業の独占権や通行税の免除などの特権を得て，大きな利益をあげた。

問５　X　織田信長は，対立していた仏教勢力と対抗させるねらいもあり，キリスト教に好意的だった。ルイス＝フロイスやオルガンチノといったイエズス会宣教師は信長の保護を受け，畿内に南蛮寺(教会)，セミナリオ(教育機関)などの施設をつくった。　Y　1587年，豊臣秀吉は，薩摩(鹿児島県)の島津氏を討《う》つため九州をおとずれたとき，キリシタン大名の大村純忠《すみただ》が長崎をイエズス会に寄進したことを知り，キリスト教への危機感を強めた。その直後，キリスト教を邪教《じゃきょう》として宣教師に国外退去を命じるバテレン追放令を出したが，ポルトガル・スペインとの貿易は続けたため，禁教は徹底《てってい》しなかった。

問６　朱子《しゅし》学は12世紀に南宋(中国)で大成された儒学《じゅがく》の一派で，日本には鎌倉時代に伝わった。朱子学は特に上下の身分秩序《ちつじょ》を重視しており，封建体制を維持するのに都合がよかったことから，江戸幕府や諸藩が正式な学問として採用した。

問７　青木昆陽《こんよう》は京都で儒学を学んだのち，甘藷《かんしょ》(さつまいも)が比較《ひかく》的やせた土地でも育つことに注目してこれを調査し，『蕃藷考《ばんしょこう》』という本にまとめた。これが江戸幕府の第８代将軍徳川吉宗に取り上げられたことで，甘藷の栽培が広まった。また，昆陽は吉宗の命で蘭学《らんがく》を学び，『和蘭文訳』や『和蘭文字略考』といったオランダ語の入門書を書いた。

問８　江戸時代には寺社への参詣《さんけい》や旅行が庶民《しょみん》の間で流行し，およそ60年ごとに集団で伊勢神宮へ参詣する御蔭《おかげ》参りには，特に多くの人が参加した。1830年の参加人数は，約500万人にのぼったと伝えられている。

問９　X　志賀潔《きよし》は赤痢菌《せきりきん》の発見で知られる細菌学者で，黄熱病の研究で知られるのは野口英世である。　Y　北里柴三郎《しばさぶろう》はドイツ留学中に破傷風の血清療法《りょうほう》を発見し，その後，政府の命令を受けて派遣された香港《ホンコン》でペスト菌を発見した。

問10　史料に「適切な医療をおこなって重症化しないように治療し」「労働に従事させることは，一国の活力にとって大いに有益であろう」と書かれている。ここから，医療を充実させることによって健康な人を増やし，これを労働力とすることで，国家をより力強くしようという考えが読み取れる。

問11　1937年に日中戦争が始まると，国内では特に男性の医師が不足するようになった。そのため，女性医師だけでなく，医療関係の大学や専門学校に通う学生が医療を受け持ったり，歯科医師が医師に転向したりするようになった。

問12　GHQ(連合国軍最高司令官総司令部)は，北海道・本州・四国・九州については，日本政府を通じた間接統治という方法をとった。しかし，国内唯一《ゆいいつ》の地上戦が行われたのち，アメリカ軍に占領された沖縄は，アメリカの直接統治下に置かれた。そのため，1951年にサンフランシスコ平和条約が結ばれ，翌52年にこの条約が発効して日本が独立を回復したあとも，沖縄はアメリカの占領下に置かれ続け，1972年にようやく日本に返還された。

3　山を中心とする日本の地形や気候についての問題

問１　北海道と高知県を比べた場合，細長い県域の大部分を四国山地が占《し》める高知県のほうが，沿岸部を中心に広大な台地や平野が広がっている北海道よりも，総面積に対する森林面積の割合は高いと推測できる。また，神奈川県と大阪府を比べた場合，県西部に丹沢《たんざわ》山地を抱える神奈川県よりも，府域のほとんどを大阪平野が占める大阪府のほうが，総面積に対する森林面積の割合が低くなる。

問２　カール(圏谷《けんこく》)は氷河の侵食《しんしょく》により，山の斜面《しゃめん》がスプーンですくい取ったように丸くけずられてできた地形で，日本では，日高山脈や飛騨《ひだ》山脈，赤石山脈で見られる。

問３　自動車のように，部品を組み立てて製品をつくる機械工業のような場合，高速道路のインターチェンジ付近など，交通が便利な場所であれば，山間部でも工場を建てることができる。また，こうした場所では，大きな土地を得やすいので，大規模な工業団地の建設も可能になる。岡山県北東の山間部に広がる津山盆地は，1983年，大阪府から兵庫県・岡山県・広島県の内陸部を通って山口県にいたる中国自動車道が全通したことによって交通事情が改善し，これに合わせていくつもの工業団地が造成された。

問４　ア　青森県西部にそびえる岩木山の東側には，リンゴの栽培がさかんなことで知られる津軽平野が広がっている。　イ　鳥海山は秋田県と山形県にまたがってそびえる火山で，南側には日本有数の稲作地帯である庄内平野が広がっている。　ウ　羅臼岳《らうすだけ》は，北海道東部でオホーツク海に突《つ》き出す知床《しれとこ》半島の中央にそびえ，周辺は「知床」として2005年にユネスコ(国連教育科学文化機関)の世界自然遺産に登録されている。

問５　図１に温泉(♨)がいくつも見られること，施設から送電線(÷÷)がのびていることや，「火山の周辺に建設された施設」であることから，地熱発電所だとわかる。なお，葛根田《かっこんだ》は岩手県西部の奥羽山脈中に位置し，近くには岩手山や烏帽子《えぼし》岳といった火山がある。

問６　(1)　伊吹《いぶき》山地は，岐阜県と滋賀県にまたがっている。　(2)　千葉県は北を利根川，西を江戸川と東京湾，東から南にかけては太平洋と，周りを水に囲まれている。このうち，江戸川は埼玉県・東京都との境，利根川は茨城県との境になっている。

問７　阿武隈《あぶくま》高地の東側に位置し，太平洋に面する小名浜《おなはま》は，ほかの２つの地域に比べて夏の季節風の影響《えいきょう》を強く受け，夏の降水量が多いと考えられる。よって，アがあてはまる。一方，奥羽山脈の西側で，最も内陸に位置する会津若松は，夏と冬の気温の差が大きく，冬の寒さも厳しいと推測できる。よって，イがあてはまる。残ったウが福島である。

問８　福岡県の北東部にはかつて多くの炭鉱があり，石炭が採掘《さいくつ》された。このとき，質の悪い石炭や不要な石は捨てられた。これが「ボタ」とよばれ，それが積み上げられてできた山がボタ山である。

理　科　＜第１次試験＞（45分）＜満点：75点＞

解　答

[1] (1)　下の図１　(2)　(エ)，(オ)　(3)　下の図２　(4)　(オ)　(5)　下の図３　[2] (1)　ラムサール　(2)　ア，オ　(3)　イ，エ　(4)　ウ，キ，ク　(5)　①　2.19　②　4.38　③　61.32　(6)　(例)　(渡り鳥は)食物連鎖を通して間接的に干潟の有機物を取りこみ，余分な有機物を取り除いている。　[3] (1)　(ア)　(2)　**気体１**…酸素　**気体２**…アルゴン

気体３…水素　⑶　㋐　⑷　水素
⑸　**気体の名前**…酸素　**体積**…16.8mL
⑹　26.7mL　**４**　⑴　①　50　②
25　㋐　速さ　㋑　時間　㋒　面積
⑵　解説のグラフを参照のこと。　⑶
20m/秒　⑷　2100m　⑸　77.5秒
⑹　950m

図１
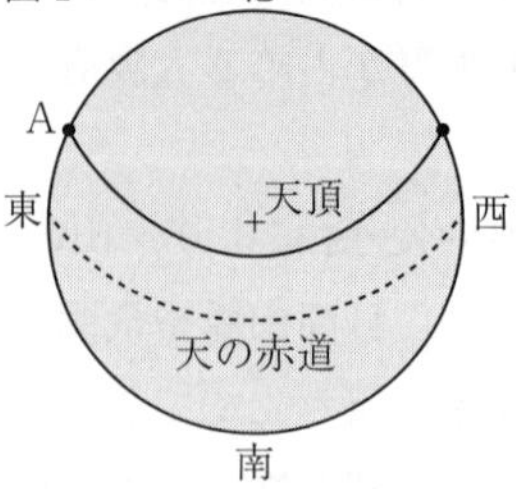

図２
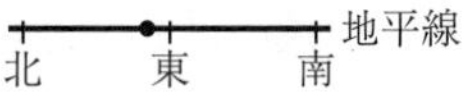

図３
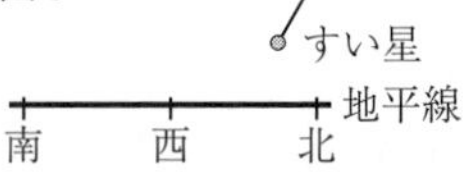

解　説

１　太陽系の天体の動きと見え方についての問題

⑴　図１のように天球上では，天体の見かけの動きが天の北極と天の南極を結ぶ軸《じく》が回転した動きとなるため，太陽の通り道は天の赤道(春分・秋分の日の太陽の通り道)と平行になる。図２で７月19日は日の出の位置が真東よりも北寄りであるため，この日の天球上での太陽の動きは，真東より北寄りから昇《のぼ》り，真西より北寄りに沈《しず》む。また，南中したときの太陽の位置は，春分・秋分の日よりも高く，空を見上げた図では天の赤道と天頂の間となる。

⑵　同じ平面上にある複数の点は，平面内の１か所から見ると線上に並んでいるように見える。図３のように，７個の惑星《わくせい》が１つのなめらかな曲線にそって並んで見えるのは，それぞれの惑星の公転軌道《きどう》面(太陽の周りを回る道すじを含《ふく》む平面)がほぼ同じ平面上にあるためである。また，図３ではまだ太陽が昇っていないので，惑星を結ぶ線の延長線上に太陽が位置していることになる。

⑶　図３で，火星は天の赤道近くでやや北寄りに位置している。火星の通り道は天の赤道にほぼ平行になるので，東から昇るときも真東よりやや北寄りの位置になる。

⑷　図３は明け方に見たものである。太陽の方向に対する地球上の明け方の地点は，右の図のようになる。㋐～㋕で明け方の地点から図３のように惑星が見えるのは，地球上の明け方の地点と太陽を結ぶ直線よりも惑星がすべて上側に位置するものとなる。㋔では，水星は太陽とほぼ同じ方向に位置しているので，明け方に太陽が昇る少し前に昇って東の低い空に見える。また，このとき火星はほぼ南の方向に位置する。このように，㋔で地球上の明け方の地点からそれぞれの惑星を見ると，図３の惑星の見え方と合う。

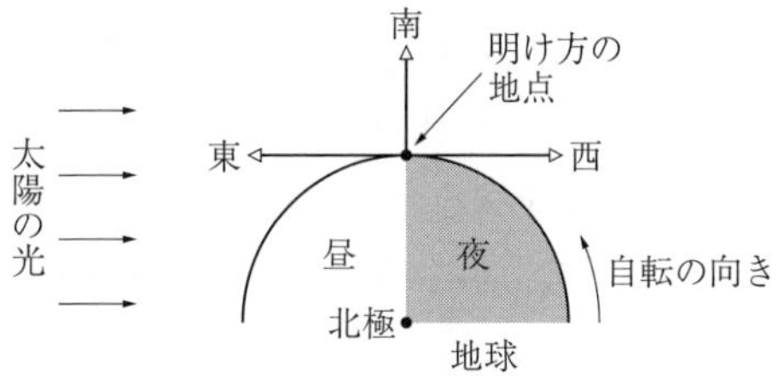

⑸　この日の夕方，太陽は真西より北寄りに沈むので，その位置にある太陽とは正反対の方向にすい星の尾が伸《の》びている。

２　干潟《ひがた》と環境《かんきょう》保全についての問題

⑴　「特に水鳥の生息地として国際的に重要な湿地《しっち》に関する条約」は，イランのラムサールで開かれた国際会議で採択《さいたく》されたので，一般《いっぱん》にラムサール条約とよばれている。

⑵　アのシギやオのチドリの中には，旅鳥として谷津干潟などの日本の湿地にやってくるものがいる。なお，イはスズメ，ウはサギ，エはハト，カはカモである。

⑶　説明文中に，カニなどの節足動物，ゴカイ類，貝の仲間などは，生物由来の物質の破片，プラ

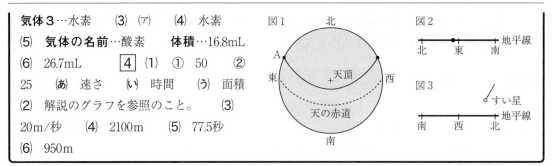

ンクトンやその遺がいなどの有機物を食べることが述べられている。このことから，貝の仲間であるマガキとカニの仲間であるコメツキガニを選ぶ。

⑷　有機物の合成を行う，つまり光合成を行う生物として，植物であるアシと，植物と同じく光合成を行う色素をもつ藻類《そうるい》である植物プランクトン（ケイ藻・ラン藻）とアオサ（海藻の仲間）が選べる。

⑸　①　ここでは，１匹《ぴき》のゴカイは，１日のうち４時から９時の５時間にのみエサを食べ，その間に0.03ｇの有機物を食べる。よって，73匹のゴカイが１日に食べた干潟の有機物は合計，0.03×73＝2.19（ｇ）である。　②　16日にチドリＡに食べられた73匹のゴカイは，15日と16日の２日間で，①の２倍の，2.19×２＝4.38（ｇ）の有機物を食べている。　③　チドリＡはゴカイを介《かい》して間接的に有機物を，１日目の15日に①，２日目の16日に①の２倍，…，１週間後に①の７倍の重さを取りこむことになる。このことから，チドリＡがゴカイを介して１週間に取りこんだ有機物の総量は，①の，（１＋７）×７÷２＝28（倍）で，2.19×28＝61.32（ｇ）と求めることができる。

⑹　説明文中に，生物が利用しきれなかった余分な有機物などが増えすぎて，生態系にたまってくると，水が汚《きたな》くなるなどして生態系のバランスが崩《くず》れると述べられている。チドリＡが１週間で食物連鎖《れんさ》を介して間接的に干潟の有機物を取りこんで干潟から飛び去ったように，渡《わた》り鳥は食物連鎖を介して間接的に干潟の有機物を取りこみ，干潟に余分な有機物がたまるのを防いでいる。

3　気体の性質についての問題

⑴　操作１の④で，ボンベから出した気体は，メスシリンダー内にたまるものとホースの中に残るものがある。㈠のようにすると，はじめにホースの中に空気が入っているので，ホースの中に残った気体の分と同じ体積の空気がメスシリンダーの中におし出されていることになる。そのため，ボンベから出した気体の体積を正確に測ることができる。なお，㈢や㈣は，メスシリンダー内にたまった気体の体積は，ボンベから出した気体の体積より，ホースの中に残った分だけ小さくなる。㈡は，メスシリンダー内にたまった気体の体積に相当する重さが，ボンベから出した気体の重さに等しくならない。

⑵　混合気体「い」は水素と酸素の混合気体で，着火すると反応して水ができる。気体１と気体３は，表２より明らかに気体３の方が軽いので，気体１が酸素，気体３が水素とわかる。よって，残る気体２はアルゴンである。

⑶　㈠のようにすると，ホースの中にある空気が反応管に入ってしまうため，反応管にそれぞれの気体を正確に10mLずつ集めることができない。

⑷　水素と酸素が過不足なく反応すると水ができ，すぐに液体となるので反応後の管内の気体の体積は０mLとなる。表３の条件２より，11.2mLの水素と，16.8－11.2＝5.6（mL）の酸素が過不足なく反応しているので，水素と酸素は２：１の体積比でちょうど反応することがわかる。条件１では11.2mLの水素に，14.0－11.2＝2.8（mL）の酸素を混合して反応させている。このとき，2.8mLの酸素と，2.8×２＝5.6（mL）の水素が反応して水ができ，11.2－5.6＝5.6（mL）の水素が残る。

⑸　条件４では，11.2mLの水素と，33.6－11.2＝22.4（mL）の酸素を混合しているので，5.6mLの酸素が反応に使われて，22.4－5.6＝16.8（mL）が残る。

⑹　11.2mLの水素をすべて反応させるには，5.6mLの酸素が最低限必要である。5.6mLの酸素を含む空気の体積は，表１の空気中に占《し》める体積の割合から，5.6÷0.21＝26.66…より，26.7mLと求められる。

4 速さと距離《きょり》についての問題

⑴　一定の速さで進んだときの移動した距離は，（速さ）×（時間）で求められる。よって，①は，10×５＝50（km）となる。また，（速さ）×（時間）は，図２では塗《ぬ》りつぶした部分の（縦の長さ）×（横の長さ）にあたるので，その部分の面積を表している。図３のように時間に対して速さが変化している場合でも，グラフの下側の面積は移動した距離を表しているので，②は，10×５÷２＝25（km）となる。

⑵　速度計の値は，それぞれの時間での瞬《しゅん》間《かん》の速さを表しているため，表１の値をグラフに点で示す。それらの点を線でつなぐと，右のようなグラフになる。

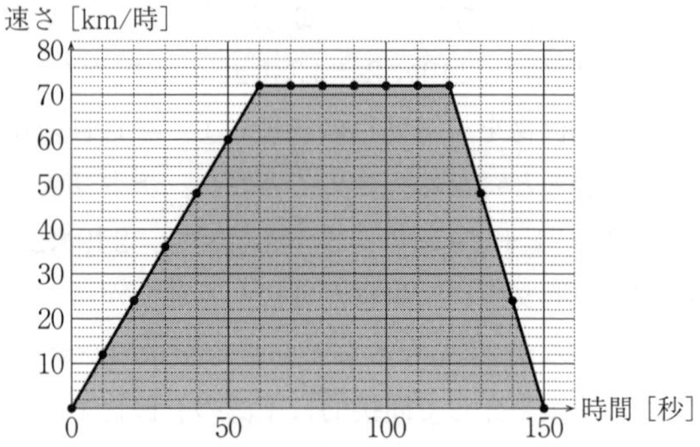

⑶　１km＝1000mで，１時間＝60分＝3600秒なので，72km/時は，72×1000÷3600＝20（m/秒）である。

⑷　⑵で書いたグラフの下側（塗りつぶした台形部分）の面積を求めればよい。⑶で求めた値を用いて計算すると，60秒後までに移動した距離は，20×60÷２＝600（m），60秒後から120秒後までに移動した距離は，20×（120－60）=1200（m），120秒後から停車する150秒後までに移動した距離は，20×（150－120）÷２＝300（m）であるから，求める距離は，600＋1200＋300＝2100（m）である。

⑸　幕張駅から幕張本郷駅に向かう電車は，60秒で600m進み，幕張本郷駅から幕張駅に向かう電車は図７より60秒で，20×40÷２＋20×（60－40）＝400＋400＝800（m）進んでいる。よって，このとき，両電車の間の距離は，2100－（600＋800）＝700（m）である。この700mを向かい合ってどちらも20m/秒の速さで進むので，700÷（20＋20）＝17.5（秒後）に出会う。したがって，２本の電車が出発してからすれ違《ちが》うまでの時間は，60＋17.5＝77.5（秒）と求められる。

⑹　幕張駅から幕張本郷駅へ向かう電車は，はじめの60秒間に600m進み，あとの17.5秒間には，20×17.5＝350（m）進む。よって，電車がすれ違う位置は幕張駅から，600＋350＝950（m）の位置となる。

国語　＜第１次試験＞（50分）＜満点：100点＞

解答

一　**問１**　(a)　つい　(b)，(c)　下記を参照のこと。　**問２**　天の羽衣が　**問３**　オ　**問４**　ウ　**問５**　（例）　自分の内にある具象以前の世界から，何か具象化されたものを取り出そうと力をつくすこと。　**問６**　（例）　人生の意義は，人に評価される業績より，自分の内の混沌に形を与えるため，どんな風に努力したのかにあるから。　**問７**　エ　**問８**　イ

二　**問１**　下記を参照のこと。　**問２**　X　ぼんのう　Y　ふ　**問３**　（例）　信心を続けてきたので極楽へ行けると確信しており，また，思いやりを持って人に接してきたおかげで，家

族みんなに惜しまれつつ最期をむかえることができた点。　**問４**　ウ　**問５**　ア，オ　**問６**　エ　**問７**　（例）何の変化もない日が永遠に続く極楽に飽きて退屈しきっているおかんにとって，見たことのない「地獄」についていろいろ想像をめぐらし，同じく退屈しきっている宗兵衛にその話をすることが，退屈を紛らすただ一つの方法だったから。　**問８**　ア

●漢字の書き取り

一　**問１**　(b)　画期　(c)　収　**二**　**問１**　(a)　卒中　(b)　快活　(c)　不断

解説

一　**出典は湯川秀樹《ゆかわひでき》の『詩と科学』所収の「具象以前」による。**人への評価，人生の意義に関する考え方が，年とともにどう変わってきたかを，マスメディアの発達・機械化といった時代の状況《じょうきょう》にも言及《げんきゅう》しつつ語っている。

問１　(a)　音読みは「ヒ」で，「費用」などの熟語がある。　(b)　「画期的」は，これまでとは時代を区切るほど目覚ましいようす。　(c)　音読みは「シュウ」で，「回収」などの熟語がある。

問２　研究において，ある「一つの段階からもう一つ上の段階に飛びあがれる」のがどれほど「まれなこと」かを表す言葉が入る。五つ目の段落に「天の羽衣《はごろも》がきてなでるという幸運は滅多《めった》に来ない」とあるので，この部分がぬき出せる。なお，「天の羽衣」は，天人が着て空を飛ぶという軽く美しい衣。

問３　同じ段落の前半で，研究者にとっての喜びと，実際の研究生活が述べられている。研究者は「長い間，心の中で暖めていた着想・構想が，一つの具体的な理論体系の形にまとまった時」に大きな喜びを感じるが，その「人生のほとんど全部は，同じようなことのくりかえし，同じ平面の上でのゆきつもどりつ」に費やされるのだと言っている。これを傍線《ぼうせん》部①の状態に重ねると，まとまった形になっておらず「着想・構想」から進んでいないことになるので，オが合う。

問４　筆者が「具象化されたもの」よりも，「ある人が何のために努力しているか，何を苦労しているか」といった，「具象以前の世界」を重要視していることをおさえる。傍線部②をふくむ段落で，「新聞・ラジオ・テレビ等を通じて」人々に与《あた》えられる情報は「具象化されたもの」であり，具象以前の世界は「初めから問題になっていない」と述べられているので，ウが正しい。　ア　情報技術について「科学が具象化の努力により実現したもの」だという評価はされていないので，誤り。　イ　マスメディアの情報が「他人の正しい評価を可能とする」とは述べられていないので，正しくない。　エ　マスメディアの情報伝達が「人類にとっていまだに理論化されていない世界のこと」を理解させるという記述はないので，合わない。　オ　マスメディアの情報によって，遠くの人々，直接関係のない人々の「具象化以前の世界に対する努力」を想像できるとは述べられていないので，ふさわしくない。

問５　同じ段落で筆者は，科学も芸術も，人間が内蔵している「具象以前の世界」から「何か具象化されたものを取り出そうとする」努力のあらわれだと述べている。そのことを「混沌《こんとん》に目鼻をつけようとする努力」だと表現しているので，これをもとに「具象以前の世界を内蔵する人間が，何か具象化されたものを取り出そうと力をつくすこと」のようにまとめる。

問６　外からの評価とは，「業績」で行う評価にあたる。筆者は年とともに，業績よりも「何のために努力しているか」，「どんな風に」苦心したかが大きな意味を持つと考えるようになり，人の内

にある，混沌から明確な物が「生まれようとしている世界」の重要性を繰《く》り返し説明している。最後の段落で，そこにこそ「人生の意義の少なくとも一つ」があると述べているので，「人生の意義は，業績よりも，その人が自身の内部の混沌に形を与えるために，どんな風に努力したかにあるから」のように書くとよい。

問７　「二つのグループ」とは，まだ形になっていない「具象以前の世界」と，すでに形になった「具象化されたもの」をいう。つまり，「着想」「何か」「イメージ」は前者，「理論体系」「業績」「知識」は後者にあたる。

問８　「業績」ではなく混沌から何かを生みだそうとする営為《えいい》に着目している，イがふさわしい。

二　**出典は菊池寛《きくちかん》の「極楽《ごくらく》」による**。信心深く皆《みな》に親切で快活だった「おかん」が，惜《お》しまれて亡《な》くなり，先だった夫の居る極楽に念願通り落ち着くまでと，その後の二人のようすを描《えが》いている。

問１　(a)「卒中」は，急激な症状《しょうじょう》が起きること。脳動脈に生じた出血や血栓《けっせん》などのため，突然《とつぜん》意識を失って倒《たお》れ，運動，言語などに障害があらわれる脳卒中が，その代表である。　(b)　明るく生き生きしたようす。　(c)　絶え間なく続くさま。

問２　X　「百八の煩悩《ぼんのう》」は，仏教の教えで，人間の心身を苦しめ迷わせる欲望が数多くあることを表す。　Y　「腑《ふ》に落ちる」は，“納得《なっとく》できる”という意味。「腑」は，はらわた・考え・心。

問３　同じ段落に，「浄土《じょうど》に対する確かな希望」を持ち，「一家の心からの嘆《なげ》き」を聞きながら安らかな往生を遂《と》げたと書かれていることに注目する。この「浄土」は，死後に行く極楽と同じ意味を表す。最初の段落にあるように，おかんは西本願寺へのお参りを欠かさない，信心深い門徒(浄土真宗の信者)で，死後には極楽へ行けると確信していたことがわかる。また，二つ目の段落に，おかんは「思いやりの深い親切な，それでいて快活な」人柄《ひとがら》だったと書かれているとおり，皆から慕《した》われ，惜しまれつつ死をむかえられることに「安らかさ」を感じたはずである。この二点をおさえ，「お参りを欠かさず信心してきたので極楽行きに疑いはなく，人には思いやりを持って接してきたおかげで家族に惜しまれつつ臨終をむかえられた点」のようにまとめる。

問４　前後に，極楽は悲しみも苦しみもなく，光が満ち，天楽が聞こえ，孔雀《くじゃく》が舞《ま》う美しい世界であることが描かれている。しかし，「蓮華《れんげ》の一片《ひとひら》が，散るほどの変化も起《おこ》らな」い日々が続くうちに，おかんは「飽《あ》いて」「堪《たま》らないような退屈《たいくつ》」を感じるようになっている。以前から極楽に居た宗兵衛はそのことを知っていたので，おかんの「ほんとうに極楽じゃ」という感嘆《かんたん》に「何とも答えなかった」ものと考えられる。

問５　「不退転」は，何事にも屈《くっ》せず信念を曲げないことをいう。少し前に，「娑婆《しゃば》から極楽へ来るまでの～薄闇《うすやみ》の中を通る時」であっても，「未来の楽しみを思うと，一刻でさえ足を止めたことはなかった」と書かれていることに注目する。つまり，どんなに道が長く続いても，おかんは「何時《いつ》かは極楽へ行ける」，そして「宗兵衛にも十年振《ぶり》に，顔を合わせることが，出来る」と信じ，心を燃やしていたのだから，アとオがふさわしい。

問６　ひどくつまらない「極楽」で，蓮《はす》の台《うてな》に「未来永劫坐《えいごうすわ》り続ける」であろうおかんと宗兵衛にとって，「血の池や剣《つるぎ》の山」に想像をめぐらしながら話すことが「ただ一つの退屈紛《まぎ》らし」となっている点をおさえる。つまり，ここでの「地獄《じごく》」は二人を退屈から救うもので，一般《いっぱん》的な「恐《おそ》ろしい」世界ではないと考えられるので，エが合う。

問７　「地獄」の話題の魅力《みりょく》的な点と，それが二人にどのように作用したかをおさえる。おかんは極楽に行くことを楽しみにしていたものの，実際に来てみると，何の変化もなく，退屈のあまり「欠伸《あくび》ばかり」するようになった。再会を楽しみにしていた宗兵衛とも，「凡《すべ》ての話題が」「古くさく」なり，会話はなくなっている。そんな中，おかんの「地獄」の話題に宗兵衛も好奇《こうき》心を抱《いだ》いたのは，まだ見ぬ「極楽」におかんが思いを馳《は》せたときと同様，地獄が「見た事のない」世界で，「想像力」をかき立てる新鮮《しんせん》なものだったからであり，この話題が二人にとって「ただ一つの退屈紛らし」だったからである。以上のことがらをふまえてまとめればよい。

問８　アの『恩讐《おんしゅう》の彼方《かなた》に』が菊池寛の作品である。なお，イの『それから』は夏目《なつめ》漱石《そうせき》，ウの『破戒』は島崎藤村《しまざきとうそん》，エの『古都』は川端康成《かわばたやすなり》，オの『歯車』は芥川龍之介《あくたがわりゅうのすけ》，カの『細雪《ささめゆき》』は谷《たに》崎潤一郎《ざきじゅんいちろう》の作品にあたる。

2021年度　渋谷教育学園幕張中学校

〔電　話〕(043) 271－１２２１
〔所在地〕〒261-0014　千葉市美浜区若葉１－３
〔交　通〕JR総武線・京成千葉線－「幕張駅」より徒歩15分
JR京葉線－「海浜幕張駅」より徒歩10分

【算　数】〈第２次試験〉(50分)〈満点：100点〉

（注意）　コンパス，三角定規を使用します。

1　次の各問いに答えなさい。

(1)　分母が2021で分子が１から2020までの2020個の分数を，下のように並べました。

$\frac{1}{2021}$, $\frac{2}{2021}$, $\frac{3}{2021}$, ……, $\frac{2020}{2021}$

なお，$2021=43\times47$ です。

①　2020個の分数のうち，約分できるものは何個ありますか。

②　2020個の分数のうち，約分できるものをすべて取り除きます。残った分数をすべて足すといくつになりますか。

(2)　60は，９で割ったときの商と余りがそれぞれ６になり，商と余りが等しくなります。また，11で割ったときの商と余りがそれぞれ５になり，商と余りが等しくなります。

①　０ではないある整数Aは，15で割ったときの商と余りが等しくなります。また，同じ整数Aを17で割ったときの商と余りも等しくなります。Aはいくつですか。

②　ある整数Bは，ある整数Cで割ったときの商と余りがそれぞれ15になり，商と余りが等しくなります。また，別のある整数Dで割ったときの商と余りが17になり，商と余りが等しくなります。Bとして考えられる３けたの整数のうち，もっとも大きいものを答えなさい。

2　青，黄，赤の３種類の色紙がそれぞれたくさんあります。すべて同じ大きさの正方形です。これらの色紙を，次の決まりにしたがって壁《かべ》にはり，色の模様をつくります。

【決まり】

・青の色紙の周りには青の色紙をはらない。
　例えば，図１のAの場所に青の色紙をはったとき，①から⑧までの場所には青の色紙をはらない。
・黄と赤の色紙は，上下左右に同じ色の色紙をはらない。
　例えば，図１のAの場所に黄の色紙をはったとき，②，④，⑤，⑦の場所には黄の色紙をはらない。

図１

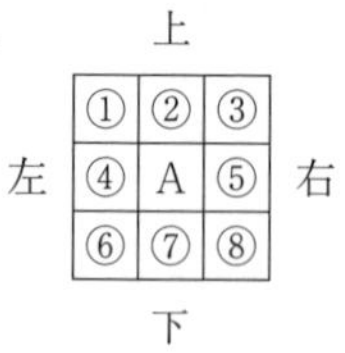

このとき，次の各問いに答えなさい。

(1)　図２のように，縦に３枚，横に３枚，計９枚の色紙を壁《かべ》にはって，正方形の色の模様をつくります。

図２

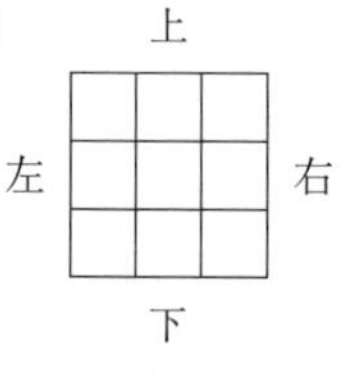

①　青の色紙を１枚だけ使うとき，できる色の模様は全部で何通りありますか。

②　青の色紙をちょうど２枚使うとき，できる色の模様は全部で何通りありますか。

(2)　図３のように，縦に４枚，横に５枚，計20枚の色紙を壁《かべ》にはって，長方形の色の模様をつくります。青の色紙をできるだけ多く使うようにしたとき，できる色の模様は全部で何通りありますか。

図３

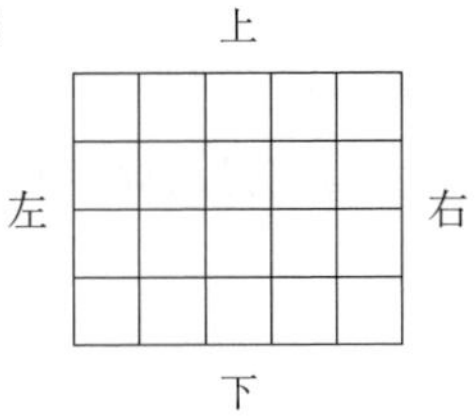

3　みはま鉄道のM駅からとなりのK駅までの区間は，海岸線にそって線路がひかれており，強風が吹くと，この区間で電車の速さを遅くして運行することがあります。電車に遅れが生じて，K駅に向かう電車がM駅に着いたときに前の電車がK駅の手前を走っている場合には，前の電車がK駅に着くまで，次の電車はM駅に停車して待つことになっています。

ある日，K駅に向かう電車A，電車B，電車Cは，電車Aを先頭にして，15分間かくで走っていました。強風が吹き始めたため，電車AがM駅からK駅に向けて出発するときから，電車Aとそれ以降の電車について，M駅からK駅までの区間に限って，通常の60％の速さで運行することになりました。

この結果，電車Aは，予定の時刻より８分遅れてK駅に着きました。また，電車Aのすぐ後ろを走っていた電車Bは，予定の時刻より13分遅れてK駅に着きました。

このとき，次の各問いに答えなさい。

(1)　電車Bのすぐ後ろを走っている電車Cは，予定の時刻より何分遅れてK駅に着きますか。

(2)　M駅からK駅までの電車の速さを，実際よりさらに毎分0.2kmだけ速さを遅くして運行していたとすると，電車Aは，予定の時刻より18分遅れてK駅に着いていたそうです。

①　電車の通常の速さは，毎分何kmですか。

②　M駅とK駅の間の道のりは，何kmですか。

4　私たちが住む地球から遠く離《はな》れた宇宙の彼方《かなた》に，円板のかたちをしたポアン星という星があります。円板の円の部分をシブマールと言います。この星に住むポアン星人は，ふだんはシブマールの円周上にいますが，ある決まりにしたがってシブマールの中を歩き，円周上のある点Aから円周上の別の点Bに移動します。ポアン星人がシブマールの上を歩いた道すじは，次の方法で見つけることができます。

図１

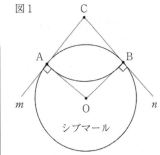

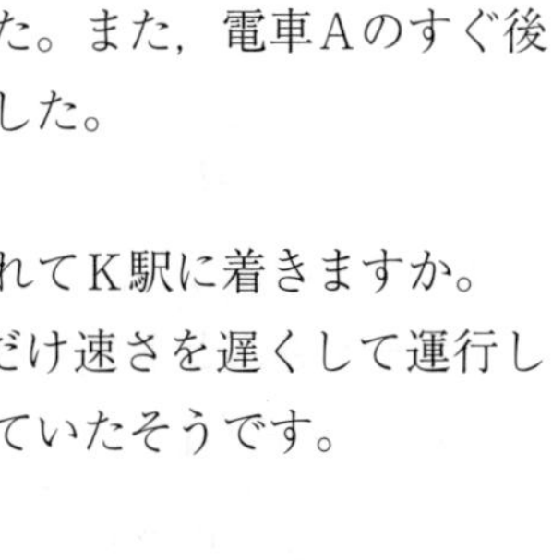

【ポアン星人が歩いた道すじを見つける方法】

図１のように，ポアン星人が，シブマールの円周上の点Aから点Bまで，点Aと点B以外の円周上の点を通らずに移動したとする。

このとき，まず，シブマールの中心Oと点Aを結ぶ直線と垂直で，点Aを通る直線mをひく。

次に，中心Ｏと点Ｂを結ぶ直線と垂直で，点Ｂを通る直線 n をひく。
２本の直線が交わった点を点Ｃとする。このとき，CA の長さと CB の長さは必ず等しくなるので，点Ｃを中心として２点Ａ，Ｂを通る円がかける。
その円の弧《こ》が，ポアン星人が歩いた道すじである。

なお，３つの点Ａ，Ｏ，Ｂが一つの直線の上にあるときには，点Ａと点Ｂ以外の円周上の点を通らずにＡからＢに移動することはできません。

このとき，次の各問いに答えなさい。

(1) ポアン星人のマークさんは，図２の点Ｄを出発し，点Ｐを通って円周上の点Ｅにとう着しました。なお，点Ｄ，Ｅ以外の円周上の点は通りませんでした。マークさんが歩いた道すじと点Ｅを，解答用紙に定規とコンパスを用いて作図しなさい。また，作図した点Ｅの近くに記号「Ｅ」をかきなさい。作図に用いた線は消さずに残しておくこと。三角定規の直角を使ってはいけません。

図２

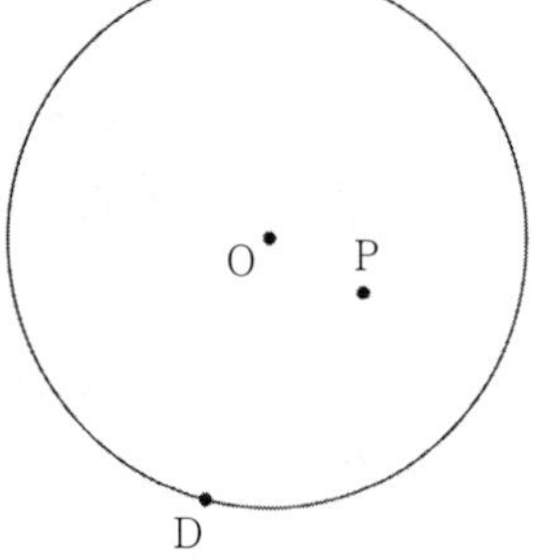

図３

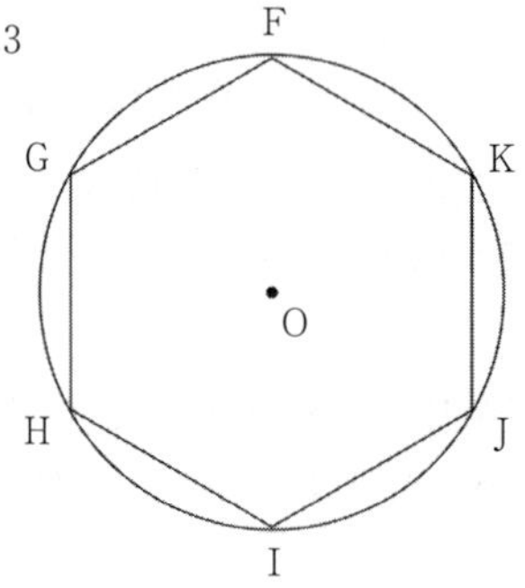

(2) 図３のように，シブマールの円周を６等分する６つの点Ｆ，Ｇ，Ｈ，Ｉ，Ｊ，Ｋがあります。マークさんとポアン星人のハリーさんは，シブマールの上を次のように移動しました。

【マークさん】

点Ｆを出発し，Ｆ→Ｇ→Ｈ→Ｉ→Ｊ→Ｋ→Ｆの順に移動してＦで止まった。Ｆ，Ｇ，Ｈ，Ｉ，Ｊ，Ｋ以外の円周上の点は通らなかった。

【ハリーさん】

点Ｆを出発し，Ｆ→Ｊ→Ｈ→Ｆの順に移動してＦで止まった。Ｆ，Ｊ，Ｈ以外の円周上の点は通らなかった。

２人は点Ｆを同時に出発して，それぞれ一定の速さで歩いたところ，点Ｆに同時にとう着しました。

マークさんの歩いた速さは，ハリーさんの歩いた速さの何倍ですか。

5 図のように，南北にのびる直線mが地面にひかれています。

直方体ABCD-EFGHを，底面の対角線EGが直線mに重なるように地面に置きます。

直線mの点Eより南側に点Oを，OE：EG＝1：2になるようにとります。

また，直線mのGより北側に点Pを，EG：GP＝2：1になるようにとります。

そして，直線mと垂直で，点Pを通る直線nを地面にひき，直線nの上に，大きなスクリーンを地面に垂直に立てます。

なお，AB：AC＝1：2，AB：AE＝1：3です。

図

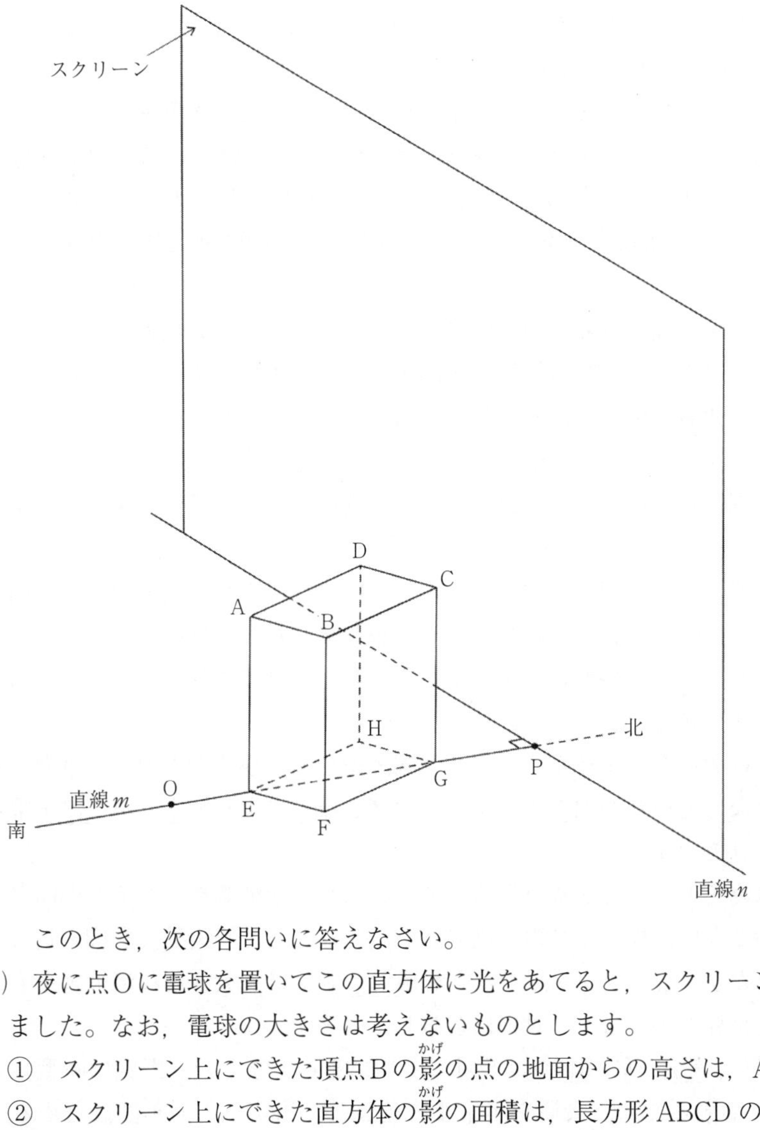

このとき，次の各問いに答えなさい。

(1) 夜に点Oに電球を置いてこの直方体に光をあてると，スクリーン上にこの直方体の影《かげ》ができました。なお，電球の大きさは考えないものとします。

① スクリーン上にできた頂点Bの影《かげ》の点の地面からの高さは，ABの長さの何倍ですか。

② スクリーン上にできた直方体の影《かげ》の面積は，長方形ABCDの面積の何倍ですか。

(2) 昼に太陽がちょうど南にきたとき，棒を地面に垂直に立てると，棒の長さと影《かげ》の長さの比は3：2になりました。このとき，スクリーン上にできる直方体の影《かげ》の面積は，長方形ABCDの面積の何倍ですか。

【社　会】〈第2次試験〉（45分）〈満点：75点〉

（注意）　• 句読点は字数にふくめます。

• 字数内で解答する場合，数字は1マスに2つ入れること。例えば，226年なら 22 6 年 とすること。字数は指定の8割以上を使用すること。例えば，30字以内なら24字以上で答えること。

• 答えはすべて解答用紙のわく内に記入し，はみださないこと。

〈編集部注：実物の入試問題では，**3**の図1～図4はカラー印刷です。〉

1　次の文章を読み，下記の設問に答えなさい。

2019年12月，中国において急性呼吸器疾患《しっかん》が集団発生し，新型コロナウイルスが原因となって引き起こされていることがわかりました。このウイルスは中国から世界中へと広がり，a世界保健機関(WHO)がパンデミックを宣言するに至ったのです。

新型コロナウイルスの大流行は，さまざまなスポーツ大会の開催にも影響を及ぼしました。そのうちの一つが，東京オリンピック・パラリンピックです。昨年(2020年) 3月にb国際オリンピック委員会(IOC)のバッハ会長とc安倍晋三首相が協議をおこないました。その結果，IOCと2020年東京オリンピック組織委員会は，2021年の夏前までの時期に延期すべきという結論に達しました。

新型コロナウイルスは，瞬《またた》く間に世界各国に感染が広がりました。感染拡大を防ぐため，多くの国や都市などではロックダウン(都市封鎖《ふうさ》)や入国制限措置《そち》を実施しました。これらにより4月中旬には，欧州で最も死者が多かったイタリア，スペイン，そして感染が拡大していたニューヨークでさえも，ピークアウトの兆《きざ》しが見えて，規制の一部解除に踏《ふ》み切りました。しかし，ロックダウンや入国制限措置により(　**ア**　)が世界的に停滞《ていたい》し，経済に深刻《しんこく》な打撃を与えました。

日本でも感染拡大を防ぐために，安倍首相は2月末，全国すべての小学校・中学校・高等学校・特別支援学校について，春休みまでの臨時休校を要請しました。さらに4月に入ると東京都など7都府県を対象としたd緊急事態宣言を発令しました。これにより多くの企業においてeテレワークが急速に広がりました。

日本ではロックダウンはおこないませんでしたが，国民や企業・事業者の理解と協力とともに，f医療従事者の懸命《けんめい》な努力やわが国の医療レベルの高さなどにより感染の第1波を乗り越えることができたと言われています。

新型コロナウイルスは夏を迎えても猛威《もうい》を振るっていました。治療薬やワクチンが開発されるまでロックダウンをおこない，ウイルスの感染経路を潰《つぶ》すなどして感染拡大を抑え込むことが効果的とされていましたが，gロックダウンなどの厳しい制約は，大きな経済被害をもたらすため，日本だけでなく世界各国ともその対応に苦慮《くりょ》しています。

そのような中，第201回h常会(通常国会)は6月に会期末を迎えました。野党は新型コロナウイルスの感染拡大に対応するため，会期を年末まで延長し，事実上の通年国会とするようi衆議院議長に申し入れましたが，諮問《しもん》された議院運営委員会において与党の反対多数で否決され，会期の延長は成立しませんでした。そこで，与野党は新型コロナウイルス対策を審議するため，閉会中審査をおこなう方針で合意しました。

7月末に開催された参議院j国土交通委員会の閉会中審査では，失われた旅行需要の回復や旅行中における地域の観光関連消費の喚起《かんき》をめざした「kGo To トラベル事業」に関する質疑もおこなわれました。

問１　下線部**a**に関する次の文**X**・**Y**について，その正誤の組合せとして正しいものを，下記より１つ選び番号で答えなさい。

X　世界保健機関は，すべての人々が可能な最高の健康水準に到達することを目的として設立されました。

Y　世界保健機関は，感染症や風土病の撲滅《ぼくめつ》に向けた取り組みを進めており，天然痘《てんねんとう》の撲滅に貢献《こうけん》しました。

1	X	正	Y	正	2	X	正	Y	誤
3	X	誤	Y	正	4	X	誤	Y	誤

問２　下線部**b**に関する次の文**X**・**Y**について，その正誤の組合せとして正しいものを，下記より１つ選び番号で答えなさい。

X　国際オリンピック委員会は，スポーツを通じてよりよい世界を構築《こうちく》することをめざす国際連合の専門機関です。

Y　国際オリンピック委員会が定めたオリンピック憲章には，オリンピックマークの五輪の色や位置が定められています。

1	X	正	Y	正	2	X	正	Y	誤
3	X	誤	Y	正	4	X	誤	Y	誤

問３　下線部**c**に関する次の文**X**・**Y**について，その正誤の組合せとして正しいものを，下記より１つ選び番号で答えなさい。

X　安倍内閣の閣僚《かくりょう》のすべては，自由民主党（自民党）所属の国会議員でした。

Y　安倍首相の通算在任期間は桂太郎を，連続在任期間は佐藤栄作を抜いて，ともに歴代最長になりました。

1	X	正	Y	正	2	X	正	Y	誤
3	X	誤	Y	正	4	X	誤	Y	誤

問４　空らん（**ア**）にあてはまる文を，**モノ**という語句を必ず用いて７字程度で答えなさい。

問５　下線部**d**に関する次の文**X**・**Y**について，その正誤の組合せとして正しいものを，下記より１つ選び番号で答えなさい。

X　都道府県知事は，住民に対して期間と地域を定めた上で，医療機関への通院や食料の買い出しなどを除いて，不要不急の外出を自粛《じしゅく》するよう要請できます。

Y　都道府県知事が私立学校や市町村立の小学校・中学校に休校を要請し，応じない場合には罰則を科《か》すことができます。

1	X	正	Y	正	2	X	正	Y	誤
3	X	誤	Y	正	4	X	誤	Y	誤

問６　下線部**e**による労働者（社員）側の長所（メリット）として考えられることは何ですか。解答用紙のわく内で１つ答えなさい。

問７　下線部ｆについて，医療従事者の努力により感染拡大は防いだものの，医療機関の中にはコロナ関連による経営難に苦しむ病院が多数ありました。なぜ病院の経営は苦しくなったのですか。その理由を１つあげて，解答用紙のわく内で答えなさい。

問８　下線部ｇは，日本国憲法にある基本的人権を制限するものとの批判がありました。その基本的人権を日本国憲法で規定されている自由権の中から１つあげて答えなさい。

問９　下線部ｈに関する次の文Ｘ・Ｙについて，その正誤の組合せとして正しいものを，下記より１つ選び番号で答えなさい。

Ｘ　常会の会期は，衆議院と参議院の両院の議決で決まります。

Ｙ　常会では，翌年度の予算が審議され，年度内に予算が成立しないときは本予算が組まれます。

1	Ｘ	正	Ｙ	正	2	Ｘ	正	Ｙ	誤
3	Ｘ	誤	Ｙ	正	4	Ｘ	誤	Ｙ	誤

問10　下線部ｉに関する次の文Ｘ・Ｙについて，その正誤の組合せとして正しいものを，下記より１つ選び番号で答えなさい。

Ｘ　衆議院議長は，衆議院議員の中から選ばれ，任期は衆議院議員の任期と同じです。

Ｙ　衆議院議長は，参議院議長とともに立法府を司《つかさど》る三権の長で，日本国憲法上，就任には天皇からの任命が必要です。

1	Ｘ	正	Ｙ	正	2	Ｘ	正	Ｙ	誤
3	Ｘ	誤	Ｙ	正	4	Ｘ	誤	Ｙ	誤

問11　下線部ｊに関する次の文Ｘ・Ｙについて，その正誤の組合せとして正しいものを，下記より１つ選び番号で答えなさい。

Ｘ　衆議院と参議院には，国土交通委員会などの特別委員会と，災害対策など特に必要と認められたときに本会議の議決で設置される常任委員会があります。

Ｙ　この委員会の開催には，委員の３分の１以上の出席が必要です。

1	Ｘ	正	Ｙ	正	2	Ｘ	正	Ｙ	誤
3	Ｘ	誤	Ｙ	正	4	Ｘ	誤	Ｙ	誤

問12　下線部ｋについて，この事業の目的には，政府が示す新しい生活様式に基づく旅のあり方を普及，定着させることもふくまれます。この目的を達成するために，旅行者と観光関連事業者の双方に共通して求められていることを解答用紙のわく内で答えなさい。

2　次の文章を読み，下記の設問に答えなさい。

江戸時代の初期，日本海沿岸の各地域の米などは，敦賀《つるが》や小浜《おばま》（ともに福井県）に陸揚《りくあ》げされた後《あと》，陸路で琵琶湖北岸まで運ばれ，琵琶湖の舟運《しゅううん》を利用して大津（滋賀県）に集荷されたのち，a 京都など畿内の諸都市に運ばれました。

1670年代に河村瑞賢によって，東北・北陸方面から日本海を経て下関をまわり，瀬戸内海を通って※大坂にいたる西廻り航路がひらかれると，日本海沿岸各地の米など諸物資の主要な集荷地は，大津から大坂に移りました。

北前船という帆船《はんせん》は，この西廻り航路を往来しました。北前船は，江戸時代中期から明治時代後半にかけて，蝦夷地《えぞち》から大坂までを，船主が立ち寄る港を決め，商品を売買しながら日本海を往来しました。大坂へは日本海沿岸諸藩の米や，蝦夷地の昆布やニシンなどが運ばれた一方，大坂から蝦夷地に至るルートでは塩や日用品などが運ばれました。

それでは大坂から蝦夷地にいたる北前船の寄港地を，その特徴とともにたどっていきましょう。大坂は全国の米の集散地だけでなく，北前船が運んできた（　b　）についても会所が設けられ，そこでは中国向け輸出品の干しアワビやフカヒレなどが扱われていました。

大坂を出発して西に向かうと，現在の神戸市にあたる c 兵庫津《ひょうごのつ》があり，さらに瀬戸内海を進んだ先には，鞆《とも》の浦《うら》（広島県）といった d 江戸時代に国際交流をおこなった国の一行が宿泊した場所もあります。関門海峡を抜け，下関をまわると e 室津《むろつ》（山口県）があります。

日本海では，f 隠岐《おき》（島根県）で風待ちをしながら停泊し，東に進み能登半島に向かいますが，ここではかつて g 渤海《ぼっかい》からの使節も来航した福浦《ふくら》（石川県）に寄ります。寺泊《てらどまり》（新潟県）へ着いた船は h 佐渡島に向かうものや，さらに北上して蝦夷地である松前・※箱館（ともに北海道）に入ったほか，東の海岸を進んで厚岸《あっけし》・根室（ともに北海道）に向かい昆布などを仕入れたものもありました。

北前船はこうした各地の港に寄り，商品価格を見ながら独自の判断で交易をおこなって利益を得ていました。北前船の船主はその利益をもとに，i 明治時代には函館銀行や北陸銀行などの設立に大きく関わり，また j 北海道の発展にも貢献しました。しかしこのような北前船の活動は，より安全で積載量も多い k 汽船が普及したり鉄道網が発達したこともあって，1900年代には衰退し，l 日露戦争によって北海道近海が危険となったことで終焉《しゅうえん》を迎えました。

※大坂は大阪，箱館は函館とも表記します。

問１　下線部 a について，８世紀末，桓武天皇は平城京から長岡京，さらに平安京に都を遷《うつ》しました。

(1)　桓武天皇が平城京から他の土地に都を遷した理由を解答用紙のわく内で答えなさい。

(2)　桓武天皇が都を遷すときに，長岡京の地を選んだ理由を解答用紙のわく内で答えなさい。

問２　空らん（ b ）にあてはまる語句を漢字で答えなさい。

問３　下線部 c に関する次の文 X・Y について，その正誤の組合せとして正しいものを，下記より１つ選び番号で答えなさい。

X　平清盛は，この地の港を日本と中国（宋）との間の交易の拠点にしました。

Y　平清盛は，この地に厳島神社を設け，一族の繁栄を願って経典を納めました。

1	X	正	Y	正		2	X	正	Y	誤	
3	X	誤	Y	正		4	X	誤	Y	誤	

問４　下線部**d**について，江戸幕府が交流のあった国を「通信国」と「通商国」に分けて考えることがあります。このうち「通信国」の正しい組合せを，下記より１つ選び番号で答えなさい。

1　朝鮮・清　　　2　朝鮮・オランダ

3　朝鮮・琉球　　4　清・オランダ

5　清・琉球　　　6　琉球・オランダ

問５　下線部**e**には元寇の時に，日本に服属を促すための元の使者が来ました。元寇に関する次の文**X**・**Y**について，その正誤の組合せとして正しいものを，下記より１つ選び番号で答えなさい。

X　元の襲来を予言していた日蓮は，法華経を重視し念仏を唱えれば救われるという教えを説きました。

Y　元寇の危機に際して，執権の北条時宗は永仁の徳政令を出して，御家人の働きに報いました。

1	X	正	Y	正	2	X	正	Y	誤
3	X	誤	Y	正	4	X	誤	Y	誤

問６　下線部**f**について，14世紀に鎌倉幕府を倒そうとして失敗し，幕府に捕らえられてこの島に送られた天皇を漢字で答えなさい。

問７　下線部**g**について，渤海は中国・朝鮮半島との対立のなか，日本との連携を試みました。８世紀の中国・朝鮮半島に存在した王朝の組合せとして正しいものを，下記より１つ選び番号で答えなさい。

1　中国－唐　朝鮮半島－高句麗

2　中国－唐　朝鮮半島－新羅

3　中国－明　朝鮮半島－高句麗

4　中国－明　朝鮮半島－新羅

問８　下線部**h**について，佐渡金山は江戸幕府が直轄した鉱山の１つでした。幕府が直轄した鉱山のうち，現在の兵庫県朝来《あさご》市にあった銀山名を漢字で答えなさい。

問９　下線部**i**について，北前船による交易は，明治時代に入って利益が減少してきました。理由の一つとして電信網の発達があげられます。なぜ通信網の発達が，北前船の利益を減少させたのですか。その理由を，本文をふまえて解答用紙のわく内で答えなさい。

問10　下線部**j**について，北海道の発展に貢献した北海道拓殖《たくしょく》銀行は1997年に経営破綻《はたん》しました。次の文のうち，1990年代の出来事を１つ選び番号で答えなさい。

1　日本国有鉄道(国鉄)が分割民営化され，JR各社が発足《ほっそく》しました。

2　阪神・淡路大震災が起こりました。

3　日中平和友好条約が調印されました。

4　東海道新幹線が開業し，東京でオリンピックが開催されました。

問11　下線部kについて，次の表は海運会社の営業収入の推移です。いずれの会社も1915年度から収入が大幅に増えています。この時期に海運会社の収入が伸びた理由を，当時の日本の貿易状況をふまえて解答用紙のわく内で答えなさい。

年度＼会社名	日本郵船	大阪商船
1913	3,403	2,018
1914	3,419	1,935
1915	4,210	2,360
1916	6,819	4,367
1917	11,604	7,246
1918	22,291	16,787
1919	21,676	12,717

※単位は万円
『明治大正国勢総覧』(東洋経済新報社　1927年)より作成

問12　下線部lについて，出征した弟を想った詩である「君死にたまふことなかれ」を発表した歌人を漢字で答えなさい。

＜以下の資料を参考にしました＞

中西　聡『海の富豪の資本主義　北前船と日本の産業化』(名古屋大学出版会　2009年)

中西　聡『北前船の近代史ー海の豪商たちが遺したものー(改訂増補版)』(成山堂書店　2017年)

加藤貞仁『北前船寄港地ガイド』(無明舎出版　2018年)

3　次の文章を読み，下記の設問に答えなさい。

2020年８月現在，日本には792の「市《し》」があります。このうち，人口が最も多いのは(X)市で364.8万人です。東京23区は902.1万人ですので実質的には日本最大の都市ですが，正確には１つの市ではありません。２位以下は，(Y)市，a Z市，b 札幌市，福岡市と続き，11位の仙台市までが100万都市です。行政面や財政面などにおいて，都道府県に近い権限が与えられる政令指定都市は，これら11都市のほか c 人口100万人に満たない９都市があり，全部で20都市が指定されています。

逆に人口が最も少ない市は，北海道歌志内《うたしない》市で3271人しかいません。市の要件はいくつかありますが，人口は現在おおむね５万人が目安となります。しかし，実際には人口２万人に満たない市もあります。その d 多くは市制施行後に人口が減少し，現在のような状況になりました。

さらに面白いことに，町や村のなかには市よりも人口の多いケースがあります。現在最も人口の多い町は広島県府中《ふちゅう》町で5.1万人です。このように人口が５万人を超えるような町や村は過去にもありましたが，多くは市に移行しています。例えば，e 岩手県にあった滝沢《たきざわ》村は，2014(平成26)年に村から一気に市に移行し，現在は滝沢市となっています。

2000年代に入ってから，活発に行われた市町村合併の結果，人口が1000人に満たないような小規模な町村は少なくなりました。それでもさまざまな事情からいくつか残っており，f 少ない順に６位までは離島に位置しています。離島以外では奈良県野迫川《のせがわ》村(395人)や g 高知県大《おお》川《かわ》村(408人)などが人口の少ない町村です。

(この**3**における人口の数値は特に断りがない限り，いずれも『データブック オブ・ザ・ワールド 2020年版』による。)

問1　空らん(**X**)・(**Y**)に適する市をそれぞれ漢字で答えなさい。

問2　下線部**a**について，**Z**市とその周辺の市などの沿岸部に広がる**Z**港は日本で最も輸出量の多い港です(2018年)。**Z**港の輸出品目のうち，その割合が最大となるものを，下記より1つ選び番号で答えなさい。

(データは**Z**港ウェブサイトより)

1　石炭　　2　集積回路　　3　自動車　　4　プラスチック

問3　下線部**b**について，札幌市は世界有数の豪雪都市ですが，日本の都道府県庁所在地の最深積雪(その地点の積雪の最大値)の平年値では2位です。次の文章は1位の都市について説明しています。この都市名を漢字で答えなさい。

> この都市は半島に囲まれた湾の奥に位置していて，風が集まりやすい地形です。この風が，この都市の南東にそびえる山岳地帯にぶつかって大量の雪を降らせます。

問4　下線部**c**について，次の(1)〜(3)の文章に該当する都市名をそれぞれ漢字で答えなさい。

(1)　この都市は政令指定都市ですが，広大な農地も有しており，米の生産量は全国の市区町村の中で最大です。

(2)　この都市は1963年に5市の合併によって政令指定都市となりました。日本有数の工業地帯でしたが，その衰退もあって，2000年代に入ってから人口は100万人を割っています。

(3)　この都市は中国・四国地方の交通の要衝《ようしょう》であり，山陽新幹線の列車が停車するほか，四国や山陰方面へ向かう特急列車が発着します。

問5　下線部**d**について，次の**表1**は人口の少ない市を順に示しており，いずれも共通の性格を持っています。これらの都市がどのように発展し，なぜ人口が減少したのかについて共通する理由を，解答用紙のわく内で答えなさい。

表1　人口の少ない市(2019年)

市名	人口(人)
北海道歌志内市	3,271
北海道夕張市	8,033
北海道三笠市	8,541
北海道赤平市	10,121

問6　下線部 **e** について，次の**図1**に示す通り，滝沢村は昭和50年代から急激に人口が増加しました。その理由を，**図2**を参考にして解答用紙のわく内で答えなさい。

図1　滝沢村(市)の人口の推移

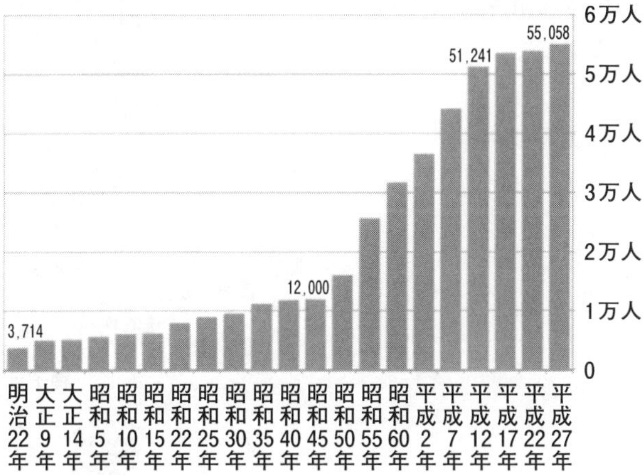

(滝沢市ウェブサイトより)
(国勢調査による。ただし，明治22年は村誌，平成27年は住民基本台帳による。)
(明治22年に現在の区域の滝沢村が成立して以降，市町村合併はおこなわれていない。)

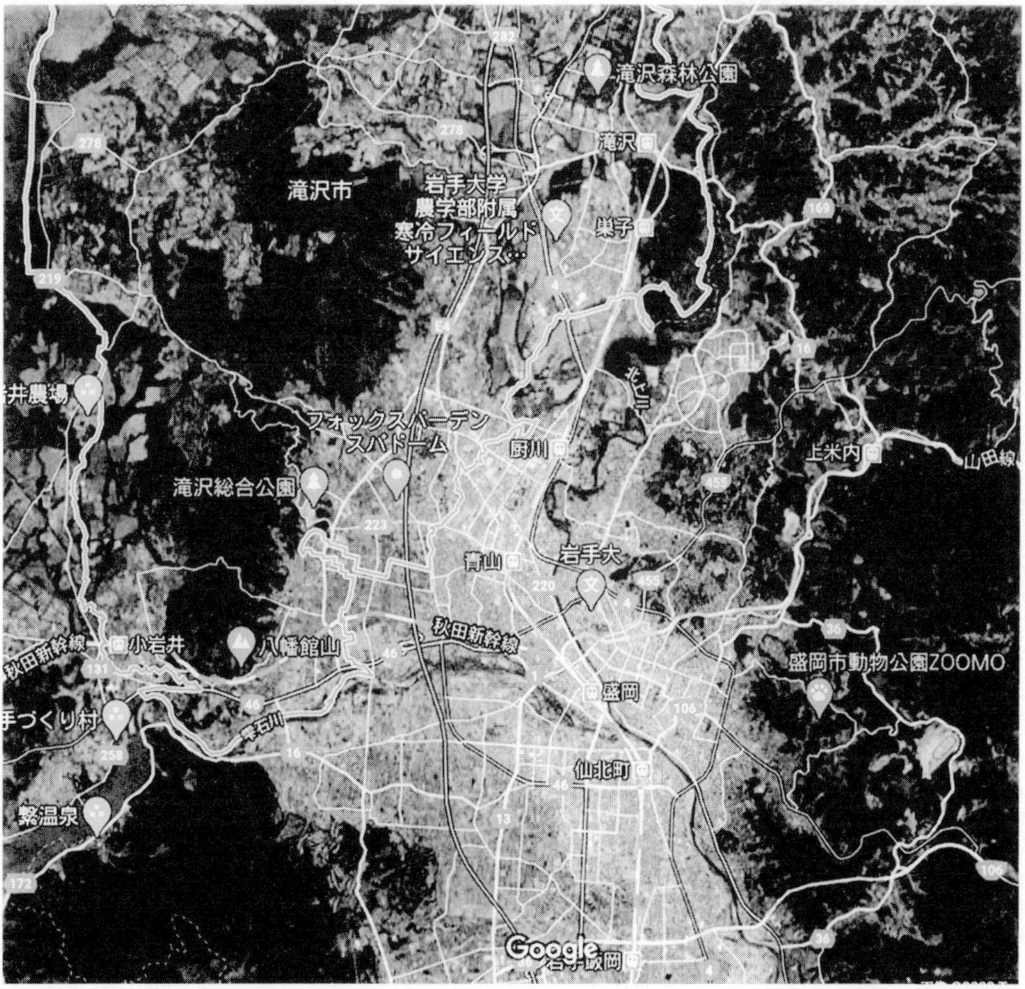

図2　(Google マップ より)

問７　下線部 **f** について，次の**表２**は人口の少ない町村を少ない順に示しています。５位の鹿児島県三島《みしま》村の役場は村内にはなく，鹿児島市にあります。このようにすることの行政側のメリットを，下の「**三島村に関する情報**」と**図３**を参考にして解答用紙のわく内で答えなさい。

表２　人口の少ない町村（2019年）

町村名	人口（人）
東京都青ヶ島《あおがしま》村	159
東京都御蔵島《みくらじま》村	316
東京都利島《としま》村	322
新潟県粟島浦《あわしまうら》村	350
鹿児島県三島《みしま》村	371
沖縄県渡名喜《となき》村	376

図３

（三島村ウェブサイトより作成）

三島村に関する情報

・三島村には竹島《たけしま》・硫黄島《いおうじま》・黒島《くろしま》の３つの有人島があります。

・３島にはそれぞれ，村役場の出張所が設置されています。

・**図３**は，鹿児島港と３島を結ぶフェリーの航路と各港の間の距離を示しています。

問８　下線部 **g** について，高知県大川村は**図４**に示すように，人口が4000人以上の時期もありましたが，1960（昭和35）年以降，急激に人口が減少しました。その理由を，下の「**大川村に関する情報**」を参考にして解答用紙のわく内で説明しなさい。

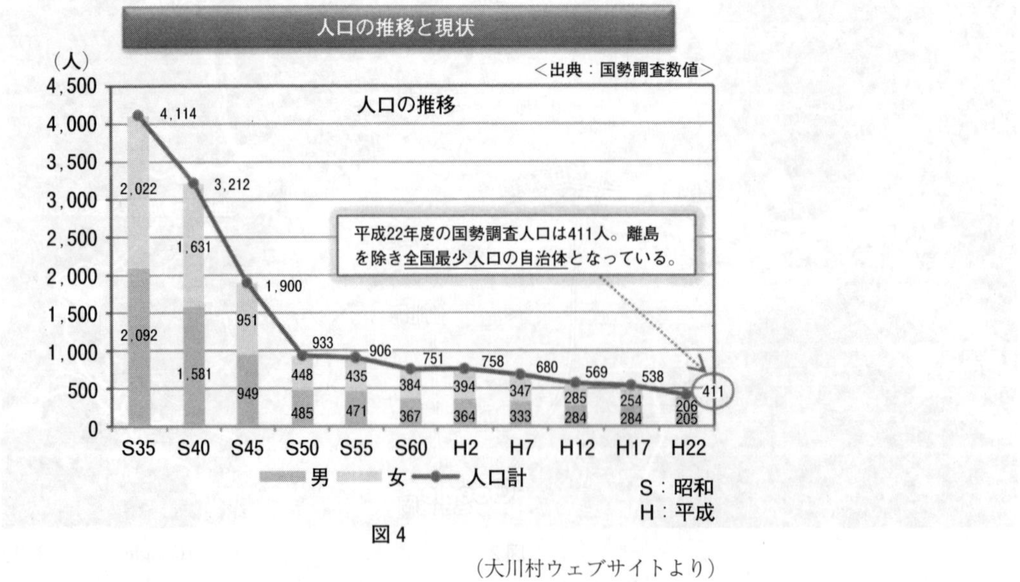

図４

（大川村ウェブサイトより）

大川村に関する情報

・高知県の北部に位置し，北側は愛媛県に接しています。
・吉野川の上流部に位置し，周囲を1000m以上の山々に囲まれており，平坦地が極めて少ない山村です。
・大川村周辺の年降水量は2500mmを超え，四国有数の多雨地帯となっています。

【理　科】〈第２次試験〉（45分）〈満点：75点〉

（注意）　• 必要に応じてコンパスや定規を使用しなさい。

• 小数第１位まで答えるときは，小数第２位を四捨五入しなさい。整数で答えるときは，小数第１位を四捨五入しなさい。特に指示のない場合は適切に判断して答えなさい。

〈編集部注：実物の入試問題では，**2**の図11と図12はカラー印刷です。〉

1　16ページ・17ページの資料(2019年　台風15号　気象測定データ)を用いて，2019(令和元)年の９月９日に千葉県の上空を通過した台風15号について考えます。

2019(令和元)年の秋には，大きな水害が何度も起こりました。中でも，令和元年房総半島台風と名づけられた台風15号は，千葉県や南関東地域に大きな被害をもたらしました。台風15号は，９月９日の未明から朝方にかけて，三浦半島，東京湾，そして千葉県北部を通過して太平洋に抜けていきました。台風の進路を図１に示します。台風の中心の位置を，９月９日のある時刻から１時間おきに示すと，おおよそ図１のＡ～Ｆのように並びます。台風の中心は本校の上空を通過したことが分かっています。

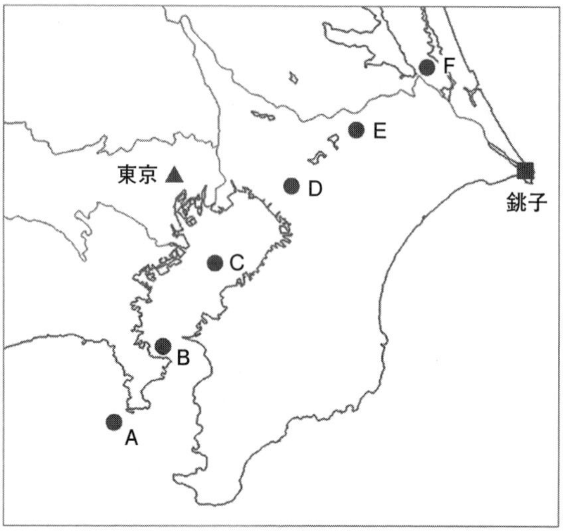

図１

16ページ・17ページの資料は，本校，東京，銚子の３か所の観測地点で，台風が通過した９月９日の０時から11時までに観測した雨量，気圧，風速，風向《ふうこう》の10分ごとのデータをグラフにしたものです。資料１のグラフには，それぞれの観測地点を示しました。資料２～４ではグラフの縦の並びは，資料１の観測地点の順番どおりとは限りません。東京の観測地点は図１の▲，銚子の観測地点は図１の■の位置です。本校のグラフは，本校の屋上に設置した気象観測装置による観測データをもとに作成しました。東京，銚子のグラフは，気象庁が公開しているアメダスのデータをもとに作成しました。

(1)　台風について答えなさい。

①　次の(　)に適する語句を答えなさい。

台風は(ア)雲が集まってできたものです。台風の中心に近いところほど雨は強く降り，風は強く吹きます。しかし，(イ)と呼ばれる中心には雲はほとんどなく，雨はあまり降らず，風も弱くなっています。

②　台風を上空から見たときの雲の形と，風の吹く向きとして適切なものを次の中から選び，記号を答えなさい。

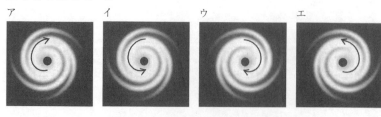

ア

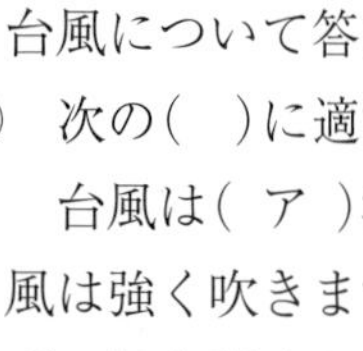

イ

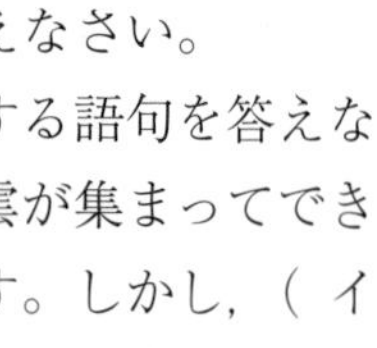

ウ

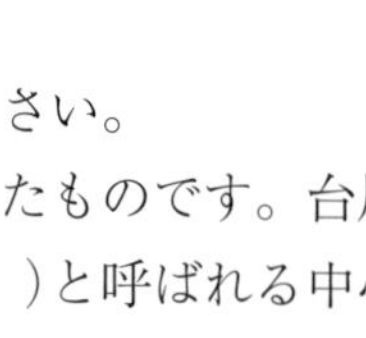

エ

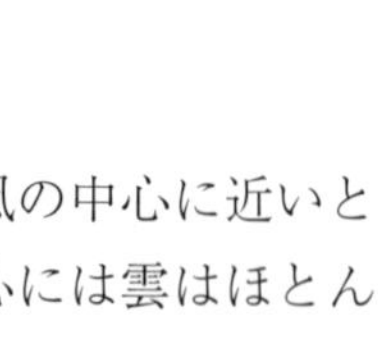

1 資料(2019年　台風15号　気象測定データ)

資料１　雨量変化のグラフ

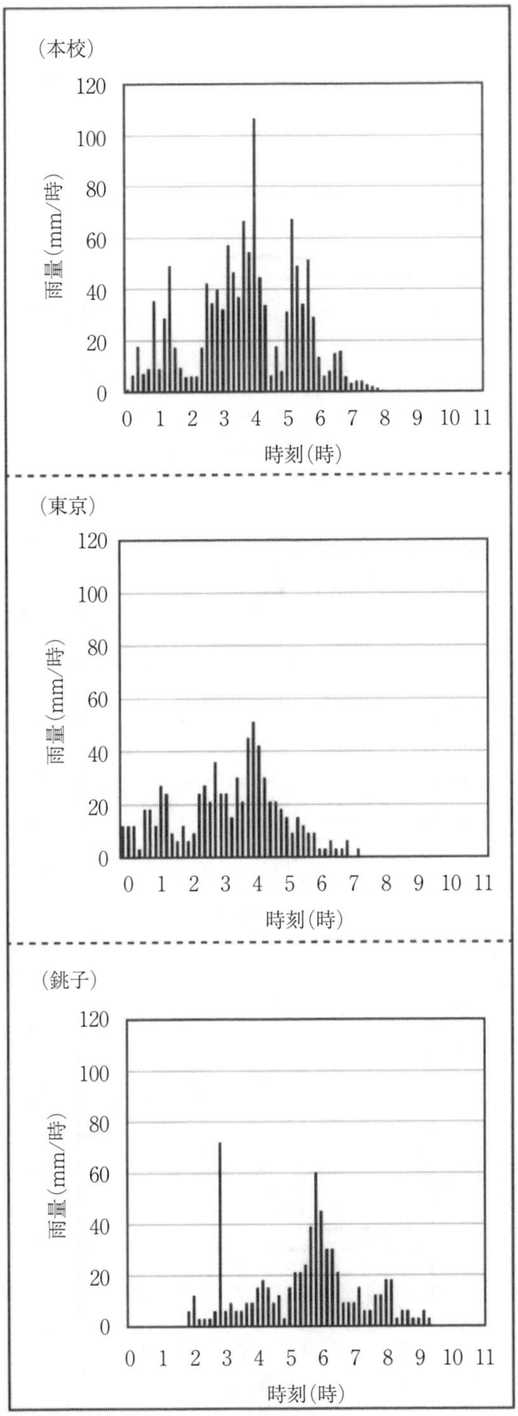

資料２　気圧変化のグラフ

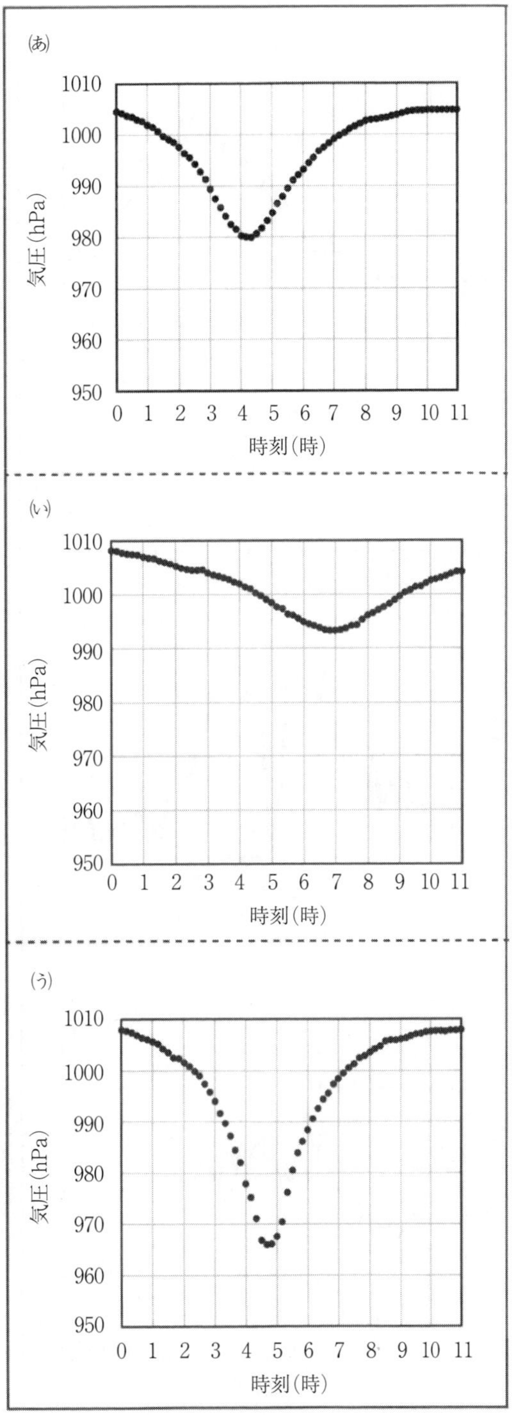

資料3　風速変化のグラフ

(か)

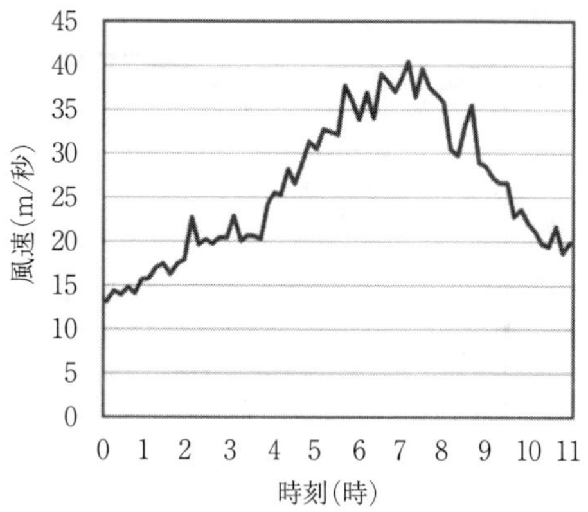

(き)

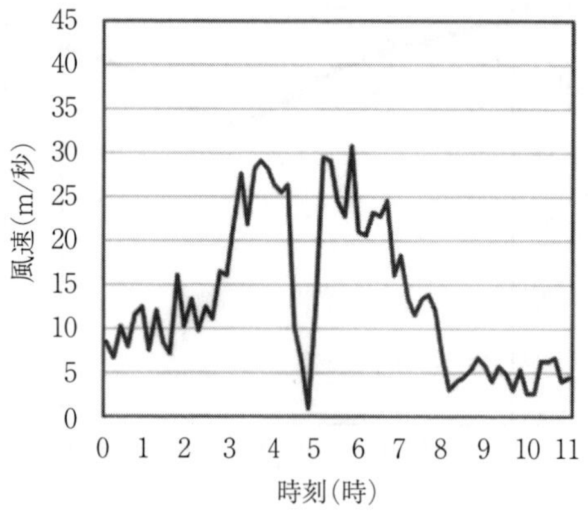

(く)

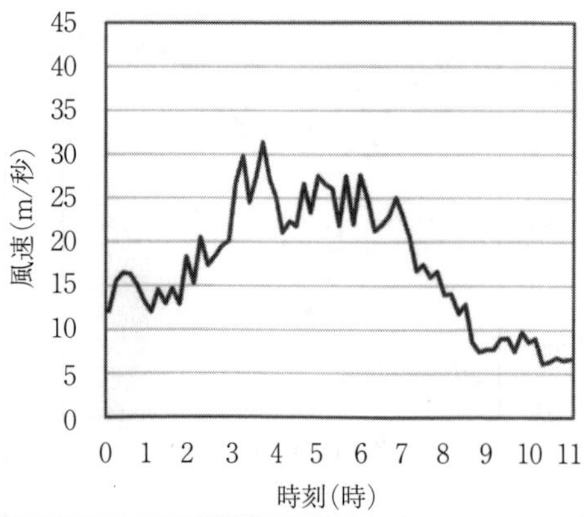

資料4　風向変化のグラフ

(さ)

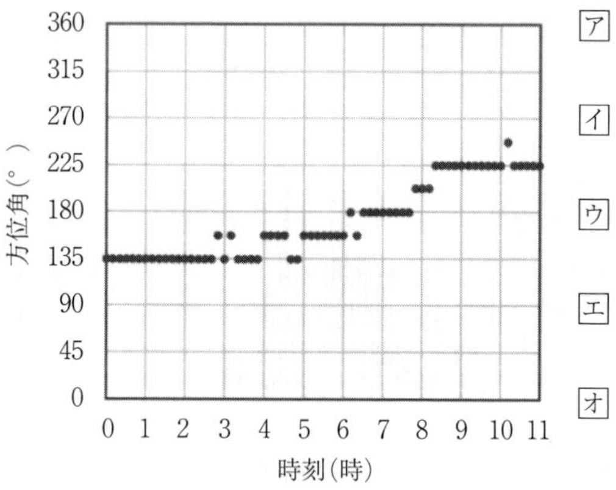

(し)

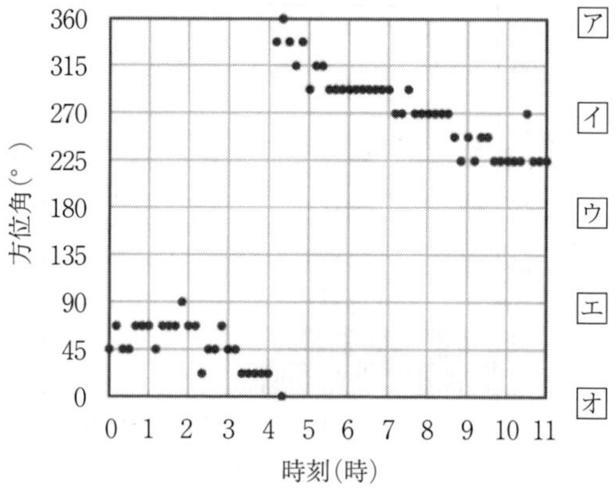

(す)

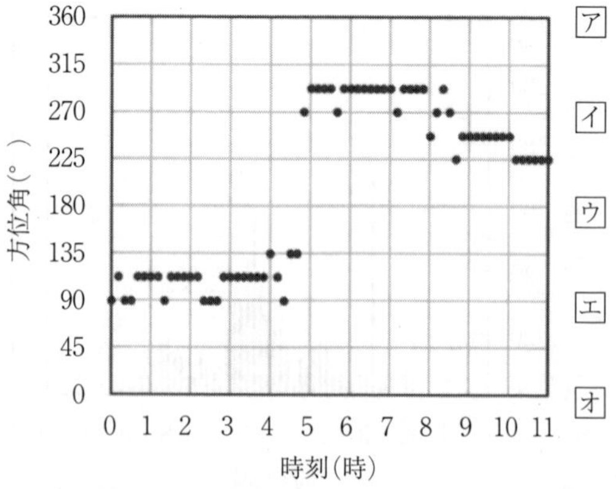

(2)　資料２「気圧変化のグラフ」について答えなさい。

①　次の[　]に適する語句や記号を選び，○で囲みなさい。

台風の周辺では，中心に近ければ近いほど気圧が低くなります。よって本校の観測データから作られたグラフは(Ⅰ)[(あ)・(い)・(う)]であることが分かります。また，資料２のグラフからは，各観測地点に台風の中心が最も近づいた時刻が分かります。図１で東京と銚子を比べると，先に台風の中心が接近したのは(Ⅱ)[東京・銚子]であることが分かります。したがって，東京のグラフが(Ⅲ)[(あ)・(い)・(う)]で，銚子のグラフが(Ⅳ)[(あ)・(い)・(う)]であることが分かります。

②　資料２から，台風の中心が本校の上空を通過した時刻は何時何分であると考えられますか。(　)に数字を答え，[　]の最も近い値を○で囲みなさい。

(　　)時[０・20・40]分

(3)　図１において，５時の時点で台風の中心はどの位置にありましたか。図１のＡ～Ｆから最も適するものを選び，記号を答えなさい。

(4)　資料３「風速変化のグラフ」について答えなさい。

①　本校，東京，銚子のグラフはどれですか。(か)～(く)から１つずつ選び，記号を答えなさい。

②　①で選んだ本校のグラフから，台風の中心が本校の上空を通過したことが分かります。次の(　)を適切に補いなさい。

台風の中心が通過した時刻において，(　　　　)。

資料４は「風向変化のグラフ」です。風向について図２で説明します。

風向とは，風がやってくる向きのことです。例えば「北風」とは，北から南に向かって吹く風のことで，風向は「北」となります。風向は角度で表すこともできます。向きを表す角度を方位角と呼びます。風向が「北」の風は，方位角で０°と表します。資料４のグラフでは，360°を16等分して，方位角を22.5°刻みで示しています。

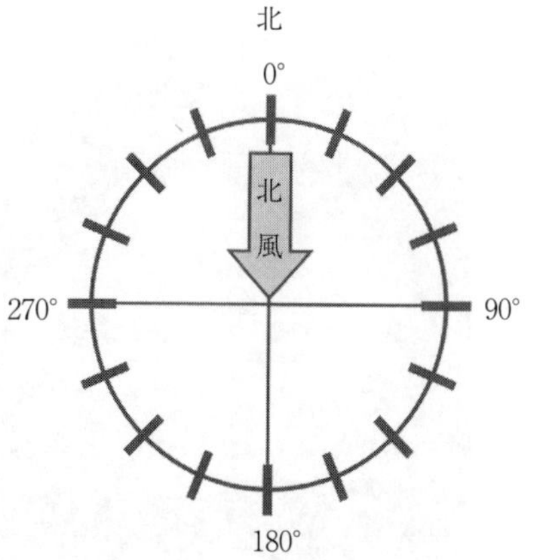

図２

(5)　資料４「風向変化のグラフ」について答えなさい。

①　資料４のア～オは方位角に対応し，東・西・南・北のいずれかの方位が入ります。ア～オに適する方位を○で囲みなさい。

②　台風の接近にともない，急に風向が変わったグラフがあります。それはどのグラフですか。(さ)～(す)から選び，記号を答えなさい。複数ある場合はすべて答えなさい。

③　本校，東京，銚子のグラフはどれですか。(さ)～(す)から１つずつ選び，記号を答えなさい。

2 カナダモの葉でプレパラートをつくり，図１の向きで顕微鏡のステージにのせて観察しました。葉の先端部を見ると，葉をつくる細胞が図２のように見えました。

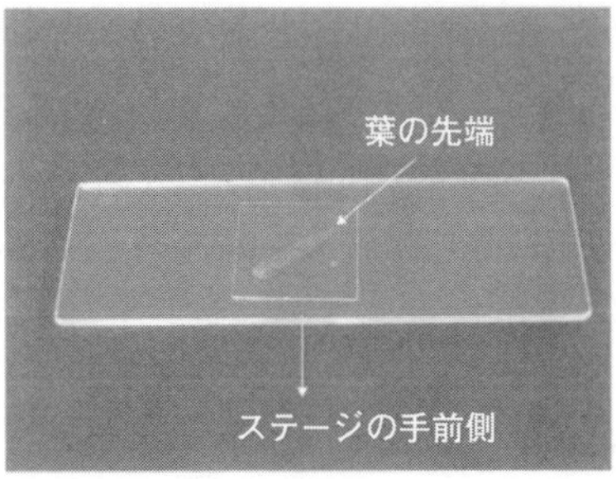

図１

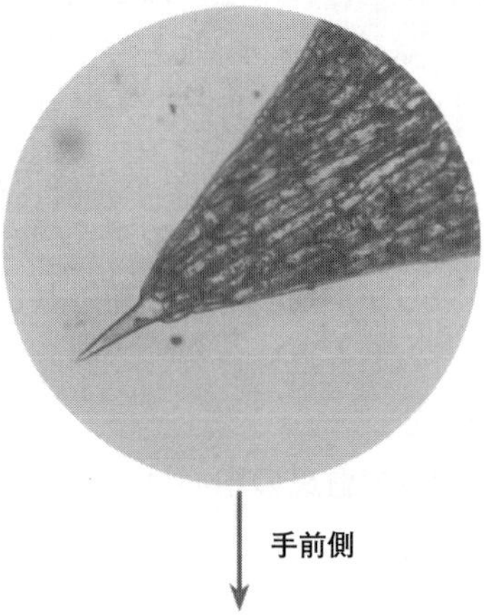

図２

顕微鏡で見える細胞の大きさを測りたいと思います。図３は，顕微鏡で見えている物体の大きさを測る道具で，接眼ミクロメーターといいます。接眼ミクロメーターには，図４のように数字の入った目盛り線があります。接眼ミクロメーターの目盛りは１cm を100等分に刻んでいます。

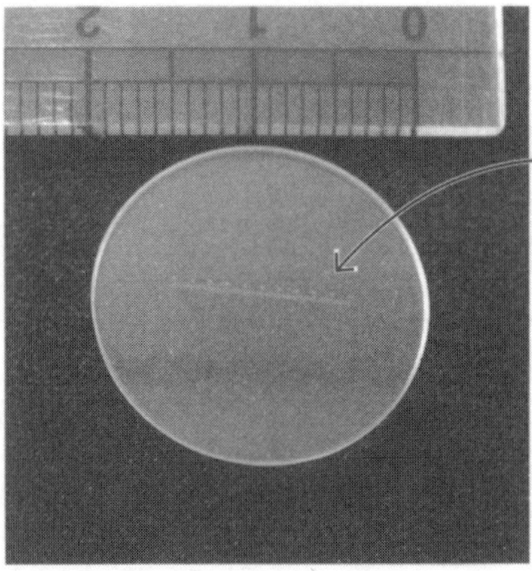

図３

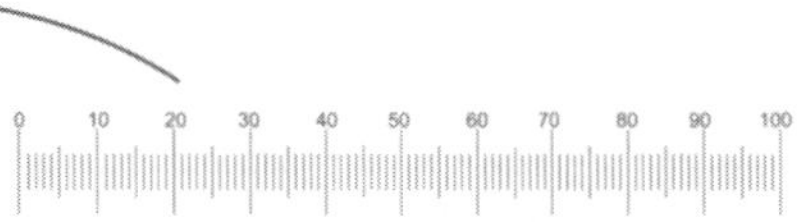

図４

接眼ミクロメーターは，次の手順で接眼レンズに入れて使います。

1．接眼レンズを手元に置く。顕微鏡から外した場合は，接眼レンズがついていた鏡筒に一時的に他の接眼レンズをつける。

2．接眼レンズを手元に置き，上部のフタを外す。フタはネジになっている。フタを外すと，中に穴の開いたリング状のしきり板がある。

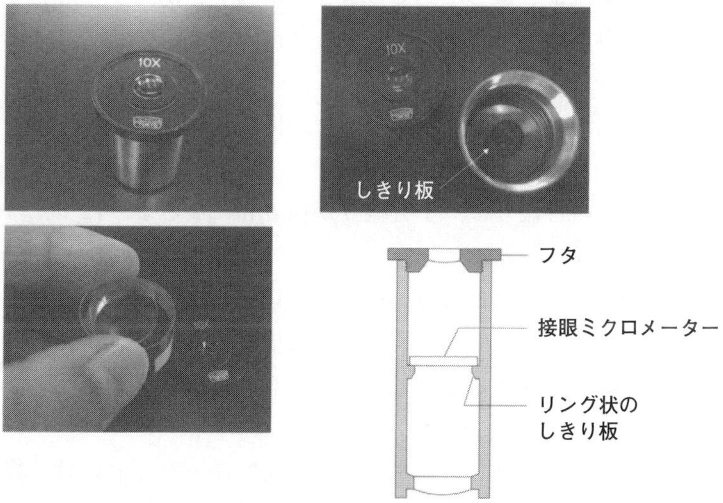

３．接眼ミクロメーターを，接眼レンズ内のしきり板にのせる。接眼レンズのフタを戻して固定する。手に持った接眼レンズを目でのぞくと，接眼ミクロメーターの目盛りが見える。裏返しに入れてしまった場合は，入れ直す。

４．接眼ミクロメーターが入った接眼レンズを鏡筒につける。

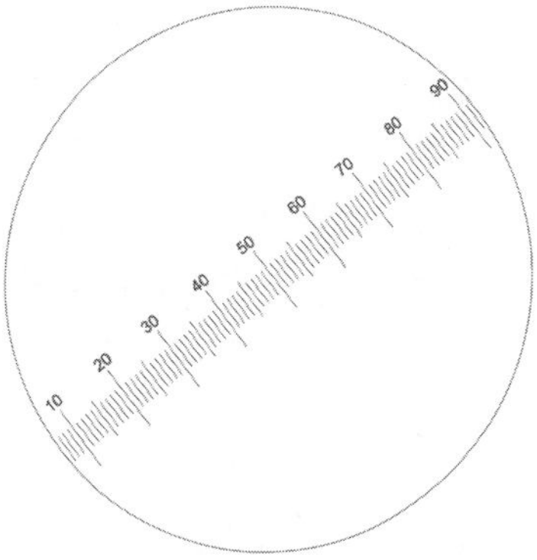

図５

図５は，接眼ミクロメーターを入れて顕微鏡をのぞいたようすです。ステージには何ものせていません。

図５の状態で接眼ミクロメーターは見えています。ただし，このままプレパラートをステージに置いて細胞にピントを合わせても，大きさを測ることはできません。なぜ，測ることができないのか。操作を進めながら考えます。

接眼ミクロメーターを使うときには，事前に対物ミクロメーターという道具を使います。図６が対物ミクロメーターです。スライドガラスのように見えますが，中央に１mmを精密に100等分に刻んだ目盛りがあります。

接眼ミクロメーターを入れていない顕微鏡で，対物ミクロメーターをステージに置き，10倍

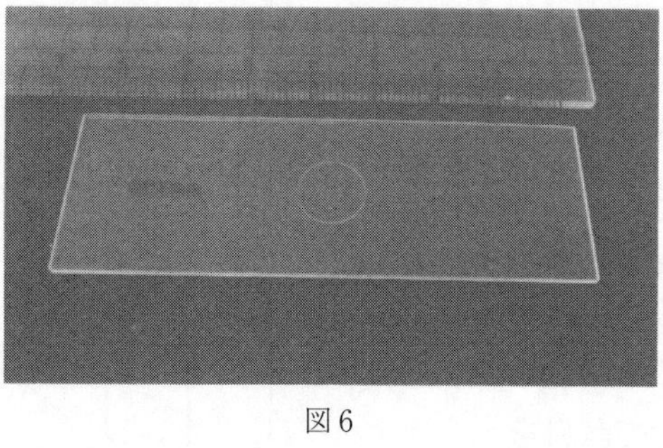
図６

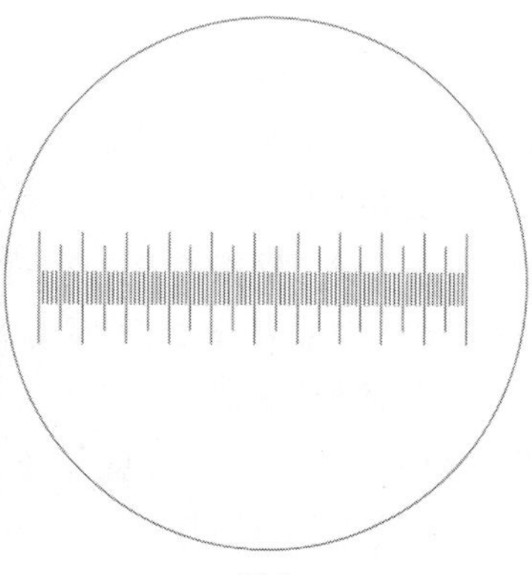
図７

の接眼レンズと10倍の対物レンズで観察しました。そのようすが図7です。

長さの単位で，1 mm の1000分の1を1マイクロメートルと言います。マイクロメートルは，記号では μm と書きます。

(1) ① 接眼ミクロメーターの一番細かい目盛りは，1目盛りが何 μm になるようにつくられていますか。

② 対物ミクロメーターの一番細かい目盛りは，1目盛りが何 μm になるようにつくられていますか。

図7の状態から対物レンズを40倍に変えたところ，対物ミクロメーターが見えなくなりました。すぐに対物レンズを10倍に戻したところ，元と同じように視野の中央に対物ミクロメーターが見えます。再び対物レンズを40倍に変えると，やはり対物ミクロメーターが見えなくなります。

対物レンズを40倍に変えたときに対物ミクロメーターが見えなくなったことには，複数の原因が考えられます。

まず，ステージ上の対物ミクロメーターの位置が適切でない場合です。ただし，対物レンズを10倍に戻したときの結果から，この可能性は除外することができます。

次に，ピントのわずかなズレです。この場合は，注意深くピント調節ネジを調節する，あるいは，微動ネジがある顕微鏡なら微動ネジを調節してピントを合わせます。

さらに，A 他の原因も考えられます。

(2) 下線部Aを解消するには，顕微鏡のどこを動かせば良いですか。図から2つ選び，記号を答えなさい。

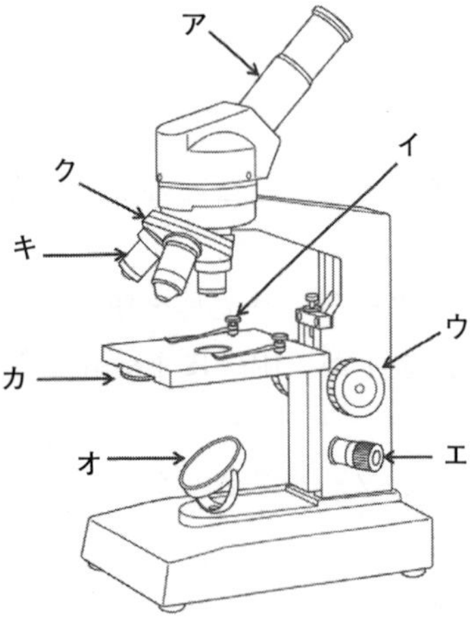

調節した結果，40倍の対物レンズでも対物ミクロメーターが見えるようになりました。そのようすが図8です。

対物ミクロメーターは，顕微鏡で見える像において，接眼ミクロメーターの1目盛り分に相当する長さを測るために使います。試料を観察する前に，対物ミクロメーターを用いて，接眼ミクロメーターの1目盛り分の長さを測定しておくのです。同じ顕微鏡の同じレンズの組合せで試料を観察すれば，接眼ミクロメーターで物体の大きさを測るこ

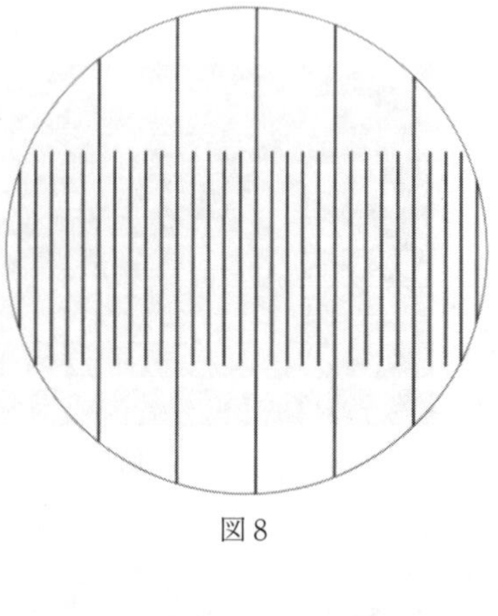

図8

とができます。

図９は，10倍の接眼レンズに接眼ミクロメーターを入れ，10倍の対物レンズで，対物ミクロメーターを見たようすです。

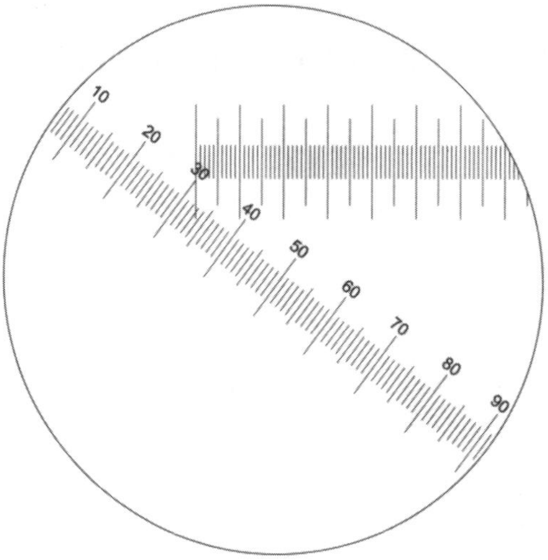

図９

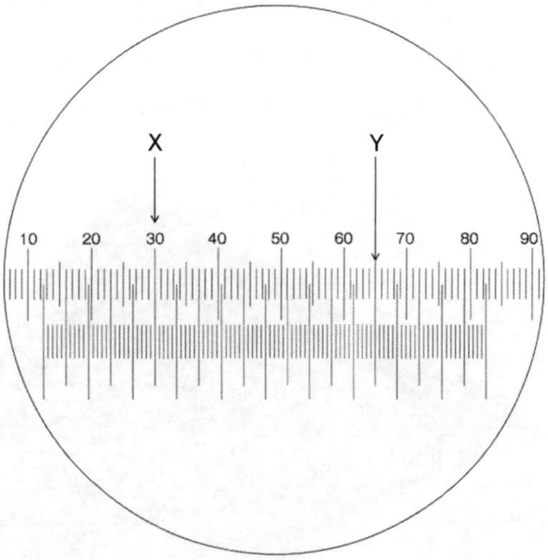

図10

図９の状態では測定できないので，２つのミクロメーターを動かして，図10のようにする必要があります。

(3) 両方のミクロメーターの動かし方について答えなさい。

① 接眼ミクロメーターを図９の状態から図10のようにするには，どのような操作が適切ですか。

② ステージ上で対物ミクロメーターを動かすとき，どの方向へ移動させれば良いですか。次より最も近い向きを選び，記号を答えなさい。

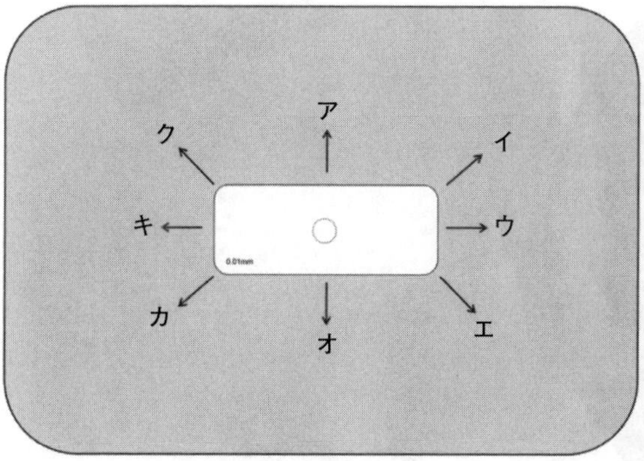

手前側

(4) 次の①と②に整数を答え，③の値を小数第１位まで答えなさい。

図10は，ＸとＹの位置で接眼ミクロメーターの（ ① ）目盛りが対物ミクロメーターの（ ② ）目盛りと一致しています。このとき，接眼ミクロメーターの１目盛り分として見えている長さは（ ③ ）μm です。

図10の状態から，対物レンズの倍率を40倍に変えたところ，接眼ミクロメーターの11目盛り

が対物ミクロメーターの4目盛りに合っていました。

(5)　10倍の接眼レンズ，40倍の対物レンズのとき，接眼ミクロメーターの1目盛り分として見えている長さは何μmですか。小数第1位まで答えなさい。

　これで接眼ミクロメーターを使うことができます。

　図11は接眼ミクロメーターを入れた10倍の接眼レンズで，カナダモの葉の細胞を観察したようすです。対物レンズの倍率は10倍です。

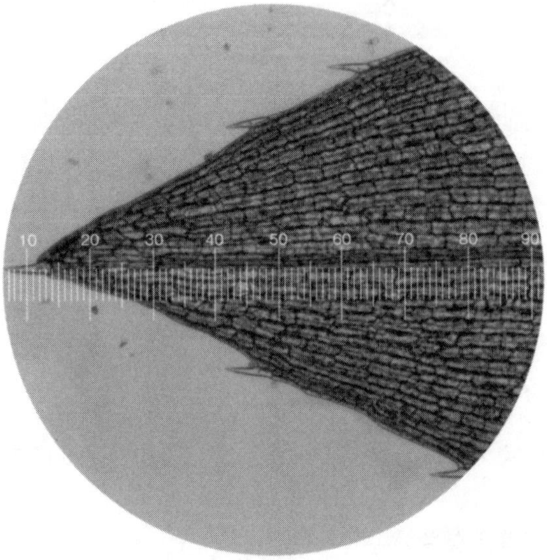

接眼ミクロメーターの目盛りは白色で示している。

図11

　図11では細胞が小さく，大きさを測るのが難しそうです。そこで図11の状態から対物レンズの倍率を40倍に変えて調節すると，図12のように見えました。

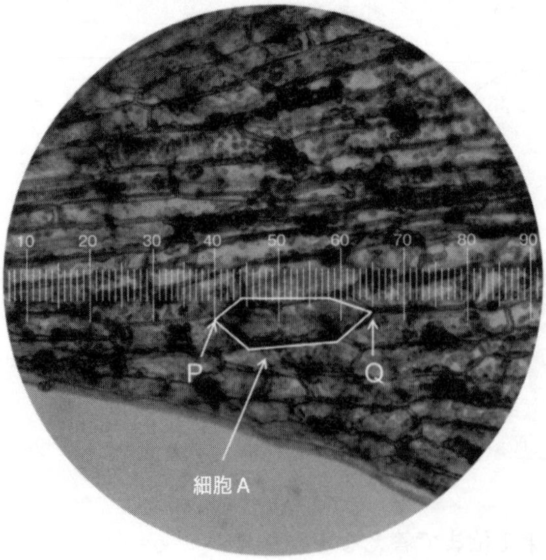

図12

(6)　図12の細胞Aの大きさ(図のPQ間の長さ)は何μmですか。(5)で求めた値を利用して，整数で答えなさい。

　図12のとき，カナダモの細胞内には緑色の粒がたくさん見えました。この粒は葉緑体です。

観察すると，細胞Ａでは葉緑体が一列に並んで移動していました。葉緑体は平均で８秒間に接眼ミクロメーターの10目盛り分を移動していました。

(7)　葉緑体がまっすぐ移動するとして，細胞ＡのＰからＱまでの距離を移動するのに，何秒かかりますか。(5)で求めた値を利用して，整数で答えなさい。葉緑体の大きさは考えないものとします。

(8)　二つのミクロメーターについて，対物レンズの倍率を10倍から40倍に上げたときの見え方について，次のⅠとⅡからそれぞれ適切なものを選び，記号を答えなさい。Ⅲは，(　)に適するものを選び，記号を答えなさい。

Ⅰ

(ア)　接眼ミクロメーターは大きく見えるようになる。
(イ)　接眼ミクロメーターは小さく見えるようになる。
(ウ)　接眼ミクロメーターは同じ大きさで見える。

Ⅱ

(カ)　対物ミクロメーターは大きく見えるようになる。
(キ)　対物ミクロメーターは小さく見えるようになる。
(ク)　対物ミクロメーターは同じ大きさで見える。

Ⅲ

接眼ミクロメーターの１目盛り分として見えている長さは，(　　　　　)。

(サ)　およそ16倍になる　　(シ)　およそ８倍になる
(ス)　およそ４倍になる　　(セ)　ほとんど変わらない
(ソ)　およそ４分の１になる　　(タ)　およそ８分の１になる
(チ)　およそ16分の１になる

(9)　20ページの波線部に「このままプレパラートをステージに置いて細胞にピントを合わせても，大きさを測ることはできません。」とあります。なぜ，この段階では測ることができなかったのか。35字程度で説明しなさい。

3　部屋でかわいたペットボトルのふたをしっかり閉めて，冷蔵庫に入れておくと，へこみます。冬に，屋外でふくらませた風船を室内に入れると，さらにふくらんで体積が増えます。これらのように気体は温度によって体積を変えます。温度と気体の体積の関係を調べる実験を行いました。この実験において，温度だけが気体の体積を変えるものとします。

かわいた空気の主な成分は，窒素と酸素です。プラスチック管を２本用意し，この２種類の気体を蒸発しない液体を用いて，別々に閉じ込めました。そのプラスチック管をそれぞれ右のような装置に入れて，水の温度を変えて「気体の長さ」を測定して表にまとめました。

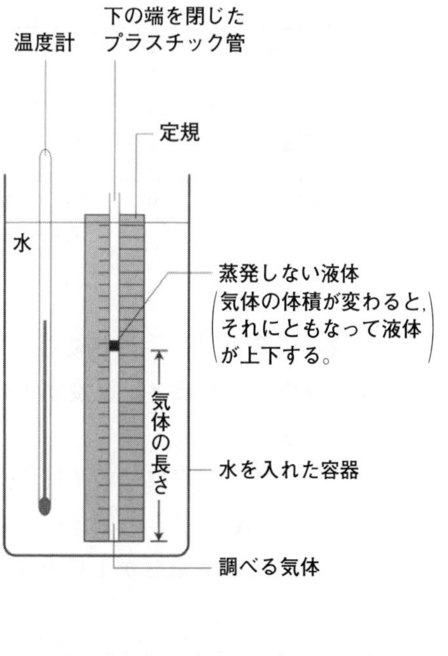

気体を入れたプラスチック管の内側の断面積は0.25cm^{2}です。気体の体積は，次の式で計算できます。

気体の体積(cm^3)＝気体の長さ(cm)×断面積0.25(cm^2)

表１　温度(℃)と「気体の長さ」(cm)

気体＼温度(℃)	−5	20	38	56
窒素	12.7	14.0	15.0	15.9
酸素	27.3	30.0	32.0	34.1

(1)　20℃のときの気体の体積は，何cm^{3}ですか。窒素，酸素それぞれについて，小数第１位まで答えなさい。

下のグラフは，窒素について次の手順にそってかいたものです。

手順１　４つの測定値を直径１mm程度の点(•)で明確に記す。点の中心に測定値が位置するように記すこと。

手順２　定規を用いて，すべての点を通る一本の直線を引く。ただし，直線がすべての点の中心を通る必要はない。直線は目盛りの両端まで延長する。

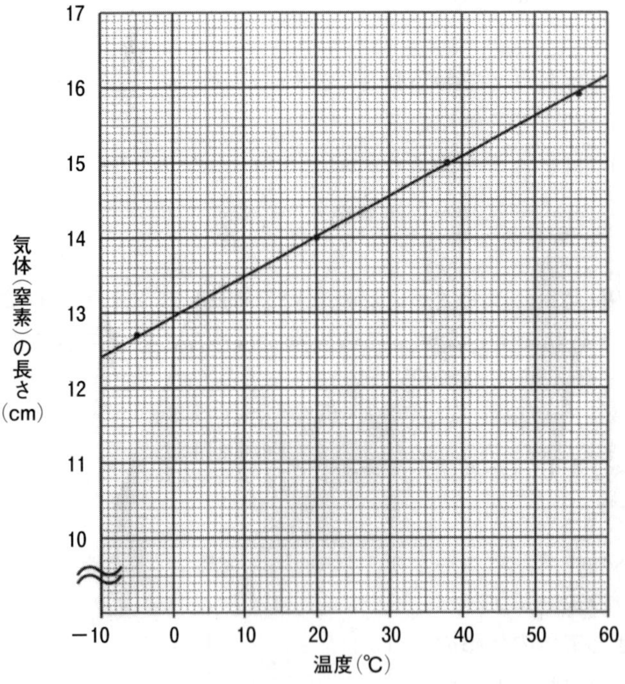

図１

(2)　窒素の場合と同じ手順で酸素のグラフを解答らんに書きなさい。

グラフをよく見ると，温度が１℃上がるごとにのびる「気体の長さ」はほぼ一定であることがわかります。

(3)　図１を見て，窒素について答えなさい。

①　25℃，50℃のときの気体の長さをグラフから求め，小数第１位まで答えなさい。

②　気体の長さは温度が１℃上がったときに何cmのびますか。①で求めた25℃と50℃の値を

利用して，小数第３位まで答えなさい。

③　25℃のときの気体の体積を基準とします。温度が１℃上がったときに増加する気体の体積は，基準の体積の何％ですか。小数第２位まで答えなさい。

図１のグラフを－10℃より温度が低い方へ延長すると，ある温度で気体の長さが０cmになります。気体の長さが０cmのとき，気体の体積は０cm^3になります。計算上，気体の体積が０cm^3になる温度を「絶対零度」と呼びます。

(4)　図１から推定すると「絶対零度」は何℃になりますか。次の中から最も近いものを選び，記号を答えなさい。

ア　－200℃　　イ　－225℃　　ウ　－250℃

エ　－275℃　　オ　－300℃

この実験に用いた装置の定規を，適切な間隔の目盛りを持つ目盛り板に変えると，温度計を用いなくても気体の長さから温度を知ることができます。

理科実験で用いられるアルコール温度計は，内部に色のついた灯油(石油)を閉じ込めてその体積変化で温度を測ります。

(5)　液体の体積変化は，気体の体積変化に比べて小さいです。25℃のときの灯油の体積を基準としたとき，灯油の温度が１℃上がるごとに基準の0.14％ずつ体積が増加します。気体の窒素の体積変化は，液体の灯油の体積変化の何倍になるか計算し，小数第１位まで答えなさい。

(6)　アルコール温度計は，細い管と液だめ(先端のふくらんだ部分)がつながった構造になっています。

①　液だめがついていることにより，どのような利点がありますか。15字程度で答えなさい。

②　管が細いことにより，どのような利点がありますか。15字程度で答えなさい。

問七　――部④「父親の影法師が煤けた壁の上で大きく揺れるのを見つめながら」とあるが、このときの仙一の心情を説明したものとして適当なものを、次から二つ選びなさい。

ア　自分に対する父親の心情が大きく変化したことを感じ、その原因が何であるか探ろうとしている。

イ　普段の父の言動の根底には子どもたちへの深い愛情があることを知り、尊敬の念が生じてきている。

ウ　自分が家族に許してもらえたことに安心し、今後は貧しくとも家族で幸せに生きていけると感じている。

エ　自分を放り出した父があっさりと帰宅を許し、さらには気づかいを見せてくれたことを意外に感じている。

オ　恵まれない家庭の中で育ってきた不幸を嘆くばかりだった自分に気づき、心の内で父にそのことをわびている。

カ　働き者であった亡き母親のように学校草履をせっせと作り続ける父親に、肉親のあたたかみを感じている。

キ　心を入れかえた様子の父親を見て、自分も心を入れかえ、薔薇を盗んだ罪に向き合おうと決意している。

問八　本文の表現の特色の説明として、最も適当なものを次から選びなさい。

ア　妹の胸に挿した真紅の薔薇の花が一夜のうちに萎びてしまったことから、妹の残された命が残りわずかしかないことが暗に示されている。

イ　喜八が青年の頃身に付けるものに工夫をこらしたり講談本を好んでいたことを語ることで、喜八の意欲のなさは妻を失う以前からあった性格だということを説明しようとしている。

ウ　父親である喜八に叱られた仙一の行動を動物にたとえることで、人間としての誇りを失った仙一の浅ましさを表現しようとしている。

エ　周囲の薄暗さを背景にして薔薇の赤色や月の輝きが描かれ、明暗の対比が印象的な美しさをもたらしている。

オ　登場人物の描写を第三者的に語っているが、回想の場面だけは登場人物の視点から書かれることで深い悲しみを読者に伝えることができている。

るのを見つめながら。……

問一　═══部(a)～(c)の漢字の読みをひらがなで書きなさい。

問二　空欄 A をひらがなでうめて、激しい怒りを表す慣用句を完成させなさい。

問三　───部B「兎も角も」の意味を次から選びなさい。

ア　十分ではないが、一応は
イ　はっきりはしないが、何となく
ウ　しばらくたって、ゆっくりと
エ　色々なことはあったが、それはさておき
オ　遅れはしたが、最後には

問四　───部①「一ひら一ひら丹念に花びらを毟り取り、最後に蕊も花びらも一緒くたに手のなかで揉み円るめて、暗い土間を目がけて投げ捨てた」とあるが、このときの仙一はどのような思いだったのか。最も適当なものを選びなさい。

ア　病弱なうえにみすぼらしい格好をした由美江があまりにふびんで、望みをかなえるために薔薇を盗んだが、そのことは先生や生徒たちの薔薇への思いを踏みにじり、自分が予想していたよりも大きな騒ぎになってしまった。そのため、花をすぐさま粉々にして証拠を完全になくしてしまおうとしている。

イ　寝込んだ妹の心を明るくしてあげたいと思い、その一心で薔薇を持ち帰ってきたが、このままでは父が盗みに対して激怒し、妹はかえっていたたまれない思いをすると思い至った。そこで、いつまでも立派な兄になれない自分に深く恥じ入るとともに、その思いにたえられず、薔薇に八つ当たりをしている。

ウ　盗みを犯した罪の意識が増してきたところで改めて見た薔薇の花の輝きは、由美江に華やぎを与えるどころか、かえって仙一の家庭のみすぼらしさを強調するようで、しだいに不気味で憎らしく感じられてきた。そこで、痛切な思いを感じながら、薔薇に込めた期待を完全に捨て去ろうと決意している。

エ　学校の薔薇を盗めばいつか父に知られることはわかっていたが、それは病気で寝込む子どもをも放置する父にさみしさを伝えるためであった。しかし、一向に子どもたちと向き合おうとしない父と自然につのってくる自責の念とにたえられず、いよいよ暴力的な行動によって父を振り向かせようとしている。

オ　学校に行き、善良な先生や友人が落胆している様子を見て、薔薇を盗んだ罪の意識が仙一の中に強く根づいてしまった。病弱な由美江を喜ばせ、家庭に活力をもたらす美しい薔薇を台無しにしてしまうのはとても心苦しいが、全てをなかったことにして、自分に対する周囲からの信頼を守ろうとしている。

問五　───部②「子供は銭がいるもんか。ただで見れらア」とあるが、このとき仙一はなぜこう言ったのか。説明しなさい。

問六　───部③「道ちゃん、辻堂の方から去なんか」とあるが、仙一が道夫を誘ったのはなぜか。最も適当なものを選びなさい。

ア　続く失意の中で母親を恋しく思い、誰かに墓の場所を教えることでその存在を確かめたかったから。

イ　芝居小屋の木戸番に追い返されたことが悔しく、墓地の中を帰ることで自信を取り戻そうとしたから。

ウ　芝居を見る楽しみを奪われたことを残念に思い、肝試しという別の楽しみを味わいたかったから。

エ　道夫が自分に落胆したのではないかと思い、墓地を通る勇気を見せて名誉を回復したかったから。

オ　家を追い出された淋しさを解消することはできないとわかり、少しでも早く家に帰りたかったから。

「札がない者は這入っちゃいかん。」木戸番が呶鳴《どな》った。二人の子供は恨めしそうな顔をして後退《あとずさ》りした。

野天で、板囲いの桟敷《さじき》に、B兎も角も見物人が詰った。性急な太鼓の音が鳴って、三番叟《さんばんそう》がはじまるらしかった。入場者も杜《と》絶えたので木戸は閉められた。二人の子供だけが、夜露に打たれて外に取り残された。

二人の子供は、板囲いの隙間に眼を当てて覗《のぞ》いてみたが、何一つ見えなかった。ただ、場内が楽しげなどよめきに満されているのだけが聞えて来た。

「仙一、去《い》のうよ《※帰ろうよ》。」道夫が心細い声で促した。

「去のう。」

二人は黙って板囲いから離れた。その時、幕の開く拍子木の音が冴《さ》え返って聞えたが、二人はただ心のなかで聞いただけで振り返ろうともしなかった。重なり合った黒い影になって、もと来た道を戻って行った。

「③道ちゃん、辻堂の方から去なんか。」と仙一が誘った。辻堂には昔お堂が建っていたそうだが、今はただ田圃《たんぼ》のなかに墓地が広がっていて、墓地のまんなかを村へかえる道が通っている。

「改正道路の方から去のうよ。」

「墓でも恐ろしいことはないぞ。」

「恐ろしいことはないけんど、道が悪いや。」その実道夫は怖さに足が慄《ふる》えていた。

「ずっと近道になるぞ。」

仙一が先に立って、辻堂の方へ、すたすた歩いて行った。道夫はびくびくしながら仕方なくあとからついて行った。

墓石は黒い坊主頭のように並んでいた。砂地は月の光で白かった。砂を踏む二人の跫音《あしおと》が、遠くから人が来るのかと思われるように響いた。墓地の中ほどまで来た時仙一は立ち止った。そして、そこから五六間先にある墓を指さして言った。

「おらんくのお母やんの墓は、あれぞ。」

道夫はおずおずその方を見た。土饅頭《どまんじゅう》に、ただ割石が一つ載せてあるきりの墓だった。雑草がぐるりに生え延びて、花のいっぱい咲いた紫陽花《あじさい》の木がすぐそばに立っていた。

仙一は母親の墓を道夫に指し示しただけで、そのまま帰りはじめた。わざわざ辻堂のほうからかえったのも、ただそれがしたいばかりだった。母親が死んだのは、去年の夏の暑い日であった。仙一は利江を連れて鯔《ぼら》釣りに行った。珍しく三才の鯔を釣り上げた。自分一人では釣り上げることが出来なかったので、そばにいた小父さんの人から掬《すく》い網で掬って貰った。それを持って揚々とかえって来ると、町の病院へ入院していた母親が死んでかえっていた。——

村はもう寝静まっていた。道夫の家の前で、

「おやすみ。」

「おやすみ。」と言って、夜露に濡れて、水泳ぎのあとのようにぐったり疲れて、二人の子供は別れた。

仙一は家へ戻って、土間の戸をそっと開けようとすると、家のなかがなんとなく明るんで見えた。おや、と思いながら這入ってみると、蠟燭の火が一本ほの揺れて、その光のそばで、父親の喜八が後光に包まれたような恰好をして、草履を作っていた。仙一の学校草履をもう二足も作っていた。

仙一が戻って来たのを見ると、喜八は重い口で「芋食うて寝よ」と言った。

仙一は徒跣で座敷へ上り、芋を二つ三つ食ってから、利江と由美江の間へ割り込んで寝た。④父親の影法師が煤《すす》けた壁の上で大きく揺れ

仙一はまだ黙っていた。
「おい返事せんか。」喜八の声は急《せ》き込んで来た。
「うん。」仙一は口のなかで仕方なく返事した。
途端、寝床から飛び起きて来た喜八は、仙一の横っ面を張り飛ばした。仙一はよろめき倒れた。倒れると同時に、涙と泣き声が噴き出した。
「ぬすっとするような奴は出て行け！」
喜八は倒れている仙一を横抱きにすると、土間の闇のなかへ抛《ほう》り出した。仙一は土に噛《か》みついて泣いた。
寝ていた二人の妹も上半身だけ起して泣きはじめた。
「出て行けと言うたら出て行かんか！」喜八は朽ちた床が抜けるほど[A]を踏んだ。仙一はまだしゃくり上げながら、野良猫か鼬《いたち》が人目を掠《かす》めて走り去るような恰好《かっこう》をして走り出て行った。
外に出ると、十三日か四日の月が竹藪《やぶ》の上に大きく出ていた。竹の葉先で月の面が掃かれる具合になって出ていた。月を見ると、仙一はふと泣き止んだ。それから又しゃくりはじめた。
彼は徒跣《はだし》で自分の影を踏みながら、村のなかの道を当途《あてど》もなく歩いて行った。薔薇の花を盗んだことを、父親がどうして知ったんだろうなどとは、彼は考えなかった。薔薇の花のことなんか、もうちっとも考えなかった。夜のなかに、たった一人ほっぽり出されたことが淋《さび》しくてたまらなかった。
仙一は歩いているうちに花火の音を聞きつけた。隣村の芝居小屋から打ち上げた花火の音だ。すると仙一は、芝居が見たいなアと思った。
道夫の家のそばまで行くと、道夫は白い塀の上に内股に乗って、塀のうちら（※内側）の菜園でもいだ胡瓜《きゅうり》を齧《かじ》りながら、月を眺めていた。道夫は助役の息子で、餓鬼大将仙一の手下の一人で、三年生である。

「道ちゃん！」仙一は塀の下から実に懐しげに声をかけた。
「よう。」と言って、道夫は下を見おろした。
「道ちゃん、そこで何しよら？」
「なんにもしよらん。」
一寸間おいてから仙一が言った。「道ちゃん、芝居見いに行かんか。」
「お母さんが銭呉れんもん。」
「ほんまか？」
「②**子供は銭がいるもんか。ただで見れらア。**」
「ほんまとも……」
「そんなら行こう。」道夫は塀から飛び下りた。
月の照った改正道路（※幅を拡げたり、新設されたりした市街地の道路）を、二人の子供は隣村まで歩いて行った。彼らの前や後にも、芝居を見に行く人がぼつぼつあった。
「道ちゃん、胡瓜みんな食うてしまうか？」と言って、仙一が物欲しそうに道夫の方を見た。
「つべす（端）の方でもよけりゃ、やろか。」
「かまん。」
仙一は分けて貰った胡瓜を夕食だと思った。
芝居小屋の入口まで行くと、木戸番（※芝居小屋の出入口で番をする人）が番台の上に坐って木戸銭を受取っていた。茣蓙《ござ》や座蒲団を持った人たちがぞろぞろ這入って行った。
春蚕《はるご》（※春の蚕《かいこ》の飼育期）のすんだあとで、案外入りがあった。舞台では頻《しき》りに太鼓が鳴っていた。
仙一と道夫とは、人の流れにまじって、木戸を這入ろうとした。
「こりゃ、こりゃ。」木戸番が拍子木で二人の頭をこつこつ打った。
「札買うたか、札買うたか。」
二人は黙って、木戸番の顔を見上げた。

びを、その疲れた瞼《まぶた》に浮べたのであったが、今はもうその影は跡型もなく、瞼はもとのままに疲れていた。

奥の方の壁際で、襤褸《ぼろ》蒲団《ぶとん》のなかでからだをくねらせながら、父親の喜八が咳《せき》をした。咽喉《いんこう》につまった痰《たん》を吐き出す咳であった。喜八は仙一の方をちらと見たけれども、何も言わなかった。

（中略）

——喜八がなまけ者の極道者（※道楽にふける者）であるという世間の非難は一応当っている。(a)殊に去年の夏、働き者の女房お由布《ゆう》が死んでからは、嫌でも応でも二人前の仕事をせねばならないはずなのに、なんにもせずにごろごろしているところから見れば、(b)強ち世間の非難を斥《しりぞ》けることは出来ない。

だが、世間の非難も少しは酷なようだ。現に喜八は左手の指が生れつき四本しかないのだ。中指が一本足りない。なるほど見かけはがっしりした大きな骨っ節だ。けれども、欠陥をもった彼の病質な体軀《たいく》のなかには、恐らく濁った血が流れ、頭はいつも重く、からだの芯はいつも病んでいるにちがいない。そのために彼は働くことが嫌なのだ。その上彼が三十代までは、親爺《おやじ》と一緒に自作していた同じ田地を、四十代の今は小作（※借りた土地を耕作すること）をしているのだ。張り合いがないったらありやしない。彼はふて寝をはじめた。と同時に、いよいよ親子四人が飢餓に曝《さら》されることになった。芋ばっかり食った。時々親類の者が米を持って来て呉《く》れることはあった。近所から繭《まゆ》の蛹《さなぎ》を貰《もら》って来て、醤油《しょうゆ》で煮〆《にしめ》て食ったこともあった。鶏は卵を産んだ。すると仙一が、生みたての卵を(c)提げて菓子屋へ走って行き、瓦煎餅《せんべい》や巻煎餅に替えて来た。それをみんなが分けて食った。（菓子屋では卵をまた菓子に使った。）だが、毎月五円だけはきまった収入が彼にもあった。十五になる娘の富江が伊勢の紡績から送って寄越すのだ。富江は死んだお由布の連れ子で、喜八の家へ母親と一緒に来た時はまだ赤ん坊だった。その富江の仕送りが今は家内じゅうのただ一つの頼みの綱なのだ。

喜八は寝ころびながら、それでもときどき「青年」の頃を思い出すことがあった。彼も若い時はなかなかの洒落《しゃれ》者であった。赤い絹糸を桃色珊瑚《さんご》の緒〆めで締めて、桐の胴乱（※腰にさげる方形の袋）を腰に下げていた。雨の夜は、蛇の目の傘をさし、蔦《つた》の葉の模様などを描いた女用の先革《さきがわ》をつけた足駄を穿《は》いて、娘のうちへ遊びに行った。ふところには、「孝子五郎正宗」という講談本などを入れていた。そんなにして洒落れのめしてはいるが、どこか知ら間の抜けたところのある洒落者であった。むごたらしく言えば、指の一本足りない肉体的欠陥を、あらゆる扮装《ふんそう》で補おうとする悲しいお洒落だとも思われた。そして彼のお洒落がどんなに間が抜けていたかは、四本のうちの薬指にあたる肉太の指に、金鍍金《きんめっき》の指輪を誇らしげにきらめかせていたではないか！

喜八はやがて湯気の立つ芋を小笊《ざる》に移し、それから三人の子供たちを揺すぶり起した。子供たちは笊を目がけて這い寄った。喜八は又床の中へもぐり込んだ。

（中略）

「仙一、学校の薔薇の花盗んだな。」夕闇のなかで、父親の眼玉がぐるりと光った。——あれから二三日たっていた。喜八の耳にもうはいっているのだ。

仙一は黙っていた。

「盗んだな。」

問九　空欄 D に入るのに適切な二字熟語（ともに「ごんべん」の漢字）を考え、書きなさい。

問十　――部⑤「急ごうと思っても急げないのなら、電車の中で走るようなことはもうやめよう」とあるが、どういうことか。六十字以上百字以内で説明しなさい。

二

次の文章は上林暁の小説「薔薇盗人《ばらぬすびと》」（昭和七〔一九三二〕年）の一節である。桜の木が自慢の野なかの小学校で、ある朝校門の側に美しく咲いていた薔薇の花が盗まれた。それはたった一輪だけ咲いた珍しい薔薇として先生も生徒も大事にしていた花であり、校長が全校生徒を集めて訓示を与える騒ぎになったが、折り取ったと名乗り出る者はとうとういなかった。本文はこれに続く部分である。読んで、後の問いに答えなさい。

※　本文にある表現で今日からみれば不適切と思われるものがありますが、作品が書かれた時代背景と作品的価値を考え、そのままとしました。

学校の庭に咲いていた真紅の薔薇の花は、昨夜から仙一の家の座敷で萎《しな》びつつあった。もっと正確に言えば、仙一の妹の由美江の胸の上で萎びていた。

由美江は五つになる女の子である。由美江はお父《と》やんの縞《しま》の袷《あわせ》※裏地のついている衣服を着て、じくじくに破れた古畳の上に寝ころんでいる。お父やんの着物は、由美江の手も足もすっぽりくるんでしまって、余った袖口は垂れ下り、裾は畳に引き摺《ず》っていた。そのうえ垢《あか》でじっとり重たく、縞目もわからない。その垢染んだ着物の胸に、まっ紅な薔薇の花を徽章《きしょう》※身分、職業などを表す印のようにくっつけて、仰向けに寝転がっているのである。夜になっても電気燈《とう》は勿論《もちろん》、洋燈も蠟燭《ろうそく》もつけず真っ暗なまま、昼でも薄暗いこのあばら家※荒れ果てた家のなかで、薔薇の花だけが、派手な、それだけ不気味な強い色彩で耀《かがや》いている。だが花が萎びるにつれ、その耀きもだんだん衰えて行くのであった。

五年生の仙一は皆からはぐれ、急いでかえって来た。先生や生徒たちの顔がみんな恐ろしく、それに追っかけられるような気がして、われ知らず走っていた。家のなかへ這入《はい》って来ると、由美江の胸につけた薔薇の花が、一時にくわっと耀きくるめいたような気がした。頭が痛んだ。彼は自分が盗んだ薔薇の花を恨んだ。

由美江のそばへ寄って行くと、由美江はぱっちり眼を開いた。薩摩《さつま》芋《いも》のようにいびつに赤肥りした大きな顔の端っこのほうに、飯粒のように白くくっついた小さな眼である。いま隣村の芝居小屋に掛っている芝居で子役が欲しくなり、座長と差配※世話人とが由美江を買いに来たのであったが、どんなに顔をつくってみたところで舞台には立てないというので相談が成り立たなかった。子役にも買われない顔！　眠っているとばっかり思っていたのに眼をあけたのは、眼をあけてるのが大儀だから、ただぼんやり閉じていたのであろう。

「いや、いや。」と由美江はだぶだぶの着物のなかで身をもがいた。だが仙一は、縫目に挿し込んだ花を素早く抜き取ると、①**一ひら一ひら丹念に花びらを毟《むし》り取り、最後に蕊《ずい》も花びらも一緒くたに手のなかで揉《も》み円《ま》るめて、暗い土間を目がけて投げ捨てた**。

由美江は悲しげな表情をして兄のすることを眺めていたが、諦めたのか泣きもせず、そのまま又静かに眼を閉じた。ゆうべ、薔薇の花を胸に挿してやった時には、弱々しいけれども抑えることの出来ない喜これは、病気でない時も同じである。何かの目標を立てたとしても、その目標を達成する前の時間も仮のものではなく、その時間こそが本当の人生である。

問一 ═部(a)～(d)のカタカナを漢字に直しなさい。

問二 ——部①「その地点」とは何か。三十字以上四十五字以内で説明しなさい。

問三 ——部②「ただ『ない』」とあるが、どういうことか。そのことを説明したものとして、最も適当なものを選びなさい。

ア 未来があるのは平均的な寿命を与えられた人間に限られたことであり、病気になってしまった人にとっては、未来は虚構なのだということ。

イ 人生に始点と終点が存在するとは、人間が作り出した一つのものの見方にすぎず、実際の未来は座標軸上に示せるものではないということ。

ウ 効率を重視すれば未来にばかり目が向くが、重視される価値が変われば現在が焦点化されるのであり、未来に絶対的な価値はないということ。

エ 人間が現在しか生きられないことと、常に人生は直ちに終息しうることから考えるならば、人生に未来はないとも言えるのだということ。

オ 人生の折り返し点に到達すれば、いつ病気になってもおかしくなくなるのであり、未来を想定して生きることは事実上不可能になるということ。

問四 空欄 A に入る言葉として最も適当なものを選びなさい。

ア 唯一　イ 思想的　ウ 対比的
エ 完全　オ 前提

問五 ——部③「和辻哲郎」とあるが、彼とともに文学活動を行った人物に谷崎潤一郎がいる。谷崎潤一郎の代表作を選びなさい。

ア 草枕　イ 銀河鉄道の夜　ウ 杜子春
エ 小僧の神様　オ 春琴抄

問六 ——部④「あれを描くのだなどと思うと大間違いだぞ」とあるが、なぜ間違うのか。その理由を本文の内容に即して説明したものとして、最も適当なものを選びなさい。

ア ものを一定しているものだと思い込み、それをそのまま描くことが目的となることで、観ることによる新しい発見や創造の無限の可能性が失われてしまうから。

イ すべて自分の力によって成し遂げようとする思いがあまりに強すぎると、自然なタッチが絵から失われてしまい、独りよがりで不自然な作品になってしまうから。

ウ 絵画とは目の前の物質を描いているようでいて、実はその内奥に秘められた世界の真実を描く営みなのであり、見えるものだけを描いては、底の浅い作品になるから。

エ 絵画の初心者に最も大切なことは描くことではなく観ることなのであり、しっかり観ることができるようになる前に描いてしまうと、変な満足感にとらわれるから。

オ 描かれるものは石膏の首ではあるが、画家は一部を描きながら常に全体を考えていなければならないのであり、一部を描いている意識が強いと、絵のバランスが崩れるから。

問七 空欄 B に入る「自然に」という意味の言葉を選びなさい。

ア おのずから　イ したたかに　ウ すこぶる
エ いささか　オ おもむろに

問八 空欄 C に入る言葉として最も適当なものを選びなさい。

ア うえ　イ さき　ウ ふい　エ ほか　オ みき

な影があったかと自分で驚くほど、いくらでも新しいものが見えて来る。それをあくまでも見入って行くうちに手が［B］動き出して来るのだ」

　和辻は、この画伯の言葉は画伯自身が理解していたよりも重要な意味を含んでいるとして、次のようにいう。

「『観る』とはすでに一定しているものを映すことではない。無限に新しいものを見いだして行くことである。だから観ることは直ちに創造に連なる。しかしそのためにはまず純粋に観る立場に立ち得なくてはならない。単に手段として観るのならば、目的に限定せられた範囲以上に観る働きは(b)シンテンしない」

　描くために観るのではない。純粋に観る。そうすれば、手も「［B］動き出して来る」。

　和辻は「観の(c)ジコ目的性」という言葉を使う。観るとは何かのためではなく、それ自体が目的である。絵の場合は、観た後で手が動き出すだろうが、「単に手段として観るのならば、目的に限定せられた範囲以上に観る働きはシンテンしない」ことになる。

　和辻はここで、アリストテレスのエネルゲイアについて語っているのである。生きることも観ることと同様エネルゲイアであり、生きることの目的は(d)ナイザイし、何かのために生きるのではない。

　何かのために生きる人は「今」を［C］にする。くることの保証がない未来を俟《ま》つ。生きることはキーネーシスだと考えているので、すなわちこれからも人生が続くことを信じて疑わないので人生［D］をすることができる。目標を立て、その目標に従って、できるだけ回り道をすることなく効率的に生きること、それが人生だと考えている。

　しかし、効率的に生きることには意味はない。人はみな最後は死ぬのだから、これでは結局、無駄なことはしないで早く死ねばいいことになってしまう。

　大抵の人は死のことなどは少しも考えたくはないだろう。それでも、病気になって思い通りに人生を生きることはできないことを知ると、急がなくても、寄り道をすることも立ち止まることもあってもいいのだと思えるようになる。⑤急ごうと思っても急げないのなら、電車の中で走るようなことはもうやめよう、そう思えるようになった時、過去はもはやなく、未来もない。「ある」のは「今」だけになる。今をていねいに生きる時、こうして生きることはエネルゲイアになる。

　病気になった時だけではない。何かの機会にふと立ち止まった時、あまりに目が過去と未来にばかり向いていて、今日という日を生き切れていなかったことに気づく。

　夫が病気で倒れ、幸い一命をとりとめたが、医師から必ず再発するといわれた人がいた。どういう心持ちでこれから生きていけばいいかとたずねられ、私は次のように答えた。

　再発するかしないか、再発するとしてもいつ再発するかは誰もわからない。そうであれば、再発を恐れることなく、日々を大切にして仲良く生きよう。再発したらその時にはたしかにどうするかを考えなければならなくなるが、いつ再発するかを思い煩《わずら》わず、共にいられる今日という日を大切に過ごすことだけが今できることである。

　治療によって再び健康を取り戻すことはできるとしても、健康を取り戻すまでの人生も仮のものなどではなく、治療を受けている今のこの人生しかないのだ。病気の時に本来的ではない不完全な人生を送っているわけではないのである。

　また、病気が治って初めて本当の人生が再び始まるのでもない。病者にとって「ある」のは病気である今だけであり、その今だけが現実である。病気が最終的にどうなろうと、今だけが人が生きられる時間であり、本当の人生なのだ。

二〇二一年度 渋谷教育学園幕張中学校

【国語】〈第二次試験〉（五〇分）〈満点：一〇〇点〉

（注意）・記述は解答欄《らん》内に収めてください。一行の欄に二行以上書いた場合は、無効とします。

一 次の文章は岸見一郎『人生は苦である、でも死んではいけない』の一節である。これを読んで、後の問いに答えなさい。

ここで、「生きる」ということについて、少し哲学的に考えてみよう。

まず、人の生は誕生から始まって死に終わるという直線的な見方だけが、人生についての唯一の見方ではないことを知らなければならない。

アリストテレスは、人生について、キーネーシス（動）とエネルゲイア（現実活動態、活動）という、二つの運動の概念の対比を用いて論じている（『形《けい》而上学《じじょうがく》』）。

キーネーシスとは、始点と終点のある運動のことである。この動きはできるだけ速やかで効率的であることが望ましい。ここでは、目的地に着く前の動きは、いまだ目的地に達してはいないという意味で未完成で不完全である。

「あなたは今、人生のどのあたりにいますか」とたずねると、多くの人は人生を直線としてイメージするので、つまり、人生をキーネーシスと見ているので、若い人であれば直線の左の方を、年配の人であれば右の方を指す。常識的には、人生も誕生で始まり、死で終わると考えるので、このような答えが返ってくるだろう。

平均寿命くらいまで生きられるだろうと考えている人は、平均寿命を基準にして、今は人生の半ばを過ぎたくらいにいるだろうとか、若い人であれば、まだ折り返し点まで行っていないと答えるだろう。これは長生きすることを前提にした答えだが、本当のことは誰にもわからない。実は、①**その地点**をとっくに通過しているかもしれないのだから。

人生をこのように見ることに何の疑いも持たない人は、「人生百年時代」という言葉も(a)**マ**に受ける。仮に平均寿命が延びたとしても、自分が長生きするとは限らないことには気づかない。

人生を直線的に見ることが決して自明ではないことは病気をした時にわかる。当然、くると思っていた明日がこないかもしれないことに思い至るからである。さらには、未来がまだきていないのではなく、②**ただ「ない」**ことにも気づく。また、あまりにも痛みや苦しみがひどいので、今日という日が明日も続くと思いたくない人さえもいるだろう。

また、キーネーシスにおいては、効率的であることが求められる。目的地に着くだけでなく、できるだけ早く着かなければならない。

一方、キーネーシスに対して、エネルゲイアにおいては、「なしつつある」ことがそのまま「なしてしまった」ことになる。その動き、行動、行為は常に［A］で、「どこからどこまで」という条件とも無関係で、キーネーシスとは違ってその目的は行為そのものの内にある、つまり、行為自身がそのまま目的であるエネルゲイアは効率とは無縁である。

③**和辻哲郎《わつじてつろう》**が『風土』の中で、初心者に素描を教える津田青楓《つだせいふう》画伯の言葉を紹介している。画伯は石膏《せっこう》の首を指差しながらこういった。

「諸君は④**あれを描くのだなどと思うと大間違いだぞ**、観るのだ、見つめるのだ。見つめている内《うち》にいろんな物が見えて来る。こんな微妙

2021年度

渋谷教育学園幕張中学校 ▶解説と解答

算 数 ＜第２次試験＞（50分）＜満点：100点＞

解 答

[1] (1) ① 88個 ② 966 (2) ① 144 ② 765 [2] (1) ① 18通り ② 32通り (2) 54通り [3] (1) 18分 (2) ① 毎分１km ② 12km [4] (1) (例) 解説の図①を参照のこと。 (2) $1\frac{1}{3}$倍 [5] (1) ① 8倍 ② $20\frac{4}{75}$倍 (2) $\frac{13}{16}$倍

解 説

[1] 整数の性質，数列

(1) ① 2021を素数の積で表すと，2021＝43×47となるから，分子が43または47の倍数のときに約分できる。また，１から2021までに43の倍数は，2021÷43＝47(個)あるので，2021を除くと，１から2020までには，47－１＝46(個)ある。同様に，１から2021までに47の倍数は，2021÷47＝43(個)あるから，2021を除くと，１から2020までには，43－１＝42(個)ある。さらに，43と47の最小公倍数は2021なので，１から2020までに43と47の公倍数はない。よって，１から2020までに43または47の倍数は，46＋42＝88(個)あるから，約分できる分数の個数は88個とわかる。 ② 約分できない分数は，小さい方から順に$\left\{\frac{1}{2021}, \frac{2}{2021}, \frac{3}{2021}, \cdots\right\}$，大きい方から順に$\left\{\frac{2020}{2021}, \frac{2019}{2021}, \frac{2018}{2021}, \cdots\right\}$となる。これらを順に組にして加えると，どの組の和も，$\frac{1}{2021}+\frac{2020}{2021}=\frac{2}{2021}+\frac{2019}{2021}=\frac{3}{2021}+\frac{2018}{2021}=1$になる。また，約分できない分数は，2020－88＝1932(個)あるから，組の数は，1932÷２＝966(組)となる。よって，これらの和は，１×966＝966と求められる。

(2) ① Aを15で割ったときの商と余りを□とすると，A÷15＝□余り□となる。ここで，$P\div Q=R$余りSのとき，$P=Q\times R+S$となるから，A＝15×□＋□＝(15＋１)×□＝16×□と表すことができ，Aは16の倍数とわかる。同様に，Aを17で割ったときの商と余りを△とすると，A÷17＝△余り△より，A＝17×△＋△＝(17＋１)×△＝18×△と表すことができ，Aは18の倍数とわかる。よって，Aは16と18の公倍数である。また，右の計算から，16と18の最小公倍数は，２×８×９＝144とわかるので，Aは144の倍数になる。ここで，割り算の余りは割る数よりも小さいから，□は14以下であり，△は16以下になる。したがって，Aは，16×14＝224以下なので，条件に合うAは144だけである。 ② $B\div C$＝15余り15より，$B=C$×15＋15＝15×(C＋１)となるので，Bは15の倍数である。同様に，$B\div D$＝17余り17より，$B=D$×17＋17＝17×(D＋１)となるから，Bは17の倍数である。よって，Bは15と17の公倍数であり，15と17の最小公倍数は，15×17＝255なので，Bは255の倍数とわかる。さらに，Cは16以上であり，Dは18以上だから，Bは，17×(18＋１)＝323以上である。したがって，999÷255＝３余り234より，３けたでもっとも大きい整数は，255×３＝765と求められる。

```
2 ) 16  18
   -------
     8   9
```

2 場合の数

図ア

★	☆	★
☆	青	☆
★	☆	★

図イ

青	☆	★
☆	★	☆
★	☆	★

図ウ

★	青	★
☆	★	☆
★	☆	★

図エ

青	☆	青
☆	★	☆
★	☆	★

図オ

青	☆	★
☆	★	青
★	☆	★

図カ

青	☆	★
☆	★	☆
★	青	★

図キ

青	☆	★
☆	★	☆
★	☆	青

図ク

★	青	★
☆	★	☆
★	青	★

⑴　①　上の図ア(青が真ん中)，図イ(青が四隅《よすみ》)，図ウ(青が辺の真ん中)の３つの場合に分けて考える。どの場合も，残りの部分に★と☆を上下左右が同じにならないようにはると，はり方は１通りに決まる。このとき，★が黄で☆が赤の場合と，★が赤で☆が黄の場合があるから，どの場合も２通りの模様ができる。次に，青の場所を考えると，図アの場合は１通り，図イと図ウの場合は90度ずつ回転させると４通りずつあるので，全部で，(１＋４＋４)×２＝18(通り)と求められる。

②　上の図エ～図クの５つの場合に分けて考える。①と同様に残りの部分の★と☆のはり方は１通りに決まるので，どの場合も２通りの模様ができる。次に，青の場所は，図エと図オと図カの場合は90度ずつ回転させると４通りずつある。また，図キと図クの場合は180度回転させると同じ模様になるから，２通りずつある。よって，全部で，(４×３＋２×２)×２＝32(通り)と求められる。

⑵　右の図ケで，ａの場所に青をはると，①～③の場所に青をはることはできない。そこで，ｂの場所に青をはると，④～⑥の場所に青をはることはできない。同様に考えると，ｃ→ｄ→ｅ→ｆの場所に青をはることができ，最も多くて６枚の青をはれることがわかる。この状態から，ｂの場所にある青を⑤の場所にずらすことができ，同時に，ａの場所にある青を②の場所にずらすこともできる。つまり，Ⅰの列にある４枚のうち２枚を青にする方法は，(ａとｂ)，(ａと⑤)，(②と⑤)の３通りある。Ⅱの列とⅢの列についても同様なので，６枚の青をはる方法は全部で，３×３×３＝27(通り)となる。さらに，どの場合についても残りの部分の模様は２通りあるから，全部で，27×２＝54(通り)と求められる。

図ケ

a	①	c		e
②	③			
b	④	d		f
⑤	⑥			
↑ Ⅰ		↑ Ⅱ		↑ Ⅲ

3 速さと比

⑴　通常時と強風時について，速さの比は，１：0.6＝５：３だから，Ｍ駅からＫ駅まで行くのにかかる時間の比は，$\frac{1}{5}$：$\frac{1}{3}$＝３：５となる。この差が８分なので，比の１にあたる時間は，８÷(５－３)＝４(分)となり，通常時にかかる時間は，４×３＝12(分)，強風時にかかる時間は，４×５＝20(分)とわかる。よって，電車ＡがＭ駅を出発してからの時間と，３つの電車のＭ駅からの道のりの関係をグラフに表すと，右上の太実線のようになる。よって，電車Ｃは60分後にＫ駅に着いたことがわかる。また，予定では，30分後にＭ駅を出発して，30＋12＝42(分後)にＫ駅に着くはずだったから，予定よりも，60－42＝18(分)遅《おく》れたことになる。

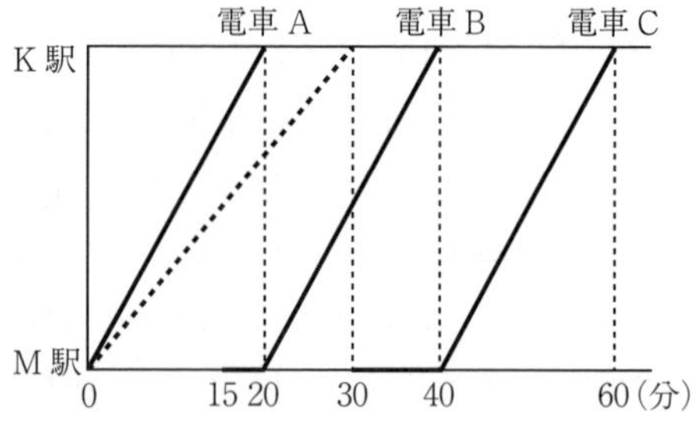

⑵　①　電車Ａが毎分0.2km遅くしたときにかかる時間は，12＋18＝30(分)なので，このときのようすはグラフの太点線のようになる。ここで，電車Ａの太実線と太点線の部分について，時間の比は，20：30＝２：３だから，速さの比は，$\frac{1}{2}$：$\frac{1}{3}$＝３：２となる。この差が毎分0.2kmなので，比の１にあたる速さは毎分，0.2÷(３－２)＝0.2(km)となり，太実線の速さは毎分，0.2×３＝0.6

(km)とわかる。これは通常時の速さの60％にあたるから，通常時の速さは毎分，$0.6 \div 0.6 = 1$ (km)と求められる。　② 毎分１kmの速さで進むと12分かかるので，M駅とK駅の間の道のりは，$1 \times 12 = 12$(km)である。

4 平面図形―作図，長さ

⑴ 右の図①で，はじめにODを延長した直線上にDO＝DLとなる点Lをとり，OLの垂直二等分線をひく。そのためには，OLの左側にOM＝LMとなる点M，OLの右側にON＝LNとなる点Nをとり，MとNを結ぶ。次に，PとDを結び，PDの垂直二等分線をひく。そのためには，PDの左側にPQ＝DQとなる点Q，PDの右側にPR＝DRとなる点Rをとり，QとRを結ぶ。さらに，MとN，QとRを結んだ直線の交点をSとする。最後に，Sを中心としてDとPを通る円の一部をかくと，Oを中心とする円の円周とのD以外の交点がEになる。

図①

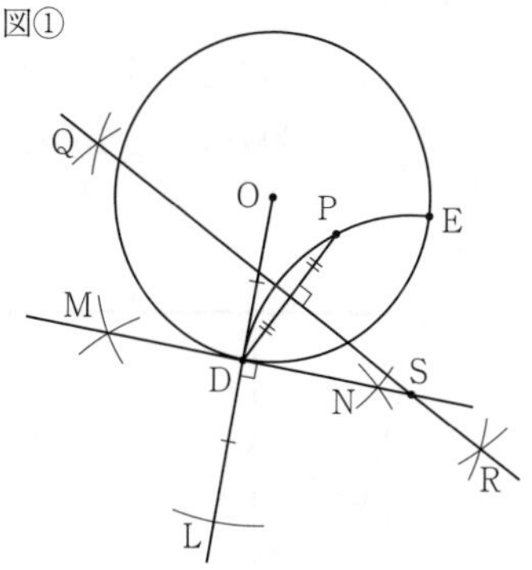

⑵ 右の図②で，マークさんははじめにXを中心とする円周上を移動し，ハリーさんははじめにYを中心とする円周上を移動する。図②で，三角形OFXと三角形YOXはどちらも正三角形を半分にした形の三角形だから，XF＝１とすると，$OX = 1 \times 2 = 2$，$XY = 2 \times 2 = 4$となる。よって，マークさんとハリーさんが移動した円周の半径の比は，XF：YF＝１：(４－１)＝１：３と求められる。次に，マークさんが移動した部分の中心角は，$60 \times 2 = 120$(度)であり，これが全部で６か所ある。また，ハリーさんが移動した部分の中心角は60度であり，これが全部で３か所ある。したがって，マークさんとハリーさんが移動した道のりの比は，$\left\{1 \times 2 \times (\text{円周率}) \times \frac{120}{360} \times 6\right\} : \left\{3 \times 2 \times (\text{円周率}) \times \frac{60}{360} \times 3\right\} = 4 : 3$なので，マークさんの速さはハリーさんの速さの，$4 \div 3 = \frac{4}{3} = 1\frac{1}{3}$(倍)とわかる。

図②

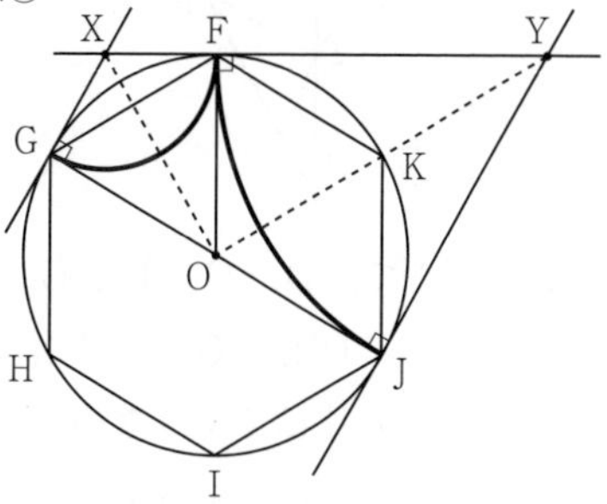

5 立体図形―相似，面積

⑴ ① 真上から見ると下の図１のようになる。図１で，三角形ABCと三角形CDAは正三角形を半分にした形の三角形だから，三角形ABIと三角形CDJも同様であり，$AI = CJ = 1 \div 2 = 0.5$となる。また，下の図２のように，Oとスクリーンの間に棒XYを立てたとき，電球によってスクリーンにできる棒の影《かげ》をQRとすると，三角形XOYと三角形QORは相似なので，XY：QR＝OY：ORとなる。この考え方を使うと，図１で，三角形OIBと三角形OPB′は相似だから，OB：OB′＝OI：OP＝(１＋0.5)：(１＋２＋１)＝３：８となる。よって，直方体の辺BFの長さと，BFが作る影の長さの比も３：８になるので，BFが作る影の長さは，$3 \times \frac{8}{3} = 8$と求められる。したがって，頂点Bの影の点の地面からの高さは，ABの長さの，$8 \div 1 = 8$(倍)である。　② ①と同様に考えると，OA：OP＝１：(１＋２＋１)＝１：４だから，AEが作る影の長さは，$3 \times \frac{4}{1} = 12$となり，OD：OD′＝OJ：OP＝(１＋２－0.5)：(１＋２＋１)＝５：８なので，DHが作る影の長さは，$3 \times \frac{8}{5} = \frac{24}{5}$とわかる。また，IB：PB′＝OI：OP＝３：８だから，IBとDJの長さを□とすると，PB′の長さ

は$\left(\square\times\frac{8}{3}\right)$となる。同様に，DJ：D′P＝OJ：OP＝５：８なので，D′Pの長さは$\left(\square\times\frac{8}{5}\right)$となる。したがって，スクリーン上にできた影は下の図３のようになる。図３で，左側の台形の面積は，$\left(\frac{24}{5}+12\right)\times\left(\square\times\frac{8}{5}\right)\div2=\frac{336}{25}\times\square$，右側の台形の面積は，$(8+12)\times\left(\square\times\frac{8}{3}\right)\div2=\frac{80}{3}\times\square$だから，合わせると，$\frac{336}{25}\times\square+\frac{80}{3}\times\square=\left(\frac{336}{25}+\frac{80}{3}\right)\times\square=\frac{3008}{75}\times\square$となる。一方，長方形ABCDの面積は，$2\times\square\div2\times2=2\times\square$なので，直方体の影の面積は長方形ABCDの面積の，$\left(\frac{3008}{75}\times\square\right)\div(2\times\square)=\frac{3008}{75}\div2=\frac{1504}{75}=20\frac{4}{75}$(倍)と求められる。

図１

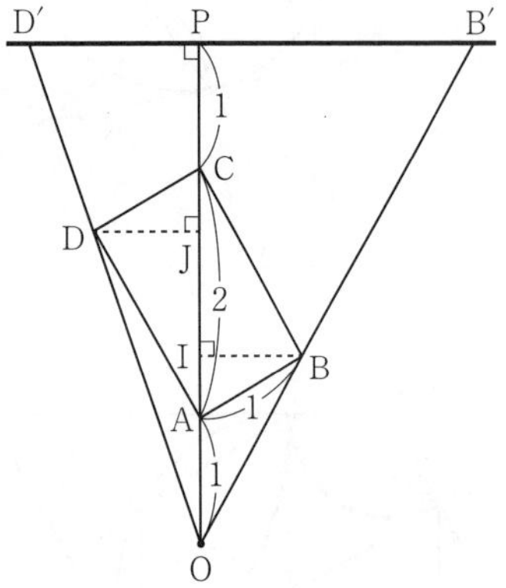

図２

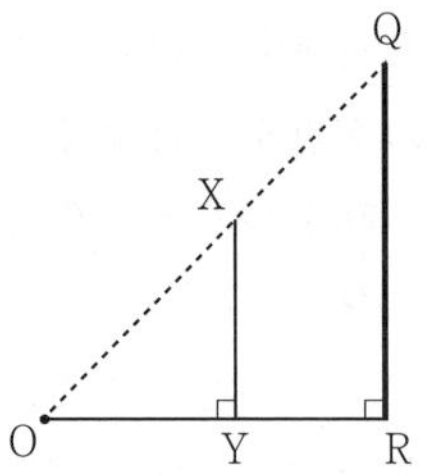

図３

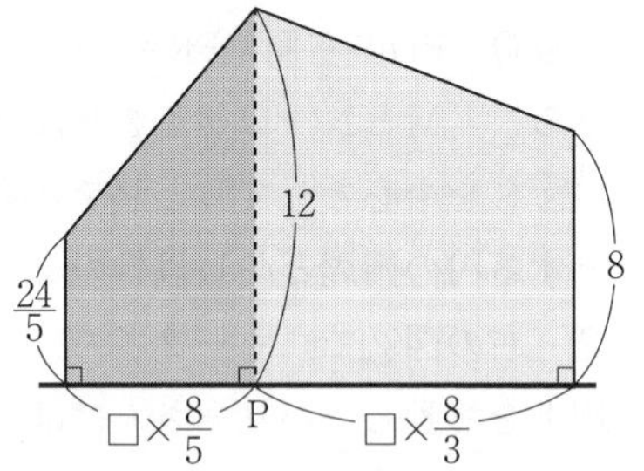

(2)　図１で，D，C，Bからスクリーンまでの距離《きょり》はそれぞれ，１＋0.5＝1.5，１，１＋２－0.5＝2.5だから，DH，CG，BFが作る影はそれぞれ下の図４のようになる。図４で，斜線《しゃせん》の三角形の底辺と高さの比は２：３なので，DHがスクリーン上に作る影の長さは，$(2-1.5)\times\frac{3}{2}=\frac{3}{4}$，CGがスクリーン上に作る影の長さは，$(2-1)\times\frac{3}{2}=\frac{3}{2}$となる。また，BFの影はスクリーンの手前，2.5－２＝0.5のところまでにできることがわかる。次に，下の図５のように，ちょうど直線n上に影があたるような点KをBC上にとる。図５で，CL＝２－１＝１，LI＝２－１－0.5＝0.5だから，CK：KB＝１：0.5＝２：１となり，スクリーン上にできる影は下の図６のようになる。図６で，左側の台形の面積は，$\left(\frac{3}{4}+\frac{3}{2}\right)\times\square\div2=\frac{9}{8}\times\square$，右側の三角形の面積は，$\square\times\frac{2}{2+1}\times\frac{3}{2}\div2=\frac{1}{2}\times\square$なので，合わせると，$\frac{9}{8}\times\square+\frac{1}{2}\times\square=\left(\frac{9}{8}+\frac{1}{2}\right)\times\square=\frac{13}{8}\times\square$と求められる。したがって，直方体の影の面積は長方形ABCDの面積の，$\left(\frac{13}{8}\times\square\right)\div(2\times\square)=\frac{13}{8}\div2=\frac{13}{16}$(倍)である。

図４

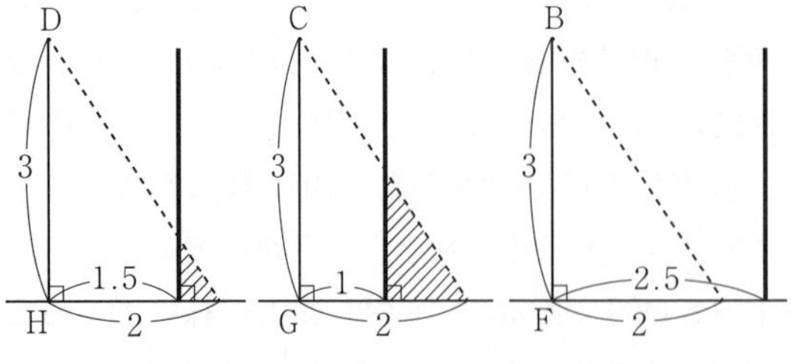

図５

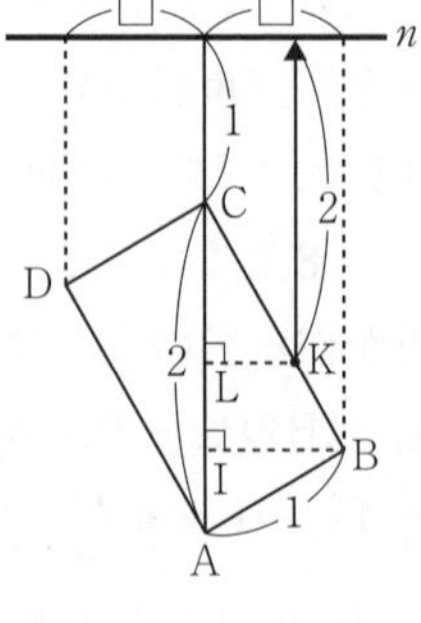

図６

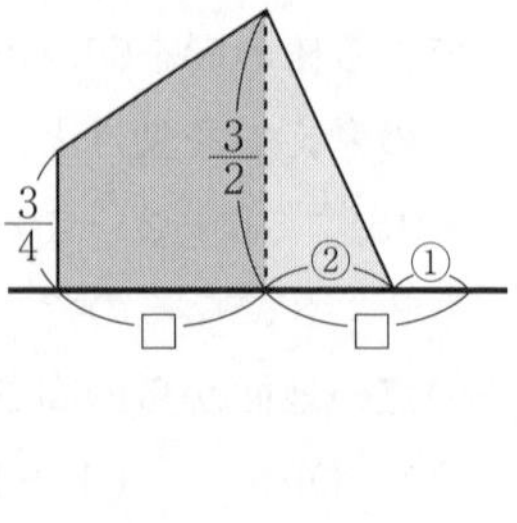

社　会　＜第２次試験＞（45分）＜満点：75点＞

解　答

1　**問１**　1　**問２**　3　**問３**　3　**問４**　（例）　モノや人の移動　**問５**　2　**問６**　（例）　通勤に費やす時間を自由に使うことができる。　**問７**　（例）　新型コロナウイルス感染者を受け入れた病院では，ほかの患者の診察が難しくなったから。　**問８**　（例）　居住・移転の自由　**問９**　4　**問10**　2　**問11**　4　**問12**　（例）　旅行の時期や場所を分散させること。　**2**　**問１**　⑴　（例）　仏教勢力の政治への介入を避けるため。　⑵　（例）　水上交通の便がよく，物資の輸送や外交に有利だったから。　**問２**　俵物　**問３**　2　**問４**　3　**問５**　4　**問６**　後醍醐（天皇）　**問７**　2　**問８**　生野（銀山）　**問９**　（例）　商品価格についての情報を独占できなくなったから。　**問10**　2　**問11**　（例）　第一次世界大戦で，船舶による物資の輸送が増えたから。　**問12**　与謝野晶子　**3**　**問１**　**X**　横浜（市）　**Y**　大阪（市）　**問２**　3　**問３**　青森（市）　**問４**　⑴　新潟（市）　⑵　北九州（市）　⑶　岡山（市）　**問５**　（例）　炭鉱都市として栄えたが，石炭産業が衰えたことで，炭鉱が閉山したから。　**問６**　（例）　交通網が発達し，盛岡市のベッドタウンとしての役割をはたすようになったから。　**問７**　（例）　県との連絡や交渉にかかる時間や経費を節約できる。　**問８**　（例）　早明浦ダムが建設され，村の中心部が水没したから。

解　説

1　**政治のしくみや国際社会，日本国憲法などについての問題**

問１　世界保健機関（WHO）は，「すべての人々が可能な最高の健康水準に到達すること」を目的として1948年に設立された国際連合（国連）の専門機関の１つで，本部はスイスのジュネーブに置かれている。感染症《しょう》の拡大防止やその撲滅《ぼくめつ》，医薬品や食品の国際的基準の向上など，世界の人々の健康増進をはかるための活動をしており，1980年には天然痘《とう》の世界根絶宣言を行った。

問２　X　国際オリンピック委員会（IOC）はオリンピックを開催・運営する国際的な団体だが，国連の専門機関ではなく，NGO（非政府組織）に分類される。　Y　2020年７月にIOCが発表した最新のオリンピック憲章には，オリンピックマーク（オリンピック・シンボル）について，「単色または５色の同じ大きさの結び合う５つの輪」からなることや，カラーで表示する場合には「左から順に青，黄，黒，緑，赤とする」こと，「左から順に上段に青，黒，赤の輪を，下段には黄，緑の輪を配置する」ことなどが記されている。よって，正しい。なお，この５つの輪は５つの大陸の団結と，オリンピックに全世界の選手が集うことを表現している。

問３　X　安倍晋三内閣は自由民主党（自民党）と公明党の連立内閣で，公明党からも閣僚《かくりょう》が選ばれた。　Y　安倍晋三首相は2020年９月16日に辞任したが，その通算在任期間は3188日で，桂太郎の2886日をぬいて歴代最長となった。また，2012年12月26日の第二次内閣発足以来の連続在任期間は2822日となり，佐藤栄作の2798日をぬいてこちらも歴代最長となった。よって，正しい。

問４　新型コロナウイルスの感染拡大を防止するため，世界各国ではロックダウン（都市封鎖《ふうさ》）や入国制限措置《そち》が実施され，日本でも緊急《きんきゅう》事態宣言が出されてテレワークなどが推進された。この結果，仕事や旅行で遠距離を移動する人だけでなく，通勤・通学で移動する人も減り，モノの移動も大きく停滞《ていたい》した。

問５　新型コロナウイルス感染拡大防止のため，政府とは別に独自の緊急事態宣言を発表する都道府県もあった。いずれの場合も，都道府県知事が具体的な時期や地域，内容を示して住民にさまざまな要請を出せるが，2021年１月時点では，要請に応じなかったとしても罰則《ばっそく》が科されることはない。

問６　テレワークは，自宅など，職場以外の場所で仕事をする働き方で，労働者にとっては通勤に費やしていた時間をほかのことに使えるようになるため，時間に余裕ができる。また，満員電車で通勤し，人の多い都心に出るような人の場合，それによるストレスや，ウイルスへの感染のおそれを減らすこともできる。

問７　新型コロナウイルス感染症の患者《かんじゃ》を受け入れた病院の多くは，院内感染を防ぐため，施設のしくみや人員の配置などを変えなければならなくなる。また，心身の負担を理由に離職するスタッフが出て，人員が不足してしまう病院もある。これらの理由によって，一般の患者や救急の患者を受け入れるのが難しくなったり，予定していた治療を行えなくなったりすると，それまでのような収入が得られなくなる。政府はこうした病院に補助金を支給しているが，十分ではなく，経営難に苦しむ病院も多数出ている。

問８　ロックダウンによって，移動や店の営業が自由にできなくなると，人は自由権，特に経済活動の自由を制限されることになる。これは，店の営業はもとより，移動の自由が，日本国憲法第22条の保障する居住・移転の自由にふくまれると解釈《かいしゃく》されており，居住・移転の自由は経済活動の自由に分類されるからである。なお，自由な移動を制限することは，経済的にだけでなく精神的な制限にもつながるため，精神の自由が制限されると解釈されることもある。

問９　X　常会(通常国会)の会期は，国会法で150日間と定められている。なお，臨時会(臨時国会)と特別会(特別国会)の会期は，衆議院と参議院の両院の議決で決まる。　Y　「本予算」ではなく「暫定《ざんてい》予算」が正しい。

問10　X　衆議院議長は衆議院議員の中から選ばれ，任期も衆議院議員と同じである。　Y　日本国憲法は第６条で，内閣総理大臣と最高裁判所長官については天皇が任命すると規定しているが，衆議院議長と参議院議長については規定がなく，就任にあたって天皇の任命は必要ない。

問11　X　「特別委員会」と「常任委員会」が逆である。　Y　委員会を開くには，委員会を構成する委員の半数以上の出席が必要となる。

問12　「Go To トラベル事業」は，新型コロナウイルスの感染拡大によって低迷する観光産業を後押しするために始まったが，感染拡大が長引く中で，これを防止しながら旅行や観光を楽しむこともめざすため，「新しい旅のエチケット」「新しい旅のルール」が示された。ここでは，政府が示す新しい生活様式にもとづき，「密閉・密集・密接」の三密を避けながら旅行を楽しむことなどが記されている。感染拡大防止には，旅行者が気をつけるだけでなく，観光関連事業者も，旅行を予定している人にすいている日時を案内するなどして，特定の場所・日時に人が集中しないよう分散させることが求められる。

２　各時代の歴史的なことがらについての問題

問１　(1)　奈良時代末には仏教を重んじた政治が行われたため，仏教勢力の発言力が増し，政治にも介入《かいにゅう》するようになった。８世紀末に即位《そくい》した桓武天皇は，仏教勢力が強くなりすぎた平城京を離れ，人心を一新するため，784年に長岡京，794年に平安京へと都を遷《うつ》した。　(2)　長岡京が置かれた京都盆地の南西部は，当時，桓武天皇の母方の家系の勢力が強い地域であった。また，淀《よど》川水系の桂《かつら》川や宇治川の水運が利用できたため，物資の輸送や外交に有利であった。こうしたことから，この地が新しい都の建設地に選ばれた。

問２　「中国向け輸出品の干しアワビやフカヒレ」などが扱《あつか》われたとあることから，俵物があてはまる。江戸時代に長崎で行われた中国との貿易では海産物が多く輸出され，これらは俵につめて輸出されたことから，俵物とよばれた。蝦夷《えぞ》地(北海道)から北前船で西廻《まわ》り航路を通って大坂(大阪)に運ばれた海産物のうち，特にイリコ・干しアワビ・フカヒレの３つは「俵物三品」とよばれ，中華料理の高級食材として需要《じゅよう》が高かった。

問３　X　平清盛が日宋貿易の拠点《きょてん》として整備した大輪田泊《おおわだのとまり》は，のちに兵庫津とよばれるようになり，現在の神戸港へと発展した。よって，正しい。　Y　広島県廿日市《はつかいち》市にある厳島《いつくしま》神社は６世紀の創建と伝えられ，平清盛が現在のような豪華な社殿に修築するとともに，一族の繁栄《はんえい》を願って「平家納経」を納めるなど，厚く信仰《しんこう》した。

問４　江戸時代，幕府は長崎を唯一《ゆいいつ》の貿易港として清(中国)・オランダの２国のみと貿易を行っていたので，この２国は「通商国」となる。一方，朝鮮との交易は対馬《つしま》藩(長崎県)が独占し，朝鮮から通信使が送られるという形で，幕府との交流が行われた。また，琉球《りゅうきゅう》(王国)との交易は薩摩藩(鹿児島県)が独占し，琉球からは慶賀使・謝恩使という使節が幕府に派遣された。よって，この２国は「通信国」であったといえる。

問５　X　日蓮《にちれん》は1260年，鎌倉幕府の第５代執権《しっけん》北条時頼《ときより》に『立正安国論《りっしょうあんこくろん》』を提出し，念仏の邪《じゃ》法《ほう》を禁止しないと国が混乱したり，外国からの侵略《しんりゃく》を受けたりすると警告した。これが，元の襲《しゅう》来《らい》(元寇《げんこう》)を予言したものだといわれる。なお，日蓮が重視した「南無妙法蓮華経《なむみょうほうれんげきょう》」という言葉は，題目とよばれる。　Y　永仁の徳政令は1297年，第９代執権北条貞時のときに出された。しかし，かえって経済が混乱し，御家人たちの幕府への不満は高まっていった。

問６　1331年，後醍醐《ごだいご》天皇は鎌倉幕府を倒す計画を立てたが，事前に発覚して捕らえられ，隠岐《おき》(島根県)に流された。これを元弘の変という。その後，1333年に隠岐を脱出して伯耆《ほうき》(鳥取県)に入ると，再び幕府を倒すために態勢を整え，足利尊氏や新田義貞《にったよしさだ》らの協力を得て倒幕をはたした。

問７　８世紀は，日本ではおおむね奈良時代にあたり，中国は唐が，朝鮮半島は新羅《しらぎ》が支配していた。なお，高句麗《こうくり》は７世紀後半に唐・新羅に滅ぼされた。また，中国に明が建国されたのは14世紀後半のことである。

問８　兵庫県中央部に位置する朝来《あさご》市生野《いくの》には，かつて日本有数の産出量をほこった生野銀山の跡がある。室町時代から本格的な採掘《さいくつ》が始められ，江戸時代には佐渡《さど》金山(新潟県)，石見《いわみ》銀山(島根県)などとともに天領(幕府直轄《ちょっかつ》地)とされて幕府の財政を支えた。

問９　北前船は，「商品価格を見ながら独自の判断で交易をおこなって」利益を得ていた。通信網《もう》が未発達の時代には，商品価格に各地でばらつきがあり，これを実際に知ることができたのは，各地をめぐる北前船の船主のような人たちくらいだった。そこで彼らは，ある寄港地で安いと判断したものを仕入れ，高く売れそうな別の寄港地でこれを売りさばくことで，大きな利益を得ていたのである。しかし，明治時代になって電信網が発達すると，商品価格に関する情報を共有することが容易になった。そのため，北前船の優位性は失われていった。

問10　１は1987年，２は1995年，３は1978年，４は1964年のできごとである。

問11　第一次世界大戦(1914～18年)が始まると，日本は主戦場となったヨーロッパの国々がぬけたアジア市場やアメリカ市場に入りこみ，輸出を大きく伸ばして好景気(大戦景気)をむかえた。貿易量の増加にともなって海運会社への需要も急増し，にわかに大金持ちになる船主も現れて「船成金」とよばれた。

問12　与謝野晶子《よさのあきこ》は明治時代の終わりから昭和時代にかけて活躍《かつやく》した詩人・歌人で，代表的歌集に『みだれ髪』がある。日露戦争(1904～05年)が起こると，出征《しゅっせい》した弟の身を案じて雑誌「明星」に「君死にたま《(も)》ふ《(う)》ことなかれ」という詩を発表し，戦争に反対した。

3　日本の都市についての問題

問１　**Ｘ**　横浜市は江戸時代末に開港地とされて以降，日本を代表する港湾都市として発達してきた。外国人を除いた人口は364.8万人で，日本の市の中で最も多い。統計資料は『データブック オブ・ザ・ワールド』2020年版による(以下同じ)。　**Ｙ**　大阪市は，豊臣秀吉が建てた大坂城の城下町となって以降，本格的に発展し，横浜市につぐ257.7万人(外国人を除く)の人口を有している。

問２　名古屋市は愛知県の県庁所在地で，人口(221.1万人)は市として全国で３番目に多く，中部地方の政治・経済の中心地となっている。名古屋港は，豊田市などを中心に自動車産業が発達している中京工業地帯の貿易港となっているため，輸出品目も自動車などの輸送用機械器具が大きな割合を占《し》めている。

問３　多くの雪が降る地域にあり，「半島に囲まれた湾の奥」に位置する県庁所在地であることから，青森市と判断できる。青森市は，東側の下北半島と西側の津軽半島にはさまれた陸奥《むつ》湾に面しており，南東には八甲田《はっこうだ》山がそびえている。

問４　⑴　新潟市は本州日本海側唯一の政令指定都市で，米づくりがさかんな越後平野に位置しており，全国の市区町村の中で最も米の生産量が多い。統計資料は農林水産省ホームページによる。⑵　北九州工業地帯の中心都市として発達した福岡県北九州市は，横浜市，大阪市，京都市，名古屋市，神戸市(いずれも1956年に指定)につぎ，日本で６番目に政令指定都市となった。しかし，全国における北九州工業地帯の地位が低下したことなどから人口が減少し，2019年の人口(外国人を除く)は94.2万人となっている。　⑶　山陽新幹線の停車駅があり，四国と鉄道で結ばれている都市であることから，岡山市と判断できる。山陽新幹線は大阪府・兵庫県・岡山県・広島県・山口県の瀬戸内海沿岸を通って，福岡県にいたる。また，３ルートある本州四国連絡橋のうち，鉄道が走っているのは岡山県と香川県を結ぶ瀬戸大橋だけである。

問５　表１にあるのはすべて北海道にある都市で，いずれも炭鉱があったことで発展した。しかし，炭鉱の閉山があいつぎ，石炭産業が衰《おとろ》えるとともに，人口が減少した。

問６　図１から，昭和50年代以降，滝沢村(市)の人口が大きく伸びたことがわかる。昭和55年は1980年にあたり，この前年の1979年には東北自動車道(図２中のＥ４)の滝沢インターチェンジがつくられた。また，1982年には東北新幹線が大宮駅(埼玉県)から盛岡駅(岩手県)まで開通した。このように，交通機関が発達して，県庁所在地である盛岡市とのアクセスが向上した結果，滝沢村(市)が盛岡市のベッドタウンとしての役割をはたすようになったため，人口が増加したのである。図２からは，盛岡市に接し，鉄道と高速道路が走っている市の東部が発展していることがわかる。

問７　三島村の３つの有人島はフェリーで県庁所在地の鹿児島市と結ばれており，３つの島は比較《ひかく》的鹿児島市に近いといえる。村の行政において，県との連絡や交渉《こうしょう》を行う機会もあると考えられるが，この場合，わざわざ島から出向くよりも，県庁所在地に役場を置き，島には出張所を置いたほうが，スムーズで効率がよいと考えられる。

問８　大川村が，四国地方の複数の県に水を供給している吉野川の上流部に位置することや，この地域が「四国有数の多雨地帯」であることと，人口減少の関連を考えればよい。吉野川の流域には，治水や利水を目的としていくつものダムがつくられているが，そのうち最も大きい早明浦《さめうら》ダムが，かつての大川村の域内につくられた。早明浦ダムの建設計画は1960(昭和35)年に発表され，大川村の中心部はダム湖となって水没《すいぼつ》することになった。村民は反対したが，1967(昭和42)年に工事が始まり，ダムは1973(昭和48)年に完成した。村の人口がこの期間に激減しているのは，工事によって立ち退かざるをえなかった村民が多かったためである。

理　科　＜第２次試験＞（45分）＜満点：75点＞

解　答

[1] (1) ① **ア**　積乱　**イ**　台風の目　② イ　(2) ① Ⅰ (う)　Ⅱ 東京　Ⅲ (あ)　Ⅳ (い)　② ４時40分　(3) D　(4) ① **本校**…(き)　**東京**…(く)　**銚子**…(か)　② （例）風が非常に弱くなった　(5) ① **ア** 北　**イ** 西　**ウ** 南　**エ** 東　**オ** 北　② (す)　③ **本校**…(す)　**東京**…(し)　**銚子**…(さ)　[2] (1) ① 100μm　② 10μm　(2) カとオ　(3) ① （例）接眼レンズを反時計回りに回す。　② イ　(4) ① 35　② 50　③ 14.3　(5) 3.6μm　(6) 90μm　(7) 20秒　(8) Ⅰ (ウ)　Ⅱ (カ)　Ⅲ (ソ)　(9) （例）接眼ミクロメーターの１目盛りに相当する実際の長さがわかっていないから。　[3] (1) **窒素**…3.5cm^3　**酸素**…7.5cm^3　(2) 右の図　(3) ① **25℃**…14.3cm　**50℃**…15.6cm　② 0.052cm　③ 0.36％　(4) ウ　(5) 2.6倍　(6) ① （例）体積の変化量を大きくできる。　② （例）小さな変化を大きくして見られる。

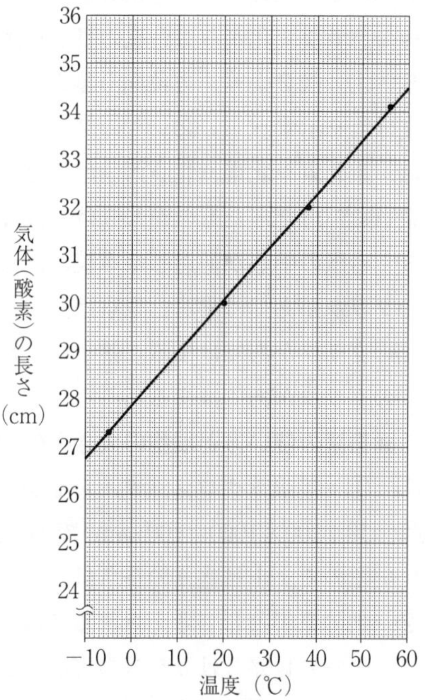

解　説

[1]　台風と気象変化についての問題

(1) ①　台風は，強い上昇《じょうしょう》気流によって発達した多数の積乱雲の集まりである。中心部は台風の目(眼)と呼ばれ，ゆるやかな下降気流が生じていて雨や風が弱い。強い台風だと，気象衛星の雲画像を見たとき中心部に雲がほとんどなく，台風の目がくっきりと現れることが多い。

②　台風は発達した低気圧なので，北半球では中心部に向かって反時計回りに風が吹《ふ》きこんでいる。

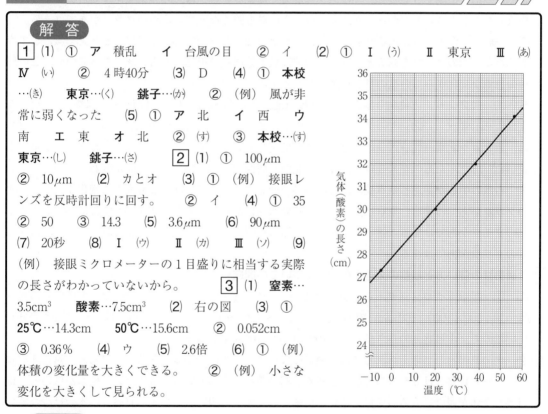

⑵ ① Ⅰ 台風の中心が本校の上空を通過したのだから，気圧が最も低くなっている(う)が本校のグラフである。 Ⅱ 図１で，台風の中心はＡ～Ｆの順に移動したので，先に台風の中心が接近したのは東京である。 Ⅲ，Ⅳ 台風が最接近したときに気圧が最も下がるので，気圧が最も下がった時刻が本校((う)のグラフ)より早い(あ)のグラフが東京のもの，本校より遅《おそ》い(い)のグラフが銚《ちょう》子《し》のものとなる。 ② (う)のグラフで，各点は10分間隔《かんかく》だから，台風の中心が本校の上空を通過し，気圧が最も低くなった時刻は４時40分と考えられる。

⑶ 図１で，台風の中心がＣＤ間にいるとき東京に最接近し，その時刻は(あ)のグラフより４時20分である。また，本校はＣとＤを結んだ線と東京湾《わん》の海岸線の交点付近にあり，ここに台風の中心がきた時刻が４時40分である。よって，ふつう台風が突然大幅《とつぜんおおはば》にスピードを上げることはないので，４時40分に本校上空を通過した台風の中心は，５時にはＤにあると推測できる。

⑷ ① 台風の中心が通過した本校では，そのとき風がかなり弱くなったと考えられるので，(き)のグラフがあてはまる。また，台風の中心が４時20分に最接近した東京では，そのころに風速が最も強くなったと推測できるので，(く)のグラフがあてはまる。銚子は，(い)のグラフより台風の中心が最接近したのが７時ごろだから，風速もそのころに最も強くなっている(か)のグラフがあてはまる。

② 一般《いっぱん》に，台風の目に入る直前と直後に雨や風が強くなるが，台風の目に入ると雨や風はとても弱くなる。(き)のグラフを見ると，５時前の前後数十分間だけ風速が非常に弱くなっていて，この風速の急激な変化から，台風の目が通過したと考えることができる。

⑸ ① 図２より，方位角０度および360度は北，方位角90度は東，方位角180度は南，方位角270度は西を示す。 ② (さ)のグラフでは，南東→南→南西と連続的に変化している。(し)のグラフでは，東北東や北東→北→西→南西と連続的に変化している。(す)のグラフでは，５時前までは東～南東(東寄り)だったものが，５時前以降は西北西～南西(西寄り)に，急に風向が変わっている。

③ 台風の中心が通過した本校は，台風の目が通過する前後で風向が最も大きく変化するので，(す)のグラフがあてはまる。東京は，台風の進路の西側にあたり，風向の変化が反時計回りとなるので，(し)のグラフがあてはまる。銚子は，台風の進路の東側にあたり，風向の変化は時計回りとなるから，(さ)のグラフがあてはまる。

2 顕微《けんび》鏡の使い方と細胞《さいぼう》の大きさの測定についての問題

⑴ ① 接眼ミクロメーターの目盛りは１cm(＝10mm)を100等分しているので，１目盛りの長さは，10÷100×1000＝100(μm)である。 ② 対物ミクロメーターの目盛りは１mmを100等分しているので，１目盛りの長さは，１÷100×1000＝10(μm)になる。

⑵ 他の原因として考えられるのは，視野に入ってくる光の量が多すぎることである。対物ミクロメーターの目盛りはガラスの表面にきわめて細い線が刻《きざ》まれているだけのため，倍率が低いときは目盛り全体が視野に入るので見えるが，倍率を高くすると視野の中に入る目盛りの本数は少なくなり，光が強すぎる場合には見えなくなることがある。このようなときは，顕微鏡のステージの下にあるしぼり(図のカ)や反射鏡(図のオ)によって光量を調節し，目盛りの線が見えるようにする。

⑶ ① 接眼ミクロメーターは，接眼レンズの中に入れたそのままの向きに見える。よって，図９のように斜《なな》めになって見えているときは，接眼レンズを反時計回りに回すと，図10のように対物ミクロメーターの目盛りと同じ向きになる。 ② 対物レンズを通して見える対物ミクロメーターは，実際とは上下左右が逆転している。図９のように対物ミクロメーターの目盛りが右上にずれて

見えるときは，実際には左下にずれているので，ステージ上で右上の向き(イの向き)に動かせば視野の中央に移動させることができる。

⑷　図10で，XY間は，接眼ミクロメーターでは，65－30＝35(目盛り)，対物ミクロメーターでは50目盛りとなっている。対物ミクロメーターの１目盛りは10 μmなので，50目盛りでは，10×50＝500(μm)である。したがって，接眼ミクロメーターの１目盛り分として見えている長さは，500÷35＝14.28…より，14.3 μmとわかる。

⑸　接眼ミクロメーターの11目盛りが，10×４＝40(μm)にあたるので，40÷11＝3.63…より，3.6 μmと求められる。

⑹　図12で，PQ間は接眼ミクロメーターの25目盛り分と読み取れる。よって，3.6×25＝90(μm)となる。

⑺　葉緑体は８秒間に接眼ミクロメーターの10目盛り分を移動しているので，PQ間の25目盛り分を移動するのにかかる時間は，$8\times\frac{25}{10}=20$(秒)である。

⑻　対物レンズの倍率を10倍から40倍に上げると，プレパラートを見ているときと同様に，対物ミクロメーターは４倍に大きくなって見えるが，接眼レンズは取りかえていないので，接眼ミクロメーターは同じ大きさで見える。そのため，接眼ミクロメーターの１目盛り分として見えている長さは約$\frac{1}{4}$となる(⑷と⑸で求めた値を使うと，3.6÷14.3＝0.25…となり，約$\frac{1}{4}$とわかる)。

⑼　接眼ミクロメーターの目盛りによる長さは，対物レンズの下にある物体の実際の長さを示してはいないので，その１目盛り分が，視野の中にある物体の位置での実際の長さではどんな長さにあたるのかを知る必要がある。そのために用いるのが対物ミクロメーターである。対物ミクロメーターはプレパラートと同じくステージ上に置かれ，対物レンズを通して見ているので，その１目盛り(実際の長さは求められている)がそのときの倍率で接眼レンズを通してどのように見えているかを知ることができる。そこで，対物ミクロメーターと接眼ミクロメーターを組み合わせ，接眼ミクロメーターで見えている目盛りが示す実際の長さを求めることができれば，接眼ミクロメーターの目盛りを使って観察する細胞などの大きさを測定することができる。

3　気体・液体の温度と体積変化についての問題

⑴　プラスチック管の内側の断面積は0.25 cm^2なので，20℃のとき，窒素《ちっそ》の体積は，0.25×14.0＝3.5(cm^3)，酸素の体積は，0.25×30.0＝7.5(cm^3)である。

⑵　手順にしたがって酸素のグラフを書くと，解答に示したようになる。

⑶　①　図１のグラフからそれぞれ読み取ると，25℃のときは14.3cm，50℃のときは15.6cmとわかる。　②　50－25＝25(℃)で，15.6－14.3＝1.3(cm)のびたので，１℃あたりでは，1.3÷25＝0.052(cm)である。　③　プラスチック管の断面積は一定なので，体積の変化の割合は気体の長さの変化の割合に等しい。25℃のときの気体の長さは14.3cm，温度が１℃上がったときに増加する気体の長さは0.052cmなので，その割合は，0.052÷14.3×100＝0.363…より，0.36％となる。

⑷　温度が１℃下がると気体の長さは0.052cm減少することになる。図１より，０℃における気体の長さはおよそ12.9cmなので，長さが０cmになる温度は，12.9÷0.052＝248.0…より，０℃から約250℃下がった－250℃と考えられる。

⑸　温度が１℃上がるごとに，灯油は基準の0.14％ずつ，気体の窒素は0.36％ずつ増加する。よって，0.36÷0.14＝2.57…より，2.6倍である。

⑹　①　液体の体積の変化の割合は気体に比べて小さいので，細い管だけの場合はその小さい体積の変化を読み取りにくい。液だめをつけることで液体全体の体積を大きくすれば，同時に体積の変化する量も大きくなるので，細い管の内部の液体の動きを大きくすることができる。　②　管が細いと，管の内側の断面積が小さくなるため，同じ体積だけ変化しても液体の長さの変化が大きくなり，変化を目で読み取りやすくなる。

国　語　＜第２次試験＞（50分）＜満点：100点＞

解　答

一　**問１**　下記を参照のこと。　**問２**　（例）　誕生に始まり死で終わる直線とイメージした人生において，自分が今いるとみなした自分の位置。　**問３**　イ　**問４**　エ　**問５**　オ　**問６**　ア　**問７**　ア　**問８**　ウ　**問９**　設計　**問10**　（例）　病気になったことなどで，人生は計画通りにいかないものだと知ったなら，立ち止まることなく効率的にできるだけ早く目標を達成しようという生き方はやめて，今という時間，今日という日を大切に生きようということ。　二　**問１**　(a)　こと(に)　(b)　あなが(ち)　(c)　さ(げて)　**問２**　じだんだ　**問３**　エ　**問４**　ウ　**問５**　（例）　夜に家からたった一人で放り出され，淋しくてたまらなかった仙一は，適当なうそをついてでも，手下の道夫を連れとしてさそい出したかったから。　**問６**　ア　**問７**　エ，カ　**問８**　エ

●漢字の書き取り

一　**問１**　(a)　真(に受ける)　(b)　進展　(c)　自己　(d)　内在

解　説

一　**出典は岸《きし》見《み》一郎《いちろう》の『人生は苦である，でも死んではいけない』による。**「生きる」ということについて，筆者は「キーネーシス」的な生き方と「エネルゲイア」的な生き方を対比しながら説明している。

問１　(a)　「真に受ける」は，“ことば通りに受け取る”という意味。　(b)　事態が新たな局面をむかえること。　(c)　「自己目的性」は，その行為《こうい》を何らかの目的達成のためにするのではなく，その行為自体に価値があるとする性質，傾向《けいこう》のこと。　(d)　ある現象がその根拠《こんきょ》・原因を自らの内に持っていること。

問２　「その地点」とは，「あなたは今，人生のどのあたりにいますか」と問われた多くの人が「直線としてイメージ」する人生において，現在の自分がいると考える地点を指す。この直線が「誕生で始まり，死で終わる」ものであることをおさえ，「誕生に始まり死で終わる直線を人生のイメージとし，その人生において今自分がいると考えた地点」のようにまとめる。

問３　病気をしたとき，人は「人生を直線的に見ることが決して自明ではないこと」に気づき，未来はまだ来ていないのではなく，ただ「ない」ことに思い至るのだから，イが合う。イ以外は，「人生を直線的に見ることが決して自明ではない」点を反映していない。

問４　始点と終点が存在する「キーネーシス」とは対比的に，「エネルゲイア(現実活動態，活動)」が示されていることをおさえる。キーネーシスの場合，目的地に達する以前の動きは「未完成で不

完全」とみなされるが，エネルゲイアにおいては「行為自身がそのまま目的」だというのだから，「完全」があてはまる。

問５　谷崎潤一郎《たにざきじゅんいちろう》にはほかに，『細雪《ささめゆき》』や『陰翳礼讃《いんえいらいさん》』などの作品がある。なお，『草枕《くさまくら》』は夏《なつ》目漱石《めそうせき》，『銀河鉄道の夜』は宮沢賢治《みやざわけんじ》，『杜子春《とししゅん》』は芥川龍之介《あくたがわりゅうのすけ》，『小僧《こぞう》の神様』は志賀直哉《しがなおや》の作品。

問６　津田青楓画伯《つだせいふうがはく》が初心者に素描《そびょう》を教えるさい，「石膏《せっこう》の首」を「描《か》くのだなどと思うと大間違《まちが》いだぞ」と話したことについて，「観《み》る」行為は「一定しているものを映すこと」ではなく，「無限に新しいものを見いだして行くこと」で「直《ただ》ちに創造に連なる」と，和辻哲郎《わつじてつろう》氏は述べている。つまり，石膏の首を「一定しているもの」と思って描いてしまうと「新しいもの」は見いだせないのだから，アがよい。

問７　描くために観るのではなく，「純粋《じゅんすい》に観る」ことが「創造」につながり，手も自然と「動き出して来る」のだから，“自然に”という意味の「おのずから」があてはまる。なお，「したたかに」は，ねばり強く屈《くっ》しないようすや，計算高いさま。「すこぶる」は，程度がはなはだしいようす。「いささか」は，ものの数などがわずかであるさま。「おもむろに」は，動作が静かでゆっくりしているようす。

問８　「ふいにする」は，むだな結果に終わること。似た意味の言葉に「水泡《すいほう》に帰す」などがある。

問９　「何かのために生きる人」は，これからも続くであろう人生のなかで「目標を立て，その目標に従って，できるだけ回り道をすることなく効率的に生きること」をよしとしているのだから，「人生設計」が合う。なお，「人生設計」とは，人生における，結婚《けっこん》，子どもの教育，住居，老後の暮らしなどについての計画。

問10　病気になり，思い通りに人生を生きることができないと知った人は，目標へ到達《とうたつ》するために「できるだけ回り道をすることなく効率的に生きる」という「キーネーシス」的な生き方をやめ，「今をていねいに生き」ようと考えるようになる。傍線《ぼうせん》部⑤は，この状態をたとえているものと考えられるので，「病気になって計画通りには生きられないなら，人生に始点と終点を決めて目標を設定し，効率的にそれを達成する生き方，無駄なことはしないという生き方をやめ，今を大切に生きようということ」のような趣旨《しゅし》でまとめればよい。

二　**出典は上林暁《かんばやしあかつき》の「薔薇盗人《ばらぬすびと》」による**。校門脇《わき》に一輪だけ咲《さ》いた薔薇を盗んだのは餓鬼大将《がきだいしょう》の仙一だったが，父親にばれて家を追い出されてしまい，手下格の道夫と芝居《しばい》小屋や墓地に行った後でこっそり家に帰るようすを描《えが》いている。

問１　(a)　ほかよりも度をこしているようす。とりわけ。　(b)　「強ち」は後に打消しの言葉をともなって，“必ずしも～ない”という意味になる。　(c)　音読みは「テイ」で，「提案」などの熟語がある。

問２　「じだんだを踏《ふ》む」は，怒《いか》りや悔《くや》しさなどの感情が昂《たかぶ》り，激しく地面を踏む動作をすること。

問３　「兎も角も」は，“ほかの事情はさておき”“細かなことはどうであっても”という意味。

問４　続く段落に，「ゆうべ，薔薇の花を胸に挿《さ》してやった時には，弱々しいけれども抑《おさ》えることの出来ない喜びを，その疲《つか》れた瞼《まぶた》に浮《うか》べた」とあることから，仙一は「昼でも薄暗《うすぐら》いこのあばら家のなか」で満足に食べられず，むくんで古畳《ふるだたみ》に寝転《ねころ》んでいるばかりの由美江を喜ばせようと，学校の薔薇を盗んでしまったのだろうと想像できる。しかし今日，全校生徒が校長から訓示を受けるほどの騒《さわ》ぎに発展したことで恐《きょう》怖《ふ》を感じ，仙一は逃《に》げるように帰ってきたものの，家のなかに入った自分の目に飛びこんできた薔薇の「耀《かがや》き」を見るにつけ，かえって恨《うら》みさえ抱《いだ》くようになった。その結果，仙一は「いや」がる由美江の胸から薔薇をぬき取り，「丹念《たんねん》に花びらを捲《むし》り～揉《も》み円《ま》るめ」，土間を目がけて投げ捨てたのである。ウが，このようすを最も正確にとらえている。

問５　父親に盗みがばれた仙一が，家を追い出された直後の場面である。「夜のなかに，たった一人ほっぽり出されたことが淋《さび》しくてたまらなかった」仙一は，「手下の一人」である道夫に対し，「子供は～ただで見れらア」と言って芝居に誘《さそ》ったが，実際には木戸番に「呶鳴《どな》」られてしまっている。つまり，芝居をただで見られると適当なうそをついたのは，「淋し」さにたえかねた仙一が，手下の道夫を連れにしたかったからだろうと推測できるので，「夜に家から追い出された仙一は，ひとりぼっちが淋しくてたまらず，手下の道夫をなんとかさそい出したかったから」のような趣旨でまとめる。

問６　続く部分で，墓地のなかほどで立ち止まった仙一が，「去年の夏」に亡《な》くなった母親の墓を道夫に指さして教えているが，「わざわざ辻堂《つじどう》のほうからかえったのも，ただそれがしたいばかりだった」のだから，アがふさわしい。

問７　土間の戸を「そっと」開けようとすると，いつもは「蠟燭《ろうそく》もつけず真っ暗」な家のなかが「なんとなく明るんで」いたので，仙一は「おや」と意外に思っている。その家のなかでは，蠟燭のそばで「後光に包まれた」ような恰好《かっこう》をした父親が「仙一の学校草履《ぞうり》」をつくっており，さらに，仙一の帰りを認めると「芋《いも》食うて寝《ね》よ」と声をかけたのだから，エとカが選べる。

問８　本文のはじめのほうに描かれた，「昼でも薄暗い」あばら家と「強い色彩《しきさい》で耀いている」薔薇の対比や，辻堂での場面における「夜」の暗さと「月の光」で白かった「砂地」の対比が，印象的な美しさを表しているのでエがよい。　　ア　萎《しな》びた薔薇は妹の余命の暗示ではないので，合わない。　　イ　身なりに工夫《くふう》をこらすのは「意欲のなさ」とは逆の行動なので，正しくない。
ウ　「野《の》良《ら》猫《ねこ》か鼬《いたち》が人目を掠《かす》めて走り去るような恰好」で仙一が外へ出たのは，土間に放り投げられた後，激しくじだんだを踏んだ父親に恐《おそ》れをなしたからである。ここからは，「人間としての誇《ほこ》りを失った仙一の浅ましさ」を表そうとの意図は読み取れない。　　オ　墓地のなかの道を通った仙一は，母親の亡くなった日を回想しているが，ここでも「仙一は～鰡《ぼら》釣《づ》りに行った」と第三者的に語られているので，ふさわしくない。

2021年度　渋谷教育学園幕張中学校

〔電　話〕 (043) 271－1221
〔所在地〕 〒261-0014　千葉市美浜区若葉1－3
〔交　通〕 JR総武線・京成千葉線―「幕張駅」より徒歩15分
JR京葉線―「海浜幕張駅」より徒歩10分

【英　語】〈帰国生試験〉(筆記・リスニング：50分　エッセイ：30分)

〈満点：面接もふくめて100点〉

注意 ■ Before the listening section starts, you will have two minutes to read the questions.

■ You will hear the listening section recording **once**.

PART 1. LISTENING

Listen carefully to the passage. You may take notes or answer the questions at any time.

Write the letter of your answer on the answer sheet.

1. Why might it not be legal to dispose of rusted trash found while hiking?
   A. Hikers often admire it.　B. It must remain proper.
   C. It may be an archeological resource.　D. It has sentimental value.

2. What is a midden?
   A. a favorite place to store weapons　B. an ancient trash pile
   C. a young woman　D. a place to repair damaged stone items

3. What can soft material tell archeologists?
   A. what ancient children played with　B. tools and weapons that were used
   C. what people ate　D. how people made pottery

4. How old is the world's oldest garbage dump?
   A. nearly 250 years old　B. 150 years old
   C. nearly 2000 years old　D. 25 million years old

5. What is the purpose of The Garbage Project?
   A. to create 15 landfills in the United States and Canada
   B. to collect some information about our recent history
   C. to measure the amount of American and Canadian garbage
   D. to collect garbage discarded between 1987 to 1995

6. Garbology research gave a better understanding of all of the following **except**
   A. how people have changed what they consume.
   B. how quickly things decay.
   C. how to plan city garbage disposal.
   D. how recycling has developed in recent decades.

7. According to the passage, what should you do if you find an arrowhead on public land?
   A. collect it　B. contact an archeologist　C. rebury it　D. both B and C

8. Why should the untrained person leave old trash in its place?
   A. It may be hard to determine if it is a historic object.

B. Moving the bones of the deceased is illegal.

C. Old metal, glass, or brick items may be harmful.

D. It adds to the atmosphere of the area.

9. What would **not** be an example of "archeological stewardship" ?

A. contacting the proper authorities when a trash site is found

B. photographing arrowheads to inform the government of their location

C. leaving old trash where it is

D. picking up one's own trash in national parks

10. What would be the most appropriate title for this text ?

A. Managing Modern Middens　　B. Trash or Treasure ?

C. Gather Up Garbage　　D. Reduce, Reuse, Recycle

※＜**リスニング問題放送原稿**＞は英語の問題の終わりに付けてあります。

PART 2. GRAMMAR

There may be an error with grammar, structure, expression, or punctuation in the underlined parts of the following sentences.

If you find an error, select the best replacement for the underlined part and write the letter on the answer sheet. If you think there is no error, select letter A.

1. Since the typhoon making landfall at 11 a.m., students were sent home early from school.

A. Since [NO ERROR]　B. As　C. Because　D. Due to

2. The flock of birds were flying overhead as the wind blew fiercely.

A. were [NO ERROR]　B. is　C. was　D. are

3. The passengers scrambled to find a seat as soon as they got in the bus.

A. got in [NO ERROR]　B. got on　C. got into　D. board

4. Even though it was raining, he went to the soccer practice, did he ?

A. did he [NO ERROR]　B. didn't he　C. had he　D. hadn't he

5. I could of been an architect, but I became a scientist instead.

A. of been [NO ERROR]　B. have became　C. have been　D. of become

6. Please be careful to driving at night.

A. to driving [NO ERROR]　B. during driving　C. while driving　D. for driving

7. The small, brown, South American spider monkey was seen swinging through the trees.

A. small, brown, South American [NO ERROR]

B. brown, small, South American

C. South American, small, brown

D. small, South American, brown

8. She asked me are you going to the party this weekend.

A. are you going [NO ERROR]　B. am I going

C. if I will be going　D. if I would be going

9. France was the country she chose to reside in during her later years.

A. she chose [NO ERROR]　B. at where she chose
C. in which she chose　D. at which she chose

10. When the clock strikes midnight, she will have been singing for at least two hours.
A. will have been singing [NO ERROR]　B. will have sang
C. will be singing　D. would be singing

PART 3. VOCABULARY

Select the best word or words to complete the following sentences and write the letter on your answer sheet.

1. A full marathon is a ______ task for someone who cannot yet complete a 5 kilometer run.
A. daunting　B. dreamy　C. capable　D. meager

2. Despite the ______ winters in Antarctica with temperatures often reaching −49℃, penguin colonies are able to thrive.
A. productive　B. frosted　C. stifling　D. frigid

3. Homework is an excellent way to ______ what was taught in class.
A. exaggerate　B. extract　C. reveal　D. reinforce

4. Joan is known for her ______ sense of fashion as it does not fit into any particular style.
A. eccentric　B. incoherent　C. inadequate　D. conventional

5. Research shows __________ between poor nutrition and heart disease later in life.
A. a causation　B. a relationship　C. an evaluation　D. a contrast

6. To enter Harvard University, you must be ______ in your studies and be a well-rounded student.
A. resilient　B. implicit　C. diligent　D. rational

7. When working as an air traffic controller, one ______ mistake can prove ______ to the safety of surrounding airplanes.
A. simple . . . catastrophic　B. careless . . . genuine
C. competent . . . massive　D. prominent . . . opportune

8. In order to ______ the war-torn country, the leader had to ______ confidence.
A. unite . . . eliminate　B. unify . . . inspire
C. renovate . . . generate　D. establish . . . portray

9. His curt explanations of the problems were ______ and did not ______ reveal the answers.
A. inevitable . . . presumably　B. vague . . . implicitly
C. ambiguous . . . clearly　D. persistent . . . perfectly

10. When the elated bride ______ entered the chapel, her groom smiled ______ at her beauty.
A. abrasively . . . complacently　B. stoically . . . ardently
C. spontaneously . . . grimly　D. blissfully . . . broadly

PART 4 . READING COMPREHENSION

Read the following story and answer the questions.

Adapted from "My Superpower"

by Leslie A. Dow

I can pretty much find anything. It's my superpower. It was always in the backwaters of my brain. I'm dead certain it was my kids and husband that finally forced it into the open.

"Hon, have you seen my garpledeybip ?" he'd ask, like I knew what that was.

"You lost it, you find it !" I would reply.

But I'd always give in and look. I'd wander around the garage, dish towel in my hand, lifting up the dead batteries and swishing around the half-filled oil pans, and it would appear. "It's right here, next to the mower," I'd declare. It was a puzzle to me how I could find things and they couldn't.

The Camaro incident was the first real inkling that finding was my superpower. My son, Billy, had this Camaro for nearly two years. It was his pride and joy, and it almost ran. He would barrel into the house every day after school, throw his bag on the floor, shove a sandwich into his face, dive out the front door, and slide under the long hood of that car. He wouldn't emerge until his dad extracted him like a sore tooth, with nearly as much wailing.

One day he got it running. It sat in the driveway moaning like an ailing armadillo.

"Good Lord, it runs !" my husband exclaimed. My husband looked alarmed by the yellow smoke billowing from it. Billy climbed into the driver's seat and inched the beast out of the driveway. I craned my neck to watch him go.

"Well, he made it to the end of the street," I said.

A couple of hours later, Billy dragged himself into the kitchen. I had not heard the engine ; I was not surprised.

"Where's the Camaro ?" my husband asked. His chair creaked as he leaned back on two legs.

"It's gone," Billy said, slumping into the opposing chair. "No, it just . . . stopped," Billy sighed. "I left it on Maybell Avenue."

"It'll be fine. We'll get it in the morning," my husband said calmly.

Of course, that car wasn't there in the morning, and the cops hadn't towed it. I didn't think it was stolen, or if it was, they didn't drive it off ; after all, it's not like it ran. It had gone missing, like things sometimes do.

"Ma-ah-am, puh-leeeze," Billy pleaded as his face had that lost teddy bear look around his eyes.

"Billy, I can't find your car," I answered. I had no idea even how to start.

His eyebrows crinkled together and he sniffed.

"Oh, all right," I said, grabbing the dish towel and stomping out onto the driveway.

Billy trailed along behind me, head down. I looked at him and got real mad. How do you lose a car, for Pete's sake ? These kids ! I twisted the dish towel in my hands and wandered over to the azaleas, my anger spluttering away. The flowers were lovely but would need trimming soon. And just like that, I had it.

"The Botanical Gardens, left parking lot, back under the big cypress trees."

Billy's eyes were shining as he and my husband jumped into the car to rescue the wandering Camaro. I gazed down at my towel ; I had a superpower.

We never did find out why or how the Camaro wandered off, but then you don't ever find out why the scissors you just put down moved two rooms away and fell behind the couch, do you ?

Choose the letter of the best answer to each question and write it on the answer sheet.

1 . The nonsense word "garpledeybip" implies that the narrator

A . does not like the speaker. B . is unfamiliar with the lost item.

C . did not study hard in school. D . is not an English speaker.

2 . From Billy's after-school behavior we can understand that working on the Camaro is

A . a burdensome after-school job. B . a way to avoid his family.

C . an important personal project. D . punishment for not doing schoolwork.

3 . The use of the phrase "extracted him like a sore tooth" suggests that

A . Billy is reluctant to leave. B . Billy is experiencing pain.

C . the father likes to control Billy. D . the father thinks Billy is a nuisance.

4 . Calling the car "the beast" suggests that the narrator sees it as

A . a machine that is fast and maneuvers well.

B . terrifying to neighbors.

C . Billy's "pet".

D . a massive, loud, and uncontrollable machine.

5 . What is the most likely reason that the car "just . . . stopped" ?

A . Billy turned off the engine.

B . The engine died because it was not fixed properly.

C . The engine stopped due to Billy's reckless driving.

D . The car ran out of gas.

6 . Why does the narrator change her mind about finding Billy's Camaro ?

A . She feels guilty for ignoring her son's request.

B . Her husband asked her to find it.

C . Billy's sadness changed her mind.

D . She realizes she has a superpower.

7 . What is implied when the narrator grabs the dish towel before heading to the driveway ?

A . It is the source of her superpower. B . She never goes anywhere without it.

C . It makes her feel clean. D . She uses it to stay calm.

8 . In this story, the expression "for Pete's sake" reveals the narrator's

A . concern. B . frustration. C . compassion. D . sincerity.

9. The last two lines of the story suggest that the narrator believes the disappearance of the Camaro

A. was the work of thieves.
B. was staged by Billy.
C. proves objects can move on their own.
D. is a mystery no one will ever solve.

10. What message is the author conveying through the family's relationship ?

A. In every family, each member has a unique role to play.
B. A mother will try to help her family even if it occasionally annoys her.
C. Using our powers to fix small problems keeps us from achieving bigger things.
D. Losing things helps us realize what is truly important.

PART 5. READING COMPREHENSION

Read the following article and answer the questions.

Adapted from "Was Einstein a Space Alien ?"

by Dr. Tony Phillips

Albert Einstein was exhausted. For the third night in a row, his baby son Hans, crying, kept the household awake until dawn. When Albert finally dozed off it was time to get up and go to work. He couldn't skip a day. He needed the job to support his young family. Work. Family. Making ends meet. Albert felt all the pressure and responsibility of any young husband and father. To relax, he revolutionized physics.

In 1905, at the age of 26, Albert Einstein published five of the most important papers in the history of science — all written in his "spare time." He proved that atoms and molecules existed. Before 1905, scientists weren't sure about that. He argued that light came in little bits (later called "photons"). He described his theory of special relativity : space and time were threads in a common fabric, he proposed, which could be bent, stretched and twisted.

Oh, and by the way, $E=mc^2$.

Before Einstein, the last scientist who had such a creative outburst was Sir Isaac Newton. It happened in 1666, when Newton secluded himself at his mother's farm to avoid an outbreak of plague at Cambridge. With nothing better to do, he developed his Theory of Universal Gravitation. For centuries, historians called 1666 Newton's *annus mirabilis*, or "miracle year." Now those words have a different meaning : Einstein and 1905. The United Nations has declared 2005 "The World Year of Physics" to celebrate the 100th anniversary of Einstein's *annus mirabilis*.

Modern pop culture paints Einstein as a bushy-haired superthinker. His ideas, we're told, were improbably far ahead of other scientists. He must have come from some other planet — maybe the same one Newton grew up on. The reality, however, reveals a much more ordinary figure.

"Einstein was no space alien," laughs Harvard University physicist and science historian Peter Galison. "He was a man of his time." All of his 1905 papers unraveled problems being worked on, with mixed success, by other scientists. "If Einstein hadn't been born, [those papers] would have been written in some form, eventually, by others," Galison believes. Yet, Einstein got there first. Why ?

According to Galison, it was the irreverent way Einstein came to his conclusions.

"In 1905, if you tried to say that light was made of particles as Einstein did, you found yourself disagreeing with physicist James Clerk Maxwell. Nobody wanted to do that," says Galison.

Maxwell's equations were enormously successful, unifying the physics of electricity, magnetism and optics. Maxwell had proved beyond any doubt that light was an electromagnetic wave. Maxwell was an authority figure. Einstein didn't give a fig for authority. He didn't resist being told what to *do*, so much, but he hated being told what was *true*. Even as a child he was constantly doubting and questioning. "Your mere presence here undermines the class's respect for me," spat his 7th grade teacher, Dr. Joseph Degenhart. This character flaw was to be a key ingredient in Einstein's discoveries. "In 1905," notes Galison, "Einstein had just received his PhD. He wasn't beholden to a thesis advisor or any other authority figure." His mind was free to roam accordingly.

In retrospect, Maxwell was right. Light is a wave. But Einstein was right, too. Light is a particle. This bizarre duality baffles Physics 101 students today just as it baffled Einstein in 1905. How can light be both ? Einstein had no idea, but that didn't slow him down. Disdaining caution, Einstein adopted the intuitive leap as a basic tool. "I believe in intuition and inspiration," he wrote in 1931. "At times I feel certain I am right while not knowing the reason."

Not knowing. It makes some researchers feel uncomfortable. It exhilarated Einstein : "The fairest thing we can experience is the mysterious," he said. "It is the fundamental emotion that stands at the cradle of true art and true science."

Choose the letter of the best answer to each question and write it on the answer sheet.

1 . What is the purpose of the opening paragraph ?

A . to describe how tired Einstein was

B . to reveal little known facts about Einstein's life

C . to portray Einstein as a regular person

D . to show the connection between his job and his later discoveries

2 . Why are the words "spare time" highlighted in the original article ?

A . The author wants to show how physics was a hobby for Einstein.

B . The author wants to highlight how much free time Einstein had.

C . The emphasis highlights Einstein's lack of dedication.

D . The author wants to reinforce how little spare time he had.

3 . Einstein's last theory, $E=mc^2$, is introduced with the words, "Oh, and by the way" because it is

A . included as an afterthought. B . the theory he is most known for.

C. not as significant as the other theories. D. not relevant to his story.

4. What is one reason the author compares Einstein with Newton in the fourth paragraph ?

A. to highlight how superior his discoveries were to Newton's

B. to highlight just how important Newton's discoveries were to Einstein

C. to show how illness can be a great motivator

D. to show how inspiration came to both in their free time

5. Which word could be used to replace "paints" in the fifth paragraph ?

A. depicts B. worships C. misrepresents D. explains

6. In the fifth paragraph, the phrase he "must have come from some other planet" expresses

A. the author's opinion that Einstein was an alien.

B. society's feeling that Einstein's work is irrelevant to the people of Earth.

C. pop culture's belief that Einstein's genius was unique.

D. the improbability of Einstein's discoveries.

7. Why does the author quote Peter Galison in the sixth paragraph ?

A. Galison provides a humorous point of view to a serious subject.

B. Galison's association with Einstein provides an insider's perspective.

C. Galison reveals that Einstein's conclusions were inevitable.

D. Galison disputes Einstein's abilities as a scientist.

8. Which word best describes how Einstein's teacher, Dr. Joseph Degenhart, felt ?

A. awestruck B. resentful C. envious D. bewildered

9. The characteristic which best explains Einstein's amazing achievements is his

A. curiosity. B. respect for authority.

C. resilience. D. revolutionary approach.

10. What kind of publication would you expect to see this article in ?

A. a technology blog B. a history textbook

C. a scientific research journal D. a magazine

ESSAY

Essay topic

How would you describe the year 2020 to your grandchildren ?

＜リスニング問題放送原稿＞

Adapted from "Trash or Treasure"

by the Reading Vine Editors

If you're hiking and you spot a rusty old can, you may be tempted to pick it up for proper disposal. While that sentiment is worthy of admiration, it might not always be proper, or even legal. Laws protect archaeological resources on public lands and even in rivers, lakes, and the ocean. Sites or objects that are at least 100 years old may be considered archaeological resources. Those older than 50 years of age may be considered historical resources. They are of interest to archaeologists and protected by law.

While most people don't think much about garbage, trash is beloved by archaeologists because of what it can teach us about the past. A favorite site for study is a *midden*, an old trash or garbage heap. A midden might contain damaged stone or metal items, which tell us about the weapons and tools people used. Softer material such as wood, cloth, leather, and baskets are sometimes preserved. They may tell us what people wore, how they carried things, or the kind of toys used by children. Historic household trash heaps often contain broken pottery pieces and even traces of the food they once held. This can teach us about what people ate in the past. Designs on pottery, carved wood, and baskets also display people's craft skills and art styles.

Some middens are ancient, such as the one found in Rome — a 150-foot-tall grassy hill almost a mile in circumference. This is the ancient world's biggest garbage dump, used for more than 250 years starting in the first century AD. It mainly contains Roman amphoras, the jugs widely used in shipping ancient Roman products. Most of the ones in this midden — about 25 million of them — held olive oil.

Modern day landfills can still attract archaeologists, who see the giant piles of trash as a record of our recent history. The Garbage Project collected information from landfills from 1987 to 1995. Student archaeologists measured tons of material from 15 landfills across the United States and Canada. This research of garbology, the study of garbage, led to a better understanding of how people have changed what they consume over recent decades. The findings also led to a better awareness of how quickly various items decay. This helped with city planning for garbage disposal and recycling efforts. So while most people assume archaeology is the study of the ancient past, archaeologists may be equally interested in recent decades.

Some found objects may be clearly of archaeological interest, such as arrowheads and spear points. It is typically against the law to collect these on public lands, so they should be left in place. If you take a photo and note the location, you can notify the proper authorities of the find. Contact the state archaeologist or the government branch that is in charge of the land, such as the National Park Service or the Bureau of Land Management.

The average person may not recognize ancient items. Most cannot tell the difference between recent and ancient bones. Historical objects made of metal, glass, or brick may also be of archaeological interest. The average citizen might find it difficult to determine whether a rusty can is old enough to be considered historic. For this reason, it is best to leave old trash in place. (Of course, you should always clean up your own modern trash. It is also safe to clean up anything clearly recent, such as a shiny, new soda can or candy wrapper.)

Everyone is responsible for protecting archaeological resources, which is a concept known as "archaeological stewardship." Sometimes this even means protecting old garbage.

2021年度

渋谷教育学園幕張中学校 ▶解　答

※　編集上の都合により，帰国生試験の解説および作文の解答は省略させていただきました。

英　語 ＜帰国生試験＞（筆記・リスニング：50分　エッセイ：30分）＜満点：面接もふくめて100点＞

解　答

Part 1　1 C　2 B　3 A　4 C　5 B　6 D　7 B　8 A　9 D　10 B

Part 2　1 D　2 C　3 B　4 B　5 C　6 C　7 A　8 D　9 A　10 A

Part 3　1 A　2 D　3 D　4 A　5 B　6 C　7 A　8 B　9 C　10 D

Part 4　1 B　2 C　3 A　4 D　5 B　6 C　7 A　8 B　9 D　10 B

Part 5　1 C　2 D　3 B　4 D　5 A　6 D　7 C　8 B　9 A　10 D

Essay　省略

Memo

Memo

スーパー過去問の **解説執筆・解答作成スタッフ（在宅）募集！** ※募集要項の詳細は、10月に弊社ホームページ上に掲載します。

2025年度用
中学スーパー過去問

■編集人 声の教育社・編集部
■発行所 株式会社 声の教育社
〒162-0814 東京都新宿区新小川町8-15
☎03-5261-5061(代) FAX03-5261-5062
https://www.koenokyoikusha.co.jp

※本書の内容についての一切の責任は当社にあります。内容・解説・解答・その他は当社ホームページよりお問い合わせ下さい。

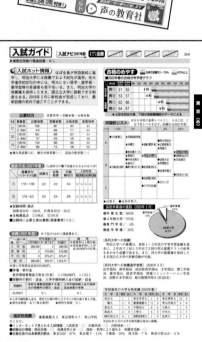

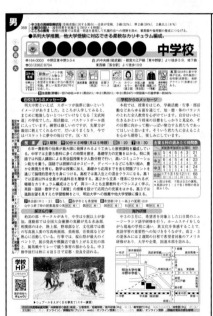

カコを追いかけ
ミライをつかめ
「今の説明、もう一回」を何度でも
web過去問
ストリーミング配信による入試問題の解説動画
もっと古いカコモンないの?
カコ過去問
「さらにカコの」過去問をHPに掲載(DL)
声の教育社
詳しくはこちらから

よくある解答用紙のご質問

01

実物のサイズにできない

拡大率にしたがってコピーすると，「解答欄」が実物大になります。配点などを含むため，用紙は実物よりも大きくなることがあります。

02

A3用紙に収まらない

拡大率164％以上の解答用紙は実物のサイズ（「出題傾向＆対策」をご覧ください）が大きいために，Ａ３に収まらない場合があります。

03

拡大率が書かれていない

複数ページにわたる解答用紙は，いずれかのページに拡大率を記載しています。どこにも表記がない場合は，正確な拡大率が不明です。

04

１ページに２つある

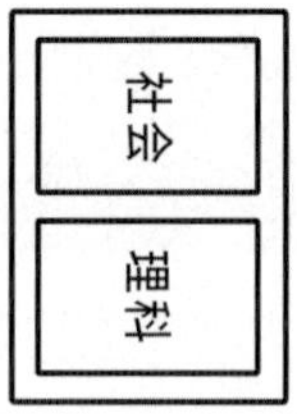

１ページに２つ解答用紙が掲載されている場合は，正確な拡大率が不明です。ほかの試験回の同じ教科をご参考になさってください。

渋谷教育学園幕張中学校

【別冊】入試問題解答用紙編

解答用紙は本体からていねいに抜きとり、別冊としてご使用ください。

※　実際の解答欄の大きさで練習するには、指定の倍率で拡大コピーしてください。なお、ページの上下に小社作成の見出しや配点を記載しているため、コピー後の用紙サイズが実物の解答用紙と異なる場合があります。

●入試結果表

年度	回	項目	国語	算数	社会	理科	4科合計	合格者
2024	第１次	配点(満点)	100	100	75	75	350	最高点
		合格者平均点	64.6	54.9	46.4	38.0	203.9	275
		受験者平均点	59.1	37.7	41.6	31.2	169.6	最低点
		キミの得点						185
	第２次	配点(満点)	100	100	75	75	350	最高点
		合格者平均点	72.1	65.5	52.8	43.7	234.1	302
		受験者平均点	64.4	44.0	46.1	35.1	189.6	最低点
		キミの得点						223
	〔参考〕帰国生試験の受験者平均点は73.5、合格者平均点は84.9、合格者最低点は82です。							
2023	第１次	配点(満点)	100	100	75	75	350	最高点
		合格者平均点	55.3	58.7	50.1	42.5	206.6	285
		受験者平均点	48.6	47.8	45.1	35.1	176.6	最低点
		キミの得点						187
	第２次	配点(満点)	100	100	75	75	350	最高点
		合格者平均点	62.2	58.8	46.1	40.6	207.7	239
		受験者平均点	54.9	38.1	42.3	30.9	166.2	最低点
		キミの得点						196
	〔参考〕帰国生試験の受験者平均点は68.4、合格者平均点は80.9、合格者最低点は77です。							
2022	第１次	配点(満点)	100	100	75	75	350	最高点
		合格者平均点	64.9	64.0	49.4	50.3	228.6	293
		受験者平均点	56.5	52.0	44.5	42.8	195.8	最低点
		キミの得点						209
	第２次	配点(満点)	100	100	75	75	350	最高点
		合格者平均点	70.8	73.8	52.3	54.6	251.5	278
		受験者平均点	61.8	53.6	47.4	39.8	202.6	最低点
		キミの得点						239
	〔参考〕帰国生試験の受験者平均点は70.3、合格者平均点は86.7、合格者最低点は83です。							
2021	第１次	配点(満点)	100	100	75	75	350	最高点
		合格者平均点	64.3	52.1	39.6	46.7	202.7	265
		受験者平均点	56.7	41.9	34.8	38.3	171.7	最低点
		キミの得点						182
	第２次	配点(満点)	100	100	75	75	350	最高点
		合格者平均点	59.2	55.4	40.0	51.8	206.4	237
		受験者平均点	49.2	34.6	34.4	42.4	160.6	最低点
		キミの得点						196
	〔参考〕帰国生試験の受験者平均点は68.7、合格者平均点は81.0、合格者最低点は77です。							

※　表中のデータは学校公表のものです。ただし、4科合計は各教科の平均点を合計したものなので、目安としてご覧ください。

声の教育社

２０２４年度　渋谷教育学園幕張中学校

算数解答用紙　第１次

番号		氏名		評点	/100

1

(1)	通り
(2)	通り
(3)	通り

2

(1)	①	cm^2
	②	枚
(2)		cm^3

3

(1)	倍
(2)	ア　　イ

4

(1)	cm
(2)	（HIの長さ）：（ICの長さ）
(3)	倍

5

(1)	cm^3
(2)	cm^3
(3)	（立体Cの体積）：（立体Dの体積）

（注）この解答用紙は実物を縮小してあります。B５→A３(163%)に拡大コピーすると、ほぼ実物大の解答欄になります。

〔算　数〕100点(推定配点)

1　(1)，(2)　各６点×2　(3)　８点　2　(1)　各６点×2　(2)　８点　3　(1)　８点　(2)　各６点×2　4　(1)，(2)　各６点×2　(3)　８点　5　(1)，(2)　各６点×2　(3)　８点

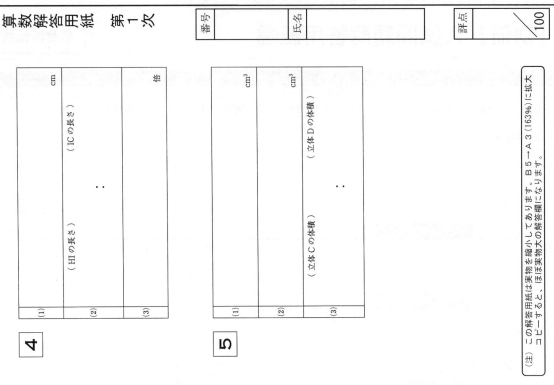

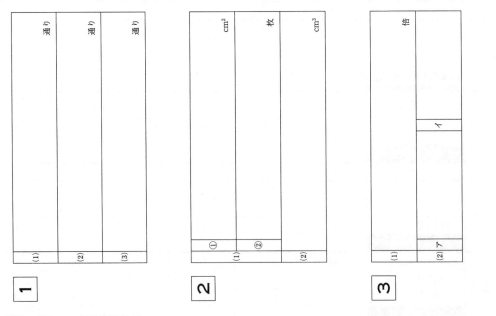

２０２４年度　渋谷教育学園幕張中学校

社会解答用紙　第１次　No.１

番号		氏名		評点	／75

1

問1　問2　問3　問4

問5

問6　問7

問8

問9

問10　問11　問12

2

問1　ア　イ

問2　問3　問4　問5　問6

問7　問8　問9

問10

40

問11

80

社会解答用紙　第１次　No.２

3　問１

問２　　問３　　問４

問５

問７　　問９　　問10　　問11　　現象

問８

問６

＊数字は気温(℃)を示す
〔気象庁資料〕

（注）この解答用紙は実物を縮小してあります。Ｂ５→Ａ３(163%)に拡大コピーすると、ほぼ実物大の解答欄になります。

〔社　会〕75点(推定配点)

1　問１～問７　各２点×７<問６は完答>　問８　３点　問９～問12　各２点×４　2　問１　各１点×２　問２～問９　各２点×８　問10　３点　問11　４点　3　問１　３点　問２～問４　各２点×３　問５　３点　問６，問７　各２点×２　問８　３点　問９～問11　各２点×３

２０２４年度　渋谷教育学園幕張中学校

理科解答用紙　第１次　No. 1

番号		氏名		評点	／75

1

(1)	黒紙	しぼりの穴		
(2)	① A	B	② A　cm	B　cm
(3)	①	②	③　cm	④　光源の形　・　穴の形
	⑤　cm	⑥　光源の形　・　穴の形		
(4)	①　L'　=　cm	②		
(5)	①　大きく　・　小さく	②　高い　・　低い	③	

2

(1)			
(2)	サフラワーイエロー	カルタミン	プルプリン
(3)	(ｉ)		
	(ⅱ)		
(4)			
(5)			
(6)			
(7)			
(8)			

理科解答用紙　第１次　No. 2

3

(1)	①　自転 ・ 公転	②　10° ・ 15° ・ 20° ・ 30°		
	③　6 ・ 12 ・ 24	④　10° ・ 15° ・ 20° ・ 30° ・ 60°		
(2)	①　15° ・ 30° ・ 45° ・ 60° ・ 90°	②　15° ・ 30° ・ 45° ・ 60° ・ 90° ・ 180°	③　東 ・ 南 ・ 西 ・ 北	
(3)				
(4)				
(5)	①　東 ・ 西	②	③	

4

(1)	テッポウウオ	コイ	メダカ
(2)			
(3)	実験		
	結果		

（注）この解答用紙は実物を縮小してあります。Ｂ５→Ａ３（163%）に拡大コピーすると，ほぼ実物大の解答欄になります。

〔理　科〕75点(推定配点)

1　(1)　各１点×２　(2)　①　各１点×２　②　各２点×２　(3)　①・②　２点　③　３点　④　１点　⑤　３点　⑥　１点　(4)　①　３点　②　２点　(5)　①，②　各１点×２　③　２点　2　各２点×11＜(2)は各々完答，(5)，(8)は完答＞　3　(1)，(2)　各１点×７　(3)，(4)　各２点×２　(5)　各１点×３　4　各２点×６＜(2)は完答＞

２０２４年度　渋谷教育学園幕張中学校

国語解答用紙　第一次

番号		氏名		評点	/100

一

記号や句読点も一字に数えること。

問一 (a)　(b)　る　(c)

問二　問三

問四

問五

問六　問七

二

問一 (a)　(b)　(c)

問二 (i)　(ii)　(iii)　(iv)

問三

問四

問五

問六

問七　問八 1　2　3　4

（注）この解答用紙は実物を縮小してあります。Ｂ５→Ａ３（163％）に拡大コピーすると、ほぼ実物大の解答欄になります。

〔国　語〕100点(推定配点)

一　問1　各3点×3　問2，問3　各4点×2　問4　10点　問5　8点　問6，問7　各4点×2　二　問1　各3点×3　問2　各2点×4　問3　6点　問4　4点　問5　8点　問6　10点　問7　4点　問8　各2点×4

2024年度　渋谷教育学園幕張中学校

算数解答用紙　第2次

番号		氏名		評点	/100

3

(1)	通り
(2)	通り
(3)	通り

4

(1)	cm
(2)	AB : AF = 　：

5

(1)	個
(2)	種類
(3)	cm^3

（注）この解答用紙は実物を縮小してあります。Ｂ５→Ａ３（163%）に拡大コピーすると、ほぼ実物大の解答欄になります。

1

(1)	
(2)	個
(3)	

2

(1)①	cm^2

(1)②

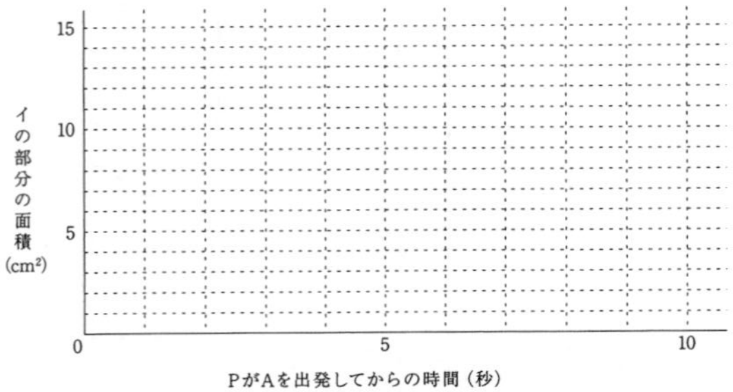

(2)	①	
	②	

〔算　数〕100点(推定配点)

1～3　各７点×9<2の(2)は完答>　4　各８点×2　5　各７点×3

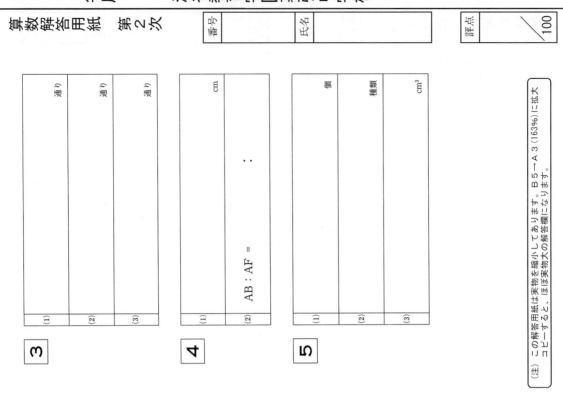

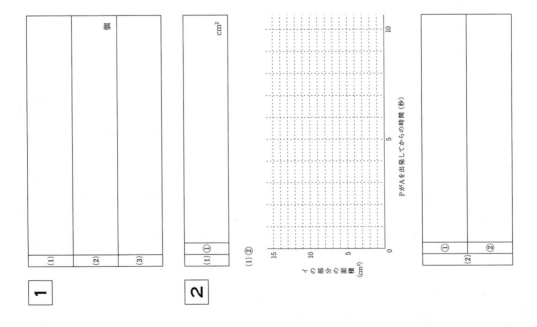

２０２４年度　渋谷教育学園幕張中学校

社会解答用紙　第２次　No.１

番号		氏名		評点	／75

1

問１　問３

問２

問４　(1)

(2)

(3)

問５　問７　問９　問10

問６

問８

2

問１

問２　問３　問４　問５

問６　問７　問８　問９　問10

問11

(64)　(80)

問12

(10)　(20)

２０２４年度　渋谷教育学園幕張中学校

社会解答用紙　第２次　No. ２

3　問１　　問２

問３　(1)　市　(2)　(4)

(3)

問４　(1)　(2)

問５　(1)

(2)

問６　(1)

(2)

（注）この解答用紙は実物を縮小してあります。Ｂ５→Ｂ４(141%)に拡大コピーすると、ほぼ実物大の解答欄になります。

〔社　会〕75点(推定配点)

1　問１～問７　各２点×９　問８　３点　問９，問10　各２点×２　2　問１～問10　各２点×10　問11　３点　問12　２点　3　問１～問４　各２点×８　問５　(1)　２点　(2)　３点　問６　各２点×２

2024年度　　渋谷教育学園幕張中学校

理科解答用紙　第2次　No.1

番号		氏名		評点	／75

1

(1)	①　N・S	②　引き付けあい・反発し
	③　N・S	④　引き付けあう・反発する
(2)	記号	理由
(3)		
(4)		
(5)	①　秒	②　秒

2

(1)		
(2)	あ	い
(3)	mg/L	
(4)	①　カルシウム濃度　mg/L	マグネシウム濃度　mg/L
	②　炭酸カルシウム　mg	炭酸マグネシウム　mg

3

(1)		(2)	km
(3)	倍	(4)	km
(5)	km		
(6)		(7)	

2024年度　渋谷教育学園幕張中学校

理科解答用紙　第2次　No. 2

4

(1)			
(2)			
(3)	個		
(4)	① 低い ・ 高い	② 体内から体外 ・ 体外から体内	
	③ 低い ・ 高い	④ 体内から体外 ・ 体外から体内	
	⑤		
(5)			
(6)			

（注）この解答用紙は実物を縮小してあります。B５→B４(141%)に拡大コピーすると、ほぼ実物大の解答欄になります。

〔理　科〕75点(推定配点)

1, 2　各３点×12＜1の(1)，(2)，(3)は完答，2の(4)は各々完答＞　3　(1)　２点＜完答＞　(2)～(7)　各３点×6　4　(1)　２点　(2)，(3)　各３点×2　(4)　①～④　３点＜完答＞　⑤　３点　(5)　２点　(6)　３点

２０２４年度　渋谷教育学園幕張中学校

国語解答用紙　第二次

番号　　氏名　　評点　／100

一

問一　(a)　(b)　して　(c)

問二　(1)　(2)

問三

問四

問五

問六

問七

問八　旅行　旅

二

問一　(a)　(b)　(c)　(d)

問二

問三

問四

問五

問六

問七　(一)　(二)

（注）この解答用紙は実物を縮小してあります。Ｂ５→Ａ３（163%）に拡大コピーすると、ほぼ実物大の解答欄になります。

〔国　語〕100点(推定配点)

一　問１，問２　各３点×５　問３～問７　各４点×５　問８　旅行…８点，旅…９点　二　問１　各３点×４　問２　９点　問３　８点　問４～問６　各４点×３　問７　(1)　３点　(2)　各２点×２

２０２４年度　　　渋谷教育学園幕張中学校

英語解答用紙　帰国生　No.1

番号		氏名		評点	／100

PART 1 - Listening

1	2	3	4	5	6	7	8	9	10

PART 2 - Grammar

1	2	3	4	5	6	7	8	9	10

PART 3 - Vocabulary

1	2	3	4	5	6	7	8	9	10

PART 4 - Reading Comprehension

1	2	3	4	5	6	7	8	9	10

PART 5 - Reading Comprehension

1	2	3	4	5	6	7	8	9	10

２０２４年度　　渋谷教育学園幕張中学校

英語解答用紙　帰国生　No. 2

ESSAY

Essay topic

Imagine a society in which money is not used. Would life be better or worse?

英語解答用紙　帰国生　No.３

（注）この解答用紙は実物を縮小してあります。Ｂ５→Ａ３（163％）に拡大コピーすると、ほぼ実物大の解答欄になります。

〔英　語〕100点(推定配点)

PART 1 ～PART 5　各 1 点×50　ESSAY　30 点　面接　20 点

2023年度　渋谷教育学園幕張中学校

算数解答用紙　第1次

番号		氏名		評点	/100

1

(1)	通り
(2)	通り

2

(1)	
(2)	

3

(1)	cm^2
(2)	cm^2

4

(1)	①	度
	②	cm^2
(2)		cm^2

5

(1)	
(2)	
(3)	

（注）この解答用紙は実物を縮小してあります。B５→A３（163%）に拡大コピーすると、ほぼ実物大の解答欄になります。

〔算　数〕100点（推定配点）

1　各８点×２　2，3　各９点×４<2の(2)は完答>　4，5　各８点×６

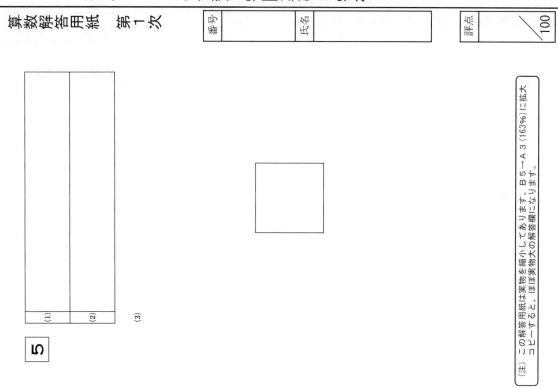

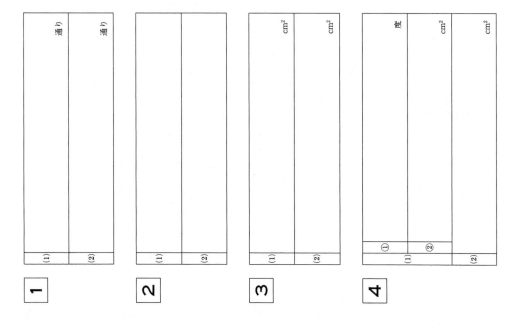

２０２３年度　渋谷教育学園幕張中学校

社会解答用紙　第１次　No.１

番号		氏名		評点	／75

1　問1　問2　問3　問4　問5

問6　問7　問8

問9

問10

問11　問12

2　問1　問2　問3　問4

問5　問6

問7

問8

(32)

問9

(16)

問10

(10)

２０２３年度　　渋谷教育学園幕張中学校

社会解答用紙　第１次　No.２

3　問１　　問２

問３

問４　　問５　　問６

問７

問８　　問９

問11

問10

※解答を書き込みしやすいようにうすく印刷しています。

（注）この解答用紙は実物を縮小してあります。Ｂ５→Ａ３(163%)に拡大コピーすると、ほぼ実物大の解答欄になります。

〔社　会〕75点(推定配点)

1　問1，問2　各1点×2　問3～問8　各2点×6　問9，問10　各3点×2　問11　2点　問12　3点
2　問1～問6　各2点×6　問7　3点　問8　4点　問9，問10　各3点×2　3　問1　1点　問2　2点　問3　3点　問4～問6　各2点×3　問7　3点　問8，問9　各2点×2　問10，問11　各3点×2

２０２３年度　　渋谷教育学園幕張中学校

理科解答用紙　第１次　No.１

番号		氏名		評点	／75

1

(1) ①　　② 上 ・ 下

(2) ①P波　　秒　S波　　秒　②　　秒　③　　km

(3) 午前　　時　　分　　秒

(4)

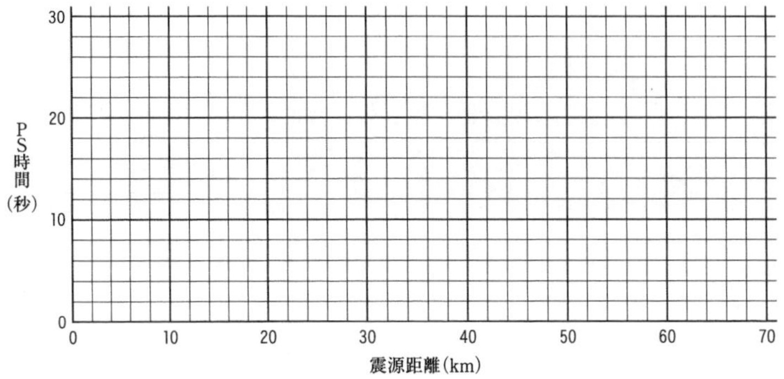

(5) ①

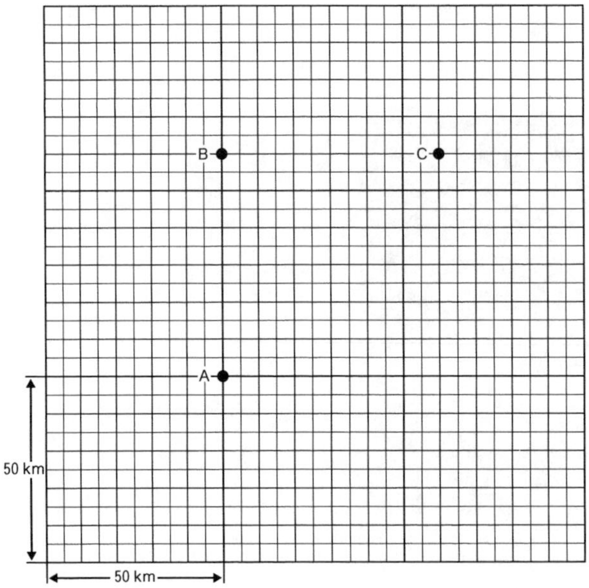

② 　　倍

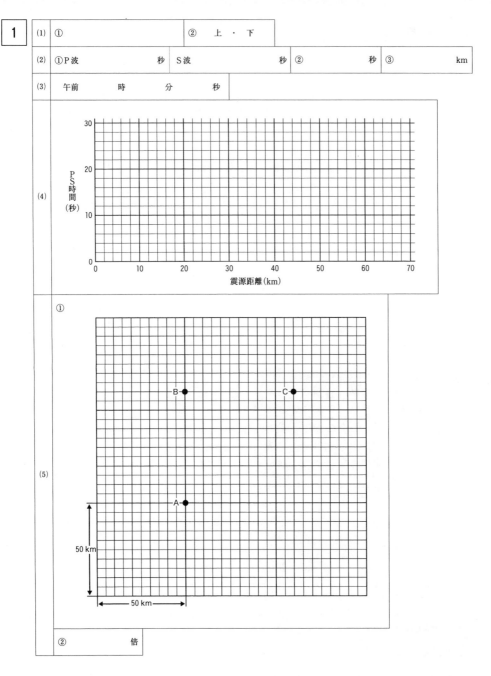

２０２３年度　渋谷教育学園幕張中学校

理科解答用紙　第１次　No. ２

2

I

(1)

(2)

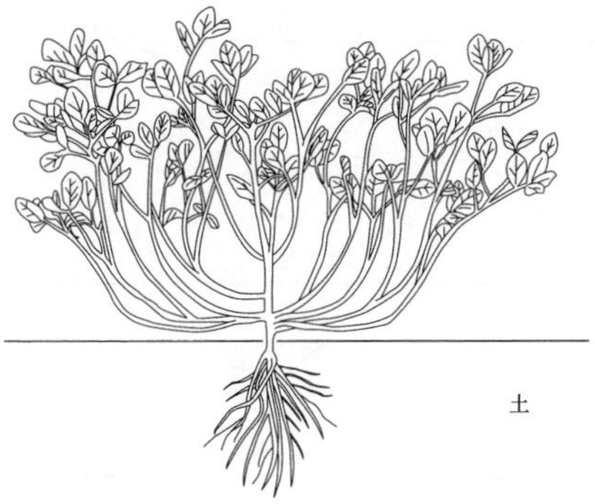

(3)

(4)

(5)　(i)　(ii)　(iii)

(6)　(7)

(8)　(i)　(ii)　(9)

II

(1)　回目　(2)　kcal　(3)　%

(4)

(5)

(6)　①　②　③　④　気体　・　液体　・　固体

3

(1)　(i)　g　(ii)　cm

(2)　①　kg　②　cm　③

(3)　PRと①の関係　PRと②の関係　PRと③の関係

(4)　(i)　秒

(ii) Tが最も小さくなるモーター　Tが最も大きくなるモーター

〔理　科〕75点(推定配点)

1　(1)　各２点×２　(2)～(5)　各３点×７＜(2)の①は完答＞　2　I　(1)　１点　(2)　２点　(3)～(9)　各１点×11＜(4)は各１点×２，(6)，(7)，(9)は完答＞　II　(1)～(3)　各１点×３　(4)，(5)　各２点×２　(6)　各１点×４　3　(1)～(3)　各２点×８　(4)　各３点×３

（注）この解答用紙は実物を縮小してあります。Ｂ５→Ａ３（163％）に拡大コピーすると、ほぼ実物大の解答欄になります。

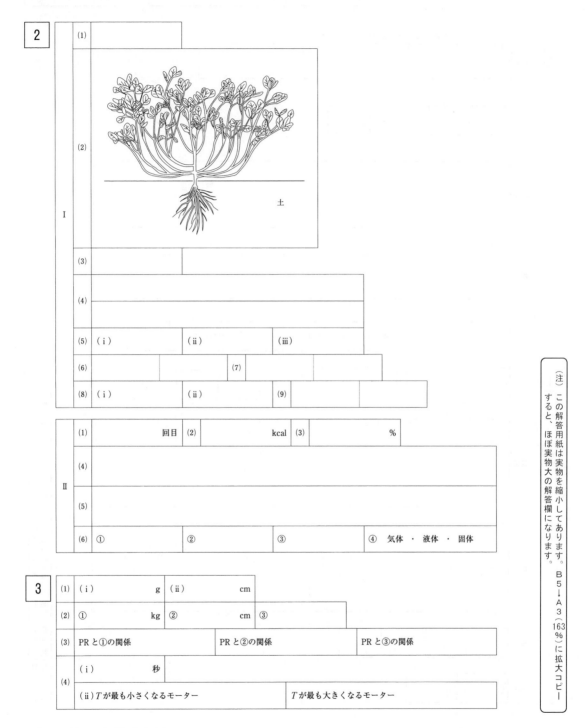

二〇二三年度　渋谷教育学園幕張中学校

国語解答用紙　第一次

番号		氏名		評点	/100

一

記号や句読点も一字に数えること。

問一 (a) (b) (c)

問二　問三

問四

問五

問六　問七 マーク・トウェーン　シクロフスキー

二

問一 (a) (b)

問二　問三

問四

問五

問六　問七

問八 (一) (二)

（注）この解答用紙は実物を縮小してあります。B5→A3（163%）に拡大コピーすると、ほぼ実物大の解答欄になります。

〔国　語〕100点(推定配点)

一 問1　各3点×3　問2，問3　各5点×2　問4　10点　問5　9点　問6，問7　各3点×4　二 問1～問3　各3点×5　問4，問5　各10点×2　問6～問8　各3点×5

２０２３年度　渋谷教育学園幕張中学校

算数解答用紙　第２次

番号		氏名		評点	/100

1

(1)	回	
(2)	個	
(3)	いちばん大きい数	いちばん小さい数

2

(1) ①

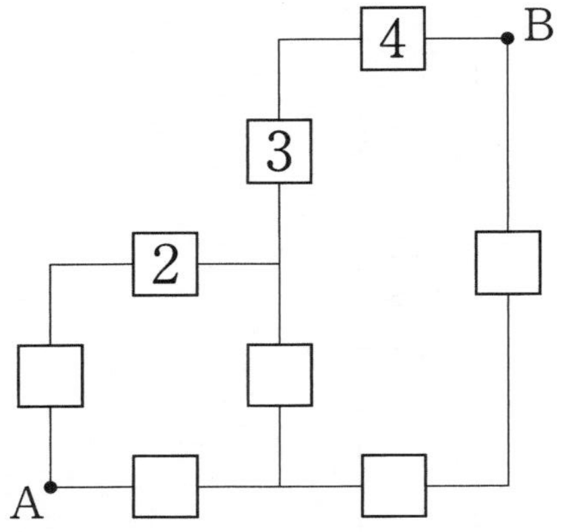

(1) ②		③	通り
(2) ①		②	通り

3

(1)	個
(2)	駅から　　m

4

(1)	①	(BP) : (PC)
	②	(DQ) : (QE)
(2)		倍

5

(1)	cm^3
(2)	cm^2
(3)	cm

（注）この解答用紙は実物を縮小してあります。Ｂ５→Ａ３（163%）に拡大コピーすると、ほぼ実物大の解答欄になります。

〔算　数〕100点(推定配点)

1　(1)，(2)　各６点×２　(3)　各５点×２　2～5　各６点×13

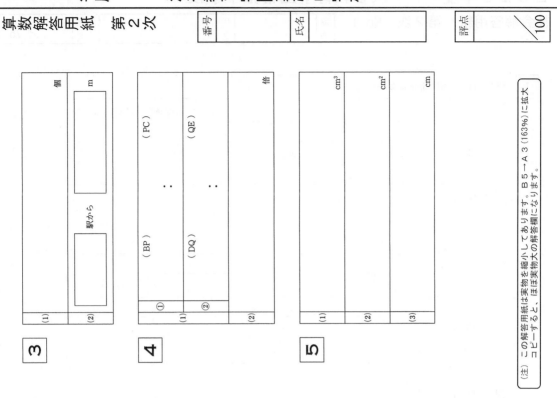

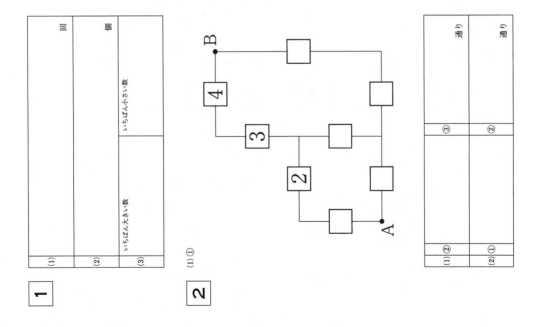

2023年度　渋谷教育学園幕張中学校

社会解答用紙　第２次　No.１

番号		氏名		評点	／75

1

問１　(1)　生活に余裕のある家庭が ______ ことで、経済格差を調整していくこと。

(2) ______ 教

(3)

(4)　　(5)　　(7)

(6)

問２　(1)

(2)

(3)

(4)　X　　Y

２０２３年度　　　渋谷教育学園幕張中学校

社会解答用紙　第２次　No. ２

2

問１

問２　問３　問４　問５　問６

問７　問８　問９　問10

問11

(40)

問12

(24)

3

問１　湖

問２

問３

問４　問５　問６　問９

問７

問８

問10　A　発電　B　発電

（注）この解答用紙は実物を縮小してあります。B５→A３（163%）に拡大コピーすると、ほぼ実物大の解答欄になります。

〔社　会〕75点(推定配点)

1　問１　(1)　３点　(2)　２点　(3)　４点　(4)　１点　(5)　２点　(6)　３点　(7)　１点　問２　(1)　１点　(2), (3)　各３点×2　(4)　２点<完答>　2　問１，問２　各１点×2　問３〜問10　各２点×8　問11　４点　問12　３点　3　問１　２点　問２，問３　各３点×2　問４〜問７　各２点×4　問８　３点　問９，問10　各２点×3

２０２３年度　渋谷教育学園幕張中学校

理科解答用紙　第２次　No.１

番号		氏名		評点	／75

1

（Ⅰ）

(1)	天気図①	天気図②		
(2)	ア　上がり ・ 変わらず ・ 下がり	イ　上がる ・ 変わらない ・ 下がる		
	ウ　高く ・ 低く	エ　上昇 ・ 下降	オ　高気圧 ・ 低気圧	カ　上昇 ・ 下降
(3)				
(4)				
(5)				

（Ⅱ）

(1)				
(2)				
(3)	倍	(4)	倍	
(5)	固体	液体	気体	
(6)				
(7)	小さい方から（　　）（　　）（　　）			

２０２３年度　渋谷教育学園幕張中学校

理科解答用紙　第２次　No. ２

2

(1)	①　　g	②	測定部に押し付けて　・　測定部から引き離して
	③　　g	④	測定部に押し付ける　・　測定部から引き離す
	⑤　　g	⑥	測定部に押し付ける　・　測定部から引き離す

(2)	測定 1	
	測定 2	
	測定 3	
(3)	①	
	②	
(5)	①　　m/s	
	②　(4)のグラフに示しなさい	
(6)	m/s	

(4)

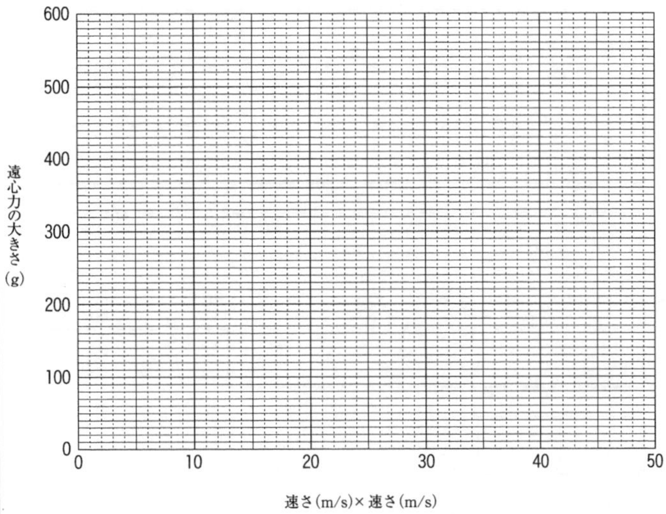

（注）この解答用紙は実物を縮小してあります。175％拡大コピーすると、ほぼ実物大の解答欄になります。

3

(1)	じん臓	心臓	肝臓	(2)	■	○

(3)	①　　mL	②　　g	③　　g

(4)	①　上がる　・　下がる	②　高く　・　低く	③　増える　・　減る
	④　増やす　・　減らす	⑤　増え　・　減り	

(5)	①　塩分　　倍	糖　　倍	尿素　　倍
	②		
(6)			

〔理　科〕75点(推定配点)

1 （Ⅰ）（1）各２点×２　（2）ア・イ　２点　ウ・エ　２点　オ・カ　２点　（3）２点　（4），（5）各３点×２　（Ⅱ）（1）３点　（2）～（4）各２点×３　（5）３点＜完答＞　（6）２点＜完答＞　（7）３点＜完答＞　2 （1）①・②　２点　③・④　２点　⑤・⑥　２点　（2），（3）各１点×５　（4）３点　（5），（6）各２点×３　3 （1）～（4）各１点×13　（5）①　各１点×３　②　２点　（6）２点

二〇二三年度　渋谷教育学園幕張中学校

国語解答用紙　第二次

番号　　氏名　　評点　／100

一

問一　(a)　(b)　(c) しく　(d) る

問二　問三　問四

問五

問六

問七

二

問一　(a) い　(b)

問二　(ア)　(イ)　(ウ)

問三

問四　問五　問六

問七

問八

(注) この解答用紙は実物を縮小してあります。B5→A3(163%)に拡大コピーすると、ほぼ実物大の解答欄になります。

〔国　語〕100点(推定配点)

一　問1　各3点×4　問2～問4　各4点×3　問5　10点　問6　9点　問7　各3点×2　二　問1，問2　各3点×5　問3～問6　各5点×4　問7，問8　各8点×2

２０２３年度　　　渋谷教育学園幕張中学校

英語解答用紙　帰国生　No. 1

番号		氏名	

評点	／100

PART 1 - Listening

1	2	3	4	5	6	7	8	9	10

PART 2 - Grammar

1	2	3	4	5	6	7	8	9	10

PART 3 - Vocabulary

1	2	3	4	5	6	7	8	9	10

PART 4 - Reading Comprehension

1	2	3	4	5	6	7	8	9	10

PART 5 - Reading Comprehension

1	2	3	4	5	6	7	8	9	10

英語解答用紙　帰国生　No. 2

ESSAY

Essay topic

You must send a capsule into outer space that includes three things to teach aliens about the people of planet Earth. What would you include in your capsule?

（注）この解答用紙は実物を縮小してあります。Ｂ５→Ａ３（163%）に拡大コピーすると、ほぼ実物大の解答欄になります。

２０２３年度　　　渋谷教育学園幕張中学校

英語解答用紙　帰国生　No.３

〔英　語〕100点(推定配点)

PART 1 ～PART 5　各 1 点×50　ESSAY　30 点　面接　20 点

２０２２年度　渋谷教育学園幕張中学校

算数解答用紙　第１次

番号		氏名		評点	/100

1

(1)	個
(2)	周
(3)	周

2

(1)	通り
(2)	通り
(3)	通り

3

(1)	①		②	
(2)	A	cm	B	cm
	C	cm		

4

(1)	cm
(2)	cm²

5

(1)	((ア) の面積)	((イ) の面積)
	:	
(2)	(点Ｂを含む立体の体積)	(点Ｅを含む立体の体積)
	:	

(注) この解答用紙は実物を縮小してあります。Ｂ５→Ａ３(163%)に拡大コピーすると、ほぼ実物大の解答欄になります。

〔算　数〕100点(推定配点)

1～3　各８点×9<3の(2)は完答>　4，5　各７点×4

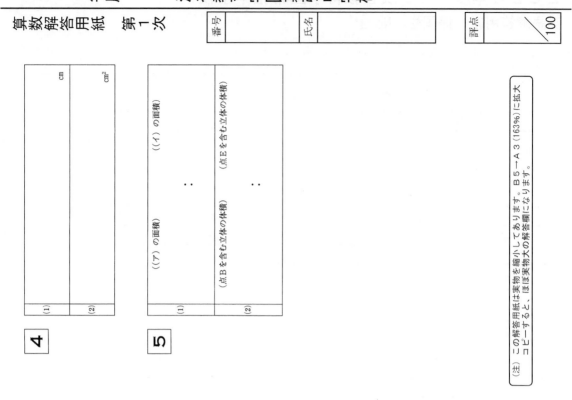

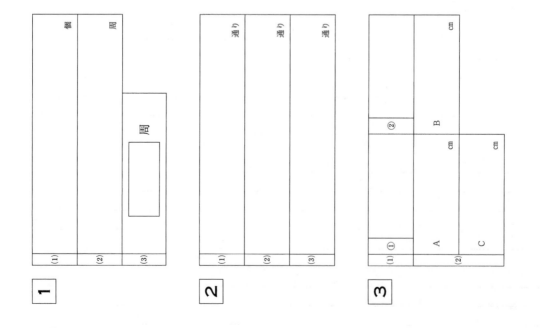

２０２２年度　渋谷教育学園幕張中学校

社会解答用紙　第１次　No.１

番号		氏名		評点	／75

1

問1　問2　問3

問4

問5　問6　問7　問8　問9

問10

問11　問12

2

問1　問2　問3　問4

問5　問6　問7　問8

問9

(5)

問10

(32)

問11

(48)

2022年度　渋谷教育学園幕張中学校

社会解答用紙　第1次　No. 2

3 問1 ［　　　］年間　問2 ［　］　問3 ［　］

問4 ［　　　　　　　　］

問5 ［　　　］　問6 ［　］

問7 イ ［　　　］海流　ウ ［　　　］

問8 ［　　　　　　　　］

問9 ［　　　　　　　　］

問10 ［　　　　　　　　］

問11 ［　］

（注）この解答用紙は実物を縮小してあります。B5→B4（141%）に拡大コピーすると、ほぼ実物大の解答欄になります。

〔社　会〕75点（推定配点）

1 問1～問9　各2点×9　問10　3点　問11，問12　各2点×2　2 問1～問9　各2点×9　問10　3点　問11　4点　3 問1～問9　各2点×10　問10　3点　問11　2点

2022年度　　渋谷教育学園幕張中学校

理科解答用紙　第1次　No.1

番号		氏名		評点	／75

1

(1)			
(2)	① g	② cm³	
(3)		たね12粒の重さ	たね12粒から失われた水の重さ
	A	g	g
	B	g	g
	C	g	g
(4)	mL		
(5)			
(6)			

2

(1)	アスパラギン	アスパラギン酸	
(2)	(あ)	(い)	
(3)	種類		
(4)	(ア)	(イ)	(ウ)
	(エ)		
(5)			
(6)			

3

(1)	①　上昇・下降	②　$\frac{1}{2}$・$\frac{1}{3}$・$\frac{1}{4}$	③　$\frac{1}{5}$・$\frac{1}{10}$・$\frac{1}{25}$・$\frac{1}{250}$
(2)	①　上昇・下降	②　明るく・暗く	③　2・5・15・30
	④　上昇・下降	⑤　高い・低い	
(3)			
(4)			
(5)	①　A・B	②　青い・赤い	③　青い・赤い
(6)	明るい赤い星は、暗い赤い星と比べて(　　　　　　　　　　)。		

２０２２年度　　渋谷教育学園幕張中学校

理科解答用紙　第１次　No. ２

4

(1)　①　　　　秒　②　　　　秒

(2)

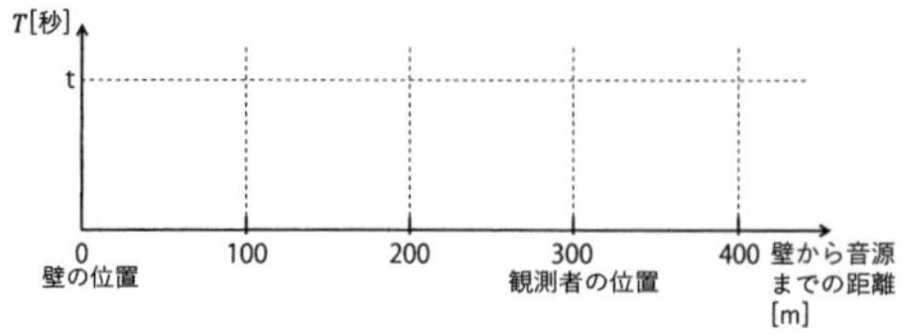

(3)

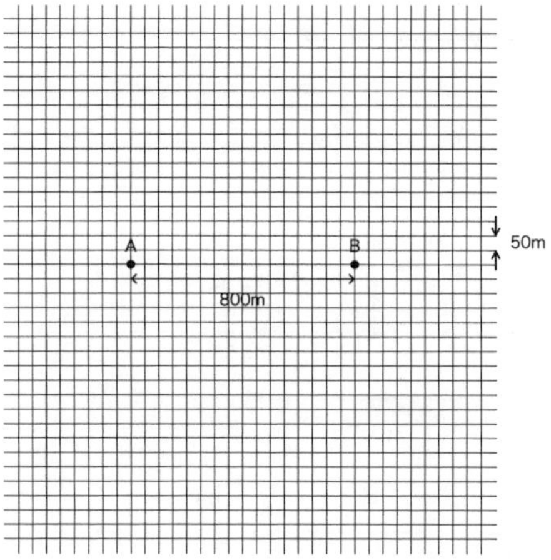

(4)

(5)　①　　　　秒

②

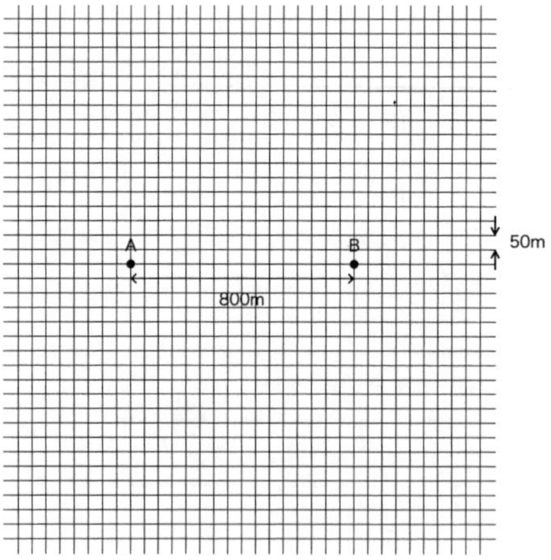

（注）この解答用紙は実物を縮小してあります。Ｂ５→Ａ３（163%）に拡大コピーすると、ほぼ実物大の解答欄になります。

〔理　科〕75点（推定配点）

1　各２点×9＜(3)は各々完答，(6)は完答＞　2　(1)～(3)　各２点×5＜(1)は各々完答＞　(4)　各１点×4　(5)，(6)　各２点×2＜各々完答＞　3　(1)，(2)　各１点×8　(3)，(4)　各２点×2＜各々完答＞　(5)　各１点×3　(6)　３点　4　各３点×7＜(3)，(5)の②は完答＞

二〇二二年度　渋谷教育学園幕張中学校

国語解答用紙　第一次

番号　　氏名　　評点　／100

記号や句読点も一字に数えること。

一

問一　(a)　　(り)　(b)　　(だ)　(c)

問二　X

問三

問四

問五

問六

問七　　問八

二

問一　(a)　(b)　(c)

問二　　問三　　問四

問五

問六　　問七

問八　　問九

問十

問十一

（注）この解答用紙は実物を縮小してあります。Ｂ５→Ａ３（163％）に拡大コピーすると、ほぼ実物大の解答欄になります。

〔国　語〕100点(推定配点)

一　問１　各３点×３　問２　５点　問３　６点　問４　５点　問５　８点　問６　７点　問7, 問８　各５点×２　二　問１～問４　各３点×６＜問２は完答＞　問５　６点　問６～問８　各４点×３　問９　各２点×２　問10　７点　問11　３点

２０２２年度　渋谷教育学園幕張中学校

算数解答用紙　第２次

番号		氏名		評点	/100

4

(1)

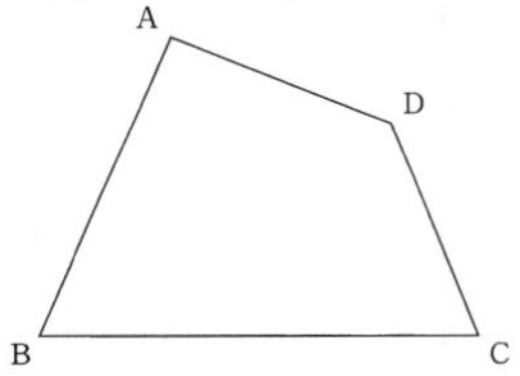

(2)	倍

5

(1)	（辺）	(2)	本
(3)	（Cの体積）　：　（Dの体積）		

（注）この解答用紙は実物を縮小してあります。Ｂ５→Ａ３（163%）に拡大コピーすると、ほぼ実物大の解答欄になります。

1

(1)	通り
(2)	通り
(3)	通り

2

(1)	番目
(2)	番目
(3)	番目

3

(1)	分
(2)	分後

〔算　数〕100点(推定配点)

1, 2　各８点×６　3, 4　各７点×４　5　各８点×３

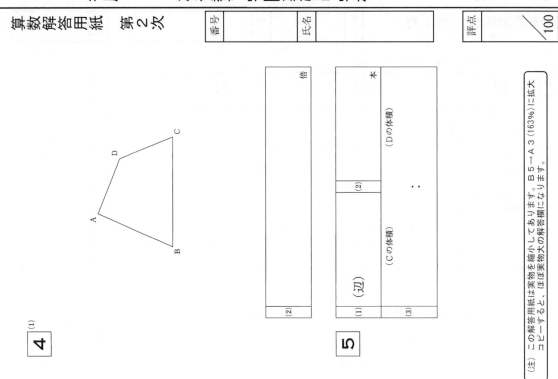

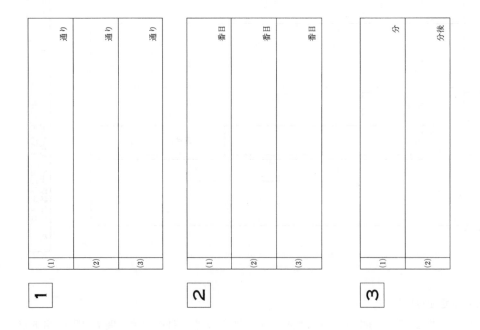

２０２２年度　　渋谷教育学園幕張中学校

社会解答用紙　第２次　No. 1

番号		氏名		評点	／75

1

問1　ア　[　　　　目標]　イ [　　]

問2 [　]　問3 [　]　問4 [　]　問5 [　]　問6 [　]

問7 [　]　問8 [　]　問9 [　]　問10 [　]　問11 [　]

問12 [　　　　]

2

問1 [　]　問2 [　]　問3 [　]　問4 [　]　問5 [　]

問6 [　]　問7 [　]　問8 [　]

問9 (10)

問10

問11 (32)

問12 (24)

社会解答用紙　第2次　No. 2

3 問1 ［　］ 問2 (1) ［　］ (2) ［　　海流］

問3 (1) ［　］

(2) 現象名 ［　］

発生要因 ［　］

(3) ［　］

(4) ［　］

問4 (1) ［　］ (2) ［　　丘陵］

(3) ［　］

問5 (1) ［　］ (2) ［　］

(注) この解答用紙は実物を縮小してあります。B５→B４(141%)に拡大コピーすると、ほぼ実物大の解答欄になります。

〔社　会〕75点(推定配点)

1 問1　各1点×2　問2～問11　各2点×10　問12　3点　2 問1～問10　各2点×10　問11　3点　問12　2点　3 問1　1点　問2～問5　各2点×12

２０２２年度　渋谷教育学園幕張中学校

理科解答用紙　第２次　No.１

番号		氏名		評点	／75

1

(1)

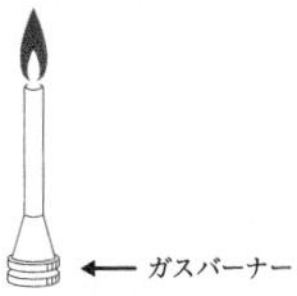

(2)	記号	理由

(3)	ア	イ	ウ
(4)			
(5)			

2

(1)		
(2)		
(3)		
(4)	①　同じ　・　異なる	②
(5)		

3

(1)	あ	い	う
(2)	あ	い	

(3)	①　大きい　・　小さい	②　大きく　・　小さく	③　遠く　・　近く	④　遠い　・　近い

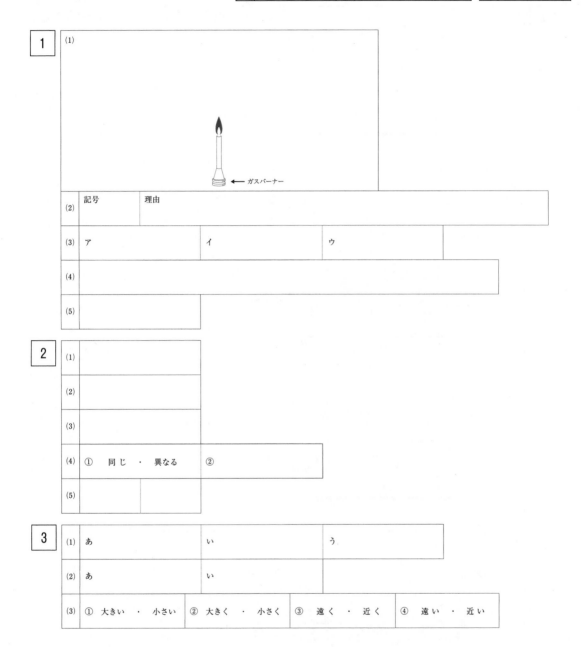

2022年度　　渋谷教育学園幕張中学校

理科解答用紙　第2次　No. 2

4

(1)

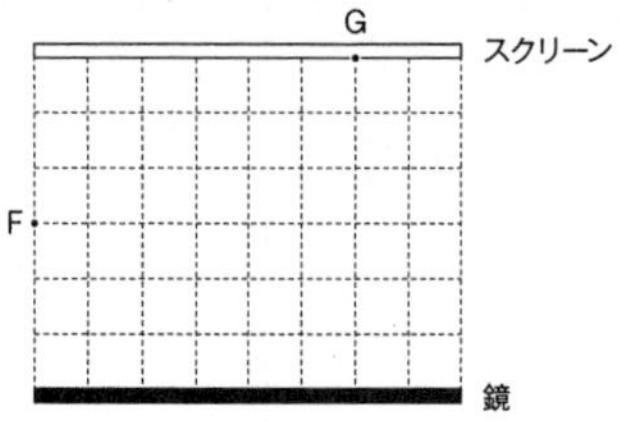

(2)

(3)

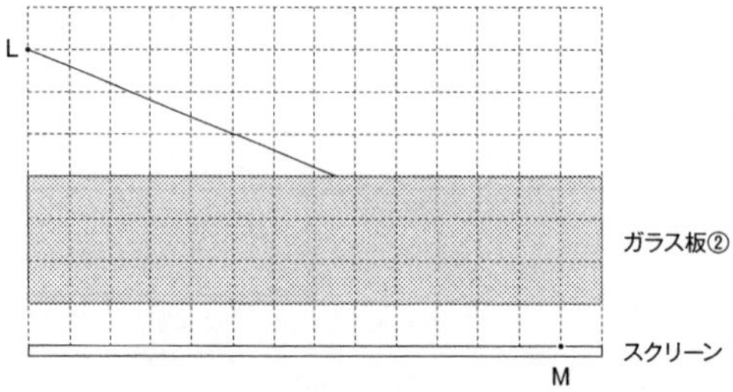

(4)

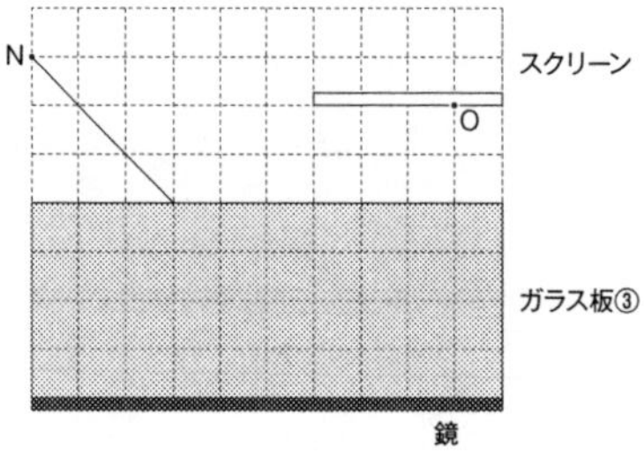

(5)

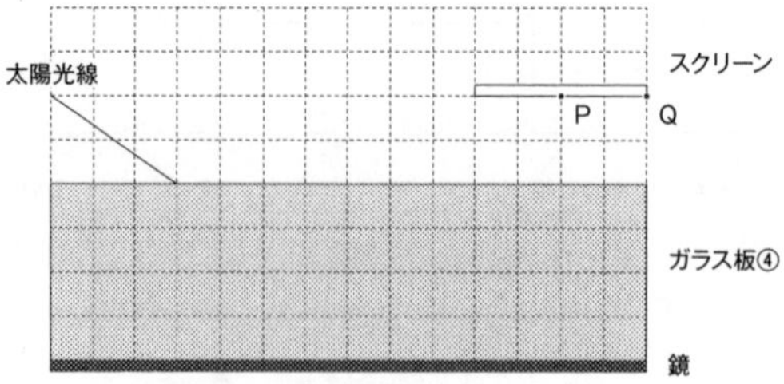

(6)　青 ・ 緑 ・ 黄 ・ 赤

（注）この解答用紙は実物を縮小してあります。B５→A３(163%)に拡大コピーすると、ほぼ実物大の解答欄になります。

〔理　科〕75点(推定配点)

1　(1)　3点　(2)～(5)　各4点×4＜(2), (3), (5)は完答＞　2, 3　各4点×8＜2の(4), (5)は完答, 3は各々完答＞　4　(1)～(4)　各4点×4　(5)　各2点×2　(6)　4点

二〇二二年度　渋谷教育学園幕張中学校

国語解答用紙　第二次

番号		氏名		評点	/100

一

問一　(a)　(b)　(c)　(d)

問二

問三

問四

問五

問六

問七

問八

二

問一　(a) える　(b) ば　(c)　(d) し

問二

問三

問四

問五

問六

問七

問八

問九

（注）この解答用紙は実物を縮小してあります。B５－Ａ３(163%)に拡大コピーすると、ほぼ実物大の解答欄になります。

〔国　語〕100点(推定配点)

一　問１　各３点×４　問２，問３　各４点×２　問４　６点　問５　４点　問６　６点　問７　４点　問８　各３点×２　二　問１　各３点×４　問２～問５　各４点×４　問６　６点　問７　４点　問８　10点　問９　各３点×２

英語解答用紙　帰国生　No. 1

番号		氏名		評点	／100

PART 1 - Listening

1	2	3	4	5	6	7	8	9	10

PART 2 - Grammar

1	2	3	4	5	6	7	8	9	10

PART 3 - Vocabulary

1	2	3	4	5	6	7	8	9	10

PART 4 - Reading Comprehension

1	2	3	4	5	6	7	8	9	10

PART 5 - Reading Comprehension

1	2	3	4	5	6	7	8	9	10

英語解答用紙　帰国生　No. 2

ESSAY

Essay topic

Imagine a stone, a flame, or a river. Which of these best represents your personality? Explain why.

（注）この解答用紙は実物を縮小してあります。Ｂ５→Ａ３(163%)に拡大コピーすると、ほぼ実物大の解答欄になります。

２０２２年度　　　渋谷教育学園幕張中学校

英語解答用紙　帰国生　No.３

〔英　語〕100点(推定配点)

PART 1 ～PART 5　各 1 点×50　ESSAY　30 点　面接　20 点

２０２１年度　渋谷教育学園幕張中学校

算数解答用紙　第１次

番号　　　氏名　　　評点 ／100

1

- (1) 5△10＝　　　，5△30＝　　　，5△60＝
- (2)
- (3)

2

- (1)
- (2) 通り
- (3)

3

- (1)
- (2) あ　　　い
- (3)

4

- (1) cm
- (2) cm

5

- (1) 倍
- (2) 倍
- (3) 倍

（注）この解答用紙は実物を縮小してあります。Ｂ５→Ａ３（163％）に拡大コピーすると、ほぼ実物大の解答欄になります。

〔算　数〕100点(推定配点)

1 (1) 各２点×３　(2), (3) 各７点×２<(3)は完答>　**2** 各７点×３<(3)は完答>　**3** (1) ７点　(2) 各５点×２　(3) ７点<完答>　**4**, **5** 各７点×５

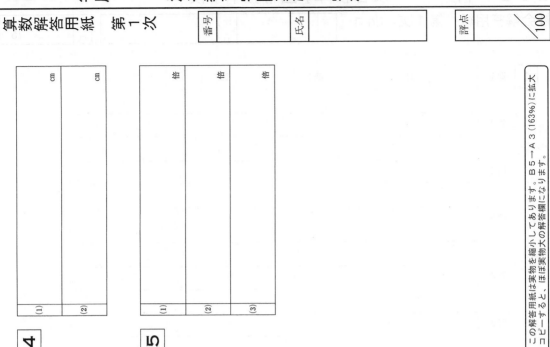

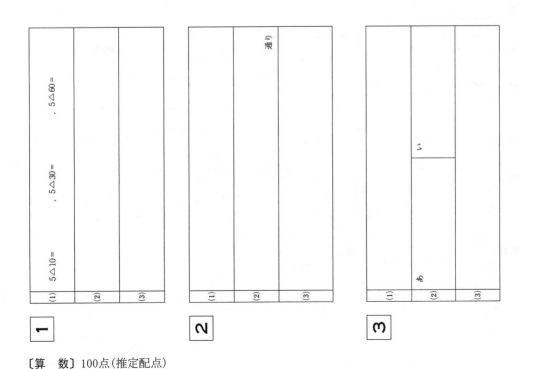

２０２１年度　渋谷教育学園幕張中学校

社会解答用紙　第１次　No.１

番号		氏名		評点	／75

1

問１　問２　問５　問７

問３

問４

問６

問８

問９

問10　問11　問12

2

問１　問２　問３　問５

問４　組合。

問６　名称　教え

問７　問８　問９

問10

(24)　(30)　(36)

問11　問12

社会解答用紙　第１次　No.２

3 問1

問2

問3

問4　　問5

問6 (1)　　(2)

都道府県名	
境は何か	

問7

問8

（注）この解答用紙は実物を縮小してあります。Ｂ５→Ａ３(163%)に拡大コピーすると、ほぼ実物大の解答欄になります。

〔社　会〕75点(推定配点)

1 問1～問5　各2点×5　問6　3点　問7～問12　各2点×6　2 問1～問5　各2点×5　問6　名称…1点，教え…2点　問7～問12　各2点×6　3 問1　2点　問2，問3　各3点×2　問4　2点　問5　3点　問6　(1)　2点　(2)　都道府県名…2点，境は何か…3点　問7　2点　問8　3点

２０２１年度　　渋谷教育学園幕張中学校

理科解答用紙　第１次　No.１

番号		氏名		評点	／75

1

(1)

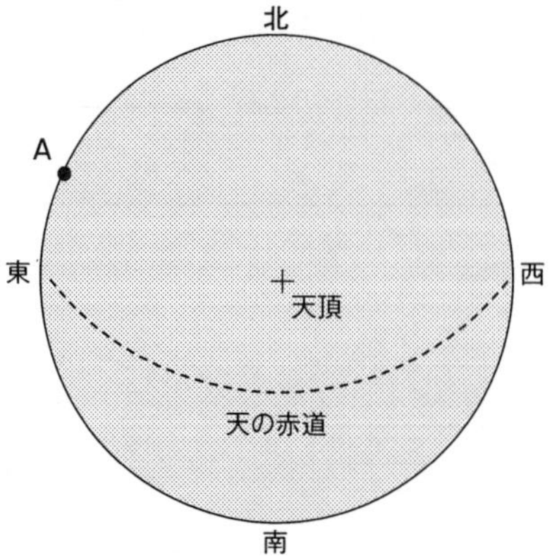

(2)

(3)

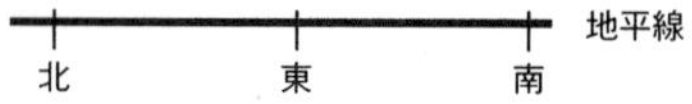

(4)

(5)

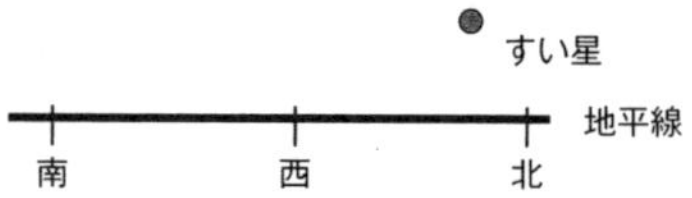

2

(1)		(2)		
(3)				
(4)				
(5)	①	②	③	
(6)	渡り鳥は			

3

(1)			
(2)	気体１	気体２	気体３
(3)		(4)	
(5)	気体の名前	体積　mL	
(6)	mL		

２０２１年度　　渋谷教育学園幕張中学校

理科解答用紙　第１次　No. 2

4

(1)	①	②	
	(あ)	(い)	(う)

(2)

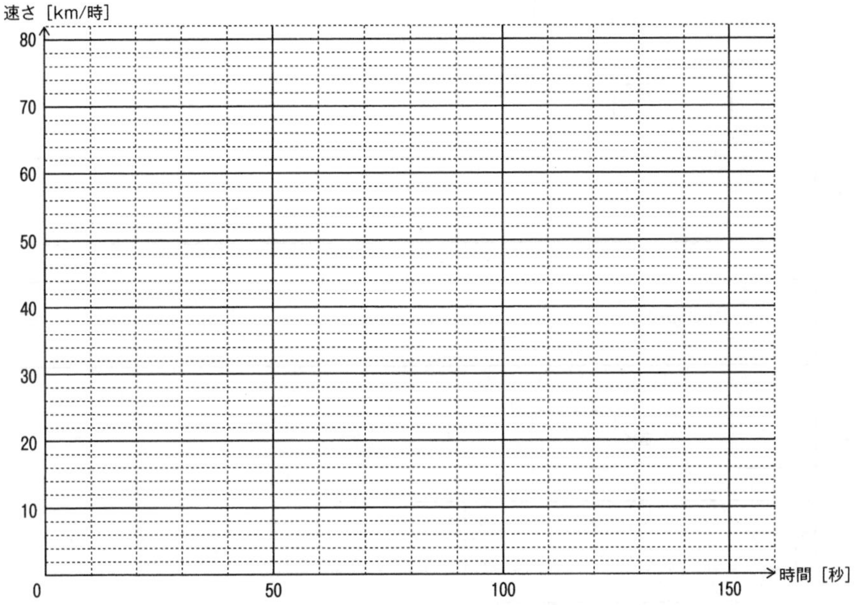

(3)	m/秒	(4)	m
(5)	秒	(6)	m

（注）この解答用紙は実物を縮小してあります。Ｂ５→Ｂ４(141%)に拡大コピーすると、ほぼ実物大の解答欄になります。

〔理　科〕75点(推定配点)

1 (1) 3点 (2)～(5) 各2点×5 2 (1)～(5) 各2点×11 (6) 3点 3 各2点×9 4 (1) ①，② 各2点×2 (あ)・(い) 2点 (う) 2点 (2) 3点 (3)～(6) 各2点×4

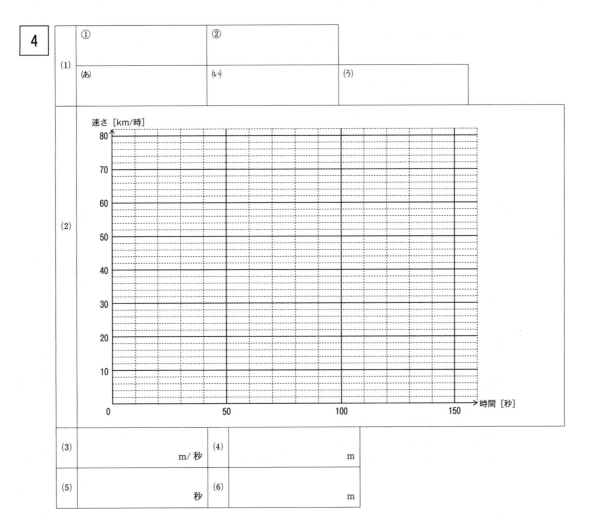

二〇二二年度　渋谷教育学園幕張中学校

国語解答用紙　第一次

番号　　氏名　　評点　/100

記号や句読点も一字に数えること。

一

問一　(a)　(b)　(c)

問二

問三　問四

問五

問六

問七　問八

二

問一　(a)　(b)　(c)

問二　X　Y

問三

問四　問五　問六

問七

問八

（注）この解答用紙は実物を縮小してあります。B5→A3（163%）に拡大コピーすると、ほぼ実物大の解答欄になります。

〔国　語〕100点（推定配点）

一　問1　各3点×3　問2～問4　各5点×3　問5，問6　各7点×2　問7，問8　各5点×2　二　問1，問2　各3点×5　問3　10点　問4　4点　問5　各2点×2　問6　5点　問7　10点　問8　4点

2021年度　渋谷教育学園幕張中学校

算数解答用紙　第2次

番号		氏名		評点	/100

（注）この解答用紙は実物を縮小してあります。B５→A３（163%）に拡大コピーすると、ほぼ実物大の解答欄になります。

4

(1)

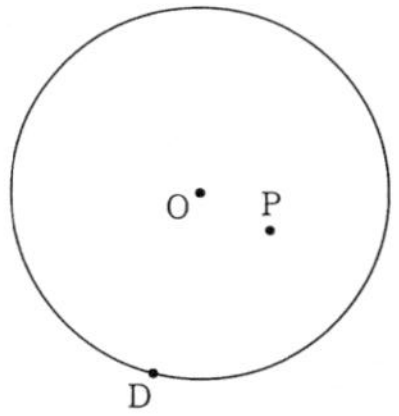

(2)	倍

5

(1)	① 倍	② 倍
(2)	倍	

1

(1)	① 個	②
(2)	①	②

2

(1)	① 通り	② 通り
(2)	通り	

3

(1)	分	
(2)	① 毎分 km	② km

〔算　数〕100点(推定配点)

1 (1) 各6点×2 (2) 各7点×2　2 (1) 各6点×2 (2) 7点　3 (1) 7点 (2) 各6点×2　4 (1) 8点 (2) 7点　5 各7点×3

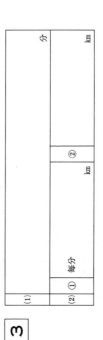

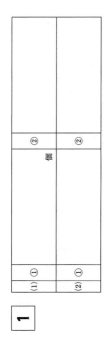

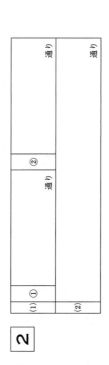

２０２１年度　　渋谷教育学園幕張中学校

社会解答用紙　第２次　No.１

番号		氏名		評点	／75

1

問1　　問2　　問3　　問5

問4

問6

問7

問8　　問9　　問10　　問11

問12

2

問1　(1)

(2)

問2　　問3　　問4　　問5

問6　　天皇　　問7　　問8　　銀山

問9

問10　　問12

問11

２０２１年度　　渋谷教育学園幕張中学校

社会解答用紙　第２次　No. ２

3　問1　X　[　　　　市]　　Y　[　　　　市]

問2　[　　]　　問3　[　　　　市]

問4　(1)　[　　　　市]　　(2)　[　　　　市]　　(3)　[　　　　市]

問5　[　　　　　　　　　　　　　　]

問6　[　　　　　　　　　　　　　　]

問7　[　　　　　　　　　　　　　　]

問8　[　　　　　　　　　　　　　　]

(注)　この解答用紙は実物を縮小してあります。Ｂ５→Ｂ４(141%)に拡大コピーすると、ほぼ実物大の解答欄になります。

〔社　会〕75点(推定配点)

1　問1～問11　各2点×11　問12　3点　2　各2点×13　3　問1～問6　各2点×9　問7，問8　各3点×2

2021年度　渋谷教育学園幕張中学校

理科解答用紙　第2次　No.1

番号		氏名		評点	／75

1

(1)	①	ア		イ		②
(2)	①	Ⅰ	あ・い・う	Ⅱ	東京・銚子	
		Ⅲ	あ・い・う	Ⅳ	あ・い・う	
	②	(　　　)時［ 0 ・ 20 ・ 40 ］分				
(3)						
(4)	①	本校		東京		銚子
	②					
(5)	①	ア	東・西・南・北	イ	東・西・南・北	
		ウ	東・西・南・北	エ	東・西・南・北	
		オ	東・西・南・北	②		
	③	本校		東京		銚子

2

(1)	①	μm	②	μm	
(2)	と				
(3)	①		②		
(4)	①		②		③
(5)	μm	(6)	μm	(7)	秒
(8)	Ⅰ		Ⅱ		Ⅲ
(9)	(10)	(20)	(30)	(35)	(40)

2021年度　　渋谷教育学園幕張中学校

理科解答用紙　第2次　No. 2

3

(1)		窒素	cm³	酸素	cm³	
(2)						

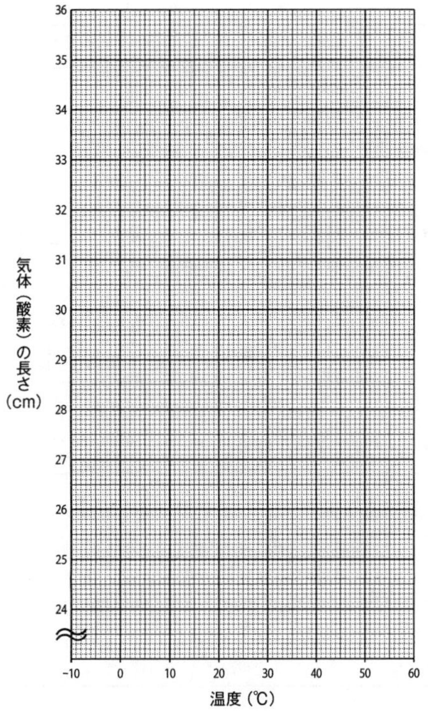

(3)	①	25℃	cm	50℃	cm
	②	cm	③	%	
(4)					
(5)	倍				
(6)	①				
	②				

（注）この解答用紙は実物を縮小してあります。Ｂ５→Ａ３(163%)に拡大コピーすると、ほぼ実物大の解答欄になります。

〔理　科〕75点(推定配点)

1, 2　各２点×26＜1の(2)の①，(4)の①は完答，(5)は各々完答＞　3　(1)　各２点×２　(2)　３点　(3)～(6)　各２点×８

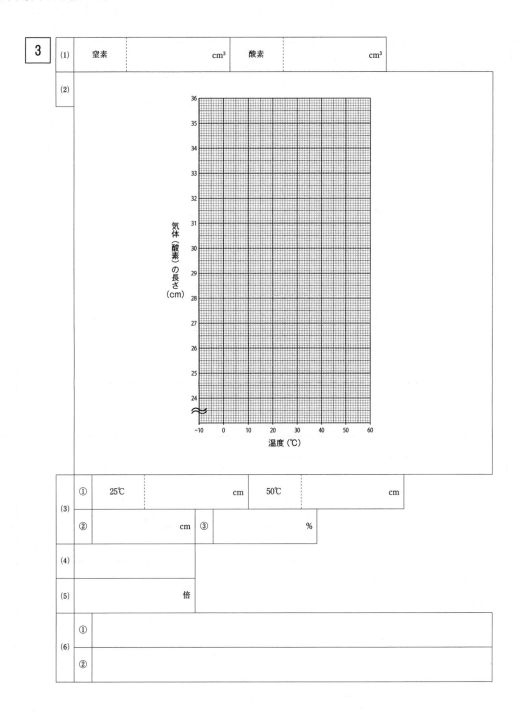

二〇二二年度　渋谷教育学園幕張中学校

国語解答用紙　第二次

番号		氏名		評点	/100

一

問一　(a)（に受ける）　(b)　(c)　(d)

問二

問三　問四　問五　問六

問七　問八　問九

問十

二

問一　(a)　に　(b)　ち　(c)　げて

問二　問三　問四

問五

問六　問七　問八

（注）この解答用紙は実物を縮小してあります。B５→A３（163%）に拡大コピーすると、ほぼ実物大の解答欄になります。

〔国　語〕100点(推定配点)

一　問１　各３点×４　問２　７点　問３　４点　問４，問５　各３点×２　問６　４点　問７，問８　各３点×２　問９　４点　問10　10点　二　問１　各３点×３　問２～問４　各４点×３　問５　10点　問６～問８　各４点×４

２０２１年度　渋谷教育学園幕張中学校

英語解答用紙　帰国生　No. 1

番号		氏名		評点	／100

PART 1 - Listening

1	2	3	4	5	6	7	8	9	10

PART 2 - Grammar

1	2	3	4	5	6	7	8	9	10

PART 3 - Vocabulary

1	2	3	4	5	6	7	8	9	10

PART 4 - Reading Comprehension

1	2	3	4	5	6	7	8	9	10

PART 5 - Reading Comprehension

1	2	3	4	5	6	7	8	9	10

２０２１年度　　渋谷教育学園幕張中学校

英語解答用紙　帰国生　No. 2

ESSAY

Essay topic

How would you describe the year 2020 to your grandchildren?

２０２１年度　　渋谷教育学園幕張中学校

英語解答用紙　帰国生　No. 3

〔英　語〕100点(推定配点)

PART 1 ～PART 5　各 1 点×50　ESSAY　30 点　面接　20 点